HISTORIA DEL PARTIDO COMUNISTA DE CUBA

COLECCIÓN CUBA Y SUS JUECES

EDICIONES UNIVERSAL, Miami, Florida, 1970

Jorge García Montes — Antonio Alonso Ávila

HISTORIA

DEL PARTIDO COMUNISTA

DE CUBA

Copyright © Jorge García Montes – Antonio Alonso Ávila 1970

Primera edición, 1970

EDICIONES UNIVERSAL
P.O. Box 450353 (Shenandoah Station)
Miami, FL 33245-0353. USA
Tel: (305) 642-3234   Fax: (305) 642-7978
e-mail: ediciones@ediciones.com
http://www.ediciones.com

ISBN-10: 0-89729-123-9
ISBN-13: 978-0-89729-123-1

No part of this book may be
reproduced in any form whatsoever
without permission in writting from
the authors.

INDICE

Capítulo
número

I ¿Socialismo bajo la Colonia? (1860-1902)
I - Preliminares. II - Primeros movimientos obreros. III - Primera publicación obrera: "La Aurora". IV - Primera huelga obrera. V - Primeras noticias sobre el socialismo marxista: A) En la emigración. B) En Cuba. VI - El Primer Congreso Obrero. VII - La Guerra del 95. VIII - Intervención de los Estados Unidos en la Guerra hispano-cubana. IX - El socialismo durante la intervención norteamericana. X - Fruto de las dos elecciones celebradas bajo la intervención: La República.

II **Aurora de la República (1902-1917)**
I - Al comienzo de la República. II - La huelga de los aprendices. III - El Partido Obrero de Cuba y el supuesto Partido Obrero Socialista. IV - La intervención americana: A) Huelgas de la moneda. B) El Partido Socialista Obrero. V - El Gobierno de José Miguel Gómez. Inmigraciones de anarquistas españoles. La rebelión de los racistas. La ley de 8 horas. VI - Actividades políticas de los socialistas durante el primer período de Menocal. VII - Nacimiento de la conciencia de unidad entre los trabajadores. El Centro Obrero. Primer Congreso Obrero Nacional.

III **De Rusia a Cuba (1917-1925)**
I - La Revolución de Febrero y la Revolución de Octubre. II - Los sueños de conquista universal. La Tercera Internacional: Bosquejo de sus primeros congresos. Estrategias y tácticas. Los primeros partidos comunistas en América Latina. III - Primeras noticias sobre la Revolución de Octubre en Cuba. Su influencia en la opinión pública cubana. Panorama del estado de la conciencia nacional. IV - El segundo

período del gobierno del General Menocal. A) Primer mensaje de solidaridad con la Revolución de Octubre. B) Segundo Congreso Obrero Nacional. C) Federación Obrera de La Habana. D) Partidos socialistas vigentes. V - El movimiento obrero durante el gobierno de Zayas. Sabotaje de La Polar. Constitución de la Hermandad Ferroviaria de Cuba, y la huelga de los 21 días. C) - Tercer Congreso Obrero Nacional. VI - Primera celebración oficial de la Fiesta del Trabajo en Cuba. VII - Ex-diputado socialista de España informa en Cuba sobre la Revolución de Octubre. VIII - Movimiento de Reforma Universitaria. Toma de posesión del nuevo Rector. Visita del profesor Arce. Creación de la Federación de Estudiantes. Creación de la Asamblea Universitaria. IX - Protesta de los Trece. El Grupo Minorista. X - Primer Congreso Nacional de Estudiantes. XI - Actividades de Mella como agente comunista: A) La Revista Juventud. B) Visitas a las fábricas. C) Universidad Popular José Martí. D) Mitin antifascista. E) Federación Anti-Clerical de Cuba. F) Liga Anti-Imperialista. G) Instituto Politécnico Ariel. H) Primero de mayo de 1925. XII - Las primeras Agrupaciones Comunistas.

IV **Nacimiento, primeros pasos y tropiezos iniciales. (1925-1927)**
I - Fundación del Partido comunista de Cuba. II - Los miembros del Primer Comité Central del Partido comunista de Cuba. III - Los primeros comunistas nativos. IV - Financiamiento del Partido. V - El primer acto público del Partido: un tributo de servilismo a la Unión Soviética. VI - Propósitos iniciales y obstáculos que encontraron. VII - Sus primeros pasos: A) El primero, un periódico. B) Por el sector obrero. C) Entre las mujeres. D) Por los medios intelectuales. E) En la juventud. VIII - Mella y el Partido. Expulsado de la Universidad. Asiste al acto del 27 de Noviembre. Procesado por terrorista. Sale de Cuba. IX - El Partido comunista de Cuba a la salida de Mella. X - Destino de la Confederación Nacional Obrera. XI - El Partido y las elecciones de 1926. XII - Nuevas actividades de Rubén, especialmente con el Grupo Minorista. XIII - Proceso contra los comunistas. XIV - Rubén Martínez Villena ingresa oficialmente en el Partido. Su polémica con Mañach. XVL - Desintegración del Partido Comunista de Cuba.

V **Reorganización desde Moscú (1927-1929)**
I - Reorganización en la Unión Soviética. II - Mella hacia la Unión Soviética: A) En el Congreso Anti-Imperialista de Bruselas. B) En Moscú. C) De regreso al Continente. III - Mien-

tras tanto, en Cuba, cambia el panorama político. IV - El Partido y la VI Conferencia Panamericana. V - El VI Congreso de la Internacional. Reorganidzación de los Partidos Comunistas de la América Latina. VI - Mella en México. Sus actividades y el incidente de la bandera. VII - El asesinato de Mella. VIII - Reorganización en Cuba: A) En el Partido. B) Entre los trabajadores. C) En la Juventud. D) En los demás sectores.

VI   **El fin justifica los medios (1930-1933)**
I - Estrategia y tácticas. II - Panorama de la Cuba de entonces. III - La huelga general de marzo de 1930. IV - Rubén huye de Cuba. V - Proceso contra los dirigentes de la CNOC. VI - El Partido y la Juventud. VII - El 30 de septiembre de 1930. VII - Elecciones parciales de 1930. IX - Nueva reorganización del Partido. X - Nuevos intentos de huelga general. XI - Fracaso de los Frentes Unidos. A) En lo político. B) En lo estudiantil. C) En lo sindical. D) Las depuraciones. XII - Campaña de la Internacional contra Machado. XIII - Deportación de Fabio Grobart y Dora Vainstock. XIV - El sectarismo. XV - El regreso de Rubén Martínez. XVI - La mediación de los Estados Unidos. XVII - Ultimas manifestaciones oposicionistas del Partido. XVIII - El gran viraje: Los comunistas se entienden con Machado. XIX - La Internacional evade responsabilidades. XX - Auto-crítica del Partido en Cuba.

VII   **La Revolución (agosto del 33 a enero del 34)**
I - La Revolución del 33. II - A la caída de Machado. III - Frente al Gobierno de Céspedes. IV - El Partido comunista de los Estados Unidos "se suma" a la línea. V - El 4 de Septiembre: La revolución de los sargentos. VI - Los comunistas ante el nuevo gobierno. VII - El entierro de las cenizas de Mella. VIII - Sarampión de la juventud. IX - Atizando el odio racial. X - Entre el fuego de los revolucionarios. XI - Los comunistas y las reformas. XII - Radicalización anti-yanki. XIII - Lucha por el control sindical. XIV - La muerte de Rubén Martínez. XV - El juicio del Partido sobre este período.

VIII   **En la nueva clandestinidad (1934-1936)**
I - Decantación revolucionaria. II - El gobierno de Mendieta. III - La nueva crisis del Partido. IV - El Primer Congreso Nacional de la Liga Juvenil. V - En la Universidad. VI - Segundo Congreso Nacional del Partido Comunista. VII - Derogación de la Enmienda Platt. VIII - Manifestación del Partido ABC. IV - La lucha sindical. X - Convenio de Reciproci-

dad Comercial con los Estados Unidos. XI - Blas Roca a Moscú. XII - Los intelectuales rojos. Detractación de Martí. XIII - Frente de Unidad Revolucionaria. XIV - Huelga de Marzo. XV - Una vez más el extremismo racial. XVI - El Partido en quiebra.

IX Frentes Populares en acción (1936-1938)
I - El Séptimo Congreso de la Internacional. II - Regresa Blas Roca y convoca un "Plenum" del Comité Central. III - Blas Roca en trajines de convencer. Su detención. Martín Castellanos lo reemplaza. IV - La guerra civil española. V - Con los estudiantes. VI - Cuando Blas Roca y Grobart salen de la cárcel. VII - El "Plenum" de la Unidad Revolucionaria. VIII - Unión Revolucionaria y los intelectuales. IX - Un "Plenum"... que sí fue Pleno: A) Informe de Blas Roca. B) Intervención de Aníbal Escalante. C) Charla de Grobart. D) Acuerdos. X - Gestiones de Unidad Revolucionaria. XI - Conversaciones con Batista. XII - Un "Plenum" sin ataques a Batista ni a los Estados Unidos. XIII - Primeros logros del acuerdo con Batista. A) En la política. B) En lo sindical. C) En la cuestión española. D) En la propaganda. XIV - Al frente Popular con Batista. XV - Pretextos para la nueva política: A) Por la clase obrera. B) Por "los pasos progresistas de Batista". C) Por la República Española. D) En definitiva, por interés del Partido.

X A la legalidad (1938-1940)
I - El clima cuando nace legalmente el Partido. II - La legalización del Partido. III - Primera manifestación pública autorizada legalmente. IV - El primer mitin legal del Partido. V - Problemas con Unión Revolucionaria. VI - Recibimiento a Batista. VII - La Octava Conferencia Interamericana. VIII - Tercera Asamblea Nacional del Partido. IX - Nace la Confederación de Trabajadores de Cuba. X - Organizaciones fachadas en Cuba. XI - Educación comunista. XII - Literatura comunista de la época. XIII - Al terminar la guerra en España: A) Posición de la Unión Soviética. B) Regreso de los cubanos que combatieron al lado de la República. C) La Casa de la Cultura. D) El Partido en el Centro Gallego. E) Se apropian de la República Española en el exilio. XIV - Fusión de Unión Revolucionaria con el Partido Comunista. XV - El gran viraje de la Unión Soviética y su repercusión en Cuba. XVI - Las elecciones para delegados a la Asamblea Constituyente. XVII - La Convención Constituyente. XVIII - Las deserciones de los intelectuales a consecuencia de las incongruencias del

Partido.

XI **Por la paz con el Nazi-Fascismo (1940-1941)**
I - Las nuevas circunstancias. II - Elecciones generales. III - Reunión de Cancilleres de La Habana. IV - En los centros de enseñanza pública. V - El tiroteo de "La Comedia". VI - Batista toma posesión de la Presidencia. VII - Los comunistas y el movimiento sindical. VIII - Españoles para América. IX - Segundo Congreso de la CTC. X - El decreto contra los partidos de ideas totalitarias. XI - El problema con los veteranos. XII - Marinello, Presidente del Comité de Escuelas Privadas. XIII - El Partido fija, una vez más, su criterio contra la guerra. XIV - Los resultados de aquel pacifismo.

XII **Por la guerra contra el Nazi-Fascismo (1941-1944)**
I - Las circunstancias de la guerra. II - El Partido se pronuncia a favor de la guerra. III - Segunda Asamblea del Partido Unión Revolucionaria Comunista. IV - Dentro del espíritu de la nueva estrategia: A) Asociación Pro Teatro Popular. B) Centro Benéfico Jurídico. V - Cuba declara la guerra al Eje Roma-Berlín-Tokío. VI - La Conferencia de Río de Janeiro. VII - Elecciones Parciales en 1942. VIII - El asesinato de Sandalio Junco. IX - Los comunistas en el Congreso. X - Tercer Congreso Nacional de la CTC. XI - Gobierno de Unidad Nacional. XII - Relaciones diplomáticas con la Unión Soviética. XIII - La Embajada Soviética en Cuba. XIV - Principales beneficios obtenidos del Gobierno por los comunistas: A) Personalidad jurídica de la CTC. B) Estación de radio Mil Diez. XV - Disolución de la Komintern. XVI - Los Fundamentos del Socialismo en Cuba. XVII - Reorganización de los Partidos. XVIII - El Pacto de Teherán. XIX - La nueva plataforma de lucha. XX - Primera Asamblea Nacional del Partido Socialista Popular. XXI - En defensa de Teherán. XXII - Las purgas no cesan. XXIII - Elecciones generales de 1944. XXIV - Saldo de un balance.

XIII **A la sombra de los Auténticos (1944-1946)**
I - La Jornada Gloriosa. II - Maniobra del Partido ante la derrota. III - Segunda Asamblea Nacional del Partido Socialista Popular. IV - El nuevo Gobierno. V - El IV Congreso de la CTC. VI - Primer Proyecto de Ley de Juan Marinello en el Senado. VII - Hacia una nueva Historia de Cuba. VIII - Al terminar la guerra: A) En el mundo. B) En Cuba. IX - El discurso que Carlos Rafael Rodríguez no pudo publicar. X - El artículo que conmovió al comunismo en América. XI - Re-

unión de la Comisión Ejecutiva Nacional. XII - Reunión del Comité Ejecutivo Nacional. XIII - La corrupción del Partido. Denuncia y depuración de Masferrer. Campaña de calumnias. XIV - Reorganización de los Partidos en 1945. XV - Cambia la Mesa del Senado con la cooperación de los comunistas. XVI - Muerte oficial del "browderismo". XVII - Organizaciones pantalla del comunismo internacional y Cuba: A) Federación Sindical Mundial. B) Federación democrática internacional de mujeres. C) Federación mundial de la Juventud Democrática. D) Federación mundial de trabajadores científicos. E) Unión internacional de estudiantes. XVIII - Mayor atención al desarrollo y consolidación de la "Juventud Socialista". XIX - Labor de adoctrinamiento. XX - Trabajo de los comunistas en el sector estudiantil. XXI - Elecciones parciales de 1946. XXII - Siempre la contradicción.

XIV Tiempos borrascosos. (1946-1949)
I - Por el nuevo camino: A) En el mundo. B) En América Latina. C) En Cuba. II - Depuración del Comité Ejecutivo Municipal de Cienfuegos. III - Quinto Congreso de la C.T.C. IV - Los comunistas avanzan en la Universidad. V - Los comunista y la discriminación racial. VI - Reorganización de los partidos en mil novecientos cuarenta y siete y gestiones del Partido para coligarse. VII - La Cuarta Asamblea Nacional del Partido Socialista Popular. VIII - La provocación y muerte de Jesús Menéndez. IX - Congreso de la Confederación de Trabajadores de América Latina, y de la Federación Sindical Mundial. X - La delegación de la Federación Estudiantil Universitaria de Cuba y el bogotazo. XI - Elecciones generales del cuarenta y ocho. XII - Cuando Carlos Prío Socarrás tomó posesión de la Presidencia de la República. XIII - El movimiento obreros y los grupos revolucionarios. XIV - Reunión del Comité Ejecutivo Nacional del Partido. XV - El movimiento feminista y los comunistas. XVI - El VI Congreso de la C.T.C. XVII - Reorganización de los Partidos en mil novecientos cuarenta y nueve. XVIII - El empréstito de los ciento veinte millones. XIX - La crisis unversitaria y los comunistas. XX - Etapa de adaptación a las nuevas circunstancias.

XV El Radicalismo (1950-1952)
I - Posición combatiente del comunismo con motivo de la guerra de Corea. II - Los nuevos rumbos del gobierno en Cuba. III - La generación del cincuenta. IV - La ley contra el gangsterismo. V - Raúl Roa sirve al comunismo desde la Dirección

de Cultura. VI - Las elecciones parciales de mil novecientos cincuenta. VII - Clausura del periódico "Hoy". VIII - Rumor sobre el envío de tropas cubanas a Corea. IX - Los comunistas se repliegan en la Universidad. X - Con motivo del VII Congreso de la C.T.C. XI - La Cuarta Reunión de Consulta de Ministros de Relaciones Exteriores. XII - Los comunistas y los Ortodoxos. La muerte de Chibás. Sus consecuencias. XIII - Reunión del Comité Ejecutivo Nacional. Reestructuración del Partido. Nuevas líneas tácticas. XIV - Reorganización de los Partidos en mil novecientos cincuenta y uno. XV - Nueva reunión del Comité Ejecutivo Nacional una vez concluida la reorganización. XVI - Reunión de la dirigencia nacional para considerar un caso de adulterio. XVII - La "Federación Democrática de Mujeres Cubanas" se "preocupa" por la infancia. XVIII - Leyendo el periódico "Hoy". XIX - La última Asamblea Nacional del Partido. XX - Al final de la etapa.

XVI   **Altas y bajas presiones (1952-1955)**
I - El "Diez de Marzo". II - Los comunistas ante el "Diez de Marzo". III - Los congresistas del Partido. IV - Resistencia al "Diez de Marzo". V - El segundo congreso de la Federación democrática de mujeres cubanas. VI - El XIX Congreso del Partido comunista de la Unión Soviética. Sus repercusiones en la política de los comunistas en América y Cuba. VII - Reunión del Comité Ejecutivo Nacional del Partido. VIII - Viajes de turismo político a conferencias y congresos. IX - Comienza a quebrarse el monolitismo soviético. X - "Conferencia en defensa de la economía nacional". XI - La primera expresión de rebeldía pública contra el gobierno de Batista. XII - Las primeras conspiraciones contra el gobierno. XIII - El "26 de Julio". XIV - Reacción del gobierno contra los comunistas por el hecho del 26 de julio. XV - El juicio por los hechos del Moncada. XVI - Reunión del Comité Ejecutivo del Partido para juzgar los hechos del Moncada. XVII - Los comunistas avanzan con cautela entre los estudiantes. XVIII - La Décima Conferencia interamericana, el gobierno de Arbenz y los comunistas en Cuba. XIX - El proceso electoral del cincuenta y cuatro. XX - Los comunistas al final de la etapa de facto iniciada por el "Diez de Marzo".

XVII   **Preludio del huracán**
I - El Gobierno de Batista al iniciar su etapa constitucional. II - El Gobierno trata de conquistar la confianza de la oposición y dicta una ley de amnistía. III - Los comunistas toman

posiciones en las universidades oficiales. IV - Carlos Rafael Rodríguez aspira a una cátedra en la Universidad de La Habana. V - La huelga azucarera de diciembre del cincuenta y seis. VI - El XX Congreso del Partido Comunista en la Unión Soviética. VII - Contactos de Fidel Castro con los Comunistas en México. VIII - Gestiones de conciliación política y el "Diálogo cívico". IV - Reunión del Comité ejecutivo nacional del Partido. X - El doble juego político de la oposición y del gobierno. XI - Los comunistas toman una posición sectaria en la Universidad de La Habana. XII - Los comunistas se ocupan, una vez más, de los intelectuales, especialmente de los escritores y artistas. XIII - Nueva reunión del Comité Ejecutivo nacional. XIV - Preparativos de Fidel Castro en México. XV - La Revolución en Hungría vista desde Cuba. XVI - Desembarco del "Granma". XVII - El Partido socialista popular condena el desembarco del "Granma".

XVIII **Huracán sobre Cuba (1955-1957)**
I - Balas o votos. II - Comienza la Sierra Maestra. III - Los comunistas vuelven a reorganizarse en la Universidad de La Habana. IV - El asalto al Palacio Presidencial. V - Los comunistas insisten, por enésima vez, sobre los escritores y artistas. VI - La importancia de la lucha armada en el campo. VII - La importancia de la lucha armada en las ciudades. VIII - El cinco de septiembre en Cienfuegos. IX - Cuarto Congreso de la Federación sindical mundial. X - Congreso Latinoamericano en Moscú. XI - El reflujo de La Sierra. XII - Violenta represión gubernamental contra los comunistas. XIII - La Unión Soviética trata de negociar con el Presidente Batista. XIV - Los comunistas en Cuba, deciden apoyar, aún con reservas, a Fidel Castro. XV - Tras la calma, la tempestad: se reactiva la revolución. XVI - La huelga de abril. XVII - La guerra en la Sierra: A) La ofensiva del Ejército. B) La "Operación antiaérea". C) La derrota del Ejército. XVIII - La contraofensiva sicológica de Fidel Castro. XIX - Los comunistas formalizan su entendimiento con Fidel Castro. XX - La iniciativa militar pasa a manos de Fidel Castro. XXI - El Gobierno amaga con una nueva acción militar contra las guerrillas. XXII - Fidel Castro cumple con los comunistas. XXIII - La política y las elecciones. XXIV - Tras las elecciones. XXV - El desplome.
Epílogo.
Bibliografía.

PROLOGO

En realidad, los cubanos adultos no necesitan de este libro. Es cierto que no conocen muy bien la historia de los orígenes, fundación y primeras actuaciones del Partido Comunista en Cuba, pero sí la de la trágica lucha final que puso en manos de los comunistas el poder y les ha permitido destruir y esclavizar a la Nación de mayor desarrollo económico en Latino América.

Aspiramos a que los jóvenes aprendan como la propaganda, que rige y domina al mundo moderno, pudo engañar a toda una nación y destruir moralmente a un Gobierno, con solo mil quinientos hombres en la lucha guerrillera y sin victorias militares apreciables.

Un ejército que se desmoraliza, un gobierno que no se decide a ser ni una Democracia ni una Dictadura y que al final abandona el campo cuando quedaban aun elementos de sobra para continuar la lucha; un pueblo que cree ser liberado de un régimen que la propaganda nacional y extranjera (que el comunismo internacional dirigió) pintó con los peores colores; y que no se dio cuenta de que el presunto libertador era solo un pequeño gangster con vinculaciones comunistas; y una Prensa y un gobierno de Estados Unidos que convirtieron al gangster en héroe romántico, tales fueron los factores que dieron a Fidel Castro un triunfo en cuya consecución solo puso su audacia y la increíble suerte que ha sido su fiel y mejor aliada.

Hemos querido escribir este libro con absoluta imparcialidad, como debe escribirse la Historia. Hemos elogiado o censurado al Régimen del Presidente Batista, al que ambos pertenecimos y cuyas responsabilidades políticas compartimos, cuando nos lo ha mandado nuestra conciencia.

Del mismo modo hemos explicado los orígenes de la catástrofe que creemos encontrar fundamentalmente en la descomposición moral de la nación. Desde la fundación del Partido Comunista en Cuba a la toma del poder el primero de enero de 1959 solo transcurrió un poco más de un cuarto de siglo. Este triunfo relampagueante solo fue posible por la filosofía materialista que se apoderó de la nación; por el ansia de placeres y de lucro que predominó en los últimos veinticinco años de la República, fenómeno que, por demás, no es peculiar al pueblo cubano.

Sabemos bien que este modo de enfocar estas cuestiones solo nos traerá críticas y censuras. No importa, si la lectura del libro ayuda a la juventud a comprender por qué se eclipsó la Estrella Solitaria, y a prepararse para que no vuelvan a cometerse los errores que han esclavizado la Patria y para que en nuestras conciencias confesemos que todos tenemos, en mayor o menor grado, una parte de culpa en la catástrofe y digamos con el poeta:

"Llorad humanos
    Todos en él pusisteis vuestras manos".

Unas pocas palabras más para que el lector conozca cómo se escribió este libro.

Toda la labor de investigación, de busca de datos y antecedentes (research) fue hecha por el Dr. Antonio Alonso Avila. Por consiguiente, a él pertenece en gran medida el honor del éxito del libro si llega a tenerlo como deseamos. Colaboré en la formulación del plan de la obra, en su estilo, revisando cuidadosamente cada capítulo y sugiriendo enmiendas y modificaciones que casi siempre fueron aceptadas por mi querido amigo el Doctor Alonso Avila.

Estamos seguros de que Cuba será otra vez libre; de que esta larga pesadilla terminará, y si al terminar el eclipse de la Estrella Solitaria el libro puede ayudar a los cubanos a que todo esto no vuelva a repetirse, el esfuerzo no habrá sido en vano.

Una última advertencia al lector: los tres primeros capítulos del libro no se refieren propiamente a lo que es objeto central y principal del trabajo, la Historia del Partido Comunista de Cuba. Esos tres primeros capítulos tratan más bien del desenvolvimiento de los primeros movimientos obreros en Cuba y, sobre todo, del origen y desenvolvimiento de las ideas socialistas; pero no hay nada de comunismo en todos ellos. Estas ideas y el Partido no surgen hasta la década del veinte. Si el lector impaciente quiere llegar de inmediato a lo que es principalmente objeto del libro, puede comenzar su lectura en el Capítulo Cuarto.

Jorge García Montes.

CAPITULO I
¿SOCIALISMO BAJO LA COLONIA?
(1860 - 1902)

I - Preliminares. II - Primeros movimientos obreros. III - Primera publicación obrera: "La Aurora". IV - Primera huelga obrera. V - Primeras noticias sobre el socialismo marxista: A) - En la Emigración. B) - En Cuba. VI - El Primer Congreso Obrero. VII - La Guerra del 95. VIII - Intervención de los Estados Unidos en la Guerra hispano-cubana. IX - El socialismo durante la intervención norteamericana: La República.

I - PRELIMINARES.

"Sabia máxima fue siempre, aunque no por todos compartida, sin duda en fuerza de ser trivial, la de comenzar por el principio". Así comenzaba Menéndez y Pelayo el tomo segundo de su Historia de los Heterodoxos Españoles.

Nosotros, como él, hubiéramos deseado "comenzar por el principio". Nos lo impide la audacia de los comunistas nativos, que han pretendido encontrar sus antecedentes en los primeros movimientos obreros surgidos bajo la Colonia y en la lucha separatista del 95. Nada, sin embargo, más lejos de la verdad.

No fueron las ideas socialistas, ni siquiera el eco de su resonancia confusa en la metrópoli, las que movieron el acontecer cubano en este período, durante el cual fue tomando conciencia la nación cubana. Fue el espíritu liberal, cargado con la ideología de la Revolución Francesa y el ejemplo de la nación vecina del norte, la que señoreó la sociedad criolla, por esta época.

El pensamiento político de los protagonistas de nuestras guerras de independencia fue, sin ninguna duda, el liberal. Adoptó, inclusive, forma constitucional en las guerras del 68 y del 95. Tanto la Constitución de Guáimaro, en 1869, como la de Jimaguayú y La Yaya, en 1895 y 1897, aseguraron los derechos individuales, prohijados por la Revolución Francesa y consagrados por la Constitución de los Estados Unidos, así como la forma republicana de gobierno.

En filosofía, nadie prestó atención al panteísmo de Hegel ni al materialismo de Fuerbach, antecedentes de la filosofía marxista. Solo tuvieron entrada las preocupaciones empiristas, que trataban de asentar todos los conocimientos sobre los datos que suministra la experiencia. Pero, en lo metafísico, se mantuvieron los conceptos teístas y dualistas, sosteniéndose la objetividad del orden moral y el libre albedrío.

Por estos caminos discurren los sacerdotes José Agustín Caballero y Félix Varela y nuestro gran educador Don José de La Luz y Caballero. Los hermanos González del Valle son quienes difunden las ideas del Eclecticismo Espiritualista, "ese espiritualismo recreativo, incoherente y vago" de Víctor Cousin, al decir de Menéndez y Pelayo.

Enrique José Varona presenta las doctrinas positivistas en sus Conferencias Filosóficas pronunciadas en la Academia de Ciencias de 1880 a 1882. Pero no prenden hasta mucho después, según tendremos ocasión de señalar.

El tema más cultivado en la novela cubana fue el racial. Era el hecho social más importante de la época, solo superado por el anhelo de emancipación política. A éste rindieron todo su homenaje la lírica, la oratoria y el artículo henchido de patriotismo.

Las ideas socialistas aparecen en Cuba a fines del siglo. Son las ideas de Proudhon, el autor de la Filosofía de la Miseria, satirizada por Marx con su Miseria de la Filosofía.

La revolución europea de 1848 no se extendió a España. De ahí que apenas si de ella llegaron noticias a Cuba.

La Primera Internacional fundada en 1864 y disuelta en 1873, de la que formaron parte también proudhonistas, lerouxistas e, incluso, el sector más radical de las "trade unions" inglesas, no tuvo repercusión en la Isla.

La Segunda Internacional, nacida en 1889, tampoco logró la atención de los obreros cubanos y mucho menos de quienes luchaban por nuestra independencia.

Todos estos acontecimientos lucían, y eran, cosas ajenas. La atención de los cubanos se centraba en su problema básico: la independencia.

Este bosquejo del panorama ideológico en Cuba nos muestra cuán ajena estaba la conciencia cubana a las ideas preconizadas por Carlos Marx y Federico Engels.

II - PRIMEROS MOVIMIENTOS OBREROS.

Lo social, no el socialismo, dejó sentir sus primeros latidos de vida en el sector tabacalero. Era natural, pues poseía un grado de ilustración que no habían alcanzado los azucareros, donde por mucho tiempo, predominó el trabajo esclavo y su aislamiento total de las fuentes culturales de la época.

Reconoce Joaquín Ordoqui, en su folleto "Elementos para la Historia del Movimiento Obrero en Cuba", que "aunque numéricamente débil, ya en 1860 existía un incipiente proletariado cubano que daba señales de vida. Cinco años más tarde —agrega— hace su aparición la primera revista obrera, "La Aurora".

Las agrupaciones obreras tenían un carácter gremial. Se organizaban con fines de socorros mutuos y de cooperativas de consumo. Sólo ocasionalmente sirvieron de medio para reclamar mejoras laborales.

La primera organización obrera de que hay noticias históricas en Cuba es la "Asociación de Tabaqueros de La Habana", fundada poco antes de 1868. Sin embargo, un trabajo del cronista José Rivero Muñiz reclama la prioridad para la Sociedad de Socorros Mutuos de Artesanos, fundada en La Habana en 1857.

Lo cierto es que ni siquiera la última se inspiró en idea socialista alguna, de las que se propalaban por Europa en esos momentos.

III - LA PRIMERA PUBLICACION OBRERA.

Fue el 22 de octubre de 1865 que vio la luz la primera publicación obrera, un semanario llamado "La Aurora". Se proponía, simplemente, la superación cultural de los tabaqueros. La editaba Saturnino Martínez, un asturiano, adicto al gobierno de España, presidente de una sociedad de tabaqueros que sustentaba la colaboración de clases. Dejó de publicarse con el inicio de la Guerra de los Diez Años.

La Aurora no expuso idea alguna sobre el socialismo, ni a título de información. Respaldan este aserto comunistas inequívocos como Joaquín Ordoqui y José A. Portuondo.

IV - LA PRIMERA HUELGA.

La primera huelga obrera en Cuba aconteció en el sector tabacalero en 1866. Se produjo en los talleres "La Cabaña", de Anselmo González del Valle. Se debió al mal trato que daban a los operarios y culminó en la satisfacción de las demandas planteadas. Fue dirigida, entre otros, por Saturnino Martínez.

Felipe Zapata se remonta a 1574, para descubrir la que él considera la primera huelga en Cuba. Señala que la declararon los jornaleros que construían el Castillo de la Fuerza, para reclamar aumentos de salarios y reducción de horas de trabajo.

Para nuestro estudio nada importa que a una o a otra corresponda la primacía histórica. Sin duda, la de 1886 fue la que tuvo repercusión social. Ella nos basta para registrar que el sentimiento obrerista comenzó a surgir desde muy temprano en Cuba, muy ajeno al socialismo y, desde luego, al comunismo.

V - PRIMERAS NOTICIAS SOBRE EL SOCIALISMO MARXISTA.

Tratando de rastrear sobre las primeras simientes del socialismo marxista entre los cubanos, encontramos que fue en la emigración, más que en Cuba misma, donde se tuvieron sus primeras noticias.

Estas fueron confusas. Tanto en la emigración como en la Isla se oía hablar más del socialismo anarquista, que del marxista.

Las ideas sobre el socialismo venían un tanto envueltas bajo la misma etiqueta. Bakunistas, proudhonistas, kropotkistas, blanquistas, lassallistas, posibilistas, lerouxistas y marxistas; todos lucían una sola y misma cosa.

A - En la emigración.

En la emigración, vamos a tomar las tres figuras que los comunistas han presentado como antecedente o como los primeros marxistas cubanos: José Martí, Pablo Lafargue y Carlos Baliño.

a) - José Martí.

José Martí tuvo una noción clara del socialismo. Había viajado por el Continente Europeo y estaba al corriente de las nuevas ideas políticas y sociales.

El socialismo lo vio, al igual que Spencer, como "futura esclavitud".[1] Tuvo noticias de la obra de Marx, y rechazó expresamente su prédica sobre la revolución violenta. De ella, dijo: "No hace bien el que señala el daño, y arde en ansias generosas de ponerle remedio, sino el que enseña remedio blando al daño".[2] Su impresión de esas ideas la describió con estas palabras: "suenan música; resuenan coros, pero se nota que no son los de la paz".

Martí era la negación del comunismo. Todos los puntos de sustentación de su ideología son justamente los opuestos. Creyó en Dios. Rechazó el materialismo y afirmó la existencia del alma humana.[3]

El futuro económico de su República lo columbró, asegurando el derecho de cada cual a poseer lo suyo,[5] garantizando, a su vez, el libre cambio.[6]

Lo político y lo social era el nervio de la ideología martiana. La libertad, su idea obsesionante.[7] Aspiraba a que en su República soñada reinara el principio de la soberanía, como "voluntad de todos, pacíficamente expresada".[8]

En el ámbito de lo social, predicó la conciliación y la armonía entre los factores de la producción.[9] Condenó, concretamente lo que se ha llamado la conciencia de clases.[10] De ahí que proscribiera toda exclusión de clases, o esa expresión tautológica de los comunistas, la llamada dictadura del proletariado.[11]

Martí no podía compartir, en forma alguna, las ideas comunistas, pues fue, antes que nada, un apóstol del amor. Reprobó el odio. Lo consideró "tósigo" que "ofusca, si no mata, a aquel a quien invade".

Su anatema lo extendió al socialismo anarquista, el de "la bandera roja" y "el puño cerrado". No uno, sino varios artículos, escribió sobre el anarquismo, al que consideraba "violento y criminal". A sus voceros los calificó de "propaladores del incendio y la muerte", de "cría de asesinos", "que han venido de Alemania (a Estados Unidos) cargado el pecho de odio".

No obstante estas claras expresiones de José Martí, los comunistas han tratado de apropiárselo. Algunos más responsables, al no poderlo ubicar como socialista, y mucho menos como marxista, han dicho que lo hubiera sido de haber vivido en nuestra época.

b) - **Pablo Lafargue.**

Sin una figura netamente cubana, en la cual fijar un antecedente remoto, los comunistas han mirado hacia Pablo Lafargue.

En verdad, no fue cubano. Sí nació en Santiago de Cuba, en 1841. Pero, desde muy joven, se trasladó a Francia, la patria de sus ascendientes. Allí hizo su vida.

La esencia marxista de Lafargue ha estado, más que nada, en que contrajo matrimonio con Laura, una hija del autor de "El Capital".

Antes de conocer a Carlos Marx había sido proudhoniano, como muchos de los intelectuales de su generación. Tan pronto lo hubo conocido, e ingresado en su familia, adoptó la filiación de su suegro. A su amparo logró situarse, junto con Guesde, como uno de los dos jefes del Partido Obrero Francés.

Fue autor de un libro que pintó su carácter. "El Derecho al Ocio". Era un epicúreo, de cuerpo entero. No en balde, uno de sus amigos lo calificó de "Doctor en artes culinarios".[12]

Estuvo totalmente ausente de las angustias e inquietudes de su patria de nacimiento. Tan es así, que permaneció sordo a los reclamos de Martí, cuando le habló de colaborar con la emigración cubana en sus luchas por nuestra independencia.

c) - **Carlos Baliño (13 de febrero de 1848 - 8 de junio 1926).**

El Carlos Baliño, de esta época, tampoco era marxista. Lo fue más tarde, más bien de nombre, cuando los agentes de la internacional moscovita, en busca de alguna persona que pudieran vincular a Martí, lo escogieron para situarlo, ya en plena senilidad, como uno de los fundadores del Partido.

Por demás, Baliño no fue siquiera un compañero de Martí. Fue, simplemente, uno de los tantos cubanos de la emigración que trabajaron en el Partido Revolucionario Cubano, fundado por Martí en Tampa, el 10 de abril de 1892.

Su labor se redujo a la de hacer propaganda y recaudar fondos en los "clubes" que se organizaron entre los tabaqueros cubanos de La Florida. Más tarde, cuando los requerimientos de la Patria exigieron el comportamiento heroico, Baliño asumió una actitud cautelosa. No fue a pelear por la independencia. Permaneció en las labores de la emigración, en contraste con la conducta de José Martí, quien ofrendó su preciosa vida en Dos Ríos, el 19 de mayo de 1895.

B - **En Cuba.**

El socialismo anarquista fue el que prendió en algunos sectores minoritarios de la población cubana. Nos venía importado de España, por la vía de la inmigración española y, en parte, de Estados Unidos, por la vía de la emigración cubana. El socialismo marxista era, de hecho, hasta ignorado.

Los comunistas, por no dejar de falsearlo todo, han falseado hasta su primer antecedente en Cuba. Blas Roca y Joaquín Ordoqui fueron los encargados de esta tarea. Ambos señalan a Enrique Roig como el primer marxista nativo.

Refiriéndose a Enrique Roig, dice Ordoqui: "Desde el mismo instante en que surge dentro del movimiento obrero el pensamiento marxista se desarrolla en Cuba la propaganda anti-comunista por parte de los interesados en mantener al trabajador en la desorientación y el retraso y se señala al marxismo como una idea ajena a nuestras tradiciones".[13]

Blas Roca es algo más conservador. Lo señala como un expositor de la teoría de Marx y Engels. En su libro "Los fundamentos del socialismo en Cuba", dice: "Hacia la década del 80 del siglo pasado comienzan a extenderse y penetrar en el movimiento obrero cubano las doctrinas marxistas. En Cienfuegos, el periódico "El Obrero" y en La Habana "El Productor", dirigido éste por Enrique Roig, que fue un notable expositor de la teoría de Marx y Engels, comenzaron a agitar la idea, hacia 1889, de constituir un partido socialista, basado en el marxismo".[14]

José Antonio Portuondo, más cauteloso, se refiere a "la visión un tanto confusa permeada aun de anarquismo de un Enrique Roig de San Martín".

Héctor Arturo[15] se atreve a menos. Se reduce a decir: "Allá por el lejano 1889, un hombre minado por la enfermedad, escribía veintiun días antes de su muerte: "hora es de que unificándonos en una idea común, pongamos nuestras fuerzas al servicio de un solo partido obrero..."

Hasta ese momento el reformismo y el anarquismo eran las únicas corrientes ideológicas existentes en el movimiento obrero y en quien lanzaba desde las páginas de su periódico "El Productor", tal llamamiento para la creación de un partido. No había en sus inicios más que un anarquista que en lenta evolución se acercaba al socialismo.

Enrique Roig y San Martín es, por eso, con Carlos Baliño, el representante de un verdadero viraje en la orientación política del movimiento obrero. Las ideas socialistas comenzaban a aflorar.

Estas tres citas, nos permiten advertir la mayor audacia de la primera para afirmar una mentira y la timidez de la última por no descubrir toda la verdad. Esta es, sencillamente, que Enrique Roig no fue marxista, sino anarquista.

VI - EL PRIMER CONGRESO OBRERO.

El primer congreso obrero que se efectuó en Cuba fue solo de la región de La Habana. Se celebró en el antiguo local del Centro Gallego, el 16 de enero de 1892. Uno de sus organizadores más activos fue el anarquista Maximino Fernández. La demanda central del Congreso fue la jornada de 8 horas.

Los historiadores comunistas, Roca y Ordoqui, han transcripto, de sus declaraciones, estas frases: "La clase trabajadora no se emancipará hasta tanto no abrace las ideas del socialismo revolucionario... que no puede venir a ser un obstáculo para el triunfo de las aspiraciones de emancipación de este pueblo, por cuanto sería absurdo que el hombre que aspira a su libertad individual se opusiera a la libertad colectiva de un pueblo".[16]

De esta declaración mutilada, fuerzan la conclusión de que el Congreso se definió por el socialismo marxista. En realidad, la frase de que se valen, "socialismo revolucionario", era la que usaban los anarquistas.

Lamentablemente no hemos podido encontrar el texto completo de la declaración. Es una de las muchas limitaciones que hemos confrontado al tratar de hacer esta historia en el exilio. Hubiera sido interesante el poder leerla íntegramente, pues muy significativo resulta el que haya sido cercenada, tanto por Roca como por Ordoqui, al terminar la frase "socialismo revolucionario".

El uso de esa expresión por los anarquistas, el que todos están contestes en que los dirigentes obreros de la época eran ácratas y que los comunistas no hayan osado mencionar un solo marxista, nos permite inducir que los componentes del Congreso no tuvieron presente, para nada, las ideas comunistas.

VII - LA GUERRA DEL 95.

Las "aspiraciones de emancipación", a que aludió el Congreso Obrero Regional, se tradujeron al lenguaje de las armas el 24 de febrero de 1895.

Esta revolución, cuajada de épicos episodios de la leyenda, se libro inspirada en el Manifiesto de Montecristi, por donde fluye el espíritu del amor cristiano que ardía en el corazón de José Martí.

En la Revolución del 95, generosa y heroica a un mismo tiempo, no participó ningún socialista marxista. Los comunistas, atrevidos entre los atrevidos, jamás han osado sostener tal cosa.

A fines del 97 los cubanos proseguían, con heroísmo sin límites, su guerra de independencia. No menguaba su ánimo el combate desigual con el mayor ejército europeo enviado al Continente.

Forzado por los acontecimientos de la Isla, concedía España a Cuba un Gobierno Autonomista, el 25 de noviembre de 1897. "Ya era tarde", según la expresión feliz de Enrique José Varona.

VIII - INTERVENCION DE LOS ESTADOS UNIDOS EN LA
       GUERRA HISPANO-CUBANA.

La intervención de los Estados Unidos en la contienda hispano-cubana respondió a la histórica Declaración Conjunta del Congreso norteamericano, que reconocía el derecho de Cuba a ser una nación libre e independiente.

La intervención norteamericana precipitó el cese de las hostilidades. El primero de enero de 1899, terminaba la dominación española en Cuba. El Capitán General español Adolfo Jiménez Castellanos entregaba al Gobernador John R. Brooke el mando de la Isla, conforme a lo acordado en el Tratado de París el 10 de diciembre 1898.

Este proceso fue examinado por Blas Roca en la primera edición de "Los fundamentos del socialismo en Cuba", diciendo lo siguiente:

"En esos largos años de sacrificios, de abnegaciones, de heroicidades formidables, los cubanos: propietarios, esclavos, libertos, campesinos y artesanos, en lucha común, acumularon suficientes fuerzas para destruir el Estado colonialista y feudal de Cuba, lo que se logró al fin con ayuda de la intervención de las tropas norteamericanas".[17]

Eran palabras de gratitud, porque "con la ayuda de la intervención de las tropas norteamericanas" "se logró al fin" "destruir el estado colonialista y feudal de Cuba".

Este criterio lo modificó en la edición corregida de 1961. Para entonces, Blas Roca decía lo contrario, al expresar lo siguiente:

La guerra revolucionaria de 1895, mejor organizada que la del 68 y bajo la dirección de representantes de las capas medias y del campesinado, puso al borde de la derrota al Estado colonial y lo hubiera logrado con las solas fuerzas del pueblo cubano, de no mediar la intervención de Estados Unidos que declaró la guerra a España y la puso fuera de combate en pocos meses.[18]

Así son los comunistas de contradictorios, al enjuiciar los hechos históricos. Lo hacen según las conveniencias del momento, sin preocuparles, para nada, el ser fieles a la verdad.

IX - EL SOCIALISMO DURANTE LA INTERVENCION NORTEAMERICANA.

Durante la intervención americana se efectuaron dos elecciones: una, para elegir los Delegados a la Asamblea Constituyente, el 15 de septiembre de 1900 y, otra, para elegir a los mandatarios de la futura República, el 31 de diciembre de 1901.

El poeta socialista Diego Vicente Tejera fundó dos partidos políticos, con el propósito de participar en ambas elecciones. Para la primera, el Socialista Cubano. Para la segunda, el Popular Obrero. Sus esfuerzos no fueron coronados por el éxito. Por el contrario, fracasó en ambos empeños.

Diego Vicente Tejera funda el Partido Socialista Cubano en una reunión que efectúa el 3 de abril de 1899 en el Teatro Irijoa, hoy conocido con el nombre de Martí. Su programa recoge las ideas socialistas francesas, que los marxistas califican de utópicas y anticientíficas. No logra despertar adhesión alguna, ni popular ni obrera. Este fracaso determina que los dirigentes obreros Ambrosio Borges y Felipe González Serraín lo abandonen. Un manifiesto, redactado por el propio Tejera, da cuenta de su disolución el 27 de agosto de ese mismo año. Se lamenta de no haber alcanzado el respaldo de los obreros.

Fracasado como socialista, trata de fundar otro Partido, ya sin ese nombre. Lo apellida Popular Obrero. Se esfuerza por ganarse la voluntad de los sectores que habían estado ausentes en su primer intento público. Para cautivar a los obreros, recoge en sus Estatutos las demandas de los trabajadores en ese momento: jornada de ocho horas, sindicalismo artesano e igualdad racial. En definitiva, no participa en los comicios de 1901, pues se une al retraimiento del candidato a la presidencia Bartolomé Masó.

Los marxistas nativos han pretendido encontrar su primer antecedente político en estos dos empeños frustrados de Diego Vicente Tejera. En esto, como en los demás, no se ajustan al rigor de lo acontecido.

La mentira, aunque se vista con la forma de lo categórico, es siempre imprecisa. Esto explica el por qué de la contradicción entre los historiadores del comunismo en Cuba, al fijar su primer antecedente político.

Blas Roca lo encuentra en el Partido Popular. Nos explica que "no se consideró prudente, bajo las condiciones de la ocupación militar norteamericana, ponerle el nombre Socialista". Esta cínica afirmación choca con el hecho de que el propio Diego Vicente Tejera había fundado, bajo la intervención norteamericana, un Partido con el nombre de Socialista, según hemos visto.

El comunista nativo Héctor de Arturo lo remite al Partido Socialista Cubano. Admite, sin embargo, que estaba "animado por un socialismo utópico y de corta vida, pero cuya creación constituye un precedente importante".[20]

Lo cierto es que ni el uno ni el otro constituyen precedente del marxismo en Cuba, pues el uno y el otro estaban impregnados de las ideas "utópicas", sin relación alguna con el marxismo.

X - FRUTO DE LAS DOS ELECCIONES CELEBRADAS BAJO LA INTERVENCION: LA REPUBLICA.

La elección de 1900 dio la primera Constitución de la República de Cuba. En su parte dogmática, consagraba los derechos individuales y, en su parte orgánica, organizaba las nuevas instituciones bajo el sistema representativo de gobierno, emanado de la voluntad popular. Nada de socialismo había en esa Constitución.

Terminada esta labor, los asambleístas fueron forzados a sancionar un apéndice constitucional, que se llamó la Enmienda Platt. Admitía la intervención de los Estados Unidos en asuntos internos de Cuba. Se dijo, era la garantía que se brindaba a los pactos concertados con España por el Tratado de París y constituiría una seguridad para la independencia nacional en aquellos tiempos de colonialismo. Se incorporó, en 1903, al Tratado Permanente entre los Estados Unidos y Cuba hasta su abrogación en 1934 por un pacto bilateral.

La solución del status político de Isla de Pinos, se pospuso. Más tarde, el Tratado Hay Quesada reconocería el derecho de Cuba sobre Isla de Pinos. Pero su ratificación por el Senado de los Estados Unidos, quedaría demorada hasta 1925.

La elección de 1901 permitió escoger al pueblo cubano sus mandatarios, para que ostentaran la representación de la República. El presidente electo fue Don Tomás Estrada Palma.

Este proceso, durante el cual se forjó el nacimiento de la República, fue juzgado por Blas Roca en los términos siguientes:

Durante la intervención norteamericana, y bajo su tutela, se constituyó un nuevo Estado en Cuba que, a pesar de todas sus limitaciones, representaba un grandísimo paso de avance con relación al Estado colonialista y feudal destruido por la Revolución.

El nuevo Estado se constituía sobre el principio básico de la independencia nacional, del derecho de los cubanos a gobernarse por sí mismos, a votar sus propias leyes según el concepto de que todos los poderes públicos dimanan del pueblo.[21]

Era la opinión de los comunistas nativos, en 1943, sobre este momento de nuestra historia. No sería la misma, mucho después, cuando el régimen de Fidel Castro reeditó el libro de Blas Roca, en 1961.

Por sobre estas opiniones contradictorias, y por tales, inatendibles, lo cierto es que tras un azaroso proceso de gestación, nacía la República de Cuba. Se producía en medio de un raro concierto de sentimientos distintos: de viva alegría y extraña pesadumbre. El primero lo describe nuestro inmortal novelista Carlos Loveira y Chirino. Señala que "veíamos brillar con los albores de la nueva centuria, el glorioso amanecer de la soñada libertad". El segundo lo alimentaba un sub-consciente de frustración nacional. Tenía su expresión en la Enmienda Platt, que pesaba sobre nuestra soberanía.

1 Martí, **Obras completas**, t. 53, pp. 57 a 65. Ed. Trópico. La Habana.
2 Ibid., t. I, p. 1517. Ed. Lex. La Habana.
3 Ibid., t. I, pp. 943 y 1832, t. II, pp. 412 y 443. Ed. Lex.
4 Ibid., t. II, pp. 454 y 1102, t. 11, p. 59, y t. 33, p. 232.
5 Ibid., t. I, p. 1333 y t. II, p. 211. Ed. Lex.
6 Ibid., t. I, pp. 1537 y 1612. Ed. Lex. Martí, Granos de Oro, p. 16.
7 Ibid., t. 4, p. 226, Ed. Trópico. t. XXII, p. 134 y t. VI, p. 83. Ed. Lex.
8 Ibid., t. II, p. 423. Ed. Lex.
9 Ibid., t. 9, p. 217, t. 48, p. 187, Ed. Trópico y t. I, p. 555. Ed. Lex.
10 Ibid., t. 3, p. 177, t. 5, p. 14, y t. 41, p. 167. Ed. cits.
11 Ibid., t. 4, p. 196, t. 7, pp. 169 y 171, t. 9, p. 162, t. II, p. 493. Ed. cits.

12 P. Luis Les Nouvelles Literaires
13 Joaquín Ordoqui. **Elementos para la historia del movimiento obrero en Cuba.**
14 Blas Roca. **Los fundamentos del socialismo en Cuba**, p. 92.
15 Revista **Mella**, No. 285, p. 12.
16 Blas Roca. **Los fundamentos del socialismo en Cuba**, p. 92.
17 **Ibid.**, ed. 1942, p. 89.
18 **Ibid.**, p. 59.
19 **Ibid.**, p. 92.
20 **Revista Mella**, No. 285, p. 17.
21 **Op. cit.**, 1ra. edición, pp. 89 y 90.

CAPITULO II
AURORA DE LA REPUBLICA
(1902 - 1917)

I - Al comienzo de la República. II - La huelga de los aprendices. III - El Partido Obrero de Cuba y el supuesto Partido Obrero Socialista. IV - La intervención americana: A) Huelgas de la Moneda. B) El Partido Socialista Obrero. V - El Gobierno de José Miguel Gómez. Inmigraciones de anarquistas españoles. La rebelión de los racistas. La Ley de 8 horas. VI - Actividades políticas de los socialistas durante el primer período de Menocal. VII - Nacimiento de la conciencia de unidad entre los trabajadores. El Centro Obrero. Primer Congreso Obrero Nacional.

I - AL COMIENZO DE LA REPUBLICA.

Era el 20 de mayo de 1902. Se izaba por primera vez, en los mástiles del territorio cubano, la enseña de la estrella solitaria, la que brillaba en medio del triángulo rojo, cuyos ángulos representaban la trinidad ideológica de la Revolución Francesa: Libertad, Igualdad y Fraternidad.

La República de Cuba traspasaba los umbrales de la ocupación americana, para entrar en el concierto de las naciones libres, dentro de un mundo que ofrecía la sensación de lo estable y seguro. Su figura simbólica llevaba en su cabeza el gorro frigio, emblema de las ideas de libertad.

Los cubanos la saludaban con dos sentimientos y perspectivas diferentes. La gran mayoría vibraba de júbilo. Sus afanes se tendían a una esperanza. Su firmeza la asentaba en la democracia liberal y económica. Una parte minoritaria mostraba un abatimiento "realista", con una perspectiva escéptica. Este realismo se nutría, en lo filosófico, del positivismo postulado por Enrique José Varona, el planificador de la enseñanza pública cubana durante la ocupación militar norteamericana.

El positivismo alardeaba de tomar la realidad, según ella era. Le faltaba la vibración de lo mítico y creaba, de consiguiente, un vacío ideológico. Secaba la savia de los valores espirituales, al tiempo que abonaba el terreno para las simientes del materialismo ateo.

Varona rechazó, por exagerada la interpretación materialista de la historia de Carlos Marx, en un artículo que tituló: "¿Abriremos los Ojos?", publicado en 1906. En él nos dice: "La teoría marxista que hace depender toda la evolución social del factor económico, no es sino una exageración de un hecho cierto".

Las figuras europeas con vigencia, dentro del ámbito intelectual de la época, en Cuba, eran Spencer, Renan y Taine, generación positivista dentro de la cual se habían engendrado los Vogt, Marx, Engels y Lassalle.

El marxismo no había bajado a los estrados populares. Es más, algunos de sus expositores entre los obreros, como Baliño y Martín Veloz, no eran aún marxistas militantes.

En la literatura se producía lo que pudiéramos llamar un romanticismo patriótico, donde se exhaltaban los valores épicos de nuestras gestas libertadoras. A fines de la primera década de la República afloraba ya un sentimiento de inconformidad con el estado de cosas existente. Se produce en la generación que no había participado en las guerras de independencia.

El primer síntoma toma la forma de un idealista que se coloca frente a "La Conjura"[1] de una sociedad sin ideales. La expresión se va tornando brava, dejando, en su decantación, un fondo demoledor. Le suceden obras literarias que son todo una diatriba contra los politiqueros sin escrúpulos. Así va naciendo un realismo, que deforma la realidad, valga la paradoja, pues solo destaca el lado más sombrío.

De una "España Invertebrada", con "una embriogenia defectuosa", al decir de Ortega, nacía la nación cubana, con sus inevitables taras hereditarias. De entre ellas, tal vez la más nociva, "el particularismo".

El estado general del país era deplorable, pues la riqueza había sido arruinada y mermada la población como consecuencia de casi un siglo de lucha por la independencia. Se abría una etapa de reconstrucción. Esta se realizaba con capital extranjero, especialmente norteamericano.

El debate político no discurría por la vertiente de las ideas. Casi todos decían profesar la ideología liberal.

En las tribunas públicas no se debatía sobre sistemas ideológicos. Solo se hablaba de conductas pasadas y de ideas concretas sobre un tema dado. Todo era formal. Unos se llamaban liberales, eran los populacheros. Otros se llamaban conservadores, eran los más moderados.

Los protagonistas de la política eran los "Generales y Doctores", según el acertado título de la novela de Carlos Loveira. Con más rigor, podríamos decir que eran más generales que doctores. Vivíamos bajo su autoridad. El pueblo creía en ellos. Mal que bien, en ellos había puesto su fe.

Las asociaciones obreras se habían ido desarrollando y creciendo en espíritu militante. Sus afanes eran estrictamente de carácter económico, que los comunistas califican de "economistas". Las organizaciones eran, en su gran mayoría, como en el siglo anterior, de tipo gremial.

En medio de este escenario de ideas y actitudes comenzaban a soplar los vientos de fronda del socialismo. No era el de Marx y Engels. Era más que nada, el de Bakunin y Kropotkin. Sin embargo, el socialismo continuaba siendo una sola y misma cosa, para la generalidad de los cubanos.

Las diferencias eran más bien de matices y de modos, sin que se estableciera una distinción teórica adecuada. A los ímpetus furiosos de los anarquistas se oponían los socialistas moderados, los que postulaban una lucha realista por pequeñas y graduales reformas. Podrían llamárseles reformistas o bernstenianos, si hubieran conocido a Bernstein.

Entre los políticos, por oficio y con poco éxito, hubo algunos que se autotitularon socialistas. Su socialismo no se parecía a ninguno conocido. En todo caso, podríamos calificarlos de utópicos, si no de utilitarios. Muchos de los pocos, lo eran solo de nombre. Loveira personificó a uno de ellos, del que dijo: "Es el gran socialista. Por más que en su vida va a un centro obrero y vive en el Prado".

II - LA HUELGA DE LOS APRENDICES.

Apenas se había inaugurado el gobierno de Don Tomás Estrada Palma, cuando acaeció la primera huelga de la República. Se llamó de los aprendices. Fue una explosión de los sentimientos nacionalistas, contra los capataces españoles de las fábricas de tabacos que miraban con aversión a los trabajadores cubanos.

Se originó porque los capataces españoles rehusaban darle empleo a los cubanos en las tareas de escogida y despalillo del tabaco. Comenzó en los talleres de "Villar y Villar", el primero de noviembre de 1902. De inmediato se unieron los trabajadores de las treinta y dos fábricas de tabacos y cigarros de la empresa norteamericana Havana Commercial. Después se les adhirieron los portuarios y los tranviarios, lo cual produjo la paralización del transporte en La Habana.

La huelga tomó caracteres tumultuarios. La policía intervino, para reprimir violentamente las manifestaciones y actos de calle. El alcalde de La Habana, Juan Ramón O'Farrill destituyó al Jefe de Orden Público. Esta conducta se estimó como un acto de simpatía del alcalde con los huelgustas, lo que motivó que lo separaran de su cargo. Idéntica medida tomaron contra el Secretario de Gobernación, Diego Tamayo, que lo había apoyado.

Fue necesario la mediación del Generalísimo Máximo Gómez. Su autoridad indiscutida logró que los propietarios de las fábricas de tabacos y cigarros aceptasen un laudo que solventaba las demandas de los trabajadores.

A esta huelga estuvo muy ajeno el socialismo. Sus motivaciones le eran muy extrañas. Si alguna lección podemos extraer de esta página del movimiento obrero cubano fue que los trabajadores actuaron por su cuenta en el reclamo de sus intereses particulares, sin mixtificaciones políticas.

III - EL PARTIDO OBRERO DE CUBA Y EL SUPUESTO PARTIDO OBRERO SOCIALISTA.

Los obreros, en general, eran opuestos a la creación de partidos de clase que lucharan por la conquista del poder político. Desafiando este sentimiento, José Rivas fundó una organización política que llamó Partido Obrero. Se proponía concurrir a las elecciones parciales de 1904. Entre los fundadores estaban también Cándido Ruiloba y Carlos Baliño. El resultado fue el previsible: feneció por falta de prosélitos.

Al año siguiente, fundó Carlos Baliño el "Club de Propaganda Socialista", en La Habana. Su actividad fue totalmente intrascendente, debido a la baja preparación teórica de sus participantes y a la frialdad con que fue acogido.

Mezclando los dos hechos anteriormente señalados, ha dicho Blas Roca que "en 1905, ante la insistencia de Baliño y del Club Reformista, este Partido (el Partido Obrero de Cuba) abrazó abiertamente la doctrina marxista, declaró su solidaridad con el programa de la Internacional y adoptó el nombre de Partido Obrero Socialista".[2]

En verdad, no existe antecedente oficial alguno sobre la existencia de este partido en aquella fecha. Ni con carácter nacional ni con carácter local. Aceptando, a gratia arguendi, que hubiera existido, no cabe la menor duda de que no alcanzó reconocimiento oficial. La causa no puede ser otra que tuvieron muy poco séquito.

La única explicación lógica, para este esfuerzo frustrado, es el deseo de Baliño por concurrir a las elecciones en que se reeligió Don Tomás Estrada Palma. Pero tal propósito no aflora de lo expresado por Blas Roca.

La supuesta adhesión del hipotético partido a la Segunda Internacional, afirmada por Blas Roca, no abona en favor de sus antecedentes marxistas. De todos es sabido que el programa de la Segunda Internacional "no fue netamente marxista" y que "dio cabida en su seno a los oportunistas y revisionistas, que se apoderaron de su dirección", según lo ha reconocido expresamente la prensa oficial del Partido Comunista de Cuba.[3]

De lo único que existe antecedente es de la constitución de un partido local en el término municipal de Manzanillo, en la Provincia de Oriente, con el nombre de Partido Socialista Obrero, en 1906. Lo fundó Agustín Martín Veloz, conocido por "Martinillo", quien decía haber sido diputado socialista en España.

Como se advierte, grandes han sido los esfuerzos de los comunistas nativos para tratar de retrotraer sus antecedentes, buscándole una raíz criolla a su Partido. En este camino no han dudado en tejer la mentira con la verdad, más la mentira que la verdad, en cuyo arte han resultado verdaderos maestros.

IV - LA INTERVENCION AMERICANA. A) HUELGAS DE LA MONEDA. B) EL PARTIDO SOCIALISTA OBRERO.

Tras el primer gobierno de la República se produjo la primera intervención norteamericana, al amparo de la Enmienda Platt. La solicitó el Presidente Don Tomás Estrada Palma. La forzó con su renuncia y la del vice-presidente unida a la negativa del Congreso a dar quórum para elegir el sustituto constitucional. El gobierno quedó acéfalo y los Estados Unidos tomaron el mando de la Isla el 19 de septiembre de 1906. Durante la nueva intervención, procede señalar, Charles Magoon dio lecciones sobre corrupción administrativa a los cubanos al instaurar el despilfarro y crear la "botella".

Don Tomás Estrada Palma solicitó la intervencicón americana, ante el peligro inminente de una grave perturbación del orden público. El Partido Liberal que se había abstenido de participar en las elecciones de 1906, se había alzado contra el gobierno. Fue su reacción contra los abusos de poder y los fraudes electorales, con los cuales se había asegurado la reelección de Don Tomás Estrada Palma. Era la primera manifestación en la política de "la táctica de acción directa, que 'le es aneja al particularismo', según la aguda observación de Ortega.

A) Las Huelgas de la Moneda.

Durante la intervención americaan acontecieron una serie de huelgas en varios sectores laborales, motivadas por un interés estrictamente económico. La mayoría de los salarios se pagaban en monedas españolas y francesas, que entonces tenían circulación oficial. Las mismas se habían devaluado con motivo de la circulación de la moneda norteamericana. Los obreros reclamaron que se les pagaran sus salarios en moneda norteamericana. Por esto, se llamaron Huelgas de la Moneda.

La que acaparó el nombre fue la huelga de los tabaqueros que comenzó, por la fábrica "Hijos de Cabañas y Carvajal", el día 20 de febrero y terminó el 15 de julio de 1907.

Grandes movimientos se siguieron a lo largo de la Isla. No hallaban camino ni traza de ponerles término. Vino a La Habana el dirigente de la Federación Americana del Trabajo (AFL), Samuel Gompers, para mediar en el conflicto. Al fin, terminaron con la satisfacción de lo reclamado. En todo aquello fue decisiva la participación del Interventor, Charles Magoon, quien se mostró partidario de aceptar lo demandado por los huelguistas.

Los comunistas han afirmado que Joaquín Valdés y Carlos Baliño, después fundadores del Partido, participaron en estos movimientos. Es posible. Pero el hecho no anota nada en favor de la militancia marxista de los mismos. En todo caso, acusa una desviación "economista", tan criticada por los comunistas. Estas ideas eran, justamente, las que prevalecían en la época.

B) El Partido Socialista Obrero.

Tan pronto como pudo, el gobierno interventor celebró elecciones para devolverle a los cubanos el poder político del país. El primero de agosto de 1908 se efectuaron las elecciones municipales y el 14 de noviembre del mismo año, las generales.

A fin de concurrir a esas elecciones, "el Partido Obrero Socialista y la Agrupación Internacional Socialista se fundieron el 13 de noviembre de 1907, para constituir el Partido Socialista de Cuba".[4] Esto ocurría en La Habana.

Mientras tanto, en Manzanillo, el Partido Socialista, que había fundado Martín Veloz, concurría a las elecciones parciales convocadas por el Gobierno Interventor. Postuló como alcalde a Juan Mujica. Fue derrotado por Carlos Bertot. Solo pudo elegir a dos concejales, demostrando así el escaso respaldo popular con que contaba.

El hecho de que las elecciones hubieran sido convocadas y efectuadas por el gobierno interventor de los Estados Unidos no fue un obstáculo para que Martín Veloz inscribiera su Partido Socialista y concurriera a las mismas. De manera que el falso escrúpulo, señalado por Blas Roca, para "ponerle el nombre Socialista", "bajo las condiciones de la ocupación norteamericana", había desaparecido; aunque, según vimos, no había sido así. El supuesto obstáculo lo rompía nada menos que, quien sería, después, uno de los promotores del comunismo en Cuba.

V - EL GOBIERNO DE JOSE MIGUEL GOMEZ. INMIGRACIONES DE ANARQUISTAS ESPAÑOLES. LA REBELION DE LOS RACISTAS.

En las elecciones generales resultó triunfante el Partido Liberal, que llevaba como candidato a la presidencia al General José Miguel Gómez. Tomó posesión el día 28 de enero de 1909, aniversario del natalicio de Martí.

Por este tiempo, inmigró un número apreciable de anarquistas españoles. Fue tras la llamada Semana Trágica de Barcelona, en 1909, durante la cual fueron quemados conventos e iglesias por los anarquistas de Ferrer y otros elementos radicales. Muchos de ellos contribuyeron, más tarde, a difundir las ideas y métodos de lucha de los anarquistas entre los cubanos.

No queremos pasar por alto la sublevación racista en Oriente. Evaristo Estenoz, Eugenio Lacoste y Gregorio Surín, habían formado una agrupación política que llamaron Partido Independiente de

Color. Se proponían crear una República aparte en la provincia más oriental de la Isla, para los hombres de piel oscura. A esta manifestación escisionista de la nacionalidad le hizo frente el senador Morúa Delgado, quien logró la aprobación de una ley, según la cual se prohibía la constitución de partidos políticos de razas. Esto molestó a Ivonet y Estenoz, quienes encabezaron una sublevación que fue reprimida en forma sangrienta.

Anotamos el hecho, porque es el antecedente histórico de la absurda pretensión del comunista Martín Castellanos, quien trataría de fundar la llamada Franja Negra de Oriente, después de la revolución contra Machado. Denota, además, el particularismo racial que tratarían de estimular los comunistas, con fines de disociación.

También resulta interesante el registrar que durante el gobierno de José Miguel Gómez, se aprobó una ley estableciendo la jornada máxima de ocho horas, a iniciativa del Representante a la Cámara Ambrosio Borges, y una ley sobre el jornal mínimo por iniciativa de Valdés Infante. Era un signo de como avanzaba la legislación laboral cubana, sin el concurso de los marxistas revolucionarios.

VI - ACTIVIDADES POLITICAS DE LOS SOCIALISTAS DURANTE EL PRIMER PERIODO DEL GENERAL MENOCAL.

Las actividades políticas de los socialistas se mantuvieron inadvertidas durante el primer período de gobierno del General Mario García Menocal. Sólo hacen memoria a la fundación de una Asociación Socialista y la celebración de un congreso bakunista.

Un grupo de socialistas libertarios y reformistas fundaron, por aquel entonces, la llamada Asociación Socialista de La Habana. Eran los tiempos del delirio kropotkinista, con toda su propaganda sugestiva.

Allí se difundían las ideas del sentimental príncipe ruso Pedro Kropotkine, contenidas en su libro Conquista del Pan; Las ideas de Bakunin, recogidas en sus libros Dios y el Estado y Socialismo, Federalismo y Antiteologismo. También las de Hamon, expresadas en su libro Psicología del Socialismo Anarquista.

En esta Asociación, donde predominaban ideas ajenas al marxismo, figuró Carlos Baliño. En definitiva, se diluyó en medio de la mayor indiferencia pública.

Un acontecimiento de mayor importancia fue el congreso de bakuninistas, efectuado en el Término Municipal de Cruces, en la provincia de Las Villas. Fue organizado por el anarquista español Abelardo Saavedra. Tuvo cierta resonancia, más que nada, debido al carácter tumultuario del mismo.

VII - NACIMIENTO DE LA CONCIENCIA DE UNIDAD ENTRE LOS TRABAJADORES. EL CENTRO OBRERO. PRIMER CONGRESO OBRERO NACIONAL.

El movimiento obrero proseguía su marcha, en pos de reformas que mejorasen las condiciones laborales de la época. La necesidad de la lucha iba generando un sentimiento de solidaridad entre los trabajadores.

La fundación del Centro Obrero de La Habana prestó un gran concurso al desarrollo de ese sentimiento, hasta convertirse en un estado de conciencia. Allí, en Egido No. 2, se reunían distintos gremios para discutir sus problemas y arribar a conclusiones.

La mayoría de los dirigentes de los trabajadores era reformista. Confiaban en que irían conquistando ventajas gradualmente, hasta lograr el ideal apetecido de bienestar. De donde se sigue que no aspiraban a modificar el sistema socio-económico imperante.

Los dirigentes socialistas, que sí lo pretendían, estaban bajo la influencia del anarquismo o del socialismo reformista, las dos corrientes del momento. Ninguno, desde luego, tenía una filiación marxista revolucionaria. José Rego y Alejandro Barreiro, que después figurarían como fundadores del Partido Comunista, estaban poseídos por la fiebre acrática de entonces.

Respondiendo a la idea de vertebrar el movimiento obrero, se convoca el primer Congreso Obrero Nacional. Se inaugura el 28 de agosto de 1914. Lo preside el sindicalista reformista Pedro Roque. Asisten más de 1,200 delegados. Se acuerda reclamar que el 75 por ciento de los trabajadores de cada centro laboral sean nativos; que se cree una Secretaría del Trabajo; que se constituya un Instituto de Previsión y Reformas Sociales; que se estimulen las cooperativas de consumo; que se apruebe una Ley de Accidentes del Trabajo, que estaba sometida a la consideración del Congreso y, que se intensificara la lucha para obtener la sindicalización de todos los sectores obreros.

Todos los acuerdos, como se aprecia, eran reformistas y de un contenido "economista".

Tras este evento, se aprobó la Ley de Accidentes del Trabajo, iniciativa del representante a la cámara José Manuel Cortina. Por su parte, el Gobierno creó una Comisión de Asuntos Legales, con el propósito de recopilar la legislación obrera y redactar un Código del Trabajo. De esta época data la primera representación de Cuba a la Conferencia del Trabajo en Ginebra.

Los marxistas estuvieron tan ajenos a estos acontecimientos, que han procurado sepultarlos en el olvido. La historia, sin embargo, los yergue para señalar que las raíces de las actividades obreras en Cuba fueron muy ajenas al marxismo revolucionario.

Bajo la onda ferviente de aquellos aconteceres, los propósitos más arduos adquirirían un tinte de posibilidad netamente cubano y abrían rutas hacia el porvenir, con fuerte impulso de navegación que corta el viento.

1 Novela de Jesús Castellanos, publicada en 1908.
2 **Op. cit.**, 2a. edición, p. 93.
3 **Periódico Hoy**, La Habana, 20 de septiembre de 1964.
4 Periódico **Granma**, 27 de diciembre de 1966, Habana, p. 2.

**CAPITULO III
DE RUSIA A CUBA
(1917-1925)**

I - La Revolución de Febrero y la Revolución de Octubre.. II - Los sueños de conquista universal. La Tercera Internacional. Bosquejos de sus primeros congresos. Estrategia y tácticas. Los primeros partidos comunistas en América Latina. III - Primeras noticias sobre la Revolución de Octubre en Cuba. Su influencia en la opinión pública cubana. Panorama del estado de la conciencia nacional. IV - El segundo período del General Menocal. A) Primer mensaje de solidaridad con la Revolución de Octubre. B) Segundo Congreso Obrero Nacional. C) Federación Obrera de La Habana. D) Partidos socialistas vigentes. V - El movimiento obrero durante el gobierno de Zayas. A) Sabotaje de La Polar. B) Constitución de la Hermandad Ferroviaria de Cuba, y la huelga de los 21 días. C) Tercer Congreso Obrero Nacional. VI - Primera celebración oficial de la Fiesta del Trabajo en Cuba. VII - Ex-diputado socialista de España informa en Cuba sobre la Revolución de Octubre. VIII - Movimiento de Reforma Universitaria. Toma de posesión del nuevo Rector. Visita del profesor Arce. Creación de la Federación de Estudiantes. Creación de la Asamblea Universitaria. IX - Protesta de los Trece. El Grupo Minorista. X - Primer Congreso Nacional de Estudiantes. XI - Actividades de Mella como agente comunista; A) La revista Juventud. B) Visitas a las fábricas. C) Universidad Popular José Martí. D) Mitin anti-fascista. E) Federación Anti-Clerical de Cuba. F) Liga Anti-Imperialista. G) Instituto Politécnico Ariel. H) Primero de mayo de 1925. XII - Las primeras Agrupaciones Comunistas.

I - LA REVOLUCION DE FEBRERO Y LA REVOLUCION
   DE OCTUBRE.

Rusia vivía bajo el imperio del caos al comenzar el año 1917. Los soldados rusos se resistían a continuar peleando. Derrotados por los alemanes, hambrientos, cubiertos de harapos, desertaban del frente de guerra y volvían a sus hogares. El 27 de febrero, según el calendario Juliano, el 12 de marzo, según nuestro calendario Gregoriano, las tropas rusas apoyaron un levantamiento de los trabajadores en Petrogrado, hoy Leningrado, entonces capital del Imperio. El Zar, Nicolás II, trató de abdicar en favor de su hermano, el Gran Duque Miguel. Mas no fue aceptado exigiéndosele que lo hiciera incondicionalmente. Un Comité de la Duma y del Soviet de Petrogrado designó un gobierno provisional encabezado por el príncipe Jorge P. Lvov. Lenin estaba en Austria; Trotski, entonces menchevique, y Bujarin, en New York. A los bolcheviques y a los protagonistas más salientes de la Revolución de Octubre les había tomado por sorpresa la revolución. Lenin regresó a Rusia en los célebres vagones sellados, que viajaron a través de Alemania, de acuerdo con las autoridades germánicas.

Los gobiernos se sucedían unos a otros. Cada uno menos estable que el anterior. Habían transcurrido ocho meses y todavía no había concluido la guerra. El gobierno insistía en proseguirla. En cambio, los bolcheviques agitaban con los lemas "Paz, Pan, Tierra y Libertad" y "Que termine la Guerra". Prometían terminarla, que era lo que el pueblo reclamaba. Tras las "jornadas de julio", durante las cuales fueron aplastados los bolcheviques, se constituyó un nuevo gobierno presidido por Alejandro Kerenski. El general contrarrevolucionario Kornilov pretendió derribarlo. Esto creaba una grave crisis militar. Crecía el descontento. A los dos días de haber reorganizado Kerenski su gabinete, el 10 de octubre, el Comité Central del Partido Bolchevique acordó la insurrección armada.

El 7 de noviembre de 1917 (el 25 de octubre, según el viejo calendario ruso) amanece Petrogrado en medio de un clima de tensión y desconcierto. Guardias rojos toman las estaciones de ferrocarril, las centrales de correos y telégrafos, los ministerios y el Banco de Estado. El Comandante en Jefe de la región de Petrogrado informa abatido al Cuartel General y al mando supremo del frente Norte: "No se cumple ninguna clase de órdenes. Los "junkers" entregan las guardias sin resistencia; los cosacos, a pesar de una serie de órdenes en contrario, no han salido hasta ahora de sus cuarteles". Kerenski sale de la ciudad, con la esperanza de tomar el mando de las tropas del frente Norte para reconquistar a Petrogrado. El Gobierno Provisional se ha refugiado en el Palacio de Invierno, defendido por "junkers", alumnos de escuelas militares, el "batallón de la muerte", integrado por mujeres, cinco carros blindados y algún que otro voluntario.

A las diez de la mañana, el Comité Militar Revolucionario, publica un llamado "A los ciudadanos de Rusia". Dice: "El Gobierno Provisional ha sido derrotado. El poder del Estado ha pasado a manos del Comité Militar Revolucionario...".

A la noche, los cañonazos del crucero Aurora caen sobre el Palacio de Invierno. A las dos horas diez minutos de la madrugada del 7 al 8 de noviembre, la bandera roja ondea en lo alto. Ha triunfado la "gloriosa Revolución de Octubre".

En la noche del mismo día 8, el nuevo régimen aprueba el decreto sobre la paz. Es el que da origen al tratado de Brest Litovsk, según el cual Rusia se rinde a los alemanes.

Todo esto acontecía días antes de que se efectuaran las elecciones convocadas para elegir los delegados a una asamblea constituyente. Lenin no se atrevió a suspenderlas, pues las había demandado en el programa de su partido. El resultado le fue adverso. Los bolcheviques solo obtuvieron el 25% de los votos emitidos. No obstante lo cual permanecieron en el poder.

Apenas la Asamblea hubo abierto sus sesiones, un decreto del titulado Consejo de Comisarios del Pueblo la disolvió. Lenin explicó la disolución diciendo que "el pueblo no ha terminado todavía de comprender del todo la Revolución de Octubre".[1] Al mismo tiempo advertía que "mientras exista Kaledin y mientras la consigna 'Todo el poder a la Asamblea Constituyente' encubra la consigna 'Abajo el Poder soviético', no se podrá evitar la guerra civil; ¡por nada en el mundo entregaremos el Poder soviético!"..[2] "La Asamblea Constituyente se disuelve y la República soviética revolucionaria triunfará pese a todo".[3]

Lenin había desatado la guerra civil, forzando la sublevación de los cadetes (los miembros del Partido Constitucional-Demócrata) y de Kaledin. Le sirvió de pretexto para sistematizar el terror contra quienes se oponían a su dictadura. Así comenzaba, en Rusia, la llamada "dictadura del proletariado", en la cual los proletarios sólo están presentes para ser explotados por una burguesía intelectual que todo lo absorbe y que había renegado de sus propias consignas al no dar paz a la nación, pan al pueblo, tierra a los campesinos ni libertad a sus ciudadanos.

II - LOS SUEÑOS DE CONQUISTA UNIVERSAL. LA TERCERA INTERNACIONAL. BOSQUEJO DE SUS PRIMEROS CONGRESOS. ESTRATEGIAS Y TACTICAS. LOS PRIMEROS PARTIDOS COMUNISTAS EN AMERICA LATINA.

No satisfechos con haber conquistado el poder en Rusia, Lenin y Trotski se aprestaron a extender el imperio moscovita más allá de sus fronteras, levantando el mito de la revolución. La guerra civil no constituyó un obstáculo a la organización de los sueños de conquista universal. A este efecto, se fundó la Tercera Internacional el 10 de marzo de 1919. Esta fue la fecha oficial. En realidad, había nacido el 25 de octubre del año anterior, según el artículo de Lenin, publicado en el primer número de Internacional Comunista.[4]

Su objetivo, "luchar tenazmente contra la 'Internacional' de Amsterdam",[5] y sujetar, dentro de la estricta disciplina moscovita, a todos los movimientos revolucionarios que miraban hacia Rusia como el primer país que había realizado una revolución socialista.

El manifiesto del Primer Congreso de la Tercera Internacional proclamaba el comienzo de "una nueva era revolucionaria". La intención inmediata era fomentar una rápida sucesión de revoluciones en Europa, "hacer que la hoguera revolucionaria prenda en Europa".[6]

Lenin apuntó las metas de su estrategia con esta frase: "Primero tomaremos Europa Oriental, luego las masas del Asia. Entonces rodearemos a los Estados Unidos, que será el último bastión del capitalismo. No tendremos que atacar. Caerá en nuestras manos como una fruta pasada de madura".

De acuerdo con esta decisión, bajo la directa inspiración del Primer Comisario de Guerra, León Trotski, reclutó Zinoviev agentes consejeros políticos. Destinó al después renegado Manabentra Nath Roy, indio nacido en Bélgica, quien había vivido de 1915 a 1917 en Estados Unidos, para el centro de América, con residencia en México, y al japonés Katayama para el Sur de América.

Tras sus primeros esfuerzos y sus informaciones del panorama latinoamericano, Lenin convocó el Segundo Congreso, celebrándose entre el 17 de julio y el 7 de agosto de 1920. Allí se acordaron los famosos 21 requisitos que se exigirían a todos los partidos socialistas que se afiliaran a la Tercera Internacional.

De entrada, decía: "Deben ajustarse al programa y a las decisiones de la Tercera Internacional".[7] Los partidos "deben cambiar de nombre" y "llamarse Partido Comunista de tal país".[8]

La tercera de las condiciones era un pronóstico: "En casi todos los países de Europa y América la lucha de clases está entrando en la fase de la guerra civil". Por ello, recomendaba: "En todas partes deben crear un aparato paralelo ilegal, que en el momento decisivo ayude al partido a cumplir con su deber para con la revolución. En todo país donde, a consecuencia de la ley marcial o de otra ley excepcional, los comunistas no puedan desarrollar sus labores legalmente, es absolutamente necesario que realicen una labor que combine aspectos legales e ilegales".

Lenin trazó personalmente la estrategia de conquista. Allí quedó descrito el camino a seguir por los partidos comunistas afiliados a la Tercera Internacional. Señaló las etapas a recorrer en las colonias y países atrasados, en las conocidas "Tesis y adiciones sobre las cuestiones colonial y nacional". Fue muy preciso al exigir: "La revolución en las colonias y en los países atrasados, en su primera fase, no puede ser jamás una revolución comunista".

Reconocía que "Los Estados y Naciones atrasadas..., crean a todos los Partidos Comunistas la necesidad de ayudar al movimiento de liberación democrático-burgués de estos países".

Esa "ayuda" sería, sin embargo, condicionada a la traición, pues "la Internacional Comunista no debe apoyar los movimientos nacionales democrático-burgueses en las colonias y en los países atrasados, sino a condición que los elementos del futuro Partido Comunista —y comunista no tan sólo de nombre— sean agrupados y educados en el espíritu de sus tareas particulares, una de las cuales es primordialmente, la lucha contra los movimientos nacionalistas democrático-burgueses de sus propias naciones".

No solo sería condicionada, sino temporal. La Tesis era categórica al decir: "debe concluir una alianza, solamente temporal, con los demócratas-burgueses de los países atrasados y de las colonias, pero sin fusionarse con ellos".

Lenin, en su discurso, planteó una revisión del marxismo para los países atrasados y colonias. Postuló el salto de la etapa del desarrollo capitalista, para llegar al comunismo. Era una manera de condenarlos a continuar siendo países atrasados, una vez que arribaran a la etapa del comunismo que él soñaba imponer en todo el mundo.

Al fin, el Congreso aprobó unas enmiendas presentadas por Manabentra Nat Roy. Consideró que hablar de un movimiento Democrático-Burgués, borraba toda diferencia entre movimiento nacional revolucionario y movimiento nacional reformista. De consiguiente, era necesario "tomar en consideración esta distinción, reemplazando así completamente la expresión Democrático-burguesa por la de Nacional Revolucionaria".

Pero las revoluciones y las guerras civiles no se efectuaron tal como las había previsto Lenin. Sus esfuerzos por extender el movimiento revolucionario a toda Europa habían fracasado. Lenin lo comprendió así. Los hechos dentro y fuera de Rusia lo forzaron a un retroceso táctico.

En lo interno crecía el descontento, la hambruna asolaba a la población. Días antes de que el X Congreso del Partido, adoptara la "Nueva Política Económica", Trotski tuvo que aplastar la sublevación de los marinos en Cronstadt, quienes reclamaban "todo el poder para los soviets", es decir, esgrimían la misma consigna con la que Lenin había asaltado el poder.

El Congreso tuvo que hacer frente a la "oposición obrera", calificándola de desviación anarco-sindicalista, a los "centralistas democráticos" y a los "comunistas de izquierda". Para dominar esta situación el Comité Central asumió todos los poderes. Centralizó aún más la dictadura. Todo lo cual fue base y pretexto para exterminar a sangre y fuego a los mencheviques y los anarquistas en Rusia.

En lo externo, habían sido aplastadas tres rebeliones spartaquistas. La que más desalentó a Lenin fue la de Alemania, donde el fracaso de la revolución socialista había culminado en la ejecución de

Rosa de Luxemburgo y Karl Liebknecht.

En medio de este clima fue convocado el Tercer Congreso de la Internacional. Se celebró del 26 de junio al 2 de julio de 1921. Sus acuerdos reflejaron los "dos pasos atrás".[8]

Lenin se encargó personalmente de abjurar de sus tesis del Segundo Congreso, donde había planteado la necesidad de una ofensiva permanente del proletariado contra la burguesía en todos los países. Trató de justificar ciertos acuerdos concertados con las potencias occidentales y la indispensable consolidación del socialismo en el único país donde había triunfado. Se impuso, así, sobre el criterio de Trotski, de proseguir la guerra revolucionaria a toda costa en el mundo.

Reconsideró la política sectaria de Moscú, que condenaba a todos los socialistas que no estuvieran dispuestos a cumplir ciegamente sus instrucciones. Esta, justamente, había sido una de las causas de sus fracasos en lo exterior.[9] La nueva táctica se conoció con el nombre de "las luchas por el trozo de pan".

Desde ese momento se advirtió que los partidos comunistas afiliados a la Tercera Internacional no serían otra cosa que marionetas de los amos del Kremlin, para colaborar en la ejecución de la política exterior de la Unión Soviética en sus respectivos países. Este propósito saltaba a la vista de la resolución final de este Congreso, la cual denunciaba "la conducta traidora de los partidos mencheviques que, en todos los países, con sus campañas contra la Rusia de los soviets y contra la política del Partido Comunista ruso, reforzaron la lucha de la reacción capitalista contra Rusia, pretendiendo retardar en el mundo entero la revolución social. El congreso mundial invita al proletariado de todos los países a situarse al lado de los obreros y de los campesinos rusos y a hacer de la revolución de octubre la realidad del mundo entero".[10]

No era, desde luego, una sorpresa. De esto jamás abjuraría Moscú. La misión de los partidos comunistas del mundo había quedado expuesta muy claramente en la sexta de las condiciones de la Internacional, cuando exigió que "todo partido que desee afiliarse a la Tercera Internacional debe renunciar no solo al declarado patriotismo social sino también a la falsedad e hipocresía del pacifismo social". Y en la décimo cuarta que dispuso "está obligado a prestar toda la asistencia posible a las Repúblicas Soviéticas en su lucha contra toda fuerza contrarrevolucionaria".

Para cumplir estas instrucciones, regresó Manabentra Nat Roy a México, en compañía de San Katheyama, ambos en calidad de "consejeros políticos".

El criterio de subordinación remarcado por el IV Congreso, celebrado en 1922, lo expresó Lenin, con total desenfado, en su discurso, al expresar que "los extranjeros deben dedicarse a realizar todo lo que hemos escrito acerca de la organización y de la constitución de los partidos comunistas, que suscribieron sin leer y sin comprender".[10]

En este propio Congreso y todavía en el Quinto, efectuado en 1924, se discutieron las consignas del gobierno obrero u obrero y campesino, la cuestión del movimiento combativo de masas de frente unido proletario y la política práctica a seguir. Los bolcheviques soviéticos la emprendieron contra quienes calificaron de "oportunistas de derecha" y de "ultra-izquierdistas", defendiendo las tesis oportunistas del Tercer Congreso.

Frutos en América de estos congresos fueron la constitución de varios partidos comunistas en este hemisferio y la afiliación a la Tercera Internacional de los partidos de Argentina, el 6 de enero de 1918; de Méjico, en 1919; de Estados Unidos, el 1º de septiembre de 1919; de Uruguay en 1920; los de Brasil, Chile y Guatemala en 1922 y, de Cuba en 1925.

Nos hemos detenido en el bosquejo de los acuerdos de estos primeros congresos de la Internacional, para comprender mejor la naturaleza de los partidos comunistas, su estrategia y sus movimientos tácticos. En rigor, sólo existe una estrategia: en lo nacional, capturar el poder; en lo internacional, servir a la Unión Soviética. Lo único que cambia es la táctica, adoptando una u otra forma de lucha con arreglo a los flujos, al ascenso o descenso de lo que ellos llaman la revolución. De ahí que los partidos comunistas, por sus fines y procedimientos, solo sean agencias soviéticas integradas por cipayos al servicio de Moscú.

III - PRIMERAS NOTICIAS SOBRE LA REVOLUCION DE OCTUBRE EN CUBA. SU INFLUENCIA EN LA OPINION PUBLICA CUBANA. PANORAMA DEL ESTADO DE LA CONCIENCIA NACIONAL.

Las primeras noticias sobre la Revolución de Octubre fueron imprecisas y oscuras. La prensa de La Habana dio cuenta del hecho, expresando que "el golpe de estado ruso sabía sido dirigido y subvencionado con recursos financiados por Alemania, a fin de eliminar a Rusia del conjunto de sus enemigos". La inmediata proposición de paz dio a la noticia una fisonomía de verdad.

La noticia fue eso, una noticia. Poco podía influir en una opinión pública, entonces, tan atenta a los acontecimientos de la Guerra Mundial. Es más, entre los propios socialistas reinaba gran confusión y vaguedad acerca de la "gloriosa" Revolución de Octubre.

El tiempo fue decantando los hechos. Para unos eran la imagen del caos chorreando sangre. Para otros, el "fantasma del comunismo",[11] tomando cuerpo, por primera vez, en un país del mundo.

Los comunistas libertarios gozaban de la noticia, como algo

propio. En parte era así, pues izaban la bandera roja y cantaban la Internacional. Todavía Lenin no los había ahogado en un mar de sangre.

La anatomía ideológica de Cuba era aún refractaria a la propagación de las ideas bolcheviques. Ni siquiera existía una inconformidad militante. Esta comenzó a manifestarse más tarde, una vez que hubo terminado la guerra mundial.

En ideas, no las había ni nuevas ni viejas. Sencillamente, no las había. El positivismo, una idea vacía de ideas, ocupaba, como real soberano, la plaza de la conciencia nacional.

Los vientos del positivismo se habían arremolinado en paganos fulgores o románticas quejumbres. De ellos se valdría el comunismo, para allanar el camino a sus ideas y enardecer el ánimo de la juventud.

Se notaba una especie de vacío. La guerra mundial había quebrado en el mundo los puntales de seguridad que habían sostenido, hasta entonces, lo edificado en lo político y social. Se hablaba, por una parte, de "la decadencia de Occidente"[12] y, por la otra, de "un nuevo orden de cosas".

Nos llegaban noticias de revolución. De Rusia. De Europa. También de México, la que había comenzado por una insurgencia política, al grito de "Sufragio efectivo y no reelección" y culminaba entonces en la promulgación de la Constitución de Querétaro.

Estos ecos de perturbación resonaban en una conciencia nacional que mostraba signos de no conformismo. Se advertía, más que nada, en la nueva generación que aspiraba a sustituir la autoridad de los generales por la de los doctores.

Este espíritu crítico se reflejaba en la literatura. Trasudaba insurgencia espiritual contra el presente; pero con esperanzas en el futuro.

Carlos Loveira, militante del socialismo reformista, nos hablaba, por boca de su personaje Ignacio García, del "fracaso del primer ensayo de la República". Arremetía contra "los generales de oficio y doctores sin clientela (que) se disputaban la presa con desesperaciones revolucionarias". Censuraba a quienes sus "rencores o pasiones confunden con ideales". Y criticaba a quienes triunfan en la política "traficando con el sufragio". Pero su Ignacio García, transigía, al fin, en un esfuerzo por defender a su pueblo, confiando en que sobre él descansaría el futuro de la Patria.

Loveira, es quien presenta por primera vez el personaje bolchevique en una novela, Los Ciegos, editada en 1923. Lo describe como un jacobino que delira "con definitivas reivindicaciones y arcaicos estados sociales", empeñado en lograrlos con una "revolución a la rusa". Observación que no le impide el que invite a pensar a quienes "están muy lejos para tomarle el pulso a la situación", a quienes "están ciegos".

Un sentimiento pesimista invadía el ánimo de muchos. Un pesimismo escéptico, que se tornaba cínico. Miguel de Carrión lo expresaba, por aquel entonces, en su novela "Las Impuras", al calificar las elecciones de "farsas" y hablarnos de que "esto se hallaba ya en estado preagónico", y en que pronto se desplomaría la República con estrépito.

El sufrido campesino del cañaveral, donde radicaba la base de la riqueza del país, arribaba a la literatura en "La Conjura de la Ciénaga".[13] Adulterando un tanto los hechos para construir una leyenda dramática, José Antonio Ramos nos presenta al cubano imprevisor, esquilmado por el latifundista extranjero, que ve desaparecer sus tierras en el terreno movedizo de una "Tembladera".[14] Su intención la explicaba en el prólogo. "Aspira nada más que a ofrecer el cuadro de la vida cubana contemporánea, en el que puede verse circunscrita a un sencillo drama de familia, la lucha del pasado con el porvenir, de nuestros vicios coloniales con nuestra fe republicana... Apartemos de nuestro lado, —dice— el pesimismo desesperado que desangra pero no nos entreguemos al optimismo ciego, que resta fuerza al trabajo".

Hasta ahora el proceso de nuestra vida republicana había sido "un encharcamiento progresivo", decía Varona. De ahí que se esforzara por drenarlo. Trataba, de que nuestras instituciones respondieran mejor a nuestras necesidades, recogiendo el eco del Ariel de Rodó, cuando nos hablaba del "irreflexivo traslado de lo que es natural y espontáneo en una sociedad al seno de otra". Era el germen de un sentimiento nacionalista que renacía, vigoroso e intransigente, y el cual dominaría las dos décadas subsiguientes de nuestra historia.

La interferencia política y económica de los Estados Unidos se iba convirtiendo en una especie de carga explosiva colocada en la gruta de las pasiones. Sólo faltaba la mecha y quien la prendiera.

El comunismo libertario y el sindicalismo reformista eran las formas revolucionarias de entonces, si así pueden llamarse. El bolchevique tenía, desde entonces, una connotación extranjera. La fiebre acrática había llegado a su más alto grado. El "particularismo", tan dado a la "acción directa", prendía en el sector obrero. Era natural en un pueblo como el cubano, pues el anarquismo es, en definitiva, la explosión vehemente de un apasionamiento por la libertad individual.

En medio de este panorama, el catolicismo comenzaba a reconquistar el terreno perdido durante los primeros años de la República.

Tal era, brevemente expuesto, el estado de la conciencia nacional, en cuanto a nosotros nos interesa, como preliminar al momento en que comenzaron a fundarse las primeras agrupaciones comunsitas.

IV - EL SEGUNDO PERIODO DE GOBIERNO DEL GENERAL MENOCAL. A) PRIMER MENSAJE DE SOLIDARIDAD CON LA REVOLUCION DE OCTUBRE. B) SEGUNDO CONGRESO OBRERO NACIONAL. C) FEDERACION OBRERA DE LA HABANA. D) PARTIDOS SOCIALISTAS.

Las elecciones presidenciales celebradas en 1916 fueron fraudulentas. La reacción no se hizo esperar. El Partido Liberal se alzó contra el gobierno. Este hecho fue condenado por el representante del gobierno norteamericano en Cuba, el Ministro González.

Acusó injustamente a los alzados de estar de acuerdo con las Potencias Centrales que estaban en guerra con los Aliados. El gobierno aplastó la revolución. Esta nueva manifestación de la "acción directa", ha sido conocida en Cuba como la Revolución de Febrero.

Apenas hubo sofocado el alzamiento liberal, el gobierno declaró la guerra al Imperio Alemán, el 7 de abril de ese año. Poco después se la declaró al Imperio austríaco. A partir de ese momento, el gobierno mantuvo un orden estricto en el país.

Al amparo de las medidas tomadas por el gobierno, con motivo del estado de guerra, fueron expulsados del país los dirigentes anarquistas extranjeros. También fueron detenidos muchos dirigentes anarquistas nativos.

A) El primer Mensaje de Solidaridad con la Revolución de Octubre.

Las medidas gubernamentales no contuvieron el desarrollo del movimiento obrero cubano. Se mantuvo firme en su espíritu de lucha. El Centro Obrero de Egido 2 era la sede de todas las organizaciones obreras controladas por los anarco-sindicalistas. De ellas, discrepan las controladas por los reformistas. Entre éstas, merecen señalarse la Asociación de los Torcedores, las organizaciones de Bahía y el Sindicato Fabril de Puentes Grandes.

A finales de la Guerra Mundial se produjeron algunas huelgas La más importante, la de la Bahía de La Habana que devino en una huelga general, a principios de 1919. El gobierno la reprimió violentamente. Al desalojar el Centro Obrero, se produjo un encuentro a tiros, donde perdió la vida el obrero Robustiano Fernández, lo cual encendió los ánimos levantiscos de los protestantes. Al fin, un laudo del general Menocal dio término a la huelga

En este clima cargado de pasiones, se efectuó un acto en el Teatro Payret, para celebrar el Primero de Mayo. Lo organizó el Comité Conjunto de Colectividades Obreras, en el cual estuvieron representados los anarco-sindicalistas reformistas. No así los bolcheviques, pues no existían. El evento se efectuó bajo una fuerte custodia de la policía. A propuesta de los anarco-sindicalistas se aprobó remitir un cablegrama de solidaridad y apoyo a Rusia. Eran los tiempos en que todavía los anarquistas defendían como suya la Revolución de Octubre, pues aún no habían sido liquidados por Lenin.

B) Segundo Congreso Obrero Nacional.

El Segundo Congreso Obrero Nacional, que se llamó el Primero, se celebró en La Habana en abril de 1920, en el local de Egido 2, esquina a Dragones, en La Habana. Asistieron algunos dirigentes reformistas; pero en su gran mayoría eran anarco-sindicalistas. Alfredo López compartió la Mesa Ejecutiva con Antonio Penichet, Marcelo Salina, Alejandro Barreiro y el entonces líder tabaquero José Bravo.

Sus relaciones discurrieron por la vertiente "economista", al reclamar que se aplicara la jornada de 8 horas, la supresión del pago a destajo, la remuneración paritaria para hombres y mujeres y las lecturas en las tabaquerías. Se pronunciaron contra el encarecimiento de la vida. Tocaron la cuestión política para condenar el intrusismo de Crowder. Y, tras una fuerte polémica, se acordó enviar un mensaje de solidaridad "al pueblo de la República Soviética".

Este acuerdo pudo lograrse por el apoyo decidido que le prestaron los anarquistas, quienes aún continuaban pensando que la Revolución de Octubre satisfacía sus anhelos libertarios.

C) Federación Obrera de La Habana.

A partir de ese momento se desencadenó un proceso de paros, huelgas y manifestaciones callejeras. Se pronunciaban contra el alza en el costo de la vida. Las declaraban lo mismo los anarco-sindicalistas que los reformistas. A su vez, crecía la lucha de los reformistas contra los anarquistas y los "jacobinos que deliran con definitivas reivindicaciones y arcaicos estados sociales". La pugna que había surgido entre los anarquistas jóvenes y viejos, había devenido en una radicalización de los procedimientos. Se colocaban petardos, so pretexto de reivindicar derechos. Se notaba una subida del nivel de lucha por "La Causa" de los anarquistas.

Al calor de estas luchas se constituyó la Federación Obrera de La Habana, con los restos del Centro Obrero, el 26 de diciembre de 1920. Allí se agruparon Margarito Iglesias, Antonio Penichet, Enrique Varona, Sandalio Junco, Alejandro Barreiro, José Rego y José Peña Vilaboa, de tendencia anarco-sindicalista, dirigidos por Alfredo López. También, Salvador Nieto, Luis Fabregat, José Bravo y otros de tendencia reformista.

En un principio se le unieron 18 organizaciones obreras. Entre ellas, no figuraron, sin embargo, organizaciones tan poderosas como la Federación de Bahía, que orientaba el dirigente reformista Juan Arévalo, ni la Unión de Empleados de Cafés, que se había opuesto al boycot de la cervecería La Polar.

Primero se establecieron en el Centro de Torcedores. Después, a consecuencia de discrepancias surgidas con José Bravo, tomaron un local propio, situado en la calle Zulueta número 37. Desde ese momento su filiación fue francamente anarco-sindicalista.

D) Partidos socialistas vigentes.

En la política, el único socialismo vigente era el reformista. En La Habana se había fundado un nuevo partido, el "Socialista Radical". De radical solo tenía el nombre. Sus dirigentes eran Juan Arévalo, Luis Fabregat y Francisco Domenech. En las elecciones parciales lograron elegir un concejal, lo cual demuestra el poco arraigo de que disfrutaban entre el electorado habanero.

Por este mismo tiempo, languidecía el Partido Socialista de Martín Veloz, en Manzanillo. Lo mantenía con el personal que reclutaba en su tabaquería "La Siempreviva", donde hacía leer algunos trabajos de Marx y Engels y, especialmente, "Los Miserables" y "Los trabajadores del mar", de Víctor Hugo,[15] literatura romántica, muy ajena, por cierto, al marxismo revolucionario.

V - EL MOVIMIENTO OBRERO DURANTE EL GOBIERNO DE ZAYAS. A) EL SABOTAJE DE LA POLAR. B) LA CONSTITUCION DE LA HERMANDAD FERROVIARIA DE CUBA Y LA HUELGA DE LOS 21 DIAS. C) TERCER CONGRESO OBRERO NACIONAL.

El Doctor Alfredo Zayas salió electo Presidente, apoyado por el Partido Conservador, del General Menocal, y el Partido Popular, que él había fundado como un desprendimiento del Partido Liberal. La violencia imperó en las elecciones y, en definitiva, el Partido Liberal se vio forzado a tomar el camino del retraimiento.

Durante su gobierno se agudizó el gran mal de Cuba, en el orden público: la corrupción administrativa. Tuvo, sin embargo, una característica, en parte laudable: respetó las libertades, a extremos de tolerancia plena. Lo hizo acreedor al título de "Restaurador de las libertades públicas". De ahí que durante su gobierno se sucedieran las huelgas, protestas y hasta algún que otro motín anarquista. Todos concordaban en su inconformidad. Comenzaban así los primeros movimientos que, con el tiempo, se convertirían en el encrespamiento de las "masas" disociadoras, según el concepto orteguiano.

Gran parte de la prensa comenzaba a exhibir la tendencia malsana de adular las más bajas pasiones, sin parar mientes en lo racional y factible. Todo lo cual estimulaba el "revolucionarismo", utilizando la acertada expresión de Lenin.

Este clima social coincidía con la gran crisis económica de carácter universal, producida por el desequilibrio de la post-guerra, que se reflejaba en Cuba con creciente gravedad. De la "época de diabetes nacional aguda", durante la cual la economía cubana se convirtió en azúcar, se pasaba a la de serio quebranto económico, como consecuencia de la caída vertiginosa del precio del azúcar. Las "vacas gordas" cedían su paso a las "vacas flacas".

El movimiento obrero se polarizaba en torno a los anarcosindicalistas. Sus consignas eran "economistas", al igual que la de los reformistas. Estos trataron de oponérseles, constituyendo la Unión Nacional del Trabajo. Dirigíala José Bravo. Era el fruto de los esfuerzos de Mariano Aramburo, con su Instituto de Estudios Sociales, realizados a la luz de los principios cristianos. No faltaron ensayos para constituir una Federación Obrera Reformista. Pero fracasaron.

Los tres hechos más detonantes en el movimiento obrero, durante este período, fueron: el sabotaje a la cervecería La Polar, la huelga ferroviaria de 1924 y el Tercer Congreso Obrero Nacional.

A) El Sabotaje de La Polar.

El sabotaje a la cervecería La Polar conmovió a la población cubana. Echaron sustancias tóxicas y vidrio molido en la cerveza. La prensa informó sobre la intoxicación de una persona en el "Café Japonés" del Reparto Almendares, y el envenenamiento de otra en el "Café Arenal", situado en el paradero de los tranvías del Vedado. Este método de protesta fue criminal. Así lo calificó la opinión pública. La policía detuvo a un grupo de dirigentes obreros de filiación anarco-sindicalista y fue procesado el propulsor de este sabotaje, Margarito Iglesias. Fueron sancionados por los tribunales. Por este motivo, la Federación Obrera de La Habaan declaró una huelga. Reclamaban la libertad de los detenidos. El Presidente Zayas accedió, indultando a los sancionados. En la medida fue incluido el dirigente de los cigarreros Alejandro Barreiro, quien guardaba prisión por una bomba que había puesto en la fonda "Habana-Madrid", en la calle Belascoaín.

B) Constitución de la Hermandad Ferroviaria de Cuba y la huelga de los 21 días.

La Hermandad Ferroviaria de Cuba surge en 1924, en un Congreso efectuado en Camagüey. Ninguno de sus dirigentes era comunista. Su presidente, Andrés Otero Bosch, era de filiación reformista. Apenas fundada, hizo frente a la huelga de los 21 días, iniciada el 24 de junio. La provoca el despido de 200 trabajadores de la Estación Terminal de La Habana que se habían negado a trabajar el día 1º de mayo. Se paralizan trenes. Estalla un potente bomba en los rieles próximos a Colón. Vuelan puentes y alcantarillas de vías férreas en distintos lugares de la República. Comités de estaca golpean a los pocos esquiroles que pretenden operar los equipos. La fuerza pública trata de restablecer el orden. El gobierno nombra un interventor en la Estación Terminal de La Habana. Un obrero ferroviario, elegido a suerte entre sus compañeros, atenta contra la vida del administrador de los Ferrocarriles Unidos, resultando herido. Por último, la intervención personal del Presidente Zayas resuelve el problema.

C) Tercer Congreso Obrero Nacional.

El Tercer Congreso Obrero Nacional se celebra en Cienfuegos del 15 al 19 de febrero de 1925. No obstante ser el Tercero, sus organizadores lo llamaron Segundo Congreso Obrero Nacional.

Alfredo López fue el primer orador de la sesión inaugural. Los debates violentos entorpecen las sesiones. Un grupo reducido de bolcheviques —de no más de cinco— aparece por primera vez en la escena obrera. No es posible lograr acuerdos entre los anarco-sindicalistas, los reformistas y los bolcheviques. Todos luchan entre sí. Es necesario suspenderlo.

Ya los anarquistas se enfrentaban a los bolcheviques. Los acusaban de ser agentes de una dictadura extranjera y opresiva, que había asesinado en masa a los anarquistas rusos. Les reprochaban su falta de respeto por la libertad, que ellos defienden por encima de todo, aún a riesgo de llegar al libertinaje.

Aunque ambos coinciden en lo teórico de sus planteamientos ulteriores, en "la etapa superior del comunismo", discrepan violentamente en el camino a seguir para llegar a esa etapa superior del utopismo. En la práctica solo coinciden en el aspecto crítico contra el orden establecido. De ahí que contiendan y litiguen entre sí, uno contra el otro, y ambos contra lo que existe, pues solo se entienden para ir en contra; pero no a favor.

VI - PRIMERA CELEBRACION OFICIAL DE LA FIESTA DEL TRABAJO EN CUBA.

La Segunda Internacional Socialista había acordado, en 1899, que el día Primero de Mayo se celebraría todos los años como Fiesta Internacional del Trabajo. Había sido una iniciativa de los anarquistas.

Según hemos visto, venía celebrándose por los obreros en Cuba, desde hacía algún tiempo. Pero en 1921, por primera vez, se celebró oficialmente, en el municipio de Regla. El acuerdo lo tomó el ayuntamiento, a instancia de su alcalde, que presumía de socialista, sin que jamás fuera comunista.

VII - EX-DIPUTADO SOCIALISTA DE ESPAÑA INFORMA EN CUBA SOBRE LA REVOLUCION DE OCTUBRE.

Las informaciones más concretas sobre la Revolución de Octubre las trajo a Cuba el ex-diputado socialista por Tortosa, don Marcelino Domingo. No tan concretas como para reflejar la verdad de lo acontecido.

De paso por La Habana, pronunció un discurso en el Teatro Nacional en enero de 1922. Venía precedido de fama roja. Fue consecuente con ella. Pintó la Revolución de Octubre como una "revolución proletaria", olvidando que todos sus caudillos eran de extracción pequeño-burguesa. A éstos los dibujó con el halo de lo heroico, silenciando lo siniestro de sus procedimientos. Describió sus actos, acompañados del aura popular, sin mencionar la cosecha de asesinatos y la siembra de hambre que asolaba al pueblo ruso. Admiró sus promesas, como si fueran realidades. Apuntó hacia el horizonte de sus metas con el mágico atractivo de lo arcano. Hasta hizo un paralelo de la Revolución Francesa, con la Rusa; a pesar de que aquella se proponía consagrar la libertad y ésta la dictadura. Y concluyó, exhortando a los obreros para que estudiasen y se dignificasen.

Tales cosas decía, cuales convenía a la propaganda de los comunistas rusos. Nunca hubo palabras que les supiesen mejor a los bolcheviques que las dichas por Don Marcelino en el Teatro Nacional de Cuba.

Este socialista democrático o parlamentario —permítasenos esta calificación— tenía, sin duda, una visión deformada de la revolución rusa. Tal vez la distancia. Tal vez sus ardores socialistas. Tal vez sus pasiones anti-liberales. Tal vez su candor político. Tal vez su ingenuidad sobre los verdaderos propósitos de los dirigentes bolcheviques. Probablemente, todo a la vez le hicieron ver la revolución rusa como "un imponderable estímulo para los revolucionarios de todos los pueblos" y que "creó el convencimeinto de una inminente revolución social, aún en aquellas zonas geográficas más distantes, menos impetuosas o más bien halladas". "Nunca los hombres dinámicos, inconformistas, descontentos, emprendedores, soñadores, violentos, audaces, decía, tuvieron más ambiente, y menos ambiente los estáticos, conformistas, satisfechos, irresolutos, prácticos y pacíficos. Todas las multitudes avanzadas se dispusieron a atacar; todos los Estados históricos se dispusieron a ceder".[16]

Así se expresaba todavía Marcelino Domingo de la revolución rusa en 1926. Todavía se lamentaba de que "fueran los veintiún puntos de Moscú, que diluyeron los entusiasmos solidarizados en discusiones bizantinas; fuera el hundimiento en Hungría del ensayo cruento de comunismo de Belakun; fuera, más tarde ya, el frustrado intento de los socialistas italianos, lo... que, en breve espacio de tiempo, se pasó de una ofensiva revolucionaria, a una desatada ofensiva contrarrevolucionaria".[16]

Criticaba ya, empero, al comunismo ruso porque "se creyó señor del mundo; impuso olímpicamente las 21 condiciones; declaró que su revolución iba a ser, rápidamente, una revolución universal", total para que derivara en definitiva "en tendencias, en soluciones de gobierno, en promesas, la estructura de un régimen menos avanzado que fue el régimen de Kerenski".[17] No obstante esta crítica severa, le excusaba sus excesos porque "era comprensible un desbordamiento de todas las iras y una difusión de todos los sueños, que, al estabilizarse, rebasaron igualmente el cauce constitucional".[18]

Todavía en 1926, la distancia no le permite enjuiciar con exactitud el proceso de centralización, absolutista y personalista, emprendido por Stalin, al extremo de "aplaudir los progresos de la vida política en el antiguo Imperio moscovita, que ofrece el espectáculo, a la muerte de Lenin, de ser sustituido éste sin ningún trastorno violento producido por los que pudieran creerse con derecho a la sucesión, y que ahora puede deponer a Trotski, dictador máximo y jefe del Ejército rojo, sin que la deposición haya de realizarse por las armas, sino bastando para ello el acuerdo sereno y severo de una Asamblea".[19]

Sus ardores socialistas, lo movían a exclamar indignado "Vuelve a pasearse, de una parte a otra, por la Prensa conservadora el espantajo del comunismo".[20] Sus pasiones antiliberales le hacían decir que "se habla de complots, de planes revolucionarios, de documentos que descubrían los propósitos destructores. Posiblemente algo de ello existe, porque los comunistas, perseverando en su táctica contraproducente, son capaces de haber escrito proyectos fantásticos, no con el fin de llevarlos a cabo, sino con el de lograr que se divulgaran, aumentando así no solo el pánico que les tienen los asustadizos, sino la campaña de los interesados en mantener asustada a la gente".[21] Su candor político lo lleva a subestimar "la minúscula realidad de peligro y de acción, cada día más disminuida, que el comunismo significa...[22] Y su ingenuidad sobre los verdaderos propósitos de los dirigentes del nuevo imperio bolchevique lo ciega, para suscribir el criterio de Guillermo Ferrero, diciendo "El verdadero papel histórico del bolchevismo en Rusia ha sido el de destruir para siempre la obra de Pedro el Grande, el Imperio de los zares, conquistadores y opresores de la Europa y del Asia. La industria y el comercio que los bolcheviques han destruido renacerán; pero no renacerá ya el formidable ejército de los zares, que aterraba a Europa, ni la tradición conquistadora que, desde Pedro el Grande hasta Nicolás II, ha tratado sin reposo de agrandar el Imperio".[23]

Estos socialistas, inteligentes y hasta sinceros, han sido, a no dudarlo, de los que más daño han hecho a la democracia y la civilización occidental con sus visiones deformadas, por la pasión y la ingenuidad, sobre la verdadera naturaleza del comunismo. Pero, en honor de don Marcelino, debemos señalar que tan pronto como hubo comprendido la perfidia roja, se pronunció contra ella con la misma pasión que antes había puesto para defenderla. Mas el daño, al menos en Cuba, estaba hecho.

Esta imagen de la revolución rusa, con hálito de leyenda mística, impresionaría, más tarde, a un reducido sector de la juventud intelectual cubana.

VIII - MOVIMIENTO DE REFORMA UNIVERSITARIA. TOMA DE POSESION DEL NUEVO RECTOR. VISITA DEL PROFESOR ARCE. CREACION DE LA FEDERACION DE ESTUDIANTES. TOMA DE LA UNIVERSIDAD POR LOS ESTUDIANTES. CREACION DE LA ASAMBLEA UNIVERSITARIA.

En la Universidad de La Habana reinaba grande y contenida efervescencia, preludio de la rebelión estudiantil. Como siempre, con un poco de razón y mucha falta de juicio.

La incuria del régimen en la atención del único centro de enseñanza superior en la Cuba de entonces, los planes de estudios ya periclitados, y el que algunos profesores desatendían sus obligaciones docentes eran los ingredientes que actuaban como reactivos de justificada rebeldía en un momento en que, como decía Don Fernando de los Ríos, se "sufría una crisis de respeto".

El primer síntoma de insubordinación estudiantil fue la oposición a que se le confiriera el título de Doctor Honoris Causa al General Enoch Crowder. Los estudiantes lo calificaron de pro-cónsul del gobierno americano.

Corría el año 1921, cuando ingresaron en la Universidad un grupo de atletas que habían practicado deportes en el Centro de Dependientes. Entre éstos se encontraba Julio Antonio Mella,[24] quien recientemente había regresado de un viaje a México, durante el cual, según muchos de sus compañeros, habíase comprometido con los agentes de la Internacional Comunista. No quiere esto decir, sin embargo, que Mella fuera ya un comunista militante. En todo caso, aún le faltaba el pasar por el tiempo de prueba, el noviciado, que precede a toda profesión.

Aquel grupo de jóvenes fundó la "Hermandad de los Manicatos", con el propósito de combatir a los estudiantes que hacían deportes bajo los emblemas de otras sociedades, a quienes montejaron con el apodo de "Piratas". El comunista Alfonso Bernal ha definido a los Manicatos como "un grupo formado por jóvenes atletas defensores del espíritu popular universitario frente al espíritu exclusivista del Habana Yacht Club y el Vedado Tennis Club". Al frente de ellos estaban Francisco A. Bock y Julio Antonio Mella. Según veremos, en poco tiempo se convirtieron en la vanguardia del movimiento de renovación universitaria y derivaron en deportistas de la revuelta.

El inesperado triunfo de la canoa de la Universidad en la regata de Cienfuegos despertó el entusiasmo deportivo. Se crearon los "cheers", y hubo como un brote de contagioso orgullo estudiantil. Este se orientó a exigir una mayor atención a los deportes, reclamando concretamente la construcción de un stadium. Pero el gobierno continuaba indiferente.

Todo esto coincidía con un crecimiento de la vida colectiva estudiantil y un impulso del espíritu de mejoramiento docente. Faltaba, sin embargo, una idea clara de lo que se debía hacer. Se expresaban, cuando más, las cosas creadas por el deseo. Se hablaba de superación, sin saber a ciencia cierta qué era lo que se quería. Para hacer de vocero de estos sentimientos, Mella le había comprado la Revista "Varsity" a Tomás Yánes. No llegó a publicarla porque, cuando se disponía a hacerlo, ya estaba para salir la revista "Alma Máter", dirigida por Francisco A. Bock. Por lo cual unieron sus esfuerzos. Editaron "Alma Máter", con Bock de director y Mella de administrador.

El primer número salió el 22 de noviembre de 1922. Su editorial anunciaba el propósito, diciendo: "Lucharemos por la unión de todos los estudiantes cubanos en una Federación que nos haga fuertes y capaces, para defender nuestros derechos..." En este número aparecían ya unos versos del futuro comunista, Nicolás Guillén, quien expresaba: "estudio leyes para poder vivir mi vida". Nunca logró su propósito. Tal vez por esto la vivió desordenadamente.

La toma de posesión del nuevo Rector de la Universidad, Don Carlos de La Torre, y la visita del Rector de la Universidad de Argentina, Dr. José Arce, fueron los dos hechos que inflamaron de esperanza las velas de las ilusiones reformistas de los estudiantes.

Don Carlos de La Torre, al tomar posesión del Rectorado, proclamó la necesidad de una inmediata reforma universitaria. Ignoraba que al postular tal idea estaba abriendo una vía de agua que lo haría naufragar en su posición de Rector, al encresparse las olas de la rebeldía estudiantil.

A la sazón, asistía a un Congreso Médico Latinoamericano el Rector de la Universidad de Buenos Aires, Dr. José Arce. La circunstancia fue aprovechada para invitarlo a dictar unas conferencias en el Aula Magna, sobre el movimiento de reforma universitaria de Argentina.

Sus charlas fueron en extremo animadas e interesantes. Narró los antecedentes y el desarrollo de las luchas por la reforma universitaria en Argentina. Se refirió a los primeros esfuerzos realizados en la Universidad de Buenos Aires hacia 1905. Se detuvo en una explicación minuciosa del conocido movimiento estudiantil de Córdoba del año 1918. Destacó su trascendencia y significación continental, al mencionar movimientos similares que habían tenido lugar en Chile y, sobre todo, en Perú. Sus palabras fueron como una chispa caída en medio de un polvorín, pues los estudiantes cubanos estaban planeando, como hemos dicho, su propia reforma.

Bastó un incidente, el de la huelga contra el Decano de la Facultad de Medicina, Dr. Rafael Menocal del Cueto, para desencadenar la insubordinación estudiantil. Se creó la Federación de Estudiantes de la Universidad de La Habana, con Felio Marinello de presidente y Julio Antonio Mella de secretario. Su primera demanda fue la Reforma Universitaria, la cual se identificaba con la autonomía. Exigieron más, reclamaron que los estudiantes tuvieran participación en la dirección de la Universidad, idea que había expuesto el profesor socialista, José Arce. La FEU tomó una posición de violento desafío, decretó el cierre de la Universidad y ordenó que fuera tomada por los Manicatos. La orden fue cumplida y setenta y cinco estudiantes, al mando de Fifi Bock, la tomaron el 15 de enero de 1923.

La revista Alma Máter dio cuenta de los hechos, con un editorial, en su número de 23 de enero. Concluía diciendo: "El Dr. Menocal ha sido suspenso en las labores de su cátedra, pero todo lo demás, la autonomía, representación, la depuración del Claustro, está por venir". Habían comenzado a correr los tiempos en que de la tiranía de los profesores se pasaba a la tiranía de los estudiantes.

El Claustro de Profesores terminó por aprobar la Asamblea Universitaria. El presidente Zayas la reconoció el 17 de marzo, al promulgar el decreto número 352. La integraban 30 profesores, 30 antiguos alumnos y 30 estudiantes, presidida por el Rector. Quedó investida de facultades para reformar los planes de estudio, para depurar profesores y designar al propio Rector.

La depuración de los profesores fue lo único que no se llevó a efecto según los deseos de los estudiantes. Motivó que se exaltaran. Está surgiendo la contrarrevolución, decían. Es necesario imponer el terror, clamaban. Y de nuevo, tomaron la Universidad. Se constituyeron en "Universidad Libre", con Mella de Rector. Por sí y ante sí, decretaron la separación de un grupo de profesores, impidiéndoles que pudieran "acogerse a los preceptos de los Estatutos que les permiten burlar la Justicia, haciendo uso de leyes absurdas". Así se puso en práctica un procedimiento arbitrario de depuración, según el cual los alumnos podían suspender a los profesores que no les resultaran gratos por una u otra razón. La paz sólo se restableció cuando los profesores accedieron a lo reclamado por los estudiantes.

En la revista Alma Máter, que daba cuenta de estos hechos en su número de 23 de mayo, el propio Mella se presentó a sí mismo. A la caricatura que le había hecho Perico Monreal, le redactó un pie que decía: "Julio Antonio Mella, Embajador de Lenin, descendiente directo de los Helenos, Parlanchín consumado y Administrador del órgano Caribe".

La revista estaba salpicada con referencias a los bolcheviques. Todas amables, ridiculizando a quienes los criticaban. No fue este número el único donde se insertaron referencias a las consignas comunistas. Mella no perdía una sola oportunidad. Lo hacía cuantas veces podía, en forma subrepticia unas; claramente otras. El último número, el de 23 de junio, contenía un artículo de Alfonso Bernal, titulado "Absolvo te Rusia".

La confusa rebelión estudiantil trató de ser aprovechada por los agentes bolcheviques a fin de entronizar sus ideas en la Universidad. El instrumento era Julio Antonio Mella, uno de los que clamaba por reformas con estar no poco necesitado de reformarse. Era, sin embargo, un agitador de excelentes cualidades, como tal; pero nada más. Admirable cuando atacaba; pero no cuando exponía ideas, pues ellas se reducían a impulsos vigorosos, más bien que a ideas claras y definidas. Esto explica el por qué el comunismo no entraba en la conciencia de los estudiantes y hasta el por qué la ascendencia de Mella sobre la masa estudiantil era más aparente que real. Así lo confirma el hecho de que hubo necesidad de crearle a Mella una asociación de bolsillo, distinta a la tradicional de la Facultad de Derecho, para que pudiera ser elegido presidente de una asociación que le permitiera ser miembro de la FEU. Aún su marxismo ideológico no estaba configurado. No podía estarlo, pues aún no había leído siquiera a Marx, según admiten sus biógrafos. Sus ideas discurrían por el sendero de Rodó e Ingenieros, radicalizadas por su temperamento. Así lo revelan sus artículos "La Cruz del Sur"[25] y "América".[26]

No por ello dejaba de ser Mella, desde entonces, un magnífico instrumento de los agentes bolcheviques en Cuba.

IX - PROTESTA DE LOS TRECE. EL GRUPO MINORISTA.

En el Café Martí, de La Habana, se reunía diariamente un grupo de jóvenes en lo que ellos mismos habían llamado "tertulias de intelectuales". Conversaban sobre arte, literatura, política y sobre todas las cosas que les llenaban o vaciaban la vida. No tenían ideas claras sobre nada, pero les preocupaba el problema social. Félix Lizaso, uno de los contertulios, ha dicho que se proponían "poner en circulación una nueva sensibilidad, superando el conformismo en política, el modernismo en poesía, el naturalismo en la novela y el discursismo en la prosa".

Cuando discutían de política, más bien miraban hacia la nacional que hacia la internacional. Dentro de Cuba, aún no había tomado conciencia el comunismo soviético. Muchos andaban con sus ideas un tanto confusas a vueltas en la cabeza; pero, a fin de cuentas, no hacían nada. Fue Rubén Martínez Villena,[27] ya en contacto con Mella, quien los impulsó a la acción. Se trazaron como divisa, combatir contra el gobierno corrompido de Zayas.

En esto se firmó el decreto de la compra del Convento de Santa Clara, que escandalizó a la opinión pública. Fue el pretexto para el primer acto de protesta. La oportunidad la ofreció el acto organizado por el Club Femenino en la Academia de Ciencias. el 18 de mayo de 1923, para rendirle homenaje a la poetisa uruguaya, Paulina Luissi, en el cual haría uso de la palabra el dramaturgo y Secretario de Justicia, Erasmo Regüeiferos. No bien se hubo levantado, para comenzar su discurso de presentación, lo interrumpió Martínez Villena. Pronunció una arenga contra el gobierno, por lo del Convento de Santa Clara, y contra Regüeiferos, por haber refrendado el decreto de la compra. La policía tuvo que intervenir, a fin de restablecer el orden. Se llevaron detenido a Martínez Villena, quien, al día siguiente fue puesto en libertad.

Tan pronto salió del vivac, Martínez Villena se reunió con sus doce compañeros, que lo habían secundado en la protesta del día anterior, en el bufete de Emilio Roig de Leushering. Redactó un manifiesto explicando las razones que los habían movido a la protesta. Concluía con una exhortación, expresando "que por este medio solicitamos el apoyo y la adhesión de todo el que, sintiéndose indignado contra los que maltratan la República, piense con nosotros y estime que es llegada la hora de reaccionar vigorosamente y de castigar de alguna manera a los Gobiernos delincuentes".[28] La firmaban: Rubén Martínez Villena y José Antonio Fernández de Castro.

Había nacido la "Falange de Acción Cubana". Pero murió al nacer. Su fundador, Martínez Villena, y la mayoría de sus miembros se incorporaron a la recién constituida Asociación de Veteranos y Patriotas. Revelaban así sus ambiciones y deseos de situarse en la arena pública. Lo primero que hicieron fue organizar un acto en el Teatro Fausto. Entre otros, hicieron uso de la palabra Martínez Villena, para plantear la tesis insurreccional, y el Presidente de la Asociación, el General Carlos García Vélez, para hacer el resumen.

Ya se preparaba la llamada "Revolución de los Veteranos y Patriotas". Martínez Villena se trasladó a Ocala, en la Florida, Estados Unidos, acompañado de José Antonio Fernández de Castro y de Calixto García Vélez, el hijo del General que encabezaría la "Revolución". Se proponían comprar un avión con el cual bombadear La Habana; pero fueron detenidos por las autoridades federales de los Estados Unidos.

Entretanto la "revolución" tuvo un desenlace grotesco.

El comunismo no estaba presente todavía. Era solo el tema de discusión en las reuniones que continuaban celebrándose en el Café Martí. Terminaron por organizarse. Decidieron constituir el Grupo Minorista.

¿Qué era el Grupo Minorista? El nombre mismo lo está diciendo. "El minorismo es la creencia de que una minoría de intelectuales es capaz de expresar el sentimiento de la mayoría de la población", ha dicho José Antonio Portuondo.[29]

Alejo Carpentier lo ha definido como "un movimiento de intelectuales, con la aspiración de sanear el ambiente político".[30]

No podemos decir que sus miembros fueran comunistas. Solo después un grupo de ellos tomó la bandera bolchevique, encabezado por Martínez Villena. Hasta este momento no era más que un grupo de jóvenes intelectuales de la burguesía sin horizonte, que luchaba por abrirse camino a través del redentorismo popular. Este sentimiento era necesario dotarlo de un impulso motor y llenarlo de un contenido ideológico. Lo primero lo hicieron con los anti, especialmente el anti-imperialismo. Sobre lo segundo no hubo acuerdo. Solo algunos escogieron el socialismo.

Salvo contadas excepciones, la insurgencia del Grupo Minorista se reducía, por el momento, al ámbito intelectual, que se deslizaba pausadamente hacia el inconformismo. Era un poco el reflejo de la época en que se condenaba, con violencia intelectual, lo que Baroja ha llamado, "las farsas" de la sociedad, acercándose, más bien, al ideal anarquista de vivir en plena libertad espiritual. "Las farsas" se combatían con otras "farsas".

De momento usaron la Revista "Social" como vocero del Grupo. En ella escribía Emilio Roig de Leushering. De donde resultaba la paradoja insólita de que las crónicas del gran mundo habanero y los retratos de las bellas damas de la sociedad alternaban con artículos sobre política nacional e internacional que reflejaban las consignas y extremismos emocionales explotados por los comunistas.

X - EL PRIMER CONGRESO NACIONAL DE ESTUDIANTES.

La primera señal pública del bolcheviquismo en Cuba la dio el Primero Congreso Nacional de Estudiantes. La idea de su celebración fue inspirada por Madame Colontaise, una rusa que había llegado a La Habana, y propulsado por Julio Antonio Mella, con la aprobación del Directorio de la FEU. En un principio, Mella pensó celebrarlo el 1° de mayo. Después, lo pospuso para el mes de octubre.

La convocatoria anunciaba que el objeto del Congreso era "llegar a la determinación de conclusiones conducentes al perfeccionamiento de la acción estudiantil en lo campos educacional, social e internacional". Mella recorrió la Isla, celebrando reuniones con los estudiantes de distintos centros educacionales no religiosos. La idea prendió rápidamente en los sectores anti-clericales, lo cual preocupó a los sectores católicos, que se movilizaron, a su vez, para asistir al Congreso.

El 14 de octubre de 1923 quedó inaugurado, en el Aula Magna, con la asistencia del Rector de la Universidad y el Gobernador de La Habana. Concurrieron 53 instituciones, con 128 delegados que presentaron 33 trabajos. Pronto se convirtió en escenario de las batallas de los "izquierdistas", que se aglutinaban en torno a Mella, Alfonso Bernal, Sarah Pascual, Dulce María Escalona y Jorge Vivó, contra los "derechistas", que lo hicieron en torno a Emilio Núñez Portuondo, Antonio Iglesias, Gerardo Portela y Manuel Buigas. Aquellos se habían reunido en el llamado "Grupo Renovación", "cuna y centro de difusión del izquierdismo universitario", al decir de Alfonso Bernal.

La primera controversia se suscitó cuando Bernal leía su trabajo, "Los principios, la táctica y los fines de la Revolución Universitaria", al referirse a los inconvenientes de la enseñanza religiosa. Fue Buigas quien le salió al encuentro.

No fue ésta la única discusión que promovió el trabajo de Bernal. La palabra "roja" insertada en el párrafo que proponía "se cree una prensa estudiantil abundante, pura y roja", levantó la protesta de los estudiantes católicos. En definitiva no se aceptó el vocablo. Sí se acordó, por unanimidad, un voto de censura contra la "prensa indigna y venal".

En la quinta sesión de trabajo, el viernes 19 de octubre, Mella propuso cursar un mensaje a las Federaciones de Estudiantes de la América Latina. Añadió más. Habló de "un sincero acercamiento" a "la actual Rusia" y se extendió en consideraciones sobre las bondades del nuevo régimen. Núñez Portuondo saltó de su asiento, para aceptar la primera y openerse a la segunda. Expresó que no estaba de acuerdo con la apreciación personal de Mella sobre Rusia, haciendo referencia a los crímenes, a la falta de libertad y al hambre que consumía a su población. Mella volvió a tomar la palabra, para decir indignado: "Lo que hay en el problema social ruso es mucha ignorancia".

De nada le valieron a Mella sus apasionados e inconsistentes alegatos. Solo había logrado enconar el ánimo de los delegados. Era tan clara la oposición de la mayoría del Congreso a sus pretensiones que adoptó, de súbito, una actitud conciliatoria. El mismo aceptó mutilar la referencia que tan acaloradamente había defendido, proponiendo:

—"Se considere la moción suprimiendo lo de Rusia"

El día 20, que era sábado fué pródigo en debates. El primero lo desató la proposición de nombrar Comisiones Especiales de la Federación de Estudiantes para organizar una campaña contra el analfabetismo, "semejante a las emprendidas en Rusia, por Lunatcharsky, y en México, por Vasconcelos". A que se mencionaran estos ejemplos, se opuso el delegado de la Asociación de Estudiantes de Derecho, Gerardo Portela. Tras una agria discusión, se puso a votación la enmienda supresiva, la cual fue aprobada. El delegado Buigas expresó su satisfacción porque así "se impide que este Congreso se coloque en una situación... que puede tender a desvirtuar la acción de este honorable Congreso".

En la sesión de la noche, se sacó a discusión un documento sobre política internacional, de franca inspiración bolchevique. Protestaba contra todo lo que no favorecía a Rusia. Terminaba protestando "del injusto aislamiento a que en parte tienen sometidas las potencias del mundo a la Rusia Nueva; y pide al Gobierno de Cuba considere el reconocimiento de la República Socialista de los Estados Unidos de Rusia". Así decía literalmente. Mas no fue aprobada.

La posición evidentemente sectaria de la presidencia, ocupada por Mella, provocó una crisis de la mesa. Pero fue resuelta. Llegó, por fin, la última sesión de trabajo. En ella se aprobaron una serie de mociones en las que todos estaban contestes. El Congreso se declaró contra todos los imperialismos. Se pronunció contra el Pan Americanismo. Protestó contra la Enmienda Platt. Repudió la guerra. Proclamó la igualdad jurídica de todas las naciones. Abogó por la autodeterminación de los pueblos. Y acordó dirigir un saludo a la Federación Obrera de La Habana. Todo concluyó en una sesión solemne que se efectuó en el Teatro Nacional.

XI - ACTIVIDADES DE MELLA COMO AGENTE COMUNISTA: A) LA REVISTA "JUVENTUD". B) VISITAS A LAS FABRICAS. C) UNIVERSIDAD POPULAR JOSE MARTI. D) MITIN ANTIFASCISTA. E) FEDERACION ANTICLERICAL DE CUBA. F) LIGA ANTI-IMPERIALISTA. G) INSTITUTO POLITECNICO ARIEL. H) EL PRIMERO DE MAYO DE 1925.

A partir del Congreso, Mella abandonó sus estudios. Todas las energías apasionadas de su juventud las quemó en el fuego rojo de sus actividades comunistas. Diose a protestar de todo y contra todo en nombre de la revolución. Nadie más a propósito que Mella para ejecutar la voluntad de los agentes bolcheviques, sin aparentar que así era, luciendo un Hércules o un Teseo exterminador de los males que denunciaba.

A) La revista "Juventud".

La revista Alma Máter había dejado de publicarse en junio de 1923. Mella había fracasado en su empeño de convertirla en un instrumento del bolcheviquismo. Por ello, fundó su propia revista: Juventud. El nombre indicaba, de por sí, que su horizonte era más amplio; aunque la presentó como el vocero de los estudiantes renovadores de la Universidad de La Habana. Era, en verdad, el vocero del Grupo Renovación, que se había convertido en el defensor de las tesis bolcheviques entre los estudiantes. El tema lo tomó de una frase parafraseada de Ingenieros: "Todo tiempo futuro tiene que ser mejor". Al revés de la expresión de la elegía de Jorge Manrique, la más bella, profunda y solemne que se haya escrito en lenguaje castellano.

El primer número vio la luz a fines del mes de octubre de 1923. Sus campañas fueron un ariete contra las instituciones consagradas en el país y cuanto entorpecía los planes de penetración comunista en Cuba. Desde ella, proclamó Mella la necesidad de socializar "según los principios que Carlos Marx hizo axiomas teóricos y que Lenin hizo monumentos magníficos de belleza y de justicia".[31]

Una prueba más, concluyente, de que la revista no estaba al servicio de los estudiantes que deseaban una reforma honesta y necesaria, sino para hacerse eco de las campañas corrosivas de los bolcheviques, la ofrece el que uno de sus colaboradores lo era Carlos Baliño, "intelectual orgánico", según lo calificó el comunista José A. Portuondo, utilizando una frase de Gramaci.

B) Visitas a las fábricas.

Julio Antonio Mella nunca había trabajado. De consiguiente, nunca había sido obrero. Pero a los comunistas les interesaba vestirlo con cierta mística de preocupación proletaria. De ahí que le impusieron la obligación de visitar algunas fábricas en La Habana, con la doble misión de ponerse en contacto con los obreros y de realizar propaganda por las ideas bolcheviques. Era, además, una forma de reclutar al alumnado que necesitaba para la Universidad Popular José Martí.

Cuenta su biógrafo, el comunista Erasmo Dumpierre, que "la primera fábrica que visitó fue 'Por Larrañaga' a fines de 1923. Escogió las fábricas de tabaco por su rica tradición de luchas sindicales; fueron los tabaqueros los primeros de las jornadas proletarias desde 1868, los que en Tampa y Cayo Hueso recaudaron fondos con José Martí para la Guerra del 95, los que sostuvieron en 1907 una huelga de cinco meses contra el trust tabacalero. Y fue precisamente en esta ocasión que Mella comenzó a ponerse en contacto con los trabajadores, conociendo así de cerca sus luchas y 'la moral que atesora la clase obrera por las condiciones de vida que lleva' ".[32]

La cita de Dumpierre evidencia que éste fue el primer contacto de Mella con los trabajadores. Iba a predicarles lo que no había vivido. De consiguiente, lo que no podía sentir vitalmente. Fue, sin embargo, la referencia verbal a los trabajadores como vanguardia de la revolución, su ateísmo y su anti-imperialismo los únicos puntos de contacto de Mella con el pensamiento del comunismo soviético.

C) Universidad Popular José Martí.

La Universidad Popular José Martí fue una consecuencia del Primer Congreso Nacional de Estudiantes. Aunque en un principio utilizaron las aulas de la Facultad de Derecho de la Universidad de La Habana, no fue propiamente un centro de enseñanza, sino un centro de reunión, donde se discutían las ideas políticas del momento. Los comunistas lograron imponerse con el tiempo. Para advertir la finalidad que Mella perseguía, basta con mencionar los nombres de los jóvenes que hacían de profesores, entre los quince de su elenco: el propio Mella, que dictaba conferencias sobre Legislación Obrera, Gustavo Aldereguía, Rubén Martínez Villena, José Zacarías Tallet, Alfonso Bernal, Jorge Vivó, Aureliano Sánchez Arango y Raúl Roa.

Lo que tenía de cautivador, el que los obreros pudieran convertirse en estudiantes universitarios sin necesidad de otros estudios previos, atrajo unos quinientos alumnos. Poco a poco fueron disminuyendo, al comprobar que las clases no eran clases y que ningún beneficio práctico obtendrían de su asistencia a las mismas. Solo fueron quedando los que se interesaban por las cuestiones políticas que allí se discutían. En cuanto a las ideas políticas los pareceres se dividieron, tanto entre los profesores como entre los escasos alumnos que aún continuaban asistiendo.

La visita del líder estudiantil peruano, Víctor Raúl Haya de La Torre, desterrado por el gobierno de Augusto Leguia, así lo puso de manifiesto. Venía precedido de gran fama de revolucionario, de marxista y de anti-imperialista. Su prédica fogosa habíale conquistado el favor de la juventud estudiantil latinoamericana. Su llegada a La Habana fue un acontecimiento que no dejó de celebrar la Universidad Popular. Lo invitó a una de sus reuniones. Fue, por cierto, en extremo nutrida. Su palabra cautivó a muchos de sus oyentes, sembrando una simiente que habría de fructificar en poco tiempo.

No obstante las visibles coincidencias de los bolcheviques con Haya de La Torre, se traslucía ya un fondo de íntima discrepancia, dado el énfasis que él ponía en una revolución autóctona, americana, sin dejar por ello de admirar la Revolución Rusa. Además, Haya ponía énfasis en el papel de vanguardia revolucionaria de los intelectuales. Esta sinceridad, aunque más franca que la de los bolcheviques, fue la que promovió un choque de opiniones entre los profesores y alumnos de la titulada Universidad Popular.

Estas divisiones contribuyeron a herir de muerte la institución recién fundada. Al poco tiempo, la FEU ordenó la suspensión de sus actividades en la Universidad de La Habana. Los estudiantes universitarios debían ir a dar clases nocturnas a los centros elementales de enseñanza. Sería más eficaz y difundida. Así decía, en resumen, la resolución del máximo organismo estudiantil. La medida ha sido calificada de reaccionaria por los historiadores comunistas,[33] cuando, en verdad, fue sabia y atinada. Entonces, la llamada Universidad Popular se trasladó al Instituto de La Habana, donde languideció hasta morir. Después, su estandarte sirvió para que sus conferenciantes de ideas comunistas levantaran sus tribunas políticas en el Sindicato de Motoristas y Conductores y en la Federación de Torcedores en La Habana, en el Círculo de Trabajadores de San Antonio de Los Baños, en la Hermandad Ferroviaria en Camagüey, y en otros lugares de la República.

No desaprovecharon oportunidad alguna para usar el nombre de la Universidad Popular al servicio de sus intereses políticos. Lo mismo la utilizaban para pasar cables de protesta a Leguia por la detención del comunista peruano José Carlos Mariátegui, al igual que hizo el Grupo Minorista a iniciativa de Martínez Villena, que para darle a la visita de Ingenieros la magnitud de acontecimiento político anti-imperialista. Devino así, con el tiempo, en una entelequia más, de las muchas, que utilizaban los comunistas para agitar sus consignas y movilizar a sectores izquierdistas, que no eran propiamente comunistas, acorde con sus fines y objetivos concretos.

D) Mitin anti-fascista.

Los "ismos" estaban de moda por Europa y paulatinamente se iban extendiendo a América. El bolcheviquismo no era el único. La Marcha de Mussolini sobre Roma había culminado en la implantación del fascismo. Ambos eran "movimientos típicos de hombres-masas", al decir de Ortega. Ambos se presentaban con un atuendo anti-liberal. Ambos estaban inspirados en la tradición utópica de los dos últimos siglos: preferir "el fantasma transitorio de un Estado 'perfecto' al porvenir de una nación vigorosa y saludable". Ambos unían a su totalitarismo, el exterminio de todas las instituciones que pudieran garantizar el ejercicio del sagrado derecho de la libertad del hombre. Ambos, según la concepción orteguiana, eran "simplemente decisiones". Ambos, sin embargo, se repelían. Tal vez por aquello de que el peor enemigo de uno mismo es su semejante.

El bolcheviquismo y el fascismo estaban interesados en atraerse prosélitos, especialmente entre los jóvenes. Mas el primero aventajaba al segundo en que disponía de una organización internacional de agitación y propaganda de que adolecían los italianos.

A la bahía de La Habana, llegó el barco Italia el día 15 de septiembre de 1924, con fines de propaganda en favor del régimen de Mussolini. El hecho provocó la agitada protesta de los agentes comunistas, la cual fue secundada por los trabajadores anarquistas del Puerto.

Al día siguiente, organizó Julio Antonio Mella un mitin en la explanada de la Luz, para protestar de la presencia del barco italiano. El pronunció uno de los discursos y el resumen estuvo a cargo del profesor universitario, Eusebio Hernández, quien no se ocultaba para expresar su simpatía por la Revolución de Octubre.

E) Federación Anticlerical de Cuba.

Los anti, ese afecto vehemente que niega y no afirma, han sido una de las pasiones que más eficazmente han explotado los comunistas. Nunca sin embargo, se han presentado ellos, como tales, en esta siniestra labor de atizar el odio contra algo. Han utilizado siempre organismos pantallas, a fin de lograr el concurso de cuantos aniden los mismos sentimientos anti que a ellos les interesa remover.

En Cuba, el odio a España había traído la justificada repulsa al clero católico, en su mayoría español. Había ido menguando con el tiempo; pero aún quedaban rescoldos de aquellos sentimientos. Estos fueron hábilmente explotados por los marxistas nativos, tratando de hacerlos extensivos a la Iglesia Católica.

La oscura conferenciante española, Belén Zaragoza, fue la encargada de organizar la Liga Anti-Clerical en La Haban. Su visita fue precedida por una propaganda sectaria dándole realce a unos méritos intelectuales, que nunca nadie pudo comprobar. Dictó varias conferencias cargadas de odio contra el catolicismo y el clero.

Una vez constituida la Federación Anti-Clerical de Cuba, conocida con el nombre de Liga Anti-Clerical, sus propulsores, Mella, A. Sust y Emilio Roig, organizaron varios actos públicos en varios lugares de la República. Uno de ellos, en un teatro de La Habana. Otro, en el teatro Sauto de Matanzas, donde el profesor universitario José Guerra López había pronunciado un bello discurso, denunciando la naturaleza y fines de la propaganda que desarrollaba la Liga Anti-Clerical.

Hasta el hecho de la clausura de un antiguo cementerio católico en San Antonio de Los Baños, fue aprovechado por Mella para organizar un acto en el Círculo de Trabajadores en esa ciudad, donde los comunistas contaban ya con un agente a sus servicios, Miguel Valdés.

El orador central de casi todos estos actos lo era el propio Julio Antonio Mella. El tema sobre el que más insistían era el patriótico, no obstante ser ellos agentes de un país extranjero. Acusaban a la Iglesia de "actuación guerrillera", durante nuestras guerras de independencia. Fundamentaban su acusación en el hecho de que el clero español "bendecía y alentaba a las fuerzas de voluntarios españoles". Era el estribillo que repetían sin cesar, sin advertir el absurdo en que incurrían, al calificar de guerrilleros a los españoles que bendecían a las tropas de su Patria.

El nervio de su argumentación partía de una premisa que no distinguía lo ocasional, que es el clero, de lo permanente, que es la Iglesia. Tampoco distinguía entre la conducta del clero cubano y la del español, ambas, por cierto, igualmente patrióticas. Sin una segunda premisa, y por el procedimiento del entinema, caían en su conclusión sofística, olvidándose maliciosamente de los sacerdotes que habían estado al lado de la causa de nuestra independencia, lo cual resaltó nuestro primer Presidente, Don Tomás Estrada Palma, cuando se refirió al martirio de "tanta muchedumbre de sacerdotes cubanos, por el horrendo crimen de haber pensado con la cabeza y sentido con el corazón del noble pueblo cubano".[34]

¡Difícil tarea la que se habían impuesto los comunistas, a través de su Liga Anti-Clerical! Chocaba, nada menos que, con el sentimiento de los propios veteranos de nuestras guerras emancipadoras, según lo habían evidenciado cuando, reunidos en El Cobre, bajo la presidencia del General José Rabí, el 24 de septiembre de 1915, habían pedido al Papa Benedicto XV que declarara Patrona de Cuba a la Virgen de La Caridad, "haciéndose intérpretes de los sentimientos del pueblo católico y de los miembros de su Ejército Libertador".

F) Liga Anti-Imperialista

No fue el anti-clericalismo el único "anti" que utilizaron los comunistas para allanar el camino de los obstáculos que se oponían a la penetración de sus ideas y consignas. El otro fue el anti-yanquismo. En esta dirección, su labor les fue mucho más fácil, pues, por entonces, corría la época en que comenzaba a brotar ese sentimiento en los sectores intelectuales y estudiantiles. Era el resultado de un despertar de la vocación nacionalista que tendía hacia una posición anti-yanqui, pero en forma serena, sobria y moderada.

Esta posición de los interectuales y estudiantes coincidía con el mensaje idealista que Rodó había dirigido a la juventud de América Latina, exhortándola a que, inspirándose en el espíritu de Ariel, no dejara de ser lo que ella era y a no dejarse cautivar por la sirena del Norte, a quien admiraba, pero no amaba.

Mas a los comunistas no les interesaba este anti-norteamericanismo sereno. A ellos les interesaba enfoscar las pasiones con el viento de la Tempestad para orientar la rebelión de Caliban, "símbolo de sensualidad y de torpeza", según la expresión del maestro uruguayo; pero al servicio de los intereses bolcheviques. Para esto, crearon otra organización pantalla: La Liga Anti-Imperialista.

En ésta, como en todas sus organizaciones pantallas, los comunistas no daban la cara. Era la única forma de nutrirlas con quienes coincidían con sus consignas concretas de lucha, independientemente de sus ideologías políticas. Como bien las han definido los propios comunistas, "son organizaciones sin partido", con lo cual pueden difundir más ampliamente sus ideas. La "línea" como ellos dicen, la garantiza la "fracción" que dirige. Es la razón por la cual los comunistas agrupaban en estas Ligas Anti lo mismo anarquistas, que socialistas moderados, que elementos de "vanguardia" o "progresistas", que cualquier tonto que estuviera dispuesto a incorporárseles.

La Sección Cubana de la Liga Anti-Imperialista fue constituida oficialmente el 14 de julio de 1925 en una reunión efectuada en el Instituto de La Habana, donde Mella fue designado Secretario Organizador. En el acta de esa sesión figuraban Gustavo Aldereguía, Martínez Villena y Alejandro Barreiro. Pero todos los historiadores, comunistas y no comunistas, concuerdan en que la Liga Anti-Imperialista venía funcionando en Cuba desde fines de 1923 o principios del 24. Fabio Grobart, pontífice máximo del comunismo en Cuba, afirma que la fundó Mella en 1924.[35]

Su labor fue más literaria que otra cosa en sus comienzos. A ella prestó su eficaz concurso Emilio Roig. Financiado por esta organización, publicó Mella un folletico titulado "Cuba, un pueblo que nunca ha sido libre" en 1924.

El trabajo de Mella comenzaba con un recuento falsificado de la historia de Cuba, en el cual decía, entre otras cosas, lo siguiente: "El anexionismo fue en una época la doctrina de los graves intelectuales, como luego lo fue el autonomismo, durante la guerra del 95, y lo es hoy la gratitud y la cooperación con el capitalismo yanqui, 'que da riqueza a la patria pobre' ". El párrafo rezumaba menosprecio por los intelectuales consagrados. La obligada mención a Rusia no podía pasarla por alto. Así se refiere, sin más ni más, al "auxilio desinteresado de Rusia" a China. Su afán por viciar de falsos conceptos la historia, obedeciendo a las instrucciones de los agentes bolcheviques, lo llevó a calificar de traidores a la Patria a todos los gobiernos de Cuba desde Estrada Palma a Zayas, pues, para él "no somos ya colonia de España, mas sí somos una colonia de la plutocracia norteamericana". El trabajo concluía con una exhortación. Es necesario, decía, crear un coherente movimiento anti-imperialista "contra el enemigo común, a quien es necesario vencer, y a quien venceremos".

Pronto pasaron de las musas al teatro, al decir de López de Vega. No uno sino varios actos de agitación anti-norteamericana organizó Mella. De entre ellos, recordemos una manifestación que organizó en protesta contra el embajador de los Estados Unidos, Enoch Crowder. Salió de la Universidad, portando carteles en los que se leía: "Crowder, Embajador del Ku Klux Klan". Terminó con un acto breve y poco nutrido, donde Mella hizo uso de la palabra, junto al Monumento a las víctimas del hundimiento del Maine, que se levantaba en el Malecón.

Su acto más sonado fue el que organizó en protesta contra las espontáneas manifestaciones de gratitud del pueblo cubano hacia el gobierno norteamericano por haber dado fin al conflictivo proceso de la soberanía de Cuba sobre la Isla de Pinos.

El 13 de marzo de 1913 firmose el Tratado Hay-Quesada, que reconocía el derecho de Cuba sobre Isla de Pinos y fue ratificado por el Senado de los Estados Unidos. Los cubanos habían esperado durante mucho tiempo por este acontecimiento. Al conocerse la noticia hubo naturales expresiones de alegría popular. Estas culminaron en una manifestación pública, para testimoniarle, por el hecho, la gratitud del pueblo cubano al gobierno americano, el 18 del propio mes.

No podían los comunistas permanecer en silencio ante un hecho como éste. Tenían que protestar en alguna forma y dejar sentado su criterio; aunque chocara contra los sentimientos populares. Decidieron publicar un manifiesto, donde injuriaban a los Estados Unidos, a su embajador en Cuba y al gobierno de Zayas. Lo firmaban, a título de estudiantes, Mella, Gustavo Aldereguía, Leonardo Fernández Sánchez, Aureliano Sánchez Arango y Alvarez Recio.

Los firmantes fueron acusados de injurias ante el Juzgado Correccional. El juicio se convirtió en un evento político. Actuaron como abogados defensores, Eusebio Hernández, Martínez Villena, Juan Marinello y Germán Wolter del Río. Eran tan evidentes las injurias que el Juez Correccional, Leopoldo Sánchez, no pudo menos que sancionar a cada acusado con una multa de 200 pesos.

Después del juicio, los acusados y los asistentes al juicio se dirigieron a la céntrica y congestionada esquina de Cuatro Caminos, en Belascoaín y Monte. Allí improvisaron un mitin relámpago, donde usó de la palabra Julio Antonio Mella. Tan pronto hubo terminado, salieron rumbo a Reina hasta el Parque Central, donde improvisaron otro acto. Sin apenas descansar, se dirigieron al Palacio Presidencial. Reunidos en el parque situado frente al Palacio, comenzaron a vociferar contra el Presidente y a lanzar piedras contra la estatua que Zayas se había hecho construir. Hasta aquí llegaron sus desafíos. Intervino la Policía y disolvió a los protestantes. Al día siguiente, la prensa daba cuenta del hecho, presentando a los "estudiantes" como víctimas y a la policía como victimaria.

G) **Instituto Politécnico Ariel.**

Mella y Bernal del Riesgo habían concebido la idea de poner un colegio. Necesitaban recursos, pues los que les daban no les alcanzaban para mantener su ritmo de vida. Además, Mella había contraído matrimonio. Soñaba que podría ganar más dinero, escribiendo libros y haciendo traducciones del inglés. Mas, nunca hizo un libro y la única traducción que le dio algo, fue la de un folleto de Lenin sobre el populismo de Sun Yat Sen, el cual se lo pagaron los agentes bolcheviques, para ser publicado en el Boletín del Torcedor de La Habana.

En el primer trimestre de 1925, se pusieron de acuerdo Mella y Bernal para alquilar un local donde celebrar sus reuniones y dar clases. Mella las daba de inglés y Bernal explicaba asignaturas de bachillerato. En marzo, consiguieron un local más amplio y fundaron lo que llamaron pomposamente Instituto Politécnico Ariel. Esta advocación denotaba cuán lejos estaban del marxismo materialista que decían profesar.

Bernal, según su dicho, se proponía poner en práctica la tesis sobre la educación que había desarrollado en el Primer Congreso Nacional de Estudiantes. Mella, ir creando la base para el nuevo sistema educacional que se impondría en Cuba tan pronto triunfaran sus ideas comunistas. Pero todo se quedó en proyecto. Aquello derivó en el centro de reunión de los comunistas, donde se fraguaban ya los planes para fundar oficialmente el Partido Comunista de Cuba adscripto a la Tercera Internacional. Así lo confirma Loló de la Torriente en un artículo, publicado en la revista Bohemia, en el que habla de "la reunión formativa del Partido celebrada en el Colegio Ariel".

H) El Primero de Mayo de 1925.

Los bolcheviques nativos estaban más interesados que nunca en tomar posiciones con vistas al próximo Congreso Nacional Obrero y a la fundación del Partido. Mella, por su parte, estaba empeñado en darse a conocer como dirigente proletario. Estas circunstancias explican la presencia de los bolcheviques y de Mella en el desfile organizado por los anarco-sindicalistas el primero de mayo de 1925.

Héctor Arturo confirma este hecho cuando, por boca de Fabio Grobart, nos relata lo siguiente:

"Yo recuerdo aquel Primero de Mayo de 1925. Ya Machado estaba electo Presidente y faltaban solo 20 días para la toma del Poder. Se organizó una gran manifestación desde el Campo de Marte hasta el Nuevo Frontón. Entre las banderas que llevaban los trabajadores estaba la de la Agrupación Comunista de La Habana, roja con una hoz y un martillo. Era la más aplaudida entre todas las banders, de los balcones le tiraban flores. Al llegar al Nuevo Frontón —que estaba colmado de pueblo— habló Mella, denunciando por primera vez a Machado... lo llamó "Mussolini Tropical". Ese mismo día por la tarde fuimos al Arbol de Lenin, en Regla. La masa era inmensa. Todos estábamos cansados, pero nadie se retiró. Las lanchas no alcanzaban para transportar a los obreros al acto. Mella habló nuevamente... comprendí entonces el cariño que sentían los trabajadores por el líder que era Mella y por las ideas que defendía en su discurso.

Habló con gran entusiasmo de la Unión Soviética, de Lenin y llamó a los obreros cubanos a luchar por su propia libertad y felicidad".[35]

Fue la manera de llamar la atención Mella y los bolcheviques en el Día Internacional de los Trabajadores, cuyos actos, hasta entonces, controlaban los anarco-sindicalistas.

XII - LAS PRIMERAS AGRUPACIONES COMUNISTAS.

Mientras las avanzadas bolcheviques, parapetadas tras sus distintas organizaciones pantallas, ablandaban las posiciones estratégicas de la conciencia nacional; comenzaban a fundarse las primeras agrupaciones comunistas. Ni esto lo hicieron con franqueza.

La Primera Agrupación Comunista se fundó el 18 de agosto de 1923 en una reunión celebrada en el Centro Obrero. Fue obra de José Peña Vilaboa y Carlos Baliño. Peña era uno de los dirigentes del Gremio de Pintores, Tapiceros y Doradores de La Habana, que habían desertado ya de las filas anarquistas, ganado por la causa bolchevique. Puesto de acuerdo con Baliño, dijeron que iban a reanudar las actividades de la Asociación Socialista de La Habana, a la que había pertenecido Baliño, según hemos visto. Una vez constituidos como dirigentes invitaron a formar parte de la misma a los antiguos miembros de la asociación cuyas actividades, ellos decían, disponíanse a proseguir. Dada la forma sinuosa en que lo hicieron, sus miembros nunca lograron pasar de la treintena, los cuales eran en su mayoría comunistas libertarios.

Después organizaron otras agrupaciones, siguiendo, más o menos, la misma técnica. Constituyeron una en San Antonio de Los Baños, valiéndose de Emilio Rodríguez y de Miguel Valdés, quien ya estaba al servicio de los bolcheviques. En Manzanillo utilizaron a Martinillo, el ex-diputado socialista español, dueño de la tabaquería "La Siempreviva", de quien ya hemos hablado. La fundó utilizando los residuos de su fracasado partido político socialista. El mismo se ocupó de constituir otra agrupación en Media Luna, valiéndose de otros tabaqueros con quienes tenía relaciones de negocio. En Regla y Guanabacoa se fundaron otras agrupaciones, controladas por comunistas libertarios y socialistas moderados. La de Regla se fundó un poco al calor oficial del municipio, ya que su Alcalde, Antonio Bosch Martínez, presumía de socialista. Su entusiasmo socialistero lo impulsó inclusive a sembrar un olivo en una colina aledaña a la ciudad el 27 de enero de 1924, con el objeto de rendirle homenaje a Lenin, cuyos funerales se efectuaban en ese momento en Moscú. Fue el motivo por el cual los comunistas bautizaron el lugar con el nombre de Colina Lenin o Loma Lenin, acudiendo todos los años para celebrar allí el primero de mayo.

Corría el año 1924. Nos cuenta Alfonso Bernal que "Mella, Berardo Valdés, Escudero y quien escribe (Bernal) —universitarios los cuatro— visitábamos con más o menos frecuencia la Agrupación Comunista de La Habana, en la que se empezaba a discutir la conveniencia de convocar al Congreso de fundación del Partido".[36]

¿Cómo estaba integrada la Agrupación de La Habana? La pregunta nos la contesta Loló de la Torriente, diciendo: "sin verdadera vertebración, débil y matizada con núcleos heterogéneos que aportaron solamente veintisiete miembros a la reunión formativa del Partido celebrada en el 'Colegio Ariel' ".[37]

En vísperas de la fundación del Partido, refiere Fabio Grobart, "no pasaban de 9 la cantidad de agrupaciones Comunistas existentes en ese momento, y el total de miembros de la Agrupación más numerosa, la de La Habana, apenas llegaba a 27".[38]

Estas asociaciones, no obstante la debilidad orgánica e ideológica de las mismas y tal vez por esa misma circunstancia, unidas en sus organizaciones pantalla se convirtieron en los arietes utilizados por la Internacional para batir las murallas morales de nuestra nacionalidad, franqueándole así el camino a sus perversos objetivos. De aquí en adelante vamos a encontrarlas mezcladas en casi todos los desórdenes que han dividido y ensangrentado a Cuba.

1 **Obras completas.** V. I. Lenin, t. XXVI, Editorial Cartago, pp. 420, 421.
2 Ibid., p. 421.
3 **Ibid.,** p. 422.
4 Organo del Komintern, cuya publicación comenzó el 1ro. de mayo de 1919.
5 La décima de las 21 condiciones de la Internacional.
6 Frase de Lenin tomada de su obra "Dos Tácticas de la Social Democracia", **Obras Completas,** t. IX, Edición Cartago, p. 51.
7 La primera condición del acuerdo con la traducción que aparece del anexo 3 del Informe General Inicial de la Comisión Especial de Consulta de la OEA del 2 de mayo de 1962.
8 La condición 17.
8 Del título de la obra de Lenin "Un paso adelante, dos pasos atrás", escrito en febrero-mayo de 1901, impreso en forma de libro en mayo de 1904, en Ginebra.
9 La séptima condición expresaba: "Los partidos que deseen afiliarse a la Internacional Comunista tienen que reconocer la necesidad de una ruptura completa con el reformismo y con la política de los "centristas", y tienen que abogar por esta ruptura en todos los círculos del partido, sin la cual es imposible lograr una política comunista uniforme. La Internacional Comunista demanda incondicional y perentoriamente que se logre esa ruptura a la mayor brevedad".
10 Trèses, manifestes et résolutions adoptées par le 1er, 2ème, 3ème, et 4ème Congrè de l'Internationale communiste, 1919-1925, París, 1934.
10 **Historia de la Rusia Soviética** de Alberto Falcionelli, Ediciones Acies, Madrid, p. 115.
11 Expresión del párrafo con el que comienza el Manifiesto Comunista de 1848.
12 Título de la obra de Spengler publicada en 1918.
13 Novela de Luis Felipe Rodríguez, publicada en 1923.
14 Título del drama en 3 actos, publicado en 1917, premiado por la ANAL.
15 El dato lo ofrece la Comisión de Investigaciones Históricas del Partido Comunista de Cuba, publicado en el periódico "Sierra Maestra" de 15 de agosto de 1965.
16 Marcelino Domingo, **Autocracia y Democracia,** pp. 159 y 160.
16 Ibid., p. 160.
17 Ibid., p. 297.
18 Ibid., p. 304.
19 Ibid., p. 47.
20 Ibid., p. 129.
21 Ibid., p. 129.
22 Ibid., p. 129.
23 Ibid., pp. 161 y 162.
24 Nació en una vieja casa colonial, el Sanatorio "Cuba"', situada en la calle Infanta esquina a Universidad, muy cerca de la esquina de Tejas, el 25 de mayo de 1903. Era hijo ilegítimo —calificativo del Código Civil de entonces— de Nicanor Mella y Brea, de origen dominicano, y de Cecilia Magdalena Mac Portland, inglesa de origen irlandés. Fue inscrito en el Registro Civil, 7 años más tarde, con el nombre del padre y el apellido de la madre. Su primera niñez la vivió en New Orleans, en compañía de su hermano Cecilio. Allí había sido su madre a residir definitivamente, donde tenía unos familiares. Pronto regresó a Cuba, para quedar al cuidado de su padre y la esposa de éste, Mercedes Bermúdez. Lo enviaron al colegio católico de los Hermanos Maristas. Terminaron por expulsarlo, debido a su carácter díscolo, indisciplinado y violento. Continuó sus estudios primarios en la Academia Newton, donde uno de sus profesores, el poeta exilado mexicano, Salvador Díaz Mirón, le imprimió el sello de su pasión anti-norteamericana. Solicitó su ingreso en el Instituto de Segunda Enseñanza de La Habana el 23 de mayo de 1919. Fue aprobado en sus exámenes de ingreso el 19 de junio de ese año. Estudió por la libre, sin concurrir a clases y haciendo exámenes finales. Fue a México alrededor de 1920. A su regreso, comenzó a practicar deportes en el Centro de Dependientes. Fue un destacado atleta. Practicó basket ball, natación, pelota, y sobresalió en los remos. Sus compañeros iban a ingresar en la Universidad cuando a Mella aún le faltaba por aprobar las matemáticas, sicología y lógica, historia natural, física y química, es decir, casi todo el bachillerato. Tenían el deseo de llevarlo consigo, para practicar deportes en la Universidad. Idearon que Mella se matriculara en el Instituto de Pinar del Río, donde no era conocido, a fin de que otro compañero efectuase sus exámenes. Mella obtuvo que trasladaran su expediente para el Instituto de Pinar del Río el 27 de agosto de 1921. Delfín Yebra efectuó los exámenes, como si fuera Mella. Así obtuvo el título de bachiller en septiembre de ese año. De inmediato se matriculó en la Facultad de Derecho de la Universidad de La Habana. Allí inició sus actividades públicas, con el nombre de Julio Antonio Mella, deshaciéndose del apellido de su madre, que lo había abandonado. Por 1921 tuvo varias conversaciones con Diego Rivera y David Alfaro Siqueiros, quienes viajaron a La Habana. Estando en la Universidad, tuvo un incidente con su padre, que revela su trauma síquico. Una tarde llegó Mella, muy alterado, a

la sastrería de su padre, en la calle Obispo No. 77 (antiguo). Entró abruptamente y, sin más saludo se dirigió a su padre, que estaba cortando un traje tras una amplia mesa de trabajo, para reclamarle imperiosamente que le diera dinero. Nicanor levantó su cabeza y, molesto por la forma en que lo trataba, le respondió diciéndole: "lo que tienes es que dejarte de todas esas locuras en que gastas el dinero y aprovechar tus años estudiando. Para eso estás en la Universidad, no para perder miserablemente el tiempo". Estas palabras encolerizaron a Mella. Fuera de sí, replicó desdeñosamente: "Tú no tienes autoridad para decirme nada. En definitiva tú no eres mi padre, pues yo soy un producto casual de un acto de placer sexual". Esta huella subconsciente, que llevaba Mella en su alma, la reveló muy claramente en un artículo que escribió en 1927, donde hablaba del poeta Agustín Acosta. En él decía, refiriéndose a sí mismo: "Solamente los hijos sin padre pueden ser útiles y lograr un triunfo en esta vida moderna".

25 Alma Máter de 23 de abril de 1923.
26 Ibid., 23 de mayo de 1923.
27 Nació en Alquízar a 20 de diciembre de 1898. Era hijo de Luciano Martínez y Dolores Villena. Tuvo tres hermanos: Esther, David y Judith. En 1905 comenzó sus estudios primarios en la escuela pública No. 37, en el barrio del Cerro, en La Habana. Se matriculó en el Instituto de La Habana en el año 1912. Ingresó en la Facultad de Derecho de la Universidad de La Habana en 1917. Por esta fecha, comenzó a componer sus poesías. Falto de técnica y ensombrecidos sus impulsos líricos por un escepticismo endémico, no llegó a consagrarse como poeta; a pesar de los esfuerzos de los comunistas por destacarlo como tal. Fue secretario particular de Fernando Ortiz por los años 20. Se graduó de Doctor en Derecho Civil y Público en 1922. De las aulas pasó a la política.
28 Mario Riera, **Historial obrero cubano**, Miami, p. 276.
29 Suplemento del periódico **Hoy** del 5 de enero de 1964.
30 Revista **Bohemia**, año 57, No. 28, julio 9 de 1965, p. 24.
31 Del artículo de Mella A los nuevos libertadores.
32 Suplemento del periódico **Hoy**, domingo 12 de abril, 1964.
33 Erasmo Dumpierre, **La obra de Julio Antonio Mella, la Universidad Popular José Martí**, Suplemento del periódico **Hoy**, del domingo 12 de abril de 1964, p. 4.
34 Fue el Padre José Chávez quien fundó la sociedad "El Aguila Negra" por el año 1810. En la conspiración de los "Soles y Rayos de Bolívar", figuraron tres sacerdotes: los Presbíteros Domingo José Hernández, Luis Martínez y Felipe Merlo. Por cadenistas fueron procesados los Presbíteros Diego Alonso de Betancourt y Tomás Borrero y el Padre José Manuel Rivera fue asesinado por españoles exaltados. El Padre José Agustín Caballero, fue quien hizo vibrar las fibras sentimentales del patriotismo a nuestro inolvidable Don Pepe. Y Don Pepe de la Luz y Caballero, católico de sólida formación religiosa, al igual que el Padre Félix Varela, quienes sembraron las semillas de nuestra libertad e independencia en las almas de toda una generación, que dio como fruto el esfuerzo heroico de nuestra guerra del 68. En este esfuerzo, se distinguieron los sacerdotes Bartolomé Mascoreña, Gabriel Marcelino Quiroga, José Vicente Capote, José Teodoro Martínez, Diego José Batista y Juan Luis Soleliac. Al campo insurrecto se lanzaron los sacerdotes Braulio Odio Pécora, Benito Casta, Julio Villarama, Jerónimo Emilio Izaguirre, Pedro Soler, José Joaquín Carbó y Serrano y Seminaristas Desiderio Mesnier, Pedro Uraquenza, Jerónimo Emiliano Izaguirre, Miguel Antonio García Ibarra y otros. Fueron deportados 250 sacerdotes. Y sometidos a prisión: José Cándido Valdés, José Miguel de Hoyos, Adolfo del Castillo, José Cecilio Santa Cruz, Rafael Sal y Lima, Pedro Yera, José Alemán, Amador de Jesús Milanés, Manuel Serrano, Pedro Alberro, Tomás Demetrio Serrano, Joaquín Alcarazo, Ismael José Bastart y Antonio Hernández. Es digno vital el caso del P. Francisco Esquembre Guzmán pasado por las armas de voluntarios españoles, en los campos de Marsillán en Cienfuegos, por el gravísimo delito de bendecir nuestra querida bandera cubana. Después de la guerra de los Diez Años fueron perseguidos, entre otros, los Pbros. Dobal Arteaga, Barnada, Santos, Fuentes y Almanza. En la guerra del 95 se destacaron el propio Dobal y Santos y los Pbros. Castillo, Castañeda, Mustelier, Rivera, González Arocha, Mesnier, Corfán, Hoyo, Marrero y muchos más. No podemos olvidar que Céspedes hizo su primera bandera con la tela del altar de la Virgen que su esposa había levantado en su casa, y cuando llegó triunfante al Cobre, en 1868, entró en el Santuario "y ante el altar de la Virgen de La Caridad él y su tropa oraron de rodillas". Tampoco que nuestros libertadores llevaban habitualmente un recuerdo de La Virgen del Cobre "la Gran Capitana", que consistía en una cinta azul del tamaño de la imagen o en una medalla en el pecho, como la encontrada en el cadáver de Maceo el 7 de diciembre de 1896. Ni podmos olvidar que las primeras notas de nuestro Himno Nacional se dejaron escuchar en público, por primera vez, en el instante más sublime de la misa: La elevación.
35 **Periódico Hoy, de 18 de agosto de 1965, p. 2.**
35 Héctor de Arturo, **"Aquellos años de fuego"**, revista Mella, agosto 17 de 1964, Habana, p. 18.

36 Alfonso Bernal del Riesgo, artículo titulado, **Mella, líder rápido y multiforme.**
37 Loló de la Torriente, **Mella, un Congreso Memorable.** Bohemia, año 58, No. 6, febrero 11 de 1966, p. 102.
38 Periódico Hoy de 18 de Agosto de 1965, p. 2.

CAPITULO IV
NACIMIENTO, PRIMEROS PASOS Y TROPIEZOS INICIALES
(1925-1927)

I - Fundación del Partido Comunista de Cuba. II - Los miembros del Primer Comité Central del Partido Comunista de Cuba. III - Los primeros comunistas nativos. IV - Financiamiento del Partido. V - El primer acto público del Partido: un tributo de servilismo a la Unión Soviética. VI - Propósitos iniciales y obstáculos que encontraron. VII - Sus primeros pasos: A) - El primero, un periódico. B) - Por el sector obrero. C) - Entre las mujeres. D - Por los medios intelectuales. E) - En la juventud. VIII - Mella y el Partido. Expulsado de la Universidad. Asiste al acto del 27 de Noviembre. Procesado por terrorista. Sale de Cuba. IX - El Partido Comunista de Cuba a la salida de Mella. X - Destino de la Confederación Nacional Obrera. XI - El Partido y las elecciones de 1926. XII - Nuevas actividades de Rubén, especialmente con el Grupo Minorista. XIII - Proceso contra los comunistas. XIV - Rubén Martínez Villena ingresa oficialmente en el Partido. Su polémica con Mañach. XV - Desintegración del Partido Comunista de Cuba.

I - FUNDACION DEL PARTIDO COMUNISTA DE CUBA.

A las nueve de la mañana del 16 de agosto de 1925, en un viejo caserón del Vedado, situado en Calzada número 81, recibía Carlos Baliño las credenciales de los delegados al Primer Congreso de Agrupaciones Comunistas de la Isla de Cuba.

Allí estaban, a más de Carlos Baliño, Mella y Alejandro Barreiro, representando a la Agrupación Comunista de La Habana; Miguel Valdés y Emilio Rodríguez, a nombre de la Agrupación de San Antonio de los Baños; Venancio Rodríguez, por la de Guanabacoa; Yoska Grimber y Yunguer Semovich, por la Sección Hebrea y Félix Gurbich, delegado fraternal de la Juventud Comunista Hebrea. La Agrupación de Manzanillo no había podido enviar delegados, por lo que Martín Veloz había designado por carta, para que la representara, a Mella y a Barreiro. También estaban presentes un español, natural de Canarias, José Miguel Pérez; un hebreo de apellido Vasseman, que fungía de intérprete; un representate del Partido Comunista de México, Enrique Flores Magon, que hacía las veces de representante de la Internacional, y otros extranjeros en calidad de invitados.

La presencia de Fabio Grobart no es de histórica evidencia. Sí lo es la de un extranjero de nacionalidad europea, ciudadano de la Rusia Nueva. Personas que afirman haber estado íntimamente vinculadas a las actividades del Partido en sus inicios, dicen que era un personaje siniestro que respondía por el sobrenombre de El Polaco. De él nadie da puntuales noticias. Sólo dicen que permaneció en Cuba, por lo menos, hasta 1929, en cuyo momento apareció Fabio Grobart, utilizando indistintamente los nombres de Aaron Sinkovich, José Michelon, Otto Modley y Abrahan Grobart. Sin embargo, ninguna de las crónicas o historias oficiales de los comunistas menciona para nada al tal Polaco. Por el contrario, aseguran que Grobart, a nombre de la juventud, asistió a la constitución del Partido. Algunos se han atrevido a señalar que era cubano, llegando a decir, inclusive, que estaba inscripto en Bejucal.

El hecho de que hubiera estado o no presente Fabio Grobart o El Polaco, como delegados de la Internacional en la constitución del Partido o que el delegado de la Internacional lo fuera, además de Flores Magón, "L. o E. Etchebehere, argentino que llegó tarde", al decir de Alfonso Bernal,[1] nada añade ni quita al hecho del evidente intervencionismo de los agentes extranjeros en los asuntos internos del Partido en Cuba.

Fabio Grobart ha definido, como dogma histórico sobre los asistentes a la sesión de la constitución del Partido, que "el número de Agrupaciones participantes en el Congreso era de 4 solamente (La Habana, San Antonio de los Baños, Guanabacoa y Manzanillo) y la cantidad de delegados, incluidos los invitados, no sobrepasó la cifra de 17. Debe agregarse que la organización de Manzanillo no pudo participar en la reunión con su propio delegado porque no disponía de recursos para pagar su pasaje".[2]

Reunidos los escasos asistentes, Baliño, que a nombre de la Organización anfitriona hacía las veces de presidente provisional, propuso nor ar una directiva del Congreso. Uno de los delegados complementó la propuesta, manifestando que estuviera integrada por un presidente, elegido en cada sesión, y por dos secretarios permanentes, uno de Actas y otro de Prensa y Publicidad. Adoptadas ambas proposiciones, Alejandro Barreiro fue designado presidente de la sesión; el delegado de México y de la Internacional, Flores Magón, fue nombrado Secretario de Actas, y Mella, Secretario de Prensa y Publicidad. Tras tomar posesión de sus puestos, se declaró inaugurado el Congreso.

De seguido, el intérprete de los delegados hebreos, Vasseman, interesó de los presentes que, puestos de pie, guardaran un minuto de silencio en memoria "de Lenin y de todos los buenos luchadores muertos en la lucha proletaria". Aprobada y cumplimentada la moción, el delegado de la Sección Hebrea, Grimberg, solicitó, y así fue acordado, que se enviara un cable saludando cordialmente al Partido Comunista de México, "ya que, como dice el acta de constitución, a él se debe que estemos celebrando este Congreso". Mella, por decir algo, pidió que se ampliara el saludo a "los compañeros de todo el mundo". La sesión prosiguió con más saludos. Era, ahora, José Miguel Pérez quien proponía un saludo a los miembros de la Agrupación Comunista de La Habana y nombrar una comisión que invitara a Peña Vilaboa, quien se encontraba enfermo, para que asistiera a las sesiones del Congreso. Aprobada la moción, Pérez Barreiro (sic) quedó encargado de cumplimentarla. Antes de finalizar la sesión, Pérez Barreiro, que actuaba de presidente, solicitó de los concurrentes, acordaran un saludo a los marinos del buque mercante soviético Varosvhy, que acababa de llegar al puerto de Cárdenas. Mella, que no podía dejar de hablar, amplió la proposición, solicitando se le enviara una bandera en nombre de los comunistas de Cuba. Aprobadas las dos propuestas, se dio por terminada la sesión.[3]

Al día siguiente se celebró la sesión clausura del llamado Primer Congreso de Agrupaciones comunistas de Cuba. El acta cerró con estas palabras: "Y no habiendo más asuntos que tratar, los delegados puestos de pie entonan la Internacional y el Chairman declara terminados los trabajos del Primer Congreso Nacional de Agrupaciones Comunistas de la Internacional Comunista, a las siete en punto de la noche".[4]

Fabio Grobart, pontífice máximo de los comunistas cubanos, dice que "el primer congreso del Partido aún no estaba en condiciones de elaborar un verdadero programa de lucha por la independencia nacional y el socialismo".[5] Reconocer que se había reunido solo para dejar constituido oficialmente el Partido y afiliarlo a la Internacional de Moscú, hubiera sido reconocer demasiado. De ahí que Gobart, en su empeño de darle al Congreso un sentido proletario del que adolecía, afirma, sin más pruebas, que "acordó un programa concreto de reivindicaciones para los obreros y los campesinos y de carácter nacional, en el que figuraban centralmente la lucha por las ocho horas de trabajo en los centrales, la prohibición de pagar a los obreros azucareros en vales y fichas (Ley Arteaga), la rebaja de las rentas para los campesinos y colonos, la urbanización de los bateyes y el paso al dominio público de todas las vías de comunicación, la reducción de los impuestos indirectos y la creación de un impuestos progresivo sobre el capital y la renta, la nacionalización de los servicios públicos, y otras".[6] La relación de las demandas, de ser ciertas, no es otra cosa que una reproducción de las que estaban en boga entre los sindicalistas de entonces; con lo cual, demostraban, en todo caso, la falta de originalidad en sus planteamientos.

Fabio Grobart, en su informe sobre la fundación del Partido, nos dice que "el congreso estableció la obligación para los miembros del Partido de trabajar en los sindicatos, y en otras organizaciones de masas, organizar a los campesinos y luchar por los derechos de la mujer y de la juventud. Tomó el acuerdo asimismo de constituir el organismo de los jóvenes comunistas. También aprobó los estatutos del Partido, redactados en base del principio del centralismo democrático, y acordó una serie de medidas relativas a la construcción del partido en los centros de trabajo. Gran importancia concedió el congreso a las cuestiones de la propaganda marxista, particularmente al reforzamiento ideológico de la prensa del partido y a la educación política de sus miembros".[7]

El referido informe de Grobart concluye diciendo: "el congreso duró dos días y celebró cinco sesiones. Al final eligió un Comité Central de nueve miembros". Este había sido, justamente, uno de los motivos del llamado Primer Congreso de Agrupaciones Comunistas de la Isla de Cuba: escoger a quienes habrían de trabajar, como "revolucionarios profesionales", a las órdenes del Kremlin.

II - LOS MIEMBROS DEL PRIMER COMITE CENTRAL DEL PARTIDO COMUNISTA DE CUBA.

Ninguna acuciosidad han mostrado los cronistas e historiadores comunistas al señalar los miembros del Primer Comité Central del Partido. Han mantenido una sospechosa penumbra sobre sus primeros integrantes. El más preciso, sin que por ello deje de omitir nombres, torcer hechos y adulterar merecimientos, ha sido Fabio Grobart, al decir que "cinco de ellos eran obreros, y de los cuatro restantes, uno era empleado público, otro maestro, el tercero periodista y el último estudiante".[8]

Grobart califica a Carlos Baliño de obrero tabacalero, cuando había dejado de serlo desde los tiempos lejanos de emigración durante la guerra del 95. Señala a Mella, como estudiante, y relaciona a los obreros Alejandro Barreiro, Miguel Valdés y José Peña Vilaboa. No se refiere por su nombre al empleado público, Venancio Rodríguez, porque fue de aquellos a quienes el comunismo pronto los defraudó en sus ilusiones. No menciona al periodista ni al maestro ni al otro obrero, porque estos tres eran extranjeros.

¿Quiénes fueron pues, los miembros del Primer Comité Central del Partido Comunista de Cuba? No ha sido fácil hallar la respuesta a esta pregunta. Tras mucho indagar, cotejar y confirmar, hemos podido establecer que los nueve miembros propietarios del Primer Comité Central del Partido Comunista de Cuba fueron: José Miguel Pérez, un español natural de Canarias, quien fue el primer Secretario General del Partido; Carlos Baliño, con setenta y siete años; Julio Antonio Mella, a quien su biógrafo Dumpierre sitúa como Secretario Organizador y el periódico Hoy⁹ como Secretario de Propaganda y Educación; Alejandro Barreiro Oliva, Miguel Valdés García, José Peña Vilaboa, Venancio Rodríguez, Rafael Saínz Pelegrín, periodista español exilado y, el hebreo, Yoskha Grimberg. Y los cuatro suplentes fueron Alfonso Bernal del Riesgo, José Rego López, Francisco Pérez Escudero y un miembro de la Internacional, el Polaco o el soviético F. Vaserman, quien fue sustituido más tarde por Fabio Grobart.

Alfonso Bernal nos dice[10] que coincidieron con Mella en el Comité Central, Joaquín Valdés, Benito Expósito, Juan Cabrera y los hebreos, Miguel Magidson y Jacobo Gurvich. No aclara, sin embargo, cómo y cuándo formaron parte del Comité Central; aunque, desde luego, tuvo que ser antes del 18 de enero de 1926, fecha en que Mella salió de Cuba.

De la lectura de los componentes del Primer Comité Central del Partido salta a la vista cuan menguado de calor cubano nació el Partido en Cuba.

III - LOS PRIMEROS COMUNISTAS NATIVOS.

En esos momentos reinaba entre los comunistas nativos gran vaguedad y confusión acerca del marxismo-leninismo. No tenían noción precisa. Más bien lo eran de sentimiento que de convicción.

No es que lo digamos nosotros. Fabio Grobart nos lo confirma, al decir:[11] "La casi totalidad de los delegados al Congreso, así como la membresía de las Agrupaciones Comunistas, no eran marxistas formados, conocedores del socialismo científico. Eran más bien comunistas de corazón".

Esta es la razón que Grobart esgrime para justificar el por qué no elaboraron un programa al constituirse. Explica, de por sí, el que no supieran orientarse en el breñal por donde dieron sus primeros pasos.

IV - FINANCIAMIENTO DEL PARTIDO.

La Tercera Internacional había puesto sus pies sobre Cuba, utilizando, de puente, a su Partido de México. De donde se induce que la Embajada de Rusia en México hubo de ocuparse de los pequeños gastos iniciales.

Después, el Partido Comunista de Cuba quedó adscripto al Buró del Caribe, radicado en New York. Sus oficinas estaban situadas en 80 East 11 St. en el apartamento número 430. Aparecían a nombre del llamado Socorro Rojo Internacional. Este organismo, aparentemente humanitario, era el encargado de financiar los "consejeros políticos" y las actividades de sus "revolucionarios profesionales" en cada país.

Apenas nacido el Partido, la Komintern abrió un restaurante que se llamó La Cooperativa, ubicado en Compostela número 687, altos, esquina a la calle Luz, en La Habana. Allí era donde comían los agentes que estaban de paso o permanentemente en Cuba.

Como se advierte de lo dicho, los comunistas lo realizan todo escondiéndose tras otras actividades que encubren sus verdaderas acciones y tareas.

V - EL PRIMER ACTO PUBLICO DEL PARTIDO: UN TRIBUTO DE SERVILISMO A LA UNION SOVIETICA.

Que los Partidos comunistas de todo el mundo han sido históricamente meros instrumentos al servicio del Kremlin, hasta que surgieron las divisiones en el campo socialista, es una evidencia que solo han negado los propios comunistas a los ingenuos crasos.

En Cuba no hicieron más que constituirse y de inmediato se apresuraron a ofrecer su primer testimonio de vasallaje a la Unión Soviética. Lo hicieron, en cumplimiento de un acuerdo del Congreso de constitución, según ya hemos narrado.

El barco mercante ruso, Vatslav Vorovksy, había llegado, procedente del Brasil, a nuestras costas, para tomar un cargamento de diez mil sacos de azúcar. El gobierno había ordenado que en vez de entrar en el puerto de La Habana, lo hiciera en el de Cárdenas. La medida se proponía evitar los desórdenes que hubieran provocado los choques de los agentes bolcheviques, con sus actos de simpatía, con los reformistas y los anarquistas, con sus actos de repudio.

Los comunistas de Cuba estaban obligados a dar fe de vida ante los marinos rusos y a cumplimentar lo acordado. Para ello encargaron a Mella y a Rego se trasladaran a Cárdenas. Mella subió al barco, donde permaneció sobre cuatro horas. Durante este tiempo cantó varios himnos de la revolución rusa. La visita finó con un brindis por la Revolución de Octubre y un intercambio de banderas. Mella entregó la cubana a los rusos y éstos entregaron una soviética a Mella. De regreso a La Habana, pronnció una conferencia en la Sociedad de Torcedores, en San Miguel número 26 ,relatando las impresiones de su visita al barco ruso. La tituló "Cuatro horas bajo la bandera roja".

VI - PROPOSITOS INICIALES Y OBSTACULOS QUE ENCONTRARON.

Poco antes de la fundación del Partido Comunista había tomado posesión de la Presidencia de la República Gerardo Machado y Morales, último general de la Guerra de Independencia que habría de ocupar la Presidencia en Cuba.

Durante su campaañ electoral había capitalizado a su favor el descontento popular promovido por la falta de autoridad y el desenfreno del gobierno de Zayas.

La actuación del gobierno de Machado, durante su primer período, se orientó en sentido contrario al de su predecesor. Su obsesión fue el orden público y la pulcritud administrativa.

Buena parte de la opinión pública cubana, justamente la del

sector dirigente de la sociedad, estaba cansada del terrorismo revolucionario en las ciudades. Atribuía la agitación obrera a la obra de unos cuantos extranjeros desesperados. Esta opinión le sirvió de estribo al gobierno para cabalgar como salvaguardia del orden, reprimiendo el terrorismo revolucionario en las ciudades. En el campo, puso término al bandolerismo, mal endémico que se venía padeciendo desde el comienzo de la República. Satisfizo, así, el largo anhelo de paz que venía sintiendo el campesino cubano.

No solo del orden y de la administración se ocupó el gobierno de Machado en su primera etapa. También se empeñó en realizar grandes obras públicas y en impulsar el desarrollo económico del país. Así contuvo, por algún tiempo, la crisis económica, cuyo primer síntoma se había manifestado cuando la caída de los precios del azúcar había quebrado la industria básica, la azucarera, y la banca privada. El resultado había sido que muchas de las fábricas de azúcar habían pasado de las manos cubanas a las de sus acreedores, normalmente los grandes bancos norteamericanos que, por entonces, asumieron el control crediticio en Cuba. Esto había motivado, a su vez, que los inversionistas cubanos emprendieran en el sector no azucarero. Estas circunstancias, unidas al sentimiento nacionalista, que cada vez cobraba mayor vigor, determinó que el gobierno se preocupara por dictar la famosa reforma arancelaria de 1927, que tanto contrarió al de Estados Unidos.

Esta actuación explica el por qué el Presidente Machado discurría, por entonces, en medio de muchos aplausos. La Universidad llegó a conferirle el título de Doctor Honoris Causa; un sector de los trabajadores, el de Primer Obrero de Cuba, y, sus aduladores, el de Egregio. Todo lo cual exacerbó su vanidad y lo hizo naufragar en un mar de egolatría. Mas esto ocurriría en el período subsiguiente al que ahora nos referimos.

Difícil, muy difícil resultaba para los comunistas desarrollar sus actividades en medio de aquellas circunstancias. El principal obstáculo que se les interpuso en su camino fue la prevención de los cubanos contra quienes se decían bolcheviques. No es apreciación nuestra, es la de Fabio Grobart, según lo ha reconocido, al decir: "El mayor escollo con que tropezó el Partido en los primeros tiempos de su existencia —y también durante todos los años posteriores hasta el triunfo de la Revolución— no fueron tanto las persecuciones y el terror, como las ideas y conceptos burgueses y pequeño burgueses y la ignorancia y los prejuicios políticos de las amplias masas del pueblo".[12] Por las razones que alega Grobart o por las reales que calla, el hecho cierto es que se les veía como "gente malvada, extraña a la patria, una "planta exótica' en el suelo cubano, agentes y espías de la Unión Soviética, etc."[13]

Esta impresión era general del pueblo y particular de los obreros. Estos recelaban de los bolcheviques. Tanto que hasta el propio Grobart lo ha confesado, con cierta reticencia, al señalar que "Por la mentalidad artesanal y las ideas anarquistas y reformistas de los dirigentes sindicales en aquel entonces, la clase obrera estaba ideológicamente dominada por el economismo estrecho y, por lo tanto, no se hallaba aún en condiciones de comprender su misión histórica y, mucho menos, de jugar un papel independiente en los grandes problemas del país".[41]

El panorama ideológico del momento en medio del cual nacía el Partido Comunista en Cuba explica sus objetivos iniciales. A éstos se refiere Grobart, diciendo: "Lo que esperaba pues, el Partido recién nacido era un trabajo sumamente difícil de pioneros, tanto en el campo de la formación de una conciencia nacional y de clase, mediante la divulgación de las ideas marxistas-leninistas y de su aplicación a las condiciones históricas y concretas de Cuba".[15]

Más preciso fue Blas Roca, en la revista "Mella" de agosto de 1963, cuando apuntó que "la importancia de la fundación del Partido Comunista de Cuba, reside en que dio organización a los elementos más conscientes de la clase obrera, sistematizó la propagación de los principios marxistas-leninistas y dio oportunidad y persistencia a la lucha por la aplicación de estos principios al movimiento de la revolución cubana".[16]

De donde se sigue que los primeros pasos de la filial de la Internacional en Cuba se dirigían a dejar constituida su agencia, en orden a propagar sus ideas y cumplir sus consignas. Para ello irrumpieron en todos los sectores de la población, trataron de cautivar prosélitos de cualquier forma; mas tuvieron poco, muy poco éxito. Se lo impedía, sobre todo, la justificada aprehensión de los cubanos por los comunistas.

VII - SUS PRIMEROS PASOS. A) EL PRIMERO, UN PERIODICO. B) POR EL SECTOR OBRERO. C) ENTRE LAS MUJERES. D) POR LOS MEDIOS INTELECTUALES. E) EN LA JUVENTUD.

Tal cual lo habían ordenado los acuerdos del congreso de constitución del Partido, sus exiguos miembros trataron de entremeterse en todas las actividades sociales del país. Mas poco, por no decir nada, pudieron hacer con las mujeres, los jóvenes y los campesinos. Algo, muy poco, con los obreros. Fue con los intelectuales, más por la vía lírica que por otra, con quienes pudieron avanzar algo en lo de penetrar con sus ideas y consignas.

A) - El primer paso: un periódico.

¿Por dónde empezar? Es el título de un artículo de Lenin publicado en mayo de 1901 en el periódico Iskra. El se contesta, a sí mismo, esta pregunta, diciendo: "A nuestro juicio, el punto de partida para la actividad, el primer paso práctico hacia la creación de la organización que deseamos y, finalmente, el hilo fundamental que nos permitiría desarrollar, ahondar y ensanchar incesantemente esa organización, debe ser la creación de un periódico político".[17] Desde entonces, este ha sido el punto de partida de todos los bolcheviques en todas partes del mundo. En Cuba, fue igual. Lo primero que hicieron fue fundar su propio periódico político, el cual llamaron: Justicia.

B) - Por el sector obrero.

Más que a combatir las ideas que prevalecían, entonces, en el sector obrero, los bolcheviques se preocuparon, antes que nada, por atrapar posiciones en los organismos sindicales que se estaban creando al impulso de los anarquistas y de los reformistas. Más éxitos cosecharon con los primeros que con los segundos.

Los bolcheviques ya habían estado presentes en el Segundo Congreso Nacional Obrero, según hemos visto, siendo los causantes de que se suspendiera para convocar otro donde se llegara a mínimos acuerdos. Este Congreso, que fue el tercero, se efectuó en Camagüey, del 2 al 7 de agosto de 1925, es decir, días antes de que se fundara el Partido.

El Congreso fue presidido por una mujer del sector cigarrero, Juana María Acosta. Asistieron 134 delegados. La misión de los bolcheviques, una vez más, fue atizar divisiones y provocar disenciones, de las cuales extraer algún beneficio sectario. Todos coincidieron en la necesidad de crear la Confederación Nacional Obrera de Cuba. Como se propuso, así se efectuó. En lo que discreparon fue en la selección de quiénes debían integrar la mesa ejecutiva. Tras mucho debatir, se acordó posponer la designación de la mesa ejecutiva para el año siguiente. Con carácter provisional, se eligió presidente al dirigente anarquista Alfredo López, por serlo de la Federación Obrera de La Habana y haber sido el impulsador del Congreso. Al fin, el 8 de noviembre de 1925, el Gobierno Provincial de La Habana aprobó la CNOC.

Los bolcheviques transigieron, de acuerdo con sus tácticas, para obtener un mínimo de concesiones, de acuerdo con sus intereses. Ya estaban situados dentro de la Confederación, en posiciones de dirigentes. Proseguirían, dentro de ella, trabajando en fracción. En su afán de imponer su control sectario, se agruparían alrededor de José Peña, ya algo enfermo, y, sobre todo, de Alejandro Barreiro, Miguel Valdés, Joaquín Valdés, Emilio Rodríguez, Roberto Castelló Estrada y Ramón Nicolau.

Desde entonces, aparecerían unidos a los anarquistas en cuanto les convenía, con el pretexto de la unidad en la acción. Los aprovecharían en lo que eran objetivos comunes: destruir a pico lo existente.

C) Entre las mujeres.

Una joven rusa, Dora Vainstock, fue la encargada de organizar las mujeres comunistas en Cuba. Había llegado a La Habana en la mañana del 6 de septiembre de 1925, procedente del puerto del Havre, en Francia. Su labor se redujo a una tarea de propaganda. De hecho, nada pudo hacer.

El feminismo comenzaba a echar sus raíces en la conciencia nacional. Nada habían tenido que ver en esto los comunistas. Era consecuencia de la expansión a Cuba de un movimiento de carácter universal. Uno de sus reclamos era el voto para la mujer. Los comunistas trataron de tomar la causa, como propia. El pretexto no importaba, por fútil que pareciese; servía para agitar.

A estos y otros empeños de agitación y propaganda estaba entregada Dora Vainstock, cuando, el día 26 de agosto de 1926, fue sorprendida por la policía, en un conciliábulo de comunistas en una casa de La Habana vieja. Entre los presentes se encontraba el delegado de la Internacional en Cuba. Los reunidos fueron detenidos y puestos a disposición de las autoridades judiciales, que ordenaron su libertad.

Sólo con el tiempo, los comunistas dieron entrada en su Comité Central a Sarah Pascual, entonces estudiante universitaria, a fin de conferirle una representación a la mujer. La captaron por la vía de los intelectuales jóvenes. Esto, y nada más, fue lo que pudieron lograr los comunistas en el sector femenino.

D) Por los medios intelectuales.

Las ideas comunistas se movían, un tanto borrosas, allá a lo lejos. A distancia, no parecían tan malas. Es más, para algunos intelectuales jóvenes hasta lucían buenas; aunque no encajaban, desde luego, en el sino nacional. Estas ideas parecían nuevas y tenían como un hervor de lucha, de lucha contra lo existente. Les venían bien, como la flecha al arco, a los afanes de intervenir en la vida pública cubana, que se habían apoderado de los jóvenes intelectuales de la época. No les bastaba con sus actividades gremiales y procuraban la reforma de la sociedad.

La revolución rusa les había suministrado el alcohol ideológico con etiquetas falsificadas, con el cual se emborrachaban, al decir de Arthur Koestler. En medio de su embriaguez, prosiguiendo el discurso de Koestler, es que se postraban abyectos ante la figura legendaria que nunca habían conocido: el proletariado.

Al no tener ideas propias, éstas les parecían buenas, sobre todo, impresionantes, porque eran nuevas. La "ideología marxista", un tanto confusa para ellos, la veían, en medio de sus mareos, como un conjunto difuso de ideas, con imágenes nobles y razonamientos más o menos lógicos,[18] con las cuales disfraza las ambiciones y los intereses de los más o de satisfacer el éxtasis, que les había provocado el deslumbramiento de la utopía comunista, en los menos.

Rubén Martínez Villena, José Zacarías Talet, Emilio Roig, Luis Gómez Wanguemert, Alejo Carpentier, Regino Pedroso, Juan Marinello, Gerardo del Valle y Mariblanca Sabas Alomá formaban, ya por entonces, el grupo de los que estaban poseídos, si no de las ideas comunistas, al menos de un idealismo sentimental que los excitaba a remover los cimientos de la sociedad, volcar instituciones y crear un nuevo paraíso para los explotados, derribando a los explotadores.

A este grupo de jóvenes cubanos se les unió el de varios estudiantes que habían llegado a Cuba, deportados por las dictaduras de Juan Vicente Gómez, en Venezuela, y de Leguía, en el Perú. Algunos, como Gustavo Machado y Salvador de la Plaza, eran o decían ser marxistas-leninistas. Otros, como Luis Bustamante y Esteban y Pavletich, eran apristas.

El centro de reunión, de los estudiantes latinoamericanos con Mella y Martínez Villena y algunos más que se les unían, era la consulta del doctor Gustavo Aldereguía. De allí nació la idea de revivir la Universidad Popular, donde debatir las ideas políticas del momento en América Latina, aprovechando la presencia de los exilados venezolanos y peruanos. También, surgió la idea de publicar la revista Venezuela libre, de cuya dirección se encargó Martínez Villena. En ella imprimió su ideas socialistas y sus sentimientos antinortearicanos.

La simpatía que despierta siempre el perseguido era explotada eficazmente para excitar la agitación, de la cual derivar dividendos políticos para sus intereses sectarios. Aunque la mayoría no era propiamente comunista, iba desbrozándose el camino del socialismo, hasta acercarse al punto donde sus distintas bifurcaciones, permite tomar la senda estrecha del comunismo.

Gran empeño pusieron en la constitución de "un organismo de jóvenes comunistas". De momento, sin embargo, no encontraron otros jóvenes que los ya responsabilizados con las tareas del Partido. Los demás que giraban en torno al Partido, no se consideraban calificados a sí mismos, como jóvenes, sino como dirigentes estudiantiles u orientadores intelectuales. Tampoco pudieron extraer del sector obrero ningún joven que se hiciera cargo de organizar a la juventud comunista, pues los necesitaban para sus cuadros proletarios. De ahí que no pudieran crear, por entonces, la Liga Juvenil Comunista.

Donde pudieron encontrar más prosélitos entusiastas fue en el sector estudiantil, en el cual Mella era asta y bandera de jóvenes y comunistas.

VIII - MELLA Y EL PARTIDO. EXPULSADO DE LA UNIVERSIDAD. ASISTE AL ACTO DEL 27 DE NOVIEMBRE. PROCESADO POR TERRORISTA. SALE DE CUBA.

Mella, rebelde por naturaleza, había comenzado a confrontar problemas con el Partido. Apenas sentía la disciplina, se soliviantaba. No una, sino varias veces hubo de protestar y discutir las órdenes que se le daban, a manera de consignas, en el propio Comité Central del Partido. Las insubordinaciones de Mella contra las instrucciones dictadas desde Moscú, las más de las veces, tan extrañas a la idiosincrasia cubana, jamás han sido divulgadas por los historiadores comunistas.

La única referencia a ellas hemos podido encontrarla, muy de pasada, en un párrafo del artículo de Bernal del Riesgo sobre Mella, cuando dice lo siguiente: "Es cierto que en el seno del CC discutió varias veces".[19] Trata, sin embargo, de excusarlo, expresando que: "Esto no rebaja sino peralta al líder y al organismo, (sépase que en aquella lejana fecha, 1925, fresco aún el cadáver de Lenin, el comunista que no sabía discutir o que sabiendo no lo hacía era considerado... "defectuoso".[20]

Puede considerarse el primer indicio de lo que vendría después: la expulsión de Mella del Partido Comunista de Cuba y su ulterior asesinato en México.

La vida de Mella había discurrido y continuaba discurriendo bajo el signo de la turbulencia, el antagonismo y la disputa. Fruto de ésta su manera de ser, fue el conflicto que tuvo con el profesor de Legislación Industrial, el Doctor Rodolfo Méndez Peñate. Le dio una bofetada por el solo hecho de haber suspendido a su esposa, Olivín Zaldívar. Motivó que le promovieran un consejo de disciplina. El resultado fue que a Mella le prohibieron entrar en el recinto universitario por el término de un año. La resolución del Claustro de Profesores de la Facultad de Derecho le fue notificada a Mella el 25 de septiembre de 1925. La recurrió ante el Consejo Universitario. La carta de apelación se extrañaba de la sanción impuesta, señalando que durante los años de la revolución universitaria del 23 no había sido expulsado, en tanto que ahora lo era por una simple falta de respeto. No había duda de que los tiempos habían cambiado, pues la sanción le fue ratificada.

Haciendo caso omiso de la medida disciplinaria que le había sido impuesta a Mella, el estudiante Aureliano Sánchez Arango lo invitó a que pronunciara uno de los discursos en el acto que tradicionalmente se efectuaba en la Universidad para recordar el fusilamiento de los 8 estudiantes de medicina ocurrido el 27 de noviembre de 1871. En la mañana del aniversario luctuoso Mella hizo acto de presencia en el Patio de los Laureles. Solo después que hubo pronunciado una de sus acostumbradas arengas, fue que los encargados del orden lo sacaron del recinto universitario.

En esa misma tarde, Mella fue detenido. Lo acusaban de un delito de terrorismo, por un petardo que había explotado en el teatro Payret. Ingresó en la Cárcel de La Habana a disposición del Juzgado de Instrucción de la Sección Segunda. Se le había radicado la causa número 1361 de 1925, por los delitos de conspiración para la sedición e infracción de la Ley de Explosivos. El Juez de Instrucción lo excluyó de fianza. Mella se declaró en huelga de hambre. Tras 11 días sin probar alimentos, se le presentó una complicación cardíaca. Su médico, Gustavo Aldereguía, logró que fuera trasladado a la Quinta de Dependientes.[21]

La huelga terminó tan pronto el Juez de Instrucción declaró con lugar el recurso de reforma que había establecido Rubén Martínez Villena, a nombre y en representación de Mella, contra el auto de procesamiento. El juez modificó el auto, le señaló fianza y, una vez prestada, Mella fue puesto en libertad. No pudo, sin embargo, salir inmediatamente, pues aún se encontraba recluido en la Quinta de Dependientes. Lo hizo tan pronto estuvo completamente restablecido de los efectos de la huelga de hambre, que había sido tomada como bandera de agitación. La prensa le había conferido el honor de los cintillos, haciendo aparecer como una protesta política la actitud de quien había sido detenido por un auto de procesamiento del Juez de Instrucción, por haber cometido un delito de terrorismo.

Sin tiempo para reintegrarse a las actividades del Partido, el 18 de enero de 1926, recibió Mella una citación judicial para comparecer ante el Juzgado Correccional. Aparecía acusado de haber violado la medida disciplinaria que le había sido impuesta por el Consejo Universitario, por haber entrado el 27 de noviembre en el recinto de la Universidad de La Habana sin permiso del Rector, Dr. Fernández Abreu.

Mella se atemorizó. Pensó que podrían sancionarlo a días de prisión y decidió salir de Cuba. Lo hizo, bajo el nombre de Juan López, en el barco Cumanayagua, que salió del puerto de Cienfuegos con destino a Honduras. De allí pasó a Guatemala, hasta que el comunista mexicano Enrique Flores Magón, le consiguió permiso para entrar en México, donde se radicó.

IX - EL PARTIDO COMUNISTA DE CUBA A LA SALIDA DE MELLA.

¡Desertor! fue el calificativo que le dieron a Mella cuando salió de Cuba. Le imputaron su extracción pequeño-burguesa. La lista de cargos fue prolija: desde "indisciplinado", pasando por la de "sujeto falto de conciencia de clase", hasta "exhibicionista". Los basaron en cuantos hechos pudieron traer a colación, sin excluir la huelga de hambre. El veredicto fue expulsarlo del Partido.

Todo podía ser cierto. Pero no lo era menos que a los ojos de la opinión pública cubana. Mella era el Partido. Le había infundido la emoción de que carecía. Le había transmitido su entusiasmo, haciendo vibrar lo que, en verdad, era inmóvil. El, con sus apasionadas arengas había logrado arrebatar a quienes sentían el entusiasmo revolucionario que encerraban las leyendas sobre la Revolución de Octubre. En fin Mella, y solo Mella, había dado vida artificial a un Partido que yacía inerte.

Ahora, sin Mella, el Partido quedaba como muerto. Todavía, sin "organicidad" y sin miembros propiamente comunistas, le era difícil vivir. Los más de sus pocos seguidores eran líricos idealistas que se habían embriagado de odio con las lecturas de "La diplomacia del dólar" de Scott Nearing y Joseph Freeman, y "Nuestra colonia de Cuba", de Lesland H. Jenks. Algunos habían leído algo de Marx, muy pocos de Lenin y casi ninguno a Engels.

Por ello, con la salida de Mella, el Partido entró en crisis. Para colmo, se les había muerto, de viejo, su bandera simbólica de la supuesta cubanía de que carecían: Carlos Baliño.

El resultado de esta crisis se sintió más que nada en la Universidad, donde se vieron forzados a replegarse. Solo quedaron, pero no a título de comunistas, Leonardo Fernández Sánchez, José Chelala Aguilera, José Elías Entrialgo, Francisco Pérez Escudero, Gabriel Barceló, Israel Soto Barroso, José Elías Borges, Manuel Cotoño Valdés, Aníbal Escalante, Aureliano Sánchez Arango, Raúl Roa y otros. Era la época en que se completaba el programa de reformas universitarias en cuanto a los planes de estudio y construcciones docentes; no, así, en cuanto a cogobierno y autonomía. Además, se había restablecido la normalidad en la enseñanza.

Fuera de la Universidad de La Habana, Rubén Martínez hacía esfuerzos por reunir a los antiguos profesores y estudiantes de la que se había llamado Universidad Popular, para reiniciar sus actividades, contando ahora con la colaboración de los estudiantes latinoamericanos que se encontraban en Cuba. El intento resultó una frustración, pues los comunistas se vieron envueltos en serios debates con los apristas, de lo que salió el fenecimiento definitivo de sus vanos empeños.

De ello nos informa Raúl Roa. Con su afecto febril por Rubén Martínez Villena nos dice: "La situación hubo de ventilarse en un debate que duró casi un día. Esteban Pavletich mantuvo la tesis aprista entre espaciosos argumentos y burdas cabriolas. La replicó Sarah Pascual. Intervino Luis F. Bustamante. Habló Rubén, y habló, no obstante su estado febril, durante siete horas seguidas repartiendo tajos y llamaradas, pulverizando las interrupciones y los sofismas de Bustamante, llenando la atmósfera de un humo ardiente de metáforas y sarcasmos".[22] Con estos humos metafóricos, describe Roa lo que fue la muerte definitiva del presuntuoso intento de resucitar la llamada Universidad Popular.

X - DESTINO DE LA CONFEDERACION NACIONAL OBRERA.

Corría el tiempo en que el gobierno de Machado comenzaba a reprimir las renovadas acciones de protesta de los trabajadores.

Ejercitaron la violencia tanto los agentes de la autoridad como los dirigentes obreros, cuyos actos de sangre se engendraron por antagonismos entre los distintos grupos sindicales o por venganzas contra los patronos intransigentes.

La policía de entonces, sin especial preparación política, tenía un peculiar concepto de los agitadores obreros: eran malos patriotas que perturbaban el orden por servir intereses extranjeros. Para ella, lo mismo eran los comunistas, que los anarquistas, que los blanquistas.[23] Eran iguales. Esto explica el por qué las primeras víctimas de la represión de Machado fueron dirigentes anarco-sindicalistas y no comunistas.

El primero en caer fue el líder ferroviario de Camagüey Enrique Varona, el 19 de diciembre de 1925. Luego, el regente de la Confederación Nacional Obrera, Alfredo López, el 20 de julio de 1926. Más tarde, el también líder anarquista y segundo de la Confederación Nacional Obrera, Margarito Iglesias. Después, mucho después, alcanzó a los comunistas de origen extranjero: Bert Waxman; José Wong y, el norteamericano, Arturo Tagle. Entre tanto, el gobierno había deportado a los dirigentes anarquistas españoles: Bonifacio Ruiz, Abelardo Saavedra y Bonifacio Pérez.

Mella tomó las primeras víctimas de la represión del gobierno de Machado para redactar su folleto **El Grito de los Mártires**, escrito en México en agosto del 26. So pretexto de reclamar justicia, la emprendió contra el gobierno de Machado y el de Estados Unidos. Tenía todo el espíritu de una dramática convocatoria a la guerra. En este trabajo hizo la frase tan divulgada después a propósito de su asesinato: "hasta después de muerto somos útiles". Evocaba así lo dicho del Cid por los españoles, con una diferencia: Ninguna de las víctimas referidas por Mella había muerto por la causa comunista.

Las bajas de los anarquistas eran aprovechadas por los comunistas para atrapar sus posiciones en la Federación Obrera de La Habana y en la Confederación Nacional Obrera de Cuba. Por ello, no habría de transcurrir mucho tiempo sin que ambas organizaciones obreras cayeran bajo la supremacía de los comunistas bolcheviques. Así, Pilar Herrera pudo tomar el mando de la Confederación, de cuyas manos pasó más tarde a las de David Antes; luego, a las de Miguel Rivero; de seguido, a las de Joaquín Ordoqui, hasta que César Vilar asumió la jefatura, sustituido por Mario García solo durante sus breves períodos de prisión.

Frente a la Confederación Nacional Obrera de Cuba surgió la Federación Cubana del Trabajo.

El dominio de la Confederación Nacional Obrera de Cuba fue, sin duda, un éxito de los comunistas. Mas pronto se tornó en fracaso, a consecuencia de su posición sectaria. De hecho, quedaría como una entelequia, afiliada a la organización sindical pantalla de los comunistas en el Continente, la Confederación Sindical Latinoamericana.

En el entretanto, la Federación Cubana del Trabajo, afiliada a la Confederación Obrera Panamericana, crecía en prestigio ante los trabajadores cubanos.

La declinación del prestigio de la Confederación Nacional Obrera de Cuba se debió, a más de su sectarismo, a que los comunistas pretendieron utilizar los sindicatos como instrumentos de lucha política, considerando que la lucha económica era el mejor medio para la agitación política. En contraste, la razón del alza de valores de la Federación Cubana del Trabajo fue que tomaron el camino opuesto, adoptaron la línea del sindicalismo puro, es decir, el reclamar mejoras para los trabajadores sin inmiscuirse en los problemas políticos.

XI - EL PARTIDO Y LAS ELECCIONES DE 1926.

Ni a un concejal podían ayudar, ya no elegir, los comunistas. Mucho menos a un representantes. Por tanto, no podían ser factor político alguno, como no lo fueron, en las elecciones parciales efectuadas el primero de noviembre de 1926.

En estas elecciones el gobierno obtuvo una mayoría más amplia de la que ya tenía en la Cámara de Representantes y ganó casi todas las alcaldías. Era el momento en que el presidente Machado alcanzaba el clímax de su popularidad. Hasta entonces, la acción gubernamental había sido beneficiosa al país; a pesar de algunos de sus excesos represivos. A partir de entonces, comenzaría a serlo menos, hasta convertirse en perturbadora, tras la reelección presidencial.

El proyecto de reforma constitucional sobre prórroga de poderes se presentó en la Cámara de Representantes. Fue aprobado del 28 al 29 de marzo de 1927. Pasó al Senado, donde fue aceptado, apenas sin modificarlo. El 29 de junio lo publicó la Gaceta Oficial. Causó muy mal efecto en la opinión pública, al prolongar los mandatos del Presidente de la República y los congresistas.

La primera voz de protesta fue emitida por la asociación Unión Nacionalista en un manifiesto público. Siguió la de algunos estudiantes universitarios. Poco antes de comenzar el curso 27-28, un grupo de alumnos derribó todos los carteles que el gobierno había colocado en la famosa escalinata universitaria que entonces se estaba construyendo. Fue el motivo que se esgrimió para iniciarles un Consejo de Disciplina, cuya sesión oral se efectuó en el edificio de Química el 9 de noviembre de 1927. Acordó la expulsión de los acusados.[24] La sanción provocó una gran protesta estudiantil. Había comenzado la rebeldía política que incrementaría, a su vez, la represión gubernamental. Era el nuncio que, con su chisporroteo, señalaba el camino de las llamas.

XII - NUEVAS ACTIVIDADES DE RUBEN, ESPECIALMENTE EN EL GRUPO MINORISTA.

Rubén Martínez Villena había reiniciado algunas de las muchas actividades que antes habían estado encomendadas a Mella por el Partido. Acometía la reorganización de la Liga Antimperialista. Reanudaba sus publicaciones. Y reactivaba sus contactos con el Grupo Minorista en un esfuerzo por arrastrarlo tras sus fines políticos.

La revista Venezuela Libre había dejado de publicarse. Su nombre no había podido extenderse fuera del grupo que se desenvolvía en torno de ella. Martínez Villena decidió, entonces, editar otra revista que se proyectara mucho más allá en lo geográfico y mucho más acá en lo político, al darle un sentido más sectario. Se llamaría, América Libre.

Los objetivos enunciados de la nueva revista se definían en su portada: Por la unión interpopular americana; Contra el imperialismo capitalista; En favor de los pueblos oprimidos y Por la revolución en los espíritus.

Fue en esta revista donde Martínez Villena comenzó a publicar su ensayo Cuba Factoría Yanqui. Solo aparecieron tres capítulos, uno en cada uno de los tres números que se publicaron. Los títulos de esos capítulos fueron: I) - Empréstitos: a) Empréstitos del Estado; b) Empréstitos a particulares. II) - La moneda, y III) - Comercio exterior.[25]

El ensayo base del trabajo que presentó Mella en el Congreso Antimperialista de Bruselas, no llegó a publicarse completo, tal cual lo había concebido, con trece capítulos.

Mientras se dedicaba a estas actividades político-literarias, Martínez Villena se convertía de nuevo en uno de los más asiduos concurrentes a las tertulias del Grupo Minorista. No se reunían ya, por aquel entonces, en el Café Martí, sino alrededor de una mesa, donde almorzaban todos los sábados, en el Hotel Lafayette.

El Grupo Minorista se había convertido en organizador de homenajes a cuantos literatos o personas de algún relieve visitaban La Habana. La más de las veces, tenían una significación política. De éstos, merecen destacarse los actos que se celebraron en honor de Pedro Albizu Campos y del matrimonio peruano Delmar-Portal.

Martínez Villena aprovechó la presencia en La Habana del líder independentista de Puerto Rico, Albizu Campos, para organizarle un homenaje. Al calor del mismo se constituyó la Junta de Liberación de Puerto Rico, al frente de la cual figuraron Juan Antiga y Mariblanca Sabas Alomá.

Otra visita que sirvió de pretexto para un acto político fue la del escritor peruano Serafín Delmar y su esposa, la poetisa Magda Portal. Fue una protesta contra la dictadura de Leguía, a la cual se unieron los exilados peruanos y venezolanos.

Este fue el último acto público con sentido político del Grupo Minorista, pues ya habían comenzado a germinar los enconos en su seno. La simiente había sido el antagonismo ideológico de sus miembros y el afán de Martínez Villena por utilizarlos con fines sectarios.

Fue Alberto Lamar Schweyer quien le dio el golpe de gracia al minorismo, con la publicación de su libro Biología de la Democracia. Era una apología de las dictaduras en América Latina, aplicable, desde luego, a Cuba.

Martínez Villena se indignó. Reunió al Grupo Minorista. Emilio Roig propuso expulsar a Lamar Schweyer y se acordó lo propuesto. Lamar Schweyer contestó. Negó que el grupo existiera como institución, de donde se le pudiera expulsar. "El minorismo no es más que un grupo de amigos que se reúnen a almorzar los sábados", dijo con irónico desdén.

El epitafio del Grupo Minorista lo escribió Martínez Villena, en un manifiesto donde resumió lo que, a su juicio, era el pensamiento de sus integrantes. Se publicó en la revista Social. Bastó que se trataran de concretar las ideas de este grupo, que adolecía de un pensamiento concreto, para que se desintegrara.

El comunismo no pudo hacer suyo al Grupo Minorista. Al tratar de apresarlo, solo para sí, lo convirtió en semillero de controversias. Sus miembros se dispersaron. Algunos, los llamados artepuristas, tomaron el camino de la revista Avance, donde postularon el sincretismo, más que el eclecticismo. Otros tomaron una posición independiente. De estos, el más destacado lo fue Agustín Acosta, a quien los comunistas pretendieron cautivar, sin lograrlo. Mella le dedicó sus mejores zalemas, cuando calificó su poema La Zafra, de "primer gran poema político de la última etapa de la República". Insistió con los suyos: "Agustín Acosta merece que se le tienda la mano". Se lamentaba, sin embargo, de no haberlo captado, diciendo: "Algún día sentirá el dolor de haber sido un inconsciente desertor, cuando pudo haber sido un gran capitán". A pesar de todos estos esfuerzos, no pudieron cegarlo. Se mantuvo enhiesto, libre, amando solamente a su enseña nacional, a la que dedicó su poema inmortal, La Bandera.

XIII - PROCESO CONTRA LOS COMUNISTAS.

El homenaje del grupo Minorista a Serafín Delmar y a Magda Portal había inquietado grandemente al Encargado de Negocios del Perú en Cuba, Oscar Barrenechea. Se quejó ante el gobierno. No le pareció bastante. Entonces, denunció a los exilados peruanos de conspirar con los comunistas nativos para derrocar al gobierno. Este, imbuido en la opinión de que eran los extranjeros quienes encendían las hogueras de la protesta, ordenó la detención de todos los extranjeros que participaban en los actos de rebeldía y de los cubanos que, en una u otra forma, tenían contactos o estaban vinculados a los comunistas. Los veía, como agitadores al servicio de Moscú.

La policía actuó en consecuencia. Dio cuenta al Juzgado de Instrucción. Se inició, así, el conocido Proceso Comunista de 1927. El Dr. Gabriel Quesada fue designado Juez Especial.[26] Fue un golpe rudo para el Partido, pues a todos sus miembros conocidos se les instruyó de cargos. El proceso terminó con un auto de sobreseimiento; pero el gobierno deportó a todos los extranjeros acusados y el órgano del Partido, Justicia, quedó clausurado.

XIV - R. MARTINEZ INGRESA OFICIALMENTE EN EL PARTIDO. SU POLEMICA CON MAÑACH.

A raíz del proceso comunista, Rubén Martínez ingresó oficialmente en el Partido. No lo había hecho antes, posiblemente, porque no se lo habían permitido. Por una parte, era más útil como "intelectual independiente". Por la otra, le tenían cierta animosidad por su íntima vinculación a Mella. Mas, por este entonces, Mella había sido rehabilitado por la Internacional. Publicaba ya en México un semanario anti-norteamericano financiado por los comunistas: El Machete. Había integrado la Asociación de Nuevos Emigrados Revolucionarios Cubanos, cuyo símbolo era el águila del escudo norteamericano apresada en un círculo formado con el nombre de la asociación.[27] Había ocupado, por muy breve tiempo, la Secretaría General del Partido Comunista de México; había organizado la Liga Nacional de Campesinos Mexicanos y, a nombre de esta organización fachada, había sido invitado al Congreso Mundial Anti-Imperialista de Bruselas.

El ingreso oficial de Rubén Martínez en el Partido coincidió con la polémica que sostuvo con Jorge Mañach. Se originó por una "Glosa" que escribió Mañach, con motivo de una idea que había lanzado José Antonio Fernández de Castro, en el Diario de La Marina; realizar un colecta pública a fin de editar los versos de Rubén Martínez. Pretendía que fuera un homenaje al poeta.

Mañach escribió su "glosa", señalando la contradicción entre el supuesto prestigio literario de Rubén Martínez y lo escaso de su obra conocida.

Martínez Villena se sintió herido en su orgullo. Respondió irritado: "No habrá tal homenaje, no habrá tal libro. De modo explícito, terminante y sincero rechazo lo uno y lo otro".[28] Resentido, y tratando de ser irónico, dejó escapar su dardo contra los escritores ya consagrados, al expresar: "Yo no soy poeta (aunque he escrito versos). No me tengas por tal y, por ende, no pertenezco al 'gremio' de marras. No destrozo mis versos, los desprecio, los regalo, los olvido; me interesan tanto como a la mayor parte de nuestros escritores interesa la justicia social".[29]

Replicó Mañach con otra Glosa. Su flecha la dirigió contra el blanco de la vanidad poética de Rubén Martínez. Señaló que su actitud respondía a un "amoscamiento de su vanidad literaria hambrienta de superlativos".

La dúplica de Rubén Martínez se disolvió en medio de una serie de disquisiciones sobre los deberes y responsabilidades del intelectual y del artista, la minoría y la masa, la urgencia de darle un contenido social, pudo decir socialista, a las formas literarias.

Desde entonces, Rubén Martínez dejó a un lado la poesía, en la que tan poco éxito había logrado. Embrazó oficialmente la adarga del comunismo, empeñado, con estas actividades políticas, en cobrar el nombre y la fama que la poesía le negaba.

XV - DESINTEGRACION DEL PARTIDO COMUNISTA DE CUBA.

Carlos Baliño, muerto de viejo, en 1926. Mella en México, el canario José Miguel Pérez, deportado, el escenario donde Rubén Martínez y sus acólitos exponían sus "nuevas" ideas, disuelto, la Confederación Obrera Nacional de Cuba y la Federación Obrera de La Habana, donde se habían infiltrado los comunistas, desmembrada, la Universidad sometida a disciplina y replegados los neocomunistas; todos eran malos presagios para las hordas sin patria, de rojos pendones, adoradores de los íconos de Marx y Lenin, puestos al servicio de Moscú.

Los historiadores del Partido Comunista de Cuba han tratado de encubrir esta etapa de errores y debilidades con una especie de cantares de gesta, hablando, en forma genérica, de las hazañas sublimadas de sus fundadores. Así por ejemplo, las noticias que da Fabio Grobart, al resumir este período y el subsiguiente, son de lo más peregrinas, y acaban por demostrar su insensatez, a no ser que pretendiera burlarse de la posteridad. Cuenta que "sus militantes son expuestos a toda clase de atropellos y arbitrariedades de parte de los cuerpos represivos del Estado y de los patronos en las fábricas, atropellos que, con el correr del tiempo, devendrán en el encarcelamiento y tortura de miles y en el asesinato de muchos de los mejores cuadros y militantes comunistas".[30]

También refiere Blas Roca que "el Partido Comunista fue declarado ilegal y sus líderes fueron procesados y perseguidos por el recién constituido gobierno tiránico de Machado".[31] En esto fue más moderado que Grobart. Pero, por no faltar a la falsedad que caracteriza las crónicas de los comunistas, afirma que "en 1926 murió Carlos Baliño mientras le instruían uno de los procesos machadistas";[32] lo cual no fue cierto, según hemos visto.

Este período puede resumirse diciendo que el Partido se concretó a fundarse, como filial de la Internacional. Sus militantes no tuvieron noción exacta de lo que era el comunismo, lo cual explica que tantos se desalentaran. En sus actividades, nada pasó de lo ordinario ni rayó en lo heroico. Hora es ya, por tanto, que las leyendas cedan al paso de la historia, por respeto a la verdad de lo acontecido.

Apenas nacido el Partido, al dar sus primeros pasos, caía en el barranco de una crisis. Difícil parecía superarla. Se respiraba una atmósfera de fracaso total. No era así, pues, al menos, la semilla estaba sembrada.

1 En su artículo **Mella, Líder Rápido y Multiforme**.
2 Periódico **Hoy**, de 18 de agosto de 1965.
3 Transcribimos el acta de constitución del Partido Comunista de Cuba, tal cual aparece en el libro "Zarismo Rojo" de Salvador Díaz Versón la cual ocupó en los archivos del Partido en su condición de Jefe de la Policía en 1933, tras la caída de Machado. El acta dice así: "En la ciudad de La Habana, a los diez y seis días del mes de agosto de mil novecientos veinticinco, reunidos en la casa número ochenta y uno de la calle Calzada, los delegados que abajo se expresan en representación de las distintas agrupaciones comunistas de la Isla de Cuba, al efecto de organizar el Primer Congreso Nacional de Agrupaciones Comunistas, de acuerdo con la convocatoria y bases establecidas. El Comité Ejecutivo de la Agrupación Comunista de La Habana, presidido por el compañero Carlos Baliño, procedió a recibir las credenciales de los siguientes delegados: Enrique Flores, del partido comunista mexicano, sección de la Internacional Comunista; de los camaradas Alejandro Barreiro, Julio Antonio Mella y Carlos Baliño, como delegados de la Agrupación Comunista de La Habana. Los compañeros Yoska Grimber y Yunger Semovich, delegados de la Sección Hebrea; de los camaradas Venancio Rodríguez, delegado de la Agrupación Comunista de Guanabaco; Miguel Valdés y Emilio Rodríguez, Delegados de la Agrupación Comunista de San Antonio de Los Baños; y se leyó un cable de la Agrupación Comunista de Manzanillo, delegando su representación en los compañeros Alejandro Barreiro y Julio Antonio Mella, en virtud de no poder mandar representación, por falta de fondos, y protestando obedecer todos los acuerdos que se tomen en el Congreso, así como felicitándolo por sus gestiones y deseándole buen éxito. Acto continuo el camarada Baliño, propuso que se designara la directiva del Congreso y a moción de un delegado que estuviera integrado por un "Chairman", que sería electo en cada una de las sesiones del Congreso, por un Secretario de Prensa y Publicidad. En seguida se nombró "Chairman" al camarada Alejandro Barreiro, Secretario de Actas al compañero Enrique Flores Magón; y Secretario de Prensa y Publicidad, al camarada Julio Antonio Mella, como responsable, designándose igualmente a los camaradas Baliño y Grimberg para que, a su vez, hagan la traducción de los artículos publicados en español, al inglés, hebreo, ruso y francés. Inmediatamente toman posesión de sus puestos los compañeros electos y se declara solemnemente inaugurado el congreso. Acto continuo se hace saber que los compañeros Secretario General, y Vice-Secretario, Secretario Financiero y Vice-Secretario de la Agrupación Comunista de La Habana, tienen derecho de voz y voto, según las bases establecidas y aprobadas. El camarada Vaserman, que asiste al congreso como intérprete de los delegados hebreos, propone a nombre de éstos que el congreso se ponga en pie y se guarde un minuto de silencio, en recuerdo de Lenin y de todos los buenos luchadores muertos en la lucha proletaria. Se aprueba. Guardándose un minuto de silencio, estando de pie todos los delegados y después se concede la palabra al compañero Grinberg, quien propone que se le envíe un cable de saludo cordial al Partido Comunista de México, ya que a él se debe que estemos celebrando este congreso. El C. Mella dice que se mande el saludo a México, especialmente, pero dice que no se olvide a los compañeros de todo el mundo. Se aprueban las dos proposiciones. El C. Pérez propone que se envíe un saludo a los miembros fundadores de la Agrupación Comunista de La Habana, proponiendo también que se nombre una comisión para que invite al Compañero Peña Vilaboa, enfermo, y lo traigan a !as sesiones del Congreso; se aprueba y se nombra en comisión a Pérez Barreiro para que lo ejecute. Barreiro pide se salude a los marinos del Vorovski; y Mella propone que se les envíe una bandera como obsquio de los comunistas cubanos. Se acuerda y así termina la sesión". Este texto coincide con el publicado por el periódico "Hoy" en la edición extraordinaria del primero de mayo de 1959.
4 Periódico "Combatiente", órgano del Ejército de Oriente, edición homenaje 40 aniversario, 16 de agosto de 1965, pp. 2 y 3 del suplemento.
5 Periódico **Hoy**, 18 de agosto de 1965.
6 Ibid.
7 Ibid.
8 Ibid.
9 Ibid.
10 **Mella, líder rápido y multiforme**.

11 Ibid.
12 Ibid.
13 Ibid.
14 Ibid.
15 Ibid.
16 **Universidad de La Habana**, publicación bimestral, No. 172, marzo-abril 1965.
17 V. I. Lenin. **Obras completas**, t. 5, pp. 13-20.
18 Es sabido que de las manos de Hegel tomó el marxismo su filosofía. La invirtió, para modificarla sobre el materialismo de Fuerbach y la concepción darwiniana sobre el origen y desarrollo de las especies. Partiendo de estas premisas, violación de las leyes del pensamiento, construyó todo su materialismo dialéctico e histórico. Este último, a su vez, lo entremezcló con la concepción de Guizot sobre la lucha de clases. A su vez, aprovechó la teoría del economista inglés Ricardo y la teoría de la ley de bronce de Lasalle, con los cuales compuso su tesis sobre la plus-valía. A todo lo cual le infundió las ideas de Proudhon sobre la propiedad y el espíritu crítico al capitalismo de sus predecesores "utópicos": Saint Simon, Owen, Fourier y Blanc. Así engarzaron Marx y Engel su sistema, el cual es una comprensión total y, en cierta forma, orgánica que, a su manera, lo explica todo. Nada queda fuera de su contacto. Ni los hechos históricos que rectifican, cuantas veces creen necesario, de manera que los mismos puedan ajustarse al esquema.
19 **Mella, líder rápido y multiforme.**
20 Ibid.
21 Un artículo de Pablo de la Torriente Brau, titulado Mella, Rubén y Machado, escrito después de la caída de Machado y de las muertes de Mella y Rubén Martínez, refiere un supuesto diálogo sostenido entre Rubén Martínez Villena y el Presidente Machado. Pablo de la Torriente dice en su artículo que el diálogo se produjo cuando una comisión, integrada por Rubén Martínez, Núñez Vergara y el articulista, fue a visitar al Secretario de Justicia, el Licenciado Jesús María Barraqué, para que el Presidente Machado intercediera con el Juez de Instrucción, en favor de la libertad de Mella. De las palabras que pone de la Torriente en boca del Presidente Machado, se advierte que el diálogo, al menos tal cual lo refiere, no corresponde a la verdad histórica. En efecto, el artículo atribuye al Presidente Machado esta expresión: "Mella será un buen hijo, pero es un comunista... Es un comunista y me ha tirado un manifiesto, impreso en tinta roja, en donde lo menos que me dice es asesino... ¡Y eso no lo puedo permitir!.. ¡No lo puedo permitir! Estas palabras no pueden ser ciertas, entre otras razones, porque en ese momento Mella no había escrito tal manifiesto, calificando de asesino a Machado. Sí lo había calificado de "Mussolini tropical"; pero no en un manifiesto, sino en un artículo que había publicado en su revista Juventud, antes de que Machado tomara posesión de la Presidencia.
22 Revista **Cuba Socialista**, No. 43, marzo 1965, p. 45.
23 Lenin, en su artículo "Para un balance del Congreso", dice: "El blanquismo espera obtener la liberación de la humanidad de la esclavitud asalariada no por la vía de la lucha de clase del proletariado, sino por la vía de la conjura de una pequeña minoría intelectual". (V. I. Lenin, **Obras completas**, t. 10, p. 387).
24 Fueron expulsados Gabriel Barceló, Aureliano Sánchez Arango, José Chelala Aguilera, Eduardo Chibás Rivas, Ramón Hermida, Porfirio Pendás, Leonardo Fernández Sánchez, Manuel Cotoño, entre los que recordamos. Con la excepción de Chibás y de Hermida, los restantes pertenecieron, más tarde, y por algún tiempo, al Partido Comunista. (Rubén de León. **El origen del mal**, Miami, 1964. p. 285).
25 Revista **Cuba Socialista**, No. 43, marzo 1965, p. 45.
26 Reproducimos la lista de los acusados, como la ofrece Mario Riera en el apéndice 10 de su libro **Historial Obrero Cubano**. La misma es como sigue: Gustavo Aldereguía; Alejandro Barreiro; Alfonso Bernal del Riesgo; Luis Francisco Bustamante; Alejo Carpentier; Martín Casanovas; Blas Castillo; Francisco Corrons Canalejo; Serafín Delmar; José A. Fernández de Castro; Leonardo Fernández Sánchez; Santiago Ferrer Gelpi; Enrique Flores Magón; Raúl Maestri; Rubén Martínez Villena; Julio Antonio Mella (ausente); Enrique de la Osa; Antonio Penichet; José Miguel Pérez; Francisco Pérez Escudero; Esteban Platevich; Magda Portal, José Rego López; Francisco Rey Merodio; Raúl Roa García; Venancia Rodríguez; Manuel Romero Zurita; Aureliano Sánchez Arango; José A. Silva Márquez; Israel Soto Barroso; José Zacarías Tallet; Rogelio Teurbe Tolón; Miguel Valdés García; Joaquín Valdés Hernández; Gerardo del Valle; Orosmán Viamontes Romero y Jorge Vivó.
27 Sus componentes, tal cual los relaciona Mario Riera en el apéndice doce de su libro **Historial obrero cubano**, eran los siguientes: Alejandro Barreiro Oliva, José Elías Borges, José Chelala Aguilera, Manuel Cotoño Valdés, Leonardo Fernández Sáuchez, José Hernández Cárdenas, José Antonio Inclán, Sandalio Junco, Julio Antonio Mella, Teodosio Montalván, Marcos Pérez Medina, Aureliano Sánchez Arango, Rogelio Teurbe Tolón. En la ANERC, con la excepción de

Hernández Cárdenas y los dirigentes obreros Barreiro y Junco, sus restantes componentes eran estudiantes irradiados de la universidad habanera. Sánchez Arango y Leonardo Fernández figuran en una Delegación de la ANERC en Nueva York, y Borges, Chelala y Pérez Medina la representan en París. De la ANERC fue expulsado Raúl Amarall Agramonte.
   28 Revista **Cuba Socialista**, No. 43, marzo 1965, p. 48.
   29 **Ibid.**, p. 48.
   30 **Ibid.**
   31 Blas Roca. **Los fundamentos del socialismo en Cuba**, p. 93.
   32 **Ibid.**, p. 93.

CAPITULO V
REORGANIZACION DESDE MOSCU
(1927-1929)

I - Reorganización en la Unión Soviética. II - Mella hacia la Unión Soviética. A) En el Congreso Anti-Imperialista de Bruselas. B) En Moscú. C) De regreso al Continente. III - Mientras tanto, en Cuba, cambia el panorama político. IV - El Partido y la VI Conferencia Panamericana. V - El VI Congreso de la Internacional. Reorganización de los Partidos Comunistas de la América Latina. VI - Mella en México. Su actividades y el incidente de la bandera. VII - El asesinato de Mella. VIII - Reorganización en Cuba: A) En el Partido. B) Entre los trabajadores. C) En la Juventud. D) En los demás sectores.

I - REORGANIZACION EN LA UNION SOVIETICA.

Caído Trotsky quedó allanado el camino de los obstáculos que se oponían a la consolidación de la dictadura absolutista de Stalin. Requería, por tanto, consolidarla, para lo cual usaría de toda suerte de mañas que impidieran aprestarse a los admiradores qué, dentro y fuera de Rusia, tenía el héroe de la Revolución de Octubre y la Guerra Civil.

No le fue fácil a Stalin desentenderse de un enemigo tan peligroso, como Trotsky. Solo pudo hacerlo mediante una serie de argucias desarrolladas a partir de la muerte de Lenin.

Las primeras escaramuzas "ideológicas" se libraron en el XIII Congreso del Partido Bolchevique en mayo de 1924. La ventaja la tomó Stalin, al obtener un acuerdo, condenando "la plataforma de la oposición trotskista, definiéndola como una desviación pequeño burguesa del marxiso, como una revisión del leninismo".[1]

La batalla del llamado Congreso de la Industrialización, que fue el XIV, en diciembre de 1925, resultó decisiva. Trotsky, Zinoviev y Kamenev quedaron derrotados. El Congreso se había definido por "el triunfo del socialismo en un solo país", con lo cual repudiaba la teoría trosquista de la "revolución permanente".

Stalin no se sintió satisfecho con estos éxitos. Decidió consolidar y consagrar oficialmente su victoria a expensa de los derrotados, resuelto de no alzar mano hasta salir airoso de aquella empresa, tanto dentro como fuera de la Unión Soviética. A este efecto, celebró la XV Conferencia del Partido, en noviembre de 1926, y un Pleno ampliado del Comité Ejecutivo de la Internacional Comunista, en diciembre de 1926.[2]

Una de las consecuencias de estos sucesos fue la expulsión de Zinoviev de la presidencia de la Internacional, que coincidió con el fracaso de los bolcheviques en China y de la proyectada huelga general "trade-unionista" en Inglaterra.

Stalin consagró oficialmente su triunfo sobre los "oposicionistas de izquierda" en una reunión conjunta del Comité Central y de la Comisión Central de Control, el 14 de noviembre de 1927. En ella acordaron la expulsión de Trotsky y de Zinoviev del Partido, lo cual fue refrendado por el XV Congreso, realizado en diciembre de 1927.

Todas estas revisiones y remociones exigían someter a nuevo examen las tácticas a seguir y una reorganización de los cuadros ejecutores en los partidos afiliados a la Tercera Internacional.

II - MELLA HACIA LA UNION SOVIETICA; A) EN EL CONGRESO ANTI-IMPERIALISTA DE BRUSELAS. B) EN MOSCU. C) DE REGRESO AL CONTINENTE.

A la par que se depuraba el aparato del Kremlin y se tomaban nuevos caminos políticos, se requería acometer idéntica empresa en sus instrumentos internacionales. Era el paso previo a la consagración de la línea política que habría de formularse en el VI Congreso del Komintern.

Con vista a reconsiderar la situación de los distintos partidos comunistas afiliados a la Internacional, fueron llamados a Moscú todos sus dirigentes. Mella, al igual que los demás funcionarios del Komintern en América Latina, hizo una escala en Bruselas, Bélgica.

A) El Congreso Anti-Imperialista de Bruselas.

Henry Barbuse, conocido escritor francés que dirigió la revista "Monde" en 1927-1928, había convocado a un "Congreso Mundial contra la Opresión Colonial y el Imperialismo", siguiendo instrucciones expresas de la Internacional. Asistieron delegaciones de todos sus organismos pantalla en el mundo y de cuantos les hacían el juego consciente o inconscientemente.[3] Esto acontecía por febrero de 1927.

Mella concurrió al Congreso. Lo hizo a nombre de la Liga Anti-Imperialista de las Américas —secciones mexicana, salvadoreña y panameña— y la Liga Campesina Nacional de México. También estuvo presente otro delegado de nacionalidad cubana, Leonardo Fernández Sánchez, quien representaba las entelequias siguientes: La Universidad Popular José Martí, la Asociación de Estudiantes Latinoamericanos de París y la Sección Cubana de la Liga Anti-Imperialista de las Américas.

Mella trató de impedir que Haya de La Torre fuera invitado al

Congreso. Era el único rival que podría crearle dificultades a su aspiración a convertirse en líder anti-imperialista de toda la América Latina. Haya decía representar a la única organización de verdadero carácter anti-imperialista en el Nuevo Continente. En definitiva, asistieron el uno y el otro.

La rivalidad entre Mella y Haya se resolvió mediante una resolución que ordenó: "dividir la América Latina en cuatro sectores": "un sector del Caribe; otro de los países bolivarianos; el tercero de Argentina, Uruguay y Paraguay, y, por último, un cuarto, el Brasil".[4]

El único aporte de Mella al Congreso fue el trabajo "Cuba Factoría Yanqui" que le había preparado Rubén Martínez, al cual ya nos hemos referido.

El carácter sectario de los congresistas se evidenció en sus discursos y en las resoluciones adoptadas. Una de ellas ordenaba "pedir la creación de la Internacional Sindical Unica".[5]

Otra de las resoluciones reclamaba:

"... la nacionalización del subsuelo y de las grandes industrias monopolizadas por los imperialistas, así como el reparto de tierra entre los campesinos, son conquistas que contribuirán poderosamente a la destrucción del imperialismo, la liberación absoluta de todas las colonias como Puerto Rico y Filipinas, la revisión de todos los tratados y convenciones que lesionan la soberanía de los países, como la Enmienda Platt, los Tratados Bryan-Chamorro, los de Panamá, las convenciones de Haití y Santo Domingo, la retirada de las tropas yanquis de Haití y Nicaragua y la supresión de la Ley Marcial que rige en el primer país, la independencia absoluta de todo el territorio de Panamá, como una condición previa para el libre tránsito por el Canal".[6]

Este acuerdo revelaba una nueva preocupación: La presencia ya determinante de los Estados Unidos en el mundo. Al anti-imperialismo contra Inglaterra y Francia, ahora, se le sumaba el anti-norteamericano. Era el claro indicio de la importancia que tomarían los partidos comunistas latinoamericanos a los ojos de la Internacional.

Esta campaña sería, desde entonces, el centro de todas las actividades rojas en América Latina. Tratarían de fomentar frentes unidos con cuantas agrupaciones coincidieran con ellos. No transcurriría, sin embargo, mucho tiempo sin que Haya entrara en conflicto con los camaradas moscovitas. Esto motivó el folleto de Mella, "¿Qué es el Apra?", en el cual embestía furiosamente contra Haya y su organización, calificándola de "Asociación para Revolucionarios Arrepentidos".

B) En Moscú.

En cuanto hubo terminado el llamado, más tarde, Primer Congreso Mundial Anti-Imperialista, Mella se dirigió a Moscú, para asistir al Congerso de la Internacional Sindical Roja que había convocado Alejandro Lossowsky.

La reunión tenía por objeto dejar constituidas las filiales de la Profintern, Internacional Sindical Roja, en los países donde ya estaban fundados los partidos comunistas y constituirla donde no lo estaban tan pronto se organizaran las agencias de la política exterior del Kremlin en los demás países de América Latina.

Se consideró necesario dejar a un delegado latinoamericano en el Profintern, para que hiciera las veces de funcionario de enlace con los directores de la Internacional moscovita destinada a controlar el movimiento obrero.

Eudocio Ravines nos ofrece la versión de Julio Portocarrero y Armando Bazán sobre la forma en que el venezolano Ricardo Martínez fue designado para ese cargo en vez de Mella, quien era el candidato de la mayoría de los delegados latinoamericanos.[7]

Cuenta Ravines que Mella fue apostrofado por el dirigente argentino de la Internacional, Vittorio Codovila, al exclamar: "Es un intelectualoide, pequeño burgués, caudillista, se siente el semidios del Caribe. Toda su actividad está corroída de oportunismo, carece de disciplina revolucionaria".[8]

Las expresiones de Codovila no hicieran mella en el ánimo de los delegados, quienes insistieron en designar a Mella. Codovila lo evitó. "Recurrió a una de sus habituales socaliñas", expresa Ravines. Continuando el relato, nos dice:

"Hizo citar a todos aquellos que sabía votarían en favor de su proposición para determinada hora; a los dudosos los citó para quince minutos más tarde y a los que estaban en favor de Mella, pues para media hora después. Cuando llegaron a la reunión estos últimos, la cuestión había sido votada, Martínez era designado funcionario latinoamericano ante la Internacional Sindical Roja y Julio Antonio Mella, no teniendo nada más que hacer en Moscú, debía regresar a Cuba, al Caribe o a donde quisiese. Los delegados que llegaron a la tercera hora, además, fueron acusados de subestimar el trabajo y de no ser puntuales en su asistencia a las reuniones".[9]

C) De regreso al Continente.

Terminado el Congreso, Mella se trasladó a New York. Regresaba un tanto desencantado. Tal vez por esta razón, permaneció por espacio de unos meses en la ciudad de los rascacielos. Allí trabajó de planchador en el Hotel Astoria. Sus tiempos de ocio los dedicaba a estudiar economía política en las bibliotecas públicas.

Quienes compartieron con Mella esos días azarosos,[10] refieren que se quejaba, más que nada, del ingerencismo excesivo de Moscú en los asuntos internos de los partidos locales. A pesar de su estado anímico, Mella continuó dentro de la línea de la Internacional. En gran parte, porque muchas de las consignas rojas coincidían con sus impulsos personales, especialmente la que alimentaba su pasión contra los Estados Unidos. Así lo vemos concurrir a los distintos mítines que, a la sazón, organizaban algunos grupos de puertorriqueños, abogando por su independencia.

Tras esta breve estadía en New York, regresó Mella a México, para dedicarse a las tareas que le habían sido asignadas por la Internacional.

III - MIENTRAS TANTO, EN CUBA, CAMBIA EL PANORAMA POLITICO.

El 5 de marzo de 1928 se efectúan las elecciones para delegados a la Asamblea Constituyente. El 14 de abril inicia sus sesiones. No rechaza o aprueba el proyecto de reforma constitucional, tal cual lo había aprobado el Congreso, según lo exigía la Constitución de 1901. Lo modifica. No prorroga el mandato del Presidente. Acuerda que el nuevo período presidencial, que debía comenzar el 20 de mayo de 1929, fuera de seis años, prohibiéndose, a partir de ese período, la reelección. La Asamblea, sin duda, se había extralimitado en sus facultades. Sería la base jurídica que se utilizaría para impugnar la constitucionalidad de la reforma.

El 20 de julio de 1928, aprueba el Congreso una Ley de Emergencia Electoral que prohibe la reorganización de los partidos políticos. Es la forma de impedir que Unión Nacionalista participe de la contienda electoral. El primero de noviembre de 1928 se celebran las elecciones. Sale electo el único candidato a la Presidencia postulado por los tres partidos legalizados: el General Machado.

La opinión pública no ve con agrado la reelección causa de todos los trastornos políticos que había sufrido la República. En esto culminaba la adulonería exagerada, y muchas veces falsa, a Machado. Estos halagos insensatos le causarían más daño que los petardos. Se abría, así, un nuevo período, convulso, violento, agitado. Los comunistas tratarían de aprovecharlo en beneficio propio.

Hasta ese momento ¿qué había sido la política? Solo gobierno y tácticas para atrapar el Poder. Desde él, los partidos habían demostrado que eran más o menos la misma cosa. Con el cooperativismo, desaparecía hasta la disputa formal. La lógica consecuencia fue la suspensión del diálogo político. De consiguiente, los partidos dejaban de ser tales, pasando a la categoría de lo fantasmal. Habían perdido su contacto con la nación y no la representaban.

Un ventarrón de farsa general soplaba sobre las actividades políticas y sociales. Los signos y prestigios de la primera etapa republicana comenzaban a exhibir una expresión de senilidad. La fe había enflaquecido. El entusiasmo de la generación que fundara la República habíase enervado, lo cual daría al traste con su señorío.

El ambiente comenzaba a viciarse con el virus de la incredulidad, trayendo aparejado un desaliento popular.

Loveira reflejaba el desencanto de la época cuando decía de su **Juan Criollo**: "Ha triunfado, sí, criollamente". Era el influjo de la creciente invasión escéptica. Todo, como al decir de Fernando de Rojas, en su **Celestina**, "era burla y mentira".

Se columbraba, no muy a lo lejos, el resplandor de la hoguera revolucionaria. Pero muchos confiaban todavía en esa especie de fe nacional, que todo se arreglaría entre cubanos. En tanto que otros diluían sus preocupaciones en el choteo, que es la forma de encubrir las actitudes revocables, generadoras de eso que se llama "dejarse arrastrar por la corriente".

La sociedad oficial, la que se veía, estaba como deshidratada de ideales. El liberalismo, como ideología, lucía agostado. "La crisis del patriotismo", título de una obra de Lamar Schweyer, recogía la expresión del momento público de aquella sociedad oficial. Una oleada positivista, materialista y utilitaria lo invadía todo.

El tiempo dejaba de ser seguro. Corría la época de los deseos insatisfechos, del contraste penoso entre lo soñado y la realidad. A estas circunstancias de la "superestructura", al decir marxista, se añadían las de la "base". El país atravesaba por serias dificultades económicas, pues las medidas defensivas de los precios del azúcar, con los sacrificios impuestos a la producción, no ofrecían los resultados esperados. El drama azucarero lo recogía Ramiro Guerra, con su acostumbrado rigor, en su obra **Azúcar y Población de Las Antillas**. Debe traerse a cuenta que esta propagación de la interpretación económica de los males sociales, sería en más de una ocasión el conductor de la electricidad revolucionaria.

Este cuadro decadente inspiraba una especie de melancolía perniciosa que se traslucía en la literatura del momento. Es el espíritu que late en **Tierra Herida** (1927) y en el **Surco** (1928) de Navarro Luna, ya en el camino del noviciado rojo. Lo expresa Marinello con su poesía sensiblera y seudo mística de Liberación (1928). Marcelo Salinas, tan ajeno al comunismo, conquista un galardón en el concurso oficial de comedias de ambiente cubano, con su sentimental "Alma Guajira". Y en 1928, plantea ya el problema de la **Tierra**[11] que se pierde vendida al oro extranjero.

El drama del "azúcar amargo" se mezclaba con un sentimiento anti-norteamericano. Se advierte en el "Poema de los Cañaverales", de Pichardo Moya, el cual coincide con "La Zafra", de Agustín Acosta.

El personaje norteamericano en la novela deja de ostentar el singular atractivo que había gozado en el siglo XIX, para simbolizar al representante de compañías extranjeras que explota las riquezas nacionales. José Antonio Ramos, enamorado ya de las leyendas bolcheviques, nos lo representa, así, en su novela "Coaybay".

Frente a este panorama caduco se levantaba otro en albor. Era el de la generación que no había participado en las guerras de independencia, que comenzaba a tomar presencia pública.

Una señal de los tiempos fue la desaparición de la revista "Cuba Contemporánea", que había llenado toda una etapa cultural desde 1911 hasta 1927, coincidiendo con la aparición de la revista "Avance". Esta "debía ser una suerte de órgano de las ideas nuevas del cubanito (sic) en pintura, la poesía de vanguardia, las modernas tendencias musicales".[12] La fundaron Juan Marinello, Jorge Mañach, Alejo Carpentier, Féliz Lizaso y Francisco Ichaso. Cuando Carpentier sale para Francia lo sustituye Martí Casanovas y a éste José Z. Tallet. En la última etapa, que llegó hasta el 30, la dirección de la revista quedó a cargo de Marinello, Lizaso, Mañach e Ichaso.

La literatura comenzaría a tomar, a partir de entonces, una posición de tribuna y de periodismo de oposición política y social. Adolecía de la confusión de ideas, propias de aquel tiempo. Pero iba calentando muchas cabezas juveniles y enamorándolas. La vocación por la literatura francesa comenzaba a desmayarse. Va adquiriendo un sabor cada vez más nacional. Ya ha pasado de moda Anatole France. El último vagido de importancia lo encontramos en "Unanimismo", de María del Villar, donde sigue la modalidad poética de Julio Romains.

Buscando remedio a los males de entonces se iniciaba una corriente que buscaba en lo arcano de la cubanía una voz profunda, nacional, nuestra. Con este declarado propósito, fundaba Fernando Ortiz el "Instituto Hispano Cubano de Cultura". Se hurgaba en la entraña nacional, buscando esencias autóctonas. Algunos creían encontrarlas en el ancestro africano y no en el hispano.

De esta época es el ensayo de Fernando Ortiz "Ni racismos ni xenofobia". Pero de rechazar la xenofobia, le nació su xenofilia africana. Impulsa los estudios negros. Nace el término "afro-cubano'. Por este camino abre, tal vez inconscientemente, la grieta que crea una especie de "gheto" cultural negro. Iníciase, así, el período de la poesía negra, que se extendería hasta 1938. La música contribuiría, aunque indirectamente, a desarrollar esta vocación. Con estos elementos negros, Roldán y Caturla comienzan a componer sus obras musicales.

En los impulsos tendidos hacia el futuro hay un candoroso e indefinido entusiasmo por las mejoras sociales. Tienen su inspiración lírica en la "Salutación Fraterna al taller mecánico", de Regino Pedroso, con el que se inicia la poesía social. Rubén Martínez le dedica una "Semblanza Crítica", afanado por ganárselo para la causa. Con esta misma aspiración los comunistas aprovechan la estancia de Sergio Carbó en París, para invitarlo, a través de Henry Barbuse, a presenciar los festejos del décimo aniversario de la Revolución de Octubre. Las impresiones de su viaje las publicó en el periódico que él dirigía, "La Semana". De regreso a Cuba, le organizaron una fiesta en el Santos Suárez Tennis Club, que llamaron "Baile en la Unión Soviética". Al año siguiente, sus artículos fueron recogidos en un libro titulado "Mi viaje a la Rusia Roja". Se editaron tantos ejemplares como nunca antes se habían publicado de un libro de autor cubano.

La actitud de los intelectuales deslumbrados con las fogatas rojas se convertiría en el catecismo de los demagogos políticos, y aunque es cierto que en su mayoría no fueron comunistas, no lo es menos que en el fondo eran, más que realistas, subjetivistas de sus deseos. Estos eran explotados por los comunistas, dándole, con sus expresiones, cabida a la fraseología filibustera de los rojos.

Mal que bien, unos más que los otros, van buscándole soluciones a los males de entonces, en medio de aciertos y desaciertos. De donde va surgiendo una pasión por hinchar de fervor la intimidad del país y la opaca realidad. Son las fuentes del nuevo idealismo, abierto a todas las doctrinas. Al no conformarse con la realidad, engendran, a su vez, la desesperación que se traduce en decisiones radicales, estimuladas, muchas veces, por extremismos foráneos.

De todas estas indicaciones se saca en claro que Cuba entraba en una época de sensibilidad pública disociada de la anterior. Sentía nostalgia por su incompleto destino y ardía en deseos de superación. La nueva generación procuraba situarse a la vanguardia, chocando con todo a su paso. Por lo cual son tan frecuentes sus sentimientos "anti", mezclados, no pocas veces, con elementos extraños procedentes de Moscú.

IV - EL PARTIDO Y LA VI CONFERENCIA PANAMERICANA.

El Partido estaba a la deriva. Por su jefatura desfilaban fugazmente: Francisco Pérez Escudero, José Chelala Aguilera, José Angel Bustamante, José Elías Entrialgo y Alfonso Bernal. Todos, jóvenes teorizantes. Casi todos, estudiantes. Ninguno con sentido de la organización.

Por esta crisis atravesaba el Partido cuando fue convocada la VI Conferencia Panamericana, para celebrarse en La Habana del 16 al 20 de febrero de 1928. Asistieron representaciones de las 21 repúblicas del Continente y el Presidente de los Estados Unidos, Calvin Coolidge.

La Internacional había ordenado al Partido que emprendiera una violenta campaña contra la Conferencia. Sus escasos miembros trataron de cumplir la encomienda. El lema de la campaña fue: "los latinos hacen el Pan y Wall Street se lo come". Pegaron carteles en las paredes. También distribuyeron un manifiesto, afirmando que la Unión Panamericana era un organismo al servicio de los Estados Unidos; calificando de lacayos a los gobiernos de América Latina y, exhortando a "los obreros y las fuerzas populares" a repudiar la visita de Coolidge, a combatir el intervencionismo, a exigir la retirada de las tropas norteamericanas de los países donde estaban y a luchar por la soberanía (¡qué ironía!) y la independencia nacional.

La policía no permaneció ociosa. Detuvo a dos de los agentes comunistas que distribuían esos manifiestos; al polaco Noske Yalob y al español Claudio Bruzón. Después, no se supo nada de ellos. El Partido acusó al gobierno de haberlos asesinado y tirado sus cadáveres al mar.

La esposa de Bruzón, Aurora Leites, aseguró haber identificado el brazo de su esposo en el vientre de un tiburón. Más tarde, el Partido dejó decir que el cadáver de Yalob había "aparecido encadenado en la Bahía de La Habana", según lo narra Sara Pascual[13] o "amarrado a un lingote de hierro", según lo cuenta Raúl Roa[14] o que ambos cadáveres desaparecieron al ser "devorados por los tiburones"[15] según lo refiere Fabio Grobart. El que no anden acordes ellos mismos entre sí, indica que no es tan cierta la leyenda negra que ellos tejieron en torno a la desaparición de Yalob y Bruzón.

En definitiva, la Conferencia se efectuó sin el menor contratiempo. Los delegados fueron cortejados, a nombre del Alcalde de La Habana, por el fiero anti-imperialista Emilio Roig de Leushering, con lo cual evidenciaba que era hombre que se ladeaba a todos los vientos, atento más que nada a su propia conveniencia.

V - EL VI CONGRESO DE LA INTERNACIONAL. REORGANIZACION DE LOS PARTIDOS COMUNISTAS DE LA AMERICA LATINA.

El VI Congreso de la Internacional Comunista se celebró en Moscú en mayo de 1928. Los partidos comunistas habían estado influidos por el extremismo revolucionario de Trotsky y Zinoviev. Era necesario, por tanto, sujetarlos a la disciplina y ajustarlos a las nuevas líneas oportunistas de Stalin, aún al precio de reducir el número de sus militantes. Estos debían formar una minoría de revolucionarios profesionales con un fuerte entrenamiento ideológico. Solo así, decíase, y dotados de una organización férrea podrían asaltar el poder en cada país, según las circunstancias. Lo pretendido no era, en verdad, muy marxista; pero sí muy leninista.

El Congreso aprobó un programa con una declaración altisonante y declamatoria sobre la revolución.[16] Hacía una serie de distinciones bizantinas sobre el carácter de los procesos revolucionarios en cada país, de acuerdo con el nivel de su desarrollo económico. Definía las distintas clases de revoluciones, mas no señalaba un método concreto a seguir. De esta forma, el Kremlin podía maniobrar de acuerdo con sus objetivos. En lo interno, "llevar a la práctica la industrialización bajo las condiciones del cerco capitalista"; en lo externo, renunciar a los extremismos izquierdistas.

Este oportunismo permitió a Moscú entrar en relaciones con los sindicalistas occidentales, especialmente con los trade-unions ingleses. No en balde, este período se ha conocido con el nombre de "vacilaciones de la central moscovita".

El obligado repliegue táctico del Kremlin en Europa y Asia lo llevó a orientar su anti-imperialismo contra los Estados Unidos, lo cual acentuó su interés por los partidos latinoamericanos. El objetivo era crear y agudizar las contradicciones entre la América Latina y la América del Norte. Como siempre, sobreponíanse los intereses de Moscú a los impulsos naturales de los partidos de cada país.

Los partidos latinoamericanos estaban poseídos, por entonces, de una tendencia pequeño-burguesa que, al decir leninista, provocaba el extremismo de la enfermedad infantil del comunismo. Por ello era necesario reorganizarlos y, además, fundarlos donde aún no se habían constituido. A fin de considerar estos y otros problemas se efectuó una especie de Conferencia de partidos latinoamericanos en Moscú, tan pronto hubo terminado el Congreso.[17]

No hubo transcurrido un año, cuando, del 1º al 12 de junio de 1929, se celebró oficialmente la Primera Conferencia de Partidos Comunistas de América Latina, en Buenos Aires, Argentina. Allí se examinó el problema de la debilidad de los partidos y la indisciplina de algunos de sus cuadros dirigentes. Para superar estas dificultades, dijeron, no se podía confiar en los elementos pequeño-burgueses, se requería "proletarizar" los partidos. Los obreros tenían que ser la fuerza fundamental, postulaban. La pequeña burguesía intelectual debía quedarse como "reserva indirecta", proclamaban. Así lo disponían; pero, en la práctica, no fue así, sino al revés.

Terminado el Congreso de Partidos Comunistas de América Latina en Buenos Aires, se celebró el Congreso de Sindicatos Latinoamericanos. Este consideró que los países de América Latina caían dentro de la categoría de países agrícolas, a pesar de la diversidad de estructuras y el desigual desarrollo económico. Asignó, de consiguiente, un papel importante a los proletarios agrícolas en la revolución, a cuyo efecto recomendó la organización horizontal de los trabajadores agrícolas y forestales. Pero estimó que las organizaciones de los proletarios agrícolas debían ser como una continuación de la central de los sindicatos de trabajadores industriales. Por último, señaló la conveniencia de crear Ligas de pequeños campesinos a quienes consideraban aliados en la revolución.

El esquema táctico estaba trazado. Pero sus rasgos no coincidían con las realidades nacionales, resultando, en la mayoría de los casos, inaplicable de todo punto al lugar y tiempo en que debía verificarse.

VI - MELLA EN MEXICO. SUS ACTIVIDADES Y EL INCIDENTE DE LA BANDERA.

Una vez en México, Mella se reincorporó a sus actividades partidaristas. Desde entonces, la comunista italiana, Tina Modotti, se convirtió en su compañera inseparable. No estaba ya responsabilizado con las faenas propias del Partido, sino que figuraba como jefe de la Asociación de los Nuevos Emigrados Revolucionarios de Cuba, ganada totalmente para la "Causa". Su órgano, Cuba Libre, exhibía un emblema que era el mejor testimonio de lo afirmado: una rueda dentada; sobre sus rayos, una estrella; en sus cinco ángulos, las cinco letras de su sigla; al centro, un círculo; y dentro un machete, en vez de la hoz y el martillo.

Lo primero que hizo Mella, al llegar a México, fue publicar unas crónicas, en "El Machete", sobre lo que había "visto" en la Unión Soviética. En Abril de 1928, el Partido le publicó su folleto "¿Qué es el Apra?" En mayo de ese año, anunciaba en "Cuba Libre" que preparaba un libro titulado "Hasta donde va Cuba".

Cuba comenzaba a ser de nuevo su gran obsesión. A tal punto que lo distraía cada vez más de las actividades sectarias del Partido. Estos escarceos patrioteros lo hacían prestar cada vez más atención a las actividades de su ANREC, y menos a las tareas partidarias.

Una fiesta organizada por la ANREC, efectuada el 15 de diciembre de 1928 en el Centro Obrero Israelita situado en los altos de la casa número 56 de la calle Tacuba en México, se convirtió en motivo de escándalo para los emigrados cubanos, el cual trascendió a la opinión pública en Cuba.

La fiesta se llamó "Noche Cubana". Paradójicamente, la directiva comunista del Centro había prohibido situar la bandera de Cuba en el salón principal. Solo permitieron colocar una cartulina con el dibujo de la bandera cubana en el pasillo lateral. Lo más grave, lo que motivó el escándalo, fue el ultraje a esa bandera. En medio de la fiesta, alguien le quitó la estrella, con una cuchilla. Tan pronto fue advertido el hecho, encendió la cólera de los asistentes. Al día siguiente, se convirtió en motivo de justa indignación contra los organizadores del acto. Fueron los comunistas, decían algunos en forma genérica. Fueron Mella y Barreiro, señalaban otros, de manera concreta.

El Embajador de Cuba en México, el Dr. Guillermo Fernández Mascaró, protestó del hecho. En una entrevista con los periodistas, declaró:

"El 13 de diciembre los elementos comunistas a los que pertenecía Mella, celebraron una reunión en la casa No. 56, altos, de la calle Tacuba, de acuerdo con la 'Asociación de Nuevos

Emigrados Revolucionarios de Cuba'. Uno de los comunistas, durante un período de exaltación, ultrajó la bandera cubana".[18]

La corriente de indignación se extendió a Cuba, donde culpaban a Mella y a los comunistas. Esta opinión era abonada por el notorio menosprecio que sentían los rojos por las banderas nacionales. Justamente por aquella fecha, circulaban por La Habana unos versos, editados por los comunistas, que rezaban así:

"No tengo, ni quiero patria,
ni rey, ni Dios, ni bandera,
soy ciudadano del mundo
y rechazo las fronteras".

Mella se sintió preocupado. Tanto que pasó un cable a Sergio Carbó, Director de **La Semana,** el cual decía:

"Rogamos desmienta calumniosa campaña iniciada por enemigos nuestros punto Nunca profanóse bandera punto Detalles correos punto Afectuosamente, Mella".

Pasado el tiempo, la hija de Alejandro Barreiro, Conchita, aclaró que su padre había sido el único responsable del incidente de la bandera influido por sus ideas políticas de entonces.

VII - EL ASESINATO DE MELLA.

Asistía Mella a una junta de Socorro Rojo Internacional la noche del 10 de enero de 1929. Entre los presentes se encontraba Vittorio Vidali o Carlos J. Contreras,[19] como se hacía llamar por entonces en México. Tan pronto hubo terminado la reunión, Mella salió en compañía de su amante, Tina Modotti. Caminaban del brazo hacia el apartamento de ella, en Abrahan González número 31, cuando no bien hubo llegado a la esquina de Abrahan González y Morelos, los asesinos, escondidos tras de una tapia, le dispararon a Mella dos tiros por la espalda, cayendo mortalmente herido. A las dos de la madrugada del día siguiente, expiró en una cama del hospital de La Cruz Verde.

Hasta ahora no se ha podido poner en claro quiénes fueron los instigadores de este asesinato, pues el punto ha sido en extremo controvertido.

En los primeros momentos, la prensa y la policía mexicana atribuyeron al crimen un móvil pasional, cuyo centro era Tina Modotti. Fue el criterio que aceptaron los tribunales de México, cuando sancionaron a sus autores materiales, Arturo Sanabria y Agustín López Valiño.

Los comunistas, sin embargo, tomaron el hecho para torcerlo, adulterarlo y convertirlo en máquina de guerra, al conferirle una inspiración política. Su versión, la más falta de base, responsabilizaba a los gobierno de Cuba y de Estados Unidos.

Con el tiempo ha ido cobrando cuerpo la opinión que acusa a los comunistas de ser los autores mediatos del asesinato. Esta opinión ha sido sostenido por Víctor Alba en su "Historia del comunismo en América Latina", argumentada por Julián Gorkin en su libro "Como asesinó Stalin a Trostky", confirmada, en sus investigaciones exhaustivas por José Domingo Cabús en su libro "¿Quién mató a Julio Antonio Mella?" y avalada por la esposa e hija de Mella, la Dra. Olivia Salazar y Natacha Mella.

La reacción de los comunistas, ante el asesinato de Mella, fue instantánea. ¡Ni que la hubieran previsto! Tina Modotti puso en boca de Mella estas palabras: "Magriñat ha tenido que ver con esto".

Todavía antes de morir lo hizo exclamar: "Muero por la revolución".

Estas expresiones, con las cuales los comunistas tejieron su novela de folletín, han sido sustituidas, ahora, por Fabio Grobart con esta otra:

"Hasta después de muertos somos útiles".[20]

Con ella, al menos, Grobart utilizaba una frase que sí había usado Mella; pero en su folleto "El Grito de los Mártires".

Estos monólogos de Mella en los momentos en que apenas podía articular palabras y de los que solo tuvieron noticias los comunistas, iban derechamente a responsabilizar a otros, para salvar sus propias responsabilidades, en un golpe dirigido contra Machado y el "imperialismo yanqui".

Lo primero que hicieron fue convertir el cortejo funeral en un acontecimiento político. Los dirigentes del Partido se situaron en primera fila. Destacábase, entre ellos, el pintor Diego Rivera. Detrás, situaron una gran bandera roja con la hoz y el martillo. No podían faltar, desde luego, las pancartas en las cuales se leía la consigna acordada: "Machado y el Imperialismo, asesinos de Mella". Al pasar frente al Palacio Presidencial, improvisaron un mitin. El otro fue sobre la tumba de Mella.

Con esta irrespetuosidad, los comunistas convirtieron la sangre de Mella en semilla de agitación para sus seguidores a lo largo del Continente. Durante varios días efectuaron manifestaciones de protesta ante las embajadas de Estados Unidos en los distintos países latinoamericanos, y de manera muy especial en México, Lima y Buenos Aires.

El 11 de enero, el Partido Comunista de México ya había lanzado su manifiesto, afirmando: "Los asesinos alquilados fueron solamente los instrumentos del gobierno cubano, títere de Wall Street".

Al día siguiente, el Comité Central del Partido Comunista de Estados Unidos declaró:

"El asesinato de Mella por agentes del gobierno de Machado, es parte del terrorismo sostenido por la dictadura de Machado, bajo el control de los americanos, contra los trabajadores revolucionarios, y particularmente contra los comunistas..." "El imperialismo de Estados Unidos, continuaba diciendo la declaración, publicada en el Dailly Worker, ansioso de explotar a los trabajadores de América Latina, ha asesinado a otro de sus líderes... Los asesinos de Mella se han inspirado en la misma fuente que lo hacen los linchadores de negros en Estados Unidos..."

El Partido Comunista de Estados Unidos había convocado un acto con el lema de la paz, para el 19 de ese propio mes. El acto lo transformaron en una movilización de protesta contra el asesinato de Mella, y lo que ellos llamaban "La dominación yanki en América".

En Cuba, los periódicos publicaron la noticia según venía en los cables. No recogieron, desde luego, la versión interesada de los comunistas, entre otras razones, porque aún no se había divulgado. Se concretaron a informar lo siguiente:

"Mella, al salir de una reunión del Socorro Rojo Internacional en compañía de su amante Tina Modotti, fue balaceado". Los autores materiales de este asesinato no se conocieron. Las investigaciones de la policía mejicana afirmaron que se trataba de un crimen pasional originado por los amores que Mella sostenía con la italiana comunista Tina Modotti".

La opinión pública cubana se dio por enterada de la noticia, tal cual la traían los cables. Pero el Partido tenía que agitar, en torno al hecho, de acuerdo con las instrucciones recibidas. El Comité Central se reunió "en la casa de Sotomayor, miembro del Comité Central del Partido que trabajaba como corrector de pruebas de "El Mundo" o "El País", y más tarde muerto en la guerra de España. Era el 10 de enero de 1929 y a La Habana llegó el cable de México informando de la muerte de Julio Antonio Mella".[21] De esta forma nos relata Fabio Grobart como supieron la muerte de Mella. De su dicho, parece que el cable se adelantó a dar la noticia de la muerte de Mella; aunque estimamos que haya sido un error en la precisión de la fecha, por cuestión de horas, dado el tiempo transcurrido desde que aconteció el hecho hasta el momento en que escribió su artículo.

Continuando su relato, Grobart nos dice:

"Había que hacer algo importante para responder al asesinato de Mella; pero la situación aún no estaba madura para grandes acciones de masas. Había que limitarse a pequeñas protestas y acumular fuerzas para las batallas decisivas del futuro. El Manifiesto del Comité Central del Partido sobre la muerte de Mella, redactado ese mismo día por Rubén, circuló al día siguiente..."[22]

El manifiesto del Partido no causó el impacto esperado. Nadie le prestó atención. Entonces, idearon publicar otro que no estuviera firmado por el Partido. También lo redactó Rubén Martínez. Lo firmaron, a nombre de los antiguos profesores de la Universidad Popular José Martí, el propio Rubén, Gustavo Aldereguía, Sara Pascual, Aureliano Sánchez Arango y Raúl Roa. Circuló entre los estudiantes.

Al menos fue más difundido.

La acusación contra Machado fue agitada, difundida y repetida por los comunistas, hasta que Víctor Alba, un ex-comunista español, publicó su historia del comunismo en América Latina. En ella acusó a quienes, hasta entonces, habían sido los acusadores ante la opinión pública, no así ante los tribunales.

Más tarde, Julián Gorkin, en su libro "Cómo Asesinó Stalin a Trotski", concretó su acusación en Carlos J. Contreras, al expresar:

"Toda una serie de revelaciones ulteriores han llevado a la conclusión de que el verdadero asesino de Mella fue el siniestro agente de la GPU (Contreras). Se sabe hoy que el líder estudiantil cubano había manifestado veleidades oposicionistas al curso staliniano; Contreras lo amenazó en una reunión del buró político mejicano: "Los oposicionistas como tú solo merecen la muerte". Y Mella caía muerto en una esquina poco después".[23]

Resulta significativo el hecho de que a la muerte de Mella, Tina Modotti se convirtiera en la amante de Carlos Contreras. De ella, Gorkin nos dice:

"Todo indica que fue incluso cómplice en el asesinato de Mella; entre sus papeles encontró la policía un plano de las calles por las que debía acompañar a su marido, con un punto negro indicando el lugar en que cayó muerto. Con el falso nombre de María Ruiz colaboró más tarde con Contreras en España. En 1943, Tina murió misteriosamente en un taxi, al parecer de un ataque cardíaco..."[24]

Lo apuntado nos ha hecho pensar en la posibilidad de un móvil doble: el político, cumplir las instrucciones de la Internacional y, el pasional, que estimuló a Contreras y a la Modotti a ejecutar con presteza la orden impartida. Sea uno u otro el móvil, lo que sí parece claro es la intervención de Contreras en el asesinato de Mella.

Las versiones se han multiplicado actualmente. Unos afirman que Mella se estaba inclinando del lado anarquista. Otras, que había evidenciado desviaciones trotskistas. Algunas que persistía en su indisciplina, al extremo de haber publicado la carta del renegado Kresin en El Machete. Mas todas coinciden en lo que hoy constituye la voz común entre los historiadores, en señalar la responsabilidad de los comunistas.

¿Dónde buscar más autorizado testimonio? Ninguno mejor que el de su esposa y su hija, hoy en el destierro, víctimas de la persecución de Fidel Castro. Ambas coinciden en señalar que Mella se había defraudado del comunismo poco antes de morir y en señalar a los comunistas como los autores de su asesinato.

Natacha Mella expresó este último criterio en una carta que dirigió a Carleton Beal. La carta dice:

"Por representar mi padre una personalidad histórica se hace necesario rescatar algunas verdades para que los hechos no se sigan tergiversando. Cumplo un deber moral, como hija, al declarar que Tina Modotti, la que fuera amante de mi padre durante los últimos meses de su vida, no era la persona romántica que muchos han querido hacer ver. Tina Modotti era una aventurera y una espía internacional comunista. Su función, pues, al lado de mi padre, en ese último tiempo, fue doble. Era fácil que fuera su amante porque él, como usted lo califica, fue un hombre de extraordinario atractivo, pero ella también vigilaba todos sus pasos y sus acciones porque Mella en sus últimos días estaba desarrollando proyecciones nuevas que lo ponían en conflicto con las normas del Partido Comunista".[25]

Después, entra en una serie de explicaciones y razonamientos. De entre ellos, queremos destacar la parte de la carta que expresa: "Es importante resaltar aquí que la acción justiciera tomada por mi madre en el caso del asesinato de mi padre, fue la acción legal en los tribunales mejicanos, ante los cuales ningún comunista compareció para exigir justicia como usted conoce sobradamente. Y no es extraño, porque como muy justamente expresó anteayer en su comparecencia televisada el Dr. Raúl Roa, el crimen fue perpetrado con la complicidad del entonces Presidente de México, Emilio Portés Gil que mandó a archivar en la Procuraduría General de la República las investigaciones que se hicieron sobre el crimen, para no darle curso, es el mismo que estuvo haciendo declaraciones apoyando la Revolución cubana recientemente. Recuerde, Sr. Beals, que uno de los autores materiales del asesinato, López Valiñas, a quien mi madre logró condenar a prisión en México en 1932 cuando ella reabrió el proceso fue indultado posteriormente por el Presidente de México, general Lázaro Cárdenas que hoy convoca a un Congreso por la Paz, que está integrado por los elementos comunistas de Latinoamérica. Dios los cría y ellos se juntan. Hay que ver cómo se escribe la historia".[26]

Es verdad, mucha verdad. ¡Hay que ver como escriben la historia los comunistas!

VIII - REORGANIZACION EN CUBA: A) EN EL PARTIDO. B) ENTRE LOS TRABAJADORES. C) EN LA JUVENTUD. D) EN LOS DEMAS SECTORES.

La situación del Partido en Cuba no podía ser más precaria. Estaba prácticamente desmembrado, sin organización y sin noción exacta del quehacer político.

Fabio Grobart fue enviado a Cuba por la Internacional, como testaferro de sus actos, para poner remedio a esta situación, según testigos de la verdad inconcusa de lo dicho. El hecho, sin embargo, ha sido negado por el propio Grobart, en nuestro criterio, con el propósito de ofrecer la falsa sensación de que estuvo vinculado al Partido desde su fundación.

La imagen exacta de como se encontraba el Partido por aquel entonces, nos la ofrece Grobart. La describe así:

"Algunos elementos inestables dentro del Comité Central recién elegido, abandonan la lucha y se retiran a la vida privada. El Partido, muy pequeño en número, sin experiencia y sin haber tenido aún el tiempo necesario para vincularse con los trabajadores, se queda, de este modo, prácticamente, sin una dirección, política y orgánicamente sólida.

Había que comenzar, pues, de nuevo y en condiciones durísimas, bajo el fuego constante del enemigo. Y el fuego no era solamente el terror, sino también lucha ideológica y política. Para avanzar, había que resistir incesantemente la presión de los conceptos e ideas viejas —burguesas, anarquistas y reformistas —arraigados en las masas, y había que combatir el engaño, las mentiras y las calumnias que empleaba el enemigo contra el Partido".[27]

La misión que se le confiaba era, sin duda, ardua y difícil: Vincularlo a los trabajadores, imponerle una dirección política y organizarlo "sólidamente". Para lo cual tenía que luchar contra los conceptos "arraigados en las masas". No se arredró por ello. Demostrando sus grandes cualidades de organizador, se entregó con rigor y tacto, con decisión y paciencia, con impulso y realismo a la reorganización del Partido y de sus instrumentos auxiliares.

Lo primero, era escoger una figura conocida. Deseaba encontrarla entre los trabajadores; pero no la había. Al fin se decidió por Rubén Martínez. Era un intelectual, más propiamente, un poeta. Esta circunstancia reñía con las instrucciones que Grobart había recibido. Pero había que proceder con tacto, tener paciencia y transigir con la realidad. Al menos, Rubén tenía el ardor contagioso de Mella, sin sus veleidades emocionales ni sus indisciplinas perturbadoras.

Con el solo propósito de evadir su responsabilidad histórica por la decisión tomada, Grobart ha dicho: "a pesar de las reiteradas propuestas de sus compañeros del Comité Central, Rubén no aceptó nunca el cargo de Secretario General del Partido. En su modestia, consideraba que este cargo sería mejor desempeñado por un obrero".[28]

Miente a ciencia y conciencia pues de todos es sabido, por ser hecho notorio y público, que Rubén Martínez fue el Secretario General del Partido desde esta fecha hasta que salió para Moscú en 1930. Niega Grobart, como arriba apuntamos, que Rubén fuera formalmente el Secretario General; pero al no poder rechazar de plano la verdad histórica por todos conocida admite, como una concesión, que el Partido estuvo bajo la dirección de Rubén. Sus palabras son éstas:

"Bajo su dirección se operará, en tiempo relativamente breve, un cambio radical en el movimiento obrero, y el Partido, pequeño y raquítico hasta entonces, se convertirá en un partido de masas. Pronto logra Rubén ocupar el sitio que había dejado vacío Julio Antonio Mella en el Partido y en el movimiento revolucionario".[29]

Mas en esto miente otra vez, pues el Partido no estuvo bajo la dirección de Rubén, como él afirma, sino bajo su propia dirección, o mejor dicho, de la internacional, de la que, según ya hemos dicho, era su testaferro. Satisfecho, sin embargo, de la decisión que niega, haber escogido a Rubén para ser el jefe formal del Partido, se le escapa esta frase de satisfacción:

"Rubén, a la cabeza del Partido, cumple espléndidamente esa tarea histórica, "no obstante los errores del extremismo infantil, propios de la época".

"A pesar de su grave enfermedad, Villena se convierte en el alma de un movimiento pionero, cuya labor cotidiana ha de ser paciente, sin perspectivas inmediatas de victoria, realizada en un ambiente hostil e indiferente. Este trabajo consistió en ir liquidando entre los obreros y estudiantes el espíritu de apatía que los embargaba y en crear en ellos la confianza en sus propias fuerzas; en despertar en el pueblo el sentimiento de indignación y protesta contra los crímenes de Machado; en ayudar a los trabajadores a organizarse y alentarlos para la lucha por sus reivindicaciones y derechos; en desarrollar en ellos el sentimiento de solidaridad con sus hermanos de clase, dentro y fuera del país, y particularmente con la Unión Soviética, único Estado obrero y campesino entonces; y junto con todo eso, en ir forjando el arma de lucha más importante del pueblo: el Partido".[30]

A) En el Partido.

La faena inicial fue celebrar un congreso el 16 de agosto de 1929 en Manzanillo. Se dieron a conocer las nuevas orientaciones y el Partido constituyó su primera célula oficial. Entre sus miembros figuraron César Vilar, con el cargo de Secretario General, Blas Roca, Paquito Rosales, Juan Luis Santana y Agustín Alarcón. Todos ellos formados bajo la égida del dueño de la tabaquería "La Siempre Viva", Martín Veloz, quien moriría loco poco tiempo después.

A partir de entonces no se constituyeron nuevas células sin que sus miembros hubieran recibido previamente un mínimo de instrucción política. A estos efectos se nombraron unos instructores, cuya misión era explicar la Economía Política de Bodganoff, un resumen del libro El Capital de Marx y el interesante folleto El ABC del Comunismo de Bujarin. Los alumnos debían leer en sus casas lo que después discutirían a presencia del instructor.

Una vez constituidas las células, se les exigía a sus miembros que continuaran asistiendo a lo que ellos llamaban la Escuela o la Academia. Habían tomado en serio lo de preparar ideológicamente a sus militantes, recordando la enseñanza de Lenin: "sin teoría revolucionaria no puede haber tampoco movimiento revolucionario".

B) Entre los trabajadores.

La preocupación central del Partido era "vincularse con los trabajadores", pues éstos le habían tomado ojeriza, por su conducta sectaria, sobre la prevención que ya le tenían, por su servilismo a Moscú.

Mientras la Confederación Obrera Nacional de Cuba, en manos de los comunistas, se había desintegrado, la Federación Cubana del Trabajo, había dado paso a la Unión Federativa Obrera, para fortalecer el movimiento de los trabajadores. A la cabeza de esta última se habían situado el líder reformista de los eléctricos, Luis Fabregat, y el líder marítimo, Juan Arévalo, que representaba, en Cuba, a la Confederación Obrera Panamericana.

Los comunistas necesitaban, por tanto, revivir la Confederación Obrera Nacional de Cuba, para utilizarla como organismo auxiliar del Partido en el sector de los trabajadores. Esa imperativo, según Grobart:

> "... agrupar las fuerzas desorganizadas y dispersas de la clase obrera y preparar las condiciones del surgimiento de un vasto movimiento popular revolucionario, había que poner a los trabajadores en acción. Y esto podía lograrse poniendo por delante sus reivindicaciones inmediatas, económicas y políticas. Por otro lado, a través de esta acción, había que ayudarles a adquirir y desarrollar la conciencia de clase, el ideal socialista y las convicciones antiimperialistas que debían ser la médula de una actividad prolongada. Todo ello, con el fin de poder llevarlos más tarde a una lucha revolucionaria".[31]

En cumplimiento de estos objetivos, la organizaron regionalmente, como representativa de los distintos sectores de la producción. Era la manera más fácil de tener federaciones; aunque no estuvieran organizados los Sectores y de someterlas a una disciplina centralizada. A este proceso, de constituir esas tituladas federaciones y designar sus dirigentes, los comunistas lo han llamado "la reorganización sindical de 1929".

Esta reorganización se puso en marcha en el Congreso de Manzanillo. Para ello, designaron a César Vilar como Secretario General de la Confederación. En su ejecutivo aparecieron tres obreros ferroviarios, que no habían podido formar parte de la dirigencia de la

Hermandad Ferroviaria: Joaquín Ordoqui, Isidro Figueroa y Roberto Castelló Estrada, claro indicio de su falta de representatividad. También figuraron en el Ejecutivo: José Rego López y Emilio Rodríguez, como tabacaleros, y Ramón Nicolás González, como zapatero. Blas Roca fue designado Secretario General de la primera Federación que se dejó constituida, la de Manzanillo.[32] Hasta Rubén Martínez quedó incorporado a la CNOC. Lo vistieron de preocupación proletaria, designándolo asesor jurídico de la Confederación.

Desde entonces, la CNOC no fue otra cosa que un organismo pantalla del Partido para "vincularse a los trabajadores".

C) En la Juventud.

El Partido puso especial énfasis en cautivar a la juventud. Tanto es así que el Comité Central designó una Comisión encargada de crear la Liga Juvenil Comunista. Los comisionados fueron Fabio Grobart, Joaquín Ordoqui y su hermano Higinio, Isidro Figueroa y Sara Pascual,[33] quien, a la sazón, daba clases en los clubes juveniles que había constituido en Regla, en el Cerro y Luyanó. Severo Aguirre, uno de los jóvenes cautivados por esa Comisión, fue escogido, en definitiva, para presidir la Liga.

Mientras tanto, los estudiantes habían continuado ganando terreno en el campo de la lucha oposicionista a Machado. El Comité Universitario 27 de Noviembre había tomado la posición de Vanguardia. La única forma de impedir que los estudiantes no comunistas les tomaran demasiada ventaja era exigirle a sus partidarios, en el extranjero, que regresaran a Cuba y se incorporaran a la lucha. De este trabajo encargaron a Manuel Cotoño y Gabriel Barceló.

Con la vuelta de los estudiantes comunistas emigrados, comenzaron a entronizarse en el sector estudiantil las consignas rojas. Se le vio pronto cambiar de rumbo, para acentuar los lemas anti-imperialistas y agitar consignas obreras, con lo cual se crearía la crisis que provocaría la separación de los comunistas, quienes se integrarían dentro del Ala Izquierda, y los no comunistas, quienes asumirían el control del Directorio Estudiantil.

D) En los demás sectores.

La reorganización se extendió a todos los organismos pantalla. Se reactivó la Liga Anti-Clerical y se vigorizó la Liga Anti-Imperialista. Por esta época, dejaban escuchar sus consignas contra la Base de Guantánamo, pidiendo que de allí se retiraran los norteamericanos.

No se descuidaron en atender a los intelectuales y los aspirantes a serlo, los cuales serían utilizados como señuelos para cazar incautos. A Marinello, María del Villar Buceta, Navarro Luna, Regino Pedroso, José Antonio Ramos, Felix Pita Rodríguez, Felipe Pichardo Moya, Nicolás Guillén, Tallet, Gerardo del Valle y muchos otros le entonaban sus ditirambos interesados. Procuraban, con ello, no tanto convertirlos en comunistas, como que repitieran, con palabras tautológicas, las divisas tácticas del Partido. Eran utilísimos para propagar sus ideas e influir en el público que los leía o escuchaba. De ahí que los trataran como factores codiciadísimos para infiltrar insensiblemente sus ideas en la población.

El Partido aún no tenía fuerzas; pero las ideas que pusieron en circulación los intelectuales utilizados por los comunistas han estado vigentes hasta hoy. Ellos establecieron las bases sobre las cuales se asentaría todo el debate realmente político del país a partir de aquellos años. Machado fue solo un pretexto.

Lo importante era influir con sus ideas en la generación que surgía. Todo ello, encaminado hacia un solo punto: "crear conciencia", que, en el lenguaje de Grobart, quiere decir "desarrollar en ellos el sentimiento de solidaridad... particularmente con la Unión Soviética". Este era su gran objetivo. El de siempre: servir a sus amos, a costa de traicionar a la Patria.

Bajo este sino, escuchábase ya el sordo mugido de las olas de ideas extranjeras que comenzaban a levantarse. El horizonte comenzaba a teñirse de rojo.

1 Historia del Partido Comunista —bolchevique— de la U.R.S.S. Compendio redactado por una Comisión del Comité Central del Partido Comunista (b) de la U.R.S.S., aprobado por el Comité Central del Partido Comunista (b) de la U.R.S.S., 1938, Ediciones en Lenguas Extranjeras, Moscú, 1939, p. 315.

2 Las fechas y referencias las tomamos del libro Historia del Partido Comunista. Hacemos la aclaración porque Ignacio Silones afirma que el Pleno ampliado del Comité Ejecutivo de la Internacional, donde se decretó sin acuerdo previo la expulsión de Trotsky, aconteció en mayo de 1927. Resulta, por demás, en extremo interesante el relato que hace de ese Pleno en el libro "El fracaso de un Idolo", primera edición de 1951, p. 135.

3 El evento fue presidido por Emilio Vandervelde. Asistieron, entre otros, Chen Kuen, de China; Nehru, quien después fuera Primer Ministro de la India, en unión de Barkatulla; Marteaux, de Bélgica, Pollit, de Inglaterra; Messoli, de Argelia; Katayama, de Japón, Giao, de Indonesia; Haya de La Torre y Eudocio Ravines, del Perú, aunque representando este último a la Liga Anti-Imperialista de Argentina; Fournier, de Francia, Lamine Senghore, de las Colonias Francesas; Holitscher, de Alemania; Rolland Holat, de Holanda, Nejedli, de Checoeslovaquia, y Vitorio Codovila, de Argentina.

4 Eudocio Ravines, **La Gran Estafa**, editada en México en 1952, pp. 104 y 105.
5 Revista Bohemia, de La Habana, Año 58, Enero 7 de 1966, No. 1, p. 10.
6 **Ibid.**
7 Eudocio Ravines, **La Gran Estafa**, Ed. Cit. pp. 137 a 140.
8 **Ibid.**, p. 139.
9 **Ibid., p. 140.**
10 Sabémoslo por testimonio del Dr. Miguel A. Suárez Fernández, quien después fuera Presidente del Senado en Cuba. Su testimonio es valiosísimo, pues el Dr. Suárez convivió con Mella durante todo ese tiempo. Vivían en un mismo apartamento, en unión de Alfredo Pellerano y Pedro Mauri y de un puertorriqueño cuyo nombre no recuerda. El afirma que Mella no era comunista en ese momento; aunque hacía vida marital con una señora, Aida Flomebau, que sí era comunista y que no sabe si era la misma Modotti con otro nombre.
11 Título de su obra de teatro.
12 Alejo Carpentier, Autobiografía, revista **Bohemia**, Habana, Año 57, No. 28, julio de 1965.
13 Semanario Mella, No. 285, de agosto 17 de 1964, p. 18.
14 Revista **Cuba Socialista**, No. 43, Año V, marzo de 1965, p. 51.
15 Fabio Grobart, **Recuerdos sobre Rubén**, periódico Hoy, 16 de enero de 1964, p. 2.
16 Transcribimos los acuerdos del VI Congreso de la Internacional, tal cual se refieren en la obra de F. V. Konstantinov, titulada **Los Fundamentos de la Filosofía Marxista**, editada por la Academia de Ciencias de la URSS, Instituto de Filosofía, y reimpresa en español por la Imprenta Nacional de Cuba, que en su página 492, dice así: "Como señalaba el programa de la Interna-

cional, aprobado en su VI Congreso en 1928, a los países capitalistas más desarrollados se les plantea como tarea inmediata la revolución socialista; a los países que se hallan a un nivel medio de desarrollo capitalista les corresponde realizar, bien revoluciones socialistas, las cuales al paso que cumplen sus objetivos fundamentales socialistas abordan también las tareas no resueltas por las revoluciones democrático-burguesas, bien revoluciones democrático-burguesas, que se transforman más o menos rápidamente en revolucionaes socialistas; en las colonias y en los países semicoloniales dependientes, solo puede pasarse a la dictadura del proletariado después de todo un período de transformación de la revolución democrático-burguesa en socialista; por último, en los países más atrasados aún, que no han recorrido la fase del capitalismo, el movimiento nacional victorioso abre el camino al socialismo siempre que cuente con la ayuda de la revolución socialista ya triunfante en países más desarrollados".

17 El Informe General de la Comisión Especial de Consulta sobre Seguridad de la OEA nos informa, al respecto, lo siguiente: "En su VI Congreso (1928), aniquilada la oposición de Trotsky, la III Internacional decidió conceder una mayor atención a los partidos comunistas de los países latinoamericanos, expidiéndose por el Comité Ejecutivo del Komintern varias instrucciones específicas como son: luchar por el gobierno obrero y campesino, luchar por una federación de repúblicas proletarias y ayudar a los gobiernos burgueses revolucionarios de países pequeños, sin abandonar las propias consignas comunistas".

18 Declaración de Fernández Mascaró a los periodistas reproducidas por el Rotograbado del periódico **Revolución** de enero 6 de 1964, p. 6.

19 La revista **Bohemia** de Cuba, Año 53, junio 19 de 1961, publica en sus páginas 8, 9 y 98 una entrevista con Vittorio Vidali, la cual comienza así: "El pueblo de Cuba sabe que, entre los distinguidos visitantes extranjeros que asistieron al Primero de Mayo, figura Vittorio Vidali, diputado de Trieste. Pero la mayoría del pueblo ignora que tras ese nombre se ocultan otros nombres que evocan duras épocas de lucha: Eneas Sormenti, Raymond, Víctor, Carlos J. Contreras... Para los españoles, este hombre macizo y pintoresco será siempre el comandante Carlos"

20 Fabio Grobart, **Recuerdos sobre Rubén**, periódico **Hoy**, 16 de enero de 1964, p. 2.

21 Ibid.

22 Ibid.

23 Julián Gorkin, **Como asesinó Stalin a Trotsky**, Barcelona, 1961, p. 204.

24 Ibid.

25 **El Avance Criollo**, viernes 24 de marzo de 1961, p. 31.

26 Ibid.

27 Fabio Grobart, **Recuerdos sobre Rubén**, periódico **Hoy**, 16 de enero de 1964, p. 2.

28 Ibid.

29 Ibid.

30 Ibid.

31 Ibid.

32 Blas Roca, cuyo verdadero nombre y apellido de nacimiento es Francisco Calderío, nació en Manzanillo en 1908. Su padre había sido guerrillero, es decir un cubano nativo que había peleado al lado de los españoles, contra los cubanos, durante la Guerra de Independencia. A la edad de 16 años fue habilitado como maestro, ejerciendo como sustituto durante tres meses. Al no obtener el cargo permanente de maestro público, con el cual soñaba, trabajó como aprendiz de zapatero. Al poco tiempo, abrió con su hermano un modesto taller de zapatería. A principios de 1929, el dirigente comunista Justo Tamayo lo invitó a organizar el Gremio de Zapateros en su ciudad natal. A mediados de ese año ingresó en el Partido Comunista, inducido por Juan Luis Santana. Al finalizar el año, ya estaba tomando parte activa en las huelgas de zapateros. Desde entonces, se ha consagrado profesionalmente a la causa comunista.

33 **Mella**, No. 285, agosto 17 de 1964, p. 18.

CAPITULO VI
EL FIN JUSTIFICA LOS MEDIOS
(1930-1933)

I - Estrategia y tácticas. II - Panorama de la Cuba de entonces. III - La huelga general de marzo de 1930. IV - Rubén huye de Cuba. V - Proceso contra los dirigentes de la CNOC. VI - El Partido y la Juventud. VII - El 30 de septiembre de 1930. VIII - Elecciones parciales de 1930. IX - Nueva reorganización del Partido. X - Nuevos intentos de huelga general. XI - Fracaso de los Frentes Unidos: A) En lo político. B) En lo estudiantil. C) En lo sindical. D) Las depuraciones. XII - Campaña de la Internacional contra Machado. XIII - Deportación de Fabio Grobart y Dora Vainstock. XIV - El sectarismo. XV - El regreso de Rubén Martínez. XVI - La mediación de los Estados Unidos. XVII - Ultimas manifestaciones oposicionistas del Partido. XVIII - El gran viraje: Los comunistas se entienden con Machado. XIX - La Internacional evade responsabilidades. XX - Auto-crítica del Partido en Cuba.

I - ESTRATEGIA Y TACTICAS.

Apenas hubo liquidado Stalin la "oposición de izquierda" con el apoyo de las derechas, la emprendió contra la "oposición de derecha", utilizando los argumentos de las izquierdas.[1] La solución "dialéctica" a esta contradicción táctica la encontró Stalin en una síntesis que muy bien puede ser calificada de formulación maestra del oportunismo, al decir:

"¿Qué habría sucedido si hubiésemos hecho caso a los oportunistas de "izquierda" del grupo Trotski-Zinóviev y hubiéramos iniciado la ofensiva en 1926-27, cuando no se tenía ninguna posibilidad de sustituir la producción de los kulaks con la de los koljoses y sovjoses? Es seguro que hubiéramos fracasado".[2]

A partir de entonces, se enfrascó Stalin en la colectivización forzosa de la agricultura, suprimiendo a diez millones de campesinos acusados de "kulaks".

La situación interna de la Unión Soviética condicionó su política exterior. Esta se caracterizó por el aislamiento defensivo, influida por una cierta pasividad, sobre todo en Europa y Asia, hasta que los nacional-socialistas tomaron el poder en Alemania.

El Informe de Stalin al XVI Congreso del Partido Comunista de la URSS, el 27 de junio de 1930, señalaba que la contradicción principal del capitalismo se manifestaba entre Inglaterra y los Estados Unidos. "La principal arena de lucha, decía, la constituyen América del Sur, China; las colonias y los dominios de los viejos países imperialistas. En esta lucha, proseguía, lleva ventaja —por cierto una ventaja patente— Estados Unidos",[3] al que calificaba, ya por aquel entonces, de "ciudadela del capitalismo".[4]

Esta preocupación de Stalin por los Estados Unidos estimuló su interés en los partidos comunistas de América. La dirección del golpe principal de su estrategia externa habría de orientarse, pues, hacia la creación y agudización de las contradicciones entre América Latina y América del Norte. El golpe lo dirigirían contra los gobiernos de los países latino-americanos, en la medida que la política externa de éstos coincidiera con la de los Estados Unidos.

Los partidos latinoamericanos gozarían de cierta libertad en sus movimientos tácticos, tratando de orientarlos de acuerdo con las metas de la estrategia y dentro de las normas generales trazadas por la Primera Conferencia de Partidos Comunistas de América Latina, a las cuales nos referimos en el capítulo anterior.

En Cuba, mostraba Grobart una preocupación fundamental por la organización y la acción. La propaganda exacerbaba el nacionalismo de tipo anti-norteamericano y subrayaba las injusticias sociales. La acción se empeñaba en hacer de los problemas económicos y sociales cuestiones emocionales, capaces de convertirse en carga explosiva, de manera que la agitación hiciera las veces de percutor, preparando así las condiciones para el asalto al poder.

Durante todo este período estuvo el Partido obsedido, en la práctica, por un solo objetivo: atrapar el poder. Apenas si habían salido de su gran crisis, durante la cual se habían sentido a par de muerte, y ya se creían con fuerzas suficientes como para tomar el país.

El Partido padeció este espejismo, tal vez por las circunstancias políticas, económicas y sociales en que vivía el pueblo cubano. El cuadro que dibujaba Lenin en su librito "La Enfermedad Infantil del Izquierdismo en el Comunismo" influyó posiblemente en las mentes aún infantiles y extremistas de los comunistas en Cuba. "Solo cuando las 'capas altas' no puedan sostenerse al modo antiguo, decía Lenin, solo entonces puede triunfar la revolución. En otros términos, continuaba diciendo, esta verdad se expresa del modo siguiente: la revolución es imposible sin una crisis general que afecte a los explotados y a los explotadores".[5] La situación cubana parecía ser ésta. De ahí que los comunistas nativos extrajeran paradójicamente de ese libro, dedicado a combatir los extremismos y los infantilismos políticos, una conclusión extremista e infantil. Se olvidaban de que aún no habían madurado las condiciones subjetivas.

Muchos fueron los debates y muy frecuentes las reuniones de la dirección del Partido para seleccionar la táctica adecuada al objetivo que perseguía. Teniendo presente el fin, atrapar el poder, justificaba todos los medios. Esto explica el por qué se lanzó, creyéndose vanguardia de los trabajadores, a una huelga general primero; ensayó la táctica de los frentes unidos después; se refugió en el sectarismo más tarde, y por último, pactó con el gobierno.

Las reuniones del Comité Central se efectuaban habitualmente en la casa de Joaquín Valdés, ubicada en Campanario y Carmen, o en la del matrimonio de José Z. Tallet y Judith Villena, la hermana de Rubén Martínez, en Amargura y Compostela.

Las desavenencias que surgieron dentro del Partido, según veremos, no estuvieron inspiradas en las disquisiciones teóricas que se invocaban, sino en las interpretaciones de cómo se cumplía mejor la voluntad de Moscú. Tales circunstancias engendraron como era lógico, la aversión de los no comunistas y entre sus escasos militantes un sectarismo de reata.

II - PANORAMA DE LA CUBA DE ENTONCES.

Las ideas que se habían venido difundiendo en Cuba aún no habían hecho tanto camino como resultaría a partir de este momento. Muchas de ellas, y también la crisis económica, cobrarían mayor impulso, haciéndose sentir cada vez más, hasta desembocar en la revolución del 33.

La disociación entre el pretérito y el presente se iba haciendo más incompatible e incomunicante. Se llegaba al crepúsculo de las energías históricas de los principios de la República.

Se erguía ya, con decisión e impulso incontenible, una nueva generación con ideas recién conocidas. Lo señalaba muy claramente el Manifiesto del ABC, publicado en 1932, cuando levantaba su consigna: "Hombres nuevos, ideas nuevas, procedimientos nuevos". Todo en medio de la erupción de inspiraciones nacionales.

La literatura discurría por el campo de la económico y social. En los cuentos se palpaba el fervor nacionalista, resaltaban los temas políticos, económicos, sociales y sobresalían los que planteaban la independencia política y condenaban la ingerencia norteamericana.

De la época recordamos los ensayos siguientes: "El Industrialismo, Socialismo y Comunismo", de Fernando Lles; "Hacia una Nueva Estructura del Estado", de Carlos Felipe Armenteros y "El Nacional Socialismo Alemán" de Raúl Maestri, quien ya había publicado "El Latifundio". Revelando la situación del momento, publicaba José A. Ramos su novela "Impurezas de la Realidad". Luis Felipe Rodríguez daba un tono más áspero al sentimiento anti-norteamericano, presentándonos en su **Marcos Antilla**, al personaje Mr. Morton, quien administraba el ingenio de la Cubanacán Sugar Co., apoyado en los Francisco Larrechea y en la fuerza de la Guardia Rural que a planazos domina a los cortadores de caña.

Contagiados todos, cual más, cual menos, con las ideas materialistas, se analizaban los acontecimientos a través del fenómeno económico. El Manifiesto Programa del ABC, el esfuerzo exegético más serio de la época, donde se procuraba el hallazgo de la nación, estaba presidido por ese criterio de interpretación económica de la historia.

A esto contribuía la angustiosa situación económica, social y política por la que atravesaba el país.

La crisis económica mundial se reflejaba en Cuba de forma aguda, pues su economía dependía de los productos de la tierra, especialmente del azúcar. Los sistemas ensayados para evitar la caída de los precios mundiales del azúcar fracasaban. El mercado se había contraído. La tarifa Hawley-Smoot, que había entrado en vigor en junio de 1930, aumentando los derechos del azúcar cubano a dos centavos la libra en los Estados Unidos, agravaba aún más la situación.

El Gobierno había incrementado sus egresos, con sus planes de obras públicas y de educación. Mientras tanto habían disminuido sus ingresos. Para solventar el "déficit" presupuestal creaba nuevos impuestos, con lo cual se ganaba la animadversión de los inversionistas, tanto nativos como extranjeros. Estos últimos agostaban el impulso económico nacional, dado que las inversiones norteamericanas se calculaban por encima de los mil millones de pesos.

Lo social iba cobrando fuerza. El cuadro, usando una expresión de José Vasconcelos, "era de pesimismo de la realidad y optimismo del ideal". Las protestas obreras se multiplicaban. También sus represiones. Los vientos de galerna cobraban aires de huracán.

En la medida que el comunismo aumentaba su influencia en los sectores intelectuales, el proselitismo del Partido se iba dejando sentir en el movimiento obrero, donde el antagonismo entre comunistas, reformistas y anarquistas se expresaba con toda su crudeza. Los comunistas acusaban a los reformistas de "confundir las reformas con la realización parcial del socialismo". De los anarquistas y anarco-sindicalistas, decían: "piensan que las conmociones sociales se producen inesperadamente, sin un período previo de preparación". Pero los propios comunistas arrebataban a los reformistas sus banderas de lucha para convertirlas en pendones de agitación, en su empeño por asaltar el poder "sin un período de preparación previa". No obstante la aparente coincidencia táctica, en muchas oportunidades, se pasó del puro debate semántico a la lucha abierta y enconada entre los gremios, sindicatos y hermandades de distinta filiación.

En lo político, que según Ortega es el dintorno o cutis de lo social, también arreciaban los aires broncos. La oposición al gobierno, que había comenzado por algo particular de los estudiantes y los intelectuales jóvenes, fue expandiéndose poco a poco hasta que la opinión pública se tornó completamente adversa. El gobierno planteaba que la cuestión era de orden público. La oposición, por el contrario, consideraba que la única forma de combate era imponer su señera voluntad. No se entendían los unos con los otros ni los otros con los unos. Por lo cual se cayó en la acción directa, por la vía del terrorismo de los unos y de los otros.

Mientras, por una parte, se notaba la decadencia de las magistraturas; por la otra, se advertía que la nueva generación actuante se abría a todo viento de ideas, amiga de lo nuevo por nuevo y no por verdadero y por bueno. Por este resquicio entraba el comunismo con el atractivo de la ilusión que siempre lleva lo recién conocido.

El comunismo quedaba flotando, así, como una idea imprecisa y un sentimiento vago, bajo el concepto de lo progresista y con la etiqueta de representar ideas avanzadas de izquierda. No el Partido, entiéndase bien, que continuaba siendo mal visto, y mal visto con pasión, por considerársele una organización al servicio de intereses extranjeros.

En resumen, las ideas sembradas en la época anterior desembocaban ya en la acción militante. La Revolución trepida en los oídos. Se mete más allá del tímpano. Lo rompe. Estalla, en medio de una sinfonía roja, de sangre y también de ideas.

III - LA HUELGA GENERAL DE MARZO DE 1930.

Los comunistas habían adquirido su mayor influencia entre los trabajadores del transporte de ómnibus en la capital. Pensaban, con cierta razón, que paralizando el transporte podrían impulsar una huelga general. Se forjaron ilusiones febriles. La fiebre los alucinó, concibiendo que sus aventuras de conquista podrían ser labradas en el mármol de la realidad.

Las circunstancias parecían propicias. Fomentábase a la sazón una gran inconformidad entre los trabajadores. La crisis económica causaba sus estragos. Despidos, rebajas de sueldos eran medidas frecuentes de los patronos. Protestas, paros eran racciones naturales de los obreros.

Los trabajadores del transporte en la capital habían planteado una serie de demandas, que no habían sido satisfechas. Amenazaban con una huelga. Tomando la ocasión por los cabellos, los comunistas lanzaron la consigna de una huelga general que debía comenzar a las doce de la noche del 19 de marzo.

Los panaderos y los tipógrafos, bajo el control del Partido, se comprometieron a prestarle su apoyo. Los tranviarios, sin embargo, opusieron ciertos reparos a la huelga, pues la empresa estaba en disposición de acceder a parte de sus demandas.

Los dirigentes reformistas, que dominaban en el sector de los tranviarios, habían convocado a una asamblea de motoristas y conductores para el 18 de marzo, con el propósito de tomar una decisión.

Los comunistas elaboraron su plan. Tenían que apoderarse de la asamblea y arrancarle un acuerdo favorable a la huelga. Sus escasos militantes, bajo la dirección de un tal Granados, se situaron en el local del sindicato desde temprano. A cuantos llegaban les hacían conocer su decisión de ir a la huelga de todas formas. Momentos antes de comenzar el acto, se situaron unos en las primeras filas; otros, en la parte de atrás, cerca de la entrada, en su mayoría de pie; los demás se dispersaron, confundiéndose con la masa. Todos con un solo fin: respaldar la consigna de la huelga.

A poco de comenzar la asamblea, más o menos a las nueve de la noche, apareció Rubén Martínez, vestido con un "over-all". Concurría a título de dirigente de la CNOC. La directiva de los tranviarios trató de impedir que hablara, por considerarlo una ingerencia. Pero escoltado por sus seguidores, se abrió paso hasta la tribuna, en medio de empellones y de los gritos de su claque. Comenzó con estas palabras:

"Decían que yo no hablaría y estoy hablando. Decían que no habría huelga y hay huelga".

Su discurso prosiguió por el trillo conocido del "dolor de millones de trabajadores de la ciudad y del campo que sufren miseria y hambre y el tormento de todo un pueblo que gime bajo la presión humillante de los monopolios extranjeros y la oligarquía criolla".

La asamblea se convirtió en un motín. Terminó a golpes. Los rojos habían impuesto su criterio, desafiando el de la mayoría.

El 20 de marzo se paralizó casi todo el transporte en La Habana. Las panaderías no laboraron. Los periódicos no se imprimieron. Muchas industrias y comercios no abrieron sus puertas, por la ausencia de los trabajadores que no habían podido ir a sus trabajos por falta de transportes. Mas todo duró 24 horas en la capital. El resto de la República no se enteró de la huelga.

IV - RUBEN MARTINEZ HUYE DE CUBA.

Terminada la huelga, Rubén Martínez se escondió en una casa de José Miguel Irisarri, quien le obtuvo por conducto de Carlos Miguel de Céspedes, Secretario de Obras Públicas, un permiso para que saliera de Cuba sin ser molestado. El primero de abril partió con dirección a New York, donde permaneció durante unos meses, trabajando con el Buró del Caribe y dando charlas en el Centro Obrero de habla española.

Al poco tiempo, Rubén empeoró de su enfermedad pulmonar.

El Comité Central del Partido le ordenó que se trasladara a la Unión Soviética, para ser atendido en un sanatorio del Cáucaso. Con la orden, le extendieron una credencial a fin de que representara a la CNOC en el Congreso de la Internacional Sindical que iba a celebrarse en Moscú.

Llegó a la capital soviética con un fuerte ataque de hemotisis. Apenas pudo estar en ella unos días. Lo internaron rápidamente en el Sanatorio del Cáucaso, donde permaneció hasta la primavera de 1931. Para esta fecha, comenzó a trabajar en la Sección Latina del Komintern. Una recaída en su enfermedad, lo obligó a internarse de nuevo en el Sanatorio. A fines de 1932, aún sin haberse recuperado, salió de Moscú.

V - PROCESO CONTRA LOS DIRIGENTES DE LA CNOC.

La policía dio cuenta al Juzgado de Instrucción de la Sección Tercera de La Habana, de las diligencias que practicaron con motivo de la Huelga. El Juez radicó causa criminal por sedición contra sus promotores. En las investigaciones se comprobó que la CNOC y la Federación Obrera de La Habana eran instrumentos del Partido Comunista que respondía a las orientaciones de un país extranjero. De ahí que el proceso derivara contra el Partido. Tanto fue así que el 2 de agosto de 1930, el Juez de Instrucción procesó, como miembros del Comité Central del Partido Comunista, a las personas siguientes: Manuel Cotoño Valdés, César Vilar, Ladislao González Carvajal y Delgado, José Pilar Herrera, Filomeno Rodríguez Abascal, Isidro Smut, Guillermo Estrada Estrada, Miguel Busto García, Félix Tamayo Andiño, Sara Pascual Canosa, Carmen Blanco Grandío, Juan Blanco Grandío, José Isabel González Díaz, Rosario Guillaume Pérez, Manuel Montero García, Manuel Garza Fernández, Higinio Ordoqui Mesa, Zacarías Lara Alfonso e Isidro Figueroa Bontempo.

De la lista se advierte que no fueron procesados todos los responsables. Pero la medida judicial causó un fuerte impacto en la dirigencia del Partido, especialmente en la del sector obrero. Se habían creído capaces, por sí mismos, de llevar adelante una huelga general. Pero habían fracasado. Y ahora, para colmo, los procesaban.

La policía no les daría ya más descanso a los militantes comunistas. En cuanto conocía de alguna de sus actividades ilícitas, los detenía. El 17 de agosto de 1930 moría, en manos de la policía, José Wong, fundador de la sección del Partido Comunista en la colonia china de La Habana. De esta forma, el círculo represivo contra los militantes rojos se fue cerrando más y más.

VI - EL PARTIDO Y LA JUVENTUD.

Mientras tanto, los comunistas no habían descuidado su penetración dentro de la juventud, por su deseo de dominar políticamente a la nueva generación. Este empeño se advertía más claramente entre los aspirantes a intelectuales que estudiaban en la Universidad o que se desenvolvían en los llamados grupos Ariel.

En la Universidad, habían fortalecido el Ala Izquierda Estudiantil. Su función, más que apoyar y aliarse con el Directorio Estudiantil, era utilizarlo para sus fines sectarios. Así trabajaban también en el Instituto de La Habana y, en menor escala, en los de Santa Clara y Santiago.

En los llamados grupos "Ariel" se reunían jóvenes un tanto nihilistas, que eran la negación de toda creencia y de toda autoridad, donde debatían y charlaban sobre todo y contra todo. En ellos también se metieron los jóvenes comunistas, ofreciendo el repertorio de sus ideas. Estas llenaban un poco el vacío que padecían. Muchos de ellos las tomaron para sí, al considerar aquel repertorio intelectualmente completo. Un fruto de estos grupos fue Carlos Rafael Rodríguez, quien con Juan David, Raúl Aparicio, Rolando y Otto Meruelo, Osvaldo y Raúl Dorticós y Edith García Buchaca fundaron uno de esos grupos en la ciudad de Cienfuegos.

En un esfuerzo por incorporar a los jóvenes a las actividades obreras, crearon los llamados Comités de Defensa Obrera Internacional. Su misión consistía en agitar las consignas obreras entre la juventud y en realizar campañas a favor de los presos políticos del Partido.

Tendría algo de pueril el exagerar la intervención de los comunistas en los aconteceres de la época. Ellos, más que por la infiltración personal influyeron por la vía de la infiltración ideológica en la nueva generación que tomaba por entonces una posición radical. Pero como los comunistas traían un patrimonio de ideas organizadas con cierta lógica, pues el error al igual que la verdad tiene su lógica, lo fueron vertiendo dentro del radicalismo huero de la juventud de aquel entonces.

VII - EL 30 DE SEPTIEMBRE DE 1930.

A las nueve de la mañana del 30 de septiembre de 1930, comenzaron a reunirse los estudiantes en el Patio de los Laureles de la Universidad. Se proponían organizar un acto de protesta contra la decisión gubernamental de posponer la apertura del curso hasta los primeros días de noviembre. Las arengas de los dirigentes estudiantiles y los gritos de los congregados enardecían el ambiente. Al fin decidieron salir a la calle en manifestación. Bajaron la escalinata. Y cuando se dirigían a la casa de Enrique José Varona, considerado el "master" de la juventud, fueron disueltos por la policía.

La consigna era reunirse de nuevo en el parque Eloy Alfaro. La circularon rápidamente. Allí se dirigieron muchos estudiantes. Detrás de ellos fue la policía montada a caballo, disolviendo a los congregados. Los cabecillas no se dieron por vencidos. Se trasladaron a los portales de Infanta y San Lázaro, donde armaron un tumulto.

Tocando un clarín, gritaban:

—"¡Viva Cuba Libre! ¡Abajo la Tiranía! Muera Machado .."

La policía trató de acallar la algarada. Pero los estudiantes reaccionaron violentamente. Lidiaron a golpes, a palos y a pedradas. Cuando Trejo pretendió desarmar a un policía, éste le hizo un disparo.

Al terminar el incidente tres jóvenes y un policía fueron conducidos al Hospital de Emergencias. Los jóvenes eran Rafael Trejo, estudiante; Isidro Figueroa, obrero y, Pablo de la Torriente, que no era obrero ni estudiante. Estos últimos fueron dados de alta. Rafael Trejo murió a consecuecia de las heridas. Al poco tiempo falleció el policía, víctima de un ladrillazo en el pecho.

Una fotografía de la época exhibe el momento en que dos policías son atacados por Trejo, instante en que uno de ellos, al ser alcanzado por un golpe del corpulento estudiante, le hace un disparo.

La participación de Isidro Figueroa, a quien habían procesado como miembro del Comité Central del Partido, y de Pablo de la Torriente, denota la presencia de los comunistas en los actos de agitación que se promovían por aquel entonces.

VIII - ELECCIONES PARCIALES DE 1930.

A las elecciones parciales de 1930 solo concurrieron los partidos legalizados que estaban con el gobierno. Nadie más participó y se efectuaron en medio de un clima de inconformidad pública.

Desde hacía ya meses, se venía desarrollando una intensa campaña contra la celebración de estos comicios. La encabezaba el Partido Unión Nacionalista, esgrimiendo el argumento de la inconstitucionalidad de la reforma constitucional. Tuvo su expresión dramática en un acto celebrado por los nacionalistas en Artemisa el tercer domingo de mayo de ese año. El gobierno había denegado el permiso para efectuarlo. El teniente del Puesto de la Guardia Rural exigió que se suspendiera. De la tribuna presidencial salió un disparo. El teniente cayó muerto. Los soldados embistieron contra los asistentes. El saldo fue de varios muertos y heridos.

La inconformidad política había ido creciendo en la medida que se mutilaban las garantías y los derechos individuales. El General García Menocal, a nombre de los conservadores, el Dr. Miguel Mariano Gómez, entonces Alcalde de La Habana, y el Directorio Estudiantil también se sumaron a la campaña de abstención electoral.

La celebración de las elecciones echó más leña al fuego. Los choques entre los estudiantes y la policía fueron más frecuentes. A finales del año, el 10 de diciembre, los profesores de la Universidad de La Habana terminaron por solidarizarse con las aspiraciones del Directorio Estudiantil, consignadas en el manifiesto que había lanzado el 30 de septiembre.

Las olas se iban encrespando. La barca del gobierno se batía contra viento y marea. Los comunistas se esforzaban por pescar en el mar revuelto, buscando siempre ganancias para su "Causa".

IV - NUEVA REORGANIZACION DEL PARTIDO.

El Partido había quedado maltrecho después de la fallida intentona de la huelga general. El fracaso había evidenciado que era necesario contar con los demás factores oposicionistas para tener éxito. No bastaba con lanzar una consigna, por muy popular que ésta fuera, y convocar a los demás para que los apoyaran. Se requería ir a una nueva táctica, la de los frentes unidos. Esta tesis era defendida con pasión por los elementos más jóvenes del Partido, sobre todo por quienes trabajaban en el sector estudiantil.

El Comité Central se reunió para reconsiderar la situación del Partido. Acordó reorganizarlo primero y, después, realizar las gestiones necesarias para lograr un acuerdo con los demás partidos y grupos que luchaban contra Machado.

Jorge Vivó, quien había quedado como Secretario General a la salida de Rubén Martínez, fue ratificado en su cargo. Joaquín Ordoqui[6] y Blas Roca, a quienes se les había dado entrada en el Comité Central, quedaron encargados, el primero de reorganizar el Partido en Santa Clara y el segundo en Oriente. César Vilar se mantuvo como Secretario General de la CNOC. A su lado comenzaron a trabajar Lázaro Peña,[7] tabaquero de La Habana, Aracelio Iglesias Díaz, portuario de la capital,[8] Jesús Menéndez, azucarero de Santa Clara,[9] José María Pérez,[10] y Carlos Fernández R., estos dos últimos promovidos de los movimientos juveniles para trabajar en el sector obrero.

También se reorganizaron sus organismos pantalla. Ladislao González Carvajal quedó encargado del Ala Izquierda Estudiantil,[11] constituida ya oficialmente por el Partido para enfrentarla al Directorio Estudiantil. Aníbal Escalante fue nombrado Secretario de Organización de la Liga Anti-Imperialista. César Escalante, recientemente expulsado del Instituto de La Habana, "los hermanos Vargas Gómez, nietos del Generalísimo, y los hermanos Utrera, Pepe y Huesito"[12] integraban, entre otros, Defensa Obrera Internacional.

El Comité Central acordó que debía editarse un periódico del Partido y otro de la CNOC. Este, que se llamó "La Palabra", comenzó a salir a fines de 1930, bajo la responsabilidad de Juan Marinello y de Rodríguez Méndez. El órgano del Partido que se llamó "El Comunista", no vio la luz hasta mayo de 1931.

A partir de este momento, en que quedó reorganizado el Partido, se iniciaron las gestiones de acercamiento con los demás grupos oposicionistas. Se esforzaban por poner en práctica la nueva táctica de los frentes unidos.

X - NUEVOS INTENTOS DE HUELGA GENERAL.

La atmósfera política se cargaba más y más. Reinaba grande y contenida efervescencia. Petardos, atentados, paros, huelgas de obreros, actos de calle de los estudiantes, eran síntomas inequívocos de como crecía la inconformidad con la situación imperante. El gobierno replicaba en forma violenta. Las cárceles se nutrían de presos políticos y la represión sumaba nuevas víctimas. Los estudiantes eran su blanco preferido. La Universidad, de hecho, no funcionaba; aunque no fue hasta el 11 de julio de 1932 que el Claustro de Profesores decretó su cierre definitivo.

Cuantas veces se declaraba una huelga por motivos laborales, tantas veces trataban los comunistas de que derivara hacia una huelga política revolucionaria.

A fin de preparar las "condiciones subjetivas" y madurar las "objetivas", el Partido había ordenado se organizaran "marchas de hambre" a lo largo de toda la República, especialmente en el campo. Joaquín Ordoqui y Jesús Menéndez organizaron las de Santa Clara. Justo Tamayo, las de Camagüey y Blas Roca las de Oriente. Todas pasaron más o menos desapercibidas, con excepción de la de Manzanillo.

La marcha de Manzanillo la organizó Paquito Rosales con el lema: salario o trabajo. Aconteció el 19 de junio de 1931. Fue disuelta por la fuerza pública. Como consecuencia de la represión, resultaron varios heridos y murió el joven de 17 años, Rafael Santiesteban. Los comunistas convirtieron su entierro en un nuevo desfile de protesta política, no obstante la oposición de los familiares, que consideraban aquello una profanación.

Aquellos motines eran promovidos, generalmente, por la mano de los comunistas y no por el hambre y el descontento, con ser mucha la una y muy grande el otro.

En el mes de julio, el Comité Central dictó una circular, corriendo la orden de luchar por la creación de los llamados grupos "Pro Unidad", de promover huelgas en toda la República y de impulsar las "marchas de hambre", utilizando a los desocupados, las cuales debían partir del campo y dirigirse hacia las capitales de cada provincia.

El 30 de julio se había iniciado en La Habana una huelga de tranviarios, a instancia de sus dirigentes reformistas, contra una pretendida rebaja salarial. Pasados apenas unos días, se le unió la Federación Nacional Tabacalera. En seguida, se solidarizó la CNOC, tratando de impartirle un contenido político y de generalizarla. Su Secretario General, César Vilar, fue detenido y el sustituto, Carmelo García, no pudo lograr los objetivos pretendidos. Los dirigentes del Gremio de Conductores y Motoristas de la Havana Electric llegaron a un acuerdo con la empresa el 12 de septiembre y los comunistas fallaron en su empeño.

A principios del año siguiente, el 14 de enero de 1932, los torcedores de tabaco de la capital se declararon en huelga. Protestaban contra los desplazamientos que habían provocado unas máquinas de manufacturar tabacos, arrendadas por el fabricante Benito Santalla. La huelga se prolongaba y el Partido creyó llegado el momento de impulsar una huelga general. Para ello, trataron de organizar una huelga en la industria básica del país, en la del azúcar. Plantearon una serie de demandas, a través de su Sindicato Nacional Obrero de la Industria Azucarera. De inmediato se solidarizó con ellas la CNOC. Los trabajadores paralizaron sus labores en algunos ingenios. El Ala Izquierda Estudiantil circuló unos volantes dándole su respaldo a la huelga. El Partido terminó por convocar una huelga general para el 24 de marzo.

Bastó que esto ocurriera, para que los tabaqueros rechazaran públicamente el apoyo de los comunistas y se pusieran de acuerdo con los patronos para frustrar el propósito político de los rojos.

Mientras tanto, la zafra había continuado su marcha. El llamamiento de Sindicato Nacional Obrero de la Industria Azucarera no había encontrado el eco esperado. Para el 24 de marzo la situación estaba más o menos normalizada. El Gobierno había detenido a una serie de dirigentes comunistas. Entre ellos, Lázaro Peña, del Sindicato de Tabaqueros de La Habana.

Esta conducta, de subordinar los intereses sindicales a los políticos del Partido, había ido creando rozamientos y disgustos, cada vez más aventurados, con quienes luchaban honestamente por el mejoramiento de los obreros. Algunos habían ido quedando en el camino, un tanto desencantados, como le ocurrió a Eusebio Mujal, entonces en un cuadro juvenil, que trabajaba dentro del sector obrero en Guantánamo.

Mujal estaba sinceramente apasionado con la tesis de que el Partido podría lograr un mayor proselitismo utilizando los sindicatos para servir los intereses clasistas de los obreros y no para servir intereses y consignas políticas. Tanto es así, que apeló la resolución local que lo irradiaba del Partido, sancionado por "economista". Llevó el caso ante sus superiores; pero la resolución fue confirmada.

Los comunistas, como siempre, luchaban por la unidad, pero no para servir a la idea que se esgrimía ni para servir a nadie más que a su causa y a sus intereses políticos, que nunca coinciden en nada con las del proletariado como sector ni con los del pueblo como nación.

XI - FRACASO DE LOS FRENTES UNIDOS: A) EN LO POLITICO. B) EN LO ESTUDIANTIL. C) EN LO SINDICAL. D) LAS DEPURACIONES.

Todos, por uno o por otros motivos, rechazaron las pretensiones de integrar un frente único con los comunistas. Ni los políticos, ni los obreros, ni los estudiantes se dejaron adormecer con el incienso quemado por el Partido ante el fetiche de la Unidad.

A) En lo político.

El ABC y Unión Nacionalista rechazaron el vincularse con los comunistas para combatir a Machado.

Al fracasar las conversaciones con los dirigentes políticos que se oponían al Gobierno, el Partido procuró crear una conciencia de unidad en la base, es decir, en la población. Lanzó la consigna de luchar por la derogación de los impuestos recién creados, el socorro a los desocupados y el repudio de la deuda pública, afirmando que eran deudas contraídas con Wall Street. El objetivo de esta consigna lo señaló muy claramente Rubén Martínez, en una de sus cartas desde la Unión Soviética, al decir:

"Si se liga todo esto, todos los perjudicados por el aumento de los impuestos se sentirán enemigos del imperialismo o podremos convertirlos en aliados, provisionalmente al menos, en la lucha antimperialista".[13]

Ni aún así lograron que alguien se les uniera. Aunque la consigna despertaba algún interés en ciertos sectores de la burguesía, no calaba lo suficientemente hondo en la conciencia popular, más preocupada por la cuestión política de provocar el derrocamiento de Machado. De ahí que nadie se les uniera. Ni siquiera para la acción concreta ni para la propaganda específica de una consigna determinada.

B) En lo estudiantil.

El Directorio Estudiantil y el Ala Izquierda trabajaron durante algún tiempo de común acuerdo. Mas poco a poco fueron saltando las discrepancias en los criterios y métodos de lucha, hasta que se hicieron insalvables. El Directorio se opuso a relacionar toda la campaña contra Machado con la lucha anti-imperialista, no obstante sus sentimientos anti-norteamericanos. Tampoco aceptó que en todos sus actos "de calle" contra el gobierno se agitaran consignas económicas y sociales, especialmente de carácter sindical, que en nada se relacionaban con la lucha política que desplegaba el Directorio.

C) En lo sindical.

Entre los trabajadores obtuvieron algunos éxitos iniciales con sus llamados Grupos de Unidad. Pero no pasó mucho tiempo sin que los propios trabajadores advirtieran claramente que los comunistas no trabajaban por sus demandas y en favor de sus intereses, sino por sus consignas políticas y en favor de su causa partidista.

D) Las depuraciones.

El fracaso de la táctica de los frentes unidos se convirtió en semillero de controversias dentro del propio Partido, lo cual dio origen a una serie de depuraciones.

Uno de los primeros en ser expulsado fue Sandalio Junco, quien desde su regreso de la Unión Soviética había revelado una evidente inclinación hacia las ideas extremistas y anti-stalinistas de Trotsky. Con él salieron del Partido, también acusados de trotskistas, Luis Busquet, Marcos García Villareal y Roberto Fontanillas.

Otra de las purgas se extendió a quienes no se ocultaban para manifestar su inconformidad con el coloniaje político del Partido, que trataba de ajustar su conducta a las instrucciones de Moscú, desconociendo las exigencias de la realidad cubana. De entre los purgados por esta causa, sobresalía Andrés Vargas Gómez.

El fracaso de los frentes unidos evidenció la falta de unidad en el propio frente comunista. Este procuró recuperarla con las depuraciones referidas, las cuales engendraron un celoso sectarismo, dentro de cuya concha se encerraron, desde entonces, los partidarios rojos.

XII - CAMPAÑA DE LA INTERNACIONAL CONTRA MACHADO.

Las campañas de la Internacional, como todas las suyas, se movían dentro de los esquemas ubicuos trazados por Moscú, que, en la mayoría de las ocasiones, no correspondían a las realidades de cada país.

Por aquel entonces estaban empeñados en una campaña contra los nacional socialistas de Alemania a quienes acusaban de fascistas y pro-imperialistas. En esto, al menos, tenían razón. Pero este marchamo lo imprimieron en todas las líneas de su propaganda, marcando a todos sus enemigos con el remoquete de fascistas.

Uno de los gobiernos que sintió los efectos de estos disparos de cañón, fue el de Machado en Cuba.

El dirigente de la Juventud Comunista Italiana, Marcucci,[14] publicó, por el año 32, en la Correspondencia Internacional,[15] un informe político que tituló "Fascistación de la Juventud en América del Sur y Centro América", en el cual se recogían las pautas trazadas por el Komintern.

El informe era un relato "novelesco"[16] tejido con algunos hechos reales y otros fantásticos e imaginarios. Sus inexactitudes, al enjuiciar la realidad cubana, comenzaban por el lenguaje. A los "porristas" los llamaba "forristas", cuando lo uno y lo otro tenían significaciones bien distintas en Cuba. Los "porristas" eran los miembros de una organización civil que se fundó para defender al gobierno de Machado contra sus opositores políticos. Estos bautizaron a la organización con el nombre de "la porra" por la connotación desagradable de la palabra, evocando una organización similar que funcionó en el término municipal de Rodas, Provincia de Las Villas, a principios de la República. En tanto que "forristas" más bien parece derivarse de "forro", que en Cuba quier decir artimaña.

A más de estas inexactitudes semánticas, contenía el informe otras falsificaciones de la verdad histórica, como la que afirmaba que la mencionada organización era "directamente dirigida por Machado", cuando todo el mundo en Cuba sabía que era dirigida por un civil que había sido Comandante del Ejército Libertador, Antonio Jiménez.

El Informe ofrecía la sensación de que la persecución política del gobierno se dirigía exclusivamente contra los comunistas, cuando no era así. Con el único propósito de rodear a los partidarios rojos con el halo del heroísmo, expresaba Marcucci que los "forristas" iban "a las casas en busca de los comunistas y de los obreros revolucionarios para entregarlos a la Policía y asesinarlos "con ferocidad".

Este tipo de informaciones y campañas se reproducían en todos los órganos de publicidad de los comunistas en el mundo. De esta forma erosionaban el ya precario prestigio del gobierno de Cuba y encendían un sentimiento de aversión universal contra Machado.

XIII - DEPORTACION DE FABIO GROBART Y DORA VAINSTOCK.

Varias veces habían sido detenidos Fabio Grobart y Dora Vainstock, acusados de conspirar contra los poderes constituidos. Por una razón o por otra, las autoridades judiciales siempre los habían puesto en libertad. Esta situación se prolongó hasta que el gobierno dispuso el extrañamiento de ambos. En cumplimiento de lo ordenado, el día primero de octubre de 1932, tuvieron que salir de Cuba en el vapor Leerdeman, de la Holland American Line, con destino a Holanda.

Dora Vainstock solo permaneció unos meses fuera de Cuba. Tan pronto llegó a Europa, se marchó a París. Desde allí obtuvo un pasaporte falso, como si fuera cubana, valiéndose de las relaciones íntimas que había cultivado con el hijo de un personaje importante del gobierno de Machado. Una vez que lo obtuvo, se trasladó a Hamburgo, desde donde regresó a Cuba en marzo de 1933.

Fabio Grobart sí permaneció fuera de Cuba hasta después de la caída de Machado. Al llegar a Europa se trasladó a Berlín, donde se encontró con Rubén Martínez, quien acababa de salir de Moscú y se dirigia a New York para seguir viaje a Cuba.

La permanencia de Grobart en Berlín se extendió hasta principios del año 33, cuando el Partido Comunista Alemán cayó inexplicablemente abatido, sin ofrecer resistencia alguna, tras el incendio del Reischtag, que alumbró la marcha victoriosa de los nazis al poder. Fue el momento en que los altos dirigentes del Partido escaparon a Moscú. Entre ellos, Fabio Grobart.

XIV - EL SECTARISMO.

Fracasada la táctica de los frentes unidos, pasó el partido de una posición de relativa transigencia a la de absoluta intransigencia, de una actitud de colaboración a la de pleno aislamiento y de una simulada conducta de comprensión a la de sectarismo de reata.

Este girar del Partido sobre sus talones ha tratado de explicarlo César Escalante, diciendo:

"Eramos un grupo perseguido, hostigado, rechazado por todos. Eramos un grupo que teníamos que defendernos, no de la persecución física, sino de algo peor: Nos situaban como leprosos, como extranjerizantes".[17]

La nueva táctica redujo el número de los seguidores del Partido y mermó su capacidad de influencia ideológica. Sus escasos miembros se convirtieron en secuaces, intransigentes y fanáticos de las orientaciones dogmáticas y la línea de acción trazadas por el Komintern.

De acuerdo con su fetichismo proletario, los esfuerzos se centraron en la cuestión obrera. En cuanto sector obrero faltaba una organización, allí estaban los comunistas para constituirla. Así crearon el Sindicato de la Aguja. Se adueñaron por completo del Sindicato de los Omnibus Cuba. Y no descansaron en lo de constituir sindicatos en cuantos ingenios podían hacerlo. Aquí pusieron su mayor énfasis, dado que la azucarera era la industria básica del país y atravesaba, a la sazón, por una crisis aguda.

Aníbal Escalante,[18] recién ingresado en el Partido, quedó encargado de organizar la Primera Conferencia Nacional de los obreros azucareros. Habría de celebrarse en Santa Clara, el 26 y 27 de diciembre de 1932, donde acordaron dejar constituido oficialmente el Sindicato Nacional de Obreros de la Industria Azucarera (SNOIA), que ya venía funcionando desde hacía algún tiempo. Aníbal Escalante fue designado su Secretario de Actas.

En estas labores pasa Aníbal Escalante a la Provincia de Oriente, donde al tiempo que establece sindicatos azucareros en los centrales Boston, Preston, Tacajó y otros, reorganiza el Partido en Santiago de Cuba y lo funda en Antilla y Banes. Aquí lo vemos escalar la tribuna pública, como orador central, en el acto organizado para conmemorar el cuarto aniversario del asesinato de Mella. Después, prepara la Conferencia Regional de Obreros Azucareros y Portuarios e instituye los Comités de Lucha y Organización del Sindicato Nacional de Obreros de la Industria Azucarera.

En lo político no fueron los comunistas menos sectarios. El aislamiento desdeñoso a que fueron reducidos, los llevó a creerse, inexplicablemente, que serían capaces de obtener, por sí y sin más ayuda, alguna representación política en las elecciones de noviembre de 1932, no obstante que las mismas fueron repudiadas por todos los demás partidos y grupos políticos de la oposición.

El Partido ordenó a sus militantes que votaran en la columna en blanco por sus candidatos. En La Habana, por César Vilar para Gobernador y por Juan Conde Nápoles para Representante. En

Oriente, por Serafín Portuondo para Gobernador y por Francisco Calderío (Blas Roca) para Representante. El resultado, según era de esperar, le fue adverso.

Durante todo este tiempo había ido arreciando la persecución del gobierno contra sus opositores políticos, de manera especial contra los comunistas. Bastaba que la policía tuviera noticias de las actividades de un comunista para que fuera a dar a la cárcel.

En las prisiones fue donde menos practicaron su sectarismo. Allí organizaron sus academias. Discutían con todos, en orden, desde luego, a imponer sus ideas. Pensaban, y con razón, que las prisiones serían canteras de donde se extraerían muchos de los futuros dirigentes a la caída de Machado. En no pocas ocasiones lograron que los presos políticos les corearan el himno de la Internacional que, con sus estrofas pegajosas, lucía una composición en loor a "los pobres del mundo" y a "los esclavos sin pan".

XV - EL REGRESO DE RUBEN MARTINEZ.

Rubén Martínez se dejó escuchar en Cuba tan pronto arribó a New York. Sus dos artículos "Las Contradicciones del Imperialismo en Cuba" y "La Transformación de la Secta Terrorista ABC en Partido Político Fascistizante", fueron como dos heraldos que anunciaban su próximo regreso al país.

El artículo de Rubén Martínez contra el ABC contenía una gran dosis de veneno político. En uno de sus párrafos sugería que los dirigentes abecedarios se habían asegurado una posición de privilegio frente a sus seguidores, al tiempo que, inescrupuloso para la calumnia, dejaba caer la acusación de que eran enemigos de los negros. El párrafo decía así:

> "Mientras tanto, estos señores de la 'Célula A' aseguran su puesto en el ABC como agentes de la oposición burguesa fracasada, convirtieron de hecho esta secta terrorista en el ala izquierda de la oposición burguesa y más tarde establecieron estrecho contacto en la Florida con el Ku-Klux-Klan, y declararon que 'el gobierno de Machado está en pie en Cuba gracias al apoyo de los negros' ".[19]

En otra parte del artículo, Rubén Martínez describía la composición política del ABC con palabras cargadas de ironía:

> "Después del fracaso del movimiento armado de la oposición burguesa, (referíase al fracaso de la revolución de agosto de 1931, cuando el gobierno venció a los expedicionarios de Gibara y rindió a Mendieta y Menocal en Río Verde) los desengañados por la traición nacionalista y huérfanos de mejor orientación, tuvieron donde ir. ¿Quiénes iban al ABC? Los anarquistas violentos, los partidarios de la acción personal y todos los enemigos de la acción política del proletariado. Junto a estos elementos conscientes, adversarios de la acción de masas, se encontró

allí a esas 'gentes buenas' que con su candidez corrompen el movimiento revolucionario, elementos de la pequeña burguesía, como intelectuales, profesionales y estudiantes que todavía creen que la solución es 'que se caiga Machado' y que todo depende que 'gobiernen los hombres cultos y honrados' y 'se armonicen los intereses de las clases en bien de Cuba'. Esos 'bien intencionados' afirman exactamente lo mismo que los enemigos conscientes del movimiento revolucionario, son sabios, acaso, en su especialidad, pero en política no han pasado de 'Aladino' y de 'La Caperucita Roja' " [20]

El periódico gubernamental, "Heraldo de Cuba", publicó algunos fragmentos del artículo contra el ABC, con el evidente propósito de sembrar discordias y zaherir a la organización de la enseña verde. Esta no permaneció callada y le contestó a los comunistas acremente en su órgano clandestino, "Denuncia".

Rubén replicó, a su vez. Cuando lo hizo ya estaba en Cuba, a donde había llegado bajo el nombre de Rubén Valina. Sus expresiones adolecieron de verdaderos argumentos. La réplica discurrió por la selva de los insultos, como si hablara con amargura y con rabia. El nervio de sus dichos era del estilo siguiente:

"Nuestros enemigos responden a la espada con la bola de fango y el fango mismo es tan inconsistente que, lejos de alcanzarnos, queda adherido en las manos de nuestros adversarios".[21]

Pocos días después, el Partido hacía circular un manifiesto, reproducido en unas hojas sueltas, en el cual la emprendía contra todo y contra todos, con la salvedad, como era lógico, de la Unión Soviética. Nadie más escapaba de sus dicterios. Ni el gobierno ni la oposición, de la que decía era "burguesa" y "pro-imperialista". Tampoco la prensa salió ilesa de sus dardos, a la que calificaba de "podrida", "principalmente el Diario de La Marina, con su Director José I. Rivero, que apoya al régimen fascista de Hitler".

José I. Rivero le salió al paso con una de sus incisivas "Impresiones". De entre sus párrafos, escogemos el que expresa:

"No importa que FASCISMO e HITLERISMO constituyan movimientos populares de gran envergadura y no tiranías tipo Stalin, en las que el fanatismo de un Tamerlán, al través de una organización política de privilegio y de una organización militar agobiante, dispone del trabajo y de la vida de la sexta parte del mundo. Para el que estas líneas escribe, tanto las dictaduras alemana e italiana, como la rusa, son fórmulas estatales inadmisibles".[22]

Este era, más o menos, el criterio de todos los cubanos de entonces sobre las dictaduras totalitarias de Italia, Alemania y Rusia. La diferencia era de matiz, cuando menos de colores, una negra, otra parda y la de más allá, con ser también de más acá, roja.

XVI - LA MEDIACION DE LOS ESTADOS UNIDOS.

La victoria de Franklin D. Roosevelt sobre el Partido Republicano, el primero de noviembre de 1932, había determinado un cambio en la política del gobierno norteamericano hacia Cuba. El nuevo presidente, imbuido de un espíritu de redentorismo paternalista, había decidido mediar en el conflicto político cubano, invocando pretextos humanitarios.

La mediación había sido estimulada por la Junta Revolucionaria de New York, donde estaban representados los nacionalistas de Mendieta, el ABC, los llamados "liberales revolucionarios", los conservadores de Menocal, los profesores universitarios y los estudiantes.

El gobierno norteamericano había notificado al de Machado que enviaría a Cuba al Sub Secretario de Estado, Benjamín Sumner Welles para que encontrara una fórmula de avenencia entre los cubanos. El primer paso de la Cancillería de los Estados Unidos fue informarle, por conducto del Embajador de Cuba Oscar Cintas, que los Estados Unidos le negarían todo apoyo económico si no buscaba una solución a la crisis política por la que atravesaba el país.

El gobierno y la oposición aceptaron la mediación. Solo se opusieron Menocal y el Directorio Estudiantil. A los comunistas no les tomaron opinión, pues nadie los consideraba como factores para una solución nacional. De ahí que tanto el Partido como el Ala Izquierda proclamaron públicamente su rechazo a la "mediación imperialista".

La mediación se convirtió, con el tiempo, en una intervención contra el gobierno.

Al finalizar el mes de julio, se intensificaba la acción del embajador norteamericano. Acopiaba esfuerzos. Surcía voluntades. Procuraba, por una parte, unir a los oposicionistas a Machado y, por la otra, que el gobierno propiciara una reforma constitucional que redujera en dos años el mandato del gobierno.

Mientras tanto, el Partido permanecía al margen de los acontecimientos. Esta situación preocupaba a su dirigencia nacional e internacional. Contemplaba como inevitable la caída de Machado; pero columbraba que no podría extraer de ella los dividendos políticos esperados. Comenzaba a ser un motivo para pensar, para pensar en la conveniencia de un viraje.

XII - ULTIMAS MANIFESTACIONES OPOSICIONISTAS DEL PARTIDO.

En los últimos días de julio había acontecido en La Habana un hecho al parecer sin importancia. El Alcalde de La Habana, José Izquierdo, había pretendido que los propietarios de ómnibus se proveyeran de combustible en los garages de la Sinclair. Ellos se habían negado. En represalia, el Alcalde habanero no les había renovado sus permisos de circulación. Había encendido, sin darse cuenta, la chispa de la huelga que derrocaría a Machado.

Los ómnibus de la capital se paralizaron. Más tarde, se solidarizaron con el paro los conductores y motoristas de los tranvías. La Habana quedó, así, sin transporte público. Después, se les unieron los importadores de víveres. Más atrás, los trabajadores portuarios. Los trabajadores y empleados no encontraban medios de ir a sus labores, por lo que muchos centros de trabajo cerraron sus puertas, entre ellos una gran número de detallistas. La huelga iba generalizándose y tomando un matiz político de abierta protesta contra el gobierno.

Coincidió con estas circunstancias una orden de la Internacional que disponía efectuar una movilización mundial "contra la agresión europea a la patria del proletariado" para el día 3 de agosto. Respondía a la inquietud de la Unión Soviética por el pacto de Hitler con Inglaterra, Francia e Italia.

En La Habana, organizó el Partido su manifestación. A nadie le interesaban sus consignas. Pero a sus escasos militantes se les unieron quienes veían en el desfile la ocasión de protestar contra el gobierno. La policía disolvió a los manifestantes. El saldo fue de dos muertos, Laura Abadí de militancia marxista y Carlos Alfonso del ABC, y de varios heridos.

Bajo la presión de los acontecimientos, el Partido convocó a una huelga general, al tiempo que lo hacían sus organismos pantalla, la CNOC y la Federación Obrera de La Habana. Lo hizo en un manifiesto, que circuló en hojas sueltas.

El Manifiesto se dirigía a "los obreros, campesinos pobres y medianos, miembros pobres de profesiones liberales, estudiantes, empleados del Estado y privados, pequeños comerciantes y tenderos, a las masas laboriosas en general". ¡Nada más ampuloso a la vez que pedestre!

Comenzaba con una información un tanto distorsionada sobre los hechos, diciendo:

"¡Camaradas! De un extremo a otro del país toda la clase obrera ha entrado en huelga por sus reivindicaciones. Los obreros de las líneas de autobuses están luchando contra sus explotadores, contra Pepito Izquierdo y sus 40 ladrones en la Administración de La Habana, para arrancar a los empresarios mejores condiciones de trabajo y obligarlos a reconocer la Federación Nacional Obrera del Transporte".[23]

Después, describía la huelga general como si fuera obra del Partido.

Más adelante, relacionaba los obreros en huelga. Se refería a los obreros azucareros de Ramona, Placetas, Fomento, Santa Clara y Pinar del Río; a los trabajadores de los puertos de Tunas de Zaza,

Júcaro, Antilla y La Habana; a los obreros de diversas industrias de San José de Las Lajas, Pinar del Río, Matanzas, Santa Clara y Ciego de Avila. Terminaba el párrafo informando "que los peluqueros de La Habana están ya en huelga, y los empleados del Estado y privados, están dispuestos a adherirse a la huelga".[24]

De seguido, describía el cuadro político de la huelga ajustándolo al marco de su interés y dándole los colores y perfiles de su esquema, con estas palabras:

"Estos numerosos movimientos de solidaridad con la huelga de los obreros de autobuses de La Habana y para la realización de las reivindicaciones inmediatas puestas por los obreros de diferentes industrias, se han transformado rápidamente en una huelga general abrazando a todo el país como la forma de lucha de los obreros y de la población laboriosa en general para obtener mejores condiciones de existencia, tal como ha sido preconizado por el Partido comunista y la Confederación Nacional Obrera de Cuba en su agitación y su propaganda para la movilización de las masas. Este movimiento extraordinario de las masas laboriosas en la lucha contra la ofensiva patronal de los explotadores imperialistas y nacionales entra en conflicto directo con el aparato de terror del gobierno asesino de Machado, y es un desafío directo de las masas a las maniobras imperialistas del "intermediario" intervencionista Welles, así como a sus lacayos, los líderes de la oposición burguesa-feudal".[25]

La meta que proponía el Manifiesto era la siguiente:

"Solo un gobierno de soviets de obreros y campesinos liberará a Cuba del yugo del imperialismo yanki y de sus agentes nacionales".[26]

Se quejaba de que la prensa no mencionaba las actividades de la Confederación Obrera de Cuba, que según decía, había llamado a los obreros azucareros para una movilización "con objetivos de luchas laborales". Por la vertiente de sus lamentaciones, expresaba: "Esta misma prensa se esfuerza en comparar a los comunistas con los bandidos provocadores y asesinos de la 'porra' de Machado".[27] A los periodistas los calificaba de "calumniadores al servicio de la oposición burguesa-feudal".[28]

Le decía a la oposición política a Machado, que no era comunista, lo siguiente: "vuestros maestros son los explotadores". Por el camino de los apóstrofes seguía así: "los líderes de la oposición burguesa-feudal que se preparan para alimentarse de la sangre que han chupado a los obreros".[29] Afirmaba que "las mentiras" y "el veneno" eran las armas de esa oposición, por la sola razón de que les decían la verdad. De ahí que huérfano de argumentos para replicar a los ataques de la oposición, solo acertaba a exclamar: "No tenemos necesidad de responder a innobles bellaquerías".

A quien desenfadadamente maltrataba el Manifiesto comunista era al ABC. Decía que "el ABC está organizando una fuerza de choque fascista anti-comunista". No se detenían aquí sus violentas diatribas. Arremetía lo mismo contra el programa abecedario que contra la conducta del ABC y de sus dirigentes. Expresaba: "Ni el programa engañoso del ABC ni los actos clownescos de los líderes de la oposición burguesa-feudal pueden inducir a las masas al error".[30] "Ni Mañach, el leader ideológico del ABC, ni sus colegas disfrazados de la dirección de la Oposición burguesa-feudal".[31] Terminaba el párrafo, en el cual atacaba a la oposición, con una expresión premonitoria de lo que sería la propia conducta del Partido, al decir: "los lacayos de la oposición burguesa-feudal son los auxiliares del régimen de Machado".[32]

Mas atento a sus consignas internacionales que a las cuestiones nacionales, ponía énfasis el Manifiesto en la consigna siguiente:

"Por el retiro de los marinos norteamericanos de Guantánamo, por la liberación nacional de Cuba".[33]

Las exclamaciones con que finalizaba el Manifiesto resumían el pensamiento del Partido. Las mismas rezaban así:

"¡Obreros, viva la huelga general!" "¡Por vuestras reivindicaciones!" "¡Abajo Machado y los líderes de la oposición burguesa-feudal!" "¡Abajo la intervención militar con que amenaza el imperialismo yanki por intermedio de su representante Welles!"

¡"Viva la revolución agraria anti-imperialista!"[34]

El Partido lucía aislado y lo estaba. El Manifiesto era una bola de fuego lanzada contra todos. Los acontecimientos le cerraban aún más el círculo de hierro en el que se había colocado. Si caía Machado, la "oposición burguesa-feudal" ocuparía el poder. Si no caía, seguirían proscritos. ¿Qué hacer, de acuerdo con los cánones de su moral utilitaria? ¿Entenderse con la oposición? Ya lo habían intentado y era imposible. Aún cabía una salida: ponerse de acuerdo con el gobierno, situado ya en el plano de enemigos de su enemigo: los Estados Unidos.

XVIII - EL GRAN VIRAJE: LOS COMUNISTAS SE ENTIENDEN CON MACHADO.

Por días se hacía más evidente que, de continuar la huelga, se caería Machado.

Durante todo este tiempo, el embajador norteamericano no había descansado. En un principio se había preocupado por la huelga, pensando que podía dar al traste con sus planes; pero después la había favorecido. Gestionaba con los legisladores una reforma constitucional que facilitara la sustitución presidencial. Conspiraba con los oficiales del Ejército. Se reunía, casi a diario, con los dirigentes oposicionistas en la propia Embajada. Sus colaboradores más señalados eran Cosme de la Torriente, por los nacionalistas; Wilfredo Albanés, por el grupo ortodoxo de conservadores en la Cámara; Dorta Duque y Alberto Blanco, por el grupo de profesores universitarios. El ABC aunque aceptaba la mediación, no concurría, sin embargo, a las reuniones de la Embajada.

La acción del embajador norteamericano había devenido en francamente conspirativa. Esta conducta había creado una zona de irritación con algunos de los partidarios de Machado, al punto que el representante a la Cámara, Salvador García Ramos, había presentado una moción por la cual declaraba persona no grata a Sumner Welles.

Estos hechos hicieron pensar a los dirigentes rojos sobre la conveniencia de reconsiderar su posición contra Machado. Antes que nada, Rubén Martínez decidió consultar al Buró del Caribe. Este dio su conformidad para iniciar las gestiones de acercamiento al gobierno.

Por esos días había llegado a New York, procedente del colegio de profesores rojos de Moscú, un joven cubano, Felipe González. La Internacional decidió enviarlo a Cuba para que participara en las negociaciones.

Sin esperar a la llegada de Felipe González, se habían iniciado los contactos con el Presidente Machado, por mediación del Secretario de Justicia, Dr. Gustavo Gutiérrez, y del Secretario de la Presidencia, Dr. Ramiro Guerra. Le habían hecho saber el interés del Partido en buscarle una solución a la huelga, sobre la base del excarcelamiento de los comunistas presos, la concesión de algunas de las demandas laborales que se habían planteado y la eventual legalización de sus actividades.

Tan pronto como hubo llegado Felipe González, se reunió el Comité Central con los miembros del mismo que se encontraban en La Habana. Rubén Martínez fue el defensor más apasionado de la tesis del entendimiento. Su argumentación la sustentó sobre las concepciones teóricas del materialismo dialéctico, que tanto lo habían impresionado durante su reciente estancia en Moscú. Ufanándose de su preparación teórica, expresó que el imperialismo y sus agentes, la oligarquía nacional, se habían situado abiertamente contra el gobierno de Machado porque la acción de aquellos había provocado una reacción en éste a favor del proletariado y en contra del imperialismo. Esta contradicción, continuó diciendo, ha ido cambiando cuantitativamente y ya estamos en el punto en que ha de producirse el cambio cualitativo, que implica la negación de la vieja cualidad del gobierno: de pro-imperialista en anti-imperialista, de pro-oligárquico en anti-oligárquico y, de consiguiente, en favor de los intereses nacionales y del proletariado.

Jorge Vivó, sin pretensiones teóricas, enjuició el cuadro político con más realismo. Mantuvo que la intervención americana mediatizaría la caída del gobierno, imponiendo como sucesores a sus representantes, para lo cual contaban con el apoyo de la clase capitalista y burguesa de Cuba. La caída de Machado en estas circunstancias, sentenció Vivó, no ofrecería beneficio alguno para el Partido y su causa.

Felipe González ha contado a sus amigos[35] que al llegar a Cuba se había sentido liberado de las presiones de la Internacional y de sus posibles represalias contra su persona por una actitud de independencia. Esto le permitió, según su dicho, oponerse a la tesis del entendimiento con Machado. Alegó que el mismo desacreditaría popularmente al Partido. César Vilar lo secundó, tal vez por considerarse, a sí mismo, un poco el artífice de la huelga, según lo había postulado la propaganda roja.

Ordoqui y Figueroa vieron en el entendimiento una posibilidad de cobrar crédito ante los trabajadores por las conquistas laborales que obtuvieran y de controlar el movimiento obrero a través del reconocimiento de la CNOC como única central sindical. Este criterio, a más de estar inspirado en un empirismo grosero, reflejaba las características propias de la desviación que los comunistas llaman "economismo".

Al fin se impuso el criterio de quienes deseaban entenderse con Machado.

En cumplimiento del acuerdo, una Comisión, presidida por Ordoqui, se avistó con el Presidente en el propio Palacio. Gonzalo de Quesada y Miranda afirma que Machado accedió "a muchas de sus peticiones, incluyendo el reconocimiento del Partido Comunista de Cuba, siempre que dieran inmediato término al paro".[36]

De acuerdo con lo pactado, César Vilar convocó a una reunión urgente de la CNOC. De ella, salió el acuerdo de retornar al trabajo. Ciertos sectores de la oposición temieron infundadamente el cese de la huelga.

El ABC Radical urdió una estratagema para evitar cualquier intento de suspender la huelga. Valiéndose de una estación pirata, difundió la noticia de que Machado había renunciado, lo cual provocó un desbordamiento popular. Una manifestación que se dirigió al Congreso fue disuelta por la policía. Otra, que se encaminaba hacia el Palacio, solo pudo ser contenida a tiros. El resultado fue de varios muertos y heridos. Un estallido de cólera popular contra el gobierno se extendió a lo largo de la Isla. Los trabajadores hicieron caso omiso del reclamo de los comunistas. Los comercios cerraron sus puertas y la huelga se extendió a toda la República.

Al día siguiente de estos hechos, el embajador Sumner Welles dejó al Presidente el famoso ultimátum: renunciaba o solicitaba la intervención al amparo de la Enmienda Platt. A los pocos días, el 11 de agosto, el embajador lograba que altos oficiales del Ejército reclamaran del Presidente su renuncia. El 12 de agosto, Machado la presentaba. Todo había concluido. Comenzaban a soplar las primeras ráfagas de la tormenta revolucionaria.

XIX - LA INTERNACIONAL EVADE RESPONSABILIDADES.

La Internacional no asumió la responsabilidad por el error táctico de haber apoyado a Machado en sus últimos momentos. La misión, un tanto embarazosa, de dar una explicación satisfactoria para sus esquemas, corrió por cuenta del Partido Comunista de Cuba.

La Correspondencia Internacional, órgano del Komintern, publicó un Informe oficial del Comité Central del Partido Comunista de Cuba en el cual se apreciaba el hábito inveterado de los comunistas: expresarse enamorados no de la verdad, sino amigos siempre de la mentira.

Con la mayor audacia y cinismo, se presentaba el Partido como si hubiera sido el factor determinante de la caída de Machado. Sin atreverse demasiado, pero sí lo suficiente como para dar la imagen deformada que le interesaba, decía: "El Partido se une a las masas para luchar por sus reivindicaciones parciales".[37] Es decir, se situaba, de por sí, como la vanguardia que había orientado a las masas en su lucha.

¿En qué lucha? La que convenía a sus esquemas, inclusive para justificar su error. "Fueron los impulsos económicos —decía— los que motivaron el movimiento revolucionario".[38] Su razonamiento sobre las causas de la caída de Machado, los levantaba sobre el sillar de su dogmatismo, expresando:

"... porque esos acontecimientos (caída de Machado y Revolución cubana) habían sido preparados por el curso del desenvolvimiento de la crisis económica que ha minado la economía nacional del país, agravando al extremo la situación de las masas trabajadoras... y agudizando extraordinariamente el antagonismo de clase..."[39]

Lo afirmado, como hemos visto más arriba, no era cierto. La causa determinante, al menos la última, había sido la intervención del embajador americano. Y las condiciones que impulsaron al malestar popular en Cuba fueron más bien políticas.

En lo tocante a la crisis económica cubana, ya hemos observado que era una consecuencia de la crisis económica mundial que se acentuó en Cuba debido a las medidas arancelarias que adoptó el Gobierno de Estados Unidos. Así lo ha reconocido, no ha mucho, el comunista Núñez Jiménez en su Geografía de Cuba[40] y el régimen de Fidel Castro en la nota diplomática del día 13 de noviembre de 1959.

Dejándose llevar por su tendencia a deformar la verdad, afirmaba el Informe: "por primera vez se trabaja con los negros... oprimidos nacionalmente".[41] Respondía a la obsesión racista del Partido, interesado en crear el odio racial que contribuyera a sus fines de disociación social.

Un tanto petulantemente, señalaba que "el Partido aumenta su influencia política, aumenta también sus efectivos".[42] Pero, de seguido, advertía que el Partido no ha podido penetrar en "ramas importantes de la industria"[43] y que la labor ha sido débil "en el campo y en la pequeña burguesía de las ciudades".[44]

Anunciaba, por último cuál habría de ser "la tarea del Partido Comunista": "penetrar en el ejército y la marina, aliarse a la lucha de los soldados y marinos y coordinar sus movimientos con los del proletariado y el campesinado".[45]

De lo dicho se advierte que el Partido comentaba con acrimonia los acontecimientos, esparcía los hechos que había tomado de base para su gran viraje de última hora, mezclados con la falsificación que le permitiera justificarlos, si era preciso, al tiempo que ofrecía la sensación de que se había situado a la vanguardia de la lucha contra Machado. Era una forma de condenar su propia conducta, evadiendo responsabilidades.

XX - AUTO-CRITICA DEL PARTIDO EN CUBA.

Aquello fue la "debacle" para los comunistas. Habían peleado contra Machado desde su fundación y a la hora final desertaron para quedar como unos traidores.

El Comité Central del Partido se reunió para examinar el error cometido y depurar responsabilidades. Lo hizo, a puertas cerradas, a fines del mes de agosto.

Muy pocas noticias fidedignas se habían filtrado hasta ahora de lo allí acontecido. Solo que el error se le había cargado a Rubén Martínez. Tal vez lo precario de su salud, que inspiraba lástima, la certeza de su muerte próxima y, sobre todo, que lo hecho había contado con la aprobación de la Internacional, evitó que lo expulsaran del Partido.

No hace mucho, sin embargo, nos ofreció Blas Roca el relato más cercano a la verdad de cuanto se ha dicho por un testigo presencial sobre aquella reunión, en un artículo que tituló "Así conocí a Rubén Martínez Villena".[46] El artículo de Blas Roca, que nos da sólo una parte de su verdad, dice así:

> "Las ráfagas del ciclón que se asocia indirectamente a la caída de Carlos Manuel de Céspedes, Presidente de la Mediación Imperialista, azotaba por aquellos días a La Habana, sin sol, bajo lluvia continua, mientras alcanzaban proporciones amenazantes las olas que rompían sobre los muros del Malecón.
>
> Creo que la casa en que estábamos reunidos era un primer piso del final de la calle Benjumeda.

Rubén, sentado en la cama, dirigía las discusiones, que giraban en torno al "error de agosto" y a la línea que debía trazarse para los meses próximos, con vistas a impulsar la lucha contra la mediación yanqui y por el desarrollo del movimiento revolucionario después de la caída de Machado, hacia la liberación nacional y el socialismo.

Antes que comenzara la reunión me había preguntado por mi seudónimo:

—Julio, le dije.

—No debe ser, me contestó, porque es el que yo uso y no debemos tener dos nombres iguales en el acta.

—Completo, uso el nombre de Julio Martínez.

—Pues tienes que buscar otro, porque nombre y apellido de ese crearían la confusión que te he dicho.

La discusión era encendida.

Rubén escuchaba atentamente los argumentos contra "su error" y explicaba después las condiciones en que se había originado, las razones nada economistas, que lo habían determinado, la rapidez con que él mismo había tomado las medidas para corregirlo y el poco efecto práctico que este error había tenido, no obstante todo el escándalo que los líderes del ABC querían promover con él.

Para lo inmediato había que llevar al Pleno del Comité Central, como proposición del Buró Político la línea de poner el acento en la agitación por los soviets y pasar a organizarlos donde hubiera condiciones para ello.

¿Podrá organizarse un soviet en Manzanillo?, me preguntó Rubén.

En el pueblo aún no hay condiciones para ello, pero en Mabay podemos hacerlo.

Pues hay que organizarlo. Ello servirá de ejemplo para los demás lugares.

Rubén planteó la necesidad de cambiar el Secretario General del Partido.

Pablo —era el seudónimo del que desempeñaba el cargo— no se ajustaba a los acuerdos del Buró Político. Su última acción condenable había sido modificar por su cuenta y riesgo un manifiesto redactado por Rubén, discutido y aprobado por todos, párrafo por párrafo.

Esto es intolerable, concluía Rubén. Pablo no es un Secretario General; su comportamiento es el de un general secretario".

Según se induce de lo dicho por Blas Roca, todo el peso de la responsabilidad por el "error de agosto", tal cual ha sido calificado por los propios comunistas, cayó sobre Jorge Vivó, conocido por el sobrenombre de Pablo. En definitiva, le costó el·cargo de Secretario

General, según veremos más adelante.⁴⁷

De aquella reunión salió el acuerdo de combatir al gobierno de Céspedes, que calificaron de mediacionista; de subvertir al Ejército, trabajando con los soldados y marinos, y de impulsar la Revolución, radicalizándola.

El período examinado ofrece una curva zigzagueante en el gráfico de las tácticas empleadas. La línea que registra los resultados sí es recta y en una misma dirección: hacia el fracaso. El Partido había errado gravemente en usar tan sin escrúpulos toda clase de medios; aunque el fin había sido siempre idéntico: servir los intereses de la Internacional. Para cubrir esta línea de fracasos compondrían después una serie de romances heroicos, tejidos con relatos de casos fantásticos y maravillosos, nacidos de las consejas que ellos urdieron para conferirle un sabor popular.

1 El primer indicio de la nueva maniobra de Stalin, para liquidar a la "oposición de derecha", se ofreció en el Pleno del Comité de Moscú del Partido Comunista (b) de la URSS, efectuado en 1928, donde Stalin señaló, un tanto vagamente, la necesidad de luchar en dos frentes, concentrando el fuego contra la desviación derechista. Más tarde, en noviembre de 1929, el Pleno del Comité Central declaró que "la propaganda de las ideas de los oportunistas de derecha era incompatible con la permanencia en el Partido y dispuso que Bujarin fuese destituido de su puesto en el Buró Político del Comité Central, y que se conminase seriamente a Rykov, Tomsky y demás adeptos de esta oposición". Después, en junio de 1930, vino el XVI Congreso de la ofensiva general del socialismo, de la ofensiva de todo el frente, de la liquidación de los "kulaks" como clase y de la colectivización total". Allí planteó que "la desviación de derecha constituía el peligro principal en el Partido. Acusó concretamente a Bujarin, Rykov y Tomisky de hallarse al frente del oportunismo de derecha. Y los apostrofó diciendo: "No quieren reconocer que el desarrollo de la industria es la clave de la transformación de toda la economía nacional según los principios del socialismo". Los datos han sido tomados de La Historia del Comité Central del Partido Comunista (b) de la URSS, redactada por el Comité Central en 1938 y editada en 1939.
2 J. **Stalin**, Informe Político del Comité Central ante el XVI Congreso del Partido Comunista (b) de la URSS, Ediciones Lenguas Extranjeras, Moscú, 1951, p. 67.
3 Ibid., p. 14.
4 Ibid., p. 11.
5 Lenin, **Obras Escogidas**, Ediciones Lenguas Extranjeras, Moscú, 1958, pp. 778, 779.
6 Joaquín Ordoqui Mesa nació en la ciudad de Santo Domingo, en la Provincia de Las Villas, por el año 1903. Trabajó en el sector ferroviario. Pretendió convertirse en dirigente sindical de la Hermandad Ferroviaria. Al no tener éxito, comenzó a trabajar a las órdenes del Partido en ese sector en 1927, aprovechando la escasa militancia proletaria del mismo. De ahí que pronto fuera promovido como miembro del Comité Central.
7 Lázaro Peña, nació en el barrio de Cayo Hueso, en la ciudad de La Habana. Hijo de una familia muy pobre, comenzó a trabajar, siendo aún muy joven, como carpintero, luego como herrero, más tarde como chapista, después como yesista y por último fue aprendiz de tabaquero. En eso lo sorprendieron las revueltas del sector de los tabaqueros contra la mecanización. Participó en varias huelgas del sector. Era ya miembro del Sindicato de Tabaqueros de La Habana y del Partido Comunista en 1930.
8 Aracelio Iglesias Díaz, nació en la región pinareña en 1901. Perdió a sus padres aún siendo niño. Una familia amiga lo trasladó a La Habana. Vivió en Regla durante su juventud. A una edad temprana comenzó a trabajar en el sector portuario. Hizo su ingreso en las luchas sindicales de brazo de José Pilar Herrera y Carmelo García. En 1931, pasó a formar parte oficialmente del Partido.
9 Jesús Menéndez, nació en el término municipal de Encrucijada, en la Provincia de Las Villas, en 1911. Su primer trabajo fue el de machetero en los campos de caña de las colonias Yaba y Merceditá del Central Nazábal. A los 18 años fue purgador de azúcar del Central Constancia. Entre zafra y zafra, laboraba como escogedor de tabaco en Encrucijada, Vueltas, Guayos y Cabaiguán. Se estrenó en las actividades sindicales, al frente de los trabajadores azucareros del Central Constancia. También figuró como dirigente sindical de los tabacaleros en Encrucijada.

Ingresó en el sector sindical de los comunistas a instancia de Joaquín Ordoqui. De inmediato constituyó la llamada Federación Regional Obrera de la CNOC. Desde entonces estuvo al servicio del Partido.

10 José María Pérez nació en San Antonio de los Baños, Provincia de La Habana, en 1911. Sus padres, Eleuterio Pérez y Caridad Capote, se trasladaron a la capital alrededor de 1916. Su padre, Eleuterio, abrió un pequeño comercio en el barrio de Jacomino, donde vivía. Realizó sus primeros estudios en una escuela pública cercana a su casa. Ya de joven se matriculó en la Escuela Nocturna del Centro de Dependientes. Sus actividades iniciales con el Partido las desarrolló en el Club Juvenil Cultural Obrero de Luyanó. Casi al mismo tiempo ingresó en la Liga Juvenil Comunista y en Defensa Obrera Internacional. Al poco tiempo, fue incorporado al movimiento obrero como miembro del Departamento Juvenil de la CNOC y del Sindicato que habían formado los trabajadores de ómnibus.

11 El Ala Izquierda Estudiantil estaba integrada por las personas siguientes: Gabriel Barceló Gomila, José Elías Borges, Juan Antonio Breá, José Angel Bustamante, Teté Casuso, Manuel Cotoño Valdés, José Chelala Aguilera, Arnaldo Escalona Almeida, L. Fernández Sánchez, Marcos García Villarreal, L. González Carvajal, José Antonio Guerra, Manuel Guillot Benítez, Graciano Lipiz, Silvio Machado, Marcio Manduley Murillo, Carlos Martínez Sánchez, Oscar L. Murphy, Sara Pascual, Aida Pelayo, Porfirio Pendás Garra, Leonor Pérez Almeida, José Miguel Pérez Lamy, Jorge Quintana Rodríguez, Moisés Raigorosky, Filiberto Ramírez Corrías, Julio Le'Riverand Brussone, Raúl Roa García, Aureliano Sánchez Arango, José Sanjurjo, Alberto Saumell Soto, Charles Simeón Ramírez, José Soler Lezama (fusilado por traidor), Israel Soto Barroso, Pablo de la Torriente Brau y José Utrera. Esta lista la hemos copiado literalmente del Apéndice 13 del libro **Historial Obrero Cubano**, de Mario Riera Hernández.

12 José Víctor Corrons, "Una huelga de hambre cantada", artículo publicado en el "Suplemento del Domingo" del periódico **El Mundo**, en La Habana, a 3 de octubre de 1965.

13 Raúl Roa, Evocación de Rubén Martínez Villena (artículo publicado en la Revista **Cuba Socialista**, No. 43, marzo de 1965, p. 56).

14 Marcucci había sido el máximo dirigente de la Juventud Comunista de Italia. Había ocupado posiciones de gran relieve en la Internacional Juvenil Comunista, KIM. Permaneció durante algún tiempo en América Latina en labores encomendadas por el KIM. Después, estuvo en España durante la guerra civil. Se suicidó en Madrid en 1937, "como consecuencia de las hondas discrepancias que habían surgido entre él y los corifeos de la Internacional que actuaban en España", según informa Eudocio Ravines.

15 **La Correspondance Internationale**, París, 1932, No. 83, pp. 932, 933.

16 "Novelesco" equivale a mentiroso según el escritor y novelista socialista italiano Alberto Noravia. (**Writers at Work** Viking Press, Agosto de 1963).

17 César Escalante, versión taquigráfica de su declaración en el juicio contra Marquitos Rodríguez, publicada en el periódico **El Mundo** del miércoles 25 de marzo de 1964, p. 12, col. 1.

18 Aníbal Escalante había nacido en Jiguaní, Oriente, en 1909. Su padre, había peleado en la Guerra de Independencia, había sido alcalde de Jiguaní y era Abogado y Notario Público por aquel entonces. Se graduó de Bachiller en 1926. En la Universidad de La Habana cursó estudios de Doctor en Derecho Público y Civil. Obtuvo el Premio Extraordinario de una beca de viaje en 1930, la cual no disfrutó porque el gobierno había suspendido su dotación.

19 **Granma**, Año 2, No. 323, 21 de noviembre de 1966, p. 12.
20 Ibid.
21 Revisa **Cuba Socialista**, No. 43, de marzo 1965, p. 58.
22 Pepín Rivero, **Impresiones**, Miami, 1964, p. 144.
23 **La Correspondance Internationale**, París, 1933, Nos. 70 y 71, p. 860.
24 Ibid., p. 860.
25 Ibid., p. 860.
26 Ibid.
27 Ibid.
28 Ibid.
29 Ibid.
30 Ibid.
31 Ibid., p. 861.
32 Ibid.
33 Ibid.
34 Ibid.
35 Entre ellos Miguel A. Suárez Fernández, que así lo testifica.
36 Gonzalo de Quesada y Miranda, "¡En Cuba Libre!", La Habana, 1958, t. II, p. 244.
37 **La Correspondence Internationale**, París, 1933, p. 928.

38 Ibid.
39 Ibid., p. 926.
40 Antonio Núñez Jiménez, **Geografía de Cuba**, Editorial Lex, La Habana, 1959, p. 304.
41 **La Correpondance Internationale**, París, 1933, p. 928.
42 Ibid.
43 Ibid.
44 Ibid.
45 Ibid., pp. 929 y 930.
46 Periódico **Hoy**, Año XXVII, No. 16, 20 de enero 1965, p. 2.
47 No andan acordes las informaciones escritas de los comunistas sobre quién era el Secretario General del Partido por aquel entonces. El periódico **Hoy** de 16 de enero de 1965 presenta a Rubén Martínez Villena como si hubiera sido el Secretario General y el gran timonel de la huelga del 12 de agosto. Esto contradice lo afirmado por Grobart en su artículo, **Recuerdos sobre Rubén**, publicado en el propio periódico Hoy del 16 de enero de 1964 y lo expresado por Blas Roca, también en el periódico Hoy de fecha 20 de enero de 1965. Mas de todos es sabido que Jorge Vivó fue el Secretario General del Partido desde que Rubén Martínez Villena salió de Cuba y que, al regreso de este, permaneció en el cargo, aunque a Martínez Villena se le escuchara como a un oráculo.

CAPITULO VII
LA REVOLUCION
AGOSTO DEL 33 A ENERO DEL 34

I - La Revolución del 33. II - A la caída de Machado. III - Frente al Gobierno de Céspedes. IV - El Partido Comunista de los Estados Unidos "se suma" a la línea. V - El 4 de Septiembre: La revolución de los sargentos. VI - Los comunistas ante el nuevo gobierno. VII - El entierro de las cenizas de Mella. VIII - Sarampión en la juventud. IX - Atizando el odio racial. X - Entre el fuego de los revolucionarios. XI - Los comunistas y las reformas. XII - Radicalización anti-yanki. XIII - Lucha por el control sindical. XIV - La muerte de Rubén Martínez. XV - El juicio del Partido sobre este período.

I - LA REVOLUCION DEL 33.

La "revolución independentista" nos había legado un mito político: La Revolución. La palabra tenía sonancia tradicional de patriotismo y era, a su vez, consecuente con las modernas ideas que se proclamaban.

El pueblo cubano creyó nacer a una nueva vida a la caída de Machado. En cierto modo fue así, pues un hervor de utopías, que procuraban regeneraciones y mejoras, dominó al país. Fue un poco la fuerza que aceleró el motor de las reformas en pos de un espíritu de justicia: proteger a los de abajo.

Los ideales eran un tanto los deseos con los cuales suplantaban la realidad por imágenes quiméricas de la vida nacional. Las ideas revolucionarias estaban formadas de híbridos y contrapuestos elementos que contenían muchos gérmenes de reacción justa.

Se había recibido una serie de conceptos políticos, intelectuales y morales y, sin previa revisión, se trataba de llevarlos a sus últimas consecuencias. En ellos hervía un sentimiento de radical nacionalismo. Por lo cual se logró, al menos, un movimiento del ánimo tendiente a la afirmación nacional.

En aquella revolución hubo de todo: ideas económicas, intenciones de equiparación social, intervenciones del Estado, repartos de tierra, nacionalizaciones, aumentos de salarios, medidas de protección a los trabajadores; pero, también, intemperancias, extremismos, actos de violencia, desenfrenos y atrocidades.

Se quería comenzar de nuevo. Se había perdido todo respeto por el pasado republicano. Eran tiempos en que los "nuevos" sentían llegada su época, la cual consideraban mejor que cualquiera ya pasada.

Casi todos los prestigios cayeron al suelo en aquel proceso, con lo cual se perdía uno de los centros de cohesión nacional. En su lugar parecían surgir nuevos motivos de integración: los ideológicos. Mas éstos, salvo muy contadísimas excepciones, fueron vanos y vacíos. Les faltó la vitalidad necesaria para unir a todos los cubanos tras una gestión común.

El espectáculo era el de una profunda insubordinación social, determinada, al decir orteguiano, por "el advenimiento de las masas al pleno poder social".

La política era el centro de la vida nacional. De aquélla esperaba ésta su felicidad. Todos creyeron llegado su momento. Pero no había para todos. De ahí que proliferaran los partidos y las agrupaciones políticas que respondían al deseo que cada cual tenía de ser dirigente.

Lo esencial de la política revolucionaria se identificó con la violencia, más que con la ideología modificadora. Tanto es así que en muchos sectores surgió la noción equivocada de que todo movimiento colectivo, y hasta individual, en que se empleara la violencia contra el poder establecido, era una revolución.

La parte inculta de la población y gran parte de la juventud representó al revolucionario con la imagen del guapo, que con una pistola al cinto se imponía sobre los demás. Andando el tiempo, el "cartel de guapo" resultó para algunos más enaltecedor que el de honrado, triste expresión de la cobardía de quienes así se lo imaginaban.

Lo revolucionario primaba en la nueva generación. La juventud, tan gloriosa, quería dominarlo todo, aún a riesgo de arribar a una madurez inepta. El estudiantado universitario había comenzado por imponerse dentro de su recinto y, ahora, pretendía imponerse a la nación. A partir de entonces, del núcleo de dirigentes estudiantiles salieron muchos candidatos a los más altos puestos públicos. Eran los estudiantes que soñaban con encaramarse sobre los libros que no leían. La Universidad se convirtió en una especie de oráculo nacional.

Los intelectuales y seudointelectuales también creyeron llegado su momento. Procuraban adaptar la realidad social a la cuadrícula de sus conceptos, poseídos por un complejo de auto-suficiencia. Se dieron a la política, lo cual explica, en parte, la esterilidad literaria por esta época.

A la gran mayoría de la población le dio por ser revolucionaria.

Decía que era revolucionaria, aunque cada cual tenía un concepto distinto de su revolución. Solo una minoría muy exigua se rebeló contra el impulso creciente de romper la continuidad con el pasado. A partir de aquella época, el ser revolucionario se convertiría en una prenda de orgullo. El que no lo era resultaba una especie de bastardo moral.

El radicalismo fue la nota de aquel minuto histórico. El radicalismo político fue primero anti-machadista. Después, también anti-norteamericano. Más tarde, anti todo. El virus anti-social hervía en sus entrañas. Hasta que vino la reacción y se produjo una especie de sincretismo político.

A los comunistas nadie los tomaba en consideración. Eran muy pocos y estaban desacreditados.[1] No por eso dejaron de influir con sus consignas envueltas con etiquetas revolucionarias y proletarias. Las dirigían a la parte inferior de la naturaleza humana, a la parte bestial que yace en el fondo de todo individuo.

El Partido trocaba las incoloras utopías en máquinas de guerra; los ensueños filantrópicos, en peroraciones de asamblea; las poesías, en manifiestos revolucionarios, y éstos en proclamas ardientes y sediciosas.

Los comunistas aprovecharon aquellas circunstancias para imponer sus esquemas ubicuos, como si éstos pudieran trasladarse de un pueblo a otro sin más modificaciones, como si las sociedades no tuvieran destinos particulares. Así, por ejemplo, impusieron un "soviet" en el Central Mabay.

Estaban metidos en todas partes. Lo mismo en el campo que en las fábricas; en los centros de estudio que en las "peñas de intelectuales". En éstas se estimaba que el hablar de marxismo connotaba cultura.

El principal foco de estas ideas estaba entre los seudo-intelectuales jóvenes, poseídos por conceptos materialistas. Eran los que se consideraban mal apreciados o los artistas incomprendidos.

Inundaron al país con un diluvio de folletos con los cuales contribuyeron a contaminar a la población, mucho más de lo que ya estaba, con sus ideas y sentimientos. Más con éstos que con aquéllas.

El revolucionarismo delirante de los rojos era una especie de lirismo humanitario y palabrero. La humanidad sonaba constantemente en los labios de los propagandistas marxistas; pero el odio y la desolución del género humano bramaba secretamente en sus corazones.

Las semillas sembradas por el comunismo empezaban a dar sus frutos, aunque los dio más colmados en el período subsiguiente de los frentes populares.

II - A LA CAIDA DE MACHADO.

Carlos Manuel de Céspedes, el hijo del Padre de la Patria, ocupó la Presidencia tras una brevísima interinatura del General Alberto Herrera, Jefe del Ejército. El gabinete lo integraban representativos de los grupos que habían apoyado la mediacion. El Partido estaba, por tanto, excluido.

El nuevo gobierno disolvió el Congreso, con lo cual quebró una de las bases del supuesto tránsito constitucional con que pretendían vestir la caída de Machado; derogó la reforma constitucional del 28; restituyó la Constitución de 1901, convertida en el mito político de la Revolución, y convocó a elecciones para el 24 de febrero.

Las turbas convirtieron rápidamente el júbilo popular por la caída de Machado en un hervidero de rabia. Se echaron a las calles, entregándose a las delicias del vandalismo revolucionario, bajo el resplandor de un principio que se condensaba en estas dos palabras: ¡Robar y Matar!

El populacho chillaba por las calles. Los alborotadores se multiplicaban a cada momento. Un clamor de exclamaciones groseras, de gritos rencorosos, se escuchaba por todas partes. El resoplido de aquellas pandillas borrachas de ira llegaba a los edificios públicos y a las casas de personeros más señalados del gobierno de Machado. Derribaban sus puertas, bramando coraje. Arrastraban los cuerpos de quienes se habían señalado por sus actos de represión. Eran grupos irritados que se hacían justicia por sí mismos, saciando su sed de venganza. Estaban, por demás, convencidos de que hacían un gran papel político.

Los comunistas se unieron a la orgía revolucionaria. Pronunciaban airados las más variadas consignas de muerte. Encabezaban los saqueos y atentados a la propiedad. Parecían más anti-machadistas que nadie y presumían de ser los "verdaderos revolucionarios".

Mientras tanto, el Ala Izquierda Estudiantil pujaba por controlar el movimiento universitario. Tres de sus miembros, Roa, Guillot y Quintana, fueron de los primeros que entraron en la Universidad de La Habana al amanecer del 12 de agosto. En seguida organizaron actos de protesta contra la "solución Herrera". Al día siguiente se efectuó una asamblea en el Patio de Los Laureles, donde habló Roa contra "el gobierno mediacionista".

Los estudiantes del Ala Izquierda resultaban ahora los mejores combatientes de los rojos, pues ellos no habían participado en el pacto del Partido con Machado. Libres de esta responsabilidad, servían de avanzadas al Partido para ir tomando posiciones en la Revolución.

III - FRENTE AL GOBIERNO DE CESPEDES.

Fabio Grobart, ya de regreso, ordenó al Comité Central del Partido convocar a una reunión, a la que se hizo mención en el capítulo anterior. El propósito, revisar la táctica y ajustarla a las nuevas circunstancias.

El primer punto del orden del día fue el Informe del Secretario General. Del mismo se derivaban todos los demás, análisis y auto-crítica de la táctica en las horas menguadas de Machado, reorganización del Partido, Informe para la publicación y táctica a seguir frente al gobierno de Céspedes.

Verificada la auto-crítica, como ha quedado dicho, se procedió a nombrar una "troika"[2] para la Secretaria General. Los designados fueron: Jorge Vivó, que venía desempeñando el cargo, Rubén Martínez, en trance de muerte, Blas Roca, el futuro Secretario General.[3]

El Informe para la publicidad resultó una mentira audaz contra los hechos. Afirmaba que el Partido había "lanzado el llamado a la huelga general política". Expresaba que "el levantamiento dirigido contra el dictador Machado fue en realidad un movimiento de protesta contra los Estados Unidos". Traía a la memoria su "legión de héroes y mártires". Era tan reducido el número que tuvieron que apropiarse de Enrique Varona y Alfredo López. Y colocar entre sus mártires a quien había sido su víctima, Julio Antonio Mella, por lo cual su legión quedó reducida a los extranjeros Bruzón y Yalop. Hablar los comunistas de "legión de mártires" parecía una ironía si no un sarcasmo.

El Informe concluía con un enjuiciamiento del presente y un plan a seguir. Al Gobierno de Céspedes lo calificaban de "platista"[4] y de "mediacionista".

La Correspondencia Internacional juzgaba "los acontecimientos de Cuba" con estas palabras: "La huida de Machado y el nombramiento de un nuevo sátrapa con Céspedes no ha devuelto la calma a Cuba... porque no es para reemplazar a un tirano por otro que los obreros declararon la huelga general".[5] Proseguía, en un atentado contra la verdad, de esta forma: "Los acontecimientos de Cuba, unidos a los de la India, Irlanda y América Latina, son la manifestación de un período de luchas formidables contra el imperiaismo".[6]

La condena del Partido contra el Gobierno de Céspedes no quedó en el terreno de las declamaciones. Pasó al de la acción. Ordenó a sus militantes mantuvieran y estimularan la agitación. Organizaran motines y actos relámpagos. Pintaran insignias de la hoz y el martillo en las paredes. Enarbolaron banderas rojas en los actos públicos. Radicalizaron el proceso, exigiendo que la revolución avanzara. Plantearon cuantas demandas fueran simpáticas en los sindicatos. Ocuparon tierras e ingenios. Difundieron las consignas del Partido, especialmente contra "el imperialismo y su gobierno mediacionista" y en favor de "los soviets de campesinos, obreros y soldados" o "de estudiantes, obreros y soldados". En fin, que realizaron todo lo que contribuyera a la subversión de las instituciones, organizaciones y sectores del país.

La anarquía parecía no tener término. Ni el tiempo que reinaba, a consecuencia de un ciclón que azotó la región central de la Isla, contenía la orgía de caníbales. El prestigio del inocuo Presidente, Carlos Manuel de Céspedes, se hundía en aquella charca sangrienta. A su gobierno le faltaba cohesión por carecer de un plan concreto.

Los estudiantes encabezaban las protestas contra el gobierno. El Directorio Estudiantil Universitario estaba en un plano de franca insubordinación. Uno de los suyos, Antonio Guiteras, permanecía alzado en Oriente. Alegaba que el Ejército estaba vendido al "imperialismo yanqui". Por lo cual, decía, no regresaría "a la legalidad hasta tanto no existiera un gobierno libre y soberano".

En medio de aquella revolución, donde se abrigaban todas las ideas, sentimientos y pasiones, los comunistas levantaban sus cabezas. Andaban a la puja en matanzas, devastaciones, saqueos y brutalidades de toda laya. Llegaron a tomar numerosos centrales, Mabay, Jaronú, Hormiguero, Nazábal, Punta Alegre, Senado, Santa Lucía y otros, en los cuales se leía el cartel que decía: "Zona Comunista".

Las circunstancias resultaron propicias para algunos que otros acomplejados, quienes por el hecho de haber servido al gobierno anterior o en alguna u otra forma lucir como beneficiados del mismo, tomaron la ocasión por los cabellos y se alistaron en el Partido o en alguna de sus organizaciones con el fin de pasar por revolucionarios. De entre éstos podemos citar a Nicolás Guillén, quien después de sus tempranas inclinaciones rojas había figurado como censor de prensa del Gobierno de Machado y ahora se convertía en poeta del Partido. También podemos señalar el caso de los hermanos Dorticós, Raúl y Osvaldo, quienes, tal vez porque el padre había sido amigo de Machado y a la muerte de aquel, la madre había figurado como "botellera"[7] del gobierno derrocado, se vistieron con la túnica del revolucionario del Ala Izquierda Estudiantil.

Avanzaban de tal forma los comunistas que, a pesar de su descrédito, lograron conquistar algunos que otros partidarios calurosos quienes levantaban ya sin temor la frente para expresar públicamente sus simpatías por la causa roja.

Adquirían mayor confianza en la medida que pasaban los días. Al punto que la Liga Anti-Imperialista se atrevió a convocar un acto para celebrarlo en el Teatro Nacional el 5 de septiembre. El orador central fue Aníbal Escalante. Quedó bastante deslucido, aunque en su excusa puede señalarse que el mismo casi coincidió con la Revolución de los Sargentos.

IV - EL PARTIDO COMUNISTA DE ESTADOS UNIDOS "SE SUMA" A LA LINEA.

La línea del Partido Comunista de Cuba se había encajado dentro de los moldes fabricados en Moscú: "crear la contradicción entre América Latina y los Estados Unidos". De ahí que tan pronto hubo acordado la línea ajustada a las nuevas circunstancias, sus guías fueron rápidamente recogidas por las cajas de resonancia de los demás prtidos del mundo. El primero fue el de Estados Unidos, bajo cuya vigilancia impartía las órdenes el Buró del Caribe.

A principios de septiembre dio a conocer el Partido Comunista de Estados Unidos una declaración "a propósito de los acontecimientos de Cuba".[8] Su tesis partía de esta premisa: "El derrocamiento de Machado es el principio de la Revolución en Cuba'". A fin de divulgar esta tesis, urgía "realizar una campaña enérgica para explicar a las grandes masas la verdad de los sucesos de Cuba y desenmascarar la 'hipocresía asesina de Roosevelt y de los imperialistas yanquis' ".[9] Las consignas eran las siguientes: "Contra la intervención imperialista en Cuba..."; "Sostened la huelga general contra el régimen..."; - Derogación de la Enmienda Platt y "la evacuación de la Base Naval de Guantánamo"; "Sostened al Partido Comunista de Cuba", que dirige la lucha de los trabajadores..." Terminaba, convocando a "centenares de reuniones" y de "manifestaciones de masas", para demostrar "solidaridad total con los obreros y campesinos revolucionarios de Cuba".[10]

El Partido Comunista de los Estados Unidos trazaba la pauta a seguir con estas ardorosas frases, como si se hubiera sumado a la línea de acción de los comunistas en Cuba.

V - EL 4 DE SEPTIEMBRE: LA REVOLUCION DE LOS SARGENTOS

El descontento cundía por todo el país. La anarquía crecía y en medio de ella avanzaban los comunistas. El gobierno nada hacía, salvo festejar la caída del "tirano" y distribuir posiciones entre sus seguidores. Todos conspiraban.

Las fuerzas armadas se habían contagiado con la indisciplina. Los oficiales puros conspiraban contra quienes, según sus dichos, tenían sus manos manchadas de sangre. El gobierno ordenó una depuración. Casi todos los oficiales depuradores eran amigos del General Menocal, por lo cual se temía que éste diera un golpe militar.

Los comunsitas proyectaban en sus antros precipitar la revolución en las calles. Fomentaban la insubordinación de las clases y soldados, a quienes llamaban hermanos. Propalaban el rumor de que se rebajaría el presupuesto militar y reducirían las plazas.

La oficialidad carecía de autoridad para imponer el orden. Los soldados se sentían tan revolucionarios como los que más. Capitanes y tenientes se reunieron para depurar a los oficiales de más alta graduación. Pero, el 4 de septiembre, se les adelantaron las clases y soldados. Explotó la Revolución de los Sargentos.

La asonada produjo en la mayoría de las gentes más asombro que placer ni disgusto. Muchos la consideraron una locura que no podría durar. Entre los revolucionarios reinó la impresión de que todos habían ganado. De momento, vino a dar el triunfo a los revolucionarios antimediacionistas, encabezados por los estudiantes del Directorio.

Los amotinados constituyeron una Junta Revolucionaria de la que salió un gobierno colegiado, integrado por Ramón Grau San Martín, Guillermo Portela, Sergio Carbó, José Miguel Irisarri y Porfirio Franca, que llamaron La Pentarquía.

El Partido fijó su criterio sobre la Revolución de los sargentos con este juicio: "La Junta que acaba de tomar el Poder —¿por cuánto tiempo?— tiene un carácter demócrata burgués, tanto en lo que respecta a su dirección como a su programa".[11] Creía que ya se había entrado en la "revolución democrático-burguesa", la cual daría paso inmediato a la "revolución socialista".

Hubo quienes tildaron de fascista, sin ningún fundamento, la forma colegiada de gobierno. Los más la calificaron de comunista. Abonaba en favor de este criteriro el que evocaba la famosa "troika" soviética. Varios triunviratos se constituyeron en algunos municipios, donde se les dio participación a comunistas conocidos.

En Cienfuegos, por ejemplo se constituyó una "troika" en la que figuró Carlos Rafael Rodríguez[12] y en el Ayuntamiento de Antilla hasta se izó la bandera de la hoz y el martillo.

Era tal la inconformidad con la forma de gobierno adoptada que el Directorio Estudiantil se reunió con los miembros de La Pentarquía en el propio Palacio Presidencial el 10 de septiembre. De la reunión salió el acuerdo de dar paso a un Presidente, el Dr. Ramón Grau San Martín, quien inició sus gestiones con la franca hostilidad del gobierno norteamericano.

VI - LOS COMUNISTAS ANTE EL NUEVO GOBIERNO.

Los comunistas andaban entonces desatados. Banderas rojas eran desplegadas con harta frecuencia en los desfiles, cuando no utilizadas por el populacho para adornar los camiones que montaban. La Internacional la asociaban con un himno revolucionario. Y en medio de aquella locura no era extraño escuchar gritos, aunque aislados, de ¡Viva el Comunismo!

Este desconcierto venía a reflejarse en la prensa periódica y en las revistas, especialmente Carteles que por aquel tiempo estaba impregnada de un ardor revolucionario de izquierda. Una estampa del fervor revolucionario de aquellos días podemos encontrarla en La Semana, dirigida por Sergio Carbó. En ella apareció una portada con tres figuras, simbolizando una a las fuerzas armadas, la otra a los trabajadores y la tercera a los estudiantes, los cuales, cogidos de los brazos, avanzaban hacia delante en actitud desafiante. Un artículo, con la firma del propio Carbó, exhortaba a que se le diera "paso a la Revolución Auténtica", para que avanzara del brazo de los soldados, trabajadores y estudiantes. Días después, apareció otro artículo con este título: "¿Qué esperamos para empezar la Revolución?"

Estos aconteceres dieron cuerpo a las esperanzas del Partido, que también creyó le había llegado su momento. No daban descanso a sus organizaciones de fachada en eso de organizar actos y "demostraciones de calle" en las ciudades. Apenas se había estrenado el Presidente Grau y el 10 de septiembre, organizó la Liga Anti-Imperialista un acto en el Parque Central, donde protestaron contra la intervención americana y contra el nuevo gobierno.

Comenzaron a editar los periódicos "Bandera Roja", dirigido a los afiliados y simpatizantes, y "El Centinela", para el ejército, la marina y la policía, donde exhortaban a los soldados a constituir soviets en unión de los obreros y campesinos. Uno de sus tantos boletines, "Luchador del Caribe", publicaba un manifiesto del Partido el 28 de septiembre, en el cual invitaba a los soldados para que se unieran a los soviets.

Donde quiera que existía un grupo organizado de comunistas, editaban un libelo cualquiera en mimeógrafo, procurando alborotar al pueblo so pretexto de justicia social.

El Comité Central publicó por aquel entonces, en **Bandera Roja** y en hojas mimeografiadas, una instrucción que decía:

"La toma de los ingenios por los obreros no debe limitarse a un acto de ocupación de las fábricas para resguardarlas y cuidarlas. En sí es y debe dársele el alto contenido revolucionario que esta medida implica, siguiéndose las siguientes especificaciones: a) - Debe ser acompañada de la toma de las tierras para reparto entre los desocupados y obreros agrícolas, a los cuales la prolongación de la huelga condena a la miseria más terrible. b) - Proceder a la confiscación del azúcar y todo lo que haya en el ingenio en el departamento comercial, que pueda servir para el auxilio y mantenimiento de los huelguistas y sus familiares, sin destruir parcial o totalmente la fábrica o nave técnica para la producción de la misma".

Los comunistas también estaban dados a los saqueos de fincas en el campo. Ocupaban reses y cuanto encontraban, cuyo botín repartían entre los vecinos. Tomaron el Realengo 18, una gran extensión de tierra en Oriente, donde, al mismo tiempo que constituyeron un soviet, contradictoriamente, repartieron las tierras entre los campesinos. Asaltaron el Cuartel del Central Delicias, en donde mataron a dos soldados. Tan se creyeron que podían apoderarse del país que intentaron crear un Ejército Rojo.

¿Cómo enjuiciaba el Partido estos acontecimientos en su órgano Internacional? Lo hacía en los términos siguientes: "Al gobierno le gusta llamarse 'radical' y 'revolucionario' ".[13] Con su habitual sobrestimación, afirmaba que después de la caída de Céspedes, "la influencia comunista no cesa de aumentar". Y agregaba: "en diversas ciudades el Partido comunista ha organizado poderosas demostraciones contra la intervención de Estados Unidos".[14]

En resumen, el Partido soñaba con aprovechar la confusión para asaltar el poder. Creyó que era aquella su edad de oro. Pero le duró poco. Pronto fueron desalojados de los centrales y de cuantas propiedades habían ocupado. Y, más que nada, lo que le dio tono a la actuación anti-comunista del nuevo gobierno fue la disolución del entierro de las cenizas de Mella.

VII - EL ENTIERRO DE LAS CENIZAS DE MELLA.

Juan Marinello y Mirta Aguirre llegaron a La Habana, procedentes de México, el 28 de septiembre. Traían consigo las cenizas de Mella. Una Comisión del Partido fue a esperarlos. En el mismo muelle efectuó un acto relámpago, donde habló Rubén Martínez.

Las cenizas de Mella las trasladaron al local de la Liga Anti-Imperialista, casa del ex-Senador del Gobierno de Machado, Wilfredo Fernández, ubicada en la calle Reina esquina a Escobar, de la cual se había apropiado el Partido. Las velaron con gran pompa. La primera guardia de honor la cubrieron Juan Marinello, Mirta Aguirre, Rubén Martínez y Fabio Grobart.

Todo aquello respondía a un plan del Partido: organizar un entierro, con el propósito aparentemente noble de colocarlas en un monumento que había levantado en la Plaza de la Fraternidad. El rumor de la calle era otro, que la manifestación se dirigiría, después de la ceremonia, a Palacio para destituir al Gobierno y asaltar el poder. A este fin parecían enderezarse los términos de la convocatoria, pues llamaba a "todo el pueblo" para una gran manifestación. El Gobierno se puso en alerta. El Secretario de Gobernación, Antonio Guiteras, prohibió el desfile. Mas los comunistas hicieron caso omiso.

El 29 de enero, amanecieron las calles céntricas de la capital adornadas con cintas rojas y negras. La que más lo estaba era la de Reina, desde Escobar hasta la Plana de la Fraternidad. En horas de la tarde se puso en movimiento la manifestación con gran despliegue de banderas rojas y entonando La Internacional. La flanqueaban marinos y soldados. Al desembocar por la Plaza de la Fraternidad se produjo un incidente con la Fuerza Pública que terminó disolviendo la manifestación a "planazos" y con tiros al aire. Hubo dos muertos: el Capitán Hernández Ruda y un jovencito no identificado.

Fue el primer acto de manifiesta hostilidad del nuevo gobierno revolucionario contra los comunistas. A partir de ese momento no les dieron más descanso.

VIII - SARAMPION EN LA JUVENTUD.

El comunismo, con sus sentimientos extremistas, sus promesas, sus cantos y sus desfiles con baderas, se presentaba ante la juventud, ignorante de estas cosas, con una gracia de entusiasmo y de esperanza.

Los folletos de la propaganda roja y también los doctrinarios, como el ABC del Comunismo, deslumbraban a ciertos jóvenes con sus ojos recién abiertos, al descubrirles un mundo que no conocían. Quedaban absortos ante un horizonte encendido de esperanzas, de esperanzas para ellos. Las consignas rojas les parecían flechas de fuego. Los actos, hogueras de entusiasmo. Los cantos, melodías de redención.

Liga Anti-Imperialista, Ala Izquierda Estudiantil, Defensa Obrera, Frente Rojo Juvenil y, en mucho menor grado, Liga Juvenil Comunista, eran nombres de organizaciones revolucionarias que se ofrecían a una juventud ardiente, con deseos de hacer algo sin saber qué hacer.

Aquellos jóvenes que no habían combatido a Machado, más que nada por su edad, se encontraban con que las otras organizaciones revolucionarias estaban copadas por quienes sí lo habían hecho. Para quienes aspiraban a consagrarse como revolucionarios, sin más méritos que el sentir que lo eran, nada más fácil que entrar por las puertas abiertas, de par en par, de las organizaciones fachadas del comunismo para la juventud.

Al Partido, sin embargo, lo veían como un fantasma que acechaba a la juventud para ponerla al servicio de intereses extraños a la nación. De ahí que el Partido, cauto y taimado, negara su vinculación con muchas de sus organizaciones dedicadas a cautivar a los jóvenes incautos al tiempo que ambiciosos.

La astucia de la maniobra, lo propicio de las circunstancias y lo bien explotado de los sentimientos explica el sarampión rojo en la juventud de entonces. Muchos jovencitos, algunos casi niños, estudiantes o aspirantes a serlo, eran reclutados en el Ala Izquierda Estudiantil. Eran los que deseaban "estar en todas", y lo mismo figuraban entre los cuadros del Ala Izquierda en los centros secundarios, que aparecían, con fusil al hombro y pistola al cinto, en el ejército juvenil, Pro Ley y Justicia, que había creado Antonio Guiteras.

La confusión era grande y en ella nadaban los no menos confundidos jóvenes de entonces. El sarampión era más bien emotivo. Era un izquierdismo emocional el que ardía en aquellos corazones fogosos. Excitados, con habilidad, por las organizaciones rojas, de donde salían palabras atronadoras, arengas abarrotadas de violencia y cóleras teatrales.

IX - ATIZANDO EL ODIO RACIAL.

En medio de aquel sismo social, los comunistas añadieron nuevos elementos de combustión en el fuego del resentimiento racial, con evidente propósito secesionista. Sus dardos encendidos los dirigieron más que nada contra los cubanos de la raza oscura, tratando de inflamar en ellos un espíritu de vindicación.

Un sentimiento de equidad racial brotaba por aquellos días en Cuba. A pesar de que cubanos con tez oscura habían ocupado posiciones relevantes en la vida pública, en muchas ocasiones, eran preteridos injustamente en los trabajos y en lo social. El terreno era próvido para sembrar simientes de odio al blanco que provocaran a su vez en el blanco el odio al negro. Esto lo vieron muy claro los comunistas. De ahí que tomaran las legítimas aspiraciones de los cubanos negros no para reclamar la justicia a que tenían derecho, sino para convertirlas en bandera de guerra.

La insidia roja se tradujo en una campaña tendiente a romper los vínculos de convivencia racial. Circularon volantes y pintaron consignas en las paredes que decían: "Negro busca tu blanca". Propalaron el rumor de que los negros asaltarían las sociedades blancas e invadirían los parques y lugares públicos donde por aquel entonces los blancos se reunían separados de los negros. Esta costumbre discriminativa se advertía más en el interior que en la capital, la cual mortificaba, con justa razón, a los cubanos discriminados.

La campaña comunista tuvo su expresión más extremista en la provincia de Oriente, por ser donde vivían más cubanos de tez oscura. El médico y dirigente comunista Martín Castellanos, proclamó lo que llamó "La Franja Negra de Oriente", con el anunciado propósito de dividir a la República en dos: una de blancos y otra de negros.

La campaña no prendió en los cubanos sensatos de una y otra raza. Desconocía un hecho demográfico, que tal odio no existía en realidad. El mejor testimonio lo ofrecía el hecho de que la población negra disminuía en Cuba a consecuencia de la mestización del país, que tendía a producir un tipo de mulato, de distintos tonos, por el cruce de las razas. El decursar del tiempo acusaría más la tendencia demográfica y la de verse unos o otros como compatriotas con iguales derechos.

Esto no quiere decir que no prendiera en algunos sectores minoritarios. No faltaron "demagogos inmundos" al decir de Martí, que trataron de utilizar la cuestión racial a manera de "escuelas de ira", según expresión del Apóstol. De éstos los culpables fueron más que nadie los comunistas, empeñados en provocar el separatismo racial, la dispersión social y la desintegración de nuestra nacionalidad. Tanto fue así que, si ellos acusaron, sin razón, al ABC de haberse convertido en el Ku Klux Klan de los blancos, hubo muchos que vieron en el Partido Comunisa, por los actos que propiciaba, un Ku Klux Klan de los negros..

X - ENTRE EL FUEGO DE LOS REVOLUCIONARIOS.

Los revolucionarios, sin contar otras subdivisiones, estaban divididos en dos bandos fundamentales: los que habían subido al poder en hombros de la Revolución de los Sargentos y los que habían sido desplazados por ella. Ni unos ni otros querían saber nada con los comunistas, motivo por el cual éstos tenían a unos y a otros por enemigos.

El Embajador norteamericano, Welles había tomado el partido de los desplazados. Esgrimía el arma poderosa del no reconocimiento del gobierno y la amenaza que simbolizaban los barcos de guerra norteamericanos que merodeaban por los puertos de Cuba. Alegaba que el Gobierno Revolucionario no había logrado acatamiento en su autoridad y que se vivía bajo el caos.

Dos hechos, ambos estimulados por el embajador norteamericano, pusieron las notas más sangrientas en aquel proceso.

Uno, el acantonamiento de los ex-oficiales del Ejército en el Hotel Nacional que resistían acatar los hechos consumados el 4 de septiembre. Servía de pretexto al embajador Welles para dar base a sus alegatos. Al fin, el recién estrenado Jefe del Ejército, Coronel Batista, los sitió y, tras breve batalla, los desalojó el 2 de octubre.

El otro aconteció el 8 de noviembre. Los abecedarios con el apoyo de miembros del ejército y la policía tomaron los cuarteles Dragones, San Ambrosio, Aviación Militar, Estaciones de Policía y dependencia del Estado, para derrocar al gobierno. Los sublevados se hicieron fuertes en San Ambrosio y Castillo Atarés. Se entabló una verdadera batalla campal en la ciudad de La Habana. El resultado fue de 100 muertos y 200 heridos.

En medio del fuego revolucionario de aquellas luchas estaban los comunistas. Tenían la ilusión de que dividiendo más y debilitando a los divididos podrían escalar el poder.

Los abecedarios continuaban siendo el blanco preferido de los apóstrofes rojos. Los llamaban no solo fascistas; ahora también, Ku Klux Klan cubano, al imputarles un racismo anti-negro.

Al gobierno lo acusaban de conservador. A Guiteras lo calificaron de "traidor", "fascista" y "fascineroso". No podían perdonarle que hubiera ordenado la disolución del entierro de las cenizas de Mella. La campaña contra Guiteras se tornó apasionada. Tanto que, no obstante su conocida "yanquifobia", le pintaron carteles y lemas en las paredes como éstos: "Guiteras, lamebotas del imperialismo", "Pedimos el fusilamiento inmediato de Guiteras", "Guiteras, traidor".

Este anti-guiterismo de los rojos persistió durante algún tiempo. Juan Marinello, en su revista **Masas**, también lo calificaría de "traidor a la revolución". Pero con el tiempo, y una vez muerto Guiteras, tratarían de apropiárselo, como hicieron en España con García Lorca, y presentarlo como uno de los suyos.

Nadie escapaba a las diatribas rojas por aquellos días. Los conservadores y los viejos políticos eran sus blancos preferidos. La prensa era para ellos "corrompida" e "instrumento de la burguesía y del imperialismo". Entre sus planes figuraba someter y hasta apoderarse de los periódicos. En este empeño, promovieron una huelga en los diarios habaneros a fines de octubre. La perdieron por falta de calor popular, más bien diríamos, por el repudio que despertaron sus extorsiones.

¿Cuál era la esperanza que alentaba a los rojos? El desorden reinante que deterioraba la autoridad del gobierno, menoscabando su favor en la opinión mayoritaria del país. Esta situación les permitía acariciar la idea de atrapar el poder. Sobre la animosidad fundaban sus planes.

XI - LOS COMUNISTAS Y LAS REFORMAS.

El Gobierno no cesaba de promulgar leyes y decretos que contenían una serie de reformas políticas, económicas y sociales, con las cuales deseaba conquistarse el favor popular. Lo hacía, además, convencido de que, con ellas, beneficiaban al país.

Los comunistas, sin embargo, veían estas reformas como un medio de promover antagonismos en medio de los cuales hacer avanzar la línea del Partido. Se conducían de acuerdo con los consejos de Stalin.[15] De ahí que las apoyaran en algunas ocasiones, "como medios para combinar la labor legal con la ilegal", y en otras las combatieran, según convinieran o no a los intereses de La Internacional.

Una de las primeras medidas políticas del Gobierno Revolucionario de Grau fue derogar la Constitución de 1901, que solo había regido formalmente durante el Gobierno de Céspedes. El propósito, según dijo, fue derogar la Enmienda Platt que le era consustancial. En su lugar se promulgó un Estatuto Constitucional. En un Decreto Ley consagró el derecho al sufragio de la mujer, el cual ya había reconocido la reforma del 28; aunque pendiente de una legislación complementaria.

La Universidad de La Habana obtuvo el derecho a la autonomía universitaria, que ya venía ejercitando de por sí, en el decreto número 2059 de 6 de octubre.

Entre las medidas que procuraron transformar revolucionariamente la estructura económica y social del país se cuentan las siguientes: las que aumentaron los salarios de los trabajadores; la que impuso la jornada máxima de ocho horas en toda clase de ocupaciones;[16] la que creó la Secretaría del Trabajo, como una cartera aparte y distinta; [17] la que reguló el derecho de los trabajadores a organizarse en sindicatos con un procedimiento distinto al de la Ley de Asociaciones, los facultaba para concertar convenios colectivos y exigía que sus dirigentes fueran ciudadanos cubanos;[18] la que dispuso la nacionalización del trabajo, al exigir que no menos del cincuenta por ciento de los trabajadores de cada centro laboral fueran cubanos nativos y que éstos percibieran por lo menos el cincuenta por ciento del total de los salarios que se pagaban;[19] la que amplió el seguro de accidentes del trabajo, incluyendo las enfermedades profesionales;[20] la que reconoció el derecho de tanteo del Estado para recuperar las tierras que le pertenecían y suprimir el latifundio; la que consagró el derecho de los pequeños ingenios a una cuota no menor de sesenta mil sacos, y la que reconoció la Asociación de Colonos.[21]

En fin, el Gobierno llevó a sus decretos y decretos leyes todos los derechos que aparecían como aspiraciones del obrerismo internacional contenidas en una especie de catálogo que había publicado a la sazón la OIT y muchos más. Una gran parte de sus disposiciones legales transcribieron las resoluciones de la OIT, olvidándose del procedimiento para aplicarlas.

Estas medidas dictadas, sobre la cresta de la ola demagógica del momento, despertaron entusiasmo en muchos sectores populares, más no complacían a una buena parte de la dirigencia del país. Contritaba a los conservadores sin contentar a los más extremistas.

Los conservadores se alarmaron y acusaron al gobierno de radical, cuando no de rojizo. Los comunistas tampoco se manifestaron complacidos. Clamaban por más y más. Siempre eran más extremistas, cuando se trataba de apoyar en principio la reforma dispuesta. Hubo algunas medidas que combatieron frontalmente, como la que exigió la condición de ciudadano cubano a los dirigentes sindicales y, más que ninguna, la que dispuso la nacionalización del trabajo, para lo cual invocaron el principio de la solidaridad internacional.

La lucha contra la nacionalización del trabajo cobró su mayor violencia cuando el gremio de los panaderos, bajo el control del Partido, provocó desórdenes y motines, desafiando abiertamente a la fuerza pública. Sandalio Junco, embriagado de los extremismos trotskistas, coincidió con los comunistas pro-soviéticos, al convertirse en el adalid de este movimiento.

Como se ve, el Partido no estaba interesado en el bienestar de los trabajadores o en la consolidación del movimiento sindical, sino solo en realizar su plan: provocar antagonismos que debilitaran a sus adversarios para atrapar el poder.

XII - RADICALIZACION ANTI-YANQUI.

La "Revolución Auténtica" se iba radicalizando. Cuanto mayor era el esfuerzo del embajador norteamericano por derrocar al gobierno, mayor era el resentimiento que en éste despertaba.

Los comunistas, que se habían replegado, aprovecharon el movimiento anti-norteamericano del gobierno para utilizarlo como patente de coros en sus actividades legales.

La Séptima Conferencia Panamericana de Montevideo dio oportunidad al gobierno norteamericano para retirar "airosamente" al fracasado embajador Summer Welles, al gobierno del Dr. Grau, para enviar una delegación a la Conferencia que denunciara la Enmienda Platt con el argumento de la no intervención, y a los comunistas, para organizar desfiles contra los Estados Unidos.

La Liga Juvenil Comunista, con Severo Aguirre y Carlos Fernández al frente, fue la encargada por el Partido para organizar "demostraciones de calle" contra la Enmienda Platt, para lo cual atizó hábilmente el rencor popular contra la intervención yanqui.

El Gobierno de Cuba, lanzado ya a velas desplegadas por sobre el oleaje anti-yanqui, decretó la intervención de la Compañía Cubana de Electricidad y de Teléfonos; rebajó las tarifas eléctricas y telefónicas; dispuso la intervención de las propiedades de la Cuban American Sugar Company por conflictos laborales y, por último, el 12 de enero de 1934,[22] ordenó la suspensión provisional de los pagos al Chase National Bank por el préstamo destinado a la construcción de la Carretera Central y del Capitolio Nacional.

El nuevo embajador norteamericano, Jefferson Caffery, llegó a Cuba dispuesto a ponerle fin al Gobierno de Grau. Decidió maniobrar. Lo primero que hizo fue ponerse de acuerdo con el Jefe del Ejército, el Coronel Batista, y con los dirigentes revolucionarios que se oponían al gobierno. Fue el comienzo del fin del Dr. Grau y su Gobierno.

XIII - LA LUCHA POR EL CONTROL SINDICAL.

En medio del gran torbellino, que era por aquellos días el movimiento obrero, buscaban adeptos los comunistas. Anarquistas, abecedarios, sindicalistas, "revolucionarios por la libre", comunistas renegados y leales al Partido emulaban entre sí por ver quién constituía más sindicatos. El decreto que reguló la organización de los mismos abrió las puertas a esta competencia y el "tiempo muerto" de una zafra ruinosa le servía de clima propicio.

Las pugnas entre los revolucionarios y lo fragmentario de los demás esfuerzos daban ventaja a las guerrillas de los sofistas rojos del proletariado, quienes no se dieron descanso en constituir sindicatos en cuanto centro laboral podían. Los obreros se dejaban reclutar, unos porque consideraban era la mejor forma de luchar por sus reivindiccaiones y otros por temor a ser llamados "apapipios" o "traidores a la causa". Donde mejor cosecha lograron los comunistas fue en los centrales azucareros entonces paralizados.

Los sindicatos controlados por los comunistas parecían organizados, más que nada, para la desorganización. Promovían huelgas con el más nimio pretexto. Muchas veces presentaban pliegos de demandas a conciencia de que no podrían ser aceptadas, las cuales les daban base para convocar una asamblea general donde la mesa ejecutiva imponía la huelga por notificación, que no de otra forma puede calificarse el proponerla y darla por aprobada bajo la amenaza de la bullanga de la claque roja, en muchas ocasiones ajena al centro laboral.

Hubo casos de huelga en que los obreros apenas sabían el por qué de ellas. Esto ocurría con harta frecuencia en las llamadas huelgas de solidaridad. De entre ellas, por lo original, citaremos la que tuvo lugar en el sector tabacalero, a impulso de Secretario General de la Unión de Tabaqueros de La Habana, Lázaro Peña.

La misma se originó cuando el Sindicato de los tabaqueros de La Habana exigió a los dueños de unas pequeñas fábricas que se habían trasladado para San Antonio, Bejucal y Artemisa se reinstalaran en la capital. Estos se negaron. La reacción del Sindicato habanero fue ordenarle a los trabajadores del campo que paralizaran sus labores. Pero la orden no fue acatada. La negativa provocó la ira de la organización habanera que de inmediato recabó el apoyo de los gremios de bahía, para que no embarcaran mercancías de los insubordinados del interior. Estos, a su vez, se declararon en huelga contra los trabajadores de la capital. De donde resultó que la huelga se había generalizado al protestar unos trabajadores contra otros.

En medio de la turbación de aquelos días, el Partido vio llegada la ocasión para atrapar entre sus manos el movimiento sindical. A ese efecto, se dieron a la tarea de organizar el IV Congreso de la Confederación Nacional Obrera de Cuba, con la consigna de la unidad. César Vilar, Blas Roca, Joaquín Ordoqui y Rubén Martínez fueron los encargados de prepararlo. Rubén Martínez no pudo participar en esas labores porque tuvo necesidad de ingresar en el Sanatorio La Esperanza, a consecuencia del recrudecimiento de su mal de los pulmones.

El Cuaro Congreso Obrero Nacional o Congreso de la Unidad, como le llamaron los comunistas, se efectuó en el stadium deportivo Arena Cristal del 12 al 17 de enero de 1934. Lo presidió César Vilar. Sus protagonistas más señalados fueron Blas Roca, Joaquín Ordoqui, Justo Tamayo, Lázaro Peña y Jesús Menéndez, este último delegado del Sindicato Nacional Obrero de la Industria Azucarera.

Ese Congreso, aunque no logró la unidad pretendida por los comunistas bajo su control, echó las bases de una organización nacional de tipo obrero, en cuyo surco sembrarían sus semillas sectarias, vestidos con el ropaje de hierofantes del proletariado.

XIV - LA MUERTE DE RUBEN MARTINEZ.

Rubén Martínez murió de tuberculosis en el Sanatorio La Esperanza el 16 de enero de 1934. Su cadáver fue tendido en el salón de actos de la Sociedad de Torcedores. El féretro estaba envuelto con la baneda roja del Partido. Por allí desfilaron los delegados al IV Congreso de la Confederación Nacional Obrera de Cuba.

Al día siguiente se efectuó el sepelio. Fue un desfile político, en el cual los manifestantes fueron a pie, cantando La Internacional y con gran despliegue de banderas rojas. Sobre su tumba, convertida en tribuna política, desfilaron varios oradores. Entre otros, Juan Marinello, José Elías Borges y Leonardo Fernández Sánchez. El poeta comunista Manuel Navarro Luna recitó unos versos suyos en los cuales daba la impresión de que Rubén Martínez había muerto como un héroe, de que había caído como un mártir, cuya sangre serviría para regar la simiente de sus ideas. Soñando con la inmortalidad de Rubén Martínez Villena en la historia dijo:

¡Porque hay, tras este grito de nieblas doloridas,
un sonreír de surcos y un despertar de vidas.
¡Y él, que sembró su sangre en rojas sementeras
debe esperar que alcen su luz las primaveras!

XV - EL JUICIO DEL PARTIDO SOBRE ESTE PERIODO.

El Partido ha expresado su opinión sobre este período a través de su Secretario General desde 1934 hasta su integración en el Partido Unido de la Revolución Socialista en 1961, Blas Roca. Sus juicios, expresados en distintas fechas, presentan matices diferentes; aunque no resultan excluyentes.

En "Los Fundamentos del Socialismo en Cuba", edición de 1943, comentó Blas Roca los sucesos de estos meses en los términos siguientes:

"El movimiento popular reivindicativo contagió a la masa del Ejército. Esta también se alzó el 4 de septiembre, reclamando mejoras en los cuarteles, en la comida, en el trato y en los sueldos y la depuración de los oficiales machadistas que se distinguían por su trato despótico y desconsiderado a los soldados y clases. El gobierno de la mediación se vio obligado a dimitir. Los soldados entregaron el poder, prácticamente al Directorio Estudiantil, que se había manifestado contra la mediación. Esto significaba un paso adelante de la revolución.

El poder se desplazó de los mediacionistas a los no mediacionistas, de los partidarios del régimen semi-colonial a los nacional-reformistas y social-reformistas. El nuevo gobierno denunció la Enmienda Platt, hizo pública su decisión de oponer resistencia armada a cualquier intento de intervención militar norteamericana, repudió deudas internacionales espurias, extendió y generalizó mediante ley, la jornada de ocho horas en los centrales azucareros".

Y añadió:

"Junto a esto que era lo positivo, el nuevo gobierno, debido, en parte, al carácter dual de la burguesía en que se apoyaba y, en parte, a la acción de los elementos derechistas y reaccionarios que desde el principio tuvo en su seno, se dejó arrastrar por el anti-comunismo, reprimió ferozmente las luchas de los obreros azucareros, atacó sangrientamente manifestaciones populares y anti-imperialistas, como la del entierro de las cenizas de Mella, etc."[23]

El párrafo transcrito, que en la edición del 43 correspondía al capítulo XI con la denominación de "El Partido Unión Revolucionaria Comunista", lo suprimió Blas Roca en la segunda edición de 1962, que hubiera correspondido al Capítulo XII, referente a "El Partido Socialista Popular". Pero en el Capítulo VII, titulado "El Estado", agregó un párrafo que no aparecía en la edición del 43, el cual dice así:

"La acción revolucionaria en 1933 era, históricamente, como una continuación del esfuerzo interrumpido en 1898 por la intervención norteamericana y, por otro lado, el primer golpe serio al régimen semicolonial instituido bajo la tutela de la Enmienda Platt.

En este nuevo período revolucionario el pueblo cubano confirmaba sus aspiraciones postuladas en la guerra libertadora, de alcanzar la plena independencia y la completa soberanía, de organizar un poder público que fuera del pueblo y no de los imperialistas y latifundistas, de asegurar las libertades públicas, de dar la tierra a los campesinos y desarrollar una economía propia, independiente, a tono con las necesidades y posibilidades nacionales. Pero, además, al crecimiento de la clase obrera, su mayor organización y conciencia de clase, la organización de su partido y la influencia mundial ejercida por el triunfo de la Revolución Socialista en la antigua Rusia, llenó de un nuevo contenido económico y social a todo ese proceso. La clase obrera no solo fue protagonista en la lucha por la derrota de la tiranía pro-imperialista de Machado, sino también avanzada del programa de la liquidación del régimen semi-colonial y latifundista.

El derrocamiento de la tiranía de Machado modificó en algunos aspectos, aunque no definitivos, al Estado cubano".[24]

Más tarde, el 7 de enero de 1964, comentó Blas Roca lo acontecido en estos meses que acabamos de analizar, en un artículo que tituló "El desarrollo histórico de la Revolución Cubana", con estas palabras:

"La acción del nuevo gobierno está condicionada por el crecimiento impetuoso de la revolución popular: toma de las tierras en Ventas de Casanova y otros lugares; huelgas, ocupación de reses y reparto de carne y otros productos a la población; ocupación de centrales azucareros que llevan, en algunos lugares, a proclamar —en error de izquierda— soviets locales; movimientos para eliminar la discriminación racial en parques y establecimientos públicos".[25]

El error de izquierda fue cometido, sin duda, por el Partido. Pero como el Partido siempre es infalible, se le imputó a Jorge Vivó. ¿Lo cometió él de verdad? Parece poco probable, cuando el Partido estaba sometido por esta época al control absoluto del Buró del Caribe. De ahí que nos parezca absolutamente cierta la opinión de Carlos Manuel Pellecer cuando, en el interesante diálogo con el cual inicia su novela **Utiles después de Muerto**, por boca de Ordoqui y García Agüero afirma que el responsable de esos errores fue el "Buró del Caribe que desde Venezuela daba sus órdenes".[26]

Con errores o como fuera, el Partido había dado un gran paso de avance: se había situado en el escenario nacional. El querer avanzar demasiado fue tal vez su error capital. Exhibió un tanto al desnudo sus últimas intenciones y muchos le cogieron miedo. Sin duda, no eran "lo" noble que algunos incautamente habían creído.

1 El órgano oficial del Partido, **El Comunista**, informó por aquel entonces que solo contaba con 500 militantes. Pero recientemente Fabio Grobart le agregó un cero a la cifra al decir: "El Partido, que en 1925 tenía apenas unos 200 militantes, cuenta ahora (en 1933) en sus filas más de 5,000, y está constituido en los centros de producción más importantes en todo el país. Igualmente, la Liga Juvenil Comunista que en 1928, año de su fundación, contaba unos 400 miembros, tiene más de 5,000 al caer Machado". (**Cuba Socialista**, agosto 1966, año VI, p. 118).
2 Troika, nombre que le dio Trotsky al triunvirato administrativo Kámenev, Zinóviev, Stalin, constituido a raíz del segundo ataque de apoplegía sufrido por Lenin.
3 Así lo indica Blas Roca en la auto-biografía que escribió para ser publicada en el libro "Cuba en la Mano", 1940, al expresar: "En 1933 es uno de los tres Secretarios".
4 Apodo derivado de Plat o Enmienda Platt, utilizado por los comunistas para calificar a quienes ellos consideraban sometidos a los intereses de los norteamericanos.
5 **La Correspondance Internationale**, París, 1933, p. 799.
6 Ibid.
7 En Cuba, se llamaba "botellero" a la persona que disfrutaba de una posición remunerada del Gobierno sin trabajarla.
8 **La Correspondance Internationale**, París, 1933, p. 895.
9 Ibid.
10. Ibid.
11 **La Correspondance Internationale**, París, 1933, p. 961.
12 Carlos Rafael Rodríguez Morini nació en Cienfuegos en el año 1913. Proviene de una acomodada familia venida a menos económicamente. Estudió la primera enseñanza en el Colegio Montserrat de los Padres Jesuitas, y la segunda enseñanza en el Colegio Champañat de los Hermanos Maristas. Terminó su bachillerato en el Instituto de Santa Clara, antes de cerrarse en tiempos de Machado. Era habitual del Cienfuegos Yacht Club. El empobrecimiento de la familia le impidió dedicarse a la vida social. Por los años 30 ingresó en la Juventud Comunista, ha dicho Carlos Rafael Rodríguez. Testigos de la época, entre ellos Rolando Meruelos, afirman que Rodríguez no entró en el Partido hasta 1935, cuando ingresó en la Universidad de La Habana para estudiar la carrera de Derecho. Dicen algo más, que Rodríguez se afilió al ABC antes de caer Machado a pesar de figurar como miembro del Directorio Estudiantil en Cienfuegos. De ser veraz este dicho, para nosotros muy creíble, revela el oportunismo sin límites de Rodríguez, siempre preocupado por situarse donde pudiera cosechar mayores ventajas. Por entonces comenzaron sus relaciones con Edith García Buchaca, quien sería después compañera de estudios en la Univresidad y su esposa más tarde.
13 Ibid., p. 962.
14 Ibid.
15 Las reformas para los reformistas tienen una finalidad distinta a la perseguida por los comunistas, según Stalin. "Para el reformista, las reformas son todo". "Para el revolucionario, por

el contrario, lo principal es la labor revolucionaria y no las reformas; para él las reformas son un producto accesorio de la revolución. Por eso, con la táctica revolucionaria, y bajo las condiciones de existencia del Poder burgués, las reformas se transforman, naturalmente en instrumento de descomposición de este Poder, en instrumento de fortalecimiento de la revolución, en punto de apoyo para el desarrollo ulterior del movimiento revolucionario. El revolucionario acepta las sreformas con el fin de utilizarlas como medios para combinar la labor legal con la ilegal, con el fin de aprovecharlas como una pantalla para intensificar la labor ilegal encaminada a la preparación revolucionaria de las masas para el derrocamiento de la burguesía". (J. Stalin, "Sobre los Fundamentos del Leninismo", Conferencia pronunciada en la Universidad Sverdolov a comienzos de abril de 1924, Ediciones Sociales, La Habana, 1943, p. 74).

16 Decreto Ley No. 1693, 19 de septiembre de 1933.
17 Decreto No. 2142, 13 de octubre de 1933.
18 Decreto No. 2605 de 7 noviembre de 1933.
19 Decreto Ley No. 2583 de 8 de noviembre de 1933.
20 Decreto Ley No. 2687 de 15 de noviembre de 1933.
21 En Cuba, se llamaba colonos a los cosecheros de caña, independientemente del título en virtud del cual poseyeran la tierra.
22 Publicado en la Gaceta Oficial del 15 de enero de 1934.
23 **Op. cit.**, p. 80.
24 **Op. cit.**, pp. 62 y 63.
25 Periódico **Hoy** de 7 de enero de 1964, p. 2.
26 Editada por B. Costa - Amic, México, 1966, p. 16.

CAPITULO VIII
EN LA NUEVA CLANDESTINIDAD
(1934-1936)

I - Decantación Revolucionaria. II - El gobierno de Mendieta. III - La nueva crisis del Partido. IV - El Primer Congreso Nacional de la Liga Juvenil Comunista. V. - En la Universidad. VI - Segundo Congreso Nacional del Partido Comunista. VII - Derogación de la Enmienda Platt. VIII - Manifestación del Partido ABC. IX - La lucha sindical. X - Convenio de Reciprocidad Comercial con los Estados Unidos. XI - Blas Roca a Moscú. XII - Los intelectuales rojos. Detractación de Martí. XIII - Frente de Unidad Revolucionaria. XIV - Huelga de Marzo. XV - Una vez más el extremismo racial. XVI - El Partido en quiebra.

I - DECANTACION REVOLUCIONARIA.

Cuba se abrasaba en enconos. Se consumía en envidias.

La Revolución había perdido el brillo y la fuerza atractiva de los primeros momentos, tal cual se había manifestado. Era un desencanto. No por ello dejaba de subsistir como un mito flotante, capaz de hinchar aún los corazones juveniles.

El tiempo y las circunstancias fueron vaciando lentamente a la Revolución de sus excesos y utopías, sin que se le saliera el sedimento de sus conquistas ciertamente progresistas. Estas cobraron vigencia, asidas a la realidad nacional, como Anteo del contacto de la tierra.

Las mejores prendas de estas conquistas fueron las leyes y decretos con que enriqueció la legislación social cubana. De entre ellas escogemos como ejemplos, esa especie de enunciado orgánico que recogió el Decreto Ley número 276 de 27 de enero de 1935; la legislación que consagró la equiparación salarial del hombre y la mujer;[1] la que reglamentó el derecho a la huelga de los trabajadores;[2] la que reguló las horas de trabajo en los comercios, de manera que el personal disfrutara de dos horas de descanso en medio de la jornada de ocho horas y la que impuso el descanso dominical en los periódicos y noticieros radiales;[3] la que confirió fuerza de ley a los convenios colectivos de trabajo suscritos en la forma por ella establecida;[4] la que facultó al Poder Ejecutivo para nombrar interventores en las empresas que se negaran a cumplir las resoluciones del Ministerio del Trabajo;[5] la que dictó medidas especiales de protección para la mujer en su trabajo y creó el Fondo de Maternidad Obrera;[6] la que pautó el trabajo de los menores conforme a lo acordado en los convenios internacionales;[7] la que normó los contratos de servicios de los marinos;[8] la que estableció la Comisión de Salarios Mínimos;[9] la que creó las Bolsas de Trabajo, encargadas de buscar empleo;[10] la que se ocupó de garantizar la higiene en el trabajo y toda la legislación subsiguiente sobre seguros sociales.

En medio de la desilusión política, no se dejaron ganar los cubanos por el ánimo de la negación, sembrador de la desesperanza. Se mantuvieron enhiestos y el país comenzó a salir del atolladero económico en que se encontraba. El proceso de recuperación necesitó de varias leyes de moratoria que impidieran que los acreedores ejecutaran muchas propiedades en perjuicio de quienes las atendían. ¡Tan honda había sido la crisis económica que había golpeado al país!

El Gobierno siguió la norma de no pagar la deuda exterior. Ordenó una moratoria hasta tanto los ingresos fiscales alcanzaran los 6 millones de pesos. Creó una Comisión Especial encargada de investigar las deudas contraídas por el Gobierno de Machado con el Chase Bank. El informe recomendó repudiarla, si bien aconsejó una solución para los cubanos de buena fe que poseían bonos de la deuda repudiada.

La actividad cultural permaneció un tanto estancada. En buena parte, porque los intelectuales persistían en su afán de intervenir en la política del país. Y, en no menos gran parte, porque la Universidad de La Habana estuvo más atenta a las depuraciones políticas de sus profesores y a las actividades revolucionarias contra el gobierno, que a la alta misión docente que le estaba encomendada.

Los libros y folletos que circulaban de mano en mano entre los jóvenes de entonces traían todo género de utopías sociales, de bestiales regodeos materialistas y de burlas y sarcasmos contra lo que hasta entonces se había tenido por esencia de nuestra nacionalidad.

En aquel raudal de literatura existía de todo. Los libros tolstoyanos inflamaban la imaginación de algunos. Los de Reclus y Sorel armaban la voluntad de no pocos para realizar acciones revolucionarias. Los menos leían o tenían muchos libros sobre la Unión Soviética y el marxismo, como si de ellos, al decir de Baroja, fueran a sacar su quintaesencia y la panacea universal. Los más querían saber sin leer y hablaban de oídas de lo que no sabían y, cuando más, aspiraban a saber por una conferencia y no por una lectura.

El tema central de la época eran las conspiraciones y valentías contra el gobierno. En ellas se invocaba siempre el mito revolucionario, laxo en extremo y poco preciso. De donde resultaba que nada estable fundaban, pero sí destruían, o a lo menos desconcertaban lo ya establecido y turbaban y eclipsaban el sentido moral de las gentes, con lo cual venía a lograrse el más positivo fruto de las conquistas rojas.

Este fue el curso de los acontecimientos hasta la huelga del 35, cuando cejó un tanto el furor revolucionario y decayó su culto. En este momento comenzó a mostrarse cierta reacción que desembocó en las elecciones generales del 36, primer síntoma de la normalización política. ¡Nada deseaba tanto la nación como disfrutar de sosiego!

Todo esto acontecía cuando el Partido pasaba por la peor de sus crisis. Había crecido artificialmente. De ahí que la crisis fuera de crecimiento, con la mengua consiguiente de su vitalidad política. De las filas aún exiguas de sus militantes y simpatizantes, se le escapaban quienes habían tomado sus banderas movidos por la esperanza que propugnaban. Comprendieron a tiempo que tras esos pendones se ocultaban otros designios: la traición a Cuba.

Fue una etapa de extravíos y, en gran parte dominada por el sectarismo. La táctica roja estuvo ensartada de quimeras, necedades y desatinos, de turbaciones anarquistas, de violencias blanquistas y extremismos aventureros. Por este camino, tropezando aquí, cayendo allí, levantándose acullá, tornando a caer acá, anduvo el Partido. Tal vez por ello, no hay parte de su historia más oscura que la de este período de clandestinidad.

II - EL GOBIERNO DE MENDIETA.

El Gobierno del Dr. Grau cayó entre el clamoreo de las turbas encabezadas por estudiantes que gritaban: "King Kong, que se vaya Ramón". Lo sustituyó el Ingeniero Carlos Hevia. No hubo tomado posesión, cuando los sectores oposicionistas, de acuerdo con Batista, escogieron para Presidente al Coronel de nuestras guerras de independencia, Dr. Carlos Mendieta Montefur.

El nombramiento del nuevo Presidente fue acogido con muestras de regocijo popular. Esperábase al hombre fuerte civil que restableciera el orden. Venía precedido por una gran fama de austeridad y carácter. Tomó posesión el 18 de enero. A su gobierno lo llamaron de "Concentración Nacional". Lo integraron el Conjunto Nacional Revolucionario, el ABC y Acción Republicana. De seguido fue reconocido por el gobierno de Estados Unidos.

Los tiempos eran asperísimos. No podía tenerse por fácil tarea la de gobernar un país enfermo todavía de los excesos revolucionarios y molestado por la polilla de las conspiraciones. Entre los promotores no faltaron nunca los comunistas.

Cuando Mendieta tomó posesión de la Presidencia, el vórtice del torbellino provocado por la huelga médica atravesaba el país.

La Federación Médica, recién oficializada al amparo de la colegiación obligatoria decretada por el gobierno anterior, había planteado una serie de reclamaciones a los centros regionales y colonias con sanatorios. Eran organizaciones mutualistas, orgullo de los españoles por los servicios médicos, educacionales y recreativos que prestaban por la módica cuota que en ningún caso excedía de 2 pesos mensuales. La demanda principal era que "no se consideraran mutualizables a los asociados ricos". Fue rechazada por estimarla ingerencista y discriminatoria.

La Federación Médica, a cuyo frente estaban figuras de rancia postura conservadora, ordenó la huelga en las referidas casas de salud, que por entonces atendían a una amplia masa de la población. Solo se prestarían servicios de emergencia. Después vino la "dichosa" solidaridad. Fue secundada por los profesionales auxiliares de la medicina. Más tarde, forzaron el apoyo de las farmacéuticos. Se creó una situación de orden público.

Los médicos comunistas Gustavo Aldereguía, José Elías Borges, Martín Castellanos, Luis Díaz Soto, Gilberto Ante Jiménez y Rafael Fermoselle aprovecharon la ocasión para agitar.

El 20 de enero de 1934, se personó José Elías Borges en la farmacia de Campanario y Condesa en La Habana. Exigió a su dueño, Arturo Hevia, que cerrara. Al negarse, lo increpó. Sobre lo cual vinieron a reñir y Hevia lo mató. Convirtióse así, José Elías Borges, en el mártir de la "causa" médica.[11]

Creció la agitación y alarmóse la población. Los hospitales del Estado eran insuficientes para prestar los servicios médicos. La huelga se tornó anti-popular. En la capital, los asociados de las clínicas de salud organizaron demostraciones de calle contra los médicos. El Gobierno, y Batista más que el gobierno, reaccionó enérgicamente: suspendió la colegiación obligatoria, intervino militarmente los centros mutualistas y acabó la huelga.

Aquietado momentáneamente el país, trató de ofrecer el gobierno una sensación de seguridad y garantías para los ciudadanos. El 5 de febrero, promulgó una Ley Constitucional, en la cual señaló fecha para las elecciones y confirió categoría constitucional al voto de la mujer. Pero total, para nada. Fue reformada doce veces, hasta que se suspendieron las garantías constitucionales el 8 de marzo de 1935, con motivo de la anunciada huelga revolucionaria.

Durante todo este tiempo se vivió en gran tensión. Las bombas, las huelgas, las conspiraciones, los tiros, las represiones eran temas diarios. La intranquilidad, en parte movida por los comunistas, apresó al país.

III - LA NUEVA CRISIS DEL PARTIDO.

El Partido y sus organismos fachadas estaban en plena desmembración. Los militantes se le fugaban. Unos, perdieron la fe. Otros, temieron arrostrar los riesgos de la persecución.

Surgieron, a la sazón, otras organizaciones revolucionarias más acordes con los sentimientos nacionalistas. Las que más estragos les causaron al Partido fueron los Auténticos, la Joven Cuba y el grupo de trotskistas que se organizó en torno a Sandalio Junco.

El Partido Revolucionario (Auténtico) surgió a la vida política con una militancia anti-comunista. Muchos miembros del Directorio Estudiantil pasaron a formar parte de este nuevo partido, fundado en la redacción del periódico "Alma Máter", el 8 de febrero de 1934. Se aprestaron para la lucha política; aunque, después, derivaron hacia la posición insurreccional.

En la Joven Cuba, dirigida por Guiteras, se integraron los revolucionarios que desde el primer momento fueron partidarios de la lucha armada contra el gobierno. La diferencia con los Auténticos era más bien táctica. Unos y otros tenían ideas nacionalistas. De ahí que los comunistas acusaron de "chauvinistas" tanto a la Joven Cuba como a los Auténticos.

El grupo de Sandalio Junco fue de los que más daño le causó a los comunistas. Las ideas eran más o menos las mismas; pero más extremistas y, desde luego, independientes. Tomaron la bandera de Trotski y fundaron la "Oposición Comunista de Izquierda". Más tarde, constituyeron el "Partido Bolchevique-Leninista". Luego, el "Partido Obrero Revolucionario", hasta que el grupo se desintegró en medio de polémicas estériles.[12]

Si difícil era la situación del Partido en el campo de la oposición, no menos grave era la que confrontaba con el gobierno. que reprimía sus actividades de agitación y terrorismo. No fue solo esto. El ABC creyó que era el momento de saldar sus cuentas con los rojos. El Dr. Jorge Mañach, Secretario de Educación, ordenó una depuración de profesores y maestros, en la cual cayeron algunos simpatizantes marxistas. También disolvió el "Sindicato Nacional de la Enseñanza", por considerarlo un organismo pantalla del Partido, y alentó la creación de la "Unión de Maestros".

A medida que pasaban los días, la situación se iba haciendo más difícil para los comunistas. Por ello, eran bastantes los que dejaban a un lado las naves maltrechas del Partido.

IV - EL PRIMER CONGRESO NACIONAL DE LA LIGA JUVENIL COMUNISTA.

Las organizaciones fachadas para la juventud eran ya demasiado conocidas como tales. El Frente Rojo Juvenil, por ejemplo, exhibía, con su nombre, el color de las ideas. Mientras tanto, a la Liga Juvenil Comunista le faltaba cohesión ideológica y militancia orgánica.

Para resolver estos problemas, se convocó al Primer Congreso Nacional de la Liga Juvenil. Se celebró a principios de febrero de 1934. Lo presidió Severo Aguirre. Lo fiscalizó el propio Grobart.

De sus acuerdos se tienen pocas noticias. Solo sabemos de sus consignas: fortalecerse ideológicamente, pues "sin teoría revolucionaria no puede haber tampoco movimiento revolucionario";[13] aumentar la penetración de la Liga en las filas de la juventud; arreciar la lucha anti-imperialista, y contra el gobierno, acusándolo de "retranca", de "contra-revolucionario" y de "sometido al imperialismo yanqui".

De allí salió la idea de crear la "Hermandad de Jóvenes Cubanos". No debía lucir subordinada al Partido. Escogieron a García Agüero, para ocuparse de ella. Sólo faltaba encontrar los jóvenes que sin conocida militancia roja, fueran capaces de someterse a la disciplina de la Liga.

De la reorganización orgánica tampoco tenemos muchas noticias. Sabemos que, en ese congreso eligieron a César Escalante, miembro del Comité Central y del Buró Político de la Liga. Lo reintegraron, a su vez, en el cargo de Secretario General del distrito de La Habana y lo congratularon por sus labores de organización y proselitismo en Oriente.

El fallecimiento de Gabriel Barceló,[14] planteó la necesidad de nombrar a un responsable del Ala Izquierda en la Universidad. Fue escogido Ladislao González Carvajal. Pero se acordó que las actividades en las filas estudiantiles se desarrollarían con entera independencia de la Liga. Tendrían jurisdicción propia, solo sometida a la fiscalización del Partido.

V - EN LA UNIVERSIDAD.

El postrer entendimiento del Partido con el Gobierno de Machado había astillado las ilusiones de los últimos románticos rojos en la Universidad. Muy pocos quedaban leales a la disciplina militante. Entre ellos, Ladislao González Carvajal, José Antonio Portuondo, Jorge Rigol, Carlos Rafael Rodríguez, Edith García Buchaca y Arnaldo Escalona. Estos tres últimos aun sin la condición de universitarios.

La baraúnda era el signo de la Universidad en aquellos momentos. Los estudiantes tenían representación en el Consejo Universitario y habían constituido un Tribunal Depurador de los profesores. Se hablaba de efectuar un Segundo Congreso Nacional de Estudiantes, para lo cual se nombró un Comité Gestor.

Los estudiantes dedicados a la política estaban poseídos por un misticismo materialista, valga la paradoja, que alimentaba un afán de heroísmo con la velada intención de conquistar posiciones. Se imponía a los demás que ardían en deseos de terminar sus interrumpidos estudios.

La Universidad era el foco de las conspiraciones revolucionarias. Se amparaban en la "autonomía" que era más que nada una extraterritorialidad. Desde entonces nació el concepto de que estaba vedada cualquier intervención del gobierno en la Universidad, salvo la de sufragar todos los gastos, a cambio de reservarse los estudiantes el derecho a intervenir en todos los asuntos del país.

Esta circunstancia privilegiada convirtió a la Universidad en una posición codiciada por todos los partidos y grupos políticos. Los revolucionarios, por aquello de que a los estudiantes poco les importa la calidad de lo nuevo con tal de que la novedad los proteja, y los oposicionistas, puesto que los estudiantes son siempre de la oposición, eran los que tenían más fácil acceso al recinto universitario.

En lo docente, la Universidad se fue convirtiendo, a todo andar, en centro de enseñanza atea y materialista por obra y gracia de los profesores imbuidos del espíritu de la época. Sus principios ideológicos, al ser aceptados, anticipaban inconscientemente algunos de los postulados marxistas.

De esta forma columbraban el horizonte cultural universitario un grupo de estudiantes católicos. Tanto fue así que guiados por un sacerdote jesuita, el P. Rey de Castro, pusieron en práctica la idea que venían madurando desde el año 30: fundar una asociación que formara intelectual y moralmente a los estudiantes universitarios, de manera que pudieran orientarse con criterio católico. Fue la primera preocupación seria, por cierto un tanto aislada, por dotar de valores espirituales la cultura de los futuros dirigentes del país.

Era, a no dudarlo, una necesidad en extremo sentida, pues la Iglesia, por complejo histórico o por negligencia, no había sacado hasta entonces debido provecho a la relativa libertad de enseñanza. No a la libertad de enseñanza, aclaro, puesto que las escuelas privadas estaban sujetas al control del Estado y no podían expedir títulos académicos. Sus colegios se habían limitado a enseñar una religión de catecismo, sin preocuparse por la fundamentación racional de sus ideas, con lo cual dejaban mucho que desear a los ojos de la juventud universitaria.

La penuria ideológica de los católicos cubanos era, en parte, una consecuencia de la actitud de los sacerdotes, empeñados en hacer cristianos por el sentimiento. Con ello lograban muchos adeptos entre las mujeres y muy pocos entre los hombres. A lo cual se añadía el triste espectáculo del pueblo inculto, dentro del cual se encontraban algunas que otras señoras de la alta sociedad, que practicaban una especie de adoración idolátrica en la que se mezclaba lo católico con lo africano.

Era tal el caos ideológico que no era fácil reducirlo a claridad. Tampoco a los comunistas les era fácil avanzar por entre la niebla de aquellas ideas confusas, donde sólo se palpaba la vibración de un sentimiento nacionalista exacerbado. Las ideas rojas habían perdido ya el poder de ilusionar y con las cuales ilusionarse la juventud.

El estado del tiempo no era bueno, pues, para las ideas bolcheviques en la Universidad. Mucho menos, para el Partido. De donde resultó que sus militantes tuvieron que replegarse ante la avalancha de los revolucionarios nacionalistas que los miraban con aprehensión, por haber enseñado sus orejas: el oportunismo y su vasallaje a la Unión Soviética.

El Partido adoptó la táctica de acometer por los flancos, utilizando los temas extremistas. Los estudiantes siempre eran útiles para la agitación. Cuantas veces trató de embestir frontalmente, tantas veces fracasó en el empeño. El Partido había perdido definitivamente la plaza. Sus ideas, sin embargo, sobrevivieron, un tanto parafraseadas, en medio de aquel mar de confusiones y de eclecticismo.

VI - EL SEGUNDO CONGRESO NACIONAL DEL PARTIDO COMUNISTA.

El Partido había pasado del esplendor a la opacidad. Se imponía revisar la línea, adaptarla a la circunstancia de la clandestinidad y construir un nuevo mito, con el cual alentar a sus partidarios.

El Segundo Congreso Nacional del Partido se celebró a mediados de 1934 en una finca situada en El Wajay. Asistieron 65 delegados de distintos lugares del país. Robert Minor representó al Partido de Estados Unidos.

El objeto de la reunión era efectuar un balance, desde el "error de agosto" hasta los hechos recientes: pasar cuentas, y dictar nuevas normas a seguir.

El "error de agosto" se lo cargaron, en definitiva, a Jorge Vivó. Sometido al conocido proceso de auto-crítica, estuvo de acuerdo en aceptarlo. Fue un espectáculo de nauseabunda auto-flagelación moral. Tal vez por eso no lo irradiaron entonces del Partido.

Las depuraciones fueron nominales. Expulsaron a quienes ya se habían marchado del Partido. Un amigo de Raúl Lorenzo, sin que hayamos podido confirmarlo con él personalmente, nos dice que fue en este Congreso donde lo expulsaron, cuando en realidad ya él había renunciado a la jefatura de la provincia de Santa Clara, la que había desempeñado bajo el seudónimo de Lauro.

Blas Roca fue nombrado, al fin, Secretario General, con el apoyo de Fabio Grobart. Lo consideró el más apto, por tener un sentido nacional más amplio que Castellanos, Ordoqui y Vilar. Joaquín Ordoqui quedaría al frente del Comité de Acción.[15] Aníbal Escalante asumiría la responsabilidad de la orientación doctrinal. Ladislao González Carvajal estaría a cargo del "agi-pro" y de las actividades del Partido en la Universidad. Severo Aguirre continuaría con la Liga Juvenil. Y César Vilar con la Confederación Nacional Obrera de Cuba.

Los asambleístas decidieron adquirir un gran taller tipográfico, en el cual editar la literatura política. Lo instalaron en Calzada de Luyanó número 13, en La Habana. La empresa se llamó "Arrow Press". El nombre en inglés servía para encubrir mejor sus verdaderos fines.

El Congreso elaboró un programa. Fue el primero en la historia del Partido. No tuvo nada original. Siguió el esquema de la Internacional para la etapa de "Liberación Nacional" ajustado por el Congreso de partidos comunistas de América Latina celebrado en Buenos Aires en 1929. Para no hacer una copia fiel, lo adornó con los tópicos revolucionarios al uso en aquellos momentos en Cuba.

El programa señaló que el camino era la revolución agraria antimperialista. Se pronunció por el retiro de las tropas yanquis de las aguas cubanas y de la Base de Guantánamo; por la confiscación y nacionalización de los instrumentos de dominación económica en manos de los capitalistas extranjeros; por la confiscación de las tierras de los latifundistas para ser distribuidas gratuitamente entre los campesinos; por la creación de soviets y de un Ejército Rojo de trabajadores y campesinos.

Remarcó la asamblea el tema obrero y abogó por la organización de los trabajadores agrícolas forestales, por estimar que el proletariado agrícola desarrollaría un papel importante en la revolución que se proyectaba. Recomendó organizarlo horizontalmente; pero destacando que sólo se les considerara una extensión de la organización de los trabajadores industriales. Aconsejó la creación de Ligas de pequeños campesinos, por ser "aliados de los trabajadores en la lucha revolucionaria".

No olvidó el Congreso las imprecaciones, tan habituales de los comunistas, contra el "gobierno de represión", "de Mendieta-ABC-Batista", y contra los "falsos revolucionarios", representados, de manera muy especial y también peligrosa, por el Partido Revolucionario Cubano y por los seguidores de Guiteras. Enjuició duramente al gobierno del Dr. Grau. Consideró que solo había representado los intereses de la pequeña burguesía, particularmente de los estudiantes, con el apoyo del ejército; pero cuando le falló a los intereses que representaba, al ser incapaz de contener la ola revolucionaria, fue derrocado. Al nuevo gobierno, "Mendieta-ABC-Batista", lo acusó de ser un ejecutor fiel de los planes trazados por el imperialismo yanqui. A Batista lo acusó de haber traicionado a la masa del ejército y al nuevo gobierno, de ser un ejecutor fiel de los planes trazados por el imperialismo.

Elogió la política desarrollada por el Partido al sacar de sus filas a los elementos anarquistas y trotskistas que se le habían infiltrado y al liquidar una serie de errores cometidos en el sector sindical. Especialmente se refirió a la liquidación de la táctica del frente unido y la política de comités unidos que, según su nuevo criterio, eran una expresión de unidad arriba y no abajo.

Destacó la asamblea cuán importante era mantener "una disciplina de hierro" y efectuar un trabajo serio que permitiera al Partido encabezar un movimiento de masas que impulsara la revolución agraria antimperialista.

El Congreso se ilusionó con la toma del Poder. Ya en el terreno de los sueños, declaró que el gobierno soviético de Cuba sería reconocido por la URSS al tiempo que él prestaría la ayuda indispensable para asegurar la alimentación necesaria de la población, a pesar del posible bloqueo exterior. Y terminó con una apología del "internacionalismo proletario".

En definitiva, nada de lo acordado repercutió en la conciencia nacional. Así lo reconoció más tarde Blas Roca, cuando expresó:

"La gran experiencia que para Cuba debemos derivar del II Congreso Nacional, es la que no basta tener un programa revolucionario y una línea revolucionaria para poder triunfar; que hace falta, además, que las masas populares (no el Partido) sean conscientes de lo que quieren, que estén fuertemente organizadas y unidas tras un programa común".[16]

A propósito de este Congreso, Blas Roca dijo lo siguiente:
"No pudo todavía corregir todas nuestras debilidades; aunque en sus resultados y deliberaciones todavía pesaron el sectarismo y la inmadurez política, fue capaz de elaborar el programa de las reivindicaciones del pueblo, de la liberación nacional".[17]

A partir de entonces, comenzó una vida de asperezas para el Partido. Se sumergió de nuevo en la clandestinidad. Las señales de vida las daba ya en sus tareas desesperadas por constituir más y más sindicatos, ya en los motines que promovía, ya en las octavillas que recogían sus consignas, ya en las conspiraciones secretas en que aparecía. El Partido perdió en número lo que adquirió en militancia. Esta, sin embargo, fue un tanto aventurera y anarquista.

VII - DEROGACION DE LA ENMIENDA PLATT.

El Gobierno de Roosevelt marchaba, a tambor batiente, con su Política del Buen Vecino. El primer fruto para Cuba fue la derogación oficial de la Enmienda Platt.

La demanda venía siendo agitada por los liberales desde los tiempos de José Miguel Gómez y se había convertido, a raíz de la Revolución, en anhelo común a unos y a otros: de gobierno y oposición.

El 29 de mayo de 1934, en Washington, se firmó el nuevo Tratado de Relaciones, de acuerdo con el cual dejó de tener vigencia el de 22 de mayo de 1903. Solo continuaron en vigor las estipulaciones del Convenio de 23 de mayo de 1903, sobre arrendamiento de estaciones navales y carboneras, pero limitándolo a la Base de Guantánamo. Así quedó derogada la Enmienda Platt.

El acontecimiento satisfizo a todos. Fue aplaudido por la nación. Los comunistas, sin embargo, permanecieron callados. Solo mucho más tarde, afirmaría Blas Roca lo siguiente:

"El logro fundamental y más importante (a la caída de Machado) fue la abolición de la Enmienda Platt y el reconocimiento en el orden jurídico internacional, de la independencia total de Cuba que eso significa".[18]

VIII - MANIFESTACION DEL PARTIDO ABC.

El 17 de junio de 1934 se efectuó una concentración del ABC en La Habana. Una multitud sin precedentes, con enseñas verdes, ocupaba el Malecón desde el Parque Maceo hasta el Castillo de La Punta. El propósito era respaldar la política del Partido ABC en el Gobierno.

La manifestación de aquella multitud apelmazada fue atacada a tiros en varios lugares. En el Parque Maceo, donde se concentraron. En el Castillo de La Punta, a la mitad del recorrido. Y en la Plaza de La Fraternidad, donde debió celebrarse el acto final.

La máquina que conducía a quienes dispararon en el Parque Maceo fue alcanzada por un grupo armado de abecedarios. En el encuentro, murieron los agresores, entre quienes se encontraba Ivo Fernández, de militancia comunista.

El ABC acusó a la Fuerza Pública, por no haber ofrecido protección adecuada a los manifestantes, y al ABC Radical, por haber dirigido la matanza.

El tiempo aclaró quiénes habían sido los culpables: el ABC Radical, Joven Cuba y el Partido Comunista, puestos previamente de acuerdo.

Joaquín Ordoqui asumió la responsabilidad a nombre de los comunistas. Explicó que era la única forma de impedir el inminente asalto al poder de los abecedarios, sus enemigos acérrimos, a quienes acusaban de fascistas.

El Partido pensó que los manifestantes se proponían reclamar todo el poder para el ABC, según rezaba en algunos carteles, y que aprovecharían la ocasión para asumir el gobierno, en forma similar a como lo había realizado Mussolini con su Marcha sobre Roma.

En medio de la confusión reinante fue imposible dar con los responsables. Los acusados no aparecían por parte alguna. De acuerdo con el Decreto Ley de 15 de junio de 1934, titulado de Defensa Social y Orden Público, debían ser juzgados por el Tribunal de Urgencia, integrado por miembros del Poder Judicial, pero cuya sanción no era apelable.

A fin de evitar estos riesgos, el Partido decidió que Ordoqui saliera de Cuba. Fue a New York. De allí a Moscú, con el pretexto de representar a la Confederación Nacional Obrera de Cuba en la Intersindical Roja.

El ABC, inconforme con el desarrollo de los acontecimientos y con la impunidad de quienes habían agredido a sus militantes, terminó por abandonar el Gobierno. Con lo cual los comunistas lograron en parte su objetivo, alejar del poder a quienes consideraban sus peores enemigos.

IX - LA LUCHA SINDICAL.

El movimiento obrero estaba en auge y los sindicatos desbordados.

Los comunistas soviéticos no descansaban en su afán por crear cuantos sindicatos pudieran. Lo importante para ellos era el número, con el propósito de encadenarlos a la Confederación Nacional Obrera de Cuba.

Los trotskistas, con Sandalio Junco, se habían atrincherado en la Federación Obrera de La Habana, desde donde lanzaban sus andanadas contra la Confederación Nacional Obrera de Cuba.

Los abecedarios controlaban más que nada las poderosas organizaciones nacionales de los eléctricos, los telefónicos y la Hermandad Ferroviaria.

Algunos sindicatos sueltos se encontraban en manos de anarquistas y sindicalistas.

Todos estaban desavenidos.

Para los comunistas, lo mismo de una que de otra tendencia, la violencia era la razón primera en la lucha sindical. No hacían más que buscar pretextos, cualesquiera que estos fueran, para encender la cólera y excitar las pasiones entre los obreros.

Las huelgas eran por entonces algo corriente. Los de la Confederación Nacional Obrera de Cuba estaban interesados no tanto en las conquistas de los trabajadores como en las huelgas en sí. El objetivo era, más que otra cosa, provocar el alboroto, la mejor forma de ir desmoronando a la sociedad.

La pugna entre Sandalio Junco y César Vilar se había convertido en una cuestión de extrema violencia. Aquel acusaba a éste de utilizar a los obreros para su medro y encumbramiento personal y para servir sus intereses políticos sectarios. Sandalio Junco obtuvo inclusive que el Sindicato de la Construcción juzgara a César Vilar por haberse aburguesado como dirigente sindical.

La Federación Obrera de La Habana ofreció su mejor demostración con la huelga de los empleados de comercio. Unió a los del Ten Cent, de propiedad norteamericana, con los de las grandes tiendas de La Habana, El Encanto, Fin de Siglo y La Casa Grande.

La pugna tuvo derivaciones trágicas el 27 de agosto de 1934, cuando del local de la Confederación Nacional Obrera de Cuba, situado en Prado y Dragones, salió un grupo de comunistas armados y asaltaron el edificio de la Federación Obrera de La Habana, ubicado en la calle Zulueta. Del choque resultó un muerto y varios heridos.

Las desavenencias y la atmósfera de violencia favorecían la causa de los comunistas. El terrorismo y las huelgas sistemáticas eran por entonces instrumentos comunes de todos. Se vivían horas y días de fiebre. La máxima aspiración de los soviéticos: que su aliada, la negra miseria, cundiera en el país.

X - CONVENIO DE RECIPROCIDAD COMERCIAL CON LOS E. U.

El Gobierno de Cuba y el de Estados Unidos firmaron un Convenio Comercial en septiembre de 1934. Los Estados Unidos rebajaron sus tarifas sobre el azúcar más de lo que las habían reducido en junio de ese año. Incluyeron en la rebaja el ron, el tabaco, las frutas y los vegetales. Cuba, a su vez, otorgó ventajas preferenciales entre un 20 por ciento y un 60 por ciento a varios productos norteamericanos.

El Convenio pretendía, según se anunció, restaurar el volumen de intercambio comercial que existía entre Cuba y Estados Unidos. El aumento de las exportaciones cubanas, a un precio razonable permitiría, con lo obtenido, realizar mayores compras en Estados Unidos.

Los comunistas combatieron el Convenio. Alegaron que consolidaría la estructura económica neo-colonialista de Cuba, al quedar como exportadora de productos agrícolas baratos a cambio de productos manufacturados caros. El tiempo, sin embargo, demostraría cuán falso era este argumento. Las industrias existentes, lejos de perjudicarse, se beneficiaron con el aumento de los ingresos nacionales.

Los rojos, al igual que algunos economistas, señalaron que de nada valía la rebaja del arancel sobre el azúcar cubano, puesto que se había puesto en vigor la Ley Costigan Jones, la cual establecía un sistema de cuotas de importación, tomando como base las del período anterior inmediato, el más bajo para Cuba.

Si bien esto último fue cierto, no lo fue menos que tal daño lo compensó el aumento del precio. En efecto, de un promedio de 1.113 centavos la libra durante el período del 30 al 33, aumentó a un promedio de 2.266 centavos en los cuatro años del período 33-36.

El resultado fue el incremento del volumen y valor del comercio entre Cuba y Estados Unidos. En el entretanto, las importaciones de otros mercados se mantuvieron estabilizadas. En fin, que, gracias en parte al Convenio, Cuba salió del atolladero económico en que se encontraba.

XI - BLAS ROCA A MOSCU.

La Unión Soviética pasaba por una gran crisis interna, provocada, más que nada, por la aplicación despiadada de los Planes Quinquenales. Stalin se proponía conjurarla políticamente. Para ello eliminaría a cuantos le hacían sombra y concentraría aún más en sus manos el poder totalitario.

La crisis externa no era menos peligrosa. El comunismo retrocedía en el mundo. Entre tanto, el fascismo se consolidaba en Italia y el nacional-socialismo en Alemania. Este no disimulaba su decisión de expandirse a costa de Rusia.

Las circunstancias aconsejaban, de consiguiente, reunir, una vez más, a los partidos comunistas del mundo. Y Stalin los convocó al Séptimo Congreso de la Internacional.

A fines del 34 salió Blas Roca de Cuba. Fue a New York y de allí a la capital soviética. Iba investido de su condición de Secretario General.

Al llegar a Moscú, encontró Blas Roca un ambiente de tensión. Estaban en pleno apogeo "las represiones masivas (que) comenzaron después del asesinato de Kirov",[19] cuya muerte se atribuye por algunos al propio Stalin.[20]

Era la primera señal de lo que se venía gestando desde el "Congreso de los Vencedores", que fue el XVII en enero del 34, con la consigna de luchar "contra la desviación del chovinismo gran-ruso como contra la desviación del nacionalismo localista".[21] Todo lo cual se desarrollaba bajo la supervisión de la "Comisión de Control" del Partido, adscripta al Comité Central del Partido Comunista (bolchevique) de la URSS, y la Comisión de Control Soviético, adscripta al Consejo de Comisarios del Pueblo de la URSS. El Congreso había creado estas comisiones, con el pretexto de organizar "la selección de hombres y control de la ejecución". Desde entonces, ya apuntaba Stalin contra Zinoviev, Kamenev y también contra Bujarin, Rykov y Tomski.

La popularidad de Sergio Mironovich Kirov era una amenaza. Su asesinato en el Smonly, Leningrado, el primero de diciembre de 1934, le dio ocasión a Stalin para iniciar la purga de sus adversarios.

La noche del 1º de diciembre de 1934, por indicación de Stalin (sin la aprobación del Politburó, que fue obtenida dos días después), Yonukidze, Secretario del Presidium del Comité Central, firmó el decreto siguiente:

"1. Se ordena a las agencias de investigaciones que apresuren las causas en contra de aquellos que han sido acusados de planear o ejecutar actos terroristas.

2. Se ordena a los órganos judiciales que no posterguen la ejecución de sentencias de muerte por crímenes de esta categoría con el objeto de considerar un posible indulto, porque el Presidium del Comité Ejecutivo Central de la URSS no considera posible la admisión de tales peticiones.

3. Se ordena a los órganos del Comisariato de Asuntos Internos que ejecuten las sentencias de muerte contra los criminales de

la categoría antes dicha, inmediatamente después de pronunciada la condena".²²

Del 5 al 16 de enero del 35, se montó el "Proceso de los Diecinueve" entre los cuales figuraban Zinoviev y Kamenev. Los condenaron a penas de 5 a 10 años, por haber intentado "restaurar el capitalismo" y por "responsabilidad política y moral en el asesinato de Kirov".

Una semana más tarde, se efectuó el segundo proceso experimental contra los oficiales de la NKVD que, según Alejandro Orlov, habían "olvidado designar los turnos de guardia en el palacio Esmonly el día del asesinato". En abril, se celebró el tercer proceso, a puertas cerradas, contra Kamenev, cuya sanción anterior fue aumentada en 5 años más.

Los acontecimientos referidos obligaron a suspender el Congreso de la Internacional. Solamente los delegados europeos conocieron a tiempo la orden del aplazamiento. Los delegados de los países más distantes llegaron a Moscú. Entonces conocieron de la posposición.

Eudocio Ravines, en su libro **La Gran Estafa**, nos informa que "asiáticos y latino-americanos celebraron conferencias que tuvieron carácter secreto, ya que jamás fueron publicadas las resoluciones adoptadas, y en una y otra participaron los más altos dirigentes de los partidos comunistas respectivos".²³

Sobre el nuevo sistema de organización de los Partidos comunistas nos dice Ravines, lo siguiente:

"Fue en aquellas sesiones reservadas donde se nos notificó del cambio esencial que se introduciría en el sistema de organización de los Partidos Comunistas. En adelante, no más una sola jerarquía de comunistas, los militantes adscritos a registrarse como tales, a trabajar en una "célula" y bajo la inmediata dirección de los organismos jerárquicos del Partido. Es cierto que así fue establecido por Lenin, tras una lucha pugnaz contra los mencheviques y oportunistas... pero, las circunstancias mundiales habían cambiado y era preciso ejecutar uno de esos "bruscos virajes" de los que hablara el genial camarada Stalin.

"En adelante pues, además del militante comunista de Partido, habrían comunistas de dos categorías: una, llamada de "hombres fieles", quienes podrían ser o no militantes según lo determinase la Internacional y hacia quienes los Partidos Comunistas, sus Comités Centrales, deberían profesar consideración especial, dándoles participación cuando lo solicitasen, en las "Comisiones de Control". Como arquetipo de esa categoría de "hombre fiel" en América Latina, se nos dio a Vittorio Codovila. Solo mucho más tarde vine a intuir y después a corroborar palmariamente que el título de "hombre fiel" no era potestativo del Komintern sino de la N.K.V.D., la policía secreta rusa.

"La otra categoría sería la de los "hombres nuestros". Este sería el comunista que jamás se presentaría como tal; que muy al contrario, llegaría a mostrar disconformidad con el Partido Comunista y a criticar sus debilidades o sus errores. A esta reunión asistieron especialmente invitados los profesores Mitin y Adoratsky para cimentar la claridad de la identidad y de la diferencia entre lo esencial y lo aparente. Los "hombres nuestros" iban a ser comunistas esenciales pero liberales, o socialistas o anarquistas aparentes. Muchos de ellos trabajarían directamente con los Comités Centrales. Y como arquetipo de "hombre nuestro" se insinuó al comunista mexicano Vicente Lombardo Toledano, influyente personaje de la actividad sindical del país norteño".[24]

"Las grandes decisiones del Komintern para América Latina", agregaba Ravines, fueron: "insurrección en el Brasil, Frente Popular en Chile, exaltación nacionalista en México, formación de un partido gemelo de masas, partido de "hombres nuestros" en la Isla de Cuba".[25]

Cuba sería el laboratorio donde se ensayarían las dos tácticas a un mismo tiempo: la insurreccional de Manuilski y la del Frente Popular de Dimitrov.

Al terminar aquellas sesiones, permaneció Blas Roca en Moscú. Estuvo recibiendo un intenso adiestramiento político, mientras esperaba por la celebración del aplazado Congreso de la Internacional.

XII - LOS INTELECTUALES ROJOS. DETRACTACION DE MARTI.

Las consignas rojas se incubaban mejor, que en ningún otro sector, en el nido de "genios ignorados", tejido con la paja de las "ideas progresistas y revolucionarias".

¿Cuál era la calidad de esos "genios"? Camilo José Cela nos lo define con sin igual precisión. Nos dice que "si los entrecomillamos (a los "genios ignorados"), significaría tanto como mal humor, escasas ganas de trabajar y engañosa faz de sepulcros blanqueados". Eran "ese producto híbrido de incapacidad y manía persecutoria".

En esa sociedad de intelectuales "progresistas" y "revolucionarios" se abrigaban los aprendices de oradores que veían la oportunidad de conquistar posiciones políticas y de recitar algún que otro párrafo altisonante de Los Miserables. Charlaban y discutían de arte, de literatura, y sobre todo, de política. Se decían enemigos de las cosas hechas. Se consideraban, a sí mismos, de vanguardia. Competían verbalmente a ver quién era más radical. El arrojo palabrero encubría la timidez para la acción. Parecían tigres, aunque eran conejos. Capaces, por tanto, de roer, sin que se les sintiera, los baluartes de la cohesión social, amparo de la nación.

Ninguno protestaba de tales falsías. Por el contrario, se ayudaban entre sí a llevar sus máscaras de "revolucionarios" y "progresistas". Fue allí donde se consagró en forma más ostentosa lo que el gracejo criollo llamó más tarde, las "sociedades de bombos mutuos".

En medio de estos humos, propagábase, como el cáncer, las ideas más o menos marxistas de los escritores de avanzada, para convertirse, con el tiempo, en arsenal de argumentos y antología para los demagogos de la "revolución". De entre ellos surgió la idea de crear la "Sociedad Progresista Revolucionaria". Sería, andando el tiempo, el gérmen de "Unión Revolucionaria".

Al frente de tal grupo estaba Juan Marinello, quien dirigía la revista "Masas", en cuyo número 6 de 1935 publicó el artículo titulado "Lenin y Martí". Respiraba el espíritu corrosivo de los rojos. Era un escenario sacrílego contra los sentimientos patrios y pretendía ser, sin lograrlo, ariete contra nuestra historia.

El lenguaje del artículo era sibilino. En el fondo, procuraba presentar a Martí como "abogado de los poderosos", cuyo camino, según su dicho, era el de los traidores. He aquí el texto de este increíble pasaje:

"Quiso ser Martí abogado de los humildes y echar su suerte con los pobres de la tierra. Sus caminos le fueron traidores. Fue, sin saberlo ni quererlo, abogado de los poderosos. Hasta en lo concreto de su obra, vemos al negociante yanqui encendiendo su fuego evangélico para ganar, por su obra, en la República futura, un buen mercado a sus productos, para caer sobre la presa isleña con la capacidad técnica y financiera de su pueblo invasor".

Cuando se hubo conocido el artículo en el extranjero, provocó un temporal de protestas. Luis Alberto Sánchez acusó a Marinello de falsificar la historia en el capítulo "La dificultad de ser realista" de su obra "Vida y Pasión de la Cultura en América". Otras protestas aparecieron en la revista "Claridad" de Buenos Aires.

El artículo no provocó el escándalo que era de esperarse entre los cubanos porque muy pocos lo leyeron. Tan escasa era la circulación de la revista "Masas" en Cuba. No por eso quedó en el aire la infamia de Marinello. Alberto Arredondo la replicó en un artículo que tituló, con toda intención, La Dificultad de ser Cubano, el cual publicó la propia revista argentina.

A Marinello no le quedó más remedio que cantar la palinodia en el artículo "La dificultad de ser justo", que apareció en la revista **Claridad**, en mayo de 1935. La retractación fue solo en parte, pues, a la hora de explicar dijo que había sido "un simple intento de aclarar la postura martiense frente a la leninista". Y después añadió esta aviesa interpretación: "No eran el criterio ni el método martienses, sino los de Carlos Marx, los que debían ponerse en acción frente a nuestro grave caso nacional".

La conclusión no podía ser más perversa. La planteaba así:

"Las ideas políticas sustentadas por el cubano se afincaban en bases idealistas y en criterios superados, al paso que el marxismo, complementado genialmente por Lenin era la buena interpretación de la realidad que deben embrazar, mirando al futuro, los luchadores de hoy".

A tal grado de vileza habían llegado los intelectuales rojos en la patria de Martí.

XIII - FRENTE DE UNIDAD REVOLUCIONARIA.

El Gobierno de Mendieta había hecho jirones la imagen con la cual llegó al poder. El carácter del viejo Coronel Mambí se había volatizado. Muchos miembros de su Gobierno se habían dedicado al peculado; no obstante la honestidad personal del Presidente. La salida del ABC le había quitado al gobierno el último soporte a su mito revolucionario.

El horizonte estaba preñado de tormentas. Las huelgas no cesaban. Las bombas eran más frecuentes. Cualquier pretexto daba orígenes a demostraciones de calle, a las que se unían siempre algunos desocupados y granujas, comparsas de todos los alborotos populares. El tremendismo, en todas sus manifestaciones, era el lenguaje de protesta de la oposición.

El Gobierno no ponía obstáculos ¿qué digo?, daba alas a todo esto y hasta consentía las conspiraciones que amenazaban con derribarlo. Las organizaciones secretas de los revolucionarios, que apenas merecían tal nombre puesto que público y sabido de todos eran, cobraban bríos. El ambiente era propicio para los pescadores de río revuelto.

Los comunistas aprovecharon la situación en que se vivía para actuar de nuevo con impunidad. Se experimentó, momentáneamente, una especie de renacer rojo en el país. Mucho tenía que ver con esto el que se le atribuyeran a los comunistas gran parte de los hechos que ocurrían.

El Partido se sintió tan suelto que comenzó a editar el periódico **La Palabra** en sus talleres, Arrow Press, en el mes de febrero del 35. Su primer director fue el Dr. Pablo Carrera Jústiz. Después, lo sustituyó el poeta Andrés Núñez Olano.

No tardó mucho sin que el Partido procurara llevar a vías de hecho su ilusión dorada: el Frente de Unidad Revolucionaria. No era fácil, pues los revolucionarios nacionalistas sentían grandes recelos por los "revolucionarios" moscovitas.

El ABC puso toda clase de reparos. No quería a los comunistas ni de colaboradores.

Guiteras, sin embargo, era partidario de utilizarlos, al solo fin de combatir al gobierno.

Los comunistas, por su parte, acariciaban la idea de aprovechar la brecha táctica para tomar posiciones favorables a su estrategia. Fundábanse en la creencia de que el anti-norteamericanismo de Guiteras derivaría inevitablemente hacia una postura común a la por ellos mantenida, y confiaban, por sobre todo, en la influencia de Carlos Aponte, el viejo marxista venezolano que era por entonces el segundo de Guiteras.

Al fin, los estudiantes, tanto los del Directorio como los del Ala Izquierda, los auténticos, los guiteristas, los abecedarios y los comunistas se pusieron de acuerdo en un solo punto: derribar al Gobierno, que ya parecía más de Batista que de Mendieta.

XIV - LA HUELGA DE MARZO.

La Huelga Revolucionaria estaba convocada para el 9 de marzo. No era un secreto para nadie. Los Comités de Huelga trabajaban infatigablemente. Los cafés estaban convertidos en centros de conspiración. La explosión de las bombas y petardos era ya imprevisible en el tiempo y el espacio. Sus detonaciones parecían truenos que anunciaban la tormenta. Según pasaban los días, la situación se iba haciendo más oscura.

Llegó el 9 de marzo. La República amaneció sin transportes. Los empleados que pertenecían al ABC, en los departamentos de Hacienda, Gobernación y Obras Públicas, no concurrieron a sus oficinas. Los maestros no asistieron a sus escuelas. Los obreros estaban desavenidos, unos fueron y otros no a sus centros de trabajo. Las detonaciones de las bombas y petardos retumbaron más que nunca. Fue una mañana de incertidumbre y desasosiego.

El Ejército entró en liza con bríos descompasados. Se encargó de manejar los ómnibus y los ferrocarriles. Los soldados tomaron las oficinas del Estado y los edificios de servicios públicos. Parejas de recorrido exigieron a los comerciantes que abrieran las puertas de sus establecimientos. Detuvieron a cuantos dirigentes políticos y sindicales de la oposición pudieron aprehender.

En La Habana, el Coronel Pedraza se adueñó de la situación. La resolvió de una plumada. Dictó un bando, ordenando romper la huelga y prohibiendo salir después de las nueve de la noche. Quienes desafiaran la orden serían retenidos y si resistían, el mandato era matar. Cerraron todos los círculos políticos y sindicales. La represión fue violenta. Cundió el pánico. El terror fue indescriptible.

La huelga quedó acéfala. Los dirigentes estaban presos o escondidos. En el momento de la acción, por ninguna parte apareció la unidad del plan necesario. Las organizaciones revolucionarias quedaron desarticuladas. El movimiento fracasó. Dejó, empero, una ancha estela de persecuciones y muertes. Nadie se atrevió a continuar la rebelión. La consigna pareció ser la desbandada hacia el exilio.

No queremos pasar por alto, en este relato, lo que nos ha contado el entonces Inspector Auxiliar de la Policía de La Habana, Capitán Pedro Tandrón. Dice que en los registros efectuados descubrieron los archivos del Partido en una casa de la calle de Paula, cerca de la Estación de Policía de esa demarcación. Afirma que encontraron los documentos en los cuales se describían los planes del Partido: convertir a Cuba en una República Socialista Federativa Soviética. El Presidente del Presidium del Soviet Supremo de la República Federada sería Blas Roca. Según Tandrón, también ocuparon las listas de quienes serían los presidentes de los órganos administrativos y ejecutivos de los territorios provinciales, las regiones, las ciudades y los pueblos.

A tal grado habían llegado las ilusiones de los rojos de conquistar el poder. Eran por entonces, simples quimeras, pues no contaban con respaldo popular alguno. No tenían siquiera "cuadros" suficientes para ocuparse de la administración del país.

A la liquidación de la huelga siguió un período de rigor militar, lógica consecuencia de tanto tiempo de anarquía. Continuó la represión. El palmacristi se puso de moda. Se lo daban a quienes promovían alguna agitación o expresaban alguna inconformidad. El 8 de mayo cayó muerto Antonio Guiteras, en combate con fuerzas del Ejército, en el Morrillo, a las afueras de la ciudad de Matanzas, cuando se disponía a salir de Cuba.

El Gobierno se consolidó, a costa del terror de sus opositores.

XV - UNA VEZ MAS, AL EXTREMISMO RACIAL.

Una vez más incidió el Partido en el grave pecado de esforzarse en provocar una guerra racial en el país. Los tiempos no estaban para hacerlo a cara descubierta. Ni siquiera para usar el antifaz de una organización fachada. Solo se atrevieron a regar octavillas, sin pie de firma ni de imprenta, aprovechando que, por el mes de agosto, se organizaba una "Convención de Sociedades de Color".

El acto de mayor audacia, si así puede llamársele, fue la distribución de un manifiesto firmado por el inexistente "Comité Militar Pro Derechos del Negro en Cuba". Incitaba a los negros del Ejército a rebelarse contra los blancos.

Las intenciones no podían ser más perversas: quebrar la espina dorsal del cuerpo que mantenía el orden por esa época en Cuba. No andaban a tientas. Seguían el consejo de Lenin: "en romper la máquina burocrático-militar del Estado, se encierra, concisamente expresado, la enseñanza fundamental del marxismo..."[26] A lo cual añadían, los marxistas criollos, la toxina del radicalismo racial.

XVI - EL PARTIDO EN QUIEBRA.

El Partido quedó deshecho después de la Huelga de Marzo. Los cabecillas, en fuga o detenidos. Los círculos de la Confederación, cerrados. El periódico La Palabra, clausurado. El Semanario Resumen, que trataron de sacar después, también clausurado.

Blas Roca y Joaquín Ordoqui permanecían en Moscú. Aníbal Escalante salió de Cuba, con el pretexto de asistir a la VII Conferencia de la Internacional. Lo acompañó su hermano César, conocido por Fabián, con credenciales de la Liga Juvenil Comunista de Cuba, para representarla en el VI Congreso de la Internacional Juvenil. César Vilar, detenido a raíz de la huelga, se refugió en la Embajada de Inglaterra para marchar al exilio en la Unión Soviética. Ladislao González Carvajal y el camagüeyano Celestino Fernández, se dirigieron a Moscú con el anunciado propósito de cursar estudios sobre marxismo-leninismo.

¿Cuál era la situación general de Cuba en esos momentos? Vencida por Batista la Huelga de Marzo, vegetaba oscuramente la inconformidad en las organizaciones revolucionarias. El Gobierno, por su parte, había decidido darle una salida política a la situación. Convocó a elecciones generales. Promulgó una nueva Ley Constitucional que reproducía la de 1901, adicionándole las disposiciones correspondientes para el régimen provisional. El proceso electoral fue convulso. El coronel Mendieta renunció a la Presidencia el 10 de diciembre de 1935, acusado por el General Menocal de parciailidad en favor del candidato del Gobierno, Dr. Miguel Mariano Gómez. El titular de la Secretaría de Estado, José A. Barnet Vinajeras, lo sustituyó.

¿Y, cuál era la situación del partido? Desesperada. La crisis del treinta y cuatro había tratado de resolverla con una reorganización de sus cuadros. Pero cayó, de nuevo, en el sectarismo al subestimar la especial importancia de la burguesía nacional-reformista, que tiene una gran influencia sobre la pequeña burguesía, los campesinos y también sobre los trabajadores en América Latina, según la aguda observación que le hiciera la Internacional. De inmediato se precipitó en otro extremismo, una especie de comunismo anarquista. Después, rectificó. Ensayó el Frente de Unidad Revolucionaria. Soñó, una vez más, con la quimera de conquistar el Poder. El fracaso del nueve de marzo lo hizo despertar a la realidad.

Estas líneas de fracasos tras fracasos las cubren hoy con un discreto silencio o con algún que otro párrafo lírico que nada dice. Comentan, cuando más, algunas fabulosas hazañas, al estilo de los Amedises y los Palmerides, sin precisar hechos ni nombres. Es la forma de revelar una época de ilusiones febriles, de aventuras soñadas, de luchas contra gigantes y monstruos apocalípticos: el imperialismo y el gobierno, para ellos; la aprensión popular y los extremismos fallidos, para la historia.

1 Decreto Ley No. 276 de 27 de enero de 1943.
2 Decreto Ley No. 3 de 6 de febrero de 1934.
3 Decreto Ley No. 136 de 3 de mayo de 1934. Decreto Ley No. 450 de 28 de agosto de 1934 y Decreto Ley No. 57 de 2 de julio de 1935.

4 Decreto Ley No. 446 de 24 de agosto de 1934.
5 Decreto Ley No. 251 de 22 de mayo de 1934.
6 Decreto Ley No. 598 de 16 de octubre de 1934.
7 Decretos Leyes No. 592 de 16 de octubre de 1934 y No. 647 de 31 de octubre de 1934.
8 Decretos Leyes Nos. 650 y 660 de 6 de noviembre de 1934.
9 Decreto Ley No. 727 de 30 de noviembre de 1934.
10 Ley No. 148 de 7 de mayo de 1935.
11 José Elías Borges nació en La Habana en 1905. Comenzó a trabajar para los comunistas cuando estudiaba medicina en la Universidad de La Habana. Fue miembro del Directorio del 27, al igual qe sus camaradas Gabriel Barceló y Felipe Puentes. Salió del país, cuando lo expulsaron de la Universidad. Terminó su carrera en París. Allí fundó "Cuba Libre". Después, se trasladó a Bélgica, donde ingresó en el Partido Comunista y organizó el Grupo Julio Antonio Mella y una Sección de la Unión Latinoamericana de Estudiantes. De regreso a Cuba, trabajó con el Ala Izquierda Estudiantil y con el Partido. Fue uno de los líderes del Ala Izquierda de los médicos en la huelga de enero del 35. Al morir, su cadáver fue tendido en la Federación Médica y después en el Aula Magna de la Universidad de La Habana.
12 El Partido Bolchevique-leninista estaba integrado por Urbano Armesto, Luis M. Busquets, Roberto Fontanillas, Marcos García Villarreal, Joaquín Gassó, Carlos González Palacios, Sandalio Junco, Armando Machado, Carlos Padrón, Fermín Sánchez y Charles Simeón, según lo relaciona Mario Riera en el Apéndice 17 de su libro **Historial Obrero Cubano**.
13 Con lo cual reproducían una expresión de Lenin tomada de su libro ¿Qué hacer?
14 Gabriel Barceló y Gomila nace en La Habana el 9 de mayo de 1907. Estudia Bachillerato en el Instituto de La Habana. A los 17 años matricula Derecho Civil y Público en la Universidad de La Habana. Forma parte del Directorio Estudiantil. Es uno de los que firma el documento en el cual solicitan la renuncia del Rector y del Consejo Universitario, el 18 de abril de 1927. Es el documento que motiva el famoso Consejo de Disciplina de la Universidad. El 15 de junio de ese año, participa en unos disturbios en Matanzas, motivo por el cual lo detienen. El primero de mayo de 1928, en unión de varios comunistas, trata de disolver una manifestación obrera organizada por la Federación Cubana del Trabajo. Por este motivo, el gobierno lo deporta. Va a New York. Allí dirige el periódico "Cuba Libre". En una ocasión, es detenido por la policía, acusado de participar en desórdenes públicos. Después, se traslada a España. En 1930, regresa a Cuba. Lo nombran director de "Línea", "la hoja de batalla" del Ala Izquierda Estudiantil. El primero de mayo de ese año, participa en una manifestación organizada por los comunistas, que deriva en un motín. Es detenido y condenado a dos años de privación de libertad. Al salir de la prisión, viaja a España. Tan pronto cae Machado, regresa a Cuba. El 27 de noviembre de 1933 habla en el Mausoleo de los Estudiantes, a nombre del Ala Izquierda. Meses más tarde, el 3 de febrero de 1934, fallece en el Hospital Calixto García, víctima de una tuberculosis meníngea. Hoy los comunistas lo recuerdan en Cuba, como uno de sus "mártires".
15 La leyenda de agresividad, coraje y audacia que se había tejido en torno a Ordoqui, le valió el cargo para el que fue nombrado, Jefe del Comité de Acción. Iba desde la anécdota que lo situaba utilizando dos tranvías sobre la línea enjabonada, a manera de proyectiles, dirigidos, desde la Plazoleta de la Universidad, contra la policía; hasta la que lo pintaba, al estilo de Eróstrato, empeñado en incendiar el Presidio de Isla de Pinos.
16 Blas Roca, **Unidad contra el fascismo**, pp. 5 y 6.
17 **Ibid.**, p. 5.
18 Blas Roca, **Fundamentos del Socialismo**, edición de 1962, p. 63.
19 Discurso del Primer Secretario del Comité Central del Partido Comunista de la Unión Soviética, Nikita Jrushchov, ante el Vigésimo Segundo Congreso del Partido Comunista de la Unión Soviética el 27 de octubre de 1961, publicado en el periódico Revolución de La Habana el primero de noviembre, p. 6.
20 **Ibid.** El mismo Jrushchov sugiere veladamente que el asesinato de Kirov fue ordenado por Stalin o, al menos, encubrió a los verdaderos autores.
21 Historia del Partido Comunista (bolchevique) de la URSS, Compendio redactado por una Comisión del Comité Central del Partido Comunista (bolchevique) de la URSS, aprobado por el Comité Central del Partido Comunista (bolchevique) de la URSS, 1938, Ediciones en Lenguas Extranjeras, Moscú, p. 376.
22 The Worker, órgano oficial del Partido Comunista de los Estados Unidos, en su edición del domingo 10 de junio de 1956, p. 34, columna 1.
23 Eudocio Ravines, **La Gran Estafa**, México, 1952, p. 260.
24 **Ibid.**, p. 258.
25 **Ibid.**, p. 257.
26 V. I. Lenin, **Obras Completas**, t. XXV, Editorial Cartago, Argentina, p. 409.

CAPITULO IX
FRENTES POPULARES EN ACCION
(1936-1938

I - El Séptimo Congreso de la Internacional. II - Regresa Blas Roca y convoca un "Plenum" del Comité Central. III - Blas Roca en trajines de convencer. Su detención. Martín Castellanos lo reemplaza. IV - La guerra civil española. V - Con los estudiantes. VI - Cuando Blas Roca y Grobart salen de la cárcel. VII - El "Plenum" de la Unidad Revolucionaria. VIII - Unión Revolucionaria y los intelectuales. IX - Un "Plenum"... que sí fue Pleno: A) Informe de Blas Roca. B) Intervención de Aníbal Escalante. C) Charla de Grobart. D) Acuerdos. X - Gestiones de Unidad Revolucionaria. XI - Conversaciones con Batista. XII - Un "Plenum" sin ataques a Batista ni a los Estados Unidos. XIII - Primeros logros del acuerdo con Batista: A) En la política. B) En lo sindical. C) En la cuestión española. D) En la propaganda. XIV - Al Frente Popular con Batista. XV - Pretextos para la nueva política: A) Por la clase obrera. B) Por "los pasos progresistas de Batista". C) Por la República española. D) En definitiva, por interés del Partido.

I - EL SEPTIMO CONGRESO DE LA INTERNACIONAL.

La política del Frente Unido y del Frente Popular fue proclamada en el VII Congreso de la Internacional, cuyas sesiones se efectuaron en Moscú del 25 de julio al 30 de agosto de 1935.

Jorge Dimitrov, el dirigente búlgaro que emergió como héroe comunista cuando el proceso de Leipzig, por el incendio del Reichstag, tuvo a su cargo la explicación de la nueva estrategia. La misión era consecuencia de la decisión de escogerlo como Secretario General de la Internacional.

Blas Roca, testigo presencial, ha dicho, sobre el informe Dimitrov, lo siguiente:

"En el Séptimo Congreso de la Internacional Comunista, Dimitrov denunció al fascismo, le descubrió las raíces, lo expuso ante la faz del mundo, sin vestidura ni engaños, tal cual era de monstruoso, de sangriento, de terrorista. Los nacional-socialistas alemanes querían presentarse ante el mundo como los autores de una revolución. Se hacían llamar nacionalistas, pero no defendían, en realidad, los intereses nacionales, patrióticos, verdaderos, de la nación alemana. Se hacían llamar socialistas, pero de socialistas no tenían nada porque no representaban los intereses de los trabajadores, ni buscaban su elevación".[1]

El planteamiento de Dimitrov, para combatir al fascismo, se sustentaba sobre la vieja tesis de la unidad en la acción; pero exigiendo, como condición previa, la unidad de los trabajadores. Sus palabras, a este respecto, fueron éstas:

"La implantación de la unidad de acción de todos los sectores de la clase obrera, cualquiera que sea el Partido u organización a que pertenezcan, es necesaria aún antes de que la mayoría de la clase obrera se unifique para luchar por el derrocamiento del capitalismo y por el triunfo de la revolución proletaria. Es posible realizar esta unidad de acción del proletariado en los distintos países y en el mundo entero? Sí, es posible, y lo es inmediatamente. La Internacional Comunista no pone para la unidad de acción ninguna clase de condiciones, con excepción de una, elemental y aceptable para todos los obreros, a saber: que la unidad de acción vaya dirigida contra el fascismo, contra la ofensiva del capital, contra la amenaza de guerra, contra el enemigo de clase".[2]

¿Cómo se desarrollaría esa unidad en la acción? No siempre de la misma forma. Se requería tener en cuenta las circunstancias específicas de cada lugar. Dimitrov contestó así la pregunta:

"La realización concreta del frente único en los distintos países se efectuará de diversos modos y revestirá diversas formas, según el estado y el carácter de las organizaciones obreras, su nivel político, la situación concreta del país de que se trate, según los cambios operados en el movimiento obrero internacional, etc. Estas formas pueden ser, por ejemplo: acciones conjuntas de los obreros, coordinadas para casos determinados y por motivos concretos, por reivindicaciones aisladas o sobre la base de una plataforma general; acciones cooordinadas en determinadas empresas o ramas industriales; acciones coordinadas sobre un plano local, regional, nacional e internacional; acciones coordinadas para la organización de luchas económicas de los obreros, para la realización de acciones políticas de masas, para la organización de la autodefensa común contra los presos y sus familias, para luchar contra la reacción social; acciones conjunts para la defensa de los intereses de la juventud y de las mujeres; en la esfera de las cooperativas, de la cultura, del deporte, etc."[3]

Concretando aún más su pensamiento, agregó:

"Los comunistas y todos los obreros revolucionarios deben esforzarse por crear órganos de clase de frente único al margen de los partidos... La creación de órganos de clase al margen de los partidos es la forma mejor para realizar, ampliar y fortalecer el frente único en la misma base de las amplísimas masas".[4]

Por último, atacó la cuestión neurálgica: la posibilidad de llevar la táctica del frente único a sus últimas consecuencias, hasta el punto de compartir las responsabilidades de un gobierno con otros partidos antes del triunfo de la revolución proletaria. El tema lo desarrolló así:

"¿Qué sería de este gobierno? Y ¿en qué situación podría ser posible? Es, ante todo, un gobierno de lucha contra el fascismo y la reacción. Debe ser un gobierno formado como consecuencia del movimiento de frente único y que no coarte de ninguna manera la acción del Partido Comunista y de las organizaciones de masas de la clase obrera, sino al contrario, que tome enérgicas disposiciones dirigidas contra los magnates contrarrevolucionarios de la finanza y sus agentes fascistas. En el momento oportuno, apoyándose en el movimiento ascensional del frente único, el Partido Comunista del país en cuestión se manifestará por la creación de semejante gobierno, sobre la base de una plataforma antifascista concreta".[5]

El informe de Dimitrov abogaba, en síntesis, por suspender las consignas referentes a la lucha de clases y la dictadura del proletariado; renunciar a las viejas tácticas insurreccionales, salvo en casos de excepción, como el Brasil; coordinar planes de acción con los social-demócratas; colaborar con los pequeños burgueses y cooperar con la Liga de las Naciones. Todo guiado por una divisa: luchar contra el fascismo.

Los comunistas debían, por tanto, salirse de los límites del Partido y el sector obrero. Tratarían de avanzar, con audacia, a la conquista de posiciones políticas, para lo cual buscarían el concurso de todos y muy especialmente el de los intelectuales.

El Partido se apoyaría en las fuerzas de izquierda dentro de las entidades donde habría de ser conquistado el poder, se uniría con las fuerzas intermedias y asestaría duros golpes a las más obstinadas fuerzas reaccionarias, a fin de tomar el poder y consolidarlo después.

La idea era práctica y realista. El procedimiento, sutil y astuto. El duro adversario de la Unión Soviética, el nazi-fascismo, había entibiado las antiguas iras y sañas de los comunistas. Todos, más o menos, eran buenos para luchar bajo las nuevas banderas del "Frente Popular por la Paz y contra el Fascismo".

La nueva política era una urgencia de la Unión Soviética. Y los partidos comunistas del mundo la pusieron en práctica. Los agüeros, por demás, se les presentaban favorables.

II - REGRESA BLAS ROCA Y CONVOCA UN PLENUM DEL COMITE CENTRAL.

De vuelta a Cuba, encontró Blas Roca al Partido hundido en la clandestinidad. Vivía un mundo de sombras, donde las personas solo tenían nombres, y no precisamente el suyo, sin apellidos ni direcciones.

En seguida, Blas Roca reunió al Buró Político. Después, convocó un "Plenum" que, por cierto, no lo fue tanto. Muchos miembros del Comité Central estaban fuera. Otros, presos. Los más escondidos o pasando inadvertidos.

El "Plenum" fue breve. Se trataba de meditar sobre la nueva estrategia y cómo aplicarla en Cuba. Esto era todo. Bastante, por cierto, para quererlo despachar tan rápidamente.

Blas Roca abrió la sesión con la lectura de un extenso informe, el cual explicaba la tesis del frente unido y del frente popular.

Comenzó con un análisis de la situación internacional.

El mundo —dijo— está asistiendo a los primeros movimientos que habrán de culminar inevitablemente en el desencadenamiento de una nueva guerra imperialista de proporciones universales.

Alemania, Italia y Japón, —señaló— se han situado en la posición de Estados agresores. Alemania, al romper con un acto unilateral el tratado de paz de Versalles en marzo de 1935. Italia, al lanzarse sobre Abisinia en octubre de 1935, sin el menor pretexto desde el punto de vista del Derecho Internacional y haciendo caso omiso de las sanciones decretadas por la Sociedad de las Naciones. Y Japón, al introducir sus tropas en Manchuria, sin declarar la guerra y aprovechándose de incidentes locales, con lo cual asegura posiciones favorables para anexarse el Norte de China y atacar a la Unión Soviética.

Estas agresiones, afirmó Blas Roca, han creado tres focos de guerra en el mundo.

Los círculos gobernantes fascistas de Alemania, Italia y Japón, —continuó diciendo—, pueden realizar todas estas agresiones con absoluta impunidad, porque no hay un frente único de Estados "democráticos" contra las potencias fascistas.

Por el hilo de este razonamiento, llegó al ovillo de su interés: criticar a los gobernantes de los Estados democráticos, principalmente a "los círculos conservadores gobernantes en Inglaterra", por no unirse a los comunistas frente al enemigo común. Terminó el párrafo con una exhortación a luchar en favor de una política de unión "por la paz y contra el fascismo".

Después, tocó lo que estimaba el interés de los países democráticos ante el peligro alemán. Sería un error pensar, advirtió Blas

Roca, que la guerra que se avecina sólo amenaza a la Unión Soviética.

La ocupación de la zona del Rhin por el ejército de Alemania fascista, prosiguió, es una amenaza directa para Francia, Bélgica y y los demás países europeos. Los planes inmediatos de Hitler se dirigen a la anexión de los territorios vecinos habitados por alemanes. El fascismo alemán, consideró, también amenaza a Polonia, a a pesar de la alianza concertada con los actuales gobernantes. Ahora se trata de la "unión nacional de todos los alemanes"; pero mañana pasará a la guerra contra la Unión Soviética, "la patria de los trabajadores".

El examen del panorama internacional concluyó con una explicación de la política exterior de la Unión Soviética. Expresó que la Unión Soviética había ingresado en la Sociedad de Naciones, no obstante la debilidad de este organismo, porque servía de tribuna para desenmascarar a los agresores. También, añadió, es el principio de una unión internacional con la cual moderar los impulsos guerreristas de los Estados agresores.

Por último, señaló cuáles habían sido los pasos dados por la Unión Soviética "en favor de la paz". Los concretó en el pacto de asistencia mutua firmado con Francia en mayo del 35, contra un posible ataque de los agresores; el tratado que simultáneamente concertó con Checoslovaquia, y el pacto de ayuda mutua que acababa de firmar con la República Popular de Hungría.

Una vez que hubo terminado su explicación internacional, pasó a la cuestión nacional.

Entró en el tema con un análisis de las causas que habían determinado, según su criterio, el fracaso de la Huelga de Marzo. Lo atribuyó al recelo entre los sectores revolucionarios y a la debilidad política del movimiento obrero. Observó que la huelga había sido típicamente política y que los obreros no habían comprendido su trascendencia. Los obreros, enfatizó, aún están poseídos por un espíritu "economista" que es indispensable desarraigar. La experiencia nos enseña, indicó que es necesario ir a un trabajo político más serio en la base de los sindicatos.

Aquello le sirvió para soltar una serie de denuestos rabiosos contra Batista. Se deshizo en insultos e improperios. Lo acusó del asesinato de Enrique Fernández, Armando Feito, Antonio Guiteras, Carlos Aponte y otros. Afirmó que tras la represión sangrienta de la Huelga de Marzo, había quedado expedito el camino de la contrarrevolución, la cual avanzaba del brazo de Batista y de Caffery.

Examinó, de seguido, el proceso electoral. Puso énfasis en la abstención de buena parte del electorado. La atribuyó a la no participación de los partidos revolucionarios. Afirmó que Batista había impuesto a Miguel Mariano Gómez en la Presidencia de la República. Primero, dijo, rehabilitó al Partido Liberal. Creyó que con tres candidatos aseguraba el éxito del suyo, apoyado por dos partidos nacionales, el Nacionalista y Acción Republicana. Pronto comprobó su error. Entonces, despostuló por la fuerza al candidato Liberal, Carlos Manuel de la Cruz, y postuló a Miguel Mariano, también por esa columna. Solo así, con el voto acumulativo de tres partidos y utilizando a las fuerzas del Ejército, pudo derrotar al General Menocal. Terminó el análisis con una acotación: ello demuestra cuán escaso apoyo tiene Batista y su gobierno, pues ni siquiera los contrarrevolucionarios lo respaldan.

De ahí saltó al punto central de su informe: abogar por un frente unido de los trabajadores y por un frente popular de los partidos políticos oposicionistas, para luchar contra la dictadura de Batista en el plano nacional y contra el fascismo en el plano internacional.

En este frente único, continuó diciendo Blas Roca, caben todos los partidos revolucionariors, las organizaciones populares, sindicales, de mujeres, de negros, de estudiantes, de campesinos, de profesionales y hasta "las partes progresistas de los partidos llamados tradicionales".

Estas palabras, un tanto sibilinas, adquirieron una claridad desconcertante, cuando Blas Roca afirmó que de esa unidad para la acción no debían quedar excluidos Menocal ni Mendieta. Semejante declaración echaba por tierra sus escrúpulos anteriores de unirse a los políticos.

No todos aceptaron la tesis. Algunos pusieron objeciones. Fue necesaria la intervención de Grobart. Acudió en auxilio de Blas Roca, con argumentos leninistas extraídos del "Extremismo, enfermedad infantil del comunismo".

Grobart se pronunció contra el sectarismo. Afirmó que el comunista no es ni puede ser una persona orgullosa y soberbia, aislada del pueblo. El Partido, dijo, es vanguardia porque tras él marcha el pueblo, del cual es parte y del cual se diferencia sólo por su conciencia y por su capacidad para conducirlo a la lucha revolucionaria.

De ahí partió para conducirse por el laberinto de una difícil explicación sobre el objetivo que se proponía la nueva estrategia y sus modalidades tácticas, sobre la dirección del golpe principal y acerca de la fuerza fundamental que, dijo, seguía siendo el proletariado y los revolucionarios; aunque en la reserva, aclaró, cabían quienes apoyaron la línea trazada por el Partido.

Hubo un tácito acuerdo. Nadie osó discrepar.

Antes de terminar la sesión, se sometió a la consideración del Comité Central el caso, aún pendiente, de Jorge Vivó. Al fin, quedó fuera del Partido. Fue la víctima ofrendada por la nueva estrategia en el altar de las inmolaciones. Aquella quedó en silencio. Jorge Vivó marchó desengañado a México, sin protestar de nada.

Solo faltaba el consabido manifiesto. Lo titularon "Carta abierta a Mendieta". Era una panfleto contra Batista y un panegírico de la oposición. El tono era político. Las notas vibrantes de la revolución violenta se habían silenciado.

Una tal María, comunista norteamericana que después contrajo matrimonio con Severo Aguirre, fue la encargada de difundirlo.

El manifiesto provocó un gran revuelo. Muchos militantes del Partido no entendieron aquellos planteamientos. Les parecían de un cínico oportunismo pequeño-burgués. Nosotros no sabemos si era pequeño-burgués; pero, no cabe duda, era un cínico oportunismo.

III - BLAS ROCA EN TRAJINES DE CONVENCER. SU DETENCION. MARTIN CASTELLANOS LO REEMPLAZA PROVISIONALMENTE.

El Partido había renegado de sus prejuicios anteriores, sin que por ello obtuviera los objetivos esperados. Ni Mendieta ni Menocal respondieron al llamamiento. Tampoco los revolucionarios. Pero sobre éstos sí persistieron las gestiones.

Blas Roca estaba resuelto a cumplimentar lo acordado en el "Plenum". Comprendió la rigidez en el ánimo de quienes tenían que recoger el mensaje. El camino era difícil y lenta la consecución.

Las diligencias de Blas Roca tomaron tres rumbos: conversar con los militantes, para explicarles la nueva línea; establecer contactos con los personeros de la oposición, para gestar la aspirada unidad, y acercarse a los políticos "progresistas" del gobierno, para utilizarlos en objetivos concretos.

Blas Roca y Grobart no descansaban. Celebraban pequeñas reuniones aquí y allá. Andaban de un sitio a otro. Se esforzaban por ganar voluntades.

Blas Roca y Grobart estaban en una de esas reuniones, con la célula polaca de La Habana, cuando fueron detenidos. Tuvieron la suerte de no ser identificados. Sometidos a juicio, el Tribunal de Urgencia los condenó a seis meses de prisión.

No todos los comunistas corrieron la misma suerte. Cuando la policía dio con Lázaro Peña en la cárcel, lo identificó, inclusive, como Secretario General de la Confederación Nacional Obrera de Cuba, cargo que venía ocupando desde que César Vilar hubo salido del país. En marzo del 36, el Tribunal de Urgencia lo condenó a varios años de prisión.

La vida se le hacía cada día más difícil al Partido. Las pérdidas de "cuadros" dirigentes reducían su movilidad.

En medio de esta crisis, asumió Martín Castellanos el cargo de Secretario General. Al menos le dio colorido a la actuación comunista. Prosiguió las gestiones de unidad; pero, a su manera, con los revolucionarios.

Se movió sin cesar. Quería la unidad a toda costa. Dejó a un lado la cuestión obrera y concedió mayor importancia a la unidad política contra Batista, pensando en una posible acción revolucionaria que derribara al gobierno.

En estos trajines, incidió en un nuevo extremismo pecaminoso para el Partido. Se contagió del "chauvinismo" nacionalista que imperaba en el ambiente. Dejó constancia de esta desviación en un manifiesto, que firmó con el título de Secretario General, al tocar el tema de la Ley de Nacionalización del Trabajo, con el cual quiso halagar a los "revolucionarios auténticos".

Puso un pie en falso. Le sería, en definitiva, de funestas consecuencias.

IV - LA GUERRA CIVIL ESPAÑOLA.

El 18 de julio de 1936 estalló la sublevación militar en España. No bien hubo ocurrido, cuando el Presidente de la República, Manuel Azaña, designó al Presidente del Congreso, Diego Martínez Barrio, Primer Ministro de un Gobierno que debía formarse por él, a nombre de "la más templada zona republicana", previo acuerdo con el movimiento militar encabezado en un principio por el General monárquico Emilio Mola.

Martínez Barrio, desde Madrid, logró comunicación telefónica con Mola, que se hallaba en Pamplona al frente de los "Requetes" navarros, primeros grupos armados contra la República. Según aseguró Martínez Barrio en un mitin celebrado en "La Polar", de La Habana, la contestación de Mola fue textualmente la siguiente:

"Lo siento. Pero ya es tarde para evitar la guerra civil. Yo no soy el único organizador. Ni seré el máximo organizador de ella. Lo será el General Franco".

Del acontecimiento sacaron partido los comunistas en todo el mundo.

En España, consolidaron el Frente Popular. Para lo cual contaron con la complacencia del sector socialista de Largo Caballero.

En Moscú, se reunieron el Komintern y la Profintern el 24 de julio. Volvieron a reunirse en Praga el 26 de julio. En esta ocasión, la asamblea fue presidida por el jefe de las oficinas europeas de la Profintern, Gastón Mommonsseau, y contaron con la asistencia de varios delegados españoles, entre ellos Dolores Ibarruri (La Pasionaria) y Jesús Hernández.

La asamblea de Praga tomó el acuerdo de crear un fondo de mil millones de francos. Para administrarlo, constituyeron un comité integrado por Mauricio Thorez, Secretario General del Partido Comunista de Francia; Palmiro Togliatti, del Partido Comunista de Italia, José Díaz, Secretario General del Partido Comunista de España; La Pasionaria, y, de ser posible, Francisco Largo Caballero. La solidaridad se extendió a un propósito más activo, integrar una Brigada

Internacional con "trabajadores" extranjeros que dispusieran de armas, aviones y pilotos, de forma y manera que pudieran luchar independientemente.

A la orden siguió la acción.

Los comunistas de Cuba abrieron una oficina en New York, bajo la dirección del Partido Comunista de los Estados Unidos, con el fin de reclutar combatientes para la Brigada Internacional Abrahan Lincoln. Ordoqui vino especialmente de Moscú para hacerse cargo de la misma. Los cubanos integraron un grupo nutrido en la Brigada, algunos de los cuales eran comunistas y otros no.[6]

Los brigadistas eran embarcados a París, de donde se dirigían a España en ferrocarril. Con los gritos de "Muera el Fascismo", "Viva la Revolución", "Vivan los voluntarios de la libertad", y a los acordes de la Internacional, entraban en el escenario de la guerra.

No todos quienes marcharon a España lo hicieron para combatir como soldados. Mas una vez allí, muchos se vieron obligados a tomar parte en la guerra. Entre éstos, podemos anotar a Pablo de la Torriente Brau, quien murió el 19 de diciembre de 1936 en el frente de Majadahonda, municipio de la Provincia de Madrid, en El Escorial.[7]

En Cuba, no pudieron los comunistas aprovechar fácilmente el movimiento republicano, en un principio. Los españoles estaban divididos, unos eran partidarios de Franco y otros de la República. Estos, a su vez, estaban desavenidos, fundaron tres círculos: el Republicano, el de Izquierda Republicana y el Socialista. En éste fue donde se infiltraron los comunistas, hasta que llegaron a dominarlo.

Con el tiempo aprovecharon, y aún dirigieron, la corriente de simpatía que existía en Cuba por la causa republicana. De esta forma, se apropiaron del mito de la República, al convertirlo en propio.

V - CON LOS ESTUDIANTES.

Los comunistas se habían replegado en la Universidad. Sólo trabajaban en fracción y a título de luchadores estudiantiles. Con lo cual podían estar presentes en cuanto les conviniera.

Así, no resultó extraño que Ladislao González Carvajal, ya de regreso a Cuba, y Carlos Rafael Rodríguez, figuraran entre los cinco miembros del Comité Estudiantil de la Universidad de La Habana que depuso ante la Comisión Especial de la Cámara de Representantes encargada de dictaminar sobre el proyecto de Ley Docente.

Corrían los tiempos en que los jóvenes revolucionarios, con sentimientos nacionalistas, dominaban la situación en la Universidad. Lamentablemente, una pasión dañosa comenzaba a clavarse en el corazón de algunos de ellos. Era la que representaba "la desviación del espíritu universitario hacia los procedimientos de la acción directa", según la atinada observación de Rómulo Gallegos en su novela "La Brizna de Paja en el Viento".

Estos revolucionarios universitarios llegarían a dominar por un tiempo la plaza, impidiendo, de paso, que los comunistas pudieran levantar cabeza en la Universidad.

Mientras tanto, se abría una nueva perspectiva para el Partido en los quince nuevos centros de enseñanza secundaria que el gobierno acababa de inaugurar. Los comunistas los invadieron, con jóvenes, casi adultos, de la Liga Juvenil.

Traían un mensaje esquemático y simplista, que cerraba el juicio político, con la alternativa siguiente: o izquierdas o derechas.

Lo primero que hicieron fue fundar el "Ala Izquierda". En este frente estudiantil amalgamábanse los jóvenes que presumían de "guiteristas" o revolucionarios "auténticos" con los comunistas. La mejor cantera la encontraron entre quienes habían interrumpido sus estudios de secundaria con motivo de la crisis política por la que había atravesado el país.

El Ala Izquierda jamás se presentó en los nuevos Institutos como simpatizante de la causa roja. El solo anuncio de la militancia marxista hubiera sido suficiente para recibir el repudio general de la masa estudiantil. El canto de sirena, con el cual cautivaban a los alumnos, fue la tonada izquierdista, la de ser revolucionarios y defensores de la República española.

Se les enfrentaron los jóvenes abecedarios y los recién egresados de los colegios católicos de enseñanza primaria. Y como siempre, salió a relucir el marbete de "fascistas" y, cuando menos, de "falangistas" o "derechistas".

El camino, de consiguiente, no estaba libre de escollos. Las elecciones estudiantiles tomaron las características de verdaderos eventos comiciales. Llevaban los alumnos a votar en automóviles, con telas que anunciaban el grupo a que pertenecían. Surgieron los inevitables grupos de acción. Con frecuencia estallaban los incidentes callejeros. En algunos se cruzaron disparos de armas.

La intimidación fue uno de los medios utilizados por los "rojos" para tratar de imponerse a toda costa. La valentía que les faltaba en la Universidad, pretendieron desplegarla contra los jóvenes, casi niños, que se les oponían en los Institutos.

Los rojos solían aprovechar los actos del 30 de septiembre y el 27 de noviembre para plantear sus consignas políticas. Los oradores centrales de sus actos, en el interior de la República, eran Leonardo Fernández Sánchez, Elías Entrialgo, Salvador García Agüero, Severo Aguirre y Sergio Aguirre. Estos no eran hermanos, aunque sí comunistas.

En resumen, fallidos los propósitos rojos en la Universidad, ensayaron los comunistas sus tácticas de unidad con las izquierdas en torno a consignas concretas de agitación con los estudiantes de secundaria. Para lo cual llegarían a estimular la náusea de la pubertad: el afán de mandar en el país. Tras estos trabajos quedaba siempre alguna simiente: el resabio izquierdista, la palabrería rojiza y, de vez en cuando, algún que otro universitario con ideas o, al menos, sentimientos marxistas.

VI - CUANDO BLAS ROCA Y GROBART SALIERON DE LA CARCEL.

Cuando Blas Roca y Fabio Grobart salieron de la cárcel, se encontraron con que el Partido se les había ido de las manos. En la dirección, Martín Castellanos se había sobrepasado. En la base, reinaba la anarquía. Cada cual interpretaba la nueva táctica a su manera, por lo que cada quien actuaba por su cuenta.

El Partido había estado representado en la Conferencia de Frente Unido celebrada en Miami a raíz de la crisis política que culminó en la destitución del Presidente de la República, Miguel Mariano Gómez, por el Congreso, bajo la presión del Coronel Batista.

En la Conferencia estuvieron presentes el Partido Revolucionario Cubano Auténtico, Organización Insurreccional Auténtico, el ABC, Joven Cuba, Legión Revolucionaria, Izquierda Revolucionaria y Organización Revolucionaria Cubana Anti-Imperialista.

Grau propuso fundar un partido único con los sectores afines. Los comunistas de Martín Castellanos defendieron la idea con calor. No advirtieron el ardid de Grau, de acuerdo con el cual quedarían diseminados.

Cada sector, revolucionarios nacionalistas los unos, socialistas los otros, quienes marxistas y quienes bolcheviques, poseía un concepto distinto de la unidad y todos, por su cuenta, aspiraban a controlarla. Menos divididos en los sentimientos de lo que sí lo estaban a la hora de la unidad, todo aquello desembocó en un rotundo fracaso.

Martín Castellanos había dejado una huella nociva a los intereses del Partido en aquellas gestiones. Había aplicado mal la nueva estrategia. Su audacia unitaria, sus inclinaciones "chauvinistas", sus afanes insurreccionales se los anotó Blas Roca en el debe. A la hora del balance, el déficit de Martín Castellanos se tradujo en su irradiación del Partido.

VII - EL "PLENUM" DE LA UNIDAD REVOLUCIONARIA.

Blas Roca y Fabio Grobart decidieron convocar a un "Plenum"... no muy pleno, para resolver la crisis por la que atravesaba el Partido. El propósito: reconsiderar la tesis de la unidad y depurar a Martín Castellanos con todos sus seguidores.

Convocaron para tratar de la unidad y expulsaron a quienes habían luchado por ella con absoluta sinceridad. ¡Siempre la misma historia!

El informe de Blas Roca fue breve. No tanto que llegara a prescindir de una introducción sobre problemas internacionales, pasar después a la cuestión teórica y llegar entonces al punto de su interés.

En la introducción revistó los acontecimientos internacionales desde el mirador soviético. Acusó a Italia y a Alemania de haber instigado la sublevación militar en España. Es el primer paso, barruntó, de la ofensiva internacional del "eje Roma-Berlín". Es parte integrante, añadió, del pacto "anti-Komintern".

Tales postulados le dieron base para lanzar sus saetas contra "la pandilla pro-fascista de los conservadores ingleses" que defendían la no intervención en España. Irritado, exclamó:

—La lucha del pueblo español tiene un alcance internacional.

El mayor entusiasmo lo desplegó cuando anotó los éxitos cosechados por los frentes populares en Francia y España. Rotundo y categórico, afirmó:

—El frente popular español ha salvado a la República—.

Se detuvo para exaltar al Partido Comunista de España. Señaló que luchaba por unir al proletariado y por agrupar a todas las fuerzas populares en el combate contra la reacción y el fascismo.

Con los argumentos extraídos del acontecer internacional, pasó a demostrar sus ideas sobre la cuestión nacional.

Un párrafo tribunicio le sirvió para ratificar su tesis de la unidad revolucionaria en Cuba contra la reacción, encarnada por Batista, y contra el fascismo representado por Pepín Rivero. Insistió en la necesidad de trabajar en la base de los sindicatos y organizaciones populares con espíritu, según dijo, de solidaridad internacional.

Tocó el problema del "chauvinismo". Tenía la mira puesta en fundamentar la acusación contra Martín Castellanos.

De inmediato, pasó a otro punto: la necesidad de un "Partido netamente proletario".

Repitió los viejos estribillos marxistas. Sentenció, más o menos, de esta manera:

Solo el proletariado es una clase verdaderamente revolucionaria.

Encareció, con frases vehementes, la urgencia por despertarle la conciencia de clase dotarlo de sentido político y organizarlo para la lucha.

Recordó la expresión del Manifiesto Comunista:

—"Los proletarios no pueden perder más que sus cadenas. Tienen, en cambio, mucho que ganar".

La conclusión, vino como caída de la mata:

—Es imprescindible organizar a los obreros y que éstos puedan contar con un Partido de clase: el Partido Comunista.

Después de un impetuoso apóstrofe contra Batista, criticó la falta de unidad revolucionaria. La atribuyó al espíritu anarquista y a los intereses que abriga la mentalidad pequeño burguesa de quienes se titulan revolucionarios.

Distinguió entre los burgueses revolucionarios y los obreros, para decir:

—La pequeña burguesía está muy lejos de procurar la transformación de toda la sociedad. El obrero, en cambio, siente como nadie la idea del marxismo-leninismo.

Parecía que iba a proseguir con un ataque más a fondo contra los revolucionarios pequeños burgueses, cuando detuvo el curso de su peroración. Le bastó con dejar sentados los argumentos con los cuales solicitar la expulsión de Martín Castellanos.

En un párrafo, que tal parecía un repliegue, salvó de sus dardos a la pequeña fracción de la burguesía que se adhería a la clase revolucionaria, principalmente aquella parte de los intelectuales que adoptan, según expresó, la causa del proletariado porque aman el progreso y comprenden el movimiento de la historia. Estaba tratando de exceptuar a los miembros de Unión Revolucionaria.

Dejó para el final lo que era el verdadero objetivo del "Plenum". Abogó por organizar a los campesinos en la lucha por sus demandas, por "retirar la propaganda abstracta sobre el "derecho de auto-determinación', que traía grandes confusiones en el movimiento negro, y por fijar el centro de la lucha en reivindicaciones concretas más urgentes. Era un ataque directo contra la vieja tesis de Castellanos, que hablaba de la "auto-determinación negra". Propuso entonces la expulsión de Martín Castellanos, Chelala Aguilera y otros. Los acusó de "chauvinismo", extremismos ultra-izquierdistas y desviaciones pequeño-burguesas.

Al terminar Blas Roca, intervino Fabio Grobart. Fue parco y sobrio. Abordó con claridad el tema de la organización del Partido. De entrada, dejó sentado un hecho obvio:

El Partido trabaja al margen de la legalidad. Necesita, por tanto, de una organización democrático burguesa que pueda actual legal-

El Partido, indicó, debe ser de y para los obreros. Para ello es necesariro promover cuadros dirigentes de extracción proletaria.

Puntualizó una serie de cuestiones sobre organización e insistió en la calidad de los cuadros y en la disciplina. Martilló sobre la independencia política y de organización del Partido. No se refería, desde luego, a la independencia de Moscú, sino al hecho de mantener su independencia de movimiento en el rejuego nacional, para mejor subordinarse, decimos nosotros, a la dependencia de Moscú.

En la organización democrático revolucionaria, aclaró, debían reunirse los revolucionarios progresistas y de izquierda, sin tener en cuenta la extracción clasista. Solo ellos, señaló, pueden levantar en este momento nuestras consignas de lucha. Se refería, sin duda, a Unión Revolucionaria.

Después de estas intervenciones, no se necesitó mucho tiempo para convencer a los reunidos. Acordaron las depuraciones propuestas y resolvieron luchar por un frente único con los obreros y por un frente popular con los revolucionarios.

La tesis de ambos frentes se desarrollaría con la alternativa de la uno o lo otro: Con Batista y contra los comunistas o contra Batista y con los comunistas; con el fascismo y contra los comunistas o contra el fascismo y con los comunistas. No cabía, según ellos, estar contra Batista y contra el fascismo y estarlo también contra los comunistas. Este era su peculiar planteamiento alternativo. Y con él se lanzaron a reclamar la unidad sin exclusiones de quienes estaban contra Batista y contra el fascismo.

VIII - UNION REVOLUCIONARIA Y LOS INTELECTUALES.

Un estallido de producciones literarias, con evidente sentido político, conmovió el ambiente intelectual del momento. Las novelas "Ciénaga" de Luis Felipe Rodríguez, y "Contrabando" de Enrique Serpa; en teatro, "La Recurva" de José Antonio Ramos; poesías de Guillén y Pedroso; cuentos, de Ibarzábal y Montenegro, y crónicas de viajes, como "URSS, un ensayo ruso" de Ramón Vasconcelos, recogían las ideas del tiempo que trabajaban reciamente en la conciencia nacional.

Los privilegios de los de arriba y la pobreza de los de abajo inspiraron una impresionante literatura de protesta contra lo existente. Algunas de aquellas producciones estaban imbuidas de nobles sensentimientos de justicia. Las más de ellas, sin embargo, al sentimiento de protesta, unían la envidia, el rencor, la cólera y la soberbia, con cuyos hilos tejían el lirismo humanitaria de sus personajes.

Entre los escritores políticos de entonces se discutía con gran pasión acerca de las olas de ideas extranjeras que invadían el país. Como escribir en defensa de las ideas de izquierda era el camino más seguro de obtener aplausos, y con ellos fama y compensación, la mayoría estaba por las izquierdas.[8]

De entre esos escritores, hubo uno que llamó poderosamente la atención, el Senador por el Partido Liberal, Ramón Vasconcelos. No obstante su militancia política tan dispar con las ideas rojas, fue conquistado por los comunistas para realizar un viaje por la Unión Soviética y después convirtióse en repetidor de muchos de los estribillos de la propaganda comunista.

Vasconcelos se definía, a sí mismo, como "un pequeño burgués que había ido a la URSS, espoleado por una curiosidad intelectual y por un sentimiento de solidaridad humana.[9] Aquel sentimiento lo llevó a presentar el "ensayo ruso" de manera grata a las mentalidades pequeño burguesas. Lo describía así: "Ni infierno ni paraíso. Un mundo nuevo para una mentalidad nueva".[10] "Lo que (agregaba) me hace inclinar ante ella con simpatía".[11]

La conducta del versátil Vasconcelos era índice de cómo la ola revolucionaria o demagógica se empinaba más alta que nunca entre los intelectuales que se llamaban, a sí mismos, progresistas. Aquella caterva de intelectuales, tenían sus entrañas mordidas por los anhelos insatisfechos, por la lealtad a la rebelión contra los usos y costumbres y por una especie de masoquismo social que dejaban traslucir en sus escritos. Por donde venían a ser, en no pocas ocasiones, partidarios de las ideas rojas. Las semillas que esparcían, habrían de convertirse, con el tiempo, en germen de muchos de nuestros errores y desaciertos.

El Partido obtuvo copiosa mies entre muchos de aquellos intelectuales con la estratagema de Unión Revolucionaria. Allí cayeron cuantos incautos simpatizaban con las consignas del Partido en su nueva política. El blanco principal de sus flechas eran los intelectuales, sobre quienes se lanzaron con el mismo afán del cazador por cobrar la pieza. El señuelo era la libertad y los principios humanitarios. Y la música que los cautivaba, el elogio interesado, el financiamiento de sus creaciones o los viajes al extranjero.

Bajo diversos nombres, ninguno de los cuales aludían al comunismo, fundaban asociaciones y periódicos que servían para penetrar sus ideas en medios que de otro modo no les serían fácilmente accesibles.

La idea de Unión Revolucionaria era unir a los revolucionarios. De ahí su nombre. El propósito enunciado, combatir al fascismo, en lo internacional, y a la reacción, en lo nacional, que, según ellos, estaba defendida por "la dictadura de Batista".

Juan Marinello[12] fue el escogido para presidir Unión Revolucionaria, y Salvador García Agüero[13] para ocupar la Vicepresidencia.

La "Hermandad de Jóvenes Cubanos" tomó el nombre de "Asociación de Jóvenes del Pueblo", para convertirse en la organización Juvenil de Unión Revolucionaria, paralela a la Liga Juvenil del Partido. Eladio León fue el Presidente.

La Liga Anti-Imperialista también se adaptó a la nueva estrategia. Dejó de tener un matiz sectario y Enrique Labrador Ruiz, conocido novelista y escritor, fue el encargado de presidirla.

Nicolás Guillén[14] comenzó a publicar, con el título de director, el semanario "Mediodía", donde se expresaban ideas comunistas, sin parecer que lo eran. El Consejo de Administración estaba integrado, además, por Carlos Rafael Rodríguez, como sub-director, y por Juan Marinello y José Antonio Portuondo, que también colaboraban con frecuencia.

De esta forma, desdoblaron los comunistas sus actividades. Por un lado, el Partido se mantenía al margen de la legalidad. Por el otro, Unión Revolucionaria, la organización "demócrata-revolucionaria", actuaba legalmente. Cada uno con su modalidad organizativa; pero ambos con un objetivo común: la unión de los revolucionarios contra Batista y el fascismo.

Eran dos sendas que nacían de un mismo lugar. Parecían que se apartaban la una de la otra. El Partido se encargaba del Frente Unico Proletario y Unión Revolucionaria del Frente Popular Anti-Fascista. Pero ambas tácticas conducían al mismo sitio: servir a Moscú.

IX - UN "PLENUM"... QUE SI FUE PLENO. A) INFORME DE BLAS ROCA. B) INTERVENCION DE ANIBAL ESCALANTE. C) CHARLA DE GROBART. D) ACUERDOS.

El Plenum anterior había levantado una tempestad de protestas en las filas del Partido. Los acuerdos no eran fáciles de cumplimentar. La empresa estaba erizada de dificultades, pues los militantes no acababan de entender la nueva línea política.

En algunas localidades, señaladamente en Guantánamo y otras de menor importancia en la provincia oriental, la incomprensión se había trocado en rebeldía. La había provocado, más que nada, la erradicación de Martín Castellanos.

El Buró Político del Partido se vio en la necesidad de convocar a otro "Plenum", más pleno, con el fin de conjurar la crisis. Se efectuó en la finca del Representante a la Cámara que controlaba el juego en La Habana, José Manuel Castillo. Estaba situada en Managua, con entrada por Cuatro Caminos, si se iba por la Carretera Central, y por cerca del Cuartel de Managua, si se iba por Mantilla.

Unos cien delegados, procedentes de todo el país, se acomodaron en la finca. Al llegar, les entregaban abundante material de lectura. Había de todo lo que pudiera relacionarse con la visión política que planteaba la nueva línea. Sobresalían los discursos de Mao y los pronunciados por Dimitrov en el VII Congreso de la Internacional. Mucha propaganda contra el fascismo. No menos abundantes eran los folletos que exaltaban al "Ejército Popular Chino", al cual situaban, en unos gráficos, cerca de la frontera soviética, invadiendo Manchuria, en poder de los japoneses, dibujado con unas flechas que parecían tenazas.

Más que un "Plenum" fue un verdadero seminario, cuyas sesiones duraron una semana.

Los papeles principales estuvieron a cargo de Blas Roca, Fabio Grobart y Aníbal Escalante, quien acababa de regresar de la Unión Soviética.

A) Informe de Blas Roca.

La primera sesión la consumió el informe de Blas Roca.

Comenzó, como siempre, con un análisis de la situación internacional.

Se movió, especialmente, por España. Pronunció un verdadero ditirambo en loor a los triunfos logrados por el frente proletario y el frente popular. La Confederación del Trabajo Unitaria y la Unión General de Trabajadores, dijo, llegaron a un acuerdo, tras largas conversaciones en febrero de 1935.

A fines de ese año, añadió, se crearon comités de enlace entre el Partido Comunista y el Partido Socialista en toda España.

En enero del 36, exclamó, al fin se procedió a formar el Frente Popular, en el cual entraron el Partido Comunista, Socialista, Unión General de Trabajadores, Izquierda Republicana, Unión Republicana, Partido de Esquerra Catalana y otras organizaciones más.

Afirmó que la sublevación del 18 de julio respondió a un plan de Alemania e Italia para ocupar a España. De donde sacó la conclusión de que la guerra española tenía un alcance internacional. Con la misma, tronó contra la "política traidora de no intervención", amparada en el pretexto de que la guerra de España era un conflicto interno.

Todo aquello se encaminaba a proponer la solidaridad con "el heroico pueblo español", eufemismo que empleó para no decir la solidaridad con el Partido Comunista de España.

El exordio internacional terminó con una referencia a los esfuerzos de la Alianza Nacional Liberadora en el Brasil y con otra en la que exaltaba la iniciativa del Partido Comunista de China, "empeñado en crear el más extenso frente único anti-imperialista contra el imperialismo japonés y sus agentes chinos". Fue la base para proponer un saludo fraternal al "heroico Ejército Rojo de China".

Atacó entonces al tema nacional.

Distinguióse por la animosidad contra Batista. Mencionó, a su manera, la represión contra las organizaciones revolucionarias y la falta de garantías políticas. Citó la destitución del Presidente de la República, Miguel Mariano Gómez, para demostrar que "el Congreso era un instrumento de la dictadura de Batista". Aclaró en seguida que tan espureo como el Congreso era el Presidente Gómez. Para colmo, exclamó, el Vice Presidente que ahora ocupaba el cargo de Presidente, Federico Laredo Bru, es un genuino representante de lo peor de la reacción cubana.

Este cuadro sombrío, que Blas Roca pintaba ajustándolo al marco de su interés, le sirvió de fundamento para llamar a la unidad de las fuerzas revolucionarias.

Luego, entró en el análisis de las gestiones de unidad. Precisó sus límites, al indicar que sólo se refería a la unidad de acción. Remarcó la importancia de conservar la independencia política y de organización del Partido. Era, sin duda, una clara alusión contra Martín Castellanos.

En plano de auto-crítica del Partido, que era más bien una crítica contra quienes habían sido expulsados, se pronunció Blas Roca contra el "sectarismo", el "seccionalismo", el "putchismo", "el chauvinismo" y los "extremismos". Terminó con una censura del "ultra-democratismo", con la cual aludía a quienes estimaban que Martín Castellanos había sido juzgado inconsultamente.

El "ultra-democratismo", dijo, daña y hasta resquebraja la organización del Partido y debilita e incluso destruye su capacidad combativa. Lo cual, añadió, imposibilita cumplir las tareas de lucha. Sobre todo, recalcó, "cuando es necesario trabajar en la clandestinidad".

En tono un tanto agrio, agregó:

El "ultra-democratismo" tiene su origen en la aversión individualista de la pequeña burguesía a la disciplina. Estos conceptos, sentenció, son incompatibles con las tareas de lucha del proletariado.

Después, entró en lo que era propiamente una autocrítica del Partido. Discurrió sobre el bajo nivel político de algunos "cuadros" dirigentes. Insistió, una vez más, en la necesidad de "proletarizar al Partido".

Antes de concluir, mencionó cuanto podía esperar el Partido de la ayuda de los "intelectuales progresistas" que se identificaban con la causa del proletariado. Referíase, al papel de Unión Revolucionaria.[15]

B) Intervención de Aníbal Escalante.

En una de las sesiones subsiguientes, explicó Aníbal Escalante la tesis de los frentes populares aplicada a Cuba.

El nudo de su argumentación partía de esta premisa:

Batista es el "hombre fuerte".

La segunda premisa expresaba:

Solo con la unión de todos podemos concentrar fuerzas suficientes para derrotarlo.

De donde extraía esta conclusión:

Crearemos la crisis política cuando derribemos al enemigo más fuerte con sus propios aliados de clase, de la cual sacaremos la ventaja, por lo menos, de acercarnos al poder.

¡Esto no es oportunismo!, exclamó.

Para demostrarlo, entresacó cuantos argumentos "dialécticos" había almacenado durante su estancia en Rusia.

Es necesario distinguir, dijo, entre el oportunismo de derecha y el de izquierda.

El oportunismo de derecha, fijó Escalante, es el que aspira a integrar un gobierno de alianza con los partidos pequeños burgueses en cualquier situación. Esto solo puede plantearse cuando exista una crisis política en la cual el Partido pueda movilizar a las masas para radicalizar la crisis y hacer avanzar la Revolución.

El oportunismo de izquierda, continuó con tono dogmático, sólo admite la formación de un gobierno obrero, después de derrocar a la burguesía mediante la insurrección.

Ambas posturas son falsas, sentenció.

De pronto, soltó una exclamación: —¡Estamos en presencia de una grave crisis política!

La describió, con un sabor amargo. Tal parecía que dibujaba la apocalipsis de la cubanidad. El culpable, por supuesto, era Batista, quien, según él, capitaneaba la contrarrevolución.

La emprendió, abruptamente, contra los ultra-izquierdistas, para quienes tuvo frases de sarcasmo y de insolencia. También contra los "blandengues".

En medio de este fuego por dos bandas, se abrió camino hacia su objetivo.

Es necesario marchar de inmediato a la creación de organismos de clases de frente único al margen del Partido. Esto nos permitirá impulsar a las masas en la lucha contra la ofensiva del capital, la reacción y el fascismo.

Tras este arranque emotivo, adornado con la palabrería roja, fue al nudo de la cuestión.

Sólo así podremos ir a la alianza con los partidos de la burguesía. Sólo así, prosiguió, podremos obligar a los partidos revolucionarios a integrar un frente unido con nosotros. Y sólo así, nosotros estaremos en mejores condiciones que nadie para avanzar y hacer avanzar la revolución.

Ya en el plano oratorio, terminó de esta manera:

—Ni la táctica de los oportunistas de derecha, que proclaman la formación de un bloque a base de combinaciones y rejuegos políticos. Ni la táctica de los oportunistas de izquierda, que gritan: Coaliciones con nadie. Por la táctica correcta: la unión de todos contra la dictadura de Batista, para desencadenar la crisis política que nos permita entonces empujar la Revolución hacia adelante.

C) **Charla de Grobart.**

Fabio Grobart disertó sobre la organización en otra de las sesiones. Desarrolló el tema con gran precisión y sentido práctico. Examinó las debilidades del Partido y de cada una de sus "organizaciones de masa". A todas les imputó el vicio del sectarismo. Y proclamó la necesidad de ampliar "los organismos de masa".

El Partido, dijo, ha de conservar su composición proletaria; pero necesita trabajar con un espíritu más abierto. Sólo así podremos lograr la unidad, tanto en el frente unido proletario como en el frente popular político.

Analizó los escollos que se presentaban en el camino debido a los recelos de los demás. Los atribuyó a los perjuicios, a las ideas inculcadas y divulgadas por las clases económicas dominantes, por el imperialismo y el capitalismo en nuestro país.

De ahí que señalara la conveniencia de que otros plantearan las ideas sobre la unidad y el Partido entonces los respaldara. Esto, agregó, donde se ve más claro es en el frente político.

Grobart fue tocando punto por punto las debilidades en cada uno de los frentes de lucha.

El movimiento obrero ha logrado algunos avances, manifestó. Pero es necesario luchar contra el "espíritu economista" que aún prevalece. Aconsejó mayor atención al trabajo político, sin descuidar el trabajo propiamente sindicalista.

Analizó la cuestión estudiantil. Los estudiantes, precisó, sólo serán útiles para los trabajos de agitación. Y recomendó la transformación del Ala Izquierda en un organismo de célula que facilitara el trabajo en fracción.

Al referirse a la Liga Juvenil, dijo que estaba convertida en un organismo sectario, desligado de la masa. Afirmó que la Liga no es el Partido Comunista en la juventud. Su misión, indicó, es organizar y unificar a la generación de jóvenes trabajadores y después, marchar a la unidad de las organizaciones no fascistas de masas juveniles, para luchar por más derechos económicos y culturales para la juventud. Esta es la única forma de ganarla para el frente antifascista.

Llamó la atención sobre la debilidad en el trabajo con las mujeres. No puede existir una lucha eficaz contra el fascismo y la guerra, expresó Grobart, si no se cuenta con grandes masas femeninas. Es necesario que las mujeres comunistas trabajen unidas con otras organizaciones femeninas a fin de atraerlas a un frente popular anti-fascista.

Terminó con un llamamiento a los miembros del Partido para que trabajaran, libres de sectarismo, pues el movimiento revolucionario, recalcó, requiere una amplia y flexible política de alianzas para hacer frente a los grandes peligros del momento, el fascismo y la reacción.

D) Acuerdos.

Durante una semana se había hablado, discutido, aclarado, vuelto a hablar, discutir y aclarar. Solo faltaba escuchar las conclusiones previamente redactadas por el Buró Político.

En ese momento, de gran euforia, nadie discutió nada. Todos estuvieron de acuerdo en solidarizarse con "la lucha del pueblo español"; saludar al Ejército Rojo de China; condenar el sectarismo y las desviaciones pequeño-burguesas; elevar el nivel político de los cuadros dirigentes; intensificar las tareas de unidad en los sindicatos, y no descansar hasta dejar constituido un frente popular contra el fascismo y la reacción.

Un aplauso cerrado ahogó la voz de Blas Roca al terminar de leer la última resolución.

La crisis se había superado. El Partido seguía en pie. Se encargaría del Frente Unido Proletario. Mientras, Unión Revolucionaria levantaría el gonfalón del Frente Popular Anti-Fascista.

X - GESTIONES DE UNIDAD REVOLUCIONARIA.

Unión Revolucionaria tomó a su cargo la responsabilidad de acercarse a las demás organizaciones revolucionarias, con el fin de gestionar la unidad. Los revolucionarios la reclamaban y los comunistas la apoyaban.

Constituyeron los llamados "Comités de Unidad Popular" para preparar el escenario. Tanto dieron, en la base, que forzaron, a los dirigentes, a constituir el "Bloque Revolucionario Popular", para negociar la unidad.

Un "Plenum Revolucionario" se celebró en Miami en julio del 37. Concurrieron el Partido Comunista, Unión Revolucionaria y la Liga Anti-Imperialista, y la casi totalidad de las organizaciones revolucionarias de entonces.

La organización Auténtica, de Prío y Hevia; Izquierda Revolucionaria, de Chibás; el Agrario Nacional, de Vergara, y la Organización Revolucionaria Anti-Imperialista, de Roa, eran partidarios de constituir el "Bloque" sin excluir a los comunistas. En cambio, el Partido Revolucionario Cubano, que dirigía Grau desde el exilio y Félix Lancís en Cuba, y los abecedarios de Martínez Sáenz se oponían a la inclusión de los comunistas.

Grau fue el principal obstáculo para integrar el Frente Popular Revolucionario. Mientras, Mujal y Sandalio Junco llevaron la voz cantante contra el frente unido en el sector obrero.

Blas Roca ha referido estas gestiones en los términos siguientes: "En el Bloque Revolucionario Popular, la Organizacón Auténtica y el PIR llevaron su campaña contra el Partido de Grau; mientras que en el PRC, los elementos reaccionarios y trotskizantes, dirigieron su lucha contra nuestro Partido y contra Unión Revolucionaria, tratando de aislarnos y combatiéndonos".[16]

Y sobre el resultado de las mismas ha dicho:

"El PRC tuvo éxito en su empeño de destruir el Bloque Revolucionario Popular, pero no pudo hacer ninguna unidad estable y duradera. Al contrario, se destruyó el Bloque y separó a los sectores revolucionarios que lo componían, él mismo también se dividió, destrozádose".[17]

El fracaso de estas diligencias unitarias no desanimó a los comunistas. Insistieron y volvieron a insistir.

El Partido persistió en su empeño de unirse a cuantos se oponían a Batista y reanudó sus gestiones cuando el Gobierno convocó a las elecciones parciales que debían efectuarse en marzo del 38. La idea era formar un "Frente Democrático" que se opusiera a esas elecciones, con la consigna de "Constituyente primero y elecciones generales después". Pero una vez más falló en su empeño.

Grau San Martín se opuso resueltamente a ese "Frente". Formuló hasta unas declaraciones. Su oposición la basó en esta idea: "El Partido (Auténtico) no puede establecer pactos con grupos que no son afines a su ideología liberal y a sus teorías de régimen".[18]

Poco después, enjuiciaría Blas Roca la conducta del Dr. Grau San Martín con estas palabras:

"El PRC de Grau.. obstinadamente se negó a concertar un frente único o a llegar a un acuerdo con nuestro Partido y Unión Revolucionaria bajo el pretexto de que los frentes únicos o acuerdos circunstanciales no daban buenos resultados, obstinadamente combatió la "Mesa Redonda" o "Frente Democrático", cuando se formó contra las elecciones parciales de Marzo y en pro de la inmediata convocatoria a la Asamblea Constituyente libre y soberana, bajo el pretexto de que en tal organismo estaban viejos políticos".[19]

Nada adelantaron los comunistas con los revolucionarios cubanos y los grupos de la oposición. Habían navegado con las velas de sus deseos, sin llegar a la orilla de sus esperanzas: la unidad revolucionaria.

XI - CONVERSACIONES CON BATISTA.

Los partidos revolucionarios comenzaban a comprender que era imposible derrocar al gobierno por la fuerza de las armas. Las ilusiones insurreccionales se desvanecían. Y la pasión cedía ante la realidad de los acontecimientos.

El gobierno procuraba acercarse a los revolucionarios con una rama de olivo. Insistía en el regreso de los exilados, ofreciéndoles garantías plenas. Abríase a todas las sugerencias: desde convocar a una asamblea constituyente, previa a la celebración de elecciones; hasta promulgar una amnistía que comprendiera no sólo a los revolucionarios, sino a los delincuentes metidos a revolucionarios y a los revolucionarios metidos a delincuentes.

El Coronel Batista gestionaba reuniones con grupos revolucionarios. Las celebró con varios. Y también con los comunistas. El mediador era el Embajador de México, Lic. Octavio Reyes Spíndola.

No hemos podido saber a ciencia cierta lo que se proponía Batista con esas entrevistas. Algunos dicen que buscaba el apoyo de los revolucionarios para destituir al Presidente Laredo y al Congreso, que boicoteaban, según sus dichos, una serie de leyes populares. Otros, que pretendía encauzar políticamente al país. Los más, que trataba de ganarse el apoyo de nuevos sectores con los cuales obtener un respaldo más amplio a su aspiración presidencial. A nuestro juicio, Batista deseaba conducir a todas las zonas políticas del país a unas elecciones de las cuales emergiera Presidente de la República.

Nadie sabe a punto fijo en qué términos se desenvolvieron aquellas conversaciones secretas.[20] Lo que sí consta es que de ellas salieron los primeros contactos de los comunistas con Batista. De ahí que nos hagamos eco de la versión más verosímil y la más ajustada a las referencias testificales y documentales que hemos tenido a nuestra disposición.

Dícese que las reuniones finales de los comunistas con los representantes de Batista tuvieron lugar en la finca de José Manuel Casanova, Senador y Presidente de los Hacendados.

En las conversaciones hubo de todo, escenario y trama. En ésta no faltó el doblez por parte de los comunistas, y la intención segunda, por parte de Batista.

La trama, para los comunistas, estaba en controlar el movimiento obrero. Demandaron de Batista, propiciara la aprobación de un proyecto de ley, que estaba sometido a la consideración del Congreso, por el cual se autorizaba la creación de federaciones obreras y de una confederación que las agrupara. Pidieron que les dieran facilidades para constituir sindicatos y que, como acto final, legalizara al Partido.

Lo demás era escenario y tramoya. La solicitud de Constitución, amnistía, garantías políticas y respeto a la autonomía universitaria era el decorado con el cual presentar el proscenio, donde debía montarse la pieza de teatro, ante los espectadores de la opinión pública.

Sobre el escenario y la tramoya no hubo inconvenientes. El Partido pedía lo que ya el Gobierno había concedido u ofrecido. Sobre la trama, era cuestión de cautela y de tiempo.

Los comunistas disfrutarían de franquicias especiales, al amparo de las garantías políticas, para ganar la carrera de los sindicatos. Los inscribirían primero que a los demás en el Ministerio del Trabajo. El paso inicial, para legalizar el Partido, sería reconocerlo como asociación, en cada provincia. Después, en la reorganización electoral, adquiría categoría de partido político.

Esto es lo que se infiere de la interpretación sistemática del fárrago de documentos, versiones y referencias que hemos examinado.

Todo aquello acontecía en una época en que los tontos de casi siempre veían a los comunistas como luchadores sinceros contra el fascismo. El marxismo era algo de buen tono, símbolo de lo progresista y revolucionario. El viento de las consignas rojas se nos había calado hasta los huesos.

La Unión Soviética se presentaba ante el mundo por el lado engañoso de una supuesta democratización, con su Constitución, elecciones y todo. A los ojos de no pocos cándidos, había dejado de ser un monstruo totalitario y había renunciado a sus propósitos de conquista universal, para convertirse en un combatiente de las ideas democráticas. Esgrimían, para ello, el tema de la lucha en

España.

Los comunistas en los Estados Unidos, tras haber apoyado a Roosevelt por la vía del voto negativo contra Landon, había devenido en defensores del New Deal y propulsores de la tercera reelección de Roosevelt.

En México, estaba en pleno apogeo el "cardenismo" radical. "Todo el que no era "rojo" sufría el anatema de la revolución", según la aguda observación del Licenciado mexicano Eduardo A. Elizondo.[21]

En América Latina los comunistas se disponían a dar su apoyo a los gobiernos, sin preocuparse de que fueran o no dictadores, pues se aprestaban a celebrar la Octava Conferencia Inter-Americana, para pronunciarse contra la intervención o agresiones extranjeras que presumiblemente provendrían del eje nazi-fascista.

Los presagios anunciaban, sin duda, sucesos favorables para los comunistas en el mundo y en Cuba.

XII - UN "PLENUM" SIN ATAQUES A BATISTA NI A LOS EE. UU.

El Buró Político del Partido había dado un viraje de 180 grados en la política nacional. Era necesario preparar el terreno. Para ello convocaron un nuevo "Plenum" del Comité Central.

El informe de Blas Roca fue cuidadoso e intencionado.

La primera parte constituyó un ditirambo dedicado a la Unión Soviética. Tocó el tema de la "democratización". La nueva Constitución, dijo, es la más democrática del mundo.

Entonó sus mejores loas a las elecciones soviéticas del 12 de noviembre de 1937. Afirmó que se habían celebrado con voto universal, igualitario y secreto. Lo que no dijo fue que se habían efectuado bajo el signo de la unidad, esto es, que los candidatos eran comunes, de forma y manera que solo los comunistas podían salir electos.

Repitió el discurso grabado en Moscú sobre las recientes purgas, masivas y sangrientas, verificadas en la Unión Soviética.[22] Fue la música de fondo con la cual planteó la necesidad de limpiar al Partido de "elementos pequeño-burgueses". Dijo que, en Cuba como en la Unión Soviética, no es posible avanzar hacia la democratización sin antes "sacudir la mata", sin "apretar los tornillos".

Al poner este ejemplo, estaba dirigiéndose a quienes pretendían ignorar que el Partido es, en definitiva, una asociación de consignas, donde los asociados no tienen otro papel que cumplirlas sin replicar.

Repasó los éxitos de los gobiernos de frentes populares en Francia y España.

Tuvo una mención de honor para el gobierno de Lázaro Cárdenas en México y sus medidas populares.

Después, las flechas de su argumentación comenzaron a dirigirse al blanco de una concepción más amplia de los frentes populares, la cual debía tener su base en los organismos obreros al margen de los partidos.

Refirió los fracasos en las gestiones de unidad con los sectores de la oposición. Responsabilizó al Dr. Grau San Martín con esos fracasos.

Dejó sentado, como quien formula al pasar una teoría, lo siguiente:

Un gobierno de frente popular es un órgano de colaboración de "la vanguardia del proletariado —nombre que dan al Partido Comunista— con otros partidos anti-fascistas en interés de todo el pueblo trabajador, un gobierno de lucha contra el fascismo y la reacción.

Tras estos escarceos teóricos, exclamó:

¡El enemigo público de la hora actual es el fascismo! Contra él, añadió, dirigimos nuestro golpe principal, sin abandonar la lucha por todas aquellas reivindicaciones que significan la marcha hacia nuestra liberación.

Mencionó entonces lo que llamó "error habitual" de tipo izquierdista y lo definió así:

La creencia de que tan pronto surge una crisis política, basta con que la dirección comunista lance la consigna de la insurrección revolucionaria para que las grandes masas la sigan. Esto no es así, subrayó. Muchas veces las masas no están preparadas, recalcó.

Planteó la necesidad de formar conciencia revolucionaria previamente, con estas palabras:

A fin de ayudar a las grandes masas a comprender lo más pronto posible lo que tienen que hacer y cómo pueden encontrar su salida decisiva, a base de su propia experiencia, hacen falta, entre otras cosas consignas transitorias y formas especiales de transición.

Por ahí continuó hasta señalar la posibilidad de formar, bajo condiciones de una crisis política, un gobierno de frente anti-fascista.

Montado sobre la hipótesis de un posible gobierno de frente anti-fascista, dijo:

En la medida que este gobierno desarrolle una lucha real y verdadera contra los enemigos del pueblo, conceda libertad de acción a la clase obrera y al Partido Comunista, nosotros lo apoyaremos por todos los medios y lucharemos en la primera línea de fuego como soldados de la revolución.

Tal vez pensó que había avanzado demasiado, y esclareció:

—Este gobierno, desde luego, no traería la salvación final, pues no estaría todavía en condiciones de derrotar la dominación de la clase explotadora. Pero mientras tanto continuaremos preparándonos para la revolución socialista.

Hasta ese momento, el informe de Blas Roca parecía calcado sobre el molde de Dimitrov. A partir de ahí, atacó el tema al cual se dirigía, al mencionar, lo que llamó, los pasos que se venían dando para defender los intereses económicos y políticos de la clase obrera. Afirmó que era el punto de partida para establecer el contenido del frente único en Cuba.

Con la vista puesta en el futuro, se refirió a las conquistas que podrían lograrse con un frente único de todos los sectores del país, para lo cual, insistió en la necesidad de crear esa conciencia entre los jóvenes, las mujeres y los intelectuales progresistas.

Blas Roca terminó, proponiendo un plan de acción. Lo sintetizó con estas cuatro consignas: Asamblea Constituyente libre y soberana; Amnistía para todos los presos políticos y sociales y regreso de los exilados; Garantías políticas para todos, y respeto para la autonomía universitaria.

Lo presentaba como un plan de lucha contra el Gobierno. En realidad, no era así. Era el plan de las concesiones de Batista a la oposición. Iban a luchar por lo que ya estaba concedido. Pero, según Blas Roca, el éxito de esas demandas dependía del apoyo popular que obtuvieran. Para respaldarlas, propuso Blas Roca la creación de comités de frente único en todo el país.

El informe de Blas Roca se resentía de cierta vaguedad calculada y reticencia premeditada, a pesar de la claridad con que abordó las premisas de la nueva táctica: francamente electoralista y subrepticiamente pro gubernamental. Se notaba mucho más, por cuanto no había atacado a Batista ni a los Estados Unidos. La traza era evidente.

El conjunto de conceptos doctrinarios no eran más que una máscara con la cual encubría Blas Roca sus verdaderos objetivos: acercarse al poder, a todo trance. Lo demás era aparejo para ganar voluntades y traer a ejecución los propósitos de llevar el Partido junto a Batista.

De este Plenum salió la verdadera línea de acción que se tradujo en los pomposos "pasos progresistas de Batista" y en la supresión de la Liga Anti-Imperialista. Todo en aras de la lucha contra el fascismo y la reacción. ¡Cuán maravillosas las palabras para encubrir tan turbios objetivos!

Con el tiempo, reseñaría Blas Roca esta lucha con acentos heroicos, retorciendo la verdad histórica, de esta forma:

"En 1936 el Partido presentó un programa de cuatro consignas: 1) Asamblea Constituyente Libre y Soberana. 2) Amnistía para todos los presos políticos y sociales y regreso de los exilados. 3) Restablecimiento de los derechos democráticos. 4) Solución del problema universitario con el respeto a la autonomía.

Estas cuatro consignas ganaron el apoyo de amplios sectores, determinaron la creación de numerosos comités de frente único en todo el país, promovieron grandes actos y combativas manifestaciones.

Estas demandas fueron ganadas entre fines de 1938 y principios de 1939.

En 1938, los elementos más reaccionarios dentro del bloque gobernante comenzaron a oponerse a Batista y éste a dar pasos democráticos. En este proceso jugó un papel importante la influencia del gobierno de Lázaro Cárdenas, de México, su política con respecto a la revolución española y la enorme movilización de las masas populares cubanas contra la traición franquista y en apoyo de la República española que entonces era aplastada por los aviones y tropas de Hitler y Mussolini al amparo del hipócrita "Comité de No intervención".[23]

La nueva línea estaba en marcha. No todos la aceptaron. Hubo quienes se opusieron, al calificarla de "capitulacionista". Entre estos figuraron Gustavo Aldereguía, Isidro Figueroa, José Utrera y Blas Castillo.

La mística revolucionaria del Partido se había suicidado de pie.

XIII - PRIMEROS LOGROS DEL ACUERDO CON BATISTA: A) EN LA POLITICA. B) EN LO SINDICAL. C) EN LA CUESTION ESPAÑOLA. D) EN LA PROPAGANDA.

El acuerdo con Batista abría los horizontes de la legalidad a los comunistas. Se hallaron en lugar favorecido para andar por los caminos de la política, de lo sindical, de la cuestión española, de la propaganda y por otras veredas de no menor importancia.

A) En la política.

Los comunistas respiraban por primera vez aire de tranquilidad. Podían actuar sin ser molestados. No tenían ya por qué ocultarse. Casi todo podían hacerlo a cara descubierta. Pero su andar fue cauteloso, a fin de evitar malos pasos.

La primera actuación fue fundar una serie de comités de lucha en favor de la amnistía, la asamblea constituyente, las garantías individuales y el respeto a la autonomía universitaria. A pesar del acuerdo, tropezaron con algunas dificultades con los miembros de la fuerza pública, pues no se acostumbraba a ver a los comunistas sin pensar que estaban conspirando. Poco a poco fueron abriéndose paso. Fue cuestión de tiempo.

Los comunistas procuraban agrupar en los comités de lucha a quienes simpatizaban con sus consignas, sin duda, populares. Celebraron mítines y actos públicos, a los cuales concurrieron figuras del Partido y de Unión Revolucionaria. En ellos siempre se hacía referencia a la necesidad de unir a los revolucionarios para combatir la reacción y el fascismo.

Era una manera de vestirse con los sayones de "revolucionario" y matar con el engaño. Tomaban el tema de los oposicionistas a

Batista y lo usaban de instrumento para apoyarlo.

B) En los sindical.

La ventaja más positiva que sacó el Partido del acuerdo con Batista fue en el movimiento obrero.

Los comunistas se entregaron, con renovados bríos, a consolidar las organizaciones sindicales, que ya habían constituido, y a fundar nuevos y más sindicatos.

Al interés de la lucha por el mejoramiento obrero, procuraban agregar otros servicios con los cuales atraer a los trabajadores hacia sus organizaciones sindicales.

El mejor logro en este sentido fue el que obtuvo José María Pérez con el "Centro Benéfico Jurídico de los Trabajadores de Omnibus". Lo fundaron en una casa situada en Infanta y 27 el primero de enero de 1938. Pocos meses después, lo pasaron a un local más amplio en Monte 1065.

En el vértigo de fundar nuevos y más sindicatos no repararon en organizarlos casi sin miembros, por lo cual, estos fueron catalogados por los obreros como "sindicatos de bolsillo". La cuestión era dejarlos constituidos, para ganar una representación más, con vista a la creación de una central sindical bajo el control rojo.

Los comunistas avanzaban con la consigna de luchar por el fortalecimiento del movimiento obrero y por la unidad del movimiento sindical.

Los dirigentes obreros no comunistas permanecían rezagados. Muchos de ellos habían estado en prisión desde la huelga de marzo. Además, se encontraban divididos en cuanto a la táctica a seguir.

Lázaro Peña, recién salido de la cárcel, ganaba adeptos con la tesis de unidad. Ofrecía integrar su Confederación Nacional Obrera de Cuba en una Confederación de trabajadores, dentro de la cual se agruparan todas las tendencias. Despojado aparentemente de su sectarismo, ofrecía unirse a los demás. El punto estaba en que los comunistas eran los más organizados, con lo cual tenían asegurado el control de la nueva Confederación única que proyectaban.

C) En la cuestión española.

La guerra civil española apasionó a la opinión pública cubana. La causa de los "leales", como llamaban a los partidarios de la República, movía con inusitado entusiasmo a la mayoría de la población cubana. La pasión, estimulada por los comunistas, era avasalladora. Tanto que muchos llegaron a pensar que el anti-comunismo era una forma de hacerle el juego al "fasci-nazi-nipo-falangismo", palabra que inventó Emilio Roig de Leuchsering por aquel entonces. Esta manera de pensar sirvió para que no pocos transitaran por las vías del comunismo.

Los comunistas aprovecharon la presencia en Cuba de dos "exilados" españoles, el Dr. Gerardo Alvarez Gallegos y Luis Amado Blanco, para utilizarlos en sus tribunas "en favor" de la causa republicana.

El Dr. Alvarez Gallegos, ex-diputado a Cortes y ex-compromisario en la elección de Azaña, había escapado de Galicia, que se encontraba en poder de los "rebeldes". Luis Amado Blanco, en cambio, venía de Madrid, en poder de los leales, circunstancia inexplicable que no tiene otra justificación que el miedo que sintió por los riesgos de la guerra.

Alvarez Gallegos tomó partido por el Círculo Republicano tan pronto llegó a Cuba. Desde su tribuna pronunció sus primeros discursos. Arrastró, tras sí, a muchos seguidores. Fundó el órgano del Círculo, la revista Nosotros. Su primer artículo editorial fue todo una definición: "nosotros somos nosotros" proclamó. Con lo cual indicaba que nada tenía que ver la causa republicana con la de los comunistas.

Luis Amado Blanco, en cambio, se unió al Círculo Socialista, ya por entonces en manos de los comunistas. Desde allí planteó todas las consignas rojas y cantó interesados elogios a la ayuda que prestaba la Unión Soviética a la tan llevada y tan traída causa del pueblo español.

Las pugnas entre los partidarios de los "leales" y los "rebeldes" tomaron calor con el tiempo. Llegaron a convertirse en hogueras de perturbación pública. Tal situación originó el decreto que ordenó suspender las actividades de los unos y de los otros.

La ocasión fue aprovechada por los comunistas. Reunieron a los representantes de los tres Círculos que defendían la República en el Centro Catalán. Sugirieron la idea de fundar la "Casa de la Cultura y Asistencia Social" para hacer propaganda en favor del gobierno republicano. La revista "Nosotros" se convirtió en su órgano oficial.

Los comunistas españoles que residían en Cuba y los comunistas nativos fueron inclinando las actividades de la Casa de la Cultura hacia el interés del Partido Comunista y de Unión Revolucionaria. A pesar de proscribir su reglamento toda desviación sectaria, que no fuera la republicana. El proceso culminó cuando nombraron Presidente a Pedro Cavia, comerciante español de la calle O'Reilly, en La Habana, a quien presentaron como moderadamente republicano, pese a su clandestina filiación comunista.

Los comunistas del interior fundaron delegaciones de la Casa de la Cultura en cuantas ciudades o pueblos de alguna importancia existían en el país, las cuales convirtieron en organismos de base del Partido para la cuestión española. Fueron sus mejores tribunas de propaganda. Sus oradores preferidos fueron Juan Marinello, Salvador García Agüero, Gaspar Jorge García Galló, Leonardo Fernández Sánchez, Enrique Llarch y Elías Entrialgo.

No satisfechos los comunistas con este aprovechamiento, se dispusieron a más. Tomaron de pretexto los actos que celebraban para recaudar fondos con los cuales "ayudar al pueblo español". Pero aquellas recaudaciones se quedaban en manos de sus recaudadores.

La cuestión española sirvió también para que un grupo de escritores cubanos viajaran a España con el propósito enunciado de solidarizarse con la causa de la República. Algunos pretendieron no solo satisfacer el gusto de viajar, sino sacarle una buena ventaja económica al viaje. Emilio Roig de Leuchsering, por ejemplo, le pidió a sus amigos que le costearan el viaje que ya tenía pagado y fue capaz de algo verdaderamente inaudito, de pedirle diez mil pesos al "odiado" Pepín Rivero.[24]

En 1937, "La Maison de la Culture", que dirigía el comunista francés Luis Aragón, convocó a un Congreso de Escritores en Madrid. Juan Marinello, Félix Pita Rodríguez, Leonardo Fernández Sánchez y Alejo Carpentier, integraron la delegación de Cuba.

Como hemos visto, en torno al tema de la guerra civil española, movilizaron los comunistas a grandes zonas de opinión en Cuba y en el Mundo. Muchos marcharon a gusto al lado de los camaradas y hasta llegaron a convertirse, al menos, en "compañeros de viaje". Muchos otros no marcharon tan a gusto. Pero en uno y otro caso trabajaron de común acuerdo en una causa de la que sacaron provecho indudable quienes servían los intereses de Moscú.

D) En la propaganda.

Torrentes de libros, folletos y hojas de propaganda cayeron sobre el país. Todos llevaban su dosis de veneno rojo.

La mejor conquista fue el periódico "Ultimas Noticias de Hoy". La idea había partido del seno de las sociedades españolas que defendían a la República. En seguida la patrocinaron los comunistas, valiéndose de Aníbal Escalante.

El primer número del periódico "Hoy" fue una edición extraordinaria con motivo del Primero de Mayo. Sirvió para que se incorporaran a la empresa los organizadores de la que sería la Confederación de Trabajadores de Cuba y para recaudar fondos con los cuales sufragar los gastos de la salida regular del periódico.

En 16 de mayo de 1936, comenzó a editarse regularmente en la imprenta situada en Barcelona y Amistad, primitivos talleres del periódico Información. Los primeros números dieron la sensación de ser exclusivamente republicanos y democráticos. No pudo mantenerse por mucho tiempo esa línea. Pronto surgieron dificultades con los comunistas, al puto de que su primer director, Augusto Rodríguez Miranda, se vio obligado a renunciar el primero de septiembre. Lo sustituyeron con Pablo Carrera Jústiz. Mas pronto fue también sustituido. Salieron algunos números en que apareció el

Dr. Alvarez Gallegos, como director y Carlos Montenegro, de militancia marxista, como director técnico.

Poco duró esa situación. Los fondos de los republicanos españoles se agotaron. Entonces, Aníbal Escalante se ocupó de pagar el personal de talleres. Y terminó por apoderarse de la dirección y redacción del periódico. A partir de ese momento, el periódico se convirtió en el órgano del Partido; aunque decía serlo de los trabajadores.

XIV - AL FRENTE POPULAR CON BATISTA.

Ya dentro de la línea del perfecto entendimiento con Batista se efectuó el Décimo "Plenum" en julio de 1938, con la consigna siguiente: "por una Constitución que asegure la democracia, el mejoramiento popular y la defensa de la economía nacional".

El informe de Blas Roca estuvo desprovisto, en esta ocasión, de sus habituales adornos doctrinarios y panoramas internacionales. Fue al grano.

Al referirse a los frentes populares, precisó su concepto con un sentido práctico y para ampliar su contenido.

En él caben, dijo, no solo "las partes progresistas de los partidos llamados tradicionales", sino hasta "los hombres y secciones progresistas del Gobierno y del Ejército"

La intención era evidente.

Planteó, entonces, Blas Roca la unidad de los revolucionarios con Batista en un frente nacional. Con el fin de preservar la independencia política y de organización del Partido, dentro de cualquier frente que se constituyera, exclamó:

¡Llevaremos a cabo la construcción del fuerte Partido Comunista!

¿Cuál era la justificación de su exhortación a un Frente Nacional?

En lo económico, dijo, garantizar el mejoramiento popular. En la político, asegurar la democracia a través de una Constitución.

Y añadió:

"Tenemos a nuestro país sufriendo ya los embates de una crisis económica que se avecina".

El remedio que propuso para atajar sus consecuencias, fue rebajar el costo de la vida. Mencionó concretamente la rebaja de los alquileres de las casas y los precios de los artículos de primera necesidad.

No podía faltar, como siempre, la imputación mal intencionada contra "los capitalistas, particularmente los grandes almacenistas, casi todos miembros de la Falange Española instigados por Pepín Rivero".

Blas Roca se deslizó por el camino de las profecías que autorealizaría el acuerdo previo con Batista al decir:

"Es fácil prever que con el desarrollo de esta situación, con la maduración de la crisis económica y con la mayor definición de los distintos sectores políticos de la vida cubana, véndrán necesariamente cambios importantísimos en la composición de las fuerzas que, en el Congreso y en el Gabinete, apoyan actualmente la política de Batista".[25]

A los pocos días, en agosto, se produjo la crisis política anunciada. Los representativos del Conjunto Nacional Democrático, que habían pasado a formar parte del Gobierno de Laredo, fueron excluidos del Gabinete. En sustitución de ellos, resultaron nombrados Costales Lattatú, Edgardo Buttari y Fernández Concheso, de extracción revolucionaria, "de ligazón con los auténticos" según la expresión de Blas Roca.

Blas Roca siguió hablando, pasando de un asunto a otro, hasta llegar a las conclusiones sobre las tareas a realizar dentro de la nueva línea. El tema lo tocó de esta manera:

"Solo cabe resolver el cómo lograr la unidad de todas las fuerzas revolucionarias, establecer la colaboración de todas las fuerzas progresistas y democráticas, y realizar el frente unido nacional, para obtener el progreso inmediato y para lograr el triunfo del pueblo en la próxima Asamblea Constituyente, conduciendo a Cuba por un camino democrático de mejor vida para los más, de defensa de la economía nacional".[26]

Una vez que hubo concluido el informe, comenzó el debate.

"La mayor parte de las discusiones, dice Blas Roca, se centraron en las cuestiones de como asegurar el triunfo del 'pueblo' (este entrecomillado es nuestro, pues él llama pueblo al Partido) en la Asamblea Constituyente y sobre la plataforma electoral".[27]

Se levantaron algunos opositores tibios.

Aunque la política es buena, decían, las masas no la entenderán.

La solución propuesta fue muy sencilla:

Explicaremos a las masas la nueva línea. Para ello, comenzaremos desde abajo.

La lucha en favor de la República Española, la democratización de Batista, el interés de la clase obrera, la Constitución y la defensa de la economía nacional servirían de justificación para darle al Partido un aspecto gubernamental.

XV - PRETEXTOS PARA LA NUEVA POLITICA: A) POR LA CLASE B) POR "LOS PASOS PROGRESISTAS DE BATISTA". C) POR LA REPUBLICA ESPAÑOLA. D) EN DEFINITIVA, POR INTERES DEL PARTIDO.

El entendimiento con Batista era un hecho. Sólo faltaba vestir la tesis ante los ojos de la opinión pública. Para ello, utilizaron varios pretextos: por la clase obrera, por los "pasos progresistas de Batista, por la República Española". Pero todos estos motivos, y otros más, eran simulados para ocultar el único verdadero: el interés del Partido.

A) Por la clase obrera.

Los comunistas controlaban ya la mayoría de los sindicatos reconocidos por el Ministerio del Trabajo; aunque no la mayoría de los trabajadores. Mas era suficiente para sus fines.

Lázaro Peña proseguía en sus gestiones de unidad. Ahora la adornaba con nuevo interés, la necesidad de concurrir con representación plena y unida al Congreso Obrero Latinoamericano convocado por el "neutral" Vicente Lombardo Toledano.

La Delegación cubana quedó constituida tras muchas reuniones y concesiones.[28] Tuvo un carácter verdaderamente unitario. Solo quedaron excluidos los dirigentes abecedarios, los auténticos y los de Joven Cuba. Ramón León Rentería, líder portuario y Representante a la Cámara recién electo, fue una de las mejores conquistas de Lázaro Peña.

El Congreso se inauguró a principios de septiembre en Ciudad México. Concurrieron 37 delegados de doce países latinoamericanos; un representante de la Confederación General de los Trabajadores Franceses, Leon Jouhaux; un representante de la Unión General de los Trabajadores Españoles, Ramón González Pena, y un representante de la C.I.O., John Lewis.

Presidió la inauguración el General Lázaro Cárdenas, Presidente de la República de México. Las sesiones de trabajo giraron en torno a la idea de crear una Confederación de Trabajadores de América Latina que defendiera los intereses de los trabajadores y combatiera al fascismo, sin sectarismo político, filosófico ni religioso. El Congreso concluyó el 6 de septiembre con la constitución de la Confederación de Trabajadores de América Latina, presidida por Vicente Lombardo Toledano, la cual funcionaría como un frente único de los comunistas para el sector obrero en América Latina.

En medio del entusiasmo unitario, obtuvo Lombardo Toledano que la Delegación cubana se pusiera de acuerdo sobre la forma y manera de integrar la Confederación de Trabajadores de Cuba. León Rentería, que aspiraba a la Secretaría General de la CTC, sacrificó su aspiración a cambio de una representación aparentemente más amplia. Lo nombraron Secretario de la CTAL para la región del Caribe. Lázaro Peña sería, de consiguiente, el Secretario General de la Confederación de Trabajadores de Cuba.

El acuerdo se conoció después con el nombre de "Pacto de México".

B) Por los pasos progresistas de Batista.

El Gobierno del Dr. Laredo Bru proseguía su marcha. Y el Coronel Batista la suya. Los comunistas, sin embargo, apreciaban una diferencia: lo que antes era reaccionario, ahora era progresista.

Y por entonces había promulgado el Gobierno la Ley Docente de 1937, que reorganizó la enseñanza en general, aumentó el número y tipo de escuelas y ratificó la autonomía universitaria; las leyes sobre la enseñanza rural;[29] la que creaba el Instituto Cívico Militar,[30] y la que trataba sobre el reparto de tierras.[31] Estas últimas, a iniciativa del Coronel Batista. Y también la Ley de Coordinación Azucarera de 2 de septiembre de 1937, que coordinó los tres factores de la producción sobre principios cooperativos, teniendo en cuenta el prcio del azúcar, y reconoció el derecho de permanencia a los cultivadores de caña. Había suscrito, con otros gobiernos, el Convenio Internacional Azucarero, que incluía a la casi totalidad de los países productores. La Cámara consideraba la Ley que rebajaba los alquileres de las casas y concedía el derecho de permanencia a sus inquilinos. Además, el gobierno había dictado medidas proteccionistas para el café y los decretos que reglamentaban la organización de los sindicatos[32] y reglamentaba los contratos colectivos, garantizando la inamovilidad de los trabajadores, quienes solo podían ser despedidos previa formación de expediente y por causa justificada.[33]

Por si todas estas medidas docentes, económicas y sociales fueran poco, en el orden político, derogó el decreto que exigía autorización previa de la Secretaría de Gobernación para celebrar actos públicos y, además, decidió convocar a elecciones para delegados a una asamblea constituyente previa a las elecciones generales.

Ahora, a juicio de los comunistas, todas estas medidas formaban parte del patrimonio de los "pasos progresistas" de Batista. Mientras tanto, para justificar su pasado oposicionista, acusaban al Gobierno y al Congreso de "políticos sin representación popular, atentos solo a sus intereses personales y a la presión reaccionaria", de sabotear las iniciativas legislativas sobre la Revalorización Hipotecaria, la rebaja de alquileres, la reducción del precio de la gasolina, etc. Batista, decían ellos, propiciaba estas medidas y el Gobierno y el Congreso las demoraban.

Blas Roca trata de justificar el apoyo del Partido a Batista, de esta manera:

"Basándose en las contradicciones del bloque gobernante, en la oposición de los elementos más reaccionarios a Batista, que se expresó agudamente en la renuncia del general Montalvo y su salida del Gabinete, nuestro Partido apoyó a Batista, que dejaba de ser el centro de la reacción, contra esos elementos más reaccionarios y facilitó la convocatoria a la Asamblea Constituyente Libre y Soberana, la amnistía política y social, el regreso de los exilados, el restablecimiento de los derechos democráticos (que tuvo su expresión más destacada en hechos como el Congreso Constitutivo de la CTC, el reconocimiento práctico de su personalidad, la legalidad del Partido Comunista, la libertad de actuación del PRC y otros partidos y grupos políticos perseguidos de hecho) y la solución del problema universitario con el reconocimiento de la autonomía de la Universidad de La Habana".[34]

En verdad, los comunistas no lograron nada de lo que dicen conquistaron. Su actuación se redujo a cambiar el signo de la lucha y proclamarlo como virtud.

C) **Por la República Española.**

Los comunistas efectuaron en todo el mundo actos "de solidaridad y apoyo a la heroica lucha del pueblo español", con motivo de conmemorarse el segundo aniversario de la guerra civil. Se disponían a dar su do de pecho, con su llamado a la unidad, en el momento en que Rusia se preparaba para tomar la decisión final, de acuerdo con lo que resultase de la inminente anexión de Checoeslovaquia por la Alemania Nazi.

En Cuba, celebraron un "Plenum" especial, que fue el X, dedicado por entero a la cuestión española. Fue más bien un mitin. Hubo desfile de oradores, los cuales pusieron sus mejores acentos para darle una resonancia dramática a las ideas que acababa de expresar Dimitrov sobre el caso de España.

Los oradores coincidieron en señalar el papel decisivo del Frente Popular en los éxitos de la guerra. Analizaron emocionados "el avance de las fuerzas populares". Mencionaron la fusión de las Juventudes Comunistas y Socialistas en toda España y las de los cuatro partidos catalanes, de la cual nació el Partido Socialista Unificado de Cataluña. Destacaron, como un gran éxito, el programa de acción conjunta acordado por los Partidos Comunista y Socialista en agosto del 37. En marzo del 38, señalaron, se había sellado la unidad de acción de la Unión General de Trabajadores con la Confederación Nacional del Trabajo y, en abril, habían ingresado la C.N.T. y la Federación Anarquista Ibérica en el Frente Popular. De este modo, indicaron, se había unido la clase obrera y, con ello, se había "salvado" la República.

Todos cuantos hicieron uso de la palabra razonaron contra la política de "No intervención" en España. Se pronunciaron contra los acuerdos del "Comité de No Intervención", que gestionaba el retiro de todos los voluntarios del territorio español, tanto de los que se batían al lado de los "leales" como de los "rebeldes".

Cada orador escogió lo mejor de su vocabulario lírico para celebrar "el heroísmo del pueblo español". Vibraron con elegías que lamentaban los sucesos dolorosos de la guerra; aunque solo para el lado de la República. Repitieron hasta el cansancio el consabido estribillo sobre "la matanzas de niños, mujeres y ancianos", como si la metralla franquista solo diera en esos blancos, en tanto que la de los republicanos solo diera sobre el rostro de los feroces asesinos fascistas.

Rabiaron contra "los voluntarios" que combatían al lado de Franco. Afirmaron que Alemania e Italia eran "verdaderas partes beligerantes". Y clamaron:

¡Manos afuera, verdugos!

Entre tanto, declaraban con orgullo:

La Unión Soviética está resueltamente al lado de la República.

Uno de los oradores leyó el telegrama del "gran jefe de los trabajadores", el Camarada Stalin, al Secretario General del Partido Comunista de España, el camarada José Díaz, el cual decía:

"El liberar a España de la opresión de los reaccionarios fascistas no es incumbencia privativa de los españoles, sino la causa común de toda la humanidad avanzada y progresiva".

El público estalló en aplausos.

El tono heroico subía de vez en cuando para tomar estilo de epopeya, al describir las batallas que se libraban a las puertas de Madrid, en el frente de Levante, en las montañas de Los Pirineos y en el litoral del Mediterráneo. En medio de esta literatura épica, proliferaban exclamaciones como éstas:

¡No pasarán!

¡Madrid será la tumba del fascismo!

Y otras tantas consignas que levantaban los ánimos. Daban la sensación de una victoria inevitable. Hacían gloriosas todas las derrotas. Y la sala prorrumpía en ovaciones.

Blas Roca tocó un punto al cual no se refirieron los demás. Afirmó que la ocupación de España por Alemania e Italia serviría de base para una agresión contra Francia, a través de Los Pirineos, lo cual desencadenaría la guerra mundial. También aludió a Inglaterra, cuando dijo que la posición de Gibraltar estaba en peligro y que las escuadras alemanas e italianas se consideraban ya dueñas del Mediterráneo. La emprendió contra la Internacional de Amsterdam porque se había pronunciado por su cuenta a favor de la República española y no se unía a la Tercera Internacional para organizar acciones conjuntas.

Después de toda esa retórica tribunicia, vino el reclamo, en nombre de "la solidaridad internacional".

Lo primero fue un poco de historia. Relacionó los envíos de víveres y material sanitario; la evacuación y acogida fraternal de los niños españoles en la Unión Soviética; las acciones demostrativas en favor de la República y de protesta contra la destrucción de ciudades indefensas; la exigencia de que fueran retiradas las tropas invasoras que luchaban al lado de Franco y, el aporte efectivo de las heroicas Brigadas Internacionales, "formadas por los mejores hijos del proletariado internacional", las cuales habían detenido a las legiones fascistas a las puertas de Madrid.

Tras esta introducción, vino la petición. Era necesario "ayudar al pueblo español". Para tan noble propósito, ningún sacrificio sería mucho, exclamó. Todo sería poco. Se necesitaban ropas, zapatos, víveres... para enviarlos a España.

De los discursos pasaron a los acuerdos. Más tarde a la acción. No hubo ciudad o pueblo, ingenio o centro de trabajo de importancia en el campo, donde no se constituyera un "Comité de Ayuda al Pueblo Español". Y, las mujeres, una "Organización de Ayuda al niño del Pueblo Español". Recogieron de todo. Sobre todo dinero, el cual, como siempre, se quedaba en Cuba para ayudar a los "luchadores" nativos que habían tomado sobre sus hombros la causa de España.

D) En definitiva, por interés del Partido.

El Partido tomó la resolución de dar un viraje en redondo. Donde dijo digo, decía ahora Diego. Ejecutóse luego esta resolución. Todo por una sola razón: el interés del Partido y de la Unión Soviética.

La estrategia de los frentes populares pasó por una etapa de extravíos durante su aplicación en Cuba. Ora contra Batista y con todos quienes se le oponían; ora contra Batista y solo con los revolucionarios; ora con Batista; pero siempre dentro de una línea de utilitarismo brutal y oportunismo sin límites. Se les vio como nunca el espíritu de pícaros.

Este andar y desandar lo cubrían los comunistas con el oropel de sus palabrerías doctrinarias. Pero no engañaban a nadie. El observador sereno recibía la impresión de que hablaban como el personaje de Fernando de Roja cuando dijo: "no pienses que tengo en menos decir por verdad lo falso".

Blas Roca enjuiciaba este proceso, en el cual los comunistas pasaron de la clandestinidad a la legalidad para plantear la unidad de todos, valga el pleonasmo, con estas palabras:

"De 1934 a 1937, cuando aún no se había constituido la fusión Unión Revolucionaria Comunista, en los momentos en que, derrocado Machado, el auge revolucionario había quebrantado los partidos tradicionales y la inmensa mayoría del pueblo se orientaba por las decisiones de los numerosos "sectores revolucionarios", el Partido Comunista luchó incansablemente por la Unión de todos los sectores revolucionarios, unión que no pudo lograrse por la negativa obstinada del Dr. Grau y de otros dirigentes del autenticismo.

Desde 1938 en adelante, el Partido Comunista y Unión Revolucionaria, ante el nuevo curso de los acontecimientos nacionales, ante el crecimiento del peligro mundial —comenzada con la invasión de Etiopía, con la intervención italo-alemana en España, con la agresión japonesa a China— plantearon la necesidad de una unidad más amplia que el simple acuerdo de los partidos revolucionarios: una unidad en que ingresaran todos los partidos y elementos democráticos, progressitas o, simplemente, no fascistas".[35]

Al menos, desde el ángulo marxista-leninista, el Partido dejaba a un lado la concepción un tanto anarquista, según la cual se consideraba siempre en víspera de una revolución completa. Entraba, a su manera, en una etapa de "realismo revolucionario". Fallecidas sus ilusiones de conquistar el poder, por la vía revolucionaria, se entendía con quien había combatido.

Los comunistas procuraron defender su nueva posición con las palabras del Secretario General del Partido Comunista Español, José Díaz, en su informe al "Plenum" del Comité Central de su Partido, cuando dijo:

"Se habla de que los comunista han renunciado a su programa revolucionario. No; lo que sucede es que nosotros nos atenemos a la realidad de la lucha..."

Con arreglo a una situación determinada nosotros trazamos una táctica y una estrategia. Es decir, que nosotros, marxistas-leninistas, aplicamos a cada situación concreta la táctica y la estrategia que corresponde a esa situación, y todo el que pretende saltarse etapas, con nombres rimbombantes, queriendo hacer lo que no es posible hacer, se estrellará contra las dificultades de la situación; lo malo es que con su incomprensión comprometen la causa de todos..."

Estas palabras las tomaron de escudo para protegerse contra las críticas de quienes los acusaban de claudicantes. Las repetían tanto que llegaron a grabarlas en las mentes de los afiliados. Expresaban el gran argumento "dialéctico", con el cual justificar la nueva conducta. ¡Nunca se había expresado, en menos palabras, más cinismo y falta de escrúpulos!

La nave del Partido desandó los rumbos que antes había traído. Los comunistas asumieron todas las posturas, que es como no tomar ninguna; salvo la de subordinarse en todo al interés del Partido, cuya divisa es siempre la de Moscú.

1 **Obra Revolucionaria**, No. 24, 1º de junio de 1961, Imprenta Nacional de Cuba, pp. 7 y 8.
2 Ibid., p. 17.
3 Ibid., pp. 19 y 20.
4 Ibdi., p. 20.
5 Ibid., p. 23.
6 La participación de los cubanos en la Brigada Internacional Abrahan Lincoln fue una de las más notables proporcionalmente. Mario Riera nos ofrece la relación siguiente: Brigada del Campesino: Jorge Agostini, Lelio Alvarez, Mario Alvarez Izquierdo, Carlos Arias de la Rosa, Rodolfo de Armas, Jaime Bofill Lora, Policarpo Candom, Cuchifeo Cárdenas, Pedro Fajardo Boheras Armentino Feria, Eufemio Fernández, Gilberto Galán Vázquez, Andrés González Lanuza, Santiago Lahera, Hermanos Malagamba, Rolando Masferrer Rojas, Mario Morales, Lino Novas Calvo, Moisés Raigorosky, Manuel Rivero Setién, Manuel Romero Padilla, Mario Sobrado, Rolando Soria, Pablo

de la Torriente Brau, Emilio Tró y Ramón Vasallo. En esta relación olvidó, que nosotros recordemos, los nombres de Homero Meruelo, que murió en combate, y de Luis Rivero.

7 Pablo de la Torriente Brau no era cubano. Nació en Puerto Rico el 12 de agosto de 1903. Su padre, Félix de la Torriente, había nacido en Santander, España, y había ido a Puerto Rico para ocupar el cargo de secretario del Capitán General, Gonzalo Muñoz. No lo desempeñó porque al llegar a su destino, Muñoz había muerto. En Puerto Rico conoció a Graciela Brau, hija del adinerado Don Salvador Brau, con quien se casó. De este matrimonio nació Pablo. Aún niño fue a España en compañía de sus padres. No encontraron trabajo y regresaron a Puerto Rico. Pero aquí tampoco pudieron dar con un empleo que les permitiera vivir con decoro. Dice uno de sus biógrafos, que los padres de Pablo "estimaron que la república naciente (de Cuba) podía ofrecerles buenas oportunidades para el desenvolvimiento de sus actividades culturales y para el progreso de la familia". Así llegaron a Santiago de Cuba, donde el padre de Pablo desempeñó la cátedra de Literatura en las Escuelas Internacionales del Cobre. Allí estudió Pablo la primera enseñanza. Más tarde, se mudaron para Holguín. En seguida, volvieron a Santiago de Cuba. Luego, marcharon a La Habana en busca de "oportunidades". Cuentan los biógrafos de Pablo que desde niño reveló su carácter impulsivo y violento, al punto de que cuando la madre lo regañaba se le encaraba diciéndole: "Me iré a España... con mamá Genara". En La Habana, terminó Pablo sus estudios de segunda enseñanza a la edad de veinte años. Por entonces, se ufanaba de ser un "hombre culto" y de haber viajado por tres países: Puerto Rico, España y Cuba. Los compañeros lo consideraban un "muchacho loco". Apremiado por las circunstancias económicas, trabajó en el bufete de Jiménez Lanier, Barceló y Ortiz, como secretario particular de este último, donde conoció a Rubén Martínez. En 1930, publicó, en colaboración con González Maza Carballo, un opúsculo que tituló "Batey". Asistió a las tertulias de García Lorca y, después, a las de Juan Ramón Jiménez. Intervino en la lucha contra Machado a título de estudiante sin ser estudiante. Militó en el Ala Izquierda Estudiantil. Sufrió prisión durante 105 días, lo cual le sirvió de tema para una de sus crónicas. Al caer Machado, participó en los "actos revolucionarios" organizados por los comunistas. Después de la Huelga de Marzo, escapó a New York, donde vivió en casa de la madre de Carlos Aponte. Organizó la Asociación Anti-Imperialista Cubana, con Raúl Roa. Se enroló en la Brigada Internacional. El primero de septiembre de 1936, salió hacia Europa en el "Ile de France". Al salir de viaje le escribió una carta a su madre, en la cual expresaba: "Mamá Graciela: "Voy en un barco tremendo de grande. Ha habido un día malo, de mucha mar, y arrojé un poco pero ya estoy completamente bien, comiendo de todo y tomando vino que es lo que me gusta. Espero pasar por París unos días. Tal vez vaya hasta Bélgica, a Bruselas, al Congreso Internacional de la Paz. Después entraré en España. Avísale a los primos, por si alguna vez puedo llegarme hasta Santander. Espero no tener novedad y que no me pase nada. Mi intención es llegar hasta Madrid para allí reportar lo más importante. Pasaré también por Barcelona. Ponme, pues, bien con todos tus espíritus para que me alejen del peligro, a mi vuelta puede ser que te traiga algún mantón de manila. Dígale a Papá que iré por todos los lugares por donde estuvo él antes, en Madrid, aunque de esta vez ni Madrid se salva del cambio en España. Un abrazo para todos. Y, aunque sea una sotana les traeré a la vuelta. "Os" hecho "la bendición". Nene". (Revista Bohemia, Año 52, No. 51, diciembre 18, 1960, p. 85). Llegó al Havre. Después a París. Más tarde, a Bruselas, donde asistió al Congreso Pro Paz. Luego, Holanda. Regresa a París y por último a España, para convertir sus sueños en realidad. Se entregó a sus afanes literarios. Pero tuvo que marchar al frente, como Comisionado Político, en la Compañía de Valentín González, (El Campesino). Murió el 19 de diciembre de 1936, cuando caminaba por los hielos de Majadahonda. Hoy es uno de los mártires "cubanos" del Partido Comunista de Cuba, muerto en acción.

8 Nos parece ocasión propicia para tomar nota de la expresión de Ortega y Gasset sobre las izquierdas y las derechas: "Ser de la izquierda es, como ser de la derecha, una de las infinitas maneras que el hombre puede elegir para ser un imbécil; ambos, en efecto, son formas de la hemiplejía moral. Además, la persistencia de estos calificativos contribuye no poco a falsificar más aún la "realidad" del presente, ya falsa de por sí, porque se ha rizado el rizo de las experiencias políticas a que responden, como lo demuestra el hecho de que hoy las derechas prometen revoluciones y las izquierdas proponen tiranías". **La Rebelión de las Masas**, Colección El Arquero, Revista de Occidente, Madrid, 1964.

9 Ramón Vasconcelos, "URSS, un ensayo ruso", Ed. P. Fernández y Cía., Habana, 1937, p. 7.
10 Ibid., p. 401.
11 Ibid., p. 402.
12 Juan Marinello Vidaurreta nació en Jicotea, término municipal de Santo Domingo provincia de Las Villas, el 2 de noviembre de 1908. Descendía de una familia que había disfrutado de una sólida posición económica, asentada sobre propiedades inmuebles en la ciudad de Santa Clara, por parte de la madre, y en extensas fincas dedicadas a varios cultivos, especialmente

caña, y en la propiedad de un ingenio, Algodonal, en la provincia de Oriente por parte de padre. Quedó huérfano de niño. Lo crió una mulata, a quien quería como a su madre y la llamaba, cariñosamente, Ayita, que después vivió en el Central Pastora, situado en San Juan de los Yeras, Provincia de Las Villas. Cursó sus primeros estudios en un colegio religioso y fue alumno del Colegio de Belén. Cuando estudiaba en la Universidad de La Habana conoció a Carlos Baliño, a Julio A. Mella y a Rubén Martínez Villena. Se acercó a Baliño por la leyenda de su amistad con Martí; a Mella, porque admiraba en éste la audacia que a él le faltaba, y a Martínez, por sus aficiones literarias. En su primer libro de poesías, **Liberación**, editado en 1927, reveló los rasgos de misticismo contemplativo que abrigaba su espíritu, tímido y taciturno. Por entonces, hacía alarde de su erudición sobre Baltasar Gracián y Santa Teresa. Según decían, Marinello podía recitar páginas enteras del "Camino de Perfección" de la Mística Doctora de Avila. Contagiado por el ambiente del círculo donde se desenvolvía, fue acercándose, poco a poco, a las doctrinas predicadas por Marx y Lenin. Por el año 31, ya compartía el ideario comunista, aunque en el dominio teórico del marxismo dejaba mucho que desear. En las postrimerías del gobierno de Machado, se encontraba preso en el Castillo del Príncipe. Cuéntase que, cuando el carcelero le abrió la puerta para conducirlo ante el tribunal, no le puso esposas, como era costumbre. Ni siquiera hizo ademán de sujetarlo. Por lo cual, Marinello le rogó que, si no lo esposaba, al menos lo amarrara con un cordelito. De aquí le nació el mote de "Juan Cordelito", que los comunistas trataron de suplantar, después, con el no menos jocoso, de "Juan de América". En mérito a su prisión, obtuvo una cátedra de Profesor de Literatura Española en la Escuela Normal para Maestros de La Habana. Más tarde, aspiró, en concurso oposición, a una cátedra de literatura de la Escuela de Filosofía de la Universidad de La Habana; pero fue vencido por Raimundo Lazo. Varios ensayos literarios y conferencias, dictados en sociedades culturales y en actos organizados por los comunistas, le crearon la aureola de prestigio intelectual que tanto cuidaron y explotaron los partidarios de la causa bolchevique. Fue director de la revista **Masas**, y presidió un grupo de intelectuales "progresistas" y "revolucionarios". En un Congreso de la Cultura, celebrado en México a raíz de la Guerra Civil Española, lo saludaron con carácter exclusivo. En un cartel que aparecía en el salón de reunión, se leía: "Saludamos al Profesor Marinello". Por la vía del halago, cautivaron los comunistas a Marinello. Mientras se dejaba cautivar por los comunistas, que lo presentaban como un triunfador en el orden intelectual, su hermano Zoilo se abría paso en la vida como hombre de empresa, administrando el Central Algodonal que era propiedad de la familia, y como político, representando los intereses del Partido Liberal hasta el punto de ser elegido Representante a la Cámara en 1936 por la columna del Partido de Machado. Renegar de su origen y primeras ideas, no sabemos si desde el fondo de su alma, le valió alcanzar una posición política de la que nunca hubiera disfrutado, dado su carácter tímido. La raíz del cortejo rojo, no de la confianza, quizás esté sintetizada en la dedicatoria que le escribió Blas Roca al publicar su libro, Fundamentos del Socialismo en Cuba: "A Juan Marinello, que ha fundido su vida con la lucha revolucionaria". Desde entonces ha cumplido a cabalidad su función de "mascarón de proa" del Partido.

13 Salvador García Agüero nació en La Habana, en 1907. Cursó sus primeros estudios en la escuela pública. Estudió para maestro en la Escuela Normal de La Habana. En el último año, fue Secretario de la Asociación de Alumnos. En 1925, obtuvo una plaza de maestro. Colaboró en el periódico "La Palabra", de los comunistas. Cooperó a la organización de la "Hermandad de los Jóvenes Cubanos", y después, a la fundación de la "Asociación de Jóvenes del Pueblo". Figuró entre quienes impulsaron la creación de un partido "democrático-revolucionario", para poder actuar legalmente mientras el Partido Comunista permanecía al margen de la legalidad. Cuando se ausentó Marinello, ocupó la presidencia del mismo. Tomó parte en el Congreso Mundial de Juventudes celebrado en Milwaukee. Como delegado de Cuba en ese Congreso, organizó el Primer Congreso Nacional de la Juventud Cubana. Fue uno de los conferencistas más escuchados en las tribunas de la Casa de la Cultura, durante la Guerra de España. Asistió a la Conferencia Internacional de Acción por la Paz, celebrada en París en julio de 1938. Después, fue a Barcelona en campaña a favor de la República Española. Más tarde, participó en el Segundo Congreso Mundial de Juventudes, donde lo designaron presidente de una de las comisiones. Por sus cualidades indiscutidas de orador y por negro, el Partido lo cortejó toda la vida; aunque jamás le encargaron trabajos de verdadera responsabilidad y confianza.

14 Nicolás Guillén era hijo de un Senador electo por la provincia de Camagüey. Nació en la ciudad de Camagüey en 1904. Por los años veinte entró en la universidad de La Habana, donde matriculó la carrera de Derecho, que no terminó. Desde temprano se dedicó a cultivar el género poético y se sintió admirado por las prédicas comunistas. En 1930, publicó su primer libro de versos, Motivos de Son, y al año siguiente, Sóngoro Cosongo. Fue censor del Gobierno de Machado. A la caída de éste, ingresó como militante del Partido. De esta época son sus versos dirigidos a los soldados en el tono siguiente: "No sé por qué piensas tú — Soldado que te

odio yo — Si somos la misma cosa — tú, yo". En 1934, le financió el Partido la publicación de West Indies Ltd. por su evidente intención política. También por entonces, le gestionaron en México la publicación de los libros de poesías, España y Cantos para soldados y sones para turistas. Su fama la debe a su poesía negra. El Partido lo ha mimado como a pocos, al punto de no reparar en su vida licenciosa y dedicada al vicio. Es bebedor de "trago largo", como el personaje de uno de sus poemas, José Ramón Cantaliso. Tal vez su inclinación al alcohol le hizo cantar aquello de "me gusta el ron, si no es malo, que el malo solo se queda". Por su carácter lúbrico y sensual ha sido siempre aficionado a las orgías. Las que adquirieron mayor celebridad, por lo escandalosas, fueron las que celebraba en casa de un poeta centroamericano ya fallecido, Gilberto González Contreras. A las cuales eran asiduos concurrentes Enrique Labrador Ruiz y Enriquito de la Osa, hoy ambos al servicio de Fidel Castro.

15 Tiempo después, publicó Blas Roca su Informe al VIII Plenum del Partido. El Informe publicado omitió muchos aspectos del discurso y todas sus intervenciones adicionales, muy especialmente las referentes a los problemas internos del Partido. La versión que hemos ofrecido es un resumen del Informe y las demás intervenciones de Blas Roca en lo que podemos calificar de "Seminario sobre los Frentes Populares".

16 Blas Roca, **La Unidad vencerá al fascismo**, Ediciones Sociales, La Habana, 1939, pp. 29 y 30.
17 **Ibid.**, p. 30.
18 **Diario de La Marina**, Habana, 17 de octubre de 1937, p. 1.
19 Blas Roca, **La Unidad vencerá al fascismo**, p. 30.
20 Rubén de León cuenta las conversaciones de Batista con los auténticos en su libro "El origen del mal", desde la página 319 a la 329.
21 **Revista TODO**, No. 1457, marzo de 1967, México, D.F., p. 19.
22 Blas Roca se refería a las despiadadas purgas de Stalin contra sus adversarios políticos. De entre esas purgas sobresalieron los tres "grandes procesos". El primero, conocido por el de los Dieciseis, comenzó el 19 de agosto de 1936. El segundo, llamado el de los Decisiete, se efectuó del 23 al 30 de enero del 37. El tercero, de los Veintiuno, se celebró del 10 al 21 de marzo del 38. Otros procesos que conmovieron al mundo fueron los que liquidaron al Estado Mayor del Ejército. Sobre los mismos, dijo Jruschov, en su informe ante el XXII Congreso del Partido Comunista de la URSS, lo siguiente: "Aquí se ha hablado con dolor de muchos destacados dirigentes del Partido que inocentemente perecieron. Fueron víctimas de la represión también jefes militares tan destacados como Tujachevskyl, Yakir Uborevich, Kork, Egerov, Eideman y otros. Eran particularmente Tujachevskyll, Yakir y Uborevich, eminentes jefes militares. Más tarde fueron represaliados Eliujer y otros destacados jefes militares... Fueron exterminados muchos magníficos jefes y trabajadores políticos del ejército rojo. Aquí, entre los delegados, se encuentran camaradas —no quiero citar nombres para no causarles dolor— que han estado muchos años encarcelados. Les "convencían" con métodos determinados de que eran espías alemanes, ingleses o de cualquier otro país. Y algunos de ellos, "lo reconocieron". Incluso en los casos cuando se anunciaba a esas personas que se les retiraba la acusación de espionaje, ellos mismos insistían en sus anteriores deposiciones, ya que consideraban que era mejor que terminasen más rápidamente las torturas, para que llegase más rápidamente la muerte". (Periódico **Revolución**, de 1° de noviembre de 1961, p. 6, columnas 2 y 3, La Habana, Cuba).
23 Blas Roca, **Fundamentos del Socialismo**, Ed. 1962, p. 101.
24 José Ignacio Rivero, Impresiones, publicada en el **Diario de la Marina**, La Habana, 2 de diciembre de 1937.
25 Blas Roca, **La unidad vencerá al fascismo, op. cit.**, p. 11.
26 **Ibid.**, pp. 8 y 9.
27 **Ibid.**, p. 8.
28 La delegación cubana a la CTAL quedó integrada por Luis Almuiñas, Juan Arévalo, Rafael Blanco, Angel Cofiño García, Enrique Domínguez Aspiazu, Carlos Fernández R., Andrés Avelino Fonseca Valdés, Teresa García, Ignacio González Tellechea, Ramón Granados, Ramón León Rentería, Francisco Malpica, Alfredo Padrón, Lázaro Peña González, José María Pérez Capote, Pedro Pérez Crespo y Manuel Suárez. (Mario Riera Hernández, **Historial obrero cubano 1574-1965**, Rema Press, Miami, Fla., 1965, p. 291.
29 Ley No. 600, 27 de febrero de 1936.
30 Ley No. 707, 30 de marzo de 1936.
31 Ley de 17 de diciembre de 1937.
32 Decreto No. 2605, de 13 de abril de 1938.
33 Decreto No. 798, de 13 de abril de 1938.
34 Blas Roca, **Fundamentos del Socialismo**, Ed. 1962, p. 101.
35 **Ibid.**, Ed. 1942, p. 142.

CAPITULO X
A LA LEGALIDAD
(1938-1940)

I - El clima cuando nace legalmente el Partido. II - La legalización del Partido. III - Primer manifestación pública autorizada legalmente. IV - El primer mitin legal del Partido. V - Problemas con Unión Revolucionaria. VI - Recibimiento a Batista. VII - La Octava Conferencia Interamericana. VIII - Tercera Asamblea Nacional del Partido. IX - Nace la Confederación de Trabajadores de Cuba. X - Organizaciones fachadas en Cuba. XI - Educación comunista. XII - Literatura comunista de la época. XIII - Al terminar la guerra en España: A) Posición de la Unión Soviética. B) Regreso de los cubanos que combatieron al lado de la República. C) La Casa de la Cultura. D) El Partido en el Centro Gallego. E) Se apropian de la República española en el exilio. XIV. - Fusión de Unión Revolucionaria con el Partido comunista. XV - El gran viraje de la Unión Soviética y su repercusión en Cuba. XVI - Las elecciones para delegados a la Asamblea Constituyente. XVII - La Convención Constituyente. XVIII - Las deserciones de los intelectuales a consecuencia de las incongruencias del Partido.

I - EL CLIMA CUANDO NACE LEGALMENTE EL PARTIDO.

La humanidad estaba sobresaltada por el temor a la guerra. Cuba, en cambio, vivía su "vida" y contemplaba el peligro de la guerra como algo muy lejano que le era ajeno.

Los cubanos tenían la impresión de estar asistiendo a la aurora de una nueva república. Bullía un minuto de euforia política. Existía un renacer de la fe en los destinos del país. La nación aumentaba su pulso vital.

La perspectiva de una nueva Constitución puso en pie a la opinión pública. Despertó al pueblo de su amodorramiento político. No tanto como para encender en llama de fe todos los corazones, pues el espécimen del apolítico, por egoísmo o por defraudación, siguió teniendo vigencia. Fue muy frecuente, por cierto, el apolítico a posteriori del fracaso político.

La reunión de Batista y Grau en la Finca La Parra, en El Wajay, bajo la presidencia de Laredo, fue decisiva para impulsar el proceso comicial que culminaría en la Constitución, primero, y en las elecciones generales, después. El Presidente Laredo condujo aquel proceso con habilidad y sumo tacto. Supo manejarse con gran dignidad entre las presiones de Batista y de la Oposición. Y, al fin, logró encauzar democráticamente a la nación.

Durante el proceso electoral se habló mucho de ideales. Parecía que iba a iniciarse una etapa de elevación y profundidad en el debate público. Pero fue una ilusión pueril. Pronto se advirtió que proseguiría por los cauces de lo adjetivo en torno al tópico revolucionario.

La generación revolucionaria irrumpió en la escena pública con bríos inusitados. Expresaba sus nuevas ideas o, más propiamente, sus nuevos sentimientos con alaridos patrioteros con los cuales pretendía arrebatar a las muchedumbres. El lenguaje revolucionario se nutría del vocabulario marxista-leninista, aunque muchas veces con un significado distinto.

La nueva política tomaba la forma de proyectos y aspiraciones, más de acuerdo con los deseos que con las posibilidades de realización. Se produjo el viejo vicio de los partidos sin doctrina. Los programas de los múltiples partidos revolucionarios, que salieron a la luz pública, recogieron muchos de los tópicos marxistas y, en su gran mayoría, adolecían de un mínimo de ideas claras, sencillas y concretas. Lo importante, lamentablemente, seguía siendo la captación del poder.

Los nuevos procedimientos políticos adoptaron con el tiempo el tono de la irresponsabilidad demagógica. Se improvisaba al imperio de las circunstancias. El radicalismo se medía por la entonación de la voz y la política era obra de insulto y denostación. Los de la vieja escuela venían a representar la corriente de moderación. En definitiva, todo aquel escarceo entre los aspirantes a cargos públicos se redujo a denunciar los nuevos a los viejos, por no ser revolucionarios, y los viejos a los nuevos, por sus radicalismos infecundos.

El pueblo cubano, sin embargo, había superado los enconos políticos. A este propósito, Aldo Baroni pudo escribir un libro que tituló "Cuba, país de poca memoria". Prueba al canto, el viejo Partido Liberal recobró parte de su pujanza electoral; no obstante que buena parte de sus masas habían emigrado hacia el nuevo Partido Revolucionario Auténtico, que heredaría la popularidad de aquél y también sus procedimientos populacheros, pero más radicalizados

El tema social era el que estaba a la orden del día. Todos se ocupaban de tratarlo en una u otra forma. Los políticos lo agitaban en sus campañas electorales. Los católicos, en sus campañas religiosas. La prensa, en sus campañas editoriales.

Tal tema se refería a lo obrero y lo campesino; no al punto de la solidaridad social. En este orden, por el contrario, hacía estragos el particularismo, creando estancos de intereses propios. De tal forma, que cada sector se ocupaba antes que nada de lo suyo. Hasta en los trabajadores comenzó a manifestarse el "sectorismo" interno. Y a su vez, cosa curiosa, cada sector gestionaba beneficios del Estado, sin preocuparse gran cosa por los demás.

Este espíritu insolidario permitió a Jorge Mañach, con su habitual brillantez, abordar el tema de "La nación que nos falta".

No obstante esta situación social, cada cual se esforzaba por superarse. Lo cual contribuiría al desarrollo de las instituciones de cada sector y al económico del país. Los ingenios, símbolos de la riqueza nacional, comenzaron a pasar a manos cubanas. El receso en el aumento del volumen de producción y los precios del azúcar contrajeron algo el ingreso nacional. Fue la causa de que las recaudaciones públicas descendieran algo hasta el momento de la guerra, con el consiguiente desnivel presupuestal. Ello no fue óbice para que el gobierno procurara rescatar el crédito público y luchara por restablecer la paridad del peso con el dólar.

En medio de aquel clima emergió el Partido Comunista a la legalidad. Lo hizo con el disfraz proletario. De ahí que muchos obreros lo vieran con simpatía, porque se decía que estaba siempre contra los patronos.

Hasta entonces, el Partido se había manifestado conforme con el carácter del cubano, en cuanto a protestar de todo y prometer que destruiría lo malo. A partir de entonces comenzó una nueva etapa, tenía que defender muchas de las cosas que antes combatía. Por lo cual pronto se ganó el odio de muchos que antes lo aplaudían.

Lo que más contribuyó al descrédito del Partido fueron sus incongruencias. La primera, de carácter nacional, al conocerse públicamente su entendimiento con Batista, a quien defendió con su habitual radicalismo. La segunda, de carácter internacional, cuando, al firmarse el pacto de la Unión Soviética con la Alemania nazi, cambió el Partido su tradicional posición anti-fascista, que connotaba una actitud de crítica contra los pacifistas de Munich, por una posición pacifista, que connotaba una actitud en favor de los verdaderos guerreristas que se alineaban del lado nazi-fascista.

Tales incongruencias despertaron a muchos intelectuales que habían creído con anterioridad en el Partido. Se pusieron en contra de la organización; pero no pocos siguieron ilusionados con muchos de los mitos rojos.

En fin, cuando el Partido nació a la legalidad, perdió el encanto de lo misterioso y también aquello de poderse atribuir lo que hicieran los demás y a él le conviniera. Al Partido se le vio en cueros, tal cual era: como una agencia del Kremlin.

II - LA LEGALIZACION DEL PARTIDO.

El Partido Comunista de Cuba adquirió su estado legal al inscribirse como asociación en el Gobierno Provincial de La Habana el 13 de septiembre de 1938. Después, lo inscribieron en los registros de asociaciones de los demás gobiernos provinciales. El Gobernador de Camagüey, Roberto Pérez Lara, fue el único que se negó a inscribirlo, alegando que el propio reglamento delataba que era una asociación organizada "en interés de una potencia extranjera", la cual se proponía "cambiar por medio de la violencia la forma de gobierno establecida en Cuba". En decir, calificó de delictivas las actividades de los comunistas en Cuba.

No le faltaba razón al gobernador camagüeyano, pues el artículo dos de su reglamento decía textualmente lo siguiente:

"El emblema de esta Asociación será una estrella de cinco puntos de color rojo y en su centro, con los mangos hacia abajo, una hoz y un martillo cruzados y, a su alrededor, una circunferencia que tendrá en la parte superior la frase: Partido Comunista de Cuba, afiliado a la Internacional Comunista".

Y el artículo cuatro, que se refería a los fines de la Asociación, expresaba:

"Establecer en Cuba la dictadura del proletariado de acuerdo con los principios de Marx, Engel, Lenin y Stalin".

Los miembros del Comité Central del Partido, al momento de su inscripción, eran los siguientes: Blas Roca que figuraba como presidente; Aníbal Escalante, Joaquín Ordoqui, Fabio Grobart, César Vilar, Ramón Nicolau, Ladislao González Carvajal, Severo Aguirre, Manuel Luzardo, Miguel A. Figueredo, Manuel Torres, Joaquín Cardoso, Isidro Figueroa, Israel Tomás, Antolín Dickinson, Francisco Rosales, Féliz Lozano y Serafín Portuondo.

El reglamento del Partido en La Habana consignaba que el domicilio legal estaría ubicado en Carlos III número 609.

Una vez inscripto el Partido en los gobiernos provinciales, pudo actuar legalmente como asociación. La condición de partido político la adquiría más tarde, al ser inscripto en el Tribunal Superior Electoral en el trámite de constitución de nuevos partidos políticos con vista a las elecciones de delegados a la Asamblea Constituyente y de las elecciones generales.

Blas Roca calificaría "la legalización del Partido" de "paso democrático de la mayor importancia" en la Tercera Asamblea Nacional, al decir:

"La legalización del Partido Comunista, perseguido durante trece años de existencia ilegal, ha sido también un paso democrático de la mayor importancia, que ha contribuido a aclarar el panorama político de Cuba y a reafirmar las orientaciones del Gobierno".[1]

III - PRIMERA MANIFESTACION PUBLICA AUTORIZADA LEGALMENTE.

La primera manifestación pública de los comunistas autorizada legalmente no fue del Partido propiamente, sino la que organizaron con la excusa de recibir los trabajadores a la delegación de Cuba al Primer Congreso Obrero Latinoamericano, celebrado en México, y respaldar sus acuerdos.

La tropa de sofistas rojos la convocaron para el 25 de septiembre de 1938. Agitaron toda clase de reclamos obreros, con la tan llevada y traída consigna de unidad. Eran las redes con que pescaban a muchos trabajadores incautos.

La manifestación fue más bulla que realidad. El resultado no correspondió con el esfuerzo. Pero evidenció el gran interés del Partido en lucir preocupado por los intereses del proletariado. Sería, desde ahora, su máscara preferida, como si hubiera retirado su fe en los intelectuales para ponerla en los trabajadores.

IV - EL PRIMER MITIN LEGAL DEL PARTIDO.

El primer mitin legal del Partido, como tal, se efectuó en el estadio "Polar", de La Habana, el 12 de noviembre de 1938.

El lema del acto fue: "En marcha con todo el pueblo por la democracia, mejoramiento popular y defensa de la economía nacional".

Cobraron la entrada a razón de 10 centavos por persona. El periódico Hoy informó, al día siguiente, que se habían recaudado más de cinco mil pesos.

Los oradores fueron Joaquín Ordoqui, James W. Ford y Blas Roca. Los discursos coincidieron en dos puntos: defender la política del coronel Batista y la del gobierno norteamericano presidido por Roosevelt. Subrayaron la importancia de la unidad contra el nazifascismo. Para lo cual pusieron gran énfasis en la política de colaboración continental americana y en la posibilidad de una Liga de las Naciones del mundo que incluyera a los Estados Unidos y a la Unión Soviética.

Joaquín Ordoqui abrió el acto. Se redujo a parafrasear los temas manidos sobre el frente obrero unido y el frente popular, con las ideas sobre colaboración con Batista, en lo nacional, y con los Estados Unidos, en lo internacional.

Después de Ordoqui, habló James W. Ford, a nombre del Partido Comunista de los Estados Unidos. Discurrió sobre "la política del buen vecino" con estas palabras:

"La política del Buen Vecino no compele a ninguna nación a hacer sacrificios sobrehumanos o imposibles. El imperialismo yanqui fue una política antipopular en favor de los intereses de una reducida minoría. La política del Buen Vecino se produce en interés de las masas de los pueblos de todos los países de Norte y Sur América".[2]

El resumen estuvo a cargo de Blas Roca. Se refirió al viaje de

Batista a los Estados Unidos, para entrevistarse con el Presidente Roosevelt, en los térmnios siguientes:

"Esperamos que de esta conferencia salga una comprensión más completa de parte del pueblo americano y del gobierno democrático de Mr. Roosevelt de cuáles son los verdaderos anhelos y necesidades de Cuba; esperamos que nuestro pueblo y los que quieran representarlo harán constar que están dispuestos a darlo todo, absolutamente todo, por asegurar la independencia nacional, que nuestro pueblo quiere luchar contra el fascismo y contra el nazismo; que quiere cooperar con los Estados Unidos más estrechamente que hasta ahora contra el nazismo".[3]

No le bastaron estas zalamerías empalagosas y habló entonces, en tono heroico y guerrerista, de este modo:

"Quisiéramos decir a los Estados Unidos y especialmente al gobierno democrático de Mr. Roosevelt, que nuestro pueblo está dispuesto a luchar con todas las armas contra los nazis invasores de pueblos, contra los fascistas invasores de España, contra los fascistas invasores de China y Checoeslovaquia".[4]

Blas Roca hablaba a nombre de un pueblo que no representaba. Ni siquiera podía decir que expresaba los sentimientos de los revolucionarios cubanos, ahora sus máximos contradictores, a quienes calificó de "reaccionarios dispuestos a tomar el ropaje de la democracia, a vestirse de falsos revolucionarios para dirigir al pueblo cubano".[5]

El tema de la Base de Guantánamo no lo utilizó para agitar, como hasta entonces. Por el contrario, al mencionarlo, Blas Roca, en su discurso, dijo:

"Queremos, para oponerla a los factores de guerra, ayudar a mejorar la base naval de Caimanera, pero queremos la ratificación y la seguridad de que dicha Estación Naval no será utilizada contra Cuba, contra nuestra independencia, contra nuestra libertad".[6]

La defensa abierta y apasionada de Batista y del gobierno de los Estados Unidos provocó, como era de esperar, la ira de los revolucionarios nacionalistas, quienes acusaron de traidores a los comunistas.

V - PROBLEMAS CON UNION REVOLUCIONARIA.

Blas Roca había tramitado el entendimiento del Partido Comunista y de Unión Revolucionaria con el Coronel Batista sin tener el cuidado ni la consideración de contar con los dirigentes de Unión Revolucionaria. Los había tratado como meros subalternos. Su pensamiento era que los intelectuales daban prestigio a la causa roja; pero que no debía tenérseles en cuenta a la hora de las decisiones políticas.

Esta conducta de Blas Roca molestó a Juan Marinello. Se sintió lastimado, pues se enteró de todo cuando Cuba entera ya lo sabía.

De Marinello pudo decirse, parafraseando la expresión madrileña: toda Cuba lo sabía, toda Cuba menos él.

La decisión del Partido Comunista, de apoyar "los pasos progresistas de Batista", provocó un griterío de inconformidad en el cenáculo de intelectuales de Unión Revolucionaria. La mayoría del Ejecutivo, con Salvador García Agüero a la cabeza, respaldó a su Presidente, Juan Marinello.

Tan insólita protesta creó una verdadera crisis en las relaciones del Partido Comunista con Unión Revolucionaria.

La situación se tornó apremiante, cuando se planteó la necesidad de nombrar un orador que hablara, a nombre de Unión Revolucionaria, en el acto de recibimiento a Batista, que estaba señalado para el 25 de noviembre. Ante la imposibilidad de convencer a Marinello para esa fecha, fue necesario designar al "comprensivo" Carlos Rafael Rodríguez, para que lo sustituyera.

Solo más tarde, tras largos y azarosos debates, conciliábulos y negociaciones, logró el Partido persuadir a Marinello y a sus seguidores para que transigieran con la realidad imperante.

VI - RECIBIMIENTO A BATISTA.

El coronel Batista había ido a los Estados Unidos, invitado por el gobierno norteamericano. Para recibirlo, el 25 de noviembre, organizaron sus partidarios un desfile y un acto frente a Palacio.

Los partidos políticos del gobierno aportaron la multitud; pero una multitud sin iniciativas. Los comunistas, en cambio, aportaron la minoría organizada. A Batista lo llamaron "El Mensajero de la Prosperidad".

Los comunistas desplegaron carteles, como nadie. Sus altavoces vomitaron consignas durante todo el desfile. En el acto, se situaron estratégicamente, corearon sus lemas pegajosos y aplaudieron a los oradores cuando hablaban de los puntos que a ellos les interesaban, para arrastrar el aplauso de los demás. De esta forma, ofrecieron la sensación de ser más de los que realmente eran.

El Buró Político del Partido enjuició el recibimiento a Batista el 28 de noviembre. Lo presentó como un éxito de la nueva línea en una resolución que decía:

"El recibimiento hecho al coronel Batista, a su regreso de los Estados Unidos, resultó una grandiosa manifestación popular de afirmación democrática y antifascista"... "y una tremenda derrota para los elementos fascistoides y reaccionarios". "Por otro lado, el recibimiento y las declaraciones de Batista a su regreso, resultan una confirmación completa de la justeza, de las previsiones de la política y de la táctica de nuestro Partido".[7]

Más tarde, se referiría Blas Roca al viaje de Batista en los términos siguientes:

"El viaje de Batista a Estados Unidos, gestionando en él positivas mejoras para Cuba y sentando las bases para una colaboración eficiente de Cuba y los Estados Unidos contra la amenaza del fascismo, ha sido el paso más decisivo hacia la consolidación de su posición progresista y democrática".[8]

VIII - LA OCTAVA CONFERENCIA INTERAMERICANA.

La Octava Conferencia Interamericana se efectuó en Lima, Perú, del 9 al 27 de diciembre de 1938. Asistieron los representantes de las veintiuna repúblicas del Continente con el propósito de adoptar medidas de seguridad ante la amenaza del nazi-fascismo. Al terminar, se suscribió la "Declaración de Lima", por la que se reafirmó la solidaridad continental de los pueblos de América contra la intervención o agresiones extranjeras. Y convinieron en celebrar reuniones de consulta en caso de estar urgidos, de realizar una acción conjunta por estar amenazada la paz o la seguridad de cualquier estado americano.

La Conferencia estuvo precedida por una gran campaña continental de apoyo a los propósitos que se perseguían. En esa campaña intervinieron de manera decisiva los comunistas.

Después de la Conferencia, los comunistas latinoamericanos presentaron la Declaración de Lima como un testimonio de solidaridad continental contra el nazi-fascismo, que aseguraba la paz en América. En Cuba, no escatimaron elogios a la actuación de la delegación cubana.

El propio Blas Roca quiso exaltar "la actuación de la delegación cubana" y, en su Informe a la Tercera Asamblea Nacional del Partido, dijo:

"La actuación de la delegación cubana en la VIII Conferencia Panamericana, apoyando la formación de un bloque continental contra el fascismo, demandando la condenación a la persecución racial y religiosa y estableciendo la colaboración más estrecha con los países del Caribe, ha sido una actuación encaminada a una efectiva defensa de la democracia en América y en el mundo".[9]

Todo aquello coincidía con el plan de Moscú que, a escala nacional, formulara Blas Roca al propugnar la "indispensable colaboración de Cuba, como Estado, con los gobiernos democráticos del mundo y particularmente de América, incluyendo a los Estados Unidos".[10]

VIII - TERCERA ASAMBLEA NACIONAL DEL PARTIDO.

La Tercera Asamblea Nacional del Partido se efectuó en el teatro "Caridad", de Santa Clara, del 10 al 15 de enero de 1939. Fue la primera asamblea a plena luz pública, con los beneficios de la legalidad recién adquirida.

Asistieron unos quinientos delegados nacionales. También concurrieron, en calidad de invitados, William Z. Foster, presidente del

Partido Comunista de los Estados Unidos, bajo cuya orientación se desenvolvía el de Cuba, y Rafael Carrillo, del Buró Político del Partido Comunista de México "con cuya colaboración, según Blas Roca, fue organizado el nuestro en 1925".

El informe de Blas Roca, que tituló "La Unidad vencerá al Fascismo", resumió las materias tratadas en la Asamblea, por cuyo motivo vamos a reproducir sus párrafos más importantes.

a) El tópico internacional.

Blas Roca comenzó con un análisis de la situación internacional, de acuerdo con el esquema acostumbrado en todos los informes del Partido. Sus primeras palabras fueron para acusar "a los países fascistas, agrupados en el Eje Roma-Berlín-Tokío de estar amenazando a (sic) extender la guerra de invasión que desarrollaba contra España, en Europa; contra China, en Asia, contra Etiopía, en el Africa, a todos los pueblos y rincones del mundo".[11]

b) Por un Frente Unido Nacional contra el fascismo.

Encontrar la fórmula que lograra la unidad de todos los cubanos, de acuerdo con la tesis propuesta, fue la tarea central que impuso Blas Roca a la asamblea, al decir:

"Cuando queremos definir en breves palabras la tarea de nuestra Tercera Asamblea Nacional, tenemos que hacerlo diciendo que son las de buscar los modos y maneras de llegar a la unidad popular, democrática y progresista, como medio de asegurar el triunfo del pueblo sobre el fascismo, sobre los reaccionarios, sobre los enemigos de la Asamblea Constituyente libre y soberana y de la democracia".[13]

¿Quiénes integrarían esa unidad? y ¿para qué? Blas Roca contestó estas preguntas en los términos siguientes:

"Tenemos que insistir en la necesidad de plantear el gran frente unido nacional, sin exclusiones de ninguna clase, dirigido enteramente contra la reacción y el fascismo, un gran frente unido nacional que agrupe a todos los cubanos que quieran defender a Cuba de las acechanzas nazi-fascistas".[14]

Tales conceptos, un tanto genéricos, ocultaban el verdadero interés del Partido: la unidad en torno a la política de la Unión Soviética, en lo internacional, y en torno a la política de Batista, en lo nacional. Este último propósito saltó con claridad cuando Blas Roca exclamó:

"Hace falta construir la más extensa y combativa unidad nacional, apoyando sólidamente la política del coronel Batista".[15]

Era la mejor tesis con la cual podían adular a Batista, siempre obstinado en alcanzar el favor popular y en verse acatado y aplaudida por toda la población. A esa obsesión sacrificaría Batista, en muchas ocasiones, la conducta consecuente con su historia. Los comunistas conocían bien el talón de Aquiles de Batista y trataban, al menos con sus proyectos, de regalarle sus oídos.

c) **Un programa para todos.**

El Partido formuló un programa con el cual pudieran ganarse las voluntades de todos los cubanos. Blas Roca lo explicó de esta forma:

> "No se han hecho solamente programas para los obreros y los campesinos. No, nuestros programas locales, verdaderas plataformas para unir a todas las organizaciones y hombres progresistas de cada pueblo, demandan beneficios para los profesionales, médicos, farmacéuticos, ingenieros, etc., al incluir las reivindicaciones contra el monopolio de las medicinas, por la extensión de los servicios de atención médica y de hospitales, por la construcción de obras públicas útiles, etc.; demandan beneficios para los negros al incluir las reivindicaciones que harán realidad una igualdad necesaria; demandan beneficios para los industriales al pronunciarse por medidas de protección de los productos cubanos y por auxilio a los desocupados y a los campesinos, lo que amplía el mercado interior; demandan beneficios efectivos para la mujer y el joven con la protección de la maternidad, con la extensión de la cultura y el deporte; demandan beneficios para toda la población al pedir el saneamiento de las ciudades, la construcción de acueductos, el arreglo de calles, la construcción de carreteras y apertura de caminos vecinales y serventías para el uso público, todo lo cual no solo mejora las condiciones generales de la República y favorece su desarrollo económico, sino que deviene en medio poderoso de proporcionar empleo remunerativo a 400 mil desocupados que vagan hoy sin encontrar trabajo.
>
> Así nuestro programa, no es un programa sectario, particular, no es tampoco un programa muy bueno, pero sin posibilidades de realización, no es un programa demasiado avanzado para Cuba, sino que es un programa factible de realizar ahora mismo y capaz de unir a todos los hombres progresistas de Cuba".[16]

En este programa, más empírico que teórico, confiaban los comunistas sus esperanzas de unidad.

d) **Con las alas de la fantasía.**

Blas Roca veía plasmado su deseo de unidad, dando rienda suelta a su fantasía. Así, decía:

> "Las masas quieren la unidad, la verdadera unidad de todos los revolucionarios y de todos los progresistas contra el fascismo y la reacción.
>
> Las masas demostraron el 25 de septiembre y el 25 de noviembre, marchando en las calles de La Habana, la clase de

unidad que quieren. Ellas demostraron en el mitin del 12 de noviembre en "La Polar", que quieren que todo el pueblo marche unido por democracia, mejoramiento popular y defensa positiva ante Batista. Por eso, el secreto de una unidad duradera consiste en que ésta no se haga contra ningún sector revolucionario o progresista, sino que se haga contra los enemigos abiertos y encubiertos del progreso, de la revolución, del pueblo. Los que hoy quieren la unidad tienen por eso que combatir dentro de sus propios sectores a los enemigos de la unidad que toman esta palabra para hacer demagogia y para mentirle al pueblo.

LA UNIDAD CRECE. A pesar de todos los saboteos, a pesar de las maquinaciones de todos los reaccionarios, como las masas la quieren, la unidad va creciendo en Cuba.

SINDICATOS. Crece entre los sindicatos que se organizan en federaciones regionales y provinciales, en federaciones de industria y que se preparan actualmente para, en magno congreso nacional, dar el paso definitivo de su unificación.

JUVENTUD. Crece también entre la juventud, con la coordinación de las actividades de los clubs, de las sociedades culturales, de las secciones sindicales, de las agrupaciones políticas juveniles, dentro de una gran organización amplia y flexible.

SOCIEDADES DE COLOR. Las sociedades de color de toda la isla se han unificado, a través de las celebración de diez y seis convenciones provinciales que le han permitido a las masas negras estudiar con visión propia su situación y determinar un programa concreto, tan mesurado y justo, que está ganando no solo la adhesión de los hombres de color, sino también el apoyo y el calor de todos los progresistas y demócratas.

MUJERES. Las mujeres también entran en la corriente unitaria y el movimiento pro-congreso nacional femenino está formulando un programa capaz de unir a toda la población por las demandas específicas de la compañera del hombre.

CAMPESINOS. Los campesinos se organizan a través de la República y se unen efectivamente al movimiento democrático mediante Congresos Provinciales que vienen celebrando y que, como el de Camagüey, han podido agrupar a grandes masas del campo.

ESTUDIANTES. Los estudiantes, también, al margen de todo sectarismo político, constituye la Federación Estudiantil Universitaria y se preparan a unirse en toda la Isla mediante una Federación Nacional de Estudiantes.

AYUDA AL PUEBLO ESPAÑOL. El movimiento de ayuda al pueblo español con tanto entusiasmo sostenido por nuestro pueblo, es también un factor primordial de unidad, pues la Asociación o Comité Constituido nacionalmente, agrupa las más variadas y disímiles organizaciones.

UNIDAD LOCAL. En una serie de pueblos, todos estos movimientos unitarios separados, se unen localmente, a través de comités, como el Comité pro-mejoras que funcionó en Cienfuegos, el Comité pro-agua potable y mejoras en Manzanillo. Actualmente se marca la tendencia, y es nuestro deber de comunistas impulsarla, de unir a todos esos movimientos mediante amplios comités locales, con un programa que no solamente incluya las demandas de obras públicas y acueductos, sino que también contenga las reivindicaciones más generales de los campesinos, de los obreros, de los profesionales, de la defensa de las industrias contra la competencia extranjera, etc.

LA UNIDAD SERA UN HECHO. Este crecimiento de la unidad, como una necesidad histórica, pese a los argumentos "ideológicos" que en su contra esgrimen todos los "revolucionarios" anti-comunistas y a todas las maniobras de los elementos fascistoides, esta decisión de las masas por construir la unidad, es la que permite a nuestro Partido trabajar confiado en que la unidad revolucionaria y popular y que el frente unido nacional, será pronto un hecho, aunque queden fuera algunos líderes recalcitrantes".[17]

Eran sus artimañas para allegar la voluntad de todos los cubanos. No era fácil, por cierto, vencer el recelo nacional hacia los comunistas. Mas no por ello dejaron de insistir, en su esfuerzo desesperado por avanzar hacia la deseada unidad.

e) **Contra quienes combatían su unidad.**

Las razones esgrimidas por Blas Roca para unir a los cubanos bajo sus banderas tácticas fueron ripostadas tanto por los revolucionarios como por los conservadores y los centristas. Blas Roca no contestó los argumentos con argumentos, sino que pasó a la ofensiva, para acusar de nazi-fascistas disfrazados y de reaccionarios a cuantos se oponían a la unidad con los comunistas. Por el sendero de los dicterios, expresó:

"Los reaccionarios fascistas han planteado el problema como si el peligro de Cuba fuera el comunismo y se han dedicado a combatir todo paso progresivo, toda medida beneficiosa a los obreros, toda acción en favor del pueblo, bajo el pretexto de "que le hacen el 'caldo gordo' a los comunistas". La voz cantante de esta propaganda la ha llevado el cavernario "Diario de La Marina", que en su ceguedad rabiosa ha calificado a Roosevelt de comunoide y a Lázaro Cárdenas de 'lazarillo mexicano del stalinismo'. Le sigue la revista que por mal nombre lleva el de "Cuba Nueva" y que bajo la égida de la oligarquía reaccionaria y fascistoide que se ha apoderado nuevamente de la dirección abeceísta, vuelve a hacer del ataque a nuestro Partido el centro de su labor". "La llamada 'Hora Liberal Independiente' pagada por todos los interesados en negocios sucios e inconfesables, bajo la dirección de un tal Juan Prohías, que se acaba de proclamar hora anti-comunista y combate a Hull y a Iches por 'judíos, a Roosevelt y a Lázaro Cárdenas por comunistoides' ".

"Desde el PRC, Méndez Peñate, acusador de Julio Antonio Mella ante el Tribunal Universitario que dictó su expulsión, Secretario del Trabajo en la época del Gobierno de Concentración Nacional, en nombre del cual firmó los Decretos Leyes No. 3 y No. 51, que establecían incluso la pena de muerte para los obreros azucareros, tiene ahora como tema principal para sus discursos la calumnia pepinesca contra nuestro Partido. El señor Eusebio Mujal, trotskista entrega-huelgas, se dedica ahora a calumniar en bajo lenguaje al movimiento obrero revolucionario.

Todos estos ataques son parte del juego reaccionario para dividir el movimiento popular e interferir los pasos progresistas de Batista".[18]

f) El fantasma de la explotación y el fascismo.

A Blas Roca no le bastó con apostrofar a quienes combatían la unidad con los comunistas. Fue más allá y agitó el espantajo de la explotación y el fascismo con vislumbres casi proféticos. Cuando describía lo que ocurriría en el caso de que triunfaran los adversarios declarados del comuunismo, estaba describiendo lo que habría de ocurrir tan pronto los comunistas asaltaron el poder de manos de Fidel Castro. Blas Roca desarrolló el vaticinio, que los comunistas sí realizaron, de esta forma:

"Pero un programa de tal naturaleza no podría ser realizado en Cuba sin suprimir totalmente todo resto de libertad. Un programa de tal índole no podría ser llevado a la práctica sin encontrar la más encarnizada resistencia de los sindicatos, de las organizaciones populares, de los partidos progresistas; sin la más elevada protesta a través de cualquier resquicio de libertad de prensa, de derecho de reunión o de libre emisión del pensamiento.

De aquí que su programa político se base en las influencias del nazismo alemán represivo y sangriento.

Suprimirían toda libertad de prensa y anularían todo resto de derechos democráticos. Ilegalizarían a todos los partidos progresistas. Destruirían todos los sindicatos, aún los más moderados, para sustituirlos por el 'frente de trabajo', tipo de los 'sindicatos' constituidos por el Pepín Rivero en sus periódicos. Decretarían la disolución de las organizaciones de profesionales, de jóvenes, de negros, de mujeres, de campesinos, etc."[19]

A quienes le decían que tal programa no podría llevarse adelante porque el gobierno norteamericano lo impediría, les replicó:

"La teoría de que el Programa no podría llevarse a la práctica por impedirlo la intervención del gobierno americano es falsa".

"En los Estados Unidos hay poderosas fuerzas pro-fascistas, anti-populares, que representan un apoyo cierto para tal programa, que se iría realizando a medida que las condiciones lo fueran permitiendo y actuando, además, como un factor contra las fuerzas progresistas de los Estados Unidos".[20]

De darse tal posibilidad, advirtió Blas Roca que Cuba se convertiría en una base peligrosa para los Estados Unidos, al señalar:

"En el campo de las relaciones internacionales el triunfo de tales elementos sería la señal para la penetración definitiva alemana y japonesa, convirtiendo a Cuba en despensa para la guerra, en punto de apoyo para hostilizar a Estados Unidos".[21]

El fantasma del nazi-fascismo le hacía ver espías por todas partes, al extremo de que Blas Roca llegó a decir:

"El espionaje, que es muy activo y que se bifurca hacia Panamá y Colombia, se realiza por alemanes disfrazados de "revolucionarios", de "indiferentes", de "nazistas" y hasta de "antinazistas". Las japoneses se disfrazan particularmente de pescadores, habiendo llamado últimamente la atención sus actividades en el puerto de Cárdenas".[22]

Toda esta propaganda de difamación, preñada de temores y de amagos, no prendía con facilidad. Por lo cual, Blas Roca insistía sobre ella, diciendo:

"Estas gentes nos acusan de crear un fantasma para asustar al pueblo cuando hablamos de las posibilidades de un triunfo fascistoide en Cuba y del peligro del fascismo".

g) **Pro norteamericanismo del Partido.**

Lo más sorprendente de todo, lo más difícil de explicar, era la posición francamente pro-norteamericana que había adoptado el Partido. Blas Roca abordó el tema, retorciendo sus argumentos anteriores, en esta forma:

"El otro aspecto de la cuestión, la posición nuestra ante los Estados Unidos y ante el gobierno de Roosevelt responde también enteramente a lo que demandan las circunstancias y a lo que favorece al pueblo cubano. Vamos a detenernos particularmente en esta cuestión por la enfermedad del verbalismo que ha atacado a algunos revolucionarios, empeñados en hacer un antiimperialismo de declaraciones. Intelectuales cómodos, muy amantes de su libertad personal, cierran los ojos ante los crímenes y la amenaza del fascismo y se deshacen en sonantes declaraciones 'antiimperialistas' contra Roosevelt.

Hasta Representantes y Senadores, que votaron recientemente el pago de la deuda del Chase, resultan ahora feroces enemigos del imperialismo de Roosevelt.

Veamos los términos concretos del problema. A través de los largos años de nuestra historia republicana, el imperialisho yanki, el capitalismo monopolista financiero, ha intervenido en nuestra vida pública, a veces directamente por medio de representantes directos de los gobiernos imperialistas dominantes en los Estados Unidos. La penetración económica del capital financiero estuvo hasta ahora acompañada de la intervención brutal del Gobierno de los Estados Unidos, en sus funciones de agente y guardián de los intereses de Wall Street.

Con la subida de Roosevelt al poder, esta situación comienza a cambiarse. Especialmente después de 1936, con su segunda elección y con la ofensiva desesperada del nazi-fascismo que, aliado al Japón, se convierte en un peligro real y actual para América, la política del "Nuevo Trato" y del "Buen Vecino", ha respondido más a las aspiraciones progresistas del pueblo de Estados Unidos, que a la política del capital rapaz, usurario, de los burgueses inversionistas.

La administración de Roosevelt no representa, como lo hicieron los gobiernos del pasado, los intereses del capital más reaccionario de los Estados Unidos. La administración de Roosevelt (cuya política exterior expresa en mayor volumen los intereses industriales), representa en una gran escala, el creciente movimiento democrático y progresista de los Estados Unidos, el despertar, la movilización, la marcha de los millones de obreros que en América han sufrido, como nosotros en Cuba, la opresión de los imperialistas, de los grandes financieros, de las poderosas compañías monopolistas.

La política ruveltiana es un producto de las luchas de las masas norteamericanas y de las luchas de los pueblos de la América Latina, que en Chile, Cuba, Brasil, México, han demostrado su vigor con el despertar de su conciencia política nacional".[24]

Era tan difícil explicar las causas de la nueva actitud del Partido que Blas Roca prosiguió fatigando con su palabra la atención de quienes lo escuchaban. Su larga peroración sobre este punto la concluyó con una exclamación rotunda:

"Nuestra lucha por la liberación no puede ser una lucha anti-yanqui".[25]

h) Se defiende de los ataques de los revolucionarios cubanos.

Las dos incongruencias del Partido, la nacional a favor de Batista y la internacional a favor de los Estados Unidos, provocaron un torbellino de críticas de los revolucionarios cubanos contra los comunistas. Blas Roca defendió la nueva y difícil posición del Partido con estas palabras:

"Alrededor de esta posición nuestra, se ha levantado una gritería de críticas de ciertos grupos "muy revolucionarios" que han vuelto a agitar las acusaciones de 'traición' contra nuestro Partido, ya lanzada cuando llamamos nosotros a luchar por la Asamblea Constituyente libre y soberana.

Entonces, también, los que mantenían una posición putchista 'insurreccionalista', desde el extranjero y los que estaban 'en la cerca' en Cuba, influidos por los trotskistas, comenzaron hablar de que abandonábamos la lucha revolucionaria, de que la Constituyente era presionada por los yanquis y de que, al luchar por ella, nos sometíamos a la política imperialista.

Todos esos furiosos 'insurreccionalistas' se convencieron más tarde de lo falso de su posición y vinieron a 'prepararse a participar en la Constituyente', olvidándose muchas veces de luchar por su convocatoria.

Los dirigentes de algunos partidos revolucionarios, atacados de esa nueva enfermedad que se ha extendido en Cuba, la enfermedad del verbalismo revolucionario, creyendo que hacer la revolución es publicar algunas declaraciones muy 'revolucionarias', la han emprendido contra nuestro Partido, acusándolo de abandonar la lucha anti-imperialista y el camino revolucionario. Para ellos, todo lo que no sea poner un clicé (sic) pidiendo un gobierno ¡socialista! agrario y anti-imperialista, no es revolucionario, como si con sólo escribir esas cosas se hiciera revolución".[26]

Por último, recurrió a dos citas de Dolores Ibarburo, La Pasionaria, y de José Díaz, el Secretario General del Partido Comunista español, para utilizarlas de coraza "dialéctica" que lo protegiera de los ataques certeros de los revolucionarios cubanos.

i) También se defiende de los socialistas.

Muchos ex-militantes del Partido, que se decían representantes de la pura doctrina marxista leninista, aprovecharon la ocasión del viraje detonante, para acusar de traidores a quienes continuaban bajo la disciplina del Partido. Los apóstatas del Partido denunciaron al Partido de apostatar del socialismo revolucionario. Blas Roca se defendió, acusando de oportunistas de izquierda a quienes así lo censuraban. A ese respecto, dijo:

"Pero aquí la traición consiste, según esas gentes, en que nosotros laboramos por un gobierno democrático, republicano-democrático, y no por un gobierno "socialista" y "anti-imperialista". Gobierno socialista verdadero no puede ser ningún otro gobierno que no sea el gobierno de los obreros y campesinos.

Es claro que no luchar ahora directamente por ese gobierno no es ninguna traición al pueblo cubano, porque la mayoría de este pueblo está convencido de que en este momento cubano y en esta situación internacional, el intento de establecer un gobierno soviético fracasaría".[27]

j) La defensa imposible.

La defensa frente a quienes acusaban al Partido de títere de Moscú era una defensa imposible. La acusación era tan evidente, palmaria e incontrovertible, que Blas Roca optó por restarle importancia y solo se atrevió a decir:

"Este argumento es ridículo y no vale tenerlo en cuenta".[28]

De esta forma dos veces simple, por sencilla y necia, pretendió Blas Roca escapar al veredicto de la opinión pública cubana que lo condenaba.

k) La línea de acción.

Blas Roca formuló un llamamiento para que cada militante se situara en su sección correspondiente del organismo fachada. Puso especial énfasis en organizar los sindicatos azucareros y en agrupar a los obreros en una Central Sindical Unica; en atraer a las mujeres al movimiento activo del Partido; en influir sobre el ejército; en constituir una "Federación de Sociedades de Color"; en fortalecer los clubes juveniles, sus organizaciones culturales, las delegaciones de la "Hermandad de Jóvenes Cubanos", los "Comités de los Jóvenes del Pueblo", y todas las organizaciones de la juventud; en estrechar sus relaciones con el "Movimiento de los Profesionales y de los Intelectuales", nervio de la llamada clase media, especialmente con los médicos y maestros, y en prestar atención preferente a la organización de los intelectuales y artistas.

La consigna de acción lanzada por Blas Roca se extendió también a quienes no eran comunistas, cuando reclamó: "que no quede un ciudadano sin estar en alguna organización",[29] del Partido, se entiende.

En tal esfuerzo, por agrupar a toda la población cubana en sus distintas organizaciones fachadas, no excluía a nadie, ni a los cristianos. Tanto es así que Blas Roca se adhirió a la táctica de "la mano tendida" de Mauricio Thorez, con expresiones vehementes, como éstas:

"En nuestros esfuerzos por organizar y unir a todo el pueblo, a todos los que tienen hambre y sed de justicia, nuestro Partido ha hecho un llamamiento a los cristianos y a los hombres y mujeres de todas las creencias religiosas para establecer unas fraternales relaciones, una colaboración fecunda contra los enemigos de toda la humanidad".[30]

En resumen, el Partido se proponía situar a todos sus militantes en una o varias de sus organizaciones "fachadas" o "de masas" como las llaman los comunistas, y que éstas, actuando como bandas de trasmisión de sus orientaciones, agruparan a todos los sectores de la población cubana.

1) En lo electoral.

La primera orden fue concreta, que los comunistas "votaran bajo el símbolo de la hoz y el martillo".[31]

Después anunció que "continuaría sus gestiones para que todos los hombres progresistas voten una candidatura común".[32]

Se refería a las gestiones que realizaba con Unión Revolucionaria para confeccionar un programa común y una candidatura también común, aunque conservando las dos columnas con sus propios emblemas, en las próximas elecciones.

Era cuando aún no habían decidido fusionarse, al menos públicamente, Unión Revolucionaria y el Partido Comunista.

m) Por último, lo primero, la importancia del adoctrinamiento.

Los comunistas llaman educación a su adoctrinamiento político, al cual conceden una importancia primaria. Blas Roca le confirió tal trascendencia que le dedicó al tema una gran consideración. Acerca del mismo, dijo:

"Para llevar a cabo esa educación hay que organizar en primer término la distribución y venta de la literatura comunista, de los folletos de nuestro Partido, de los libros de Lenin, de Stalin, de Engels, de Marx. Quien no sabe hacer esto, no podrá ayudar a crecer el Partido.

"En segundo lugar es necesario organizar círculos de estudio, lecturas comentadas, conferencias sobre principios de comunismo, mediante los cuales los compañeros que comprenden mejor los problemas les explican a los más atrasados y se despierta el entusiasmo por el estudio.

En tercer lugar hay que aprovechar el trabajo práctico para la educación de los miembros del Partido. La realización de cualquier trabajo, de cualquier movilización, debe ir precedida siempre por una amplia explicación política de su importancia, de las razones de su realización, de sus consecuencias probables. Al mismo tiempo hay que extraer todas las experiencias de las movilizaciones realizadas, señalando las debilidades, las partes positivas y las faltas, para que sirva de enseñanza a todos".[33]

No podía faltar la parte del culto a la personalidad de Stalin, a quien Blas Roca calificó de maestro de los pueblos oprimidos, al decir:

"Es preciso estudiar a Stalin, a ese maestro de los pueblos oprimidos en la lucha por su independencia a ese constructor del socialismo en la Unión Soviética y guía mundial de la lucha anti-fascista, guía mundial del proletariado revolucionario".[34]

El informe de Blas Roca concluyó con la repetición de las consignas del Partido, expresadas en forma de exclamaciones y pre-

cedidas, cada una, por la palabra:
"¡Venceremos!"

IX - NACE LA CONFEDERACION DE TRABAJADORES DE CUBA.

Los comunistas prepararon, con esmero y cuidado la constitución de la Confederación de Trabajadores de Cuba. Nombraron un "Comité Organizador Obrero Nacional". Celebraron congresos provinciales durante los meses de noviembre y diciembre de 1938. Una vez constituidas las Federaciones Provinciales de Industrias, convocaron a un titulado "Primer Congreso Nacional Obrero", a pesar de que el Primer Congreso Obrero Nacional se había efectuado hacía quince años.

El acto inaugural, del llamado "Primer Congreso Nacional Obrero", lo montaron en el teatro "Nacional" el 23 de enero de 1939. Lo presidió Ramón León Rentería y asistieron mil quinientos delegados, elegidos o designados por quinientos setenta y seis sindicatos. Las sesiones de trabajo se desarrollaron en la Sociedad del Pilar. Y la clausura tuvo lugar en el estadio "Polar", cuya firma cervecera contribuyó, además, con cincuenta mil pesos.

El acto de la Polar fue ciertamente una concentración de masas. Ocuparon asientos en la presidencia el Secretario del Trabajo, Juan M. Portuondo Domenech; el dirigente de la Confederación de Trabajadores de América Latina, Vicente Lombardo Toledano; el representante de la Confederación de Trabajadores de México, Alejandro Carrillo, y el delegado de la C.I.O., José Rowner.

Los acuerdos del Congreso recorrieron toda la gama del interés partidista mezclados con algunos de interés clasista, con los cuales encubrir los primeros. No faltó como era de esperar, el apoyo a la Unión Soviética. Tompoco el respaldo al gobierno, ya francamente rojo, de la República Española. Afiliaron la CTC a la CTAL y a la Federación Sindical Internacional, bajo el control del Kremlin. Abogaron por la revisión del Tratado de Reciprocidad de Cuba y los Estados Unidos. Pronunciáronse contra la discriminación racial y el desempleo. Reclamaron la aplicación de los salarios mínimos, el cese de los embarques por "ferry boat" y la reposición de las obreras desplazadas de la fábrica de medias de Charles Shapiro. Por último, expresaron su apoyo a la convocatoria para celebrar una Asamblea Constituyente y llamaron a la unidad de la clase obrera.

En medio de vítores y aplausos, leyeron los nombres del Comité Ejecutivo de la CTC, dirigido por Lázaro Peña, con el cargo de secretario general.[35]

La CTC respondió en todo momento, desde su fundación hasta 1947, a las consignas políticas del Partido. Al amparo de la Central Sindical organizaron los comunistas infinidad de colectas con propósitos sectarios. La más escandalosa fue la colecta nacional para comprar una casa para la CTC y talleres para editar el periódico

Hoy, que sirvió de pretexto para distraer parte de los fondos a otros fines. La casa comprada fue la que estaba situada en Desagüe número 110, en La Habana. Hubo que hacerle reformas y adaptaciones para instalar en ella los talleres, la redacción y la administración del periódico de los comunistas.

Los reglamentos sindicales fueron concebidos en manera que las dirigencias de facto, en su gran mayoría dóciles al Partido, ganaran siempre las elecciones mediante la aplicación de procedimientos restrictivos del sufragio.

La creación del "sello del buen cotizante" en el sector azucarero, por ejemplo, y otras argucias similares, inhabilitaban a crecidos contingentes de obreros para el limpio ejercicio del voto. El plan de este sello —que fue igualmente implantado en todos los demás sindicatos existentes afiliados a la Confederación de Trabajadores de Cuba— era así: para votar no bastaba con estar afiliado al sindicato, sino que había que poseer el sello y éste se remitía a los miembros del Partido comunista o a sus seguidores y en menor número a quienes los combatían.

La anarquía planificada imperó en el movimiento obrero. Los trabajadores, en ocasiones, no sabían a qué sector pertenecían, pues eran movidos de una organización a otra para facilitar a los comunistas el control de los sindicatos. Los llamados sindicatos "de bolsillo", organizaciones fantasmas que no tenían militantes, enviaban representación a los congresos, con lo cual los comunistas aseguraban siempre la mayoría que necesitaban.

Frente a los comunistas, el Partido Auténtico organizó la Comisión Obrera Nacional.[36] En ella se refugiaron algunos disidentes del Partido comunista. Entre éstos figuró Sandalio Junco, compañero de Julio Antonio Mella, quien suscribió la tesis que no se debía crear una organización sindical paralela, sino luchar dentro de la Confederación para ganar el control del movimiento a los rojos mediante el voto de los trabajadores.

Al poco tiempo, la Comisión Obrera Auténtica levantó una tesis encaminada a situar cada obrero en su sindicato, cada sindicato en su Federación, y todas las Federaciones en la Confederación de Trabajadores. El plan apuntaba contra las maniobras comunistas que movían a las células sindicales de acuerdo con sus propósitos de control; pero el peso de las circunstancias políticas, el empleo de la fuerza por los rojos, y un cúmulo de factores extra-sindicales aplazaron por mucho más tiempo el cambio de orientación en el sindicalismo cubano.

Blas Roca nos refiere el nacimiento de la CTC, con su peculiar juicio sectario, en esta forma:

"La CNOC... en 1938 acordó disolverse para dejar paso a la creación de la Confederación de Trabajadores de Cuba (CTC) que logró, al fin, unir orgánicamente a todas las organizaciones sindicales existentes en el país.

La CTC era, de hecho, la continuación de la CNOC, el triunfo de los principios de ésta en el movimiento sindical. Su programa reflejaba el predominio de las tendencias revolucionarias, la lucha contra el imperialismo y por la liberación nacional, la defensa de las reivindicaciones y derechos de todos los trabajadores, la aspiración a suprimir la explotación del hombre por el hombre.

En su congreso de constitución, después de una amplia discusión en cada sindicato, la CTC acordó adherirse a la Confederación de Trabajadores de América Latina (CTAL) que se había organizado en México, en 1938, con la participación de los delegados de muchos sindicatos y varias federaciones de industria de Cuba".[37]

X - ORGANIZACIONES FACHADAS DEL PARTIDO.

Cuando se legalizó el Partido, salieron a flote todas sus organizaciones fachadas y se crearon otras más. Cada una respondía a un objetivo determinado o comprendía un sector específico de la actividad nacional.

Una de las más activas fue la "Asociación Pro Enseñanza Popular de la Mujer", presidida por Nila Ortega y con Hortensia Gómez de Secretaria.

Para agrupar a la juventud femenina, constituyeron los "Clubes Lina Ordena", nombre de una joven combatiente de los juventudes socialistas de España, muerta el 12 de septiembre de 1936.

La "Asociación de Escritores y Artistas anti-fascistas" fue utilizada, en varias ocasiones, para calzar con su firma los manifiestos del Partido en los cuales se tocaba el tema de la amenaza nazi-fascista o el de la guerra civil española.

Un poco más tarde, fundó Paco Alfonso la "Asociación Cubana de Artistas y Escritores Teatrales", que le sirvió, más que nada, para representar algunos apropósitos de propaganda comunista.

Los comunistas concedieron una gran importancia a la creación de asociaciones y comités donde agrupaban a núcleos de nacionales extranjeros, no obstante su preconizado internacionalismo que llega a sostener que "los obreros no tienen patria".[38] Las asociaciones de núcleos extranjeros más importatnes fueron, a más de la Casa de la Cultura, el "Comité Bielo ruso-ucraniano", la "Asociación Hebrea de Arte y Cultura" y la "Unión Progressita de Armenios".

El Comité Bielo-ruso-ucraniano se inscribió en el Gobierno Provincial de La Habana el 21 de octubre de 1939 y fijó su domicilio en Acosta número 411, altos, en La Habana.

La "Asociación Hebrea de Arte y Cultura", domiciliada en Zulueta número 660, sirvió hasta de centro para organizar un homenaje al periódico Hoy el 7 de enero de 1939. Más tarde, con el nombre de "Centro Hebreo Popular", actuó ya abiertamente a favor del Partido. Una de sus iniciativas fue crear el "Teatro Popular Hebreo" donde se escenificaron "Los perros de Radziwil", "Revuelta y Huelga" y otras obras típicamente comunistas.

El Partido también organizó la "Unión Progresista de Armenios" no bien se hubo acreditado la representación diplomática soviética en Cuba. La referida "Unión" trabajó siempre de acuerdo con la Embajada de la URSS en La Habana.

No hemos relacionado todas las organizaciones fachadas. Sólo las más importantes que se constituyeron por esta época, al objeto de dar una idea del trabajo de los comunistas en este sentido.

No queremos terminar este título sin anotar que acaso la mayor fuerza del comunismo esté representada por su capacidad multiplicadora. El fenómeno ya ha sido observado por un conocido escritor norteamericano, James Burnham, que se refirió a las virtudes filoprogenitivas de las células comunistas. Quiso señalar el autorizado escritor cómo esas células cultivan la reproducción hasta el infinito, porque buscan la perpetuación de su razón vital horizontalmente, sobre un vasto panorama de organizaciones y de grupos afines o subsidiarios.

El Partido Comunista, puede concluirse, no es solamente el Partido, sino que se prolonga en una infinita y tupida red de organizaciones comprometidas, todas ellas, en los objetivos sectarios que les trazan, en última instancia, desde Moscú.

XI - EDUCACION COMUNISTA.

El comunismo no es solamente una doctrina política y una filosofía. Es algo más. Constituye una totalidad vital, porque es una concepción plena e integral del universo.

Como nadie nace, salvo en los países sojuzgados por el marxismo durante décadas, en una sociedad conformada a la manera comunista, el proceso de conversión de un individuo ha de ser de inoculación lenta, progresiva, hasta llenar toda la mente y la conducta del converso. La naturaleza totalitaria de esta extraña ideología, por otra parte, le exige ofrecer a sus prosélitos respuestas para cada una de las infinitas interrogantes que estremecen el perenne afán de saber de la criatura humana.

En el orden dogmático, el comunismo ofrece una solución teórica para explicar tanto el origen del mundo y del hombre, como sus distintas manifestaciones en la sociedad y en la historia.

En el orden de su metodología, el comunismo está inspirado por un espíritu esencialmente dinámico, pues la acción tiene un interés fundamental para los comunistas.

A diferencia de otras concepciones universalistas, la de los militantes ha de centrarse en las potencialidades de un mito que constituye, en cierto modo, la racionalización de lo irracional.

Lo que el gran mito comunista persigue "es adiestrar a la gente para que luche por la destrucción de todo lo existente". Este mito ha sido utilizado fundamentalmente en las dictaduras totalitarias. El mito elaborado más por Lenin que por el propio Marx ha convertido al comunismo más que en una ideología en una creencia. Pero no hay duda que, si se desvanecen los soportes dogmáticos del mito, éste comenzará a desvanecerse.

De ahí que el Partido se preocupe tanto por desarrollar una hábil tarea de adoctrinamiento dogmático y de entrenamiento práctico en torno al prospecto comunista. Le va tendiendo un cerco del cual difícilmente podrá escaparse después.

El militante comunista no exhibe inquietudes similares a las de otros partidos o facciones. Asiste, como éstos, a las sesiones de divulgación y de propaganda; pero frecuenta también, con la asiduidad que le impongan los predicadores, otras sesiones del adoctrinamiento durante espacios de tiempo que los seguidores de otras organizaciones políticas dedican al deporte, al estudio, al culto religioso o a cualesquiera de las múltiples dedicaciones y actividades relativas a la vida cotidiana del hombre común.

Si el comunista asiste a un espectáculo deportivo, teatral, cultural, o de cualquiera otra índole, es porque el evento ha sido convocado y organizado por el partido con una finalidad específica: la de demostrar las bondades del trabajo colectivo bajo la dirección partidaria. Lentamente el partido le va ocupando todo el tiempo, le va invadiendo toda la vida y llenando con la visión de un mundo completamente nuevo: el mundo del marxismo.

A la ocupación material del tiempo sucede inmediatamente la avasalladora suplantación de la evaluación Moral. Solamente será bueno aquello que tenga que ver con el partido, y será siempre malo, inevitablemente malo, cuanto conspire o se oponga a los objetivos finales de la organización: la dictadura del proletariado. Como la creencia religiosa constituye un obstáculo en la conversión del prosélito, se le inoculará la creencia de que las religiones son, como sentenciara Lenin, el "opio de los pueblos". Como la familia puede embargar parte de las actividades del militante, su propia familia, víctima de la moral convencional de la civilización burguesa, será también una enemiga de ese mundo nuevo a cuya construcción debe de contribuir todo hombre comunista. Así hasta llegar al crimen si se hace necesario, hasta permitir el asesinato de un humano si la causa lo demanda.

El comunista potencial va quedando así desarraigado de su medio natural y lentamente se incorpora en la legión prosélita de su nueva creencia. El militante comunista ha de quedar formado de tal manera que se convierta en un ser especial, más allá de cuyos límites no encuentre existencia ni posibilidad de subsistir. Su concepción llega a cobrar tal vigor emotivo que como afirma Arturo Koestler, uno de los más notables desertores del comunismo, "los comunistas creen cuanto pueden probar y pueden probar todo aquello en lo que creen". Y este vicio del razonamiento es superior a toda otra consideración.

¿De qué forma progresa el militante comunista dentro de la estructura del Partido?

La calificación del militante comunista se obtiene por su dedicación al partido. La organización premia con privilegios, homenajes y sitiales en la alta jerarquía a aquellos de sus militantes que muestran mayor ahinco en alcanzar las metas propuestas por los distintos burós.

Para vencer cada etapa, el militante en formación ha de ir claudicando de su origen, de su moral, de todo aquello de donde procede. En la misma medida en que se le arranca una creencia se le incorpora otra. El proceso suele ser lento, torturador, pero cautiva por el atractivo que suele tener toda actividad que comporta un sacrificio.

Explicada la forma en que el Partido toma la conciencia de sus prosélitos y militantes, veamos ahora cómo cumplimentaban los comunistas nativos esta misión de adoctrinamiento político por los tiempos que estamos considerando.

La "educación" política la desarrollaban fundamentalmente a través de círculos de estudios de niveles distintos, de acuerdo con el progreso advertido en sus estudios.

En los niveles más bajos, los iniciados se concretaban a leer y comentar el periódico Hoy y las revistas del Partido, siempre bajo la orientación de un "cuadro" de nivel superior.

A medida que los concurrentes a los Círculos de Estudios se adentraban en la interpretación de los criterios comunistas, leían y comentaban los folletos populares que editaba el Partido y estudiaban los Estatutos del Partido Comunista de Cuba.

En los niveles medios ya leían y discutían los folletos "Estatutos del Partido comunista de Cuba", "Por una Constitución que asegure la democracia, el mejoramiento popular y la defensa de la economía nacional", "El Camino del Pueblo", "Cuidemos la Unidad", y "El caso del Dr. Martín Castellanos".

Los estudios más serios debían realizarse en las "Escuelas Marxistas" que estaban supuestas a crearse en cada provincia bajo la dirección de los Comités Ejecutivos Provinciales. Solo se crearon en La Habana, Las Villas y Oriente. En las restantes tres provincias no llegaron a funcionar por esta época.

Los miembros de los Comités Ejecutivos locales estaban obligados a cursar estudios en las Escuelas Marxistas Provinciales y los miembros de los Comités Ejecutivos Provinciales estaban obligados a pasar por la Escuela Nacional Carlos Baliño, que funcionaba como Centro Superior de Estudios Marxistas en La Habana. Estos estudios superiores eran potestativos para el resto de los militantes del Partido.

La "Escuela Nacional Carlos Baliño" estaba radicada en el reparto Los Pinos en La Habana y la dirigían Blas Roca, Fabio Grobart, Severo Aguirre y Pelegrín Torres.

El programa del curso constaba de las siguientes materias: 1 - **Economía Política**; regímenes que precedieron al capitalismo; formación del capitalismo; producción mercantil y construcciones; plus valía, dinero, renta, crisis e imperialismo. 2 - **Historia de Cuba y del comunismo**; nacimiento de la burocracia cubana; el negro en la historia colonial. 3 - **Historia del Partido**; organización, religión, democracia, parlamentarismo y guerra; el estado socialista y los principios fundamentales del materialismo dialéctico y del materialismo histórico.

El Partido concedía tal importancia a la "educación marxista" que era uno de los índices al que se le concedía mayor valor para calificar los esfuerzos del militante, del partido local y del provincial en las emulaciones socialistas.

Como se aprecia, los comunistas nativos trataban de cumplir, en la medida de sus posibilidades, la misión de "educar" a sus militantes con el fin, primero, de tomar la conciencia de cada uno de ellos, y después, de extender sus creencias en un terreno tan seco de verdaderas ideas como era el que existía, por aquel entonces, en la nación cubana.

XII - LITERATURA COMUNISTA DE LA EPOCA.

Los comunistas han mostrado siempre un gran interés por utilizar los vehículos de cultura para infiltrar sus ideas. Ninguno han desperdiciado. El primero que utilizaban por regla general es el medio escrito; periódicos, libros, folletos y revistas que tratan de convencer al lector de las bondades y de la inevitabilidad de sus sistemas.

A difundir las ideas comunistas, contribuía, por aquella época, una imprenta y papelería del Partido que se escondía bajo el nombre de la primera letra del alfabeto griego, "Alfa".

No hubo transcurrido mucho tiempo, cuando "Alfa" se convirtió en la editorial Páginas, dedicada a distribuir la literatura que imprimían en Cuba, debido a la pluma de los jerarcas del patio, y la que traían del extranjero, especialmente de México, del Fondo de Cultura Popular.

En ediciones sumamente baratas ponían al alcance de todos los lectores una buena colección de escritos de Lenin y de Stalin. Los más difundidos fueron los que eran objeto de estudio en los círculos del Partido, "Qué hacer" y "El Estado y la Revolución" de Lenin, y "Del socialismo al comunismo", "Fundamentos del Leninismo" y "Cuestiones del leninismo" de Stalin. Era muy fácil adquirir esas publicaciones, pues podían conseguirse en cualquier librería o en la casa del Partido de la localidad, o solicitándola al Apartado 2213 en La Habana.

El género teatral fue uno de los más explotados por los comunistas en Cuba.

Paco Alfonso, más conocido como actor y director escénico que como autor de teatro, escribió algunos apropósitos de propaganda comunista. Muchas eran casi improvisadas en la escena, al estilo de la italiana COMEDIA DELL' ARTE. Algunos tenían el título de un manifiesto: "Divulgación de las Bases para el 'Proyecto de Constitución del Partido Comunista de Cuba'" (1939). Otros estaban relacionados con algún tema de actualidad: "Demandas del Pueblo" (1939), sobre la ley de alquileres, y "Vinieron las Tiñosas" (1940), apóstrofe contra los latifundistas que desalojaban a los campesinos. También escribió, por aquel entonces, "Voces en la Trinchera", un acto sobre la guerra civil española, y "Era un hombre del pueblo", en el cual defendía la tesis de la unidad obrera.

Vicente Martínez se entusiasmó con estos ensayos de teatro y escribió "El hombre está asegurao" (1940), y Oscar Valdés Hernández compuso algo sobre la guerra española, "El hermano Marcos" y "La crisis" (1939).

Todos esos esfuerzos carecían de calidad literaria; pero presentaban en forma viva los mensajes sectarios que deseaban transmitir los comunistas al gran público que no gustaba de la lectura.

No descuidaron, desde luego, la orientación política destinada a los dirigentes del Partido. Para ello, editaban la revista "El Comunista", que se estuvo publicando mensualmente desde 1939 hasta 1941. La dirección de la revista estaba integrada por Blas Roca, Aníbal Escalante, Fabio Grobart y Carlos Rafael Rodríguez. Y tenía sus oficinas en O'Reilly número 503.

XIII - AL TERMINAR LA GUERRA EN ESPAÑA. A) POSICION DE LA UNION SOVIETICA. B) REGRESO DE LOS CUBANOS QUE COMBATIERON AL LADO DE LA REPUBLICA. C) LA CASA DE LA CULTURA. D) EL PARTIDO EN EL CENTRO GALLEGO. E) SE APROPIAN DE LA REPUBLICA ESPAÑOLA EN EL EXILIO.

La guerra civil española se había extendido más allá de los límites previsibles de la resistencia humana. Los republicanos habían cobrado conciencia, tardíamente, del perjuicio que los comunistas le habían inferido a la causa de España.

A principios de marzo, derrocaron a Negrín para darle paso a un gobierno encabezado por el General Miaja, como Presidente;

el Coronel Casado, como Ministro de Defensa, y el socialista Julián Besteiro, como Ministro de Estado. Comenzaron entonces las negociaciones para la paz.

Al fin, el primero de abril de 1939, trasmitió la radio española el último parte de guerra:

"En el día de hoy, cautivo y desarmado el ejército rojo, las tropas nacionales han alcanzado sus últimos objetivos militares. La guerra ha terminado".[39]

A) Posición de la Unión Soviética.

La Unión Soviética había tratado de utilizar la guerra civil española para ganar tiempo. Desde el Pacto de Munich, había perdido la Unión Soviética su confianza en Inglaterra y Francia para defenderse de la amenaza fascista. Tal estado de ánimo lo reveló muy claramente Stalin el 10 de marzo de 1939 en su famoso discurso ante el XVIII Congreso del Partido Comunista de la Unión Soviética, cuando dijo:

"En la política de no intervención se trasluce la inspiración, el deseo de no impedir, por ejemplo, que el Japón se enrede en una guerra con China, y, mejor aún, contra la Unión soviética; no impedir, por ejemplo, que Alemania se hunda en los asuntos europeos, se enrede en una guerra contra la Unión soviética... Consideremos... el caso de Alemania. Le cedieron Austria, a pesar de que existiera un compromiso para defender su independencia; le cedieron la región de los Sudetes, abandonaron al azar a Checoslovaquia, violando todos y cada uno de sus compromisos, para comenzar luego a mentir vocingleramente en la prensa sobre la debilidad del ejército ruso, sobre la descomposición de la aviación rusa, sobre desórdenes en la Unión soviética, empujando a los alemanes más hacia el Este, prometiéndoles fácil botín y prometiéndoles: no tenéis más que iniciar la guerra contra los bolcheviques y, en adelante, todo marchará bien. Es preciso reconocer que esto también se parece mucho a empujar, a estimular al agresor".[40]

El 15 de marzo, entraban las tropas de Hitler en Praga, sin preocuparles la violación del Pacto de Munich. Sus provocaciones eran tan desatadas que la declaración de guerra entre Alemania y las democracias sería cuestión de unos meses. Pero ya la Unión Soviética había decidido su gran viraje: aproximarse a sus hasta entonces enemigos tradicionales: el nazi-fascismo.

Al terminar la guerra civil española, se precipitaron las negociaciones. Ya no había tiempo que perder. Y la Unión Soviética volvió del revés toda la tesis anti-fascista que había estado agitando durante tanto tiempo.

B) Regreso de los cubanos que combatieron al lado de la República.

Una vez que hubo terminado la contienda bélica en España, comenzaron a llegar a la Isla los cubanos que habían combatido en las Brigadas Internacionales. Unos venían desilusionados de los comunistas, con el corazón marcado por el sentimiento de la traición soviética. Otros regresaron más ciegos que nunca, con la decisión de proseguir luchando por el triunfo de las ideas rojas. Ambos, sin embargo, entraron en el escenario público cubano con la corona de laurel, propia de los triunfadores, que los acreditaban como "verdaderos revolucionarios".

C) La Casa de la Cultura.

La terminación de la guerra civil en España desinfló uno de los globos que utilizaban los comunistas en Cuba para mantener en alto sus consignas de agitación y propaganda. Entre otras cosas, se vieron obligados a disolver el "Patronato de Ayuda al Pueblo Español", que presidía el comunista hispano Francisco Mayobre Justo.

La Casa de la Cultura, en cambio, la convirtieron en un centro de franca militancia marxista. Llegaron al extremo de verificar colectas en los actos públicos que celebraban, con el pretexto de ayudar a la República española en el exilio, para contribuir al fondo con que se nutría el Partido para las elecciones nacionales.

Fueron tan repetidos y escandalosos los actos de sectarismo de la Casa de la Cultura, que los socios procedentes del Círculo Republicano se levantaron en una de sus sesiones generales para denunciar la notoria desviación. La protesta arremolinó a los asistentes.

Los no comunistas denunciaron la malversación de los fondos recaudados y señalaron que el Gobierno de la República en guerra, fuese del matiz que fuere, nunca reclamó el auxilio económico internacional, sino que, antes por el contrario, instruyó a sus representantes diplomáticos en Cuba, en el sentido de requerir sólo la ayuda de la propaganda, con el fin de probar la ilegitimidad del alzamiento militar.

Esta actitud tomó de sorpresa a los directivos de más o menos disimulada filiación comunista. No tuvieron razones que oponer. Inclusive, parecieron conformes con las alegadas.

Además, los ex-socios del Círculo Republicano anunciaron que, de persistir el estado de cosas denunciado, se retirarían de la Casa de la Cultura para refundar su anterior Sociedad. Algunos directivos rojos, como Cavía, Mayobre y Acuña, pidieron que se aplazara la sesión hasta el día siguiente, para lo cual alegaron que los asistentes estaban agotados debido a lo prolongado de los debates. La Directiva aprovechó el receso para consultar con el Partido. El "úkase" fue terminante: no debían aceptarse las bajas voluntarias, sino aparecer los disidentes como expulsados. Y dicho y hecho.

Entonces, los más significativos elementos republicanos no comunistas, José Almoina, Luciano Carregal, Pascual Morán, Alvarez Gallegos, Villares Vázquez y Angel Lázaro entre otros, volvieron al Círculo Republicano.

Tan pronto hubo renunciado Alvarez Gallegos a la dirección de la revista "Nosotros", el Partido lo sustituyó por Juan Chabás, comunista español recién llegado a Cuba a quien rápidamente acreditaron como profesor de literatura española. Más tarde designaron a Francisco Mayobre Justo, quien estuvo al frente del órgano de la Casa de la Cultura hasta su fallecimiento.

De esta forma, la Casa de la Cultura quedó enteramente al servicio del Partido Comunista, que había designado al comunista nativo Ladislao González Carvajal, para ocuparse de las actividades de los españoles rojos en Cuba.

D) En el Centro Gallego.

El Partido, en Cuba, siempre se preocupó por mantener células sectarias con las cuales penetrar las organizaciones de nacionales de otros países. En el caso de los españoles el interés era mayor, dada la gran colonia española que existía en Cuba y su gran influencia en el desenvolvimiento de las actividades cubanas. Por eso, los comunistas trataron de organizarse inclusive dentro de los centros regionales. A los efectos de ilustrar esta actividad, vamos a referirnos a cómo trataron de introducirse en el Centro Gallego, por ser donde sus actividades fueron más notorias.[41]

La contienda civil española originó una serie de controversias entre los asociados y la directiva actuante, cuya mayoría se inclinaba del lado franquista. Tal actitud movió a los españoles republicanos a fundar un nuevo partido, "Hermandad Gallega", cuyo programa y modernos procedimientos de acción conquistaron, muy pronto, no sólo la mayoría de los socios del Centro, sino la entusiasta adhesión de la democracia cubana.

El caso fue que el día de las elecciones en el Centro Gallego se asemejaron al de unas elecciones nacionales verdaderas. "Hermandad Gallega", contra la opinión de los dueños de los recursos del mando tradicional, triunfó inusitadamente en la jornada comicial, si bien no pudo ganar más que la mitad de los cargos electorales sacados a elección, porque la asamblea, a imitación del sistema parlamentario cubano, se renovaba por mitad cada dos años.

El triunfo fue resonante, como el primero en muchos años contra los Ejecutivos que se sucedían a sí mismos. El clamor de tal victoria, con amplio eco en la prensa y opinión pública cubanas, excitó el apetito político de los comunistas nativos, quienes se propusieron infiltrarse en "Hermandad Gallega".

Fue tan persistente el esfuerzo que el Presidente de Hermandad Gallega, el Dr. Alvarez Gallegos, tuvo que convocar a una Junta General en cuya orden del día figuraba la ratificación del programa de acción y su declaración de principios, claramente galleguistas, democráticas y republicanas, reiterados en actos públicos y en la colección de su órgano de publicidad mensual, titulado "Loita", palabra gallega que en castellano significa "Lucha".

Los comunistas trataron de dominar la asamblea. Utilizaron un grupo de combate, compuesto por elementos ajenos a la Hermandad e inclusive al Centro. No pudieron lograr sus objetivos; pero sí confundir, alborotar e impedir su continuación. Tanto que el doctor Alvarez Gallegos vióse obligado a suspender la Junta General y, lamentándolo, convocar para un nuevo día, previa garantía del orden por la policía nacional. En la nueva Asamblea se ratificó el ideario de "Hermandad Gallega" y su rumbo inicial.

Los comunistas, sin embargo, no podían dejar escapar aquella presa y reforzaron su campaña, añadiendo nuevos elementos de lucha al del periódico "Hoy". Uno de ellos fue la traída, exprofeso, de Santiago Alvarez, ex-comisario comunista del ejército que se opuso al del General Franco. Y consiguieron conquistar una porción más numerosa y, sobre todo, arriesgada de "compañeros de viaje" que, aunque siempre minoritaria, criticaba la labor de oposición democrática del presidente de la "Hermandad" en la Asamblea de Socios del Centro Gallego. Asenderado por tales deslealtades, Alvarez Gallegos dimitió los cargos de Presidente del Partido y de apoderado de la Asamblea. Los "compañeros de ruta" se apresuraron, entonces, a constituir un nuevo partido de socios, titulado "Unión Social", el cual solo consiguió triunfar al cabo de veinte años, y precisamente un mes después del advenimiento al poder de Fidel Castro.

E) **Se apropian de la República en el exilio.**

Los comunistas trataron de ganar en Cuba, con la bandera de la República española, las batallas que habían perdido en España. Ya nos les procuraría presentarse con el ropaje de comunistas cuando hablaban de la República. Terminada la guerra, salieron a defender la causa republicana con duplicados bríos y haciendo ostentación de su matiz rojo.

Esta conducta ahondó las divisiones entre los comunistas y los republicanos españoles en Cuba, al punto de quedar claramente delimitada la militancia política de la tribuna de la Casa de la Cultura, del lado rojo, y la tribuna del Círculo Republicano Español, del lado democrático. Por la primera solo desfilarían anodinos diputados del partido comunista español. En tanto que la segunda se vería honrada con la presencia de figuras tan prestigiosas como Fernando de los Ríos, Jiménez Azúa, Ruiz Funes, Martínez Barrios y Marcelino Domingo, por solo citar algunos nombres.

No obstante la clara distinción de unos y otros, los comunistas llegaron a crear la imagen, en la opinión poco enterada de los cubanos, de que la República en el exilio era un patrimonio rojo.

Menguado servicio, por cierto, que prestaron a la causa que defendían de palabra y desacreditaban y traicionaban de hecho.

XIV - FUSION DE UNION REVOLUCIONARIA CON EL PARTIDO COMUNISTA.

El Partido Comunista y Unión Revolucionaria, al igual que otros pequeños partidos confrontaron problemas a la hora de inscribirse en el Tribunal Superior Electoral, por no cumplir los requisitos del Código Electoral. Mas todo esto fue solventado por una ley de emergencia electoral que ofreció la posibilidad de subsanar los defectos.

El problema más grave surgió en el momento de las afiliaciones. Unión Revolucionaria gozaba de un prestigio ficticio, el que le daba el exiguo grupo de intelectuales que lo integraba. Pero el retraimiento de algunos y, sobre todo, la poca aptitud de los intelectuales para las actividades políticas determinó que no pudiera alcanzar el mínimo de afiliados exigido por la ley para ser reconocido como partido político.

Ante esa situación, el Partido Comunista le prestó algunos "cuadros" y afiliados. Mas esto no resolvió la situación. Según avanzaba el período de las afiliaciones, se veía claramente que Unión Revolucionaria no podría cumplir ese trámite electoral. Tampoco era posible bifurcar las fuerzas marxistas, pues no eran suficientes para constituir dos partidos. Entonces, decidieron duplicar las afiliaciones, es decir, reproducir la misma lista de afiliados en uno y otro partido. Y en el trámite de las depuraciones, anunciaron la fusión de ambos partidos. Con lo cual obviaron la comprobación de las falsedades cometidas y dieron la impresión de que tenían más afiliados.

Así nació el Partido Unión Revolucionaria Comunista, el 13 de agosto de 1939. Juan Marinello fue designado Presidente y Blas Roca, Secretario General, con lo cual éste continuó como verdadero jefe del Partido. Esta maniobra puso al desnudo que Unión Revolucionaria no era otra cosa que una organización pantalla de los comunistas.

No obstante la referida patraña electorera, el Partido Unión Revolucionaria quedó en séptimo lugar con solo 90,398 afiliados. Fue superado por todos los Partidos, con la sola excepción del Partido Realista, el Popular Cubano, y el Agrario Nacional, que eran entelequias políticas armadas por el Gobierno para cumplir compromisos personales.

La constitución del Partido Unión Revolucionaria Comunista fue saludada con entusiasmo por el periódico Hoy. La posición internacional del nuevo Partido la fijó Blas Roca, un poco después, con este párrafo:

"En Cuba el que Unión Revolucionaria Comunista organizara la ayuda a China, el que protestara contra la entrega de Checoslovaquia y reclamara la formación de un Frente Unico Mundial Antifascista por la paz, le valió el calificativo de guerrerista de parte de los falangistas y demás agentes hitlerianos".[41]

XV - EL GRAN VIRAJE DE LA UNION SOVIETICA Y SU REPERCUSION EN CUBA.

El 23 de agosto de 1939, Molotov, a nombre de la Unión Soviética, y Ribbentrop, a nombre de la Alemania Nacional Socialista, firmaron el Pacto Germano-Soviético en Moscú. Stalin y Hitler se ponían de acuerdo.

"Stalin fue precisamente quien por su discurso del mes de marzo, que se había comprendido exactamente en Alemania, había provocado el cambio radical en las relaciones políticas",[42] subrayó el Ministro de Relaciones Exteriores soviético en el discurso que pronunció cuando brindó por el insólito acontecimiento.

La noticia asombró a la opinión pública mundial y tomó de sorpresa a los comunistas en Cuba. El espíritu de lucha contra el nazi-fascismo había sido, hasta ese momento, el nervio emocional de toda la estrategia de los frentes populares. Ahora era necesario dar una explicación. Pero no era fácil.

El Partido Comunista de Cuba no sabía qué hacer. Al cabo estuvo presto a poner la mayor diligencia con ánimo de explicar el gran viraje del Kremlin. El Buró Político redactó un documento confuso con el cual puso el manto de sus mentiras sobre la verdad de sus intereses. El documento convirtió lo blanco en negro y lo malo en bueno.

El periódico Hoy explicó, con harto cinismo, que el Pacto de Moscú "respondía al deseo de preservar la paz". ¡Excelente lógica! Para preservar la paz era necesario prepararse para la guerra.

No hubieron pasado unos días, el primero de septiembre, cuando los alemanes invadieron a Polonia, desatando la Segunda Guerra Mundial. Y el día 17 de ese propio mes, invadieron las tropas soviéticas el territorio polaco. El 28 de septiembre, Alemania y Rusia se repartieron a Polonia. De inmediato, Letonia, Estonia, y Lituania fueron obligados a firmar unos tratados que permitían entrar y estacionar en sus territorios las tropas soviéticas.

Stalin daba los primeros pasos para crear el soñado imperio colonial, tomado de la mano de Hitler.

Los comunistas, en Cuba, no se atrevieron a solidarizarse con la agresión a Polonia. Optaron por levantar la consigna neutralista que decía: "Cuba fuera de la guerra imperialista".

Más tarde, explicó Blas Roca esa actitud del Partido en su libro "Fudamentos del Socialismo", editado en 1943, con estas palabras:

"Cuando la guerra surgió como resultado de las provocaciones criminales de Hitler y de las maquinaciones reaccionarias anti-populares y anti-soviéticas de Chamberlain, y Daladier, encontramos que era una guerra injusta por ambos lados, en la cual los pueblos solamente perderían.

Nuestra actitud fue contraria a la guerra en esos momentos".[43]

Y a la hora de responsabilizar, dijo:

"La guerra en que estamos envueltos ha sido provocada por los imperialistas fascistas de Alemania, Italia y Japón —ayudados por los imperialistas munichistas y apaciguadores de los demás países— con el propósito de esclavizar, saquear y explotar al mundo entero".[44]

Torcía Blas Roca la historia, para salvar las responsabilidades de la Unión Soviética en la parte de responsabilidad que le tocó, al desencadenar los hechos que determinaron el estallido de la Segunda Guerra Mundial.

XVI - LAS ELECCIONES PARA DELEGADOS A LA ASAMBLEA CONSTITUYENTE.

El 15 de noviembre de 1939 se celebraron las elecciones para la Asamblea Constituyente. El porcentaje de votantes fue realmente bajo, menos del 60%; no obstante el gran entusiasmo que había despertado la proyectada Constitución.

La Oposición ganó las elecciones. Por el Gobierno salieron 35 delegados, distribuidos en la forma siguiente: dieciseis por el Partido Liberal; nueve por el Partido Nacionalista; seis por el Partido Unión Revolucionaria Comunista; tres por el Conjunto Nacional Democrático, y uno por el Partido Revolucionario Cubano, Realista. Por la Oposición salieron 41 delegados, distribuidos así: dieciocho por el Partido Revolucionario Cubano, Auténtico; quince por el Partido Demócrata, el de Menocal; cuatro por el Partido ABC, y otros cuatro por el Partido Acción Republicana, de Miguel Mariano Gómez.

Los delegados comunistas fueron: Por la provincia de La Habana, Blas Roca, con 32,755 votos, y Salvador García Agüero con 31,893. Por la provincia de Las Villas, Juan Marinello, con 15,003 votos. Por la provincia de Oriente, César Vilar, von 21,318 votos, Esperanza Sánchez Mastrapa, con 19,354 votos, y Romárico Cordero Garcés, con 18,801 votos.

El Partido no logró elegir delegados por las provincias de Pinar del Río, Matanzas y Camagüey.

La representación de los comunistas en la Asamblea Constituyente fue bastante reducida, a pesar de que habían obtenido una mayor cohesión entre sus "cuadros" dirigentes, una militancia más activa de sus afiliados, una utilización eficaz de los recursos del Gobierno y la incorporación de la CTC a sus objetivos políticos.

XVII - LA CONVENCION CONSTITUYENTE.

La Asamblea Constituyente concentró la atención nacional cuando abrió sus puertas el 9 de febrero de 1940.

Las sesiones públicas se trasmitieron por radio a todo el país, lo cual estimuló los desahogos retóricos de los oradores fanáticos del aplauso imaginado. Los hubo recios, como Orestes Ferrara, y galanos, como José Manuel Cortina. Pero predominaron los habladores que alargaban tanto las sesiones que las hacían interminables. Se perdían las horas y los días y los meses. Tanto que no se redactaba casi nada en firme, sino que se discutía de todo sin que apenas se llegase a conclusiones.

Esto fue así hasta el 17 de mayo en que se planteó la crisis de la mesa, a consecuencia de que el Partido Demócrata, de Menocal, pactó con el Gobierno, con vista a las elecciones generales, y la Oposición quedó en minoría. La nueva mayoría eligió presidente al Dr. Carlos Márquez Sterling, en sustitución del renunciante, Dr. Grau San Martín.

Entonces, desde el 17 de mayo hasta el 8 de junio, se apagó la demagogia. En las sesiones públicas se encauzó el debate y se redujo a los habladores. En las sesiones de las comisiones marchó adelante el trabajo serio, secreto y fecundo.

En la arena de la asamblea chocaron los criterios encontrados de dos generaciones, la que mantenía las ideas de quienes habían fundado la República y la que mantenía las nuevas ideas revolucionarias. De donde surgió un texto constitucional que recogía las aspiraciones de la Revolución del 33, de acuerdo con la capacidad de asimilación revolucionaria del pueblo cubano. Fue una síntesis que superaba los principios individualistas y los radicales ademanes demagógicos.

El fruto de aquel esfuerzo fue una Constitución extensa y reglamentaria. Proclamó la función social a la propiedad. Proscribió el latifundio. Declaró obligatorio el voto. Prohibió la reelección presidencial. Estableció el sistema semi-parlamentariro. Garantizó todas las conquistas sociales, económicas y culturales por las que había luchado, con tanto ardor, el pueblo cubano.

Las reformas, que adquirieron jerarquía constitucional extensa, emanaban de una previa conformidad con lo real, salvo la disposición que ordenaba pagar su sueldo a los maestros equivalente a la millonésima del Presupuesto Nacional y la que obligaba al Estado a contribuir al mantenimiento de la Universidad de La Habana con el 2% de sus ingresos presupuestales.

Sobre la Constitución de 1940, pudo decir el profesor mexicano Mario de la Cueva que era "la más aventajada de América en materia de trabajo".[45]

Los comunistas trataron de aprovechar la Asamblea Constituyente para plasmar su programa. Por entre la algarabía de los discutidores se esforzaron en hacer avanzar sus ideas. Pero encontraron firmísimos contradictores entre los convencionales cubanos, quienes no descansaron en darles batallas, sobre todo en lo relacionado con la invocación a Dios, la referencia a la moral cristiana, lo tocante a las confiscaciones, acerca de los partidos políticos totalitarios y la pena de muerte. De ahí que podamos afirmar que, si grandes fueron los esfuerzos de los comunistas, pequeños fueron sus resultados.

Los debates políticos más apasionados en que participaron los comunistas fueron los que originaron el Mensaje de Simpatía a la República de Finlandia, el pretendido homenaje a Guiteras y el proyecto de artículo que prohibía izar banderas pertenecientes a las fuerzas armadas en las fortalezas y cuarteles.

Veamos, muy someramente, los principales debates en que intervinieron los comunistas en la Asamblea Constituyente:

a) **Sobre la invocación de Dios y la referencia a la moral cristiana.**

Los comunistas rompieron el fuego, en la Asamblea, con la proposición de suprimir la invocación a Dios en el preámbulo de la Constitución. Juan Marinello y Salvador García Agüero hablaron en contra de Dios. Emilio Núñez Portuondo y Carlos Prío Socarrás a favor. Sometida a votación, la enmienda supresiva de los comunistas, fue derrotada. Solo los comunistas votaron a favor de la tesis atea.[46]

La derrota no los desanimó para replantear más tarde su tesis anti-cristiana, al tratar de la libertad de cultos. Entonces, pretendieron suprimir la referencia a "la moral cristiana". Pero, de nuevo, fueron derrotados.

b) **Sobre las confiscaciones.**

En la sesión del 4 de mayo se aprobó el precepto constitucional que prohibía las confiscaciones y que solo autorizaba las expropiaciones por causa justificada de utilidad pública o de interés social, previo el pago de la correspondiente indemnización en efectivo, fijada judicialmente.

Los comunistas querían ir más lejos. Pretendían investir al Poder Ejecutivo de facultades para confiscar bienes. Los convencionales cubanos se opusieron. Entre otras razones, se adujo que "ese Poder Ejecutivo pudiera ser el día de mañana un dictador, y pondría en manos de ese dictador el derecho constitucional de confiscar los bienes a todos los miembros de la oposición". También se dijo "que ese dictador podría confiscar los bienes sin sentencia de ningún tribunal, por capricho, sencillamente, porque le molestara la actuación oposicionista de cualquier ciudadano.

La enmienda comunista fue catalogada por Chibás como "antidemocrática, anti-liberal y anti-progresista".

c) Sobre la pena de muerte.

Muchos delegados hicieron uso de la palabra para determinar si debía abolirse totalmente la pena de muerte, si debía aplicarse en circunstancias muy especiales o si debía autorizarse con un criterio amplio, especialmente para los delitos políticos contra la seguridad del Estado. Casi todos los delegados fueron partidarios del criterio intermedio, de su aplicación moderada y en casos muy especiales. Sólo los comunistas exhibieron un afán insólito por ampliar el ámbito de aplicación de la pena de muerte.

Los comunistas fueron derrotados y se convino en mantener la pena de muerte solo para "los miembros de las fuerzas armadas por delitos de carácter militar y las personas culpables de traición, o de espionaje en favor del enemigo en tiempo de guerra con nación extranjera".[47]

d) Sobre la prohibición de constituir partidos políticos totalitarios o con tendencias totalitarias al servicio de un estado extranjero.

Cuando el 10 de mayo discutió la Asamblea el precepto sobre el derecho a reunirse y asociarse, presentó José Manuel Casanova una enmienda por la cual declaraba ilícito al Partido Comunista. La mayoría se opuso. Varios delegados terciaron en la controversia para proponer que solo se declararan ilícitos los partidos políticos totalitarios o con tendencias totalitarias y que dependieran de un estado extranjero. Parecía un remedio habilidosísimo para lograr los mismos resultados, escamoteando de momento las dificultades. Pero los comunistas también se opusieron. Sabían que lo que se anunciaba contra los partidos nazis y fascistas podría serle aplicado a ellos en cualquier momento. El debate fue enconado. Al fin se optó por una fórmula inocua, que decía:

"Es ilícita la formación y existencia de organizaciones políticas contrarias al régimen de gobierno representativo democrático de la República o que atenten contra la plenitud de la soberanía nacional".[48]

El tiempo demostaría en Cuba, ya bajo Fidel Castro, que mientras la democracia admite la convivencia con sus contradictores, el régimen comunista la rechaza, al imponer por la fuerza la dictadura de un solo partido.

e) Sobre el Mensaje de Simpatía a la República de Finlandia.

Las tropas soviéticas habían invadido a Finlandia y los soldados finlandeses asombraron al mundo con su heroica resistencia. Tal gesto despertó un sentimiento de admiración y respeto en el pueblo cubano. Haciéndose eco del sentir público, el Partido Revolucionario Auténtico presentó la moción de enviar un Mensaje de Simpatía a la República de Finlandia, en la sesión ordinaria del 7 de marzo.

La moción se discutió el 8 de mayo. Los comunistas se opusieron con vehemencia a su aprobación. El debate lo llevó, por los auténticos, Eduardo Chibás. Disparó contra los comunistas con precisión certera en sus argumentos. Su párrafo más vibrante fue el siguiente:

"¡Qué cinismo, qué sarcasmo más inaudito el de este Dictador Stalin que para cometer sus tropelías usa no solo las propias razones de Hitler, sino también las propias tesis fascistas justificativas de sus agresiones a las pequeñas nacionalidades!.. Rusia ha invadido al pueblo de Finlandia, ¡ah!, señores, cuando Alemania ocupa la Checoeslovaquia y el Austria, está realizando un acto de agresión imperialista; pero cuando Rusia se apropia y se roba la mitad de Polonia, cuando Stalin comete tal latrocinio, exactamente igual que antaño lo hiciera Catalina II y tan repudiable es cuando lo realiza un Zar de Rusia, como cuando lo realiza el trágico Dictador Rojo del Kremlin".

Chibás concluyó su discurso con un párrafo rotundo:

"Condeno la guerra imperialista, condeno la guerra de rapiña, condeno la guerra de agresión, y celebro la guerra santa de los pueblos que luchan por su independencia y su libertad. Pido a la Convención que velando por la justicia del principio que entraña la lucha de las pequeñas nacionalidades, que velando por nuestro propio interés histórico y considerando el caso de Finlandia como un caso simbólico en el que está expresada la lucha por la liberación nacional, y como homenaje a los mambises del 68 y del 95, apruebe por inmensa mayoría, la moción de solidaridad con el pueblo de Finlandia".

La Aasamblea aprobó la moción, 37 votos contra seis. Es decir, sólo se opusieron los delegados comunistas.

f) Sobre Antonio Guiteras.

El ocho de mayo se conmemoraba el cuarto aniversario de la muerte de Guiteras. La ocasión fue aprovechada por Eduardo Chibás, a nombre de los auténticos, para solicitar les permitieran rendir tributo a la memoria de Guiteras en la sesión ordinaria del día. La moción provocó un movido debate político. Un gran número de delegados se opuso, por considerar que la Asamblea Constituyente no era un lugar adecuado para rendirle tributo personal a nadie.

En el curso del debate, acusó Chibás a los comunistas de haber sido enemigos declarados de Antonio Guiteras. Recurrió a una serie de antecedentes y reventó en verdades tan molestas como éstas:

"Aquí tengo yo, pero no le voy a dar lectura porque no quiero cansar a la Asamblea, manifiestos del Partido Comunista, en que decían horrores de Antonio Guiteras, y pedían su fusilamiento y su exterminio. Aquí hay también una revista, "Masas", dirigida por el Dr. Marinello, en que tengo también marcados, en un editorial responsabilizado por tanto el señor Marinello, palabras de dura condenación contra Antonio Guiteras, a quien se le llamaba fascista, fascineroso, etc., etc. Recuerdo también cuando los muros de La Habana se llenaron de letreros pidiendo el fusilamiento inmediato de Guiteras; recuerdo perfectamente el epíteto de traidor y de servidor del imperialismo que se le hiciera al señor Antonio Guiterras".

Las acusaciones de Chibás fueron enfáticas y a ellas nada pudieron replicar los comunistas.

g) **Sobre el derecho de izar banderas de las fuerzas armadas en las fortalezas y cuarteles.**

Cuando la mayoría de los delegados estaba en la oposición y el gobierno solo contaba con la minoría, se aprobó un artículo de la Constitución por el que solo se autorizaba izar la bandera nacional en las fortalezas y cuarteles.

La discusión del referido artículo encendió un animado debate político en torno al cuatro de septiembre, pues el proyecto de artículo se dirigía claramente contra la bandera del cuatro de septiembre, que acostumbraba a izarse en las fortalezas y cuarteles como enseña de las fuerzas armadas.

Se concedieron dos turnos en contra y dos a favor. El primer turno en contra lo consumió Blas Roca. El nervio de su argumentación lo desarrolló así:

"Me opongo a ese precepto simplemente porque prohibe izar la bandera del 4 septiembre en los cuarteles y en otras dependencias públicas. No veo el por qué la Constitución tiene que prohibir eso. Debemos defender la bandera del 4 de septiembre, porque simboliza el hecho, único en la historia, de que sargentos, cabos y soldados, fueran elevados de golpe y porrazo, de un día para otro y en masa a la categoría de capitanes, tenientes, coroneles y de oficiales de toda índole dentro del ejército. Ese hecho histórico que señala el momento en que tiene lugar la más grande compenetración entre el pueblo y el ejército, no veo por qué hay que deprimirlo por un párrafo de la Constitución estableciendo que la bandera que lo simboliza o el himno que lo interpreta tengan que ser suprimidos de tales o más cuales dependencias".

Y concluyó de esta forma:

"¿Qué es la bandera del 4 de septiembre? La bandera del 4 de septiembre es la bandera de la revolución cubana... Aquel día el renacimiento de la nacionalidad, el espíritu de la liberación de Cuba, tuvo lugar y yo creo que esa fecha no es una vergüenza para Cuba ni para los cubanos, no es una vergüenza para el pueblo de Cuba, sino que es un timbre de orgullo. Nosotros debemos defender la bandera del 4 de septiembre".

Se levantó a contestar el doctor Francisco Ichaso. Habló a favor de la prohibición, a nombre del Partido ABC que, como se sabe, resultó desplazado por el hecho del Cuatro de Septiembre.

A este discurso siguió otro. El Dr. Ramón Zaydín combatió la prohibición por estimar que de la misma forma que se autorizaba a las sociedades y centros de estudio a izar sus banderas y gallardetes, debía autorizarse a las fuerzas armadas a que izaran su bandera en sus fortalezas y cuarteles.

Eduardo Chibás habló el último. Consumió el otro turno a favor de la prohibición; pero manteniendo un criterio distinto al de Ichaso, toda vez que Chibás había participado en el movimiento del cuatro de septiembre. Con singular brío en el ataque, la emprendió Chibás contra Blas Roca y el Partido Comunista, al decir:

"No tiene derecho moral el señor Blas Roca a hablar de la bandera del 4 de septiembre. Eso podemos hacerlo nosotros, algunos de los Delegados que se sientan en estos bancos de aquí. Nosotros sí podemos hablar del 4 de septiembre, porque cuando era riesgo y peligro esa palabra revolucionaria por excelencia en nuestra historia, y estábamos desde aquella madrugada de la Revolución que surgiera el cuatro de septiembre, y se ampliara el 10 de septiembre, con las armas en la mano, defendiéndola también el dos de octubre y el ocho de noviembre; podemos hablar nosotros del 4 de septiembre, pero es insólito esta loa al cuatro de septiembre, a la calidad revolucionaria del movimiento septembrista en boca de un hombre, Secreario General de un partido que, durante el período álgido del septembrismo, cuando sí vibraba la revolución en forma pura, atacaba sin cuartel y lo llamaba movimiento reaccionaria, movimiento imperialista contra la nacionalidad, contrario a la democracia. Si el movimiento del cuatro de septiembre era todo lo revolucionario que explica el señor Blas Roca, ¿por qué no estaba en ese momento a su lado, sino en frente del septembrismo? No se puede actuar con esa inconsecuencia en la vida pública, de ninguna manera".

Terminado el debate se sacó a votación el proyecto de artículo y fue aprobado en la sesión vigésima segunda, celebrada el 23 de abril de 1940. Pero tan pronto como hubo obtenido el Gobierno la mayoría, a través del pacto político con el Partido Demócrata, planteó a la consideración de la Asamblea, una enmienda adicional al artículo anteriormente aprobado, por el cual se autorizaba izar banderas de las fuerzas armadas en las fortalezas y cuarteles. Y fue aprobado.

h) El saldo de aquellos debates.

Aquellos debates taladraron la habitual indiferencia ciudadana por los temas que allí se discutieron. La radio los llevó a todos los rincones de la Isla.

Los comunistas hicieron propaganda de sus ideas desde la tribuna nacional de la Asamblea Constituyente. Tuvieron que soportar, sin embargo, que les sacaran sus trapos sucios, con lo cual llevaron la peor parte.

Al fin resplandeció el brillo histórico de la Constitución del 40, donde se recogieron las más avanzadas ideas, sin ceder un ápice ante el embate de los tópicos oratorios de los comunistas que resbalaban a lo largo de todas las sesiones de la Asamblea. Ellos trataron de imponerse a fuerza de gritos, secundados por los aplausos y vocería de sus claques en las tribunas. Pero no triunfaron. Los convencionales cubanos supieron defender, por sobre todo, a Cuba.

El pueblo vibró de júbilo, ante lo que creyó la panacea de la República, cuando el primero de julio de 1940 se firmó en Guáimaro la nueva Constitución y fue promulgada el 5 de ese mes para comenzar a regir el 10 de octubre de ese año.

¡Qué esperanzas hizo florecer la Constitución y cuán en breve se vieron marchitas!

XVIII - LAS DESERCIONES DE LOS INTELECTUALES A CONSECUENCIA DE LAS INCRONGRUENCIAS DEL PARTIDO.

Las conversiones de algunos intelectuales atraídos por los espejismos rojos fueron frecuentes hasta este período. Pero a partir de esta época se produjo el fenómeno contrario: la desilusión. Muchos desertaron, defraudados por las incongruencias del Partido.

En la etapa que examinamos hubo dos hechos que deprimieron el ánimo de muchos que se habían ilusionado con el Partido: el entendimiento con Batista que se hizo público y el pacto con el nazismo que dejó sin asideros la tesis del Frente Popular.

Solo perseveraron los "realistas", por no decir los cínicos y los aprovechados. Los demás desertaron o se retrajeron. De éstos, los más destacados fueron Regino Pedroso, Enrique Serpa, Luis Felipe Rodríguez, Félix Pita Rodríguez y María del Villar Buceta, quienes estuvieron agrupados en Unión Revolucionaria. Hubo desertores que regresaron al Partido. Hubo otros que recorrieron el camino de Damasco y se convirtieron en apóstoles de la libertad y la dignidad del hombre. Entre éstos, merece destacarse el caso de Emilio Ballagas, quien era a la sazón profesor de Literatura en la Escuela Normal de Santa Clara. Pero otros continuaron prestándole valiosos servicios a la ideología comunista, a veces hasta inconscientemente, pues no pudieron desarraigar de sus mentes los esquemas y amasijos de conceptos que moldearon sus pensamientos durante el período de formación marxista-leninista. Este fenómeno se advierte, sobre todo, en quienes han sido algo más que cándidos compañeros de viaje, en quienes han estado sometidos a la disciplina militante del Partido.

No todos los servidores inconscientes de la ideología comunista actúan en la misma línea y por las mismas razones o circunstancias. A este efecto, cabe distinguir entre los aprovechables, los compañeros de ruta y los desertores con rezagos ideológicos.

Cuando una persona coincide con algunos de los dogmas comunistas, en cualquiera de las distintas ramas de su integración ideológica, puede funcionar como "aprovechable" en esos aspectos concomitantes con el comunismo. El "aprovechable" normalmente no percibe que está prestando servicios al Partido. Es más, puede ser hasta un adversario del comunismo. Cuando un "aprovechable" toma conciencia de su papel con respecto al Partido y lo acepta, entonces, es ya un "compañero de ruta".

Para comprender lo anteriormente expresado es conveniente exponer, a manera de esquema, la interpretación dogmática o ideológica del comunismo. La ideología comunista, que trata de ofrecer una respuesta para todas las inquietudes del hombre en sus relaciones consigo mismo, con el universo y con los demás hombres, abarca las siguientes disciplinas intelectuales: Cosmogonía; Filosofía; Teoría del Conocimiento; Lógica; Estética; Etica; Axiología; Economía; Filosofía de la Historia; Sociología; Política; Pedagogía; Psicología; Derecho, etc.

Una persona que suscriba la teoría de Darwin, sobre el origen del hombre, estará coincidiendo con los comunistas. Esta persona es considerada por los comunistas como un "aprovechable" y podrá ser utilizada por el comunismo para confirmar sus puntos de vista sobre el origen del hombre.

Una persona que mantenga un concepto filosófico materialista será un excelente "aprovechable", utilizado por el comunismo como instrumento para confirmar a otros en este aspecto del saber humano. Aún quienes sostengan un concepto filosófico idealista, como lo mantuvo Hegel, pueden ofrecer un elemento de apoyo al criterio comunista en cuanto a su concepción panteísta del universo y en cuanto al proceso de desenvolvimiento del tipo dialéctico por él expuesto. Esto es tan así que Marx afirmó que la concepción materialista, tomada por él de Feurbach, "repone de pie" al universo que, según opinaba Marx de la concepción de Hegel, "caminaba sobre la cabeza". Hegel había planteado que los sucesos históricos eran producto necesario de las leyes del pensamiento. Su sucesor Carlos Marx va a conservar de la teoría de Hegel, la idea de que la historia es un proceso sometido a un ritmo inevitable; pero a diferencia de éste, va a señalar en las leyes del desarrollo económico, y no en las del pensamiento, las causas determinantes del proceso histórico.

Una persona que defienda la absoluta planificación de la economía podrá ser también un buen "aprovechable" del comunismo.

Y así sucesivamente.

La condición de "aprovechable" no se da con tanta frecuencia en estos aspectos científicos; se da más bien cuando el "aprovechable" coincide políticamente con el Partido, sin que sea necesario que coincida ni en los fines ni en la estrategia. Basta con una mera coincidencia táctica para que los comunistas apoyen y respalden al "aprovechable".

En cuanto a ciertos desertores es necesario tener presente que la ideología comunista está integrada, como hemos dicho, por una serie de disciplinas en las que va adentrándose lentamente el prospecto comunista hasta lograr de él "un hombre nuevo" con formación integralmente marxista. Una vez logrado este "hombre nuevo", es decir, este hombre comunista, no hay duda de que si deserta del Partido por discrepancia en una sola de las disciplinas y mantiene su formación en cuanto al resto de su integración ideológica, continuará siendo un comunista que sólo discrepa en el aspecto que motivó su separación del partido.

Los motivos que habitualmente determinan la separación de los comunistas de la línea oficial son de tipo político por lo que, al renegar del Partido, lo hacen sólo en el orden político. En lo demás, mantienen, salvo excepciones, íntegra la ideología comunista y funcionan como un elemento de propagación ideológica en los nuevos sectores donde se desenvuelven.

Por esta razón se aprecia que muchos comunistas desertores del Partido, no luchan contra el comunismo como tal ideología, sino contra una organización comunista en la cual ya no figuran como minoría directora. En algunos casos, desertan porque excluidos del favor del partido, no disfrutan de sus privilegios. Quizás sea excesivo decir que algunos de ellos aspiran a un orden socialista, esto es, comunista, en el cual bien ellos o sus amigos dispongan de los controles del gobierno.

Cuando un comunista, comunista de verdad, rompe con el Partido se encuentra, al menos de momento, sin sostén ideológico y percibe la sensación de que naufraga en medio de una desoladora soledad. Está desorientado. No sabe adonde ir. Está bajo el impacto de un desengaño letal. Hasta la rutina de la vida diaria le resulta extraña, pues sus amigos más recientes y los de toda la vida son miembros del Partido y, en ese momento, lo proscriben. La vida se les transforma, de consiguiente, en un círculo estrecho y sofocante.

El salto es difícil.

Algunos caen en el vacío. Están como perdidos ideológica y emocionalmente. No encuentran soluciones de tipo alguno, ni material ni espiritual, con el natural resultado de generar nuevos resentimientos que acabarán, salvo en casos excepcionales, inutilizando al desertor, o forzándolo a buscar nuevamente el apoyo del partido, que sólo lo ofrecerá a cambio de mayor sumisión, a cambio de esas autoinculpaciones de que están llenas las páginas de la historia de esa organización, o también, convirtiéndolo en un individuo sin ubicación y sin mensaje, proclive a las especulaciones vanas o al cinismo utilitarista.

Otros logran superar esa situación angustiosa cuando encuentran nuevos estímulos vitales y se convierten en denunciantes vigorosos del Infierno que han vivido y son utilísimos para descubrir las maniobras tácticas del Partido. Los menos llegan a comprender la gran falsedad que encierra la teoría marxista y llenan su vacío espiritual con una nueva ideología que encierra conceptos consecuentes con la dignidad humana.

No hay duda de que el comunismo se ha convertido en una idea fuerza de nuestros tiempos, no porque las masas hayan elaborado tal ideología y posteriormente trasmitido a los sectores intelectuales de la sociedad. Al contrario. La interpretación atea y materialista de la vida y la concepción colectivista de la economía fueron elaboradas por pensadores aislados y luego trasmitidas a las masas con el eficaz concurso de la clase media más culta y preparada. Aún cuando parezca otra cosa, son los intelectuales y no las masas los que constituyen el soporte del comunismo. Si aquellos lo abandonaran, tanto en su concepción militante como en su eufemística concepción intelectual, denominada socialista, lo que tiene el comunismo de fuerza y poder se desvanecería como el humo.

En este período, el Partido, como organización militante, se desacreditó, pues se vió aún más claro que nunca antes que actuaba por órdenes de Moscú, que era una especie de parlamento del coro de la tragedia griega, donde no influían para nada la ideología ni los personajes. A consecuencia de sus inconsecuencias, perdió fuerza entre los intelectuales. Mas sus ideas, en muchos casos, quedaron ahí, sembradas para germinar en el futuro.

Lo grave de algunos de los intelectuales cubanos que desertaron por esta época fue que no denunciaron la perversidad corruptora de la fuerza política del marxismo. Se concretaron a denunciar al Partido por haber traicionado al marxismo y trataron de humanizar las ideas que habían defendido hasta entonces. Con ello prestaron un servicio inestimable a la causa marxista. Contribuyeron, tal vez sin darse cuenta, a destruir las resistencias mentales y a derribar los antemurales del pensamiento nacional que se oponía al avance de las ideas comunistas.

Es decir, quienes así se condujeron, cometieron un grave pecado. Uno de los tantos que, unido a los muchos que cometieron después las dirigencias de la sociedad cubana, nos precipitaría en el abismo comunista en que hoy se encuentra hundida nuestra patria.

1 Blas Roca, **La Unidad vencerá al fascismo**, ed. cit., p. 12.
2 Ibid., p. 42.
2 Ibid., p. 43.
4 Ibid., pp. 43 y 44.
5 Ibid., p. 43.
6 Ibid., p. 45.
7 Ibid., p. 10.
8 Ibid., p. 12.
9 Ibid., p. 12.
10 Ibid., p. 35.
11 Ibid., p. 3.
12 Ibid., p. 4.
13 Ibid., p. 8.
14 Ibid., p. 28.
15 Ibid., p. 22.
16 Ibid., pp. 51 y 52.
17 Ibid., pp. 31 a 34.
18 Ibid., pp. 23 y 24.
19 Ibid., p .26.
20 Ibid., pp. 27 y 28.
21 Ibid., p. 27
22 Ibid., p. 17.
24 Ibid., pp. 40 y 41.
25 Ibid., pp. 45 y 46.
26 Ibid., pp. 35 y 36.
27 Ibid., p. 40.
28 Ibid., p. 40.
29 Ibid., p. 54.
30 Ibid., pp. 67 y 68.
31 Ibid., p. 53.
32 Ibid., p. 53.
33 Ibid., p. 78.
34 Ibid., p. 79.
35 Los fundadores de la CTC fueron: Lázaro Peña González, Ricardo Rodríguez, Juan Arévalo, Antonio Oviedo, Angel Cofiño García, José Arriete Bambitely, Andrés Avelino Fonseca, Juan Conde Nápoles, Teresa García, Gumersindo Rodríguez, Dioscórides del Pino, Justo Tamayo López, José A. Gómez del Sol, Francisco Rodríguez Bello, Manuel Salgado, Jesús Menéndez Larrondo, Enrique Domínguez Aspiazu, Apolinar Díaz, Carlos Fernández R., Luis Lafargue, Ramón León Rentería y Francisco Malpica. **Historial Obrero cubano 1574-1965**, Mario Riera Hernández, 1965, Rema Press, Miami, Florida, U.S.A.
36 La Comisión Obrera del Partido Revolucionario Cubano quedó integrada por: Pedro Acosta Cuní, Francisco Aguirre Vidaurreta, Jesús Artigas Carbonell, Pablo Balbuena, Aldo Barrios, Jacinto Beato, Francisco Benítez, Florencio Blanco, Javier Bolaños Pacheco, Jorge Cruz Pérez, Pedro Domenech Camue, Prisciliano Falcón Sañú, Georgina García, Gilberto Goliath, Ana Rosa González, Alfredo González Fleitas, Rafael González Villegas, Raquel Hermán, Armando Hernández, Sandalio Junco, César Lancís Bravo, Rodrigo Lominchar Piñeiro, Consuelo López, José Luis Martínez, José A. Micheltorena, Eusebio Mujal Barniol, Félix V. Palú, Evangelina Pimentel, Néstor Piñango, Samuel Powell, Conrado Rodríguez Sánchez, Luis Serrano Tamayo, Edelmira Sobrino, Dolores Soldevilla Nieto, Emilio Surí Castillo, Tomás Vega Zamora, Odonel Villafranca, y José Antonio Yera. **Historial obrero cubano 1574-1965**, Mario Riera Hernández, 1965, Rema Press, Miami, Florida, U.S.A.
37 Blas Roca, **Fundamentos del socialismo**, ed. 1962, pp. 84 y 85.
38 Marx-Engels, **Manifiesto Comunista**, p. 43, Fondo de Cultura Popular A. C., ed. popular, segunda edición.
39 José Ma. Gironella, **Un millón de muertos**, Editorial Planeta, Sexta Edición, mayo de 1962, Barcelona, España, p. 797.
40 Alberto Falcionelli, **op. cit.**, pp. 356, 357.
41 En el Centro Asturiano, Cándido Mañana y Mañana fue quien aspiró a la presidencia por la organización pantalla de los comunistas, "Hermandad Asturiana"..

42 Blas Roca, **Fundamentos del Socialismo**, ed. 1943, p. 100.
43 Blas Roca, **Fundamentos del Socialismo**, ed. 1943, p. 100.
44 **Ibid.**, p. 39 y 79.
45 **Ibid.**, p. 97.
46 Mario de la Cueva, **Derecho Mexicano del Trabajo**, 4a. ed., reimpresión, México, 1959, t. I, p. 188.
47 Los comunistas se contentan con afirmar que Dios no existe; mas son incapaces de razonar con éxito su aserto. El comunismo intenta prescindir del concepto de Dios como un ser eterno, es decir, como causa primera que existió siempre y creó las demás; como ordenador inteligente y distinto del universo que creó las leyes que lo rigen, y como motor primero que impulsó el movimiento de lo que existe. Al intentar tal cosa han tenido que refugiarse en el concepto de la autosuficiencia de la materia. Al no resultarle bastante, han tenido que ir más allá. Así Lenin ha tenido que afirmar que la materia y sus leyes de evolución son eternas. Con lo cual, queriendo negar a Dios, han tenido que reconocer una especie de Dios panteísta que es la "materia y sus leyes de evolución". En esa materia y movimiento eterno, procedente de sí misma, encuentran los comunistas su primera causa improducta y su motor, esto es, su Dios. Desde luego, la especie de Dios comunista es contingente y carece de entendimiento capaz de explicar quién y cómo se creó el orden de la naturaleza con sus leyes constantes y universales.
48 Artículo 25 de la **Constitución de 1940**.
49 Artículo 37, párrafo segundo, de la **Constitución de 1940**.

CAPITULO XI
POR La PAZ CON EL NAZI-FASCISMO
(1940-1941)

I - Las nuevas circunstancias. II - Elecciones generales de 1940. III - Reunión de Cancilleres en La Habana. IV - En los centros de enseñanza pública. V - El tiroteo de "La Comedia". VI - Batista toma posesión de la presidencia. VII - Los comunistas y el movimiento sindical. VIII - Españoles para América. IX - Segundo Congreso de la CTC. X - El decreto contra los partidos de ideas totalitarias. XI - El problema con los veteranos. XII - Marinello, Presidente del Comité de Escuelas Privadas. XIII - El Partido fija, una vez más, su criterio contra la guerra. XIV - Los resultados de aquel pacifismo.

I - LAS NUEVAS CIRCUNSTANCIAS.

La tranquilidad y el sosiego huían del mundo a consecuencia de la guerra. América escuchaba ya más de cerca los truenos de las armas, cuyos rayos habían quebrado la paz en Europa.

El pueblo cubano exhibía esa facultad paradójica de gozar y padecer ante el espectáculo del caballo rojizo de la guerra que avanzaba a galope furioso. La vaga pesadumbre que contritaba los corazones populares era diluida por esa expresión tan común en el dichoso pueblo cubano, el "no hay problemas", con la cual se creaba una embriaguez de engaño. Pero sus efectos no llegaban al punto de ahogar el sentimiento de simpatía por los países agredidos por el nazismo, en contubernio vergonzoso con la Unión Soviética.

La torva incertidumbre que inspiraba el panorama internacional no detuvo el movimiento del país hacia el horizonte de ilusiones recogidas en la Constitución del 40. El pueblo creía que solo faltaba la solución política para poner en marcha a la nación. Las elecciones marcaron ese paso.

La nación había superado la etapa de violencias revolucionarias y entraba en la constitucional, que prometía tiempos de paz democrática, durante la cual se irían superando los males, perfeccionando las instituciones y desarrollando la economía. Comenzaba así, un período, considerado transitorio, hacia una evolución definitiva. Lo grave era que en ese tránsito, aunque sereno, se caminaba sin una idea precisa de adonde se iba.

Los intentos de reforma, que pretendían cambiar el cosmo social, no encontraban ya la resistencia de otras épocas en las zonas afectadas. Tal situación nacía, posiblemente, del criterio imperante sobre la necesidad de modificar la estructura de la sociedad.

La política, que parecía entrar por un sendero de ideas, cayó en un vacío ideológico cubierto con palabras y gestos demagógicos del Gobierno y de la Oposición. Los revolucionarios oposicionistas creían supersticiosamente en la Revolución. En general, solo subsistían los sentimeintos que empujaban a la nación hacia caminos en cuyo final se vislumbraba un marco de sombras ideológicas a la luz espléndida de un porvenir de gran desarrollo material.

La paz social fue sólo perturbada por una conspiración militar, rápidamente conjurada en forma incruenta por el Presidente Batista, y por las agitaciones provocadas por los comunistas desde la CTC, con su conocida fórmula de la "lucha de masas".

La situación económica del país se vio alterada por la guerra. Trajo consigo la desarticulación del comercio internacional azucarero, lo cual se tradujo en una restricción de las exportaciones cubanas al mercado libre. La pérdida de mercados y la falta de transportes marítimos le propinó un rudo golpe a la zafra del 41. Fue necesario financiar una parte de la misma, para que pudiera llegar a dos millones cuatrocientas mil toneladas, cifra inferior a las obtenidas en las zafras elaboradas a partir de 1912 con la única excepción de los años críticos del 33 y 34. A fin de compensar los efectos de este receso económico, aprobó el Congreso una ley que autorizó concertar un empréstito por veinticinco millones de pesos, de los cuales sólo se tomaron diecisiete millones setecientos mil, destinados a financiar un plan de obras públicas.

El Gobierno se empeñó en mejorar y difundir la enseñanza, en ampliar los servicios de salud pública y en concederle ventajas a los trabajadores. Las notas negativas fueron el peculado, el juego y sus relaciones con los comunistas.

Los militantes del Partido se abroquelaron en la CTC. La utilizaron de muralla para defenderse y también para lanzar sus ataques contra los objetivos perseguidos por el Partido: apretar el dogal al cuello de los capitalistas y pronunciarse contra toda acción nacional o internacional de solidaridad con los países agredidos por el nazismo.

Los comunistas dominaron los sindicatos, amparados por el Gobierno; mas no a los trabajadores. Los dirigentes sindicales del Partido contaron con el respaldo de los trabajadores en tanto en cuanto defendían los intereses "economistas"; pero jamás pudieron contar con el apoyo de la masa trabajadora para las posturas políticas del Partido.

La campaña de los comunistas en favor de la paz no engañó a nadie. Exhibió muy claramente la oreja del interés soviético; no obstante que trataron de cubrirla con las virutas extraídas de los viejos mástiles del anti-imperialismo, derribados a raíz de los frentes populares con Batista. Tal fue la reacción de la opinión pública y, no pocos, acusaron a los comunistas de quinta columnistas al servicio del nazi-fascismo.

La ola anti-comunista, que se levantó en el país, pareció que iba a barrer con el Partido. Se proyectó contra el Partido y sus militantes, los Roca, los Peña, los Marinello, etc.; pero no contra las ideas comunistas.

De la estrategia del Partido en este período podemos decir que la dirección del golpe principal estuvo dirigida en lo nacional, contra la llamada "oligarquía", procurando en todo momento aislar a los factores conservadores del Gobierno. En lo internacional, como siempre, la estrategia estuvo subordinada a los intereses de Moscú. De ahí su pacifismo, con el cual enmascaraba el guerrerismo agresivo de quienes marchaban de acuerdo con la Unión Soviética.

II - LAS ELECCIONES GENERALES DE 1940.

El Coronel Batista se había retirado del Ejército el seis de diciembre de 1939. El propósito era aspirar a la Presidencia con el respaldo de los partidos gubernamentales: Liberal, Conjunto Nacional Democrático, Unión Nacionalista, Revolucionario Realista, Popular Cubano y Unión Revolucionaria Comunista. La Coalición tomó el nombre de "Socialista Democrática".

Las elecciones para delegados a la Asamblea Constituyente habían demostrado que las fuerzas gubernamentales no eran suficientes para lograr la victoria electoral. Por este motivo, Batista se dio a la tarea de buscar el apoyo del Partido Demócrata-Republicano, presidido por el General Menocal. Gestiones y más gestiones dieron como resultado el deseado apoyo, con el cual aseguraba el respaldo de un partido fuerte y también moderaba el impulso izquierdista de la Coalición que había alarmado a las zonas conservadoras del país.

Los comunistas protestaron vigorosamente del pacto Batista-Menocal. Acusaron al Partido Demócrata-Republicano de representar a la reacción y de que su ingreso en la Coalición destruía su espíritu socialista y popular. Estos eran los argumentos para la galería. La razón verdadera era que el Partido Demócrata Republicano había exigido muchas postulaciones senatoriales, la postulación del Doctor Gustavo Cuervo Rubio para la vicepresidencia, del Dr. Ramón Corona para gobernador por la provincia de Oriente y la del Dr. Raúl Menocal para la alcaldía de La Habana. Al ser complacidos los demócrata-republicanos, quedaban los comunistas sin candidatos a senadores y perdían lo postulación de César Vilar, por la Coalición, para gobernador en la Provincia de Oriente.

Las protestas de los comunistas no alteraron el ritmo de los acontecimientos. Todo se redujo a que los comunistas se negaron a secundar las postulaciones senatoriales de los candidatos demócrata-republicanos, a que mantuvieran la postulación de César Vilar por el Partido y a que postularan a Juan Marinello para alcalde de La Habana. La cólera no pasó de ahí, pues mantuvieron su apoyo entusiasta a la candidatura presidencial del Coronel Batista.

Las elecciones se celebraron el 14 de junio de 1940. El coronel Batista salió electo Presidente, con el voto acumulativo de los siete partidos que integraban la Coalición Socialista Democrática, frente al Dr. Ramón Grau San Martín, a quien solo respaldaron los partidos Revolucionario Cubano Auténtico, ABC y Acción Republicana de Miguel Mariano Gómez.

El resultado electoral fue desastroso para los comunistas. No eligieron senadores y solo salieron representantes los comunistas siguientes:

Por la Provincia de La Habana: Salvador García Agüero, con 7,200 votos; Blas Roca Calderío, con 5,886 votos; Lázaro Peña González, con 3,096 votos y José María Pérez Capote con 1,755 votos.

Por la Provincia de Las Villas: Joaquín Ordoqui Mesa, con 2,095 votos, y Jesús Menéndez Larrondo, con 1,670 votos.

Por la Provincia de Camagüey: Justo Tamayo López, con 1,992 votos.

Y por la Provincia de Oriente: Romárico Cordero García, con 1,514 votos; Alberto Plochet, con 1,317 votos, y José A. Gómez del Sol, con 1,122 votos.

En los municipios, eligieron varios concejales. También un alcalde comunista, Francisco Rosales Benítez, en Manzanillo, y un alcalde de procedencia demócrata-republicana, el Dr. Jorge Alpízar Valdés, en Palmira, término municipal de Las Villas.

El Dr. Alpízar jamás fue comunista. Era un médico que gozaba de gran popularidad en su término municipal. Había sido Alcalde de Palmira, cuya función desempeñó con el beneplácito de su población. Poco entendido en los trajines electorales, no se ocupó de ganar la reorganización dentro de su propio Partido, el de Menocal, y cuando aspiró a la reelección se encontró que todos los partidos, tanto los del gobierno como los de la Oposición, le negaban la postulación. Entonces, Unión Revolucionaria Comunista ofreció postularlo. El Dr. Alpízar aceptó, al solo efecto de aspirar a la reelección. Es más, durante la campaña aclaró, no una sino repetidas veces, que no era comunista y que, tan pronto resultara electo, renunciaría a tal filiación. Sometido a la prueba electoral, obtuvo el respaldo mayoritario de su pueblo. Y al tomar posesión del cargo, cumplió su palabra: renunció a su afiliación circunstancial.

En La Habana, la derrota de Juan Marinelllo fue aplastante. Quedó en último lugar. Salió electo Alcalde el Dr. Raúl Menocal, candidato de la Coalición Socialista Democrática con 99,715 sufragios, seguido muy de cerca por el Dr. Miguel Mariano Gómez, quien obtuvo 94,090 votos. A gran distancia quedaron los otros dos candidatos. Alejandro Vergara que obtuvo 4,338 votos, y el Dr. Juan Marinello que logró 4,122 sufragios.

El Partido Unión Revolucionaria Comunista evidenció que el ruido que hacía para ofrecer la sensación de respaldo popular era solo ruido y, cuando más, altavoz de consignas demagógicas que, por el interés sectario exhibido, no arrastraban al pueblo cubano. Los comunistas, tan dados a proclamar que contaban con el respaldo de las masas, demostraron, en las elecciones, que tenían menos masa que, pongamos por caso, el hidalgo manchego Alonso Quijada.

II - REUNION DE CANCILLERES EN LA HABANA.

La Segunda Reunión de Consulta entre Ministros de Relaciones Exteriores de las Repúblicas Americanas se efectuó en La Habana del 21 al 30 de julio de 1940. Allí se adoptaron varias resoluciones sobre la neutralidad, la protección a la paz en el Hemisferio y la cooperación económica.

Una de las resoluciones condenó las actividades dirigidas desde el exterior contra las instituciones nacionales y recomendó la adopción de medidas para prevenir y suprimir las actividades capaces de socavar las instituciones nacionales, fomentar desórdenes políticos internos o modificar el derecho libre y soberano de los pueblos de las repúblicas de América a gobernarse y regirse por sus propios sistemas democráticos. Otra, estipuló la ayuda mutua y la colaboración en la defensa del Continente ante cualquier tentativa por parte de un estado no americano contra la integridad territorial, la inviolabilidad de la soberanía o la independencia política de un estado americano. Y el Acta de La Habana resolvió sobre la administración provisional de colonias y posesiones europeas en América.

Las resoluciones iban dirigidas a salvaguardar la paz en América ante una posible agresión nazi. No tenían otro propósito. Pero si las analizamos, vemos que, sin proponérselo, podían ser muy bien aplicadas a las actividades del comunismo internacional.

Los comunistas en Cuba observaron una conducta refractaria a la celebración de la Conferencia de Cancilleres. No se opusieron frontalmente. Lo hicieron en forma reticente. Se pronunciaron contra las maniobras que estimulaban, según sus dichos, la histeria bélica. Elevaron el tono para insistir en que la cuestión más importante de los pueblos americanos era "mantener a América fuera de la Guerra Imperialista". Se expresaron irritados contra toda política armamentista o cualquier propósito que significara ayudar en alguna forma a los "países imperialistas" que estaban en guerra. La intención que escondía la irritación comunista no podía ser otra que condenar la ayuda que, en una u otra forma, pudiera derivarse en beneficio de Inglaterra, que combatía estoicamente contra la Alemania nazi. Se pronunciaron, en cambio, a favor de la política de paz preconizada por la Unión Soviética, encaminada a terminar de inmediato las hostilidades. Era una forma de plantear la consolidación de las conquistas territoriales de Alemania y la Unión Soviética a expensas de los países agredidos.

Todo aquel lenguaje de los comunistas tenían un gran parecido con el de Hitler cuando patrocinaba congresos de paz de veteranos alemanes y franceses que protestaban contra la conspiración de los "mercaderes de cañones" y los traficantes de guerra pluto-democráticos de Wall Street o con el lenguaje de paz, del propio Hitler, cuando se apropiaba del territorio de algún país europeo.

IV - EN LOS CENTROS DE ENSEÑANZA PUBLICA.

Los comunistas habían ido perdiendo el respaldo total de la masa estudiantil en los centros secundarios de enseñanza pública y en la Universidad de La Habana. Este proceso se acentuó, aún más, a partir del entendimiento del Partido con el Coronel Batista. Los estudiantes, oposicionistas por naturaleza, llegaron a sentir repugnancia por los comunistas a quienes veían, además, como agentes descarados del Kremlin.

Un fuerte movimiento estudiantil, de matiz revolucionario y nacionalista, había ido desplazando a los comunistas de las posiciones dirigentes en los centros secundarios. Los estudiantes rojos habían resistido, en un principio, acudiendo al uso de la fuerza y la coacción. De nada les valió. Los anti-comunistas organizaron sus propios grupos de acción, para repeler y agredir.

Esta manera de resolver los conflictos de grupos se reflejó pronto en la Universidad. Hacia allí se desplazó el pistolerismo revolucionario, protegido por la autonomía que era más bien una extraterritorialidad.

El pistolerismo en la Universidad se convirtió en una verdadera tragedia. Los pistoleros, que integraron el llamado "bonche estudantil", terminaron por arrinconar a los comunistas. Pero con el pretexto de resolver un problema crearon otro. Todo aquello, generado tal vez por un impulso de buena fe, degeneró en rachas de violencias desatadas que en modo alguno se parecía a la fe puesta en los ideales revolucionarios. Se impusieron de a porque sí y ¡de qué manera! Las autoridades universitarias se sintieron cohibidas por la bravuconería del "Bonche", que obtenía hasta notas a base de bravas y a punta de pistola.

La situación era insostenible. Hasta que un día se reunió el Consejo Universitario. El grupo de profesores encabezado por el

Dr. Ramiro Valdés Dausá y respaldado por la mayoría estudiantil, decidió encararse con la tragedia.

Valdés Dausá no tuvo a menos asumir la jefatura de la policía universitaria. El 30 de noviembre de 1939, denunció la raíz del mal ante la tumba de Rafael Trejo. Aquello le costó la vida. Fue balaceado por los "bonchistas".

El asesinato de Valdés Dausá encendió la cólera estudiantil. No era posible resistir aquella situación por más tiempo. Surgió un fuerte movimiento de recuperación de la dignidad universitaria, que se proyectó contra el "bonchismo" y al que no tuvieron acceso los comunistas.

El movimiento de la Universidad encontró eco en los centros secundarios. Se organizó un Congreso Nacional de Estudiantes con el propósito, entre otros, de sanear los Institutos y la Universidad.

Mientras tanto, la Policía Nacional había detenido, fuera de los muros inexpugnables del recinto universitario a los responsables del asesinato de Ramiro Valdés Dausá.

El "bonchismo" estaba en crisis. Había llegado el momento de definir quienes serían los futuros dirigentes del estudiantado cubano.

Los comunistas creyeron llegada la ocasión de imponerse en la Universidad. Y acometieron con los métodos que habían censurado hasta ayer y que anteayer habían practicado: los de la acción directa.

V - EL TIROTEO DE "LA COMEDIA".

El grupo de estudiantes y profesores que luchaba por rescatar el prestigio universitario organizó un acto en el teatro La Comedia en memoria de Rafael Trejo. Los comunistas habían decidido impedirlo. Era el 30 de septiembre de 1940.

Había expectación por escuchar los pronunciamientos. El teatro se abarrotó de público. El grupo de acción de los comunistas, capitaneado por el dirigente portuario Carlos Manuel Porto Pena, se dio cita en las inmediaciones. Allí estaban los jóvenes comunistas: Rolando Masferrer; Rafael Castellanos; Manolo Carracedo; Osvaldo Sánchez, conocido por La Bestia Roja; Luis Mas Martín, Leonel Soto; Bernardo Martínez, y otros más. No bien hubo comenzado el acto, cuando irrumpieron en el teatro, disparando tiros a diestra y siniestra. Los encargados de la Comisión de Orden repelieron la agresión. La balacera se generalizó. El público lanzó mil gritos. Unos se escondían debajo de los asientos y otros corrían en tromba hacia las puertas de salida. Al final, tres muertos y ocho heridos. Carlos Manuel Porto Pena y los estudiantes Francisco Edelmiro Torres Iturralde y Pedro Cisneros.

El acto vandálico de los comunistas conmovió a la opinión pública. Después se dijo que había sido ordenado por Manuel Luzardo, a nombre del Comité Provincial del Partido, y que el Comité Nacional lo había desaprobado. Lo cierto fue que los comunistas no habían tenido escrúpulos en desatar aquella balacera que mereció la condenación unánime del pueblo cubano.

VI - BATISTA ASUME LA PRESIDENCIA.

El coronel Batista tomó posesión de la Presidencia el 10 de octubre de 1940. El Partido saludó este acontecimiento con un acuerdo del Comité Ejecutivo Nacional. Tenía toda la vehemencia de un ditirambo.

Fulgencio Batista asumió el cargo con la aureola del restaurador del orden público y con el ansia de ser amado de las masas. Mucho después, adquirió el grado de general por una ley.

Los comunistas sacarían provecho del anhelo de popularidad del Presidente, para obtener medidas y más medidas a favor de los trabajadores, sin preocuparles si a consecuencia de las mismas provocaban la incosteabilidad de algunos centros de labor.

VII - LOS COMUNISTAS Y EL MOVIMIENTO SINDICAL.

Los comunistas convirtieron la Confederación de Trabajadores de Cuba en su cuartel general. Desde allí cañonearon, con sus demandas, a las empresas industriales y de servicios públicos. Lo hacían de tal forma que parecían empeñados en perturbar el normal desenvolvimiento de la economía cubana.

Los dirigentes sindicales del Partido desencadenaron un verdadero huracán de protestas, paros, huelgas y sabotajes. Nada querían obtener mediante la negociación. Todo querían conquistarlo mediante la agitación y la coacción manifiesta. Planteaban las demandas con acentos rencorosos. Pugnaban con harta violencia e iracunda rebeldía. Y lo adornaban con la demagogia de "clase" de los comunistas.

El Ministerio del Trabajo protegía aquellas acciones del sindicalismo rojo. Dejó de ser el organismo gubernamental que velara por mantener las buenas relaciones entre el capital y el trabajo, para dedicarse a plasmar cuantas reclamaciones planteaban los sindicatos controlados por los comunistas, so capa de beneficiar a los trabajadores.

La CTC comunista compensaba aquellos servicios con halagos y actos públicos de adulonería al Gobierno. Los primero de mayo fueron ocasiones aprovechadas, por los sindicalistas rojos, para convertirlos en fiestas políticas gubernamentales, donde azuzaban odios y machacaban lemas.

Los desfiles del Primero de Mayo eran interminables. Los hacían durar todo el día. De la mañana a la tarde, marchaban los trabajadores, organizados por sectores, frente a la terraza del Palacio Presidencial. Portaban carteles que expresaban gratitud al Presidente por las conquistas obtenidas o reclamos de las siempre nuevas demandas. Los organizadores comunistas se preocupaban por apelmazar a quienes desfilaban. Cuando observaban un claro en el grupo, lo nutrían rápidamente con quienes ya habían desfilado. Aquel maratón concluía con un acto al caer de la tarde. La voz aguardentosa de Lázaro Peña entonaba el panegírico. Celebraba las virtudes del Presidente, tan preocupado por beneficiar a los trabajadores. Le seguía en turno el propio Presidente Batista, encargado del resumen. Pronunciaba una peroración que inevitablemente terminaba, con el conocido saludo: ¡Salud, Salud, Salud!

Analizados aquellos hechos a la distancia del tiempo, se ve claro que los comunistas habían erigido en sistema la violencia, cohonestada con formas y color de justicia social. La punta de lanza la dirigían a excitar la inconformidad, provocar la inflación, deteriorar la economía y propiciar la intervención del Estado. Los comunistas no pudieron inocular sus ideas entre los trabajadores; pero sí pusieron una carga de sentimentalismo extremista en las bases del proletariado nacional.

VIII - ESPAÑOLES PARA AMERICA.

Españoles comunistas para América fue la consigna del Kremlin por aquella fecha. Así lo expresó el Dr. Félix Montiel, ex-dirigente del Partido Comunista español, en una conferencia que dictó en el local de la Asociación de Funcionarios del Poder Judicial de Cuba en el Exilio.

Al terminar la guerra civil en España, casi todos los comunistas emigrados soñaban con ir al "Paraíso de los Trabajadores". Se encontraron con lo que no esperaban, que la Unión Soviética solo admitía a cuatro mil. Un grupo de privilegiados encontró refugio en Moscú. Otros permanecieron en París. Los militantes de fila tuvieron que contentarse con permanecer en los campos de concentración, al sur de Francia, en compañía de la gran masa de refugiados españoles.

En tales circunstancias, un buen día, según cuenta Montiel, recibieron la orden de emigrar a Hispanoamérica. La emigración tendría un carácter político: seguir luchando por "sus ideales", al servicio del contubernio nazi-soviético.

El profesor Montiel fue a Cuba. Llevaba instrucciones concretas de orientar a la dirigencia comunista nativa en cuanto debían hacer para ayudar al bando nazi-soviético. Debían promover huelgas, fomentar disturbios, entorpecer los servicios públicos, provocar agitaciones en los centros de producción y, en fin, desorganizar la economía.

Era un plan encaminado a facilitar la obra destructora del fascismo, con el propósito de impedir cualquier ayuda o apoyo a las democracias que combatían contra el totalitarismo agresor.

El profesor Montiel, queremos anotarlo, abandonó el comunismo tras un largo proceso que le permitió comprobar cuánta maldad, felonía y engaño se esconden tras la bandera roja del

Partido. El primer golpe moral lo recibió al terminar la guerra de España y ser enviado a Cuba con misión tan enojosa. Después, verificó la entraña de traición que ocultan las agencias del Kremlin. Fue cuando tomó una posición titoísta. Y al fin, descubrió la urdimbre intrínsecamente perversa del comunismo. Hoy, está convertido en un combatiente valeroso de la causa democrática en el mundo.

IX - SEGUNDO CONGRESO DE LA CTC.

El Segundo Congreso de la CTC se efectuó en diciembre de 1940. Estuvieron representadas 592 organizaciones sindicales, que decían agrupar a 217,947 trabajadores. Las circunstancias, para la dirigencia comunista, sería de beligerancia clasista hacia dentro y de pacifismo neutralista hacia afuera.

Lázaro Peña condujo el Congreso con habilidad. Lo tejió de acuerdo con el patrón de las nuevas circunstancias. Su informe fue un reflejo de su actuación. Por una parte, el balance de forme fue un reflejo de su actuación. Por una parte, el balance de los éxitos clasistas y el programa de lucha. Por otra, la tesis neutralista que abogaba por mantener a "Cuba fuera de la Guerra Imperialista".

El informe del Secretario General condenó a los guerreristas y reaccionarios que intentaban empujar a Cuba a participar en la guerra, que era "imperialista porque las fuerzas dirigentes de ambos bandos en pugna defendían fines imperialistas".[1] Abominó la carrera armamentista. Y rabió contra los intereses de Wall Street que estaban tratando de crear una histeria bélica para arrastrar a los Estados Unidos y al Continente a la guerra en favor de los imperialistas ingleses.

El Congreso acordó manifestarse, con su ya acostumbrada mecánica y bulliciosa aclamación, contra los intentos "de llevar a Cuba a participar en la guerra en las condiciones que se desarrollaba en el suelo europeo".[2] El texto del acuerdo decía literalmente así:

> "Los trabajadores cubanos, teniendo en cuenta que ya están sufriendo las consecuencias de la guerra sin tomar parte en ella, con el cierre de las fábricas, la paralización de los puertos, los bajos salarios, el hambre y la miseria, acuerdan luchar contra la guerra imperialista y los fines que persiguen tanto uno como otro bando beligerante, desarrollando un poderoso movimiento nacional para lograr que nuestro país se mantenga fuera de este criminal conflicto".[3]

Esta clase de acuerdos introducía la discordia con sus opiniones políticas. Tanto era así que varios dirigentes obreros que aparecían afiliados al Partido causaron baja en sus filas, aunque siguieron dentro de la CTC, donde no cejaron en combatir las ideas políticas oportunistas de la dirigencia que controlaba el mecanismo sindical. Los obreros cubanos querían preservar la integridad de la CTC, al tiempo que intuían que todo aquel pacifismo era vivero de la guerra.

X - EL DECRETO CONTRA LOS PARTIDOS DE IDEAS TOTALITARIAS.

Combatir el totalitarismo era el grito de la opinión pública cubana. La presión aumentaba con el tiempo. Y el Gobierno consideró llegado el momento de promulgar un decreto que prohibiera los partidos de ideas totalitarias.

Una noche de enero del 41 se reunió el Consejo de Ministros para discutir el reclamado decreto contra el totalitarismo. Algunos ministros aprovecharon la ocasión para montar un ataque contra el Partido Unión Revolucionaria Comunista. Alegóse que pretendía imponer en Cuba un régimen semejante al de la Unión Soviética tan o más totalitario que el de Alemania y el de Italia. Llegóse a decir que los comunistas en Cuba estaban actuando de quintacolumnas del fascismo. Aquello movió una gran discusión. Al fin, el decreto no ilegalizó al Partido.

Los anti-comunistas no dejaron pasar la oportunidad para argumentar ante el Gobierno de esta manera:

"La campaña que en nuestro país vienen desarrollando los comunistas contra el Gobierno de los Estados Unidos ha tomado tales proporciones, que solo se puede interpretar como un descarado sabotaje a la política de Roosevelt, esto es, como un quintacolumnismo típico, por lo que los Poderes Públicos creen necesario un acto de buena voluntad ante la democracia torpedeada a noventa millas de Cayo Hueso. Pero este acto de buena voluntad no puede consistir en otra columna de humo destinada a engañar a los americanos, ya que con ello no se engañaría ni a los americanos ni a nadie.

Si se va a proceder a inventar quintacolumnismos o a descubrir misteriosos caballos de Troya para no pechar primero con los que relinchan por todo lo alto dentro del Capitolio, en los departamentos estatales y en las organizaciones proletarias, vale más que dejen las cosas como hasta el presente, pues resultaría cómico, a más de infame, que se fuese a perseguir a un españolito porque en el fondo de su corazón desea que se consolide el totalitario Franco en España y puedan campear por sus respetos los que, no solo desean, sino actúan intensamente por que triunfe el totalitario Stalin en esta isla que, en ocasiones, parece dejada de la mano de Dios".[4]

Los comunistas se inquietaron, y con razón. Aullaron contra sus adversarios. Los anatematizaron. Maldijeron a los reaccionarios nacionales y a los círculos financieros y monopolistas del imperialismo yanqui poseídos, según sus dichos, por la histeria bélica. Acusaron a éstos de presionar al gobierno norteamericano para que influyera con el de Cuba y lograra la ilegalidad del Partido. Pusieron sus coros a reclamar libertad de expresión y de asociación.

Aníbal Escalante y Beatón, el padre de Aníbal y César, ha descrito la situación imperante en aquel momento con estas palabras:

"... había la corriente de la ilegalización del Partido y liquidar al Partido. Entonces, en el buró político me recuerdo que en una discusión el compañero Blas dijo, hay que apurarse para presentar esto (se refiere a los talleres y la casa del periódico Hoy que se habían comprado con una colecta) el 20 de mayo, porque la situación política del país es tan grave, que la ilegalidad del Partido está ahí".[5]

Y es verdad. La ilegalidad del Partido estuvo ahí. Faltó poco. Nadie dudaba ya que los comunistas eran los personeros de la traición. Solo el cambio posterior, el nuevo viraje, salvaría al Partido de caer de nuevo en la ilegalidad.

XI - EL PROBLEMA DE LOS VETERANOS.

El 22 de febrero de 1941, en el teatro Popular de Manzanillo, efectuaron los comunistas uno de los tantos actos que venían celebrando en favor de mantener a "Cuba fuera de la Guerra Imperialista". El discurso central estuvo a cargo de Blas Roca. Al calor de sus palabras, contra quienes reclamaban una solidaridad activa con las naciones agredidas por los países totalitarios de Europa, se le escapó el vocablo "veteranuelos", con el cual calificó a los Veteranos de nuestras guerras de independencia que, según Blas Roca, ayudaban a los Estados Unidos en su política de guerra.

El discurso de Blas Roca fue la chispa que encendió la hoguera de protesta nacional contra los comunistas. El "Comité Local de Veteranos de la Guerra de Independencia de Manzanillo" atizó el fuego al presentar una denuncia formal del hecho ante el Presidente de la República y los presidentes del Senado y de la Cámara de Representantes. La denuncia tenía expresiones duras contra los comunistas, tales como éstas: "todo cubano que sirve a una potencia extranjera, perjudicando a su patria, es traidor y por eso nosotros sostenemos que los comunistas son guerrilleros, traidores a su patria".[6]

El Senado conoció de la denuncia el 2 de marzo. Fue una sesión movida. Los oradores emularon entre sí, para ver quién se llevaba la palma en el ataque más fuerte contra los comunistas. En medio de aquellas expresiones enconadas salió a relucir, inclusive, el antecedente "guerrillero" de Blas Roca. Al final de la sesión, acordaron los senadores pedir la disolución del Partido Unión Revolucionaria Comunista y la expulsión de sus representantes de la Cámara Baja.

El acuerdo alarmó al Partido, mucho más de lo que ya estaba.

Blas Roca ofreció aclaraciones. Protestó de lo que llamó una calumnia. Alegó que lo combatían porque era comunista, sin considerar que ellos eran "continuadores de la historia de sacrificios de los Veteranos de la Independencia".[7]

La aclaración fue peor. Volcó mayor cantidad de material inflamable. El Presidente del Consejo Nacional de Veteranos reaccionó airadamente contra la expresión de Blas Roca que situaba a los veteranos como antecesores de los comunistas.

Los Veteranos señalaron, muy acertadamente por cierto, que ellos habían hecho la patria que los comunistas querían deshacer. Agregaron que la habían hecho "con todos y para todos" como quería Martí y los comunistas la querían para una minoría. Afirmaron que, para sacudirse del yugo de la Metrópoli, ellos se habían lanzado a los campos de batalla, donde la gloria de vencer se paga al precio de morir de cara al sol, en tanto que los comunistas son tan terriblemente avaros de su sangre como pródigos de la ajena, la que hacen correr a raudales, por los cauces del asesinato, cuando a través de la traición, se apoderan del Poder. Observaron los mambises que la mayoría de ellos se encomendaba a la Virgen del Cobre en sus cargas al machete y los comunistas, en cambio, se encomiendan a Marx y Lenin en sus campañas contra Dios y la religión. Discurrieron los Veteranos que ellos estaban muy lejos de creer que el mejoramiento de las razas y las clases se consigue cultivando el odio de razas y de clases. Y terminaron rechazando cualquier relación de los comunistas con quienes habían combatido en las guerras de independencia de Cuba.

Los comunistas, como se ve, se anegaban en el golfo de sus incongruencias y desatinos. No cesaban de dar traspiés. Todo lo cual les trajo una creciente hostilidad pública.

XII - MARINELLO, PRESIDENTE DEL COMITE DE ESCUELAS PRIVADAS.

El Partido había estado insistiendo con el Gobierno en buscarle un cargo a su derrotado candidato a la alcaldía habanera. Juan Marinello. Exigía que fuera a tono con su prestigio. Después de varios tanteos, al Gobierno no se le ocurrió mejor solución que nombrarlo Presidente del Comité de Escuelas Privadas, organismo consultivo creado para asesorar al Ministro de Educación.

El nombramiento alarmó a los colegios privados, especialmente a los religiosos. Mucho más, cuando Marinello, al tomar posesión de su cargo, formuló unas declaraciones contra las escuelas privadas, en las que anunciaba que reglamentaría su enseñanza, sujetándola a un mayor control del Estado, para lo cual preparaba un proyecto de Ley que sería sometido a la consideración del Congreso.

Aquello cayó como una bomba de profundidad en medio del mar ya encrespado de la opinión pública contra los comunistas. Marinello, supuestamente encargado de orientar al Ministro de Educación en materia de enseñanza privada, había declarado, nada menos, que la enseñanza impartida en los colegios religiosos "pretende someter la conciencia del niño cubano a una absurda explicación del mundo".

Estos vientos desencadenaron una tempestad de protestas. Los sectores religiosos se movilizaron. Los colegios privados, que eran muchos en Cuba, se unieron. Organizaron una campaña nacional, titulada "Por la Patria y por la Escuela". El Dr. Angel Fernández Varela fue el director de la campaña que se desarrolló, presentando el proyecto de Ley Marinello como agresor de los derechos de la familia, de la libertad de enseñanza y de los principios religiosos. Era la primera vez que la opinión pública cubana se organizaba para demostrar su ira anticomunista. La campaña culminó en un gran acto el 25 de mayo de 1941.

Los comunistas replicaron con la celebración de asambleas pequeñas a lo largo de toda la Isla. Efectuaron varios actos. En La Habana, verificaron uno en la "Logia Isla de Cuba" y otro en el "Club Atenas". Trataban de presentar su movimiento disfrazado con los ropajes del nacionalismo y el anti-clericalismo. Lo llamaron "Por la Escuela Cubana en Cuba Libre". Y también celebraron un acto en el Teatro Nacional el 22 de junio de 1941. En el acto aprobaron un pliego de doce conclusiones, una de las cuales, la octava, decía:

"Juzgamos de vital trascendencia para el permanente afianzamiento de la nacionalidad, que el Estado ejerza, no por simple expediente burocrático, como hasta ahora, sino con miras a la plasmación de ese espíritu de cubanidad a que se refiere la Constitución, la reglamentación e inspección de las escuelas privadas, sin que ello envuelva gratuito deseo de dañar intereses ni menoscabar derechos".[8]

El Gobierno trató de complacer a todo el mundo. Impidió que los comunistas llevaran adelante sus objetivos. Dejó a Marinello en el cargo; pero sin funciones, a no ser la de cobrar puntualmente su sueldo a fin de mes y ostentar el título en los actos públicos. Después, fue nombrado director General del Consejo Nacional de Educación y Cultura. Algo, después de todo, habían obtenido los comunistas: una campaña de agitación que, aunque les fue adversa, había dejado claramente fijados sus puntos de vista en cuanto a la enseñanza.

XIII - EL PARTIDO FIJA, UNA VEZ MAS, SU CRITERIO CONTRA LA GUERRA.

La Unión Soviética había comenzado a construir su imperio colonial en contubernio con la Alemania nazi. La negra obra de perfidia le había rendido ya algunos beneficios territoriales, como los obtenidos con el reparto de Polonia, los conquistados en la guerra con Finlandia y los derivados de la anexión de Letonia, Estonia y Lituania y de la reclamación a Rumania de la Besarabia, alegando que había formado parte del Imperio de los Zares, y de Bucovina del Norte, que nunca había sido rusa, alegando los intereses de "reunificación con Ucrania Soviética".

Todavía, el 13 de abril de 1941, avanzó un poco más la Unión Soviética en su entendimiento con las naciones del Eje, al firmar el pacto de no agresión con Japón.

Mientras la Unión Soviética hubo estado sacando provecho de su liga vituperable con el nazismo, el Partido, en Cuba, estuvo predicando ardorosamente su política pacifista, es decir, anti-militarista y anti-guerrerista. Defendía esa política con un conjunto de conceptos, imágenes nobles y hasta hilvanados razonamiento, que ocultaban sus intereses y concluían con la idea expresada tan bellamente por Berta von Suttner, cuando exclamó: ¡Abajo las Armas!

No perdían oportunidad los comunistas nativos para manifestarse, en una u otra forma, a favor de la paz. En tal empeño gastaron los comunistas muchísimos esfuerzos. Cada día estaban más activos los comités "Por Cuba fuera de la Guerra Imperialista". Aquella actividad culminó en un acto celebrado en el Teatro Nacional, con el lema "Cuba fuera de la Guerra Imperialista", en el mes de marzo del 41. Los oradores se dedicaron a cantar el amor a la paz y el odio a la guerra.

En abril, apareció la revista "Fundamentos", órgano doctrinario que sustituía a "El Comunista", con un artículo de Blas Roca que decía:

"El pueblo de Cuba repudia esta guerra imperialista. El servicio militar obligatorio vale, en realidad, muy poco, para defender un territorio que no tiene fronteras limítrofes con ningún otro país. El Servicio Militar Obligatorio es una medida antipopular destinada a preparar la participación de Cuba en una guerra tan injusta como la de 1914. Hemos de estar, por tanto, contra ella, combatiéndola con todas nuestras fuerzas, hasta el fin. La consigna concreta del momento tiene que ser: "Abajo el Servicio Militar Obligatorio, reaccionario y antipopular".[9]

El periódico Hoy ofrecía diariamente un singular contraste. No se cansaba de utilizar una prosa sentimental y ampulosa en favor de la paz, al enfocar los acontecimientos internacionales; al tiempo que utilizaba un lenguaje viperino, con el cual envenenaba los dardos de su aljaba dialéctica, al tratar la cuestión social en el país.

El 7 de abril, el órgano de los comunistas publicó un manifiesto, "Humanismo" firmado por 150 médicos, que expresaba su tenaz oposición al Servicio Militar Obligatorio. Y el 2 de junio publicó Severo Aguirre, a nombre de la juventud del Partido, un artículo que tituló "Todos Unidos contra el Servicio Militar Obligatorio".

La oposición del Partido no podía ser más categórica: contra la participación de Cuba en la guerra y contra el Servicio Militar Obligatorio. El pueblo de Cuba percibió la intención aviesa. La cuestión no estaba en los conceptos, sino en los actos, no en lo que se decía, sino en lo que se hacía y por qué se hacía. Comprendió que aquel pacifismo enmascaraba el guerrerismo agresivo de las potencias del Eje y servía de amparo a la Unión Soviética para conquistar más y más territorios.

XIV - LOS RESULTADOS DE AQUEL PACIFISMO.

El pueblo de Cuba, como todos los pueblos, era amante de la paz. Lo que no concebía era que quienes se habían irritado contra los "apaciguadores" de Munich" y tronado en favor de la guerra contra el nazismo agresor, de la noche a la mañana, se convirtieran poco menos que en los príncipes de la paz, al firmarse el pacto nazi-soviético.

Este pacifismo interesado, que esgrimía el pacifismo cómplice ante el belicismo nazi-fascista, aumentó el recelo del pueblo cubano por los comunistas. Después, se incrementó la animosidad cuando surgieron nuevos incidentes, como el de utilizar la CTC para sus intereses sectarios, el problema con los Veteranos y con los colegios privados. El proceso fue creando una serie de obstáculos que hacían difícil a los comunistas desenvolverse en buenas relaciones con la población cubana.

Estos razonamientos y choques fueron creándole al Partido un vacío en torno a él. El aislamiento repercutió en muchos de los militantes. Unos reaccionaron desertando del Partido. Fue el caso de Abelardo Plochet, que había salido electo Representante a la Cámara con la imagen de mambí sin contar con el apoyo de la dirección del Partido en Oriente, y los casos de los líderes oberos José A. Gómez del Sol, que también había salido Representante por Oriente sin el apoyo de la Dirección, y de Avelino Fonseca, el conocido concejal habanero. La masa de los militantes comunistas reaccionó, cerrándose dentro del círculo estrecho del Partido.

La reacción frente al aislamiento del Partido resucitó en los militantes el viejo sectarismo que ya por entonces se había superado.

Aquel pacifismo del Partido, en su enfoque de las cuestiones internacionales, contrastaba en forma detonante con la prédica de guerra social que mantenía en su enfoque de las cuestiones nacionales. Cuando analizaba las relaciones de Estado a Estado, trataba de extinguir el fuego de quienes querían combatir en alguna forma efectiva al nazismo. En cambio, cuando miraba hacia dentro del país, echaba tizones encendidos en el campo de hojas secas de las relaciones sociales.

Por estas razones, las consignas del Partido lucían desarraigadas de la realidad nacional. Dejaban al descubierto su falta de interés por lo propiamente cubano y evidenciaban su gran interés por marcar el paso de acuerdo con las conveniencias soviéticas. De ahí que el eco de sus consignas quedara encerrado dentro de la bóveda del Partido en Cuba y solo abierto, demasiado abierto, al provecho internacional de la Unión Soviética.

Tal conducta, sinuosa y traicionera, demostró una vez más que los comunistas eran capaces de más transformaciones que las de Ovidio y de fabricar más laberintos que los de Creta. Lo cual hizo clamar a la población cubana: ¡Qué albañales debajo de aquellas seráficas palabras de los comunistas sobre el pacifismo!

1 Lázaro Peña, Informe al III Congreso Nacional de la CTC, pp. 12 y 13, editado por la Comisión de Propaganda del Comité Ejecutivo de la CTC.
2 Ibid., p. 12.
3 Unión Panamericana, Noticias de Información Obrera y Social, febrero de 1941, citado por Grupo Cubano de Investigaciones Económicas, bajo la dirección de José R. Alvarez Díaz, en **Estudio sobre Cuba**, editado por la Universidad de Miamia, 1963.
4 José A. Rivero, Impresiones, **Diario de La Marina**, La Habana, 14 de enero de 1941.
5 Aníbal Escalante, entrevista radial por el **Noticiero CMQ** de La Habana, el día 16 de mayo de 1963.
6 Prensa del día 3 de marzo de 1941, La Habana.
7 **Diario de La Marina** del 5 de marzo de 1941, p. 14.
8 **Cuba Socialista**. Año I, No. 1, Septiembre 1961, p. 50.
9 **Fundamentos**, Año I, Vol. I, No. 1, p. 5.

CAPITULO XII
POR LA GUERRA CONTRA EL NAZI-FASCISMO
(1941-1944)

I - Las circunstancias de la guerra. II - El Partido se pronuncia a favor de la guerra. III - Segunda Asamblea del Partido Unión Revolucionaria Comunista. IV - Dentro del espíritu de la nueva estrategia: A) Asociación Pro Teatro Popular. B) Centro Benéfico Jurídico. V - Cuba declara la guerra al Eje Roma-Berlín-Tokío. VI - La Conferencia de Río de Janeiro. VII - Elecciones parciales de 1942. VIII - El asesinato de Sandalio Junco. IX - Los comunistas en el Congreso. X - Tercer Congreso Nacional de la CTC. XI - Gobierno de Unidad Nacional. XII - Relaciones diplomáticas con la Unión Soviética. XIII - La Embajada Soviética en Cuba. XIV - Principales beneficios obtenidos del Gobierno por los comunistas: A) - Personalidad jurídica de la CTC. B) - Estación de radio Mil Diez. XV - Disolución de la Komintern. XVI - Los Fundamentos del Socialismo en Cuba. XVII - Reorganización de los Partidos. XVIII - El Pacto de Teherán. XIX - La nueva plataforma de lucha. XX - Primera Asamblea Nacional del Partido Socialista Popular. XXI - En defensa de Teherán. XXII - Las purgas no cesan. XXIII - Elecciones generales de 1944. XXIV - El saldo de un balance.

I - LAS CIRCUNSTANCIAS DE LA GUERRA.

Los acontecimientos en el mundo se sucedían atropelladamente. Y todos en una misma dirección: la guerra.

Cuando Alemania volvió sus armas contra la Unión Soviética "la guerra cambió de carácter" para los comunistas. Cuando el Japón atacó Pearl Harbor, la guerra se convirtió en mundial. Entonces, Cuba se vio envuelta en la conflagración universal.

Las circunstancias de la guerra deprimieron los dinamismos revolucionarios. Fueron viniendo a menos hasta dar paso a una época de tranquilidad nacional, sólo perturbada por los sucesos y presagios del acontecer internacional. El incendio de energías políticas, que coincidió con el parto de la Constitución, se fue apagando y el estremecimiento de rebeldía, menguando.

Los nuevos tiempos se caracterizaron por algo así como una

capitulación de los puros deseos ante la realidad de posibilidades, consideradas como un ideal. Paradójicamente, la vida de la nación comenzó a replegarse sobre sí misma.

El síntoma emotivo de la época lo expresó, tal vez mejor que nadie, el grupo literario que se congregó en torno a la revista "Orígenes". Sus componentes sentíanse cautivados por una poesía remota, vaga, simbólica, y, de consiguiente, oscura. Parecían que buscaban una intimidad nueva. Eran cultivadores de una especie de letargo en que no se ejercía más función vital que la de soñar que se vive.

Mientras tanto, la situación económica mejoraba al compás de la guerra. Esta se convirtió en un factor que aceleró la diversificación de la producción para sustituir importaciones, incrementó los ingresos nacionales y determinó el crecimiento del ingreso "per cápita" real y monetario.

La causa fundamental de la mejoría económica fue el aumento del volumen de producción y el precio del azúcar. No tanto, por cierto, como pudo haber sido, de no haberse vendido globalmente las zafras posteriores al 41, sobre la base del sacrificio por la guerra en favor de los Aliados. También, por entonces, la industria del tabaco se rehabilitó; la producción arrocera se duplicó, y las inversiones mineras se multiplicaron.

La pérdida de los mercados europeos, a consecuencia de la guerra, fue compensada ventajosamente con el aumento de las exportaciones a los Estados Unidos, a lo cual contribuyó el Nuevo Tratado de Reciprocidad.

El Gobierno, por su parte, creó nuevos impuestos con los cuales atender los gastos crecientes de su presupuesto. Entre ellos, cabe señalar el que gravó los ingresos personales, iniciando así la tendencia de conceder más importancia a los impuestos directos que a los indirectos. También puso en vigor una política de franquicias arancelarias y fiscales que facilitara la mecanización de la agricultura, la creación de nuevas industrias o la ampliación de las existentes.

El país, que se desarrollaba en lo material, no exhibía idénticos impulsos en lo espiritual. Más bien se notaba que cada cual se preocupaba, antes que nada, por su propio interés. Las organizaciones por sectores proliferaban, hasta llegar a convertirse, andando el tiempo, en organizaciones de intereses estancos. Y todas ellas esperaban la solución de sus problemas, en una u otra forma, de la intervención estatal.

La Confederación de Trabajadores de Cuba fue la que más se desarrolló. Convirtióse en casi una parte del poder público. Logró indudables ventajas y hasta subsidios del Gobierno para los trabajadores. También obtuvo un Acuerdo Ley que consagraba el derecho del Estado a intervenir los centros de producción cuando no cumplieran las resoluciones del Ministerio del Trabajo.

Desde entonces, todos los gobiernos se preciaron de estar al servicio de los obreros y de los campesinos. El patriarcado estatal se puso de moda. No podemos dejar de anotar que, por aquel entonces, dictó el Gobierno un decreto que prohibió el desalojo de todos los campesinos. De esta forma, el campesino no azucarero comenzó a gozar del derecho que ya disfrutaba el azucarero en el campo y el arrendatario de viviendas en la ciudad.

Las ideas socialistas avanzaban rápidamente. Tomaban cuerpo en las proclamas políticas y en las instituciones legales. Los conceptos de izquierda habían tomado posiciones en la mentalidad de la dirigencia pública nacional. Como observó atinadamente Sergio Carbó, glosando una carta de Pepín Rivero a Iraizoz, "hablar de derechas en Cuba era poco menos que una temeridad".

El Partido gozó de su edad de oro por aquella época. Los intereses de la Unión Soviética coincidieron, eventualmente, con los de las democracias occidentales. Y los del Partido en Cuba se amoldaron, en cierta forma, a los del país. De tales circunstancias fluyó la consecuencia de una tesis oportunista de conciliación nacional e internacional.

La Unión Soviética tuvo necesidad del concurso y ayuda de los países democráticos, especialmente de los Estados Unidos, para sobrevivir a la embestida nazi. Tanto que los comunistas del mundo no ofrecieron reparos en renunciar a sus viejas banderías sectarias y clasistas para buscar la forma de ayudar de consuno a la "Patria de los trabajadores".

El humanismo vocinglero, usado antes para clamar por la paz con el nazi-fascismo, serviría ahora para reclamar la guerra contra el nazi-fascismo. Era la contradicción viva de su axioma. Al nuevo esfuerzo humanitario, todos eran útiles.

La tesis de conciliación, mantenida por Browder en los Estados Unidos y por Blas Roca en Cuba, era más, mucho más, muchísimo más amplia que la sostenido por los frentes unidos y populares. Renunciaba a la lucha contra los enemigos políticos y de clase al tiempo que recababa de ellos su colaboración. Abogaba por la unidad sin exclusiones. Supeditaba, inclusive, "la lucha revolucionaria y anti-imperialista" al esfuerzo de guerra contra el nazi fascismo.

La táctica del Partido en Cuba fue la parlamentaria y la lucha de masas. Su idea fija y toda su esperanza, ayudar a la Unión Soviética. Su caballo de batalla, la unidad nacional junto al Gobierno, al punto de llegar a integrar un gobierno de alianza con los partidos burgueses. La fuerza fundamental de que pretendía valerse, los trabajadores. La reserva, toda la población. De todo lo cual resultó un "oportunismo de derecha", llevado al extremismo más radical.

El Partido pasó, sin recato alguno, de una posición pacifista al extremo opuesto, al punto de rayar en una verdadera histeria bélica. Todo era poco para ayudar a la Unión Soviética.

II - EL PARTIDO SE PRONUNCIA A FAVOR DE LA GUERRA.

Hitler sorprendió al mundo cuando, el 22 de junio de 1941, lanzó sus tropas contra la Unión Soviética. Desde ese mismo instante, Moscú se situó del lado democrático y los partidos comunistas comenzaron a clamar por la guerra contra el nazi-fascismo.

En Cuba, el Comité Ejecutivo Nacional del Partido Unión Revolucionaria comunista anduvo presto en reunirse para declarar, a pleno cinismo, que la guerra había cambiado de carácter. Consecuente con el cambio, calificó la guerra de justa y pidió al Gobierno que impusiera el Servicio Militar Obligatorio.

Más tarde se reunió el Comité Ejecutivo de la CTC. Proclamó, antes que nada, "el nuevo carácter de la guerra" y expresó su "solidaridad con la Unión Soviética, traidora e injustamente atacada".[1]

Entre tanto, la maquinaria de agitación y propaganda del Partido paró en seco el movimiento hacia el lado pacifista y, con la misma, arrancó a todo vapor hacia el lado opuesto, agitando todas las argucias imaginables en favor de la guerra. Así vemos que el primero de julio, por ejemplo, publicaba el periódico Hoy, a toda plana, un reclamo en favor del Servicio Militar Obligatorio y una apelación al pueblo cubano para que ayudara a la Unión Soviética, "víctima de la agresión nazi-fascista".

Los comités "Pro Cuba fuera de la Guerra Imperialista" se transformaron, de pronto, en comités de ayuda a la Unión Soviética, y en centros de propaganda bélica. La movilización del Partido, en favor de la guerra culminó en un acto efectuado el 26 de julio en el mismo Teatro Nacional, donde cuatro meses antes había celebrado otro con la tesis contraria. Ahora, la consigna llamaba "A las armas por Cuba y la Libertad". En el acto hicieron uso de la palabra Aníbal Escalante, Salvador García Agüero y Juan Marinello. Los tres hablaron por el mismo estilo. Se pronunciaron por el Servicio Militar Obligatorio y por la entrada de Cuba en la guerra.

Días más tarde, el periódico Hoy saludó, con un vibrante editorial, la firma de la Carta del Atlántico, suscrita por Roosevelt y Churchill el 15 de agosto. El editorial interesaba de los Estados Unidos una acción más efectiva en favor de Inglaterra y de la Unión Soviética. El acontecimiento también fue aplaudido por el Comité Ejecutivo Nacional del Partido. Y el de la CTC aprovechó la oportunidad para señalar, una vez más, "el cambio completo y general del carácter de la guerra", proclamar que ahora "era una guerra libertadora" y expresar "la solidaridad de los trabajadores hacia todas las fuerzas que, con tal programa, se oponían al nazismo".[2]

La revista "Fundamentos", del mes de septiembre, difundió un artículo de Blas Roca, con la tesis justamente opuesta a la que había mantenido cuatro meses antes, que decía:

"Nosotros decimos que la guerra comenzada el 22 de junio por la Unión Soviética es una guerra justa, una guerra que rechaza la agresión injustificada, una guerra que defiende la libertad nacional. Hay que ir rápidamente a una ley que establezca el Servicio Militar Obligatorio. Formemos el "Frente Nacional Anti-fascista".[3]

Pisando sobre las mismas huellas, el 9 de septiembre, publicó el periódico "Hoy" un largo manifiesto, firmado por doscientos cincuenta médicos, que demandaba la implantación del Servicio Militar Obligatorio. Y el 19 de noviembre, insertó, el propio periódico, un artículo del dirigente juvenil de los comunistas, Severo Aguirre, titulado "El Servicio Militar Obligatorio es una justa demanda de la juventud".

Al movimiento del Partido se unieron las organizaciones que, en una u otra forma, controlaban los comunistas. "La Asociación Pro Enseñanza Popular de la Mujer", por ejemplo, organizó una colecta en el mes de agosto con el proclamado intento de enviar frazadas y colchonetas a la Unión Soviética.

La "Segunda Convención de 'Sociedades Negras de La Habana'", que al menos formalmente nada tenía que ver con los comunistas, abordó los temas agitados por el Partido cuando se reunió en el mes de octubre. A más de adoptar las acostumbradas resoluciones contra la discriminación racial, acordó pedir la libertad del líder comunista norteamericano Earl Browder, encarcelado por agente enemigo cuando la Unión Soviética estaba entendida con la Alemania nazi; la libertad del "caballero de la esperanza", Luis Carlos Prestes, detenido en Brasil a raíz del fracaso de su movimiento insurreccional, y adherirse, de palabra, a "la lucha contra el nazismo agresor".

De cuanto llevamos expuesto se aprecia que, lo que hasta ayer era pésimo para los comunistas, ahora era óptimo. El neutralismo cómplice, proclamado por el Partido, se venía al suelo abruptamente y, en su lugar, levantaba todo un aparato de agitación y propaganda a favor del belicismo. Este cambio súbito de posición lo explicó Blas Roca, en su libro Los Fundamentos del Socialismo en Cuba, de esta forma:

"Cuando Hitler invadió los Balcanes y atacó a Rusia, provocando la declaración de Churchill en apoyo de la Unión Soviética, la guerra cambió de carácter. Los pequeños países balcánicos y Rusia fueron atacados sin ninguna provocación de su parte, sin que al verse obligados a entrar en la guerra defendieran otra cosa que su propio territorio, su independencia y sus libertades. El nuevo carácter que la propia guerra había tomado en Inglaterra después de la eliminación de Chamberlain del Gabinete, se hizo patente en esos momentos al declarar Churchill su decisión de ayudar a la Unión Soviética y firmar, junto con Roosevelt, unas semanas más tarde, la Carta del Atlántico, que constituye hoy una bandera de lucha por los pueblos".[4]

III - SEGUNDA ASAMBLEA DEL PARTIDO UNION REVOLUCIONARIA COMUNISTA.

El inesperado viraje a favor de la guerra contra el nazi-fascismo precipitó la celebración de la Segunda Asamblea del Partido Unión Revolucionaria Comunista que se efectuó en agosto de 1941.

Lo primero que hizo la Asamblea fue salir de los trámites rutinarios, exigidos por la legislación electoral para la reorganización de los partidos, con vista a las elecciones parciales de 1942. Después, abordó el tema de la nueva estrategia, del cual se ocupó Blas Roca en su informe.

Blas Roca formuló un llamamiento a todos los cubanos para integrar un frente de unidad nacional que apoyara el esfuerzo de guerra contra el nazi-fascismo. Puso énfasis en el "cambio de carácter de la guerra". Vomitó los dicterios rancios contra el nazismo que se había comido en la etapa anterior del neutralismo. Demandó del gobierno cubano y de los países democráticos del mundo, especialmente el de los Estados Unidos, que se unieran a los que "libraban una guera justa, liberadora que no persigue ningún fin anexionista, ningún fin de conquista". Chorreó maldiciones contra los pacifistas, "nuevos munichistas que traicionan a la Humanidad". Reclamó, con angustioso coraje, la implantación del Servicio Militar Obligatorio en Cuba. Todo lo envolvió en un ambiente de tragedia, que le sirvió para expresar su alarma interesada: América y, de consiguiente Cuba, tenía que entrar en la guerra para salvaguardarse del peligro inminente del nazi-fascismo que aspiraba a la dominación universal. Según Blas Roca, no era posible esperar más.

En su intervención, Blas Roca precisó orientaciones sobre el método a seguir en Cuba. Enfiló sus razonamientos hacia la unidad de todos los cubanos bajo la dirección del Gobierno. Era necesario crear un gran frente nacional, dispuesto a llevar la lucha contra el nazi-fascismo hasta sus últimas consecuencias.

En el análisis del Frente de Unidad Nacional, aclaró Blas Roca, cabían todos los cubanos sin exclusiones de clases. Obreros, campesinos, estudiantes, profesionales, artistas, escritores, burgueses y hasta los capitalistas tenían que unirse. A cada uno tentó con su mensaje. La diversidad debía ceder a la unidad ante la emergencia nacional. Unidad, unidad, unidad contra el nazi-fascismo, era el estribillo de Blas Roca.

En medio de su delirio bélico, no olvidó Blas Roca el tema de la educación marxista. Insistió, una vez más, sobre la importancia de preparar políticamente a los cuadros del Partido y de buscar las mejores formas de difundir el mensaje comunista por cuantos medios fueran posibles.

Un reflejo del interés del Partido por adelantar sus ideas, a través de la unidad sin sectarismo, fue la moción de Paco Alfonso, titulada "El teatro como vehículo de divulgación y propaganda", que recogía los puntos siguientes:

"Primero, creación de un organismo que agrupe a todos los que de una manera o de la otra laboren en cuestiones artísticas: escritores, artistas, intérpretes, músicos, recitadores, fotógrafos, escenógrafos, etc., y cuya responsabilidad sea esta labor artística de educación y propaganda. Este organismo trabajará bajo la dirección del Partido. Segundo: creación de cuadros artísticos. Tercero: apoyo decidido a la organización Teatro Popular".

La formación de conciencia continuaba siendo la preocupación esencial del Partido. Ahora las circunstancias eran propicias. Nunca como ahora las ideas se podrían infiltrar sutil, hábil, subrepticiamentete, sin levantar sospechas, avivadas por la vehemencia popular contra el nazi-fascismo.

IV - DENTRO DEL ESPIRITU DE LA NUEVA ESTRATEGIA: A) ASOCIACION PRO TEATRO POPULAR. B) CENTRO BENEFICO JURIDICO.

El Partido se abrió por completo. Nada de cerrar a nadie, parecía decir. Todos eran buenos, siempre y cuando respaldaran la tesis de apoyar a los Aliados en su guerra contra el nazi-fascismo. El planteamiento de ayudar declamatoriamente a los Aliados era popular. En cambio, no lo era el Servicio Militar.

La nueva estrategia tenía una gran ventaja para el Partido. Le permitía gozar abiertamente y sin zozobras, del amparo gubernamental y unirse a sectores de la población que veían con recelo a los comunistas.

Los conceptos marxistas-leninistas revisados por el Partido, sin sus aristas violentas de antes, fluían suavemente por entre las ideas que prevalecían en el país, que eran muchas, variadas y contradictorias. Los nuevos conceptos de los comunistas eran mucho más peligrosos, tanto para ellos como para la sociedad cubana. A los comunistas los alejaba de la ortodoxia marxista-leninista. A los cubanos los acercaba al marxismo-leninismo. Mezclábase así la cizaña con el grano.

Ahora los comunistas pretendían ejercer la función de hechiceros: exorcizar, encantar con sus ideas templadas en la nueva estrategia, y hasta ordenar en nombre de todos. "El anti-comunismo es divisionismo", clamaría Blas Roca desde la Secretaría General del Partido y Lázaro Peña desde la CTC. La "Unidad Nacional" de Blas Roca humedecería la dinamita, al subordinar "los intereses de la

lucha por la liberación Nacional" "a los de la guerra anti-hitlerista".[5]
La Unidad de Lázaro Peña trataría de calmar temores con su lema:
Ni anti-comunismo ni anti-autenticismo.

En el campo de la cultura, se valdrían los comunistas del término "popular" para envolver la mercancía averiada de sus ideas. Un ejemplo, la Asociación Pro Teatro Popular. Dentro de la CTC, se empeñarían en romper los estancos de los sectores proletarios. Pero no estaba en sus manos lograrlo. Con lo que sí lo estaba, darían un ejemplo al transformar el Centro Benéfico Jurídico.

A) Asociación Pro Teatro Popular.

Francisco Alfonso creó la Asociación Pro Teatro Popular en cumplimiento de uno de los acuerdos de la Segunda Asamblea del Partido Unión Revolucionaria Comunista. El Presidente fue José Antonio Ramos y el Secretario, Nicolás Guillén.

Las primeras representaciones fueron montadas en el local de los Torcedores, situado en San Miguel número 622 en La Habana. Allí estrenaron "Ayuda guajira" del propio Paco Alfonso y "Han agredido a la Unión Soviética" de Oscar Valdés.

En los principios, las obras presentadas por la Asociación Pro Teatro Popular tuvieron un marcado sabor sectario. El mensaje comunista era demasiado directo. Representaron, entre otras, "Guerrillas del pueblo", de Oscar Valdés; "Sabanimar", de Paco Alfonso; "Llamémosle X", Comedia de Custodio; "Camino leal", sobre la guerra española, de Martínez Allende; "Camino de tabaco", tragi-comedia del campo norteamericano; "Sangre negra", sobre problemas raciales, de Richard Wright, y "El pueblo ruso", sobre la guerra soviética, de K. Simonov.

Más adelante, Teatro Popular mezcló las obras sectarias con las que, sin serlo, coincidían con alguno de sus puntos de vista o consideraban oportunas a sus fines políticos. En la nueva etapa representaron "Con los pies en el suelo" y "Azul, blanco y negro" de José L. de la Torre; "Poemas con niños", el primer intento teatral de Nicolás Guillén; "Estampas martianas", de Félix Lizaso y Rafael Marquina; "La recurva" y "Tembladera" de José Antonio Ramos; "Voces en trinchera", un acto sobre la guerra civil española, de Paco Alfonso; "La oración", de Felipe Pichardo Moya; "Vida subterránea" de Vicente Rodríguez Valdez; "Junto al río", de Luis A. Baralt, y "Contra la corriente", de Luis Felipe Rodríguez.

Teatro Popular fue el precursor de otras actividades artísticas y literarias que desarrollaría después el Partido, especialmente entre la juventud.

B) Centro Benéfico Jurídico.

El Centro Benéfico Jurídico de los Trabajadores de Omnibus Aliados siguió creciendo. En 1940 compró una casa ruinosa que ocupaba la esquina de la Calzada del Cerro y Lombillo, en La Habana.

La adaptó y allí instalaron una clínica, donde incorporaron a cuantos médicos jóvenes estaban dispuestos a trabajar, desinteresadamente por darse a conocer.

De acuerdo con el nuevo espíritu de la nueva estrategia, el Sindicatos de los Trabajadores de Omnibus Aliados, que controlaba José María Pérez, puso la institución al servicio de todos los trabajadores. A partir de entonces, se llamó Centro Benéfico Jurídico de los Trabajadores.

El director fue el Dr. Luis Díaz Soto. Entre los médicos comunistas que formaron parte del personal facultativo, recordamos a Lucas Escalante, Luis Alvarez Tabío, Federico Sotolongo, Carlos Font Pupo y José López Sánchez.

En definitiva, el Centro Benéfico Jurídico terminó por convertirse en una clínica mutualista operada por los comunistas, la cual le sirvió al Partido para ofrecerle oportunidad de empleo a los médicos comunistas y obtener algunos ingresos económicos.

V - CUBA DECLARA LA GUERRA AL EJE ROMA-BERLIN-TOKIO.

El Japón atacó inesperadamente a Pearl Harbor el 7 de diciembre de 1941. Se iniciaron así, las hostilidades con los Estados Unidos. En seguida, el 9 de diciembre, el Congreso de la República de Cuba le declaró la guerra al Japón. Y a Italia y Alemania el día 11, cuando estos países se la declararon a Estados Unidos.

Los comunistas en Cuba sobrepujaron a todos en delirio belicista .La declaración de guerra fue aplaudida con frenético entusiasmo por el Ejecutivo Nacional del Partido. ¡Al fin Cuba entraba en la guerra del lado soviético!

Apenas hubieron pasado unos días, cuando el Congreso aprobó la ley que declaraba el Estado de Emergencia Nacional por "hallarse en peligro la seguridad exterior del país con motivo de la guerra". Por la referida disposición legislativa se autorizó al Ejecutivo a dictar leyes con el único requisito, exigido por la Constitución, de someterlas después a la ratificación del Congreso. Esta delegación de facultades sirvió para que el Ejecutivo regulara la producción y los abastecimientos e impusiera el Servicio Militar Obligatorio.

El 23 de diciembre, publicó el Partido un largo documento,[6] titulado "Cuba en la Guerra" cuya idea central era "subordinarlo todo al empeño de conquistar la Victoria contra el hitlerismo". Reclamaba "la unión sagrada de todos los sectores que integran la nación... alrededor del Presidente Batista". Los que se negaban a tal reclamo eran, para los comunistas, "los enemigos de Cuba, los egoístas anti-patriotas, los fascistas agentes de Hitler, los traidores nacionales".

No tardó el Comité Ejecutivo de la CTC en adoptar un acuerdo similar, cuyo pensamiento se condensaba en esta frase: "Darlo todo para conquistar la victoria".[7]

La tesis de Unidad Nacional, tal cual la exponía Blas Roca, encontró algunos opositores en el seno del Partido. Blas Roca refutó los argumentos de quienes recelaban de la nueva tesis, en esta forma:
"Hay quienes oponen los intereses de la lucha por la Liberación Nacional y de la propaganda por el Socialismo, a los de la guerra anti-hitlerista y consideran que es un error la subordinación de lo primero a lo segundo. No hay tal error. La **única** forma que puede adoptar actualmente en Cuba la lucha por la Liberación Nacional, por abatir el predominio de los capitalistas extranjeros en nuestra economía y por desarrollar una industria nacional fuerte es la de contribuir a la más completa derrota del Eje, cooperar con Estados Unidos, China, la Unión Soviética, Inglaterra y las demás Naciones Unidas para apresurar la rendición incondicional de nuestros peores enemigos. La fórmula de la guerra no se resuelve planteando, como dicen algunos, primero la lucha contra el imperialismo y después la lucha contra el Eje, ni tampoco, como dicen otros: primero derrotaremos al Eje, después volveremos a luchar contra el imperialismo. La fórmula real, la fórmula que dan la vida y la historia es: sólo a través de la lucha contra el Eje y su derrota podemos obtener la Liberación Nacional".[8]

De lo razonado por Blas Roca, se infiere claramente que, entonces, se "agitaban banderas rojas para combatir la bandera roja", según la expresión tan usada actualmente por los seguidores de Mao en China.

VI - LA CONFERENCIA DE RIO DE JANEIRO.

La Tercera Reunión de Consulta de Ministros de Relaciones Exteriores de Estados Americanos se celebró en Río de Janeiro del 15 al 28 de enero de 1942.

En esta ocasión, la actitud de los comunistas fue muy distinta a la que habían adoptado ante la Conferencia de La Habana en 1940. De entonces a la fecha, pasaron de una posición pacifista a otra de extremado belicismo.

El periódico Hoy saludó con exaltado entusiasmo la Conferencia, en un editorial del 7 de enero. El día 13 Blas Roca la defendió con vehemencia desde las propias páginas del periódico Hoy, al tiempo que clamaba por la unidad nacional junto a Batista. Y el 17 de enero, el editorial del órgano del Partido se deshizo en elogios al discurso del Embajador Americano, Sumner Welles, en Río de Janeiro, y Troyanoski, ex-Embajador de la Unión Soviética en Washington, citó estas palabras: "Ya no es la sombra de la agresión, sino la agresión misma". "El ataque al vecino augura la agresión al propio hogar".

La literatura del Partido se convirtió en una especie de torneo por la democracia y la defensa de los Estados Unidos. Ahora, los comunistas eran más partidarios que nadie de la colaboración intermericana para combatir la posible agresión de una potencia extracontinental.

VII - ELECCIONES PARCIALES DE 1942.

Las elecciones parciales para elegir Representantes a la Cámara se efectuaron el 15 de marzo de 1942.

La prueba comicial le resultó en extremo desfavorable al Partido Unión Revolucionaria Comunista. Sólo pudo elegir dos representantes por la provincia de La Habana y uno por la de Oriente.

Por la Provincia de La Habana salieron electos Juan Marinello, con 11,327 votos, y Lázaro Peña, con 10,120 votos. José María Pérez Capote quedó Primer Suplente, con 4,548 votos.

Por la Provincia de Oriente resultó electo César Vilar Aguilar, con 5,934 votos. Y Oscar Ortiz Domínguez quedó Primer Suplente, con 2,600.

Cuantas veces concurrían los comunistas a elecciones, tantas veces demostrábase que las famosas "masas" no los secundaban. ¡Ni aún contando con los resortes del Gobierno y con el poderoso mecanismo de la CTC!

VIII - EL ASESINATO DE SANDALIO JUNCO.

El Alcalde de Sancti Spíritus, Joaquín Escribano, de filiación "auténtica", se empeñó en celebrar una velada para conmemorar la muerte de Antonio Guiteras en los salones del Ayuntamiento. La adhesión de la Comisión Obrera del Partido Revolucionario Cubano (Auténtico) y el anuncio de que hablaría el ex-comunista Sandalio Junco, le dio al acto un tono de protesta contra quienes controlaban la CTC.

Tal propósito fue suficiente para que los comunistas se enfurecieran y desataran una violenta campaña contra el acto, sus propósitos y sus organizadores. Calificaron el acto de provocación. Los propósitos, de anti-obreros, contrarrevolucionarios y anti-patrióticos. Y a los organizadores de quintacolumnistas empeñados en sabotear el esfuerzo de unidad nacional.

La campaña no amilanó a los organizadores de la velada. Estos replicaron con otra campaña que acusaba a los comunistas de usurpadores de la CTC, de vividores del movimiento obrero, de traidores a la Patria, de neo-fascistas, totalitarios y anti-demócratas.

Entonces, los comunistas recurrieron a las advertencias, que eran amenazas veladas. Con el decursar de los días, terminaron por quitarse el velo y amenazaron, ya muy concretamente, con disolver el acto a tiros. Los ánimos se exhaltaron. La policía no hizo caso a los requerimientos de garantías.

La tensión flotaba en el ambiente.

Así llegó la fecha señalada: el 8 de mayo. El salón del Ayuntamiento se repletó de público. Hervía de ansiedad por escuchar las palabras de Sandalio Junco, convertido en el Catón de los obreros "auténticos" contra los comunistas. Las notas del himno nacional iniciaron el acto. El Alcalde hizo uso de la palabra, para saludar a los visitantes. Después, ocupó la tribuna Charles Simeón. Cuando apenas había comenzado su discurso, los esbirros del Partido, dirigidos por el joven Armando Acosta, irrumpieron en el salón. Dispararon sobre la Presidencia y el orador, quien milagrosamente salió ileso. Uno de los esbirros rojos, Isidro Pérez, disparó, a boca de jarro, contra Sandalio Junco. La locura del fuego de las armas reventó en riña tumultuaria. De todo lo cual resultó un saldo de tres muertos y varios heridos.

El asesinato de Sandalio Junco provocó una erupción de cólera nacional. El Partido la enfrentó con su método habitual: responsabilizó a los "auténticos". Esto fue para la galería. En privado, el Buró Político se reunió y Joaquín Ordoqui, autor intelectual del hecho, imputó al Presidente del Partido en Sancti Spíritus, Neftalí Pernas, haberse excedido en sus instrucciones.

Después, el Partido movió todas sus influencias para presentar el hecho como una riña tumultuaria y acudieron a todo género de argucias procesales para demorar la celebración del juicio oral. Se vino a celebrar ya pasados los años, cuando los comunistas perdieron el favor del Gobierno en época de Grau San Martín. En definitiva, los responsables fueron condenados.

IX - LOS COMUNISTAS EN EL CONGRESO.

Los comunistas en el Congreso se conducían, más o menos, de acuerdo con la rutina parlamentaria del momento. Distinguíanse por la retórica un tanto rencorosa y la disciplina del Comité. Fue muy de notar, por esta época, el servilismo al Gobierno, al punto de haber llevado la voz cantante en iniciativas tan impopulares como el Servicio Militar Obligatorio y la Ley de Ampliación Tributaria.

La disciplina y organización del Comité Parlamentario del Partido era notable. Cuanta iniciativa se presentaba a la consideración del Congreso era estudiada por una comisión de asesoramiento, integrada por comunistas que no eran congresistas. En ella figuraron, entre otros, Jacinto del Peso, Carlos Fernández R. Jacinto y Pelegrín Torras, José Morera, y el abogado Rigoberto Aguila Marrero.

El trabajo de la fracción parlamentaria se realizaba en equipo. Los proyectos de leyes eran discutidos ampliamente en el seno del Comité. Después trazábase la línea y el procedimiento a seguir. El parlamentario comunista no podía expresar opiniones personales. Eran siempre los criterios del Partido. Hasta los esquemas de los discursos eran previamente elaborados en discusiones colectivas.

A la hora de seleccionar a los oradores, escogíase al que tuviera una imagen pública de estar más relacionado con el asunto a tratar. Cuando hablaba, tenía que atenerse a lo acordado. Juan Marinello era utilizado en las cuestiones relacionadas con la enseñanza y la cultura. Lázaro Peña en materias laborales. César Vilar en asuntos fiscales o económicos. Salvador García Agüero, no obstante ser un orador excepcional, solo hablaba cuando se abordaban los temas sobre la discriminación racial. Aníbal Escalante, por su condición de líder del Comité, era el encargado de expresar la línea política del Partido. Blas Roca apenas intervenía en los debates y su labor era más bien la de coordinar el trabajo del Comité. Los demás solo intervenían en cuestiones atinentes a su región electoral y al final de la legislatura, cuando todos hablaban unos minutos por la vía de la interrupción al discurso que acostumbraba a pronunciar Aníbal Escalante.

Lo que más llamaba la atención, a quienes no eran comunistas, era que los congresistas del Partido no tenían libertad ni para cobrar sus cuantiosos sueldos y emolumentos. El tesorero del Partido, Ramón Nicolau, era el encargado de cobrarlos. El Congresista comunista solo tenía derecho a recibir $450 de manos del tesorero del Partido, quien podía darle algo más para gastos de representación siempre y cuando los justificara.

En fin, el parlamentario comunista carecía de independencia. Estaba supeditado por completo a la disciplina de la fracción. Eran meros factores mecánicos, utilizados por el Partido para sus fines: agitar sus ideas y, de momento formar el grupo más obediente al Gobierno.

X - EL TERCER CONGRESO NACIONAL DE LA CTC.

El Tercer Congreso Nacional de la CTC se reunió en La Habana del 9 al 12 de diciembre de 1942. Asistieron mil trescientos ochenta y nueve delegados en representación de sesenta y un sindicatos, las federaciones provinciales y las nacionales de industrias. La consigna del Congreso fue "Unidad para la guerra", justamente la opuesta a la del Congreso anterior.

Los temas que discutieron las comisiones de trabajo fueron recogidos por el Secretario General, Lázaro Peña, en su informe que tituló: "¡La Unidad es la Victoria!" De ahí que hayamos decidido reproducir sus párrafos más importantes.

a) **Explica la contradicción.**

Difícil, muy difícil era explicar la contradicción entre la actitud pacifista de antes y la belicista de ahora. Lázaro Peña acometió tan ímproba tarea con estos razonamientos:

"En diciembre de 1940 la guerra no tenía ningún objetivo verdaderamente liberador; aún no se habían definido ninguno de sus objetivos progresistas, que nos impulsara a tomar participación en ella. En diciembre de 1940 ... defendíamos nuestra neutralidad con respecto a una guerra que no respondía a los intereses de las masas progresistas y laboriosas del mundo. Más tarde, el carácter de la guerra comenzó a cambiar. La elevación al poder de Mr. Churchill —desalojando a Chamberlain, el hombre de Munich— en Inglaterra trajo la guerra de verdad y enfrentó a los alemanes con una resistencia inglesa que no esperaban. En junio de 1941 la guerra dio un nuevo cambio brusco y decisivo, cuando la Alemania hitlerista, desesperada por no poder alcanzar una decisión en el Oeste por la amenaza potencial del Ejército Soviético, se volvió contra el Estado Socialista y llamó a todas las fuerzas de la reacción mundial a que se le unieran. El cambio del carácter de la guerra se acentuó cuando en agosto del mismo año después de haber prometido toda la ayuda a la URSS, Roosevelt y Churchill se reunieron para proclamar, por primera vez, oídlo bien, por primera vez, los objetivos de la guerra para dar al Mundo la CARTA DEL ATLANTICO, en que se declara que la guerra que se continúa no tiene por finalidad dominar a otros países y se consagra al principio de la auto-determinación de las naciones. En diciembre de 1941, culmina la transformación de guerra, en la etapa liberadora que tiene hoy, cuando el Japón tan traidoramente como había hecho Alemania a la Unión Soviética ataca a los Estados Unidos en los mismos momentos en que el Presidente Roosevelt se dirigía a sus gobernantes, con las más cordiales proposiciones, trayendo con su ataque vil y provocado la guerra a América, amenazando las costas, los territorios, las libertades y la independencia de todos los países de nuestro Hemisferio, incluyendo a Cuba".[9]

De esta forma, retorciendo los acontecimientos de la historia reciente, explicó Lázaro Peña el por qué donde antes habían dicho "Diego" decían ahora "digo" y donde habían dicho "digo" decían ahora "Diego".

b) La nueva política.

Partiendo de tan "luminosos" principios, explicó Lázaro Peña la nueva política de la CTC, que era la del Partido. Sus palabras fueron éstas:

"Desde diciembre de 1941, América entró en la guerra que los pueblos del mundo libran contra el hitlerismo y sus asociados... Desde diciembre, también, la Confederación de Trabajadores de Cuba, fiel a sus deberes, fiel a los más altos intereses de todos los trabajadores, fiel a su profundo y sincero patriotismo, proclamó su decisión de darlo todo por ganar la guerra; de hacerle frente a todos los sacrificios y subordinar todos los intereses ante el fin supremo de conquistar la Victoria, de hacer que los enemigos a quienes Cuba había declarado la guerra fueran derrotados".[10]

De acuerdo con esta "fidelidad", al Partido y a Moscú, los intereses de los trabajadores quedarían subordinados al "interés más alto que es aquel de asegurar, con su esfuerzo, y con su voluntad, que la Coalición de las Naciones Unidas, de la que nuestro país forma parte, derrote a la Coalición de Potencias Fascistas".[11]

c) Recuento de los acuerdos del Comité Ejecutivo Nacional.

El informe de Lázaro Peña prosiguió con un recuento de las resoluciones aprobadas por el Comité Ejecutivo Nacional de la CTC desde el momento en que se adoptó la nueva política. A ese efecto, dijo:

> Ante el peligro para Cuba proclamó nuestro Comité Ejecutivo la necesidad de fortalecer aún más la unidad de todos los trabajadores... Proclamó la disposición de los trabajadores de colaborar en el empeño de establecer la Unidad de todos los cubanos, la Unidad Nacional... proclamamos, sin ambajes, sin reticencias y sin medias tintas que orientábamos toda nuestra actuación a evitar las huelgas mientras durase la guerra justa que ha declarado nuestro país... Alentamos a los trabajadores a apoyar la implantación del Servicio Militar Obligatorio general... el Comité Ejecutivo Nacional reclamó insistente y enérgicamente, las medidas indispensables contra los agiotistas y acaparadores, el control estricto de todos los precios para evitar el encarecimiento indebido de las subsistencias.[12]

No podía faltar el acuerdo sobre la inevitable colecta, que exteriorizaba el espíritu pedigüeño de los comunistas. A ésta se refirió Lázaro Peña, al expresar:

> "El Comité Ejecutivo Nacional levantó y desarrolló entre todos los trabajadores la tarea de enviar ayuda económica a los frentes de combate, de hacerles saber, a través de las pequeñas cuotas de nuestras colectas, a los valerosos soldados chinos que guerrean a las órdenes de Chiang Kai Shek, a los bravos soldados británicos que combaten en los desiertos africanos, a los heroicos combatientes soviéticos que resisten y rechazan a sus enemigos, bajo la dirección de Stalin y el Comando de Timoshenko, a los valientes luchadores norteamericanos que aplastan al enemigo comandados por Mac Arthur, de hacerles saber a los combatientes de todo el mundo, que los trabajadores cubanos quitaban un poco de sus miserables salarios para enviarles un mensaje de solidaridad para ayudarles, en cualquier medida, a sostenerse, apreciando que su sangre se derrama por nuestra propia causa y que con su valor y arrojo están derrotando a nuestros propios enemigos, garantizando la seguridad de nuestros hogares y la permanencia de nuestra independencia nacional".[13]

Tampoco podía faltar el acuerdo sobre el quehacer internacional. En el plano de colaborar con los Estados Unidos, Inglaterra y la China de Chiang Kai Shek, expresó:

"El Comité Ejecutivo de nuestra querida y gloriosa Confederación, demandó que nuestro país estrechara sus relaciones de alianza y cooperación con todas las Naciones Unidas y en particular con aquellos que marchan a su cabeza, como Estados Unidos, Inglaterra, China, y la Unión Soviética y, consecuentes con esta demanda, aplaudimos el reconocimiento extendido por nuestro Gobierno de la Francia combatiente, capitaneada por el General De Gaulle, y a la gran Unión Soviética".[14]

Todos aquellos acuerdos estaban animados por un mismo propósito: el declamatorio, servir a la democracia, y el verdadero, servir a la Unión Soviética.

d) En defensa del gobierno cubano y del norteamericano.

Las deficiencias en los abastecimientos, la escasez de ciertas materias primas, las dificultades en el transporte y demás inconvenientes ocasionados por la guerra, provocaron disgustos populares y las consiguientes protestas de la Oposición. A la hora de responsabilizar, acusaban al Gobierno de Cuba y al de Estados Unidos. Lázaro Peña se creyó en la obligación de salir en defensa del gobierno cubano y del norteamericano, diciendo:

"Es claro que las dificultades del transporte, la escasez de ciertas materias primas, la restricción del combustible, etc., están todas determinadas por la guerra, por la criminal actividad de los submarinos enemigos, por la terrible lucha que tienen que librar los pueblos contra las perversas fuerzas militares del Eje. Sin embargo, sus agentes más o menos declarados, coreados por los elementos trotskistas llevan a cabo una sorda campaña entre las masas, tratando de hacer aparecer que los culpables de todo son los "americanos" y el gobierno, con lo cual procuran crear un ambiente de hostilidad, desorden y de negativa de las masas a aceptar los sacrificios que la guerra impone".[15]

Cuando abordó el tema de la paralización de los puertos, acudió a sus habituales apóstrofes para atacar a quienes atacaban a los gobiernos de Cuba y de Estados Unidos, con expresiones como éstas:

"Como se sabe algunos elementos interesados, algunos elementos falangistas, y los elementos trotskistas coincidieron en los propósitos de provocar desórdenes con motivo de la paralización de los puertos. Actuando como verdaderos elementos quintacolumnistas, pretendieron acusar a los americanos y al Gobierno de esta paralización, propalando maliciosamente que si el problema del transporte no se resolvía era porque los imperialistas y el Gobierno no querían. La CTC y la FOMN dieron a tiempo la debida respuesta a tales argumentos y los obreros marítimos con decisión unánime supieron rechazar las provocaciones y mantener la lucha, por nuestra CONSIGNA, por EL SUBSIDIO DE GUERRA".[16]

e) **Acusa a quienes lo acusan.**

De acuerdo con la vieja técnica comunista, de acusar a quienes los acusan, arremetió Lázaro Peña, contra los dirigentes obreros de filiación "auténtica". He aquí sus palabras:

"Los elementos divisionistas y trotskistas de toda laya, llevaban a cabo una insistente y provocadora campaña contra el Comité Ejecutivo de la CTC y contra la dirección de los sindicatos, con el pretexto infame de que eran entreguistas porque, ante la guerra de la patria, proclamaban su decisión de evitar las huelgas y de trabajar por la unidad nacional. Parecía como si ambos grupos, los patronos falangistas y recalcitrantes y los trotskistas y divisionistas tuvieran interés en promover huelgas y luchas desordenadas, en los graves momentos que viven América, Cuba y el Mundo".[17]

Por el camino de las denostaciones, recurrió al manido procedimiento de calificar de divisionistas a quienes se atrevían a reclamar la sustitución de los dirigentes comunistas de la CTC por dirigentes democráticos. Lázaro Peña llegó al punto de sugerir que eran "hitleristas y agentes y espías de Hitler", al señalar:

"En vez de unidad de todos los obreros, de todas las ideologías y de todos los credos políticos, comenzaron a predicar que había que sustituir a los dirigentes de la Confederación de Trabajadores de Cuba y a dirigentes de los sindicatos. Es curioso constatar el hecho de que en esa misma campaña, con idénticos argumentos, coinciden los más feroces y abiertos enemigos de la clase obrera, los falangistas, los hitleristas y agentes y espías de Hitler, los propios órganos tradicionales de la reacción y del anticubanismo que hoy son los enemigos jurados e intransigentes de los trabajadores, de su organización y de sus reivindicaciones".[18]

En un esfuerzo por darle una justificación a la permanencia de los comunistas, en la condición de intocables, al frente de la CTC, expresó:

"Combatir a los comunistas, a los auténticos, a los liberales o a los demócratas dentro de los sindicatos significa encender en el seno de nuestras organizaciones la lucha fraccional y fratricida, significa desunir, disgregar y romper las organizaciones de los trabajadores".[19]

Después, alzando el tono de la voz, blandiendo la amenaza y respirando soberbia, añadió:

"Nosotros no podemos permitir y rechazamos por divisionista y malsana, una campaña hecha dentro del sindicato o de la CTC sobre la base de eliminar, perseguir y atacar a los miembros de un partido político cualquiera. Por eso calificamos de divisionista y enemiga la campaña anticomunista de los trotskistas y otros elementos dentro de los sindicatos".[20]

f) Quiénes son sus enemigos

"¿Quiénes son nuestros enemigos?", se preguntó Lázaro Peña. Y, de seguido, se contestó: "los que ataquen, denigren y quieran destruir nuestra querida y gloriosa Confederación de Trabajadores de Cuba..., los que quebranten la moral de los sindicatos fomentando la indisciplina, la falta de cumplimiento de los acuerdos".[21]

Produciéndose de esta suerte, concretó quiénes eran sus enemigos con estas palabras:

"Frente a nuestra política de plena cooperación a todas las medidas de guerra, de apoyo al Servicio Militar Obligatorio y de ayuda económica a los Frentes de Guerra, los mismos elementos divisionistas, a veces por motivos políticos ajenos a la clase obrera, sabotearon las medidas de guerra, combatieron y obstaculizaron el Servicio Militar Obligatorio, con argumentos y pretextos insignificantes y secundarios y se opusieron y obstruyeron la ayuda económica de las masas laboriosas cubanas a los frentes de combate con argumentos tales como el de que nuestro pueblo es muy pobre para dar ayuda a los combatientes de la libertad".[22]

Y en plano de fulminar a quienes combatían la política de los comunistas en la CTC, con la cual trataban de identificarse, agregó:

"A esa ayuda se opusieron los divisionistas y trotskistas, aunque los trabajadores les hicieran el poco caso que demuestran las elevadas cifras que arrojan las colectas realizadas en toda la República. Del mismo modo se opusieron al Servicio Militar Obligatorio, a la Unidad Nacional, y a todas las medidas de guerra, porque en el fondo no quieren que nuestro país pelee contra Hitler, porque en el fondo desean el triunfo o la paz negociada con las potencias del Eje".[23]

g) Resumen de la tarea sindical de la CTC.

El informe de Lázaro Peña prestó atención relativamente escasa al problema laboral. Hasta poco menos de la mitad estuvo dedicado, casi por entero, a la cuestión política, enjuiciada a través del prisma comunista. Cuando atacó el tema propiamente obrero, puso énfasis en resaltar las conquistas obtenidas por sectores.

Comenzó con un balance de logros alcanzados por la "Federación Nacional Azucarera, timoneada por nuestro querido líder Jesús Menéndez".[24] Mencionó los aumentos de salarios, los cuales se producían automáticamente de acuerdo con la Ley de Coordinación Azucarera; el decreto que extendió el derecho a disfrutar del descanso retribuido a los trabajadores del campo, y la resolución que autorizaba a los trabajadores agrícolas a supervisar la operación de pesar la caña en las romanas de las colonias.

Después encomió a León Rentería por su labor al frente de la Federación Obrera Marítima Nacional, gracias a la cual, según dijo, los obreros portuarios obtuvieron "el descanso retribuido proporcional", lograron equiparar "los salarios de los empleados fijos y turnantes" y también conquistar el Subsidio de Guerra.

Entró entonces en el análisis del trabajo sindical de las delegaciones de la "Hermandad Ferroviaria con Ricardo Rodríguez, Zacarías Barrios, Malpica, Enrique Gay, López Luis, Humberto Hernández, López Cuenca y todos sus presidentes". Se refirió a los aumentos de salarios conquistados y al hecho de que los "suplentes de todas las divisiones... disfrutan ahora del descanso retribuido y de la proporción que les corresponde según el principio de 44 horas de trabajo con pago de 48".

Tuvo frases de elogio para la Federación Sindical de Plantas Eléctricas, Gas y Agua porque, "con nuestro compañero Cofiño a la cabeza", había obtenido la reposición de "los desplazados de la huelga de marzo y la indemnización de más de 250 mil pesos", así como "el aumento de sueldos y salarios de empleados y obreros, todo lo que, en resumen ha significado en las nóminas de la Compañía, en los últimos años, más de un millón cuatrocientos mil pesos".[25]

Cuando se refirió a las "victorias del transporte", hizo una apología de José María Pérez por haber logrado aumentos de salarios por 776 mil pesos al aplicar la jornada de 8 horas en los Omnibus Aliados de La Habana. Mencionó "el Contrato Colectivo ganado por la Federación y por el Sindicato de Obreros del Transporte de Carga. Y analizó las conquistas de los "obreros tranviarios", dirigidos "por el compañero Espino".

Destacó las luchas de la Federación Tabacalera, "que dirige el compañero Collado", y de las despalilladoras, dirigidas por las compañeras Julia Rodríguez y Haydee Valdés".

Prosiguió mencionando las mejoras obtenidas para los obreros de la aguja, "bajo la dirección del compañero Morell, y los éxitos de la Federación de Músicos, organizada bajo la dirección del compañero Arriete Bambiteli". Citó lo que llamó "la histórica victoria de Matahambre", y así continuó la relación de conquistas obtenidas por todos los sectores hasta concluir de esta manera:

"No estaría completa esta relación de nuestros triunfos si no mencionada los trascendentales aumentos logrados PARA TODOS LOS TRABAJADORES Y EMPLEADOS a través de los históricos decretos del Presidente Batista números 2982 y 1104 que estipularon la elevación general de todos los sueldos y salarios, en forma proporcional para compensar, en cierta medida el encarecimeinto de la vida. Para que pueda apreciarse en toda su magnitud y significación los aumentos de salarios logrados por los trabajadores entre diciembre de 1940 en que terminó nuestro II Congreso y esta fecha en que reunimos el III, tomando como base los datos oficiales de las recaudaciones del Seguro de Salud y Maternidad, el aumento de las nóminas pagadas por los patronos en los dos últimos años asciende a la cantidad de $57,017,290.00, que no puede considerarse como cifra total, por el hecho de que los obreros agrícolas, que constituyen la mayoría del proletariado nacional y que han recibido notables aumentos, no contribuyen a dicho Seguro, y, porque, además, muchos patronos no liquidan las cantidades con que están obligados a contribuir a este Organismo".[26]

h) Tareas para el futuro.

Lázaro Peña contemplaba el futuro en función de la guerra y de fortalecer la CTC controlada por los comunistas.

¿Qué debe hacerse con vista a ese futuro? "Lo que debe hacerse", dijo Lázaro Peña, es lo siguiente:

"Lo primero es transformar la economía de nuestro país sobre la base de guerra; estudiar las cosas que podemos fabricar o producir para los frentes de guerra y para el abastecimiento de la población, a fin de organizar inmediatamente su producción. Meternos realmente en la guerra, incorporando al entrenamiento militar intensivo a los comprendidos en el Servicio Militar Obligatorio y a los que se han inscripto voluntariamente para ir a pelear a cualquier frente de guerra, ayudando de ese modo a abreviar la derrota de las bestias feroces que ensangrientan al mundo con sus crímenes. Creemos que junto a la transformación de la economía, a la construcción de barcos o barcazas que den una solución emergente a nuestro tráfico marítimo, debemos defender la realización de una zafra larga, una parte importantísima de la cual puede ser destinada a la producción de carburante. Las gestiones iniciadas por el Gobierno Cubano, que deben culminar ahora con el viaje del Presidente Batista a Washington, deben tener todo el apoyo de todo el pueblo cubano, a fin de lograr, no solo que la zafra sea lo mayor posible dentro de lo que permitan las necesidades de la guerra, sino también que Cuba reciba una ayuda más efectiva para organizar militarmente a su juventud y para desarrollar la producción que el esfuerzo bélico reclama de las Naciones Unidas".[27]

Después se refirió a la lucha contra la discriminación racial, la ayuda a la mujer y a la juventud. Señaló que la principal tarea era organizar a los desorganizados, es decir, crear más sindicatos para incorporarlos a la CTC e incorporar a los pocos que aún no lo estaban. Indicó que se lucharía por generalizar las conquistas obtenidas por sectores en beneficio de todos los trabajadores. Se detuvo en el problema de las cotizaciones para reclamar mayores cotizaciones. Apuntó que era necesario:

"...intensificar nuestra lucha, en el período próximo, por la aprobación de la Legislación que complemente, desarrolle y aplique los preceptos sociales contenidos en la Constitución de 1940. Aunque muchos de esos preceptos han sido puestos en vigor por el Presidente Batista a través de decretos, reglamentos y resoluciones, es evidente que algunos requieren el tratamiento legislativo".[28]

La táctica de lucha, proclamada por Lázaro Peña, sería "combinar la acción legal con la movilización de los trabajadores".

i) **Construcción de la Casa de los Trabajadores.**

Fue éste el gran pretexto, de los dirigentes comunistas, para efectuar colectas entre los trabajadores y reclamar contribuciones económicas de los particulares y del Gobierno.

Lázaro Peña refirióse a la consigna, "Casa de los Trabajadores", diciendo:

"Darle esa casa a los trabajadores de toda la Isla es como darles un símbolo material de su organización, de su unidad, de su poder. Levantar un poderoso edificio para la CTC es tanto como consolidarla definitivamente, hacerla indestructible, tanto si se le ataca desde dentro como desde fuera. La Casa de los Trabajadores, será para la Unidad, algo así como es el trono para el Rey: símbolo de su jerarquía, asiento de su poder".[29]

Y al mencionar las recaudaciones, dijo:

"Los trabajadores seguirán contribuyendo hasta que no quede uno solo sin dar su aporte para la gran obra que será lograda por todos para que sea de TODOS. Por eso, además de los trabajadores, contribuyen para su realización todos los cubanos de verdad, todos los que realmente aman al país, todos los que sienten satisfacción por sus progresos. Esos sentimientos animaron al señor Alfredo Hornedo a dar una contribución de cinco mil pesos que se le ha ganado el aplauso caluroso de los trabajadores de toda la Isla. Esos sentimientos animaron al Presidente Batista, amigo de los trabajadores tanto como del progreso, para dar la contribución de 57 mil pesos, producto de la mitad de un sorteo extraordinaria de la Lotería Nacional".[30]

j) **Relaciones internacionales.**

El último tema tocado por Lázaro Peña fue el de las relaciones de la CTC con la CTAL y los movimientos obreros de otros países. Lo desarrolló así:

"El Departamento de Relaciones Exteriores, dijo Lázaro Peña, ha sido reforzado, después del reciente congreso de la CTAL, con el compañero Lázaro Peña, cuarto Vicepresidente de la organización continental de los trabajadores, con el compañero Ramón León Rentería, Secretario de la CTAL para la Región del Caribe, Carlos Fernández, y el propio Arévalo. Nuestra gloriosa Confederación estuvo amplia y debidamente representada en el Segundo Congreso de la Confederación de Trabajadores de América Latina, celebrado en México en noviembre del año pasado, donde se distinguió a Cuba con la representación regional del Caribe... También estuvimos representados y fuimos objeto de distinciones en la Reunión Internacional del Trabajo celebrada en Nueva York, días después que el Congreso de la CTAL. El compañero Arévalo, Secretario de Relaciones Exteriores de nuestro Comité Ejecutivo Nacional visitó a Washington, muy recientemente, atendiendo la invitación que le hizo el Comité de Acción interamericana. En Washington informó ante dicho Comité, de la situación de la clase obrera en nuestro país, especialmente de las dificultades que enfrentaban los compañeros marítimos y portuarios y aprovechó el viaje para estrechar nuestras relaciones fraternales con las centrales obreras de aquel país hermano y para reforzar la gestión del compañero Vicente Lombardo Toledano a favor de la celebración de un Congreso Obrero Continental".[31]

Finalmente redondeó Lázaro Peña su informe con un testimonio de gratitud al Presidente Batista y al Ministro del Trabajo, el cual expresó de esta manera:

"Quiero, asimismo, repetir nuestro saludo al Presidente Batista y al Ministro del Trabajo, Dr. Suárez Rivas, por las medidas eficaces que han sabido adoptar en estos momentos difíciles para resolver los problemas sociales y hacer justicia a las peticiones de mejoramiento de nuestra clase. Por esa actuación ellos se han ganado el ataque desenfrenado y las más burdas y grotescas acusaciones de parte de los peores enemigos del pueblo. Vaya, en compensación, nuestro aplauso y el reconocimiento de que, sin que pueda decirse que han actuado con parcialidad, han reconocido la justicia de nuestras demandas en multitud de ocasiones".[32]

XI - GOBIERNO DE UNIDAD NACIONAL.

La carestía de los artículos de primera necesidad y el Servicio Militar Obligatorio eran por entonces, los focos principales de irritación popular. Tales elementos fueron recogidos por la dirigencia "abecedaria" de la Federación Estudiantil Universitaria para convocar una asamblea de protesta contra el Gobierno en la Escalinata de la Universidad de La Habana, pro-escenario del acontecer político nacional.

El mitin tuvo una gran resonancia pública. Las iras de los dirigentes estudiantiles, que hablaron en el acto, se proyectaron contra el Gobierno del Primer Ministro Dr. Carlos Saladrigas. Exigieron la renuncia inmediata del Consejo de Ministros. No era posible, dijeron, afrontar las responsabilidades de la guerra con un gobierno que no representaba la voluntad de todo el país.

El Presidente Batista aprovechó la ocasión y formuló un llamamiento de Unidad Nacional, al cual respondieron afirmativamente los dirigentes estudiantiles y todos los partidos políticos, con la sola excepción del Partido Revolucionario Cubano (Auténtico).

El Gabinete de Unidad Nacional, en el cual estaban representados todos los partidos políticos menos los "auténticos", tomó posesión el 6 de marzo de 1943. El Dr. Ramón Zaydín, profesor universitario y líder en el Senado del Partido Republicano, fue el Primer Ministro. El Partido ABC obtuvo dos carteras. El Partido Unión Revolucionaria Comunista sólo pudo lograr un Ministerio sin Cartera, para la cual designó a Juan Marinello. El Ingeniero Carlos Hevia, de filiación "auténtica", ocupó la presidencia del organismo más conflictivo en ese momento, la Oficina Reguladora de Precios y Abastecimientos; pero lo hizo a título personal.

El Partido Unión Revolucionaria Comunista aclamó la constitución del Gobierno de Unidad Nacional. Dio voces en aplauso de lo que consideraba su obra, la cual, por cierto, ponía más énfasis en las fórmulas políticas que en las acciones. El 29 de marzo de 1940, decía César Vilar, en el periódico Hoy, que "el apoyo a Batista fue brindado por el Partido y acogido por Batista".

Blas Roca explicaría la naturaleza de la nueva fórmula política en la forma siguiente:

"La Unidad Nacional es una Unidad más amplia que la Unidad Popular o cualquier otro tipo de unidad entre diversos sectores. Al decir Unidad Popular nos referimos, en general, a la colaboración política y orgánica ,establecida a través de organizaciones, partidos y actividades entre los obreros, los campesinos y las clases medias, sobre la base de un programa de reivindicaciones determinadas. Al decir Unidad Popular caben solamente las clases populares: los campesinos, los trabajadores, los empleados, los profesionales, etc. En la Unidad Nacional, en cambio, caben todas las clases sociales, desde los trabajadores hasta los burgueses, desde los campesinos hasta los latifundistas".[33]

Estableció que el propósito de la Unidad Nacional era:

"La formación de la Unidad Nacional, el fortalecimiento del Gobierno sobre la base de la colaboración de todos los partidos y grupos nacionales a fin de llevar a cabo las tareas que exige la guerra contra el Eje, es una parte importantísima de la lucha por crear un Estado Nacional fuerte, libre de las influencias de cualquier clase de grupos imperialistas, capaz de tomar las medidas económicas y políticas que aseguren la marcha hacia la plena liberación nacional".³⁴

Blas Roca describiría la constitución del Gobierno de Unidad Nacional, en su libro Los Fundamentos del Socialismo, con estas palabras:

"El Presidente Batista, con plena comprensión de las necesidades patrióticas impuestas por la guerra contra el Eje, encarnando la voluntad de toda la nación y apoyándose en la Coalición Socialista Democrática convocó insistentemente a todos los partidos y a todos los cubanos para estructurar orgánicamente la Unidad Nacional a través del Gobierno. A este llamamiento sólo contestaron los auténticos y los conspiradores reaccionarios que hoy constituyen el llamado Partido Republicano, que, desde el seno del propio Gobierno hicieron todo lo posible por sabotear la Constitución de un Gabinete de Unidad Nacional".³⁶

En esa Unidad Nacional de Blas Roca cabían hasta los capitalistas, pues, según su dicho, "la clase capitalista puede apoyar activamente el movimiento revolucionario por la Liberación Nacional, tanto bajo las condiciones de guerra contra el Eje, como en las condiciones de lucha directa contra el monopolio imperialista".³⁸

Como se advierte, el Partido renunciaba a sus tesis tradicionales sobre la lucha de clases. Superaba en amplitud estratégica a los frentes unidos y populares. En fin, arriaba todas las velas extremistas para navegar por los mares sosegados de la conciliación nacional hacia el puerto del interés soviético: subordinado todo "al esfuerzo de la Guerra Anti-Eje".³⁹

XII - RELACIONES DIPLOMATICAS CON LA UNION SOVIETICA

Una de las primeras decisiones adoptadas por el Gobierno de Unidad Nacional fue establecer relaciones diplomáticas con la Unión Soviética, aliada de Cuba en la Guerra.

Tan pronto se hubieron establecido las relaciones diplomáticas, el Embajador de la Unión Soviética en los Estados Unidos, Maxim Litvinoff, se trasladó a La Habana. Arribó al aeropuerto de Rancho Boyeros, en un avión especial de la Pan American, el día 7 de abril de 1943. Lo acompañaban el Embajador de Cuba en Washington, Dr. Aurelio Fernández Concheso, el Jefe de Prensa de la Agencia Tass, y un séquito de diez empleados, entre los cuales se encontraba Francisco Antón, ex-Comisario del Ejército Republicano durante la guerra civil española, y un tal Andrés Koslof, quien venía acreditado como chofer y después se quedó en Cuba, aparentemente separado de la Legación, en funciones comisariales de la Intrnacional. A darle la bienvenida acudieron Juan Marinello, Blas Roca, Aníbal Escalante, Carlos Rafael Rodríguez, Edith García Buchaca, Ladislao González Carvajal, Gustavo Aldereguía, Angel Alberto Giraudy y varias comisiones del Partido.

A los dos días de su llegada, el 9 de abril, concurrió Litvinoff al

Palacio Presidencial para presentar credenciales. Cuando hizo su entrada, un grupo de comunistas, que allí lo esperaba, prorrumpió en vivas a la Unión Soviética y a Stalin. Los alabarderos, como siempre. en el oficio: aplaudir al representante del amo.

Después de la ceremonia, en horas de la tarde, ofreció Litvinoff una conferencia de prensa en el Hotel Nacional, el más lujoso de Cuba en ese momento, donde se hospedaba. Con énfasis de primer actor del drama, habló de los progresos en la Unión Soviética y sobre el espíritu de colaboración con los países democráticos en el esfuerzo de la Humanidad por derrotar las fuerzas agresivas del nazi-fascismo. No faltó el inevitable "saludo del pueblo soviético al pueblo cubano" y las consabidas protestas de solidaridad.

El Embajador Litvinoff, en su función de propagandista, visitó la Escuela de Ceiba del Agua, el Hospital de Maternidad de La Habana, varios centrales azucareros y algunas industrias de importancia.

A fines del año se marchó Litvinoff de Cuba y lo sustituyó Andrei Gromyko.

XIII - LA EMBAJADA SOVIETICA EN CUBA.

Tan pronto se hubo establecido la Embajada Soviética en La Habana, se convirtió, cuando menos, en centro de coordinación y subvención de actividades y organizaciones destinadas a propagar las "bondades" del comunismo en la Unión Soviética.

Desarrolló la propaganda, más que nada, a través de los folletos, revistas y películas. También tuvo gran interés en controlar directamente las actividades de los organismos que agrupaban a los extranjeros comunistas que residían en el país.

Ya antes de que se abriera la Embajada en La Habana, "Blue Ribbon Films" había distribuido algunas películas soviéticas, como "El Ejército rojo en acción", "Tanques rojos", "Alas de la victoria", "Moscú devuelve los golpes", "Un día en la Rusia soviética", "La canción del Volga", "Tanya", "Bayaderka", y "La defensa de Tsaratsin".

Una vez organizada la Embajada, tomó a su cargo la distribución de las películas rusas. Las que más se exhibieron en los cines comerciales, por aquel entonces, fueron "Nace un pueblo" o "Lenin en 1918", "Primero de mayo en Moscú", "Canción de la juventud", "Alejandro Nevsky" y "El profesor Mamlok".

Las organizaciones de extranjeros controladas hasta entonces por el Partido de Cuba, quedaron desde entonces bajo la jurisdicción directa de la Embajada soviética. Entre ellas, cabe señalar el "Centro Popular Hebreo" que dirigía Salomón Muller, la "Unión Progresista de Armenios" y el "Comité Bielo-ruso-ucraniano".

La "Casa de la Cultura" fue la única que mantuvo cierta autonomía. No por eso dejaron de prestarle ayuda, dado el interés que tenían en la gran colonia hispana que había en Cuba y la gran identificación que existía por aquella época entre cubanos y españoles.[40]

La Embajada soviética fue algo más que la residencia de quien representaba al dictador comunista de Rusia ante el Presidente de la República de Cuba; fue siempre el centro de los mensajes políticos de Moscú a los dirigentes del Partido en Cuba y el centro de información de las actividades cubanas a los organismos de inteligencia en Moscú.

XIV - PRINCIPALES BENEFICIOS OBTENIDOS DEL GOBIERNO POR LOS COMUNISTAS: A) PERSONALIDAD JURIDICA DE LA CTC. B) ESTACION DE RADIO MIL DIEZ.

Los comunistas gozaban del amparo del Gobierno y el favor de las circunstancias nacionales e internacionales por aquellos tiempos.

Muchos fueron los beneficios que obtuvieron de la posición de que disfrutaban. El más señalado, a no dudarlo, obtener por medio de la CTC las ventajas que el Gobierno concedía a los trabajadores. Con lo cual conquistaban el agradecimiento de los trabajadores y, en ocasiones, el buen parecer.

En un orden más concreto, también lograron el reconocimiento legal de la CTC como único organismo representativo de los obreros y que se les diera una frecuencia para la estación de radio Mil Diez, la cual se dijo sería de la CTC.

A) Personalidad jurídica de la CTC.

La organización de los patronos y de los obreros estaba regulada, como se ha dicho, por el decreto con fuerza de ley número dos mil seiscientos cinco del año 34, el cual era una copia casi textual de la ley de sindicalización mexicana; pero que había omitido el artículo referente a la regulación y constitución de las Confederaciones. De donde resultaba que los sindicatos solo podían asociarse en Federaciones siempre y cuando fueran de actividades conexas o similares; mas las Federaciones no podían integrarse en Confederaciones.

Cuando, después del Pacto de México, se constituyó la CTC en 1939, el entonces Presidente, Federico Laredo Bru se negó a reconocerla jurídicamente, amparado en lo que regulaba la legislación sindical cubana. Desde entonces, los comunistas no cejaron de luchar, con tesón y persistencia, por la aprobación de una ley que reconociera la agrupación de las federaciones obreras en una sola confederación. El propósito era asegurar el control del movimiento sindical, al prohibir que pudiera existir más de una confederación. La "demanda de lucha" agitada con más vehemencia por Lázaro Peña en el último Congreso Nacional de la CTC había sido la de exigir "que se apruebe la Ley que confirme la plena personalidad jurídica de la Confederación de Trabajadores de Cuba; reconocida de hecho por el Gobierno".[41]

El proyecto sometido a la consideración del Congreso no acababa de aprobarse. Demoraba tanto que el Gobierno presionado por los comunistas, decidió promulgar un decreto reglamentando la Ley de Sindicalización, en virtud del cual se autorizaba la constitución de la confederación única de trabajadores.

El Ministro de Trabajo, Dr. José Suárez Rivas, sometió al Consejo de Ministros el proyecto de decreto. El argumento central utilizado por el Dr. Suárez Rivas, para recabar el apoyo de sus compañeros de gabinete, fue que se imponía darle ya una solución a la situación anormal de una CTC que existía de hecho y casi de derecho y que, sin embargo, no estaba reconocida por la legislación. Según el Dr. Suárez Rivas nos ha expresado, afirmó además que la situación resultaba mucho más anormal todavía, pues, según nos ha dicho

"Se estaba construyendo el Palacio de los Trabajadores para el cual ya habían recogido cerca de dos millones de dólares y el Senador Hornedo, acababa en esos días de donar 200 mil dólares más, cuyos fondos los estaba manejando Joaquín Ordoqui en nombre del Partido y usando parte de estos dineros en la campaña política del Partido comunista. El reconocimiento jurídico de la CTC ponía coto a esta situación dado que el decreto con fuerza de ley número 2605, regulaba el destino de los fondos de las organizaciones sindicales, fiscalizadas por el Ministerio del Trabajo y el darles un destino distinto tenía sanción penal para las directivas de las Organizaciones Profesionales".[42]

"Este argumento se aceptó —nos agrega el Dr. Suárez Rivas— y el 9 de abril de 1943 se publicó el Decreto correspondiente y dicté la Resolución oportuna mandando a inscribir en el Libro de Registro de Organizaciones Profesionales a la Confederación de Trabajadores de Cuba".

Este reconocimiento, con carácter exclusivo, de la CTC, facilitó el camino a los dirigentes comunistas para forzar la sindicalización de todos los trabajadores y la incorporación de todos los sindicatos a su CTC.

B) Estación de radio Mil Diez.

Tras el reconocimiento de la CTC, obtuvieron los comunistas del Gobierno una frecuencia para la estación de radio Mil Diez, que se identificaba como la C.M.X. en 1010 kilociclos por onda larga y como C.O.C.X. en banda de 32 metros por onda corta; por cierto, la única frecuencia internacional de Cuba.

La estación se presentó como órgano radial de la CTC. En realidad, fue una estación de radio al servicio del Partido. La utilizaron para difundir sus programas políticos y para emplear músicos, locutores, artistas y técnicos de radio comunistas o adictos al Partido a quienes pensaban cautivar.

Muchos de quienes allí se iniciaron o se dieron a conocer ocuparon más tarde posiciones relevantes en la radio nacional. Algunos de ellos aprovecháronse de esas posiciones para tratar de imponer sus ideas y criterios en el sector donde se desenvolvían. Otros, por el contrario, se convirtieron, con el tiempo, en combatientes anticomunistas. Y los más permanecieron indiferentes a las cuestiones del Partido, dedicados, como estaban, a ejercitar el arte por el arte.

En un principio, Ibrahin Urbino fue el Director de Mil Diez. Su actuación fue un tanto indisciplinada en lo político y desorganizada en lo administrativo a consecuencia de su embriaguez consuetudinaria. Fue el motivo por el cual lo sustituyeron, tiempo después, por Joaquín Ordoqui, quien se hizo cargo de la presidencia y la dirección de Mil Diez. El administrador de la planta fue siempre Jaime González.

En la vida de Mil Diez hay que distinguir dos etapas. La primera, durante la cual mantuvo un criterio sectario tanto en la programación como en la contratación de su personal artístico. Y la segunda, allá por 1946, cuando abrieron sus puertas al personal artístico sin exigirle subordinación política, y salieron a competir con programas de calidad, para atraer audiencia. En esta etapa lograron anuncios para programas especiales de una serie de industrias, como Partagás y Gravi. Hubo algunos, con los cuales solo trataba de cautivar a los futuros artistas, como el festival de aficionados, de donde salieron voces que después se escucharon por los micrófonos de las más acreditadas estaciones de radio del país.

Luis Gómez Wanguemer estrenó sus comentarios internacionales en Mil Diez. Vicente Rodríguez, conocido por Esmeril, quien figuraba en la nómina de Hoy, fue uno de sus mejores comentaristas. Luis Navarro, también de Hoy, fue uno de sus mejores reporteros. José M. Valdés Rodríguez cooperó con sus críticas de cine y teatro. Adolfo Guzmán, Félix Guerrero y González Mantichi, quienes compusieron la música del himno del Partido Socialista escrito por Guillén, dirigieron varias orquestas en la estación del Partido, así como también Valdés Arnau. Paco Alfonso fue el director del cuadro de comedias. Félix Pita Rodríguez y Marcos Bemara, sus libretistas más fecundos. Y Sergio Nicols, refugiado español, fue el jefe de producción.

No vamos a relacionar todos los artistas y locutores que pasaron por Mil Diez porque fueron muchos. Y muy pocos de esos muchos fueron seguidores del Partido. En su gran mayoría trabajaron allí, como hubieran podido trabajar en otra estación de radio, con el solo propósito de ganarse la vida. No quiere decir que el Partido no tuviera la intención de ganárselos, pero falló en sus pretensiones.

No hay duda, empero, de que Mil Diez le sirvió a los comunistas no sólo como vehículo de divulgación de sus ideas, sino también como medio a través del cual infiltrarse más eficazmente en el sector

artístico y radial.
XV - DISOLUCION DE LA KOMINTERN.

El organismo representativo de la Tercera Internacional, la Komintern, fue disuelta, al menos formalmente, el 15 de mayo de 1943. El Kremlin ofreció varias y diversas razones para explicar su determinación. La resolución de la Internacional Comunista discurría, sobre los motivos que tuvieron en cuenta para disolverse de esta manera:

"La profunda diversidad de los caminos históricos del desarrollo de los diferentes países del mundo —dice la resolución de la Internacional Comunista, explicando las causas de su disolución —el carácter distinto e incluso contradictorio de sus regímenes sociales, la diferencia del nivel y del ritmo de su desarrollo social y político, y finalmente, la diversidad del grado de conciencia y de organización de los obreros, impusieron también tareas diferentes a los obreros de los distintos países". "Al mismo tiempo —dice más adelante— la guerra liberadora de los pueblos amantes de la libertad contra la tiranía hitleriana, al poner en movimiento las más amplias masas populares que se unen sin distinción de partidos y creencias religiosas en las filas de la poderosa coalición antihitleriana, ha puesto de manifiesto con la mayor evidencia, que el auge general nacional y la movilización de las masas para acelerar la victoria sobre el enemigo, pueden ser realizados de manera mejor y más fecunda por la vanguardia del movimiento obrero de cada país, dentro de los marcos de su Estado".[43]

El Partido en Cuba anduvo presto en aplaudir lo acordado por el Kremlin. El 24 de mayo publicó su acuerdo que era una perífrasis de la resolución de la Internacional.

Blas Roca, a la hora de comentar la disolución de la Internacional, dijo:

"La Internacional Comunista no se disolvió atendiendo sólo a conveniencias pasajeras del momento mundial, sino a razones profundas de los mejores intereses del movimiento obrero. Una nueva etapa histórica se abrió en el curso del desarrollo del movimiento socialista y en las relaciones fraternales de los trabajadores de todo el mundo".[44]

Eran los motivos para la publicidad. La realidad era otra: Moscú trataba de disipar las sospechas y temores que despertaba el comunismo en los países aliados; procuraba inspirar confianza en el momento en que estaba presionando para que abrieran el Segundo Frente en Europa. La verdad de la mentira se le escapó a Blas Roca en la primera edición de su libro "Los fundamentos del Socialismo", cuando expresó:

"Este acto de la Internacional Comunista desnuda a los hitlerianos, les quita hasta el último pretexto para su Pacto Anti-Komintern, para su pretendida cruzada contra la invasión del comunismo; echa por el suelo toda la propaganda criminal de que Unión Revolucionaria Comunista y los partidos comunistas del mundo son agencias rusas manejadas desde Moscú. Los hitlerianos y sus agentes falangistas y trotskistas no se conforman con haber perdido este pretexto, este argumento podrido construido sobre la base de la existencia de la Internacional Comunista. Desde Goebbels hasta los redactores del Diario de La Marina y los propagandistas de la llamada Comisión Obrera del P. R. C., gritan desesperadamente que la disolución de la I. C. no es verdadera, que es un bluff de la propaganda soviética".[45]

Que no era sincera la resolución disolviendo la Internacional, lo puso de manifiesto el propio Blas Roca en Cuba, al decir años después:

"El internacionalismo, la cooperación y la solidaridad de todos los trabajadores del mundo no se disolvieron, naturalmente, con la disolución de la Tercera Internacional como no se habían disuelto tampoco al desaparecer la Primera. Internacionalismo, cooperación y solidaridad se han hecho consustanciales a la clase obrera y se expresan y continuarán expresándose, se desarrollan y continuarán desarrollándose en forma práctica y eficaz en la lucha común por la paz, en el apoyo a los pueblos que luchan por su liberación, en la solidaridad mundial con las naciones que construyen el socialismo, en la unidad de los países socialistas, en el mutuo apoyo de los trabajadores de todos los países en las luchas por sus reivindicaciones y su liberación".[46]

La resurrección de la Komintern con el nombre de Kominform, una vez concluida la guerra, demostraría que los partidos comunistas no habían perdido su carácter de agencias soviéticas.

XVI - LOS FUNDAMENTOS DEL SOCIALISMO EN CUBA.

Blas Roca publicó su libro "Los fundamentos del Socialismo en Cuba", en el año 1943. Ha sido la única obra de cierta importancia teórica elaborada por un comunista nativo durante el proceso de la República. El propósito de su edición fue que sirviera de texto en los círculos de estudio del Partido.

El libro impreso en 1943 difiere mucho de las ediciones corregidas, publicadas en 1961 y 1962. En estas ediciones, Blas Roca agregó frases, modificó y sustituyó párrafos y hasta capítulos enteros, sin contar los que adicionó, con el fin de ajustar el pensamiento comunista de 1943 a las nuevas realidades del comunismo bajo Fidel Castro. Los cambios más detonantes son los referentes a la tesis sobre la colaboración de clases, expresados al explicar la fórmula de Unidad Nacional, y las cláusulas que mencionaban al Presidente Batista y a los Estados Unidos en la edición del 43.

Muchos de los párrafos suprimidos en las ediciones corregidas los hemos reproducido en lo que llevamos escrito. Los que no lo han sido vamos a transcribirlos o mencionarlos en la presentación esquemática del libro que pasamos a realizar.

El Capítulo I, que trata de "Los regímenes Sociales", apenas ha sufrido cambio alguno. Blas Roca sólo añadió once frases que casi no alteran su sentido.

Uno de los capítulos más adulterados en las nuevas ediciones es el II, que desarrolla el tema de "La Dependencia Económica". Blas Roca suplantó y suprimió párrafos enteros en su afán por arremeter ahora contra los Estados Unidos, de lo cual se cuidó tanto en la edición original.

El primer párrafo del Capítulo II, que cayó bajo la piqueta de la revisión actual fue el que reconocía que en Inglaterra y Estados Unidos, "el Estado se basa en los principios democráticos de las libertades públicas".[47]

El que describía las fuerzas a que se enfrentaban los obreros en Cuba fue modificado; donde decía "la quinta columna nazi-falangista al servicio del Eje", dice ahora "los imperialistas y latifundistas"[48]

Otro párrafo suprimido de cuajo en las nuevas ediciones es el que se refiere a la posibilidad de que la clase capitalista apoye "activamente el movimiento revolucionario por la Liberación Nacional".[49] También omite el largo párrafo que aborda lo relacionado con la reacción de las distintas clases y capas sociales ante la Guerra.[50] El Capítulo III de la edición original, que es el IV en las nuevas, ha sufrido relativamente pocas transformaciones. Se refiere a "Las características del capitalismo". El párrafo que escamoteó Blas Roca es el que atacaba a "ciertos señores que se dicen socialis-cialistas" y defendían al Gobierno de Batista.[51]

El Capítulo IV de la edición original, que se ocupa de "la explotación de los campesinos", ha experimentado un cambio casi total en las ediciones corregidas, en las cuales figura con el número III. En éstas ha introducido trece alteraciones fundamentales, las cuales, a través de frases y párrafos agregados, modificados o nuevos, presentan un cuadro completamente distinto de la situación de los campesinos en Cuba.

El Capítulo denominado "Las crisis económicas", el V en la edición original y el VI en las nuevas, es prácticamente el mismo en una y otra, aunque en las corregidas se le añaden nuevas ideas que se traducen, en definitiva, en una ampliación considerable. La sustitución de mayor importancia política, casi imperceptible a simple vista, es cuando al referirse a la "conciencia" que fue formándose en la lucha contra Machado la califica de "nacional" en la edición del 43 y de "anti-imperialista" en las nuevas ediciones.

El Capítulo VI en la edición original, VII en las nuevas, se llama "La discriminación de los negros". Ha sido ampliada notablemente ahora, para introducir una serie de conceptos que Blas Roca no se atrevió a sostener, por falsos, en 1943.[52] A la hora de quitar solo ha suprimido el párrafo en el cual acusaba al Partido Revolucionario Cubano (Auténtico) de discriminar a los negros.[53]

Le sigue el Capítulo que trata sobre "El Estado", el cual ha sido modificado sustancialmente en las ediciones de la época de Castro. Las supresiones han sido numerosas. Vale citar el párrafo que trataba sobre la ayuda que prestaron los Estados Unidos a Cuba para obtener su independencia,[54] y la naturaleza del Estado que surgió en Cuba al inaugurarse la República.[55] Elimina también un elogio que dedicó Blas Roca a Batista en la primera edición.[56] Omite el párrafo que exhortaba a "las clases revolucionarias y progresistas" a "cooperar con los Estados Unidos, Inglaterra, la Unión Soviética y China" entonces en manos de Shan Kai Shek.[57] Y borra el que expresaba la esperanza de los comunistas en el futuro cubano basada en el triunfo de los Aliados en el mundo.[58]

El Capítulo IX de la edición original, titulado "La lucha contra el Eje", lo sustituye Blas Roca por otro al que pone por nombre "La Guerra y la lucha por la Paz". Hace lo mismo con el Capítulo X que antes se llamaba "De los cambios sociales y los instrumentos de su realización" y ahora "La necedidad histórica de la Revolución de Enero".

El Partido es otro capítulo, el XI en la edición del 43 y el XII en las ediciones corregidas. El cambio de nombre, de "Partido Unión Revolucionaria Comunista, a "Partido Socialista Popular", no es, propiamente, lo importante. Casi todo el Capítulo ha sido modificado. Solo el comienzo y la narración sobre los orígenes del Partido son iguales en una y otras ediciones. Es de notar, sin embargo, que cuando se refiere a "las aportaciones teóricas", ahora ha desaparecido el nombre de Stalin. Una supresión que no podía faltar en las nuevas ediciones, es el párrafo en el cual Blas Roca admite tácitamente que la Internacional se disolvió para acallar el argumento de que "los partidos comunistas son agencias rusas manejadas por Moscú".[59]

"Las Organizaciones Económico-Sociales" y "El Desarrollo Nacional y la Independencia Económica" son capítulos nuevos en las ediciones actuales.

El último capítulo de la edición original respondía al título de "Liberación nacional y Socialismo"; en tanto que el nuevo capítulo de las ediciones corregidas se llama, simplemente, "Socialismo". Como es natural, de las ediciones castristas han desaparecido todas las ideas "browderistas" sobre la cooperación social y la tesis de Unidad Nacional en la forma en que por aquel entonces la concebía

Blas Roca. También se han desvanecido muchos de los ofrecimientos del Socialismo cuando todavía no era una realidad en Cuba. Entre ellos el que se refiere a la jornada del trabajo, cuyo párrafo decía así:

"La jornada de trabajo se reducirá inmediatamente a seis y siete horas según la naturaleza de las distintas industrias, disminuyéndola progresivamente según aumente la productividad del trabajo".[60]

Reproducirlo bajo el régimen de Fidel Castro hubiera sido un sarcasmo, pues hoy en Cuba, la jornada máxima de ocho horas diarias y la semanal de 44 con pago de 48 ha sido sustituida por la jornada mínima de 9 horas diarias más las jornadas sin pago que se imponen con carácter "voluntario" y que van desde tres horas diarias hasta el máximo inconcebible que puede llegar a empatar días enteros sin dormir o jornadas habituales de 27 ó 28 horas.[61]

Por lo que puede apreciarse, la edición original de "Los fundamentos del Socialismo en Cuba" fue una obra escrita para un socialismo fuera del poder, en medio de circunstancias en que los agentes soviéticos en Cuba se veían obligados a practicar una política de conciliación con burgueses y con los llamados países capitalistas; en tanto que las ediciones actuales contemplan el Socialismo en el poder y en choque frontal con los Estados Unidos, a quien le atribuyen las culpas de todos los males de la Humanidad.

El contraste evidencia muchas cosas, entre ellas el oportunismo sin límites del Partido en Cuba.

XVII - REORGANIZACION DE LOS PARTIDOS POLITICOS.

Los partidos políticos abrieron sus registros electorales en el mes de octubre para inscribir a sus afiliados. En noviembre celebraron las elecciones primarias en los barrios de cada municipio, donde los afiliados elegían sus delegados a las asambleas municipales. Estas elegían, después, los delegados a las asambleas provinciales, las cuales, a su vez, elegían los delegados a la Asamblea Nacional de cada partido.

El censo que se efectuó, previamente a la reorganización de los partidos políticos, registró 4 millones 778 mil 583 habitantes y dos millones trescientos treinta mil veintiún electores.

El Partido Unión Revolucionaria Comunista logró afiliar ciento veintidós mil doscientos ochenta y tres electores en la reorganización. Este número de afiliados solo le permitió quedar en quinto lugar, es decir, no mejoró su situación con relación a los demás partidos; aunque sí superó la cifra de su anterior reorganización. Para llegar a donde llegó, se valió el Partido de todos los recursos e instrumentos del Gobierno. Sólo así pudo mantener la posición, pues ya por entonces estaba muy desacreditado entre los cubanos.

XVIII - EL PACTO DE TEHERAN.

El Presidente de los Estados Unidos, Franklin D. Roosevelt, el Primer Ministro de la Gran Bretaña, Winston Churchill, y el dictador soviético, José Stalin, se reunieron en Teherán, Irán, el 28 de noviembre de 1943. Después de una serie de conversaciones, anunciaron ante el mundo que habían llegado a un completo acuerdo en cuanto a los planes de guerra y que habían establecido las bases de la colaboración mutua para cuando llegara el momento de la paz.

El periódico Izvestia saludó los acuerdos de Teherán con un editorial que los aplaudía y presentaba como una promesa "de paz duradera". El editorial concluía de esta forma:

"La declaración de los líderes de las tres Potencias Aliadas tendrán una tremenda y positiva influencia en el futuro de la humanidad. Las decisiones firmadas por el gran líder del pueblo soviético serán recibidas con satisfacción sin límites y serán apoyadas por los pueblos de la URSS con toda su voluntad y esfuerzos. Estas decisiones serán saludadas con gran satisfacción por los pueblos amantes de la libertad en todo el mundo. Estas decisiones llevadas a la práctica conllevarán la liberación de la humanidad de la tiranía hitlerista y le dará a los pueblos una paz duradera".[62]

El entusiasmo de Moscú contagió a todos los partidos comunistas del mundo. Los acuerdos de Teherán constituían "el punto decisivo más grande de la historia" en opinión del líder comunista norteamericano Earl Browder. De ahí que el Partido de Cuba glorificara también, con gran regocijo, el Pacto de Teherán, en el cual vieron una plataforma que habría de asegurar por largos años la paz del género humano.

XIX - LA NUEVA PLATAFORMA DE LUCHA.

El Pacto de Teherán trajo consigo una nueva estrategia para los partidos comunistas del mundo. La fórmula política excluía los sectarismos. Era más amplia que la concebida cuando los frentes unidos y populares. Estaba adornada, además, con preocupaciones patrióticas nacionales.

La nueva orientación se tradujo en una orden concreta: los partidos cambiarían de nombre, dejarían de llamarse comunistas; invirtiendo una frase de Lenin, se "quitarían la camisa limpia" y se "pondrían la camisa sucia".

En América, los partidos comunistas habían avanzado bastante por este camino, presionados por las circunstancias regionales.

En los Estados Unidos, el ideólogo continental de la nueva fórmula, Earl Browder, había vencido la resistencia ofrecida por William Foster.[63] El entusiasmo de Browder llegó a tal punto que se excedió en lo previsto por Moscú: sustentó la idea de la colaboración interamericana entre los países del Continente. Sostenía que América Latina necesitaba capitalizarse, lo cual solo podía lograrse con el concurso y ayuda de los Estados Unidos. Después, según Browder, sería posible el tránsito pacífico al Socialismo en el Continente.

Los comunistas en Cuba venían propalando ya, desde hacía gran rato, muchas de las concepciones que ahora resultaban de la interpretación del Pacto de Teherán con la diferencia de que, ahora, Browder les daba justificación teórica.

No fue extraño, por tanto, que el Partido en Cuba anduviera tan presto en cumplir el trámite del cambio de nombre. El 26 de diciembre de 1943, José Luciano Franco presentaba a la Asamblea Provincial de La Habana, una moción que decía lo siguiente:

"Considerando la propaganda realizada por el Secretario General sobre la nueva organización proyectada, acorde con las perspectivas; considerando el prestigio del término "Socialista" en Cuba y el hecho del temor que se manifiesta en muchos medios por el término "comunista" y considerando, además, la "misión histórica inmediata de nuestro Partido, que no es la instauración del comunismo sino la lucha por la completa liberación, que debe rematar, dentro del proceso de su evolución, en el establecimiento del socialismo", y por último, considerando que el término "comunista" no evoca en forma alguna esas etapas históricas fundamentales, dado que no se refiere sino a un estado ulterior, el más elevado del desenvolvimiento social humano; considerando todo lo anterior, se propone cambiarle el nombre al Partido Unión Revolucionaria Comunista, llamándolo "Socialista Popular".

La moción fue aprobada por la Asamblea sin oposición alguna. El acuerdo se elevó de inmediato a la Asamblea Nacional, que se reunió el 21 de enero de 1944. El Presidente del Partido Juan Marinello, tomó a su cargo la innecesaria defensa del acuerdo de la provincial habanera. En el curso de sus palabras, entre muchas otras expresiones, dijo:

"Si nos importa, y es verdad, que muchas gentes honestas y generosas de la masa pierdan un infundado temor, es porque necesitamos un Partido amplio, grande, mayoritario, popular en el más ancho sentido del término, para realizar las tareas importantísimas que perfilamos en seguida..."[64]

"Quede pues, con firmeza, establecido que vamos al cambio de nombre del Partido, porque existen razones históricas que lo aconsejan y porque nuestro recto sentido de la Revolución y nuestro invariable interés de servir a nuestros principios así lo determinan".[65]

"Es innegable —continuó diciendo— que la palabra "comunista" en nuestra denominación sirve para estrechar hoy las posibilidades de convertirnos en un gran partido de masas, en una organización que, por el número de sus integrantes decida y oriente la actividad política de Cuba. Y eso es lo que queremos a toda costa: llegar a ser en el menor tiempo posible esa gran fuerza dirigente de nuestro destino histórico".[66]

Antes de terminar su discurso, y en medio de su ebullición retórica, volvió sobre el tema del cambio de nombre, para expresar:

"El cambio de nombre se realiza AHORA, frente a un porvenir inmediato de ancha trascendencia, cuando el cambio puede producir los efectos benéficos que ya dijimos".[67]

No hubo debate. Nadie se opuso. Todos coincidieron a la hora de votar. La moción fue aprobada. Desde ese momento al Partido Unión Revolucionaria Comunista se llamó Partido Socialista Popular.

El nombre no hace la cosa, pero ayuda. El mimetismo nominal sirvió para presentar al Partido como más inofensivo, incapaz de furias violentas contra nadie y hasta dispuesto a propiciar la armonía social en Cuba y solidarizarse con la causa de la paz en el mundo.

XX - PRIMERA ASAMBLEA NACIONAL DEL PARTIDO SOCIALISTA POPULAR.

La Primera Asamblea Nacional del Partido Socialista Popular se efectuó inmediatamente después de la última del Partido Unión Revolucionaria Comunista. Tuvo dos propósitos esenciales: definir la nueva política, que ya en Cuba no era tan nueva, y postular al Doctor Carlos Saladrigas para Presidente, a fin de forzar su postulación por la Coalición gubernamental y disuadir a los aspirantes del Partido Liberal.

No fueron necesarios muchos recursos dialécticos para explicar la nueva plataforma de lucha. En cierta forma ya venía aplicándose. Solo faltaba añadir los fundamentos teóricos de Browder y la fe en una paz duradera bajo los auspicios de Teherán. Todos creían, y con razón al menos aparente, que respondían al espíritu que fluía de Moscú.

Aníbal Escalante encareció la nueva política del Partido con frases vehementes, vivificadas por los más ardientes afectos a los principios de Teherán. A la hora de señalar la conducta a seguir, dijo:

"De ese modo, y con nuestra denuncia sistemática de los fascistas, de los munichistas, de los "apaciguadores" y "anticomunistas", estaremos contribuyendo nacionalmente a la vigencia de todos los acuerdos adoptados en la más trascendental reunión internacional de los últimos tiempos".[68]

Cuando le tocó el turno a Juan Marinello, el Presidente del nuevo Partido que por cierto era el mismo, puso énfasis en destacar la significación de la plataforma política de Teherán, la cual ponderó con estas palabras:

"El aseguramiento de una paz justa y de un estado democrático ha de lograrse no solo con el esfuerzo de las naciones dirigentes. La misma universalidad de la cuestión incluye la necesidad de que el logro y el mantenimiento de una paz justa y popular (sea el producto de la actividad interna de todos los pueblos".[69])

Lo que significaba, ante todo y sobre todo, la esperanza en la paz mundial sobre la base de la colaboración entre todos los estados: capitalistas y socialistas. "El documento diplomático de Teherán quedaba convertido en una plataforma política de paz de clase por el Partido". Sin lugar a dudas, era la mejor forma de navegar en compañía de la burguesía.

La fórmula cautivó a muchos, quienes no vieron ya en los comunistas a los enemigos de la democracia. Infundió confianza en no pocos dirigentes políticos, quienes llegaron a considerarlos pariguales. El socialismo del Partido se presentó como una idea que no implicaba la renuncia a la libertad, que llevaba una especie de buenaventura en su carpeta y que aspiraba, de verdad, a llevar felicidad a los desposeídos, a los tristes, a los perseguidos, a los que padecen hambre y sed de justicia, a los incomprendidos y a los humildes.

Tan bello mensaje, humanista y hasta cristiano, fue recogido, en parte, por el programa de la Coalición de partidos gubernamentales, que se llamó "Coalición Socialista Democrática".

XXI - EN DEFENSA DE TEHERAN.

Nada tan a gusto, para los comunistas nativos, que defender la interpretación "browderista" de Teherán. Eran las líneas más fáciles, las menos riesgosas, las de mayor oportunismo. Todos resultaron pocos para aplaudir la consagración de esa política tan acomodada a las características que había tomado el Partido en Cuba.

La nueva plataforma de lucha hizo concebir a Blas Roca la ilusión de que los comunistas asumirían la dirección de la política nacional e internacional. Tales quimeras saltaban a la vista en el artículo que publicó el propio Blas Roca, en la revista "Fundamentos' del mes de febrero, cuando razonaba sobre quienes orientarían el proceso de la lucha por la aplicación de los principios de Teherán. Tomando de ejemplo a Yugoslavia, se preguntaba:

¿Serán el Rey Pedro y Mijailovitch los que dirigirán la reconstrucción del país, o serán el Presidente Rybar y el Mariscal Tito?

La pregunta se la contestaba Blas Roca en forma concluyente:

"Somos nosotros —refiriéndose a los comunistas— los que tenemos que luchar por la dirección de este proceso y hemos de levantarnos para dirigir este proceso en una forma audaz y eficaz".

Desde ese momento, las publicaciones del Partido no se dieron descanso en sus elogios a la línea de Teherán, lo que ampliaban, inclusive, con una interpretación coordinada de los acuerdos del Cairo y Moscú. Tal fue el pensamiento que presidió la convocatoria del Primero de Mayo de ese año, según lo expresaba el editorial de la revista "Fundamentos" del mes de abril, que decía:

"En la preparación del Primero de Mayo las masas laboriosas insistirán también en que se transformen en realidad las promesas de las Conferencias de Moscú, Teherán y El Cairo mediante la colaboración de las potencias dirigentes de las Naciones Unidas, Inglaterra, Estados Unidos y la U.R.S.S., promesas que garantizan la derrota militar, política y moral del fascismo, el castigo implacable de los criminales que han asesinado, violado y saqueado a los pueblos, la colaboración futura para reconstruir el mundo y mantener una paz estable por largas generaciones".[70]

Las voces del coro comunista entonaban, a todo pulmón, las glorias a los acuerdos de Teherán. Repetían, hasta el cansancio, el estribillo de la colaboración indispensable "para reconstruir el mundo y mantener una paz estable por largas generaciones".

XXII - LAS PURGAS NO CESAN.

El Partido jamás descansa en el proceso de renovar sus cuadros de dirigentes indisciplinados. Ni aún en las épocas de bonanza. Cuantas veces la casta que manda considera que los subalternos han faltado a la disciplina, tantas veces les imponen las medidas punitivas que estiman convenientes. Estas van desde la mera represión, pasando por la degradación, hasta la expulsión con la consiguiente campaña de difamación.

Por esta época salieron del Partido, Celestino Fernández y Arsenio González. Uno por razones un tanto personales y otro por motivos sindicales. Ambos, por el relieve que han tenido en la política nacional, vamos a considerarlos de manera particular.

Celestino Fernández era el Secretario General del Partido en la provincia de Camagüey. Había logrado esa posición por méritos conquistados durante el proceso revolucionario del 33 y haber acreditado estudios de marxismo-leninismo en Moscú, cuando salió de Cuba a raíz de la Huelga de Marzo. Una vez en el cargo, mantúvose, entre otras razones, por su cacareada lealtad a la Unión Soviética, donde tenía un hijo, que llegaría a ser oficial del Ejército Rojo. Llegó a creerse tan inmune que no tuvo a menos enfrentarse a Blas Roca, quien le imputaba deficiencias en el trabajo de organización, al punto de que era la provincia más atrasada en las emulaciones que habitualmente realizaba el Partido. Estos choques provocaron a la postre la destitución de Celestino Fernández de la dirección provincial de Camagüey y, en definitiva, su salida del Partido.

Arsenio González fue otro caso. Saltó de la Delegación de la ruta 32 de Omnibus Aliados de La Habana porque osó discrepar del criterio de la dirigencia comunista de la CTC, en cuanto a la forma de aplicar la jornada de ocho horas. El choque de opiniones fue tan violento que motivó una asamblea de la ruta, donde Arsenio salió victorioso.

El Partido no se resignó. Arsenio fue citado a una conferencia con el Secretario General del Partido, Blas Roca; el Secretario General de la CTC, Lázaro Peña; el Secretario General de la Federación del Transporte, José María Pérez; el Secretario General de la Federación de La Habana, Segundo Quincosa; el dirigente provincial del Partido, Manuel Luzardo, y un tal Iglesias. Todos eran comunistas. El cónclave comenzó a las nueve de la mañana, un domingo de mayo del 44. Todos cayeron sobre Arsenio para que resignara su actitud y se sometiera a la disciplina. Fue inútil. La reunión terminó a las seis de la tarde, sin resultado alguno.

La cuestión no terminó ahí. El Partido llevó el asunto a una asamblea del Sindicato, previamente preparada. José María Pérez tomó a su cargo, personalmente, la defensa de la tesis del Partido. Arsenio defendió su criterio. Todos los dirigentes tomaron parte en la discusión. A muchos descontentó la forma en que los comunistas trataron de imponerse. Crecía, con la polémica, la ferviente rebeldía. Terció Rafael Blanco con el solo propósito de contener la cólera de quienes repaldaban a Arsenio. La Asamblea no aceptó tal planteamiento. Se cruzaron gruesos denuestos. Se excitaron los ánimos. Varios que discutían, se dieron de puñetazos. La violencia se adueñó de la asamblea. Al fin, el propio Arsenio logró restablecer la calma. Gran parte de la masa se había marchado. Con la presencia de los esbirros del Partido y sus seguidores, se impuso el criterio de los comunistas.

El incidente le costó a Arsenio que le dieran licencia en el cargo de Secretario de la Delegación. Lo sustituyeron con un hombre fiel al Partido, un tal Larias. Arsenio no pudo regresar después a la Delegación. Ni siquiera le permitieron trabajar. Lo cercaron de tal manera, que tuvo que marcharse del país. Después regresaría a Cuba, se graduaría de abogado y ocuparía posiciones de relieve en la política nacional; mas ya en una actitud francamente anti-comunista. Las persecuciones de que sería objeto al triunfar Fidel Castro y los trabajos sufridos en el destierro confirman su rompimiento definitivo con el Partido.

Nos hemos detenido, tal vez más de lo debido, en la explicación de las circunstancias que rodearon la salida de Arsenio González del Partido, para dejar esclarecida la sombra de duda que sobre su conducta posterior ha tratado de poner Víctor Alba en su historia del comunismo en Latino América.

XXIII - ELECCIONES GENERALES DE 1944.

El Partido se movilizó, con gran entusiasmo, para brindar "el apoyo de las masas" a la candidatura de la Coalición Socialista Democrática, que llevaba de candidato a la presidencia al Dr. Carlos

Saladrigas y a la vicepresidencia al Dr. Ramón Zaydín. La Coalición estaba integrada por partidos que tenían su clientela política en los puestos gubernamentales. Por lo cual, en cierta forma, les faltaba la mística de la lucha que da el aspirar a la conquista del Poder.

Frente a la Coalición Socialista Democrática se organizó la Alianza Auténtico-Republicana, con el Doctor Ramón Grau San Martín de candidato a la presidencia y el Doctor Raúl de Cárdenas a la vicepresidencia. A los comicios, concurrieron unidos el Partido Revolucionario Cubano y el Partido Republicano, un desprendimiento del Partido Demócrata encabezado por los Doctores Guillermo Alonso Pujol y Raúl Menocal.

Los ministros que aspiraban a cargos electivos tuvieron que renunciar, en cumplimiento de una exigencia de la legislación electoral. Juan Marinello se contó entre ellos. Cuando renunció al Ministerio sin Cartera, fue designado, en su lugar, Carlos Rafael Rodríguez, quien permaneció en el Gabinete hasta que el Gobierno cumplió su mandato.

Los debates de la campaña electoral versaron, en gran parte, sobre la influencia del comunismo en el Gobierno. La Oposición la magnificaba y el Gobierno no podía replicar. La Oposición enarboló el lema: "No Continuismo", "No Comunismo". El Partido replicó con su acostumbrada cantilena: acusaban de reaccionaria a la Oposición. Blas Roca concretó los términos del debate en el periódico Hoy, el 7 de mayo, cuando dijo:

"En esta lucha, la Coalición Socialista Democrática representa los intereses de progreso, los intereses de la democracia y de la libertad de nuestro pueblo; representa las fuerzas populares que ansían llevar adelante la política progresista y democrática desarrollada en estos cuatro años por nuestro gran Presidente el General Batista. Y en esta lucha, la alianza oposicionista representa las fuerzas de la reacción y del anti-pueblo, representa todo lo peor y negativo de nuestra tierra".

El primero de junio de 1944 se celebraron las elecciones. Perdió los intereses de progreso, los intereses de la democracia y de la libertad de nuestro pueblo; representa las fuerzas populares la candidatura presidencial de los partidos gubernamentales y ganó la de Grau San Martín y Cárdenas.

El nuevo Partido Socialista Popular no hizo mejor papel que el antiguo Partido Unión Revolucionaria Comunista. Sólo obtuvo ciento veinte mil votos nacionales, es decir, menos votos que afiliados, lo cual demostraba que había inflado sus registros electorales. Conquistó tres senadurías, debido a que los senadores eran elegidos en bloque, de la mayoría o de la minoría por cada provincia, y el Gobierno ganó la mayoría congresional en casi todas las provincias. También eligieron cuatro Representantes, un alcalde y varios concejales en distintos municipios de la Isla.[71]

Los candidatos del Partido que salieron electos fueron, por provincias, los siguientes:

Por la provincia de La Habana, Salvador García Agüero, salió electo senador. Y representantes, Blas Roca con 13,075 votos y Aníbal Escalante con 6,742 votos.

Por la Provincia de Las Villas, Joaquín Ordoqui salió representante, con 9,347 votos, y Magdalena Aballí, alcalde del municipio de Corralillo.

Por la provincia de Camagüey, salió electo senador el Dr. Juan Marinello. Al cesar en el cargo de representante por la provincia de La Habana, para el que había sido elegido por cuatro años en 1942, pasó a ocupar la vacante el suplente José María Pérez.

César Vilar Aguiar obtuvo el cargo de senador por la provincia de Oriente. La vacante que dejó en la Cámara de Representantes la ocupó el suplente Oscar Ortiz Domínguez. Y también eligieron representante a Esperanza Sánchez Mastrapa con 5,384 votos.

Hubo dos provincias donde los comunistas no eligieron congresistas. Fueron las de Pinar del Río y Matanzas.

Otra vez quedaba demostrado que cuando los comunistas se sometían al veredicto popular, éste les resultaba siempre desfavorable.

XXIV - EL SALDO DE UN BALANCE.

La estrategia del Partido estaba encaminada a defender las posiciones de la Unión Soviética con motivo del giro que había tomado la guerra. A tal fin sacrificaba los demás. Cuando defendió la Unidad Nacional, renunció inclusive a la unidad sujeta a la orientación socialista, a la tradicional concepción comunista de la unidad sobre la base de los principios marxistas-leninistas. Aunque sus sueños fueron otros, se adaptó, sin duda, a las necesidades de la burguesía.

La posición era de un radical "oportunismo de derecha". Las consignas sonaban a la izquierda; pero eran el eco distorsionado de un revisionismo vulgar y pragmático. Las banderas del "browderismo" servían para encubrir y envolver la militancia "bersteniana" del Partido.

Esta línea capitulacionista convirtió al Partido en un devoto del parlamentarismo, con el pretexto de las condiciones históricamente sin precedentes para educar a las masas. Consideró la lucha parlamentaria, tan aclamada por la Segunda Internacional, como la forma suprema y decisiva. De donde resultó una conducta más propia de quienes renegaban del leninismo, cuyo maestro había dicho:

"Limitar la lucha de clases a la lucha parlamentaria, a considerar ésta como la forma suprema y decisiva de lucha, a la que deben supeditarse todas las demás, significa de hecho pasarse al campo de la burguesía"⁷²

La actitud de extremo revisionismo no quería extremar más que su voluntad de estar a toda costa con el Gobierno. Tuvo menos aire polémico, con el afán de abarcar más público. No logró cautivar más militantes; pero su mensaje llegó a más personas, pues se le puso música con ritmo de burguesía.

El Partido se acercó más al pensamiento popular, aunque se separó bastante del pensamiento ortodoxo del marxismo-leninismo. Con esto, ¿ganó o perdió? Ganó en penetración y perdió en militancia. Ganó en horizontalidad y perdió en verticalidad. Ganaron sus ideas, aunque distorsionadas, y perdió el Partido como organización. Al Partido, en sí se le vio desde entonces como un cenáculo de intelectuales o, más propiamente, como una pandilla de aprovechados.

1 Lázaro Peña, **La Unidad es la Victoria**, Informe al III Congreso Nacional de la CTC, editado por la Comisión de Propaganda dl Comité Ejecutivo de la CTC, p. 14.
2 Ibid., p . 14.
3 Revista **Fundamentos**, Año I, No. 6, p. 41.
4 Blas Roca, **Op. cit.** p. 103, ed. de 1943.
5 Ibid., p. 107.
6 El texto, tal cual lo reproduce Blas Roca en la edición original de su libro **Los fundamentos del Socialismo en Cuba**, decía literalmente así: "Puesto que Cuba ha declarado una guerra justa por su libertad y por la derrota del Eje, entienden los comunistas que es su deber, independientemente de toda otra consideración, hacer todos los esfuerzos para que nuestro pueblo cumpla dignamente su papel y coopere con máxima eficacia a la Victoria". "Si queremos evitar para nuestro país las peores consecuencias de la guerra tenemos que ir de inmediato y sin reparar en sacrificios a la total preparación moral y material de la Nación para hacer y ganar la guerra". "Hay que salir al paso de quienes sostienen que el cubano no ha de salir de su tierra para batir al enemigo. La actitud de negarse a salir para los frentes de batalla después de haber declarado la guerra, sería tanto como invitar que vinieran a destruir nuestro propio suelo. El enemigo está en todas partes y hay que golpearlo sin tardanzas ni tibiezas donde presente batalla". "Cuba debe defender su independencia con elementos eficaces y ofrecer a las naciones aliadas la oportunidad de hallar en su territorio, llegado el caso, asistencia y colaboración efectivas. Para ello la medida más importante y decisiva es la implantación del Servicio Militar Obligatorio y de la instrucción militar universal y obligatoria para toda la población". "Otro problema muy importante de la preparación militar es el de dotar a las fuerzas armadas de los armamentos más modernos, emplazar suficientes baterías de costa y anti-aéreas y armar suficientes embarcaciones para el patrullaje de las costas". "Todas las actividades del país deben subordinarse a la tarea esencial del momento: ganar la guerra. CONQUISTAR LA VICTORIA". "Toda la economía del país debe ser puesta en pie de guerra, transformándola". "Ahora es preciso producir más y mejor, coordinando los esfuerzos privados en vistas al supremo interés nacional". "Por ello hace falta que se coordinen, mediante Comités de Producción, los esfuerzos del Gobierno, de las Empresas y de los Sindicatos a fin de que todos los recursos y todas las energías sean aprovechados para la Defensa Nacional". "Es preciso evitar en este tiempo de guerra las interrupciones en la producción, tanto industrial, como agraria. Para ello debe el Gobierno, en primer término, impedir, mientras dure esta emergencia, el desalojo de los campesinos que trabajan la tierra y, en segundo lugar, actuando en estrecho contacto con empresas y sindicatos, proteger a la población trabajadora contra los logreros y aprovechadores, contra la avaricia de los patronos sin conciencia, encauzando la solución de los conflictos por medio de arbitrajes, que, sin negar ni disminuir los derechos de huelga de los trabajadores, provean los medios rápidos de llegar a acuerdos sin interrumpir la producción. Asimismo deben organizarse Comités de Control de precios en que intervengan cuantos están interesados en la marcha de la guerra que son todos los sectores del país". "Toda la población debe ser movilizada para la defensa. Es preciso que los que no puedan ir al frente de batalla por su edad, por sus condiciones físicas o por su sexo, sean incoporados a alguna actividad útil para la defensa nacional. Es preciso adiestrar a las mujeres como enfermeras e incorporarlas

a la producción". Parte fundamental de la lucha del pueblo cubano ha de ser la inmediata y oportuna limpieza de la retaguardia, la lucha contra la quinta-columna y, de manera especial, contra el falangismo que constituye en Cuba el peligro más organizado y poderoso". "Frente a la declaración de guerra, nuestro Partido dice una vez más que solo la unión sagrada de todos los sectores que integran la nación cubana puede asegurar el triunfo contra la barbarie. Esa unidad tiene que comprender a todos los cubanos, pues solo quedarán fuera de ella los enemigos de Cuba, los egoístas anti-patriotas, los fascistas agentes de Hitler, los traidores nacionales. Esta Unidad Nacional ha de forjarse alrededor del Gobierno, alrededor del Presidente Batista, puesto que él tiene el encargo de la Nación de ejecutar su voluntad en estos supremos instantes de nuestra vida". "No está nuestro Partido ganoso de honores ni de ventajas sectarias. No hacemos caudal político de la presente situación. Nos limitamos a tomar nuestro puesto para servir al país hasta el último límite de nuestras fuerzas y de nuestra capacidad. Sabemos que la lucha es de todos y que ningún sector solo, por poderoso y respetado que sea, puede organizar y dirigir esta gran batalla por Cuba, que requiere la unidad nacional, la cooperación de todos los partidos, congregaciones, grupos y clases", (pp. 104 a 106).

7 Lázaro Peña, **La undad es la victoria**, p. 15.
8 Blas Roca, **Los Fundamentos del Socialismo en Cuba**, edición 1943, p. 107.
9 Lázaro Peña, **La Unidad es la Victoria**, pp. 13 y 15.
10 Ibid., p. 3.
11 Ibid., pp. 2 y 3.
12 Ibid., pp. 4 y 5.
13 Ibid., p. 5.
14 Ibid., pp. 5 y 6.
15 Ibid., p. 28.
17 Ibid., p. 7.
18 Ibid., p. 8.
19 Ibid., p. 8.
20 Ibid., pp. 8 y 9.
21 Ibid., p. 10.
22 Ibid., pp. 10 y 11.
23 Ibid., p. 11.
24 Ibid., p. 10.
25 Ibid., p. 20.
26 Ibid., p. 24.
27 Ibid., pp. 29 y 30.
28 Ibid., p. 32.
29 Ibid., p. 38.
30 Ibid., p. 39.
31 Ibid., pp. 40 y 41.
32 Ibid., p. 42.
33 Blas Roca, **Los fundamentos del Socialismo en Cuba**, ed. 1943, p. 139.
34 Ibid., p. 108.
35 Ibid., pp. 139 y 140.
36 Ibid., pp. 142 y 143.
37 Ibid., p. 144.
38 Ibid., p. 33.
39 Ibid., p. 111.
40 El hecho de que el embajador soviético Maxim Litvinoff llegara a Cuba acompañado de Francisco Antón reveló la importancia que Moscú le confería a los españoles comunistas. Entre los más sobresalientes señalaremos a Mayobre Justo, quien había sido Presidente del Patronato de Ayuda al Pueblo Español y fue candidato a Concejal por La Habana. Ambou, quien fue Secretario de la Casa de la Cultura. Juan José Manso, ex-diputado comunista por Oviedo y miembro del Comité Central del Partido comunista español, quien asumió la dirección de la revista "Nosotros" a la muerte de Mayobre. Manso llegó a ocupar por un tiempo la jefatura del Partido comunista español en Cuba cuando Miguel Valdés Valdés salió del país. Este Valdés había sido Diputado por Barcelona y después de la guerra había estado en Rusia, exilado, hasta que se trasladó a Méjico y en 1942 fue a Cuba como Delegado del Komintern. Más tarde, en 1949, ya fuera de Cuba, Valdés fue expulsado del Partido comunista español por haber hecho causa común con Juan Comorera, jefe del Movimiento Titoísta, entre los españoles. Santiago Alvarez fue otra de las figuras del comunismo español avecindadas en Cuba. Tan pronto llegó al país se hizo ciudadano cubano. Era la instrucción que tenían todos ellos. En 1945, se trasladó, clandestinamente, a Es-

paña, en compañía de Sebastián Zapiraín. Al llegar a la Península fueron detenidos por la policía de Franco, condenados a muerte, indultados y puestos en libertad con la condición de abandonar el territorio español. De España regresó a Cuba, donde permaneció hasta que en 1954, cuando, buscado por la policía, se trasladó, clandestinamente, a Méjico. Antonio Blanco, quien dirigió el semanario "España republicana" que sustituyó a "Nosotros". Su esposa, Helena Gil, quien era la Presidenta de la Sección de Propaganda del Ejecutivo del Sector Femenino de la Casa de la Cultura y fue candidata a Concejal por La Habana. Pedro Atienza, quien ocupó más tarde, la dirección del semanario "España republicana", el cual se editaba, al igual que "Nosotros", en la imprenta "Cuba gráfica", propiedad del comunista español de apellido Iglesias. El tristemente célebre capitán del ejército de la República, auto-ascendido a General, Alberto Bayo, quien a título de cubano por nacimiento, radicó en Cuba por algún tiempo. Entre las figuras de segundo orden del comunismo español, que llegaron a Cuba, como exilados, recordamos a José Fornés quien, además de colaborar en el diario Hoy y la estación de radio comunistas, tuvo a su cargo el "Círculo de Altos Estudios para comunistas españoles"; José Juanes, quien representaba la "Juventud Socialista unificada de Cataluña"; Vicente Arroyo, quien fue censor político del Diario Hoy; Eugenio y Avelino Rodríguez, el primero de los cuales fue Secretario de la "Casa de la Cultura" e intervino en la organización de la "Federación Democrática de mujeres cubanas", scundado por Soledad Figueral, María Castro y otras; Rito Esteban, situado junto a Lázaro Peña; Manuel Palacios Blanco, repórter del Diario Hoy y de la estación de radio Mil Diez; Aejandro Núñez, Manuel Somoza, Pegerto Gallegos, Jesús Fernández y Manuel Calvo, activistas en el seno de la colectividad gallega; Anselmo López Blanco; Cándido Mariana; los periodistas Francisco Marcos Raña y José Balcells, encargados de la crónica española del diario Hoy; el comentarista teatral Angel Custodio; el ingeniero Fábregas, quien junto con Rito Esteban eran los encargados del Instituto de Linguaphone, en Prado 66, y quienes también estaban al cuidado de la Editorial "Páginas", propiedad del Partido comunista, y más tarde dirigieron el "Instituto Cultural Cubano Soviético"; José Luis Galbe, titulado Fiscal de la República que sólo había sido un modesto abogado de la Audiencia provincial de Avila, quien con Juan Chabas lograron situarse como profesores de la Universidad de Oriente. Lo primero que hicieron estos intelectuales españoles tan pronto llegaron a Cuba fue fundar una llamada "Universidad Libre", donde dictaron conferencias que eran verdaderos cursos de adoctrinamiento marxista-leninista. Los rojos españoles cooperaron con los comunistas cubanos en todos sus empeños. Algunos lograron ubicarse en importantes medios de divulgación de las ideas y contribuyeron, de esta forma, a sembrar la simiente nociva de nuestra desintegración nacional.

41 Lázaro Peña, **La unidad es la victoria**, p. 33.
42 Carta del Dr. José Suárez Rivas.
43 Blas Roca, **Los fundamentos del Socialismo**, ed. 1962, pp. 96 y 97.
44 Ibid., p. 97.
45 Ibid., ed. de 1943, p. 132.
46 Ibid., ed. de 1962, p. 97.
47 El párrafo decía así: "En países como Inglaterra y Estados Unidos, a pesar de su estructura económica imperialista, el Estado se basa en los principios democráticos de las libertades públicas y, a veces, es influido fuertemente por las fuerzas progresistas del pueblo tal como ocurre en Norte América bajo la Presidencia de Roosevelt". (p. 24).
48 El párrafo suprimido en la edición del 43 decía: "En Cuba —y en los países coloniales o dependientes como éste— y en cambio, los obreros se enfrentan en primer lugar contra la quintacolumna nazi-falangista al servicio del Eje, constituida principalmente por los sectores colonialistas y más reaccionarios de los capitales extranjeros..." (p. 29). Este párrafo, suprimido de la edición de 1943, se sustituyó, en las nuevas ediciones, por un párrafo que dice así: "En Cuba, en cambio, la clase obrera y de las demás fuerzas sociales revolucionarias se enfrentan en primer lugar a los imperialistas y latifundistas, que monoplizan sus principales fuentes de riqueza y constituyen el obstáculo fundamental al progreso económico y social, luchando por alcanzar la Liberación Nacional, por eliminar el latifundismo y desarrollar una fuerte industria nacional". (p. 21).
49 El párrafo suprimido fue reproducido en la página 276 de este libro y, en verdad, debió dejarse intacto, pues la Revolución contra Batista le dio la razón a Blas Roca.
50 El párrafo de la edición original, omitido en las nuevas, decía: "La guerra mundial desatada por el Eje Roma-Berlín-Tokio, que amenazó a Cuba y a todos los países del mundo con la esclavización colonial imperialista en sus peores formas, ha puesto de manifiesto esta actitud de las diferentes clases sociales y de las distintas capas de la burguesía frente a la cuestión de la liberación nacional. Esta guerra es hoy, mundialmente, una guerra de los Pueblos por su liberación. ¿Cómo reaccionan ante ella las distintas clases y capas sociales? La gran burguesía comercial importadora, opuesta a la liberación nacional, anhelante de servir las viejas formas de la opresión nacional, influida por el falangismo —la agencia española de Htiler— hace todo lo posible por sabotear el esfuerzo de guerra, ataca la colaboración de las Naciones Unidas, conspira

contra la estabilidad económica del país y actúa siguiendo las líneas de la quinta-columna del Eje. La parte de los capitalistas fusionados con el imperialismo apoyan a las Naciones Unidas y desean su triunfo, pero como quieren al mismo tiempo impedir que la terminación de la guerra rtiga más libertad a Cuba, hacen cuanto pueden por impedir que nuestro país colabore más activamente en ello; apañan y defienden a la quinta-columna falangista pidiendo que se la trate con tolerancia; se oponen al servicio militar obligatorio, a la reorganización de la economía nacional sobre una base de guerra, el envío de soldados cubanos a los frentes de batalla y, en fin, a todo lo que pueda significar avance hacia la independencia nacional. Quieren que estemos en guerra pero subordinados, sujetos a la opresión económica actual. Los campesinos, las clases medias urbanas, la parte nacional de la burguesía y la clase obrera, en cambio, apoyan la guerra con todas sus fuerzas, quieren que Cuba entre seriamente en ella y que se apliquen medidas más enérgicas contra la quinta-columna. La clase obrera, sobre todo, se esfuerza persistentemente porque el Servicio Militar Obligatorio se aplique en una escala más amplia, porque se envíen fuerzas militares cubanas a los frentes de combate, porque se apliquen métodos de guerra en la producción nacional y porque se reorganice toda la economía con vistas a las necesidades bélicas. La razón de estas diferentes actitudes es bien clara. La clase obrera, los campesinos, las clases medias de las ciudades, la burguesía nacional, que anhelan la liberación de la patria se enfrentan vigorosamente al peligro de la esclavización nazista. Siendo enemigos de todas las formas del imperialismo lo son más aún del imperialismo nazi. El imperialismo, bajo la forma estatal democrática, domina especialmente a través de los bancos y las empresas, permite cierto grado de independencia y ciertas libertades y derechos democráticos. El imperialismo bajo la forma estatal fascista establece la esclavitud colonial a través de la ocupación militar, asesina en masa a las poblaciones ocupadas, obliga a trabajar bajo el látigo y pone en vigor las formas más crueles e inhumanas de represión. Por esto, defendiendo la libertad nacional a través de la guerra contra el nazismo, estas clases y capas sociales, han puesto en primer término la lucha contra el Eje, apoyando la alianza de Cuba con Estados Unidos, la Unión Soviética, Inglaterra, China y las demás Naciones Unidas. Por las mismas razones los enemigos de la liberación nacional combaten y sabotean la guerra anti-hitleriana y trabajan para que, aun cuando Hitler sea derrotado militarmente, triunfen los principios anti-democráticos y opresivos".

51 El párrafo suprimido en las nuevas ediciones decía lo siguiente: "Algunos de esos señores millonarios que se dicen socialistas, no hacen otra cosa que desgañitarse gritando contra el Gobierno actual, acusándolo de ser el responsable de todas nuestras desventuras y pidiendo, en consecuencia, que fulano o mengano sea Presidente, mientras justifican, apañan y defienden a los explotadores que, día a día, aumentan sus cuantiosos capitales a costa de la miseria de las masas trabajadoras".

52 Es imposible reproducir, por lo extenso, los párrafos añadidos. Sólo vamos a transcribir un párrafo, por lo que tiene de significativo, en el cual reconoce Blas Roca, muy a su pesar, que los negros no apoyaron la Revolución de Fidel Castro contra Batista. El párrafo dice así: "La tiranía, ayudada descaradamente por el mujalismo, procuró ganarse, con algunas migajas y gestos demagógicos, a las masas negras para enfrentarlas a la revolución. Grupos de trabajadores negros fueron inducidos por los mujalistas a servir en el triste y miserable papel de rompehuelgas contra las luchas reivindicativas y políticas de los trabajadores. Los dirigentes de las sociedades negras, en su gran mayoría, aliadas al mujalismo, compradas con dádivas y prebendas mezquinas, embarcadas en el mismo proceso de corrupción y anti-democracia que caracterizó a la dirección de la CTC en ese período, dieron respaldo a la tiranía".

53 El párrafo de la primera edición eliminado en las nuevas ediciones dice: "Entre los Ejecutivos Nacionales de los partidos el ejemplo más destacado es el del Partido Revolucionario Cubano, pues entre los 25 miembros de su Comité Ejecutivo solo hay uno que pueda considerarse negro. En el Senado solo hay dos Senadores que se consideran negros de un total de 54, y en la Cámara de Representantes, de un total de 138, tenemos 11 representantes negros pertenecientes todos a los Partidos de la Coalición Socialista Democrática, pues entre los 32 representantes que componen la Oposición no hay ninguno que se considere negro o mulato".

54 El párrafo suprimido en las nuevas ediciones fue reproducido en la página 17 de este libro.

55 El párrafo suprimido en las nuevas ediciones fue transcripto en la página 21 de este libro.

56 El párrafo suprimido decía así: "Por eso, aún bajo la Presidencia progresista del General Batista, el Poder Ejecutivo, que no es más que uno de los órganos del Estado, no puede aplicar un plan armónico de medidas en pro de la liberación nacional y del beneficio popular". (p. 93).

57 El párrafo eliminado decía así: "Por eso, en la actualidad, el deber de todas las clases revolucionarias y progresistas de la sociedad consiste en fortalecer el Estado que tenemos, cooperar con Estados Unidos, Inglaterra, la Unión Soviética y China para apresurar la derrota del Eje y librar así a nuestro país del peligro de esclavización. La derrota del Eje fortalecerá en todo el

mundo las fuerzas de la libertad y de los principios de la cooperación de las Naciones sobre la base del respeto a su independencia y a su propio progreso económico. Eliminado el peligro nazi y su quinta columna falangista, la marcha hacia la completa liberación y hacia el pleno desenvolvimiento económico, será más fácil" (p. 96).

58 El párrafo omitido decía de esta forma: "Cuba figura en esta guerra como aliada de Estados Unidos, China, la Unión Soviética y el resto de las Naciones Unidas. Como parte de la humanidad y beligerante en la guerra, Cuba está también en la balanza de esta contienda histórica. Del desarrollo y del resultado de la guerra depende todo el desenvolvimiento presente y futuro de Cuba". (p. 98).

59 El párrafo suprimido está reproducido en las páginas 590 y 591 de este libro.

60 Op. cit., p. 152.

61 Discurso de Fidel Castro del día 29 de abril de 1967 y periódico **Granma** del día 2 de octubre de 1967, p. 4, y del día 30 de octubre de 1967, p. 9.

62 World Communist Movement, Selective Chronology 1818-1957, prepared by The Legislative Reference Service of The Library of Congress, Volume I, p. 189, Printed for the use of The Committee on Un-American Activities.

63 Browder, en su condición de Secretario General del Partido Comunista de Estados Unidos, planteó el cambio de nombre en un discurso pronunciado en el Madison Square Graden el 10 de enero de 1940. Explicó su nueva tesis sobre la colaboración clasista dentro de cada país y la colaboración con el capitalismo norteamericano para alcanzar pacíficamente los objetivos socialistas en el mundo. A tal planteamiento se opuso William Foster, quien dirigió una carta al Comité Nacional del Partido Comunista de Estados Unidos, en la cual denunciaba la línea de Browder y solicitaba se convocara una Convención Nacional. En mayo de ese año se efectuó en New York la XII Asamblea del Partido comunista de Estados Unidos. La Asamblea acordó disolver el Partido comunista y constituir, en su lugar, la "Asociación Política Comunista". El acta de constitución proclamó lo siguiente: "La Asociación Política comunista es una organización no partidarista de los americanos, que basándose en la clase obrera, continúa las tradiciones de Washington, Jefferson, Paine, Jackson y Lincoln, bajo las nuevas condiciones de la sociedad industrial moderna. Procura la eficaz aplicación de los principios democráticos a la solución de los problemas del día, como sector avanzado de la mayoría democrática del pueblo americano. Defiende la Declaración de Independencia, la Constitución de los Estados Unidos y su Declaración de Derechos y los logros de la democracia americana contra todos los enemigos de las libertades populares". Aprobada la nueva línea, Browder fue designado Presidente, y John Williamson Secretario.

64 Juan Marinello. Discurso ante la Segunda Asamblea Nacional del Partido Unión Revolucionaria Comunista, p. 4.

65 Ibid., p. 5.

66 Ibid., p. 11.

67 Ibid., p. 16.

68 Blas Roca, Carlos Rafael Rodríguez y Manuel Luzardo, "En defensa del pueblo", ediciones del Partido Socialista Popular, p. 14.

69 Ibid., p. 14.

70 Ibid., p. 15.

71 Los candidatos a representantes postulados por el Partido Socialista Popular en la Provincia de La Habana fueron los siguientes: Edith García Buchaca, Francisco Domenech Vinajeras, Modesto Alvarez Cuevas, Severo Aguirre Cristo, Eduardo Cañas Abril, José Miguel Espino Martínez, Sara Pascual Canosa, Aníbal Escalante Dellundé, José López Sánchez, Aracelio Iglesias Díaz, Eduardo Torriente, Troadia del Castillo Cruz, Blas Roca Calderío, Gonzalo Collazo Pérez, Alberto Bolaños Pacheco; José María Pérez Capote, Segundo Quincosa Valdés, Ricardo Rodríguez González. El candidato a la Alcaldía de La Habana que postuló el Partido fue el de la Coalición Socialista Democrática: Alfredo Izaguirre Hornedo. Y los candidatos a Concejales por la ciudad de La Habana fueron: Gilberto Suárez Pérez, César Escalante Dellundé; Ramón Nicolau González, Miguel Pascual García, Vicente González Miranda, Emilio Losada Alvaro, Horacio Fuentes Martínez, Pedro Cavia González, Lucas Pino Pino, Luis Fajardo Escalona, Rafael Morera Masó, Carlos Font Pupo, Francisco Romay Valdés, Francisco Llano Vera, Angel C. Arce Fernández, Eduardo Pérez Grandío, Francisco López Alvarez, Amado León Cabezas, Pastor de la Morena Acosta y Orlando Mitjans Campo. De éstos salieron electos César Escalante, Angel C. Arce y Nila Ortega.

72 V. I. Lenin, **Obras completas**, t. XXX, p. 268, versión española, Editorial Cartago, Buenos Aires, 1960.

CAPITULO XIII
A LA SOMBRA DE LOS AUTENTICOS
(1944-1946)

I - La Jornada Gloriosa. II - Maniobra del Partido ante la derrota. III - Segunda Asamblea Nacional del Partido Socialista Popular. IV - El nuevo Gobierno. V - El IV Congreso de la CTC. VI - Primer Proyecto de Ley de Juan Marinello en el Senado. VII - Hacia una nueva Historia de Cuba. VIII - Al terminar la guerra: A) En el mundo. B) En Cuba. IX - El discurso que Carlos Rafael Rodríguez no pudo publicar. X - El artículo que conmovió al comunismo en América. XI - Reunión de la Comisión Ejecutiva Nacional. XII - Reunión del Comité Ejecutivo Nacional. XIII - La corrupción del Partido. Denuncia y depuración de Masferrer. Campaña de calumnias. XIV - Reorganización de los Partidos en 1945. XV - Cambia la Mesa del Senado con la cooperación de los comunistas. XVI - Muerte oficial del "browderismo". XVII - Organizaciones pantalla del comunismo internacional y Cuba: A) Federación Sindical Mundial. B) Federación democrática internacional de mujeres. C) Federación mundial de la Juventud Democrática. D) Federación mundial de trabajadores científicos. E) Unión Internacional de estudiantes. XVIII - Mayor atención al desarrollo y consolidación de la "Juventud Socialista". XIX - Labor de adoctrinamiento. XX - Trabajo de los comunistas en el sector estudiantil. XXI - Elecciones parciales en 1946. XXII - Siempre la contradicción.

I - LA JORNADA GLORIOSA.

El triunfo de los "Auténticos" revolucionarios estalló en vivas de entusiasmo popular. La muchedumbre expresó su alegría con gozo sin igual, por la elección del Dr. Grau y satisfacción por la forma en que el Presidente Batista había conducido el proceso electoral.

El pueblo estaba embriagado de ilusiones. Creía en Grau, de tal forma que se le llamó "El Mesías". Experimentaba la sensación de que asistía al comienzo de una vida nueva y superior a todas las anteriores.

El Dr. Grau suscitaba una fe plena y la esperanza de que solucionaría todos los problemas. Aquella fe no tenía sentido ni la esperanza, fundamento; pues todo era vago e impreciso. El "Autenticismo" no se había preocupado por articular un programa concreto de gobierno ni por componer un mensaje definido de ideas. Cuando más, se había pronunciado por la "Cubanidad", que decía era amor, y había postulado la honestidad administrativa. Solo con esto creían los cubanos, con su puerilidad característica, era suficiente para realizar lo irrealizable y alcanzar la felicidad.

La "Jornada Gloriosa", como la llamó Eduardo Chibás, desconcertó al Partido Socialista Popular. Los "Auténticos" revolucionarios habían llegado al arco del triunfo por una avenida de batallas contra los comunistas. Era de presumir, en consecuencia, que cayera sobre el Partido todo el peso del gobierno, de cuyos resortes se había valido, hasta entonces, para mantenerse, sobre todo, en la dirigencia de la Confederación de Trabajadores de Cuba.

II - MANIOBRA DEL PARTIDO ANTE LA DERROTA.

En los primeros días de junio corrió la voz entre el pueblo de que se tramaba una conspiración. Decíase que altos jefes del Ejército, alentados por los comunistas, tratarían de impedir que el Gobierno le diera posesión al Presidente electo, al Dr. Grau.

El rumor tomó cuerpo el 11 de junio, cuando el Senador "auténtico" Eduardo Chibás acusó a los comunistas de estar conspirando contra el Presidente Batista. Blas Roca se alarmó tanto, que envió una carta al Presidente por conducto de su Ministro sin Cartera Carlos Rafael Rodríguez, en la que protestaba de lealtad a su Gobierno. En seguida, el día 13, el periódico Hoy publicó un editorial, firmado por Aníbal Escalante, el cual rechazaba la complicidad del Partido en la conspiración que se le imputaba.

Todo aquel vocerío se acalló de momento. El Partido, sin embargo, no se dio punto de reposo en su empeño de maniobrar ante la derrota. El Comité Ejecutivo Nacional se reunió y redactó un largo y tedioso documento que relacionaba, al detalle, "las grandes conquistas obtenidas por los trabajadores durante el Gobierno del Presidente Batista". El documento tenía doble intención: explicar por qué el Partido había apoyado a Batista y fijar las bases de una acción futura, que lo mismo servían para justificar una conducta contra los "auténticos", que un entendimiento con ellos.

En rededor del documento comenzaron a zumbar los más dispares comentarios. El más continuado decía que la CTC se aprestaba para declarar una huelga general que forzara la intervención del ejército y provocar el caos. El Senador "auténtico" Dr. Agustín Cruz tuvo noticias muy concretas sobre esta conjura. Ni tardo ni perezoso, se puso de acuerdo con el Dr. Miguel Suárez Fernández, también Senador "auténtico", para gestionar un entendimiento con la CTC y conjurar así la amenaza. La gestión fracasó, por la negativa del Dr. Grau.

El Partido conoció de las gestiones y de su fracaso. Pronto se le vio cambiar de rumbo y ladearse hacia el oportunismo más desvergonzado. Concretó su planteamiento y solo reclamó garantías para la dirigencia comunista de la CTC.

Las gestiones con el Dr. Grau se reiniciaron, entonces, más formalmente. Intervino la diplomacia internacional. Concretamente, el Embajador de los Estados Unidos se entrevistó con el Presidente electo y le expresó el interés de su Gobierno en mantener a Lázaro Peña al frente de la CTC. El Dr. Grau terminó por revisar su posición. Recibió al Comité Ejecutivo de la CTC, en compañía de los senadores Miguel Suárez y Agustín Cruz, y ofreció, a los comunistas, las garantías que reclamaban.

El Partido había logrado un acuerdo, sin base en los principios. El pretexto, siempre el pretexto, la unidad para defender a los trabajadores. Proseguiría de consiguiente, en su línea de "lealtad" al Gobierno. Una lealtad en que la hipocresía y la audacia marchaban de común acuerdo. Pero, al menos, el Partido podía respirar con alivio y hasta exclamar: ¡Cuando una puerta se cierra, otra se suele abrir!

III - SEGUNDA ASAMBLEA NACIONAL DEL PARTIDO SOCIALISTA POPULAR.

El Partido acababa de tomar una nueva posición en la política nacional. Se había entendido con los "auténticos", sus adversarios tradicionales en el terreno del "revolucionarismo". El cambio necesitaba una explicación. Con este propósito se celebró, fuera de programa, la Segunda Asamblea Nacional del Partido en octubre de 1944, antes de que Grau tomara posesión de la presidencia.

Las sesiones estuvieron presididas por una gran preocupación: el futuro del Partido. Tuvieron un tono de suave autocrítica para ciertas actuaciones del pasado en la vida nacional y de exaltación vehemente cuantas veces se mencionó el tópico de su política internacional.

Veamos, sucesivamente, cuáles fueron los puntos más importantes abordados por la Asamblea.

a) **Ratificación de la línea de Teherán.**

Blas Roca saludó a la asamblea con una ráfaga de encendido entusiasmo cuando analizó el panorama internacional. "Hoy nos encontramos, dijo, ante las perspectivas culminadas en la Conferencia de Moscú, Teherán y El Cairo que aseguran la colaboración de la U.R.S.S., Inglaterra y los Estados Unidos en la reconstrucción del mundo de la post-guerra, la posibilidad de un proceso de reformas para beneficio de las masas obreras y campesinas".[1]

Las perspectivas nacionales, según Blas Roca, no eran menos halagüeñas. Creía no solo en la colaboración pacífica entre países con distintos sistemas sociales, sino en la transición pacífica de los países capitalistas al socialismo, que se lograría mediante un proceso de reformas.

Aníbal Escalante fue más preciso en sus conceptos "browderistas". Con expresión solemne, dijo:

"Ha terminado el período de cerco del País del Socialismo y se ha iniciado una nueva era en la que se abren todas las perspectivas inmediatas para la marcha armónica de un mundo en parte socialista y en parte capitalista. Si Teherán se lleva a cabo, tal marcha unida —la convivencia pacífica del socialismo y el capitalismo— será posible. También es posible en cada país —de llevarse a cabo la política de Teherán, bajo la consigna de la unidad nacional— la convivencia del capitalismo y del socialismo, o sea, de los partidarios de uno y otro sistema, interesados en el progreso económico y político que sirve de fundamento a la paz duradera que constituye hoy más que nunca una necesidad en la humanidad".[2]

Carlos Rafael Rodríguez amplificó, más aún, lo tratado por Escalante. Sus palabras corrieron por la vertiente del revisionismo leninista. He aquí sus palabras, "ad pedm litterate":

"Otro de los problemas capitales abordados por el compañero Aníbal Escalante es el de la posible modificación del imperialismo, en el sentido de variar las relaciones de la política imperialista hacia los países coloniales y semicoloniales. El compañero Escalante nos ha hablado de un imperialismo que, en cierto modo, empieza a mostrar caracteres nuevos, distintos a los que presentaba en los instantes en que Lenin describió, en magistral análisis, el fenómeno imperialista".[3]

Este revisionismo propugnaba la convivencia pacífica como línea de política exterior y la colaboración de clases en la política nacional. Era una forma de abjurar de los viejos principios del marxismo-leninismo. Aunque revisionista, resultaban, en esencia, los mismos que hoy propugna la Unión Soviética.

b) **Oportunismo político en lo nacional.**

Blas Roca realizó un largo balance de las conquistas obtenidas por los trabajadores durante el período presidencial de Batista. Terminado el mismo, entró en el análisis perspectivo, con el fin de justificar la colaboración con el partido "Auténtico". La hoja de parra fue la de siempre: "defender los intereses del proletariado".

Ladislao González Carvajal manifestó su preocupación por el futuro del Partido en sus relaciones con el Dr. Grau. Estimó que esas relaciones no serían como las sostenidas con el Presidente Batista, pues no creía en la colaboración honesta del Dr. Grau. Después aguzó su imaginación y habló de la posibilidad de un golpe militar contra el Gobierno. Exhibió, con histerismo singular, una grave preocupación por cómo reaccionaría el gobierno. Indicó, con énfasis tribunicio, era necesario evitar que los reaccionarios, agrupados en el Partido Republicano, pudieran conducir al Gobierno por los derroteros anti-populares. De donde se podía concluir que el Partido estaba en la obligación de apoyar las medidas gubernamentales "beneficiosas para las masas obreras y campesinas".

Joaquín Ordoqui, en el plano de buscar una justificación histórica a la nueva postura, recordó los días en que el Partido comenzó a colaborar con Batista. Mencionó la crisis que se produjo en el Partido, cuando algunos miembros se mostraron reticentes a esa colaboración, y la crisis, más aguda aún, que surgió en Unión Revolucionaria.

Blas Roca, en su informe, tomó los argumentos de González Carvajal y Ordoqui para justificar, con sus acostumbrados malabarismos dialécticos, el consabido oportunismo político del Partido. En esta ocasión, el entenderse con los "Auténticos" en el gobierno.

En ese ir hacia adelante y hacia atrás, para no quedar mal con nadie y quedar bien con todos, propuso que la primera solución de la asamblea fuera enviar una carta al Presidente Batista en la que se destacaban los resultados "positivos" de la colaboración que los comunistas le habían prestado. La carta finalizaba con una ratificación de "nuestro afecto y nuestro respeto (a Batista) por sus principios como líder demócrata y progresista" y expresaba la esperanza de que "mañana, como ayer y hoy", pudieran colaborar con el Presidente, que iba a dejar de serlo, para beneficio de nuestro país y del pueblo. Una explosión de aplausos indicó el respaldo a la carta firmada por Blas Roca, como Secretario General, y Juan Marinello, como Presidente.

c) Preocupación por los fracasos del Partido con la juventud.

Uno de los acuerdos de la Asamblea rezaba así: "Prestar mayor atención a la juventud".

Al Partido le preocupaba los reveses que había sufrido en el sector juvenil. ¿Las causas? El sectarismo de los dirigentes. La notoria subordinación a los intereses de Moscú. La colaboración con el Gobierno de Batista. Y el sentimiento anti-comunista de los estudiantes.

Desde la asamblea anterior, ya venía trabajando el Partido por superar las dificultades con la juventud cubana. Dio los primeros pasos cuando, el 14 de febrero de 1944, comenzó a editar el semanario "Mella", dirigido por Luis Mas Martín. Se presentó como "continuador de la tradición de lucha de 'Juventud Obrera', 'Juventud comunista' y 'Ahora', publicaciones marxista-leninistas de la juventud y, en un sentido más amplio, como continuador de las demás publicaciones juveniles democráticas y anti-imperialistas de nuestro país".

Solo faltaba crear una nueva organización juvenil, en sustitución de la anterior, a tono con la plataforma de Teherán. La Asamblea dio este paso definitivo. Acordó constituir la "Juventud Socialista", presidida por Flavio Bravo. El acuerdo decía así:

"Debemos crear la Juventud Socialista, puesto que el Partido le dará de este modo una mayor atención a los problemas de la juventud, ya que tendrá una organización propia, a través de la cual podrá considerar tales problemas. A través de la Juventud Socialista el Partido podrá ejercer una influencia más directa, abierta y acentuada para elevar la conciencia política de la juventud y organizarla en la lucha por la liberación nacional y el socialismo. Objetivos de la Organización: La Juventud Socialista perseguirá los mimos fines programáticos que el PSP y, por consiguiente, su programa será el mismo del Partido. Los propósitos esenciales que nos guían en la organización de la JS y por los cuales deberá ésta luchar, son los siguientes: a) Educación política de la juventud. b) Incorporación de la Juventud al movimiento popular nacional. c) Defensa de las reivindicaciones de la juventud. d) Desarrollo del deporte y de la educación en general. e) Colaboración entre los grupos juveniles progresistas, y f) Lucha contra los vicios".

La organización de la Juventud Socialista, según dicha Resolución, sería la siguiente: "Brigadas, Secciones, Comités, Grupos de Exploradores, Clubes, Equipos deportivos, Gimnasios, Escuelas y Academias, Cuadros Escénicos, Coros, Conjuntos Musicales y Ateneos".[5]

La juventud Socialista se puso en onda a partir de ese momento. Renunció al sectarismo y optó por el trabajo en fracción. Era la mejor forma de llegar con su mensaje sin despertar suspicacias.

d) Se acuerda de los campesinos.

El Partido se había preocupado relativamente poco de los campesinos. Solo se había acordado de ellos teóricamente, muy especialmente en 1934, cuando redactó el programa de acuerdo con los esquemas de la Internacional. Ahora, sin embargo, los mencionaba con particular interés, estimulado por el auge del movimiento campesino en Cuba.

Las asociaciones campesinas habían logrado del anterior Gobierno un decreto que suspendía los desalojos. Ahora luchaban por consagrar tal derecho en una ley y por la promulgación de la legislación complementaria de la Constitución que favorecería a los campesinos.

El Partido decidió no interferir los esfuerzos de las asociaciones campesinas, constituyendo otras de naturaleza sectaria, y hacer suyas las demandas ya planteadas. En esta línea, Blas Roca dijo:

"En el futuro inmediato esa lucha la concreta el Partido Socialista Popular en la gestión por las siguientes medidas: Ley Reguladora de los contratos de arrendamiento y aparcería, que extienda la duración de éstos a un mínimo de diez años, que rebaje las rentas, que garantice a los campesinos contra los desalojos y regule el pago de las mejoras y bienhechurías al finalizar o rescindir el contrato aun en los casos de desahucios judiciales. Ley Complementaria del artículo 90 de la Constitución fijando la cantidad máxima de tierra que una persona o entidad pueda poseer y organizando la fragmentación de los grandes latifundios para su reparto entre los campesinos".[6]

e) **Nuevas células de trabajo.**

El debate en torno a las tareas y métodos de dirección del Partido fue uno de los que concentró más la atención de la asamblea. El Partido estaba muy interesado en no perder su dinámica, algo deteriorada por su aburguesamiento a la sombra del gobierno. A tal efecto, acordó constituir "Comités Socialistas" para activar las tareas del Partido en todos los frentes. Y dispuso que los mismos se constituyeran por barrios y por centros de trabajo; que celebraran reuniones periódicas para considerar todas las cuestiones del barrio o sector en relación con el Partido, y que se preocuparan, fundamentalmente, por aumentar el número de afiliados, impartiéndoles instrucción política.

En resumen, la Asamblea cumplió su cometido: ratificar la línea internacional trazada por Moscú, de colaborar con los Estados Unidos, y ratificar los acuerdos del Comité Ejecutivo Nacional, de entenderse con los "auténticos", a cuyo fin elaboró las razones que justificaran su "lealtad" al nuevo Gobierno.

IV - EL NUEVO GOBIERNO.

El Dr. Ramón Grau San Martín asumió la Presidencia de la República el 10 de octubre de 1944. Así llegaba al Poder un representante de las masas, de las masas "pervertidas por esos simplismos de los gritadores", al decir de Ortega.

Los grupos conservadores ya habían mitigado sus alarmas de antaño, por la leyenda revolucionaria de los "auténticos". Confiaban en la ponderación que exigían las circunstancias de la guerra y en las figuras moderadas de la nueva situación. Hasta el extremista de la demagogia revolucionaria, Eduardo Chibás, pronunciábase por "la Unidad Nacional verdadera" en torno al Dr. Grau.

En el ejercicio del Poder se advirtió que las aristas revolucionarias de los "auténticos" se habían tornado romas. Cuando más se distinguían por un especial tono, en la voz, de radicalismo demagógico. El nacionalismo "auténtico" tampoco se manifestó anti-yankista. A ello habían contribuido la simpatía con que el embajador norteamericano había visto la candidatura triunfante del Dr. Grau y la campaña, de tirios y troyanos, que presentaba a los Estados Unidos como abanderado de la Justicia en el mundo. A esa campaña habían cooperado, en no poca medida, los propios comunistas nativos. No sería hipérbole afirmar que, desde entonces, desaparecieron, en buena medida, las huellas del rencoroso anti-yankismo que habían dejado las consignas agitadas en otros tiempos.

El Gobierno se estrenó con una tónica de severa honestidad. Lo primero que hizo fue abolir una serie de impuestos, cuya recaudación era incosteable. Fue un gran golpe de efecto. Apenas había comenzado a actuar, se vio que todo su plan se reducía a improvisar ante las circunstancias y a esquivar el conflicto de cada día.

Lo que caracterizó al Gobierno Auténtico fue su gran respeto por la libertad. Cada cual podía hacer lo que se le antojara. Todo el mundo reclamaba derechos y nadie se consideraba obligado por los deberes. El que más y el que menos llegó a sentirse un poco autoridad, de donde resultó que la autoridad entró un tanto en crisis.

Donde más se notó esta característica fue entre los propios "revolucionarios". Por el hecho de haber llegado al Poder, considerábanse con libertad hasta para delinquir. Habían confundido, sin duda, la libertad con la licencia. Los "grupos de acción" comenzaron a campear por sus respetos. Cada grupo tenía su representación en la policía e impartía la justicia directa a su modo y manera. El pueblo cubano, con su habitual mezcla de humor y frivolidad, los bautizó con el nombre de "chicos del gatillo alegre". Parecía una gracia, cuando no un heroísmo, el ajustar cuentas entre ellos o con quienes habían impedido sus acciones en la época de Batista. El atentado terminó por convertirse, andando el tiempo, en la expresión típica de la "justicia revolucionaria". Todo lo cual trajo, como resultado, la falta de respeto a la ley.

En medio de aquel desbarajuste, Cuba vivía sus segundas "vacas gordas", a consecuencia del aumento en el volumen y el precio de la producción azucarera. Las ventas globales de las zafras del cuarenta y cinco, cuarenta y seis y cuarenta y siete a la Commodity Credit Corporation, que vinculó el precio del azúcar al índice del costo de la vida en los Estados Unidos, fue el éxito más notable del gobierno del Dr. Grau. Esta medida, de sano nacionalismo, aumentó sustancialmente los ingresos del país. El producto del diferencial, entre el precio anterior y el que ahora se obtenía, quedó, en parte, a favor del Estado, para construir escuelas y viviendas campesinas, y la otra parte permitió distribuir millones de pesos entre los trabajadores azucareros.

La limitación de las importaciones, a consecuencia de la guerra, aumentó las reservas internacionales. Se crearon nuevas industrias, al amparo de la legislación sobre estimulación industrial. Adquirió importancia considerable la industria de la construcción de viviendas. Se realizaron grandes inversiones en la exploración de yacimientos de petróleo. Un amplio plan de obras públicas, realizado directamente por el estado sin concertar empréstitos, dio empleo, prácticamente, a toda la población.

Este correr del dinero provocó la inflación. Los productos escasearon y los precios subieron. Lo cual dio margen a la especulación y los precios fueron elevados por los funcionarios del gobierno. Esta anomalía fue una de las saetas que hirió profundamente la ilusión que el pueblo se había forjado con los "auténticos".

Los comunistas tomaron, durante este período, una posición ventajista. La de siempre. Acallaron "in promptu" sus histéricas cháchars anti-auténticas. Y, en seguida, entonaron sus acostumbradas músicas "progresistas" en loor de los revolucionarios "auténticos". Tomaron el Parlamento como bolsa de valores, donde hicieron todo género de transacciones. Alguna que otra vez, y como al descuido, utilizaron sus medios de propaganda para "poner al descubierto las purulentas llagas de la sociedad burguesa".

La táctica del Partido fue, como la de otros tiempos. tratar de sembrar la discordia con el propósito de separar del Gobierno a los factores moderados. La principal forma de lucha continuó siendo la pacífica y parlamentaria, es decir, la lucha de masas legal. La cuestión fundamental parecía que era permanecer bajo la sombra del gobierno, cualquiera que éste fuese. Era una cuestión de "conciencia", si tenemos en cuenta que la conciencia de los dirigentes estaba íntimamente ligada a los gajes del Poder.

En fin, a todas luces, la conducta del Partido lucía inspirada en una parodia de la consigna leninista: "la cuestión fundamental en todas las revoluciones es la cuestión del Poder".

V - EL IV CONGRESO DE LA CTC.

El IV Congreso de la CTC se celebró en medio de un ambiente de reprimida hostilidad, entre "auténticos" y comunistas" a fines de diciembre del cuarenta y cuatro. Los comunistas cedieron algunos puestos en el Ejecutivo, a cambio de que Lázaro Peña permaneciera en la Secretaría General. Fue el aceite en la marejada, para calmarla.

Como de costumbre, Lázaro Peña leyó su informe. Se redujo a reproducir los tópicos al uso en aquellos momentos y a unos cuantos ratos de frívola peroración en torno a la unidad proletaria. Sus párrafos los envolvió en diestras adulaciones, en las que era un maestro, al nuevo Presidente Grau.

Los acuerdos se entonaron dentro de la escala de la conciliación. Los más importantes, desde el punto de vista político, fueron el que declaró su apoyo a la política del Buen Vecino, tal cual se había acordado por la Confederación de Trabajadores de América Latina en Cali, y el que ratificó la línea unitaria de los trabajadores cubanos para apoyar las medidas del gobierno en favor de las "masas trabajadoras".

El Presidente Grau concurrió a la clausura del Congreso. Lo hizo en compañía de su Ministro del Trabajo, Dr. Carlos Azcárate, quien sentía una rara fascinación por los dirigentes comunistas. El espectáculo llegó a su punto cuando Lázaro Peña forzó un abrazo del Dr. Grau, a la vista del público, en el escenario del teatro. Vinieron después las inevitables palabras del Presidente, quien, al terminar se vio en medio de un remolino de manos y felicitaciones.

Así un tanto artificialmente, quedó sellada la colaboración de los comunistas con los "auténticos". Como con harta frecuencia acontece en la política, sobreponíanse los intereses al noble fin de erradicar a los rojos de la CTC. De momento, el Partido había ganado la batalla.

VI - EL PRIMER PROYECTO DE LEY DE JUAN MARINELLO EN EL SENADO.

Apenas Marinello hubo tomado posesión de su cargo de Senador, cuando sometió a la consideración del Senado su viejo proyecto de ley sobre la enseñanza. Era el mismo que dos años antes había presentado, sin fortuna, a la Cámara de Representantes y que recogía sus ideas expresadas en 1941.

El objetivo del proyecto de ley era la intervención del Estado en la orientación de la enseñanza privada. Este empeño se traslucía a través de su "Tercer Por Cuanto", que decía:

"Propugnamos el rescate para el Estado, y el diligente cumplimiento por éste, del ejercicio de las funciones que la Constitución le concede e impone sobre la enseñanza, no solo en lo pedagógico, sino fundamentalmente en lo que se refiere a su organización".

No se le ocurrió nada mejor, a Juan Marinello, para justificar su enojoso propósito, que invocar el "espíritu de cubanidad". ¡Cómo si un comunista pudiera tener tal espíritu! El "Octavo Por Cuanto" desarrollaba la idea en esta forma:

"Juzgamos de vital trascendencia para el permanente afianzamiento de la nacionalidad, que el Estado ejerza, no por simple expediente burocrático, como hasta ahora, sino con miras a la plasmación de ese espíritu de cubanidad a que se refiere la Constitución, la reglamentación e inspección de las escuelas privadas, sin que ello envuelva gratuito deseo de dañar intereses ni menoscabar derechos".

En esta ocasión, el "Proyecto de Ley Marinello" no provocó el aparatoso griterío de protesta de los años cuarenta y uno y cuarenta y dos. La inconformidad era la misma o mayor. Pero eran menos los que estaban dispuestos a enfrentarse con los problemas de una campaña contra los comunistas. De ahí que la repulsa se expresara en forma más serena y silenciosa, aunque no por ello dejó de ser firme y efectiva.

Las autoridades eclesiásticas no hicieron suya la campaña esta vez. Los colegios privados se defendieron solos. Movilizaron a los padres de los alumnos, quienes se dirigieron a los congresistas de sus respectivas regiones para recabar de ellos el repudio al proyecto de ley contra la escuela privada.

Los comunistas, ahora como antes, movieron los hilos de sus organizaciones pantallas. Las pusieron a bailar al son de su disco que repetía muchas veces, para que parecieran muchos, el estribillo altisonante: "Por la Escuela Cubana". El llamado "Colegio de Maestros de Cuba", los "Círculos de Escritores y Artistas" y la CTC fueron de los que más se movieron.

En definitiva, el proyecto de ley no pasó de proyecto. Los comunistas, sin embargo, habían tremolado, una vez más, sus estandartes rojos. La opinión pública se había fijado en ellos. Y a fuerza de machacar y volver a machacar, algo, algo quedaba. Siempre con la esperanza de ir quebrando las resistencias mentales en la conciencia nacional.

VII - HACIA UNA NUEVA HISTORIA DE CUBA.

Los comunistas se plantearon la revisión de la historia de Cuba. Querían reescribirla a la luz del marxismo-leninismo, como expresión clasista. Este empeño lo evidenciaron cuando comenzaron a publicar los "Cuadernos populares sobre Historia de Cuba" en 1944.

La historia de un país es la narración y análisis de los hechos que han ido formando la conciencia nacional. De ahí que los comunistas nativos se preocuparan tanto por distorsionarla, a fin de crear el vacío indispensable sin el cual les sería imposible establecer un sistema tan extraño al perfil humano de la nación cubana.

El primer número de los "Cuadernos populares sobre Historia de Cuba" reprodujo tres ensayos sobre la interpretación de la historia cubana. Los títulos y autores eran: "El Marxismo y la Historia en Cuba", de Carlos Rafael Rodríguez; "Seis actitudes de la burguesía cubana en el siglo XIX", de Sergio Aguirre, y "Raíces de la Ideología Burguesa en Cuba", de Jorge Castellanos.

a) "El Marxismo y la Historia de Cuba".

"La Historia de Cuba está siendo sometida, desde hace algunos años, a la revisión crítica. Hechos, personajes y tendencias, sufren ahora la prueba de un celoso examen".[7] Con estas palabras comenzaba Rodríguez su ensayo.

Después, por el procedimiento del entimema, extraía la conclusión de que la historia de Cuba había sido escrita con "un tono meramente apologético". Sus palabras, increíbles, fueron las siguientes:

> "Los primeros años de Cuba Independiente, en efecto fueron de presentación epopéyica e indiscriminada de nuestro pasado. En un afán de legitimar nuestra condición de pueblo libre y de afirmar la personalidad y el prestigio histórico del cubano, los historiadores de esa primera época, como sus antecesores que escribían en el instante de lucha activa contra el coloniaje, pusieron todo empeño en el engrandecimiento de las figuras, los hechos y las actitudes cubanas. La Historia de Cuba fue escribiéndose así en un tono meramente apologético".[8]

Con la misma, arribaba a esta conclusión, tan peyorativa para los patricios de nuestra independencia:

> "El resultado de ambos factores —la ingenuidad patriótica y nacionalista de unos historiadores y el interés clasista de los otros— ha sido una Historia de Cuba sembrada de heroísmos, grandezas e ideales, en que a veces resulta difícil distinguir la cumbre descollante, de la llanura; el personaje enraizado, del héroe transitorio".[9]

El ensayo de Rodríguez continuaba examinando los propósitos y objetivos de la historiografía marxista. Negaba que el marxismo fuera economismo. Describía la forma en que, según su criterio, el modo de producción (fuerzas productivas y relaciones de producción) determinan el proceso histórico y, en última instancia, las ideas de la época. Aplicaba, de a porque sí, los esquemas marxistas a la historia de Cuba; aunque, para hacerlo, fuera necesario adulterar los acontecimientos. Llegaba al punto de sublevar el espíritu, cuando expresaba:

> "No debe equipararse el acusado democratismo de los núcleos encabezados por Agramonte, con las tendencias más conservadoras de otros representantes del 68, como no puede exigirse al historiador de la América Latina que silencie el carácter nada progresista de las ideas que Bolívar tenía sobre la gobernación de nuestros pueblos".[10]

"Esa historia —la sectaria del Partido— está aún por escribirse en sus detalles", afirmaba con autosuficiencia, Rodríguez. Solo cuando ella se escriba, se atrevía a expresar, podrá determinarse la jerarquía patriótica de nuestros héroes. Tan osado pensamiento lo desarrollaba Rodríguez en esta forma:

> "A ella le corresponde determinar si Céspedes fue impulsado por la "falsa conciencia que le llevaba a ver en su odio a España un simple sentimiento patriótico" o si tenía plena conciencia de la necesidad económica, que lo movía; indagar si la quiebra económica producida por la crisis mundial de 1857, como insinúa

Ramiro Guerra, convirtió en "revolucionario activo y militante" a Francisco Vicente Aguilera, quien, según dicho historiador, jamás lo habría sido en circunstancias normales debido "a su manera de ser modesta y condición apacible y bondadosa" unidas a un "carácter un tanto irresoluto".[11]

En fin, con soberbia y arrogancia poco común, Rodríguez reservaba al comunismo el derecho a juzgar nuestra historia y a quienes la escribieron con su acción heroica o su pensamiento orientador.

b) "Seis actitudes de la burguesía cubana en el siglo XIX".

Era el mismo trabajo que Sergio Aguirre había presentado al "Primer Congreso Nacional de Historia", patrocinado por la llamada "Sociedad Cubana de Estudios Históricos Internacionales", que, fundada el 25 de junio de 1940, presidía Emilio Roig de Leuchsering.

Aguirre mezclaba, en su trabajo, la verdad con el sectarismo. Afirmaba que la historia de Cuba del siglo XIX se dividía en ocho períodos, de los cuales, decía, "existen seis bajo el signo directriz de la burguesía cubana".[12] El criterio sectario saltaba, en seguida, cuando entraba en el examen de cada período. Lo reflejaba en muchas y repetidas ocasiones. Entre otras, cuando expresaba: "la Revolución del 68, que comenzó siendo una revolución burguesa de liberación nacional, alcanza a transformarse en democrática burguesa"[13]

c) "Raíces de la Ideología Burguesa en Cuba".

El ensayo de Jorge Castellanos estaba cargado de erudición. Trataba de ser netamente marxista; pero, a nuestro modo de ver, se le escapaban reflejos de una tendencia espiritualista. Lo más llamativo, que en su exposición desatendía el análisis de los modos de producción como determinante fundamental de las ideas de la época y que le confería especial importancia a las corrientes ideológicas como determinantes de la evolución política en Cuba.

El bosquejo de los tres ensayos, publicados por el primer número de "Cuadernos populares sobre la Historia de Cuba", nos permite advertir como trataban de pintar, los comunistas nativos, el panorama histórico de Cuba.

VIII - AL TERMINAR LA GUERRA. A) EN EL MUNDO. B) EN CUBA

En 1945 terminó la Segunda Guerra Mundial. De ella salieron fortalecidos la Unión Soviética y los Estados Unidos. La victoria de los Aliados no trajo la sensación de una "paz duradera", con la cual soñaban los pueblos del mundo. Las nubes rojas oscurecían el horizonte de la Humanidad. La paz se convirtió, pronto, en un vivero de la guerra. Por el momento, de la guerra fría.

A En el mundo.

La victoria sobre Alemania ya era previsible desde mucho antes de 1945. Con el propósito de planificar la paz, se habían reunido los representantes de la Gran Bretaña, Estados Unidos, Rusia y China en Dunbarton Oaks, cerca de Washington, desde el 21 de agosto hasta el 7 de octubre del año anterior, 1944. Se acordó, tentativamente, cómo quedaría constituida la Organización de las Naciones Unidas. Allí se manifestó, un tanto prematuramente, la actitud desdeñosa del representante de la Unión Soviética, Maxim Molotov, por los países latinoamericanos, cuando reclamó un voto en la ONU para cada una de las llamadas repúblicas soviéticas, al considerar que disfrutaban de la misma soberanía que las naciones de América Latina con relación a los Estados Unidos.

Después vino la reunión de los Tres Grandes: Roosevelt, Churchill y Stalin. Tuvo efecto del 4 al 12 de febrero de 1945 en Yalta, lugar de veraneo sobre la costa de Crimea. El temario comprendía tres asuntos esenciales: adoptar el plan de Dunbarton Oaks para organizar las Naciones Unidas, acordar las condiciones sobre la ocupación de Alemania una vez terminada la guerra y resolver la situación de Polonia y las naciones "liberadas" de Europa. Los Estados Unidos lograron, en esta Conferencia, que la Unión Soviética se comprometiera a declararle la guerra al Japón; no obstante el pacto de no agresión firmado por ambos países el 13 de abril de 1941.

El 12 de abril ocurría el fallecimiento del Presidente de los Estados Unidos, Franklin D. Roosevelt. Y, a los pocos días, el 25 de ese propio mes, el Presidente Truman inauguraba la Conferencia de San Francisco, donde se reunieron los representantes de 50 naciones para acordar la constitución de la ONU.

En esta Conferencia ya se evidenciaron las profundas discrepancias de la Unión Soviética con los países democráticos. La creación de los organismos regionales fue uno de los puntos más polémicos. La Unión Soviética se opuso, especialmente, al interamericano, cuyos principios había consagrado, días antes, la Conferencia de Chapultepec en México.

Los comunistas latinoamericanos apoyaron, sin reservas, las demandas de la Unión Soviética contra el sistema interamericano. Nada importaba que antes lo hubieran defendido, cuando la VIII Conferencia de Lima de 1938 y cuando la Tercera Reunión de Consulta en Río de Janeiro en 1942. Eran consecuentes, sin embargo, con la línea soviética.

En definitiva, los principios recogidos en la Declaración de Chapultepec sirvieron de base a muchos acuerdos de la Conferencia de San Francisco. Las grandes potencias tuvieron que aceptar buen número de los extremos planteados, de modo solidario, por las naciones de América, para lograr la aprobación de la Carta de las Naciones Unidas.

Estando reunida la Conferencia de San Francisco, el 7 de mayo, se produjo la rendición de Alemania. Para ultimar los acuerdos sobre su ocupación y el destino de las naciones "liberadas", convocóse la Conferencia de Postdam. Comenzó el 17 de julio, con la asistencia de los más altos representativos de las Tres Grandes Potencias: Churchill, Truman y Stalin. En medio de sus sesiones, el 26 de julio, Atlee sustituyó a Churchill, al perder éste las elecciones frente a los socialistas. De esta Conferencia sacó Stalin la consolidación del poderío soviético sobre media Europa, para lo cual prometió lo que después no cumplió: elecciones libres, garantía para las libertades civiles y gobierno representativo.

La guerra no había terminado aún. El Japón continuaba resistiendo y todavía no había cumplido la Unión Soviética su compromiso de declararle la guerra.

El 6 de agosto cayó la primera bomba atómica sobre Hiroshima, preludio de la derrota japonesa. Fue entonces, el 8 de agosto, que la Unión Soviética rompió hostilidades con el Japón, al solo objeto de asegurar las concesiones prometidas en la Conferencia de Yalta. Al día siguiente, cayó otra bomba sobre Nagasaki. Fue el final. El día 10 anunció el gobierno japonés su decisión de rendirse incondicionalmente. El catorce se rindió oficialmente y el 2 de septiembre firmó la paz a bordo del acorazado Missouri, anclado en la bahía de Tokío.

Terminada la guerra se proyectaba una nueva amenaza sobre el mundo y, de consiguiente, sobre América: el comunismo.

B) En Cuba.

Ya por entonces, el Gobierno del Presidente Grau había quebrantado la fe suscitada en el pueblo cubano. El calor de la esperanza caía ya en el fondo glacial de la desesperanza. Habían comenzado a decursar esos días grises en que el sol de las ilusiones se esconde tras los cúmulos nimbos de la incertidumbre que impide ver una perspectiva de felicidad.

El peculado volvió a reverdecer, y ¡de qué manera! Florecían nuevos ricos al amparo del "patriotismo". El agio y la especulación alcanzaron magnitudes de escándalo. La falta de respeto a la ley se generalizaba de tal forma que podía considerarse un infeliz quien no pudiera violar al menos, un reglamento.

El dinero, en cambio, corría a manos llenas. Había una situación de verdadera prosperidad, a consecuencia de las ricas zafras azucareras. El Estado, por su parte, despilfarraba los fondos públicos en obras donde trabajaban muchedumbre de jornaleros. Además, los gobernantes revolucionarios, que negociaban a la sombra del Poder, eran más dadivosos que sus predecesores no revolucionarios.

El Presidente Grau dejaba decir que sus colaboradores, y solo ellos, eran responsables de los errores y vicios que se le imputaban a su Gobierno. Pero cuando el Parlamento les exigió responsabilidades se burló del Congreso, al sustituirlos por sus colaboradores subalternos. El Presidente se excusaba de todo, inclusive de gobernar sin presupuesto. Alegaba que el Parlamento estaba en plano de impedirle gobernar, cuando de todos era sabido que gobernaba sin el Congreso.

En medio de la baraunda de opiniones, prevalecía siempre la del Presidente Grau. Todo lo explicaba, en última instancia, de manera sardónica, valiéndose con frecuencia de algún que otro chascarrillo. Por lo demás, resolvía cuanto problema se le presentaba con su acostumbrado juego.

Hubo alguna que otra conspiración militar; pero las sofocó sin concederles mayor importancia.

El inconforme, con todo lo que no fuera él y su beneficio, no demoró en saltar para expresar su oposicionismo inveterado. La mayor parte de la prensa se hizo eco de cuanto acontecía, con su habitual forma escandalosa. Ejerció su función crítica sin limitación alguna y, en ocasiones, hasta entrometiéndose en la vida privada de los funcionarios.

El Gobierno hirió a la gran masa del país, cuando quebró los valores morales de su mística revolucionaria. Aquello dejó en el pueblo una impresión de angustia y desconsuelo. Tal situación produciría, en definitiva, una triste oquedad con la secuencia inevitable de cinismo e incredulidad.

En el plano de las ideas advertíase una mayor orfandad cada día. Los revolucionarios "auténticos" habían probado que estaban exentos de ideas. Cuando más, solían pronunciar algunas frases que sonaban bien; pero no decían nada.

Los comunistas proseguían, mientras tanto, su labor de zapa. Avanzaban escondidos tras sus organizaciones fachadas, con el propósito de menoscabar los factores de integración nacional. Actuaban, como Partido, a ojos vista. Los consideraban inofensivos, cual si fueran los miembros de un partido político al uso. Algunos se entendían inclusive con ellos, en la creencia de que los utilizaban para sus fines. No era, empero, así exactamente. Estaban corrompidos, ¡quién lo duda! Pero corrompían, mucho más, con sus métodos e insidias. Cuando podían, introducían la discordia con sus opiniones y no dejaban pasar ocasión sin poner su acento colérico sobre nuestras desventuras sociales. Las exageraban siempre, para realzar sus ideas. Era una forma de ir horadando la conciencia nacional.

IX - EL DISCURSO QUE CARLOS RAFAEL RODRIGUEZ NO PUDO PUBLICAR.

El "browderismo" llegó a convertirse en la teoría perfecta para justificar el acomodamiento de la dirigencia del Partido en Cuba. Nada tan de grado para vestir la tesis de conciliación con los Estados Unidos y de entendimiento con los gobiernos de turno.

Carlos Rafael Rodríguez fue uno de sus defensores más entusiastas. Llegó a sentir la sensación de ser un marxista creador, capaz de adaptar el maxismo y el "browderismo" a las circunstancias locales y del momento. Se devanó los sesos para componer una rapsodia "browderista", con tonos marxistas, que resultara grata a los oídos de quienes la escuchaban. La oportunidad para darla a conocer fue en el teatro Terry de su ciudad natal, con motivo del aniversario de la fundación de Cienfuegos, el 22 de abril de 1945.

El discurso de Carlos Rafael, como le dicen sus amigos, estuvo bordado con los hilos del mito pacifista y conciliador. Sostuvo que después de la guerra, la humanidad entraba en un mundo de paz, democracia y unidad. ¡No habrá guerra, —exclamó eufórico—, sino paz duradera! El imperialismo, afirmó, ha cambiado su naturaleza agresiva y bélica y está dispuesto a prestar su ayuda a las revoluciones democráticas. Era obra, según su criterio, de "las fuerzas progresistas" que presionaban dentro de cada país. Habló entonces, al discurrir sobre la cuestión nacional, de la unidad, de la unidad para apoyar el desarrollo económico, el mejoramiento de los trabajadores y felicidad popular. La visión panglosiana de Carlos Rafael lo llevó a decir que ya no era necesaria la violencia para llegar al socialismo. Se podía llegar por evolución pacífica, agregó, empujando por la senda de la conciliación con la burguesía, como resultado de las reformas que consideraba una realización parcial del socialismo. El epílogo fue un pronóstico optimista sobre la "nueva etapa de paz y democracia".

Aquel discurso de Carlos Rafael Rodríguez, que reflejaba el pensamiento del comunismo en Cuba, casi coincidió con la publicación del artículo de Duclós, en Francia, contra el "browderismo". La oportunidad no pudo ser más desafortunada. Carlos Rafael, que había mandado a imprimirlo, no pudo publicarlo.

X - EL ARTICULO QUE CONMOVIO AL COMUNISMO EN AMERICA.

Con gesto brusco e insolente, Moscú ordenó a sus partidos comunistas que cambiaran la política de los tiempos de guerra. La Unidad Nacional y la cooperación internacional eran cuestiones pasadas. Ahora había que practicar una política militante en cada país y anti-norteamericana en lo internacional, al menos, en América.

El nuevo hito quedó señalado por Jacques Duclós en un artículo publicado por la revista francesa "Chaiers du Comunisme" en abril del cuarenta y cinco. La emprendía, virulentamente, contra la línea de la "Asociación Política comunista de los Estados Unidos", inspirada por Browder. La calificaba de "revisionismo derechista". Sus críticas alcanzaban también al Partido Comunista de Cuba. Apuntaba que la posición correcta era la lucha de clases en cada país y el combate, sin flaquezas, contra el imperialismo en el mundo, que acaudillaba los Estados Unidos. Afirmaba que la teoría de la "paz duradera" a escala mundial era una teoría reccionaria para liquidar la revolución. Y arremetía contra la llamada "democracia general" de la gran burguesía, la cual consideraba un engaño.

La granada lanzada por el Partido Comunista francés contra el de Estados Unidos dio en el blanco y sus fragmentos llegaron al de Cuba.

De inmediato se reunió el Buró Político de la "Asociación Política Comunista de los Estados Unidos". En seguida, el Comité Ejecutivo. Y, sin pérdida de tiempo, la Convención Nacional en New York. John Williamson llevó la voz cantante contra el llamado revisionismo de Browder. La Convención acordó reconstruir el Partido Comunista, tomar una línea consecuente con el marxismo-leninismo; suspender a Browder, por haber cometido errores semejantes a los de Jay Lovestone y Benjamín Gitlow, derivados del "excepcionalismo norteamericano", y designar Secretario General a William Z. Foster.

En Cuba, el Partido Socialista Popular, también tuvo que reconsiderar su conducta, por haber copiado, casi al pie de la letra, la política del comunismo norteamericano. A tal fin, convocó urgentemente a la Comisión Ejecutiva Nacional; de seguido, al Comité Ejecutivo Nacional y, más tarde, ya sin prisa, a la Asamblea Nacional.

Los comunistas en Cuba, hoy eran una cosa; mañana otra, opuesta a la primera. Siempre movibles a la voluntad de los vientos que soplaban de Moscú.

XI - REUNION DE LA COMISION EJECUTIVA NACIONAL.

La dirigencia del Partido en Cuba estaba en gran aprieto. Se había responsabilizado demasiado con la línea de Teherán, postulada por el líder norteamericano Earl Browder. A los disparos de Duclós se sumaban los que salían de las propias trincheras del Partido en Cuba.

No era fácil salir de tal encrucijada. Requería desdecirse, sin lucir que se abjuraba, para no caer bajo el piquete de la crítica de quienes vigilaban a la dirigencia del Partido para volcarla. Los más comprometidos eran los miembros del Buró Político. Entre ellos, Blas Roca por su condición de Secretario General; Juan Marinello, por Presidente del Partido; Aníbal Escalante, por responsable de la orientación política y la propaganda y, Carlos Rafael Rodríguez porque había exhibido demasiado su erudición marxista en apoyo a la tesis de Browder.

A fin de buscar una salida y trazar las líneas de rectificaciones, se reunió el cónclave del Buró Político: la Comisión Ejecutiva Nacional. A tal efecto lo hizo publicar en la revista "Fundamentos" del mes de julio.

Blas Roca comenzó con una confesión parcial de sus errores. "En este problema, dijo, no hay dudas de que nosotros hemos mantenido apreciaciones erróneas, exageradas, sobre las perspectivas de la post-guerra, de la Conferencia de Teherán y de sus resultados".[14] Era su forma de señalar la necesidad de rectificar.

Después vino la excusa. Explicó que, en medio de las circunstancias de la guerra, no tuvo oportunidad de recibir instrucciones de Moscú y se atuvo a la orientación del Partido comunista de los Estados Unidos. He aquí sus palabras:

"Frente a acontecimientos internacionales desarrollados tan lejos de nuestro medio, nosotros no teníamos más remedio que guiarnos para su interpretación por las escasas y generalmente deformadas informaciones cablegráficas, por los pocos artículos que nos han llegado de los más autorizados marxistas rusos y, sobre todo, por el abundantísimo material que hemos tenido del Partido comunista de los Estados Unidos".[15]

Redondeó la causa de justificación con nuevas expresiones de fingida humildad, cuando dijo:

"Como nosotros no tenemos ninguna vocación por convertirnos en expertos tratadistas internacionales, lo lógico es que frente a acontecimientos de la naturaleza de la Conferencia de Teherán nos guiáramos por la opinión de los que considerábamos mejor y más íntimamente informados y más autorizados".[16]

Admitir que todas sus apreciaciones habían sido erróneas, era condenarse a sí mismo. De ahí que procuró balancear su reconocido error de interpretación del acontecer internacional con un supuesto éxito interpretativo de las realidades nacionales. Lo expresó así:

"Mientras que nuestras apreciaciones de las perspectivas de Teherán eran erróneas y exageradas, nuestra línea de actividad política, basada en las realidades que nos circundan y trazada con el pleno conocimiento de ellas, no fue torcida en la fundamental, ni influida negativamente por tales concepciones erróneas".[17]

En el plano de esquivar los golpes de la crítica, afirmó que cuando la Segunda Asamblea Nacional del Partido acordó la línea que ahora se revisaba aún no se había traducido el libro "Teherán" de Browder.

Los errores los fue reconociendo a retazos. Su ilusión sobre "la paz duradera" la explicó de esta manera:

"Nuestro error general y básico con respecto a la apreciación de Teherán ha consistido en que nos hemos dejado llevar un poco por la ilusión de que los grupos gubernamentales dominantes en Estados Unidos e Inglaterra estaban totalmente identificados con los acuerdos de Teherán, que no tenían más posibilidad que cumplirlos estricta y plenamente, que las fuerzas reaccionarias actuantes en Estados Unidos e Inglaterra no podían torcer el rumbo de la acordado por Roosevelt, Churchill y Stalin".[18]

A la anterior ilusión pacifista, agregó "su apreciación exagerada", en cuanto al período de prosperidad económica en el mundo capitalista de la post-guerra. La confesión de su pecado, la sustanció con estas palabras:

"Hemos tenido una apreciación exagerada de los posibles resultados de los acuerdos de Teherán en el campo de la economía mundial. Aun aceptando que la plena y correcta aplicación de los acuerdos de la Conferencia de Teherán podían haber promovido mejores condiciones económicas en el mundo de la postguerra, es claro que ellos no podían mantener un largo período de prosperidad ni evitar por mucho tiempo las crisis económicas inherentes al sistema capitalista".[19]

No había terminado aún la confesión de sus pecados. Seguidamente, reconoció otro error más: "la falsa creencia de 'que los sectores decisivos de los imperialistas podían cooperar llana y voluntariamente a los propósitos de Teherán".[20] Y después vino el otro: "Nos acercamos un poco, dijo, a considerar el panorama del mundo de la post-guerra, presidido por relaciones casi idílicas entre el socialismo y el capitalismo, tanto en escala internacional como dentro de las fronteras de cada país". "Esto creo, agregó, debe entenderse francamente como una interpretación errónea, falsa, de las perspectivas de las relaciones mundiales y nacionales entre las fuerzas capitalistas y socialistas bajo los acuerdos de Teherán".[21]

En el plano de repartir responsabilidades y aliviarse la carga de las culpas, Blas Roca dijo:

"Tal apreciación se expresó particularmente en la II Asamblea Nacional, aunque no sin ciertas reservas y limitaciones, que expresaban nuestras propias dudas correctas ante tal interpretación errónea de los acuerdos de Teherán.

Partiendo de este error básico, caímos en una serie de apreciaciones exageradas".[22]

Fijada la responsabilidad genérica de la Asamblea, pasó a buscar quienes lo acompañaran en sus responsabilidades concretas. Por este atajo, señaló hacia Carlos Rafael Rodríguez y Aníbal Escalante.

Ensayó, entonces, la defensa de los puntos de vista de Carlos Rafael Rodríguez, con lo cual se defendía a sí mismo. El argumento básico fue anotar lo que era obvio: el cambio de la naturaleza y correlación de las fuerzas internacionales desde 1917 a Teherán. Lo razonó así:

"No hay dudas de que el imperialismo de hoy tiene caracteres nuevos y diferentes del que analizó Lenin en 1917, porque ello es inherente a las propias transformaciones de la humanidad.

No hay dudas de que cuando Lenin analizó el imperialismo no existía, por ejemplo, el imperialismo fascista, que es una tendencia nueva del imperialismo y que no existía ni se había desarrollado la Unión Soviética y, por tanto, no habían tenido lugar ciertas modificaciones en el proceso interno de los países imperialistas más importantes, modificaciones que están condicionadas por estos factores nuevos de la humanidad; pero no hay dudas también de que la tendencia general que siguen esas modificaciones es hacia la reacción, hacia métodos más severos de dominación y explotación".[23]

"¿En qué consiste aquí nuestro error?", se preguntó Blas Roca. Sin duda, en el corazón de todos palpitaba la misma respuesta:

"No consiste en que nosotros anotamos que hay cambios en el imperialismo, sino consiste en que no dimos una correcta apreciación de esos cambios. Consiste también en que nosotros tomamos expresiones de la lucha interna en algunos países contra el imperialismo, como modificaciones del imperialismo. Tomamos, por ejemplo, para justificar esto —lo toma el compañero Aníbal en su intervención en la Asamblea Nacional— el problema de Bretton Woods no es una expresión diferente del mismo imperialismo. Es, en cierto modo, una imposición a las secciones más reaccionarias del imperialismo que debe considerarse como una derrota de los métodos imperialistas si se lleva a la práctica; pero hay una lucha enorme para que el Banco sirva a los mismos fines anteriores, con otros métodos y otra cubierta... Muchas de las cuestiones de la política de Buena Vecindad, de nuevas relaciones con Latinoamérica, no son expresiones del imperialismo como un todo, sino en cierto modo derrota de la política imperialista a manos de las fuerzas progresistas representadas en el Gobierno de los Estados Unidos por Roosevelt, que ha estado bajo la presión constante de una opinión pública creciente en contra de los viejos métodos de dominación del capitalismo norteamericano".[24]

La difícil tarea de plantear una nueva línea, sin que de ello se derivara una sanción para los defensores de la conducta anterior, la había acometido Blas Roca con gran habilidad. Solo faltaban los acuerdos que conciliaran objetivos tan aparentemente irreconciliables.

Blas Roca avanzó, con tacto y prudencia, por el camino de las conclusiones. Antes que nada, dijo:

"En nuestra resolución de la II Asamblea Nacional debemos decir que no hay ninguna apreciación exagerada de Teherán; y que las apreciaciones son muy medidas y que, desde luego, el acento está en la lucha por Teherán de tal modo que esta Resolución sobre el segundo punto del Orden del día de nuestra

II Asamblea Nacional es absolutamente correcta. Y la referencia que hay en el programa del Partido a Teherán también es correcta".²⁵

Hecha la aclaración, propuso que el primer acuerdo fuera:

"Reafirmar, en nuestra apreciación de Teherán, la resolución del segundo punto del Orden del Día de nuestra II Asamblea Nacional; que debemos al mismo tiempo reafirmar que los acuerdos de Teherán dan una plataforma común para todos los Estados, pueblos y naciones amantes de la paz y de la libertad para luchar por ellas y que mantenemos como nuestra esa plataforma y que lucharemos por ella".²⁶

Equivalía a fijar el criterio de que Teherán no era un simple documento diplomático, sino un programa de lucha por la paz.

La proposición siguiente la formuló en el terreno de las posibilidades, de esta manera:

"Segundo: Nosotros reafirmamos que el cumplimiento de las resoluciones de Teherán, la adhesión de los principales países a sus principios, permitiría mantener la paz internacional por varias generaciones".²⁷

Entonces, se apresuró a ofrecer la explicación que exigía la nueva línea, sin grabarla en un acuerdo para no perderse a sí mismo. La desarrolló así:

"En último término, no se puede evitar la guerra definitivamente más que eliminando el capitalismo, porque mientras exista el capitalismo existirá la fuente de las guerras y, por tanto, la tendencia continua hacia la guerra, e incluso el surgimiento de la guerra. Pero en el mundo no solamente hay capitalistas. En el mundo hay además de Estados capitalistas un Estado Socialista. En los Estados capitalistas hay además de capitalistas, trabajadores, masas laboriosas que no quieren las guerras, que no pueden querer las guerras. Mientras que en esos países capitalistas la tendencia de su economía y de sus clases dominantes es hacia la guerra, las masas laboriosas actuarán en contra de la guerra; y como la decisión, en último término, no depende solo de los capitalistas dentro de cada país, ni solo de los Estados capitalistas, en las relaciones internacionales, es posible prever una situación en que la acción combinada de la Unión Soviética, de los Estados interesados por una u otra causa en mantener la paz y de los obreros y masas laboriosas de los países capitalistas, actúen como un freno contra la guerra y la impidan por varias generaciones. Esto es absolutamente claro y podríamos remitirnos, para afirmar esta interpretación, a las palabras de Dimitrov, escritas con motivo del Primero de Mayo de 1938, en que criticaba a los que afirmaban que era imposible mantener la paz, porque mientras hubiera capitalismo no se podría mantener la paz.

Precisamente porque entendemos que sobre la base de las resoluciones de Teherán es posible mantener la paz internacional por varias generaciones, nosotros lucharemos, como estamos luchando, porque nuestro país guíe su política internacional por esas resoluciones, a fin de contribuir al mantenimiento de esa paz".[28]

Acto seguido, propuso lo que exigía Moscú: renunciar a la línea del capitulacionismo de clase y nacional y justificar la guerra fría que Moscú había declarado a los países no comunistas. Lo primero lo hizo con reticencia. Lo segundo, a regañadientes. La proposición decía textualmente lo siguiente:

"Debemos afirmar que los imperialistas, los grandes negociantes, los munichistas y apaciguadores —fascistas de corazón— en los grandes países capitalistas y los reaccionarios, feudales y falangistas en nuestros países, se oponen a Teherán y luchan contra Teherán con todas sus fuerzas, preparando la guerra de agresión contra los Gobiernos populares de Europa y contra la Unión Soviética". "Las fuerzas capitalistas democráticas, prosiguió informando Blas Roca, vacilan ante el temor al proletariado y al socialismo. Solo los obreros, campesinos, profesionales, los sectores más progresistas del capital, son los que están incondicionalmente por Teherán y deben ser las fuerzas que, unidas, libren una ruda batalla en cada país por Teherán, procurando paralizar las vacilaciones del sector democrático de los capitalistas y unirlas en esa corriente para combatir a los elementos feudales, reaccionarios, imperialistas en general y para derrotar las raíces económicas del fascismo, los trusts y monopolios, el latifundismo, la explotación colonial".[29]

Por último, vino lo más importante: renegar de la línea de colaboración con los Estados Unidos. En esto fue muy claro Blas Roca al decir:

"Los errores de apreciación sobre las perspectivas surgentes de Teherán han tenido su expresión práctica más fuerte en las concepciones que han presidido el enfoque de las relaciones de nustra patria con los Estados Unidos en el presente y en el futuro.

La confusión sobre el sentido de los cambios operados en el imperialismo como conjunto, nos ha llevado a creer en que las relaciones de los Estados Unidos con Cuba serán inevitablemente progresistas, porque estarían determinadas por el propósito fundamental de elevar nuestro poder adquisitivo, a fin de asegurarse un mercado ampliado para su formidablemente expansionada producción industrial. Hemos concebido unas relaciones que se desarrollarían sobre una base suave y tranquila.

Esta falsa concepción nos ha llevado en la práctica a no ser bastante enérgicos y directos en la crítica de ciertas actitudes imperialistas reaccionarias manifestadas en las relaciones de Estados Unidos con nuestro país".[30]

Blas Roca expresó su arrepentimiento en una carta a Browder, en la cual explicaba que sus teorías eran inaplicables. La carta decía, en síntesis, que la colaboración con los Estados Unidos era deseable; pero imposible. A este deseo se oponía el hecho de que Estados Unidos, según expresaba Blas Roca, no había llevado adelante el Programa Económico enunciado por Browder. El motivo lo atribuía a que "las fuerzas pro Teherán", nosotros diríamos las socialistas, no dominaban todavía al gobierno de los Estados Unidos ni los gobiernos latinoamericanos estaban integrados de acuerdo con la fórmula de Unidad Nacional con "una participación responsable y adecuada —de ellas— en el Poder, eliminando la dirección de los grupos feudales y de las camarillas parasitarias antinacionales".[31]

De esta forma planteó Blas Roca y acordó la Comisión Nacional del Partido la revisión de la estrategia de Teherán, respondiendo al bastón de mando del Kremlin.

XII - REUNION DEL COMITE EJECUTIVO NACIONAL.

El Comité Ejecutivo Nacional del Partido Socialista Popular se reunió durante los días 22 y 23 de junio del cuarenta y cinco, para discutir y aprobar los acuerdos de la Comisión Ejecutiva Nacional sobre la revisión del "browderismo".

La reunión giró en torno a tres informes. El de Blas Roca, titulado "La victoria en Europa, las tareas de la guerra contra el Japón y la batalla por la paz y la seguridad"; el de Carlos Rafael Rodríguez, sobre "El abastecimiento nacional", y el de Manuel Luzardo, llamado "La lucha por un gran partido para un gran presidente".

Cada informe correspondía a un punto de la orden del día.

La reunión comenzó con unas palabras del Presidente del Partido Juan Marinello. Fueron muy breves y, prácticamente, se redujeron a declarar abierta la sesión y exhortar a todos "los compañeros" a tomar parte en los debates sin que nadie dejara de expresar sus opiniones. Y, sin más, anunció a Blas Roca para leer el informe acostumbrado del Secretario General.

A) - Informe de Blas Roca.

Las primeras palabras de Blas Roca fueron éstas:

"Se reúne nuestro Comité Ejecutivo Nacional en un aniversario que será recordado por la humanidad durante siglos. Precisamente hoy, 22 de junio, se cumplen cuatro años del cobarde y traidor ataque de la Alemania hitlerista contra la Unión Soviética, que planteó a la humanidad la guerra más trascendental, destructiva y larga de la historia".³²

a) Falsificación de la historia universal reciente.

El exordio le dio pie para efectuar, a su modo, un recuento de los recientes acontecimientos internacionales. Antes que nada, recordó cuando Alemania atacó a la Unión Soviética. Era, un poco, llamar la atención sobre el por qué de la línea anterior. A ese efecto, señaló:

"Hace cuatro años las bandas hitleristas, aprovechándose de la sorpresa de la noche, se lanzaron al ataque traidor a la Unión Soviética. En ese tiempo Alemania estaba en el cenit de su poderío. El Eje parecía invencible y llamado a dominar al mundo. Derrotadas y ocupadas estaban Francia, Bélgica, Holanda, Noruega, Polonia, Checoeslovaquia, Grecia y Yugoeslavia y movilizadas también, estaban Italia, Finlandia, Rumania, Bulgaria y Hungría".³³

Lo que no dijo Blas Roca fue cómo Alemania había llegado al "cenit de su poder". Cuando narró la primera etapa de la guerra olvidó que Alemania se había puesto de acuerdo con la Unión Soviética para repartirse a Polonia, la víctima de la agresión; que la Unión Soviética había atacado a Finlandia, donde se encontró con la heroica resistencia del pueblo finlandés; que había ocupado a Francia, Dinamarca, Noruega, Holanda, Bélgica, parte de Africa, Yugoeslavia y Grecia.

Blas Roca se refirió al derrumbe del Ejército Rojo, ante la embestida de las tropas nazis, con esta frase que trataba de mitigar el ruido del estrépito: "En unos pocos días se habían situado frente a Leningrado; un poco después estaban también frente a Moscú".³⁴ El hilo de su historia lo anudó con una ridícula peroración dedicada a "El Mariscal Stalin, dirigiendo las batallas, resistiendo en Moscú sin abandonar su puesto en el momento de mayor peligro, se convirtió para todo el mundo, para todos los ciudadanos amantes de la Libertad, de la Democracia y del Derecho en símbolo de victoria".³⁵

b) El tema a debatir.

Tras ese preámbulo de ramplona oratoria, colmada de mentiras, entró Blas Roca en materia, cuando tocó el tema de Teherán y Yalta, involucrado con la derrota de Alemania, al decir:

"El aplastamiento militar de Alemania ha sido, además, un paso en el sendero del cumplimiento de los acuerdos de Teherán y Yalta. Todas las perspectivas trazadas en las conferencias de los Tres Grandes en Teherán y Yalta, dependían, en lo fundamental, de la derrota total, definitiva y completa en el terreno militar, primero, en el terreno político y económico después, de la Alemania hitlerista. Las posibilidades de cumplir las promesas formuladas por los Tres Grandes en Teherán y Yalta, están, por eso, más abiertas ante la humanidad".³⁶

c) **El artículo de Duclós.**
Fue más a fondo cuando se refirió a los planteamientos de Duclós. Los mencionó de esta forma:
"El artículo de Duclós sobre la política del Partido Comunista de los Estados Unidos, en el cual menciona también a Cuba, ha traído al plano de la discusión actual el problema del verdadero contenido y carácter de los acuerdos de Teherán y Yalta.

Criticando al Partido Comunista de los Estados Unidos e indirectamente también al Partido Socialista Popular de Cuba, el camarada Duclós afirma en su artículo que los acuerdos de Teherán solo son un documento diplomático que ha sido convertido en plataforma política de paz de clase por el Partido Comunista de los Estados Unidos.

Pudiera sacarse de ello la idea de que los acuerdos de Teherán y Yalta no tienen ninguna importancia para nosotros y para el movimiento democrático y popular en general... que todas sus revisiones y promesas deben ser consideradas simplemente como declaraciones diplomáticas sin mayor trascendencia".[37]

d) **Un criterio de Teherán que lo exculpa.**
Sin quemar los últimos pedazos de la nave de Teherán con los cuales construirse una balsa de emergencia, dijo:
"Yo quiero reafirmar nuestro punto de vista de considerar los acuerdos serios y formales, que dan una verdadera plataforma de lucha a la humanidad por la conclusión victoriosa de esta guerra, por la conclusión de una paz duradera por varias generaciones".[38]
Era su fórmula para salvarse del naufragio.

e) **Admite y califica sus errores.**
A la hora de admitir sus errores, expresó:
"En nuestras apreciaciones sobre Teherán nosotros hemos caído en indudables errores que hoy resaltan particularmente, a nuestra vista, con motivo de los acontecimientos producidos a la terminación de la guerra con Alemania".[39]

Alegó que esos errores de apreciación se habían asentado en "ilusiones sobre la actitud de los grupos dominantes en Gran Bretaña y Estados Unidos",[40] y en expresiones incorrectas sobre las relaciones internacionales y nacionales entre capitalismo y socialismo.[41]

f) **Carta a Browder.**
Blas Roca leyó su proyecto de carta a Browder, que ya había sido aprobada por la Comisión Ejecutiva Nacional. Después de señalar condiciones imposibles y de llegar a la conclusión de que todo lo propuesto por Browder resultaba, sobre la realidad, una

quimera, indicó otra tarea:

"La tarea de crear estos factores morales es, pues, la tarea previa, la labor inmediata que hemos de emprender los que ya estamos convencidos de la necesidad de este programa, los que cremos que Teherán le da al mundo una oportunidad de conseguir una paz duradera y progresiva".[42]

g) La verdadera explicación del cambio.

Al fin, vino la verdadera explicación del cambio, basada en factores internacionales que afectaban a la Unión Soviética. Blas Roca la esbozó así:

"El mundo se carga de peligros por esta exacerbación de las fuerzas imperialistas en todas partes.

La disputa sirio-libanesa con Francia y la intervención evidente de Inglaterra en la misma. La misma actitud de Churchill frente a las elecciones, incluso lanzando un ataque vergonzoso al Socialismo, que le ha hecho descender de su posición de uno de los Tres Grandes a la posición pequeña de líder sectario de los reaccionarios de Inglaterra en su ataque contra el Partido Laborista, la intensificación de la campaña anti-soviética en los Estados Unidos, en la América Latina y en todo el mundo; los acontecimientos de la Conferencia de San Francisco, primero en el intento de los Estados Unidos de oponer la región al mundo, haciendo del sistema interamericano un sistema separado para resolver todos los problemas de los demás; luego contra la fortaleza del Consejo, basado en el derecho del veto de los cinco grandes y en el derecho de decidir sobre los problemas fundamentales de las opraciones militares para mantener la paz; todos estos acontecimientos manifiestan la actividad extraordinaria de las fuerzas reaccionarias; el peligro real que ellas encierran para las perspectivas de Teherán".[43]

A estos hechos, añadía Blas Roca su preocupación por "el resultado de las próximas elecciones inglesas" y por "la orientación política de Truman", todo en función de la Unión Soviética.

h) El reflejo en Cuba.

La situación mundial la reflejó Blas Roca en Cuba. En primer término, dijo: "En Cuba mismo tenemos que al día siguiente de la victoria, la campaña reaccionaria, antisoviética y anticomunista alcanzó vuelos insospechados".[44] Seguidamente, acusó al representante del gobierno cubano ante la Conferencia de San Francisco, expresando:

"Con el pretexto de defender a las pequeñas naciones; con el pretexto de evitar la dictadura de las Grandes Potencias, Belt, en el nombre de Cuba ha defendido la política de los aislacionistas de ayer, la política de los enemigos de Roosevelt, de los que combatieron la política de la Buena Vecindad, de los que combatieron la guerra contra el nazismo, de los que han querido en realidad, y quieren todavía, para nuestros pueblos, opresiones y miserias; en el nombre del falso espejismo de la defensa de las pequeñas naciones, para mantenerlas sometidas a la férula sin limitaciones de los explotadores imperialistas de los Estaodos Unidos".[45]

i) Corteja al Gobierno y procura situar en la oposición a los colaboradores del Gobierno que combaten a los comunistas.

Con el doble propósito de cortejar al Gobierno y tratar de crearle una situación enojosa a quienes combatían a los comunistas desde el Gobierno, maquinó esta insidia:

"Comencemos por el hecho de que se está desarrollando en nuestro país una intensa campaña de descrédito del Gobierno del Presidente Grau, realizada por los elementos más reaccionarios. Mientras que en los primeros momentos del triunfo de Grau tales elementos reclamaron para sí la victoria y creyeron que el nuevo Gobierno significaría un ataque brutal a los Sindicatos y a nuestro Partido, fundamentalmente, ahora han cambiado su punto de vista y están atacando fuertemente al Presidente Grau".[46]

Con la misma, acusó muy concretamente, al Partido Republicano de estar desarrollando una campaña para sustituir al Presidente Grau por el Vicepresidente Raúl de Cárdenas o por el Senador Alonso Pujol.

j) Se defiende de la campaña que acusa a los comunistas de totalitarios.

Quienes combatían a los comunistas, acusaban a éstos de totalitarios. Contra este cargo, no encontró Blas Roca otro argumento que señalar simplemente el hecho, sin poder rebatirlo seriamente:

"Otro tema de la campaña es confundirnos a nosotros con los totalitarios. La guerra se ha librado contra el totalitarismo. Una guerra en nombre de la Democracia y la Libertad que ha encendido de santo odio al fascismo a las masas populares de nuestro país. Pretenden explotar este odio de las masas contra el fascismo haciendo ver que nuestro sistema de pensamiento coincide fundamentalmente con el de aquél, que nosotros somos también totalitarios; sólo que totalitarios de izquierda"..[47]

k) En el sector sindical.

"Su campaña, continuó diciendo Blas Roca, ahora alcanza un volumen mayor en cuanto se refiere al problema de los Sindicatos".[48]

Su mayor preocupación la reflejó cuando dijo: "hasta ahora habían confiado en que la división auténtico-socialista en el seno de los Sindicatos crearía las bases eventuales de una división de la CTC y de los Sindicatos".[49]

"No es una casualidad, exclamó, que ellos agiten sobre todo la idea de acabar con el gremialismo cerrado".⁵⁰

Y con la misma se desfogó en denuestos contra los trabajadores más humildes, al expresar:

"Con estas consignas sobre todo están tratando de apoyarse en los desocupados, en los desclasados, en el lumpen, que unas veces busca trabajo por aquí y otras veces busca trabajo por allá, pero que en definitiva no tiene ni espíritu de organización ni suficiente conciencia de clase para garantizar las demandas de los trabajadores mediante la acción unida".⁵¹

l) En lo estudiantil.

Blas Roca aprovechó el hecho de que los viejos "bonchistas" de la Universidad de La Habana, responsables del asesinato de Valdés Dausá, se habían fugado de la prisión, para echar lodo sobre los nuevos grupos de acción que se batían a tiros con los "bonches" comunistas en los centros de enseñanza pública. Lo hizo, tratando de infamar a todos por la conducta de unos pocos, de esta manera:

"El escandaloso incidente de la fuga de Noguerol por un lado y del secuestro u ocultamiento de Noroña, por el otro, y los desórdenes en algunos Institutos y en la Universidad están poniendo de manifiesto la labor perturbadora de estos bonches, grupos anárquicos y demagogos, que tratan, sobre todo, de crear un ambiente que permita extender la idea de que en Cuba no hay ninguna seguridad, de que todo es desorden y anarquía en nuestro país".⁵²

m) Juicio histórico sobre el reciente acontecer cubano.

La posición del Partido había tomado más formas que las de Proteo, en la Odisea, desde la Revolución del 33 a la fecha. Blas Roca ensayó una justificación histórica a esos cambios. Para ello, adulteró hechos y permitió que el pensamiento navegara a su antojo, solo para llegar a la orilla de sus conveniencias. Tal empeño lo acometió, con elocuencia impetuosa, de esta forma:

"Desde 1933 por lo menos, en que se abrió el ciclo revolucionario en nuestro país, las fuerzas reaccionarias han perdido el balance de la dirección. La sucesión de un Gobierno detrás de otro, de un Gobierno revolucionario detrás de otro; la crisis de cuadros en las filas de las clases dominantes para hacer frente a la tensa situación creada por la revolución popular, por la acción de las masas, lanzadas a la calle, les han hecho pasar más de un apuro.

De pronto se encontraron en Batista como el Jefe del Ejército, y el despreciado por su origen fue considerado por ellos como el salvador de la reacción. El interés de mantener el Poder y la situación creada llevó a Batista a girar abiertamente contra la propia revolución que lo había levantado y que lo había hecho Jefe del Ejército; pero solo momentáneamente. Rápidamente toma de nuevo su verdadera posición de hombre del pueblo y se les escapa de las manos a los reaccionarios y va a aspirar al Poder en 1940 con una plataforma progresista y popular. y lo que era más peligroso para la reacción, con el apoyo y el acuerdo de los comunistas. Inventan entonces el pacto Menocal-Batista, basándolo en la teoría del freno y del aislamiento de los comunistas. Menocal sería el freno de los excesos populares del Presidente Batista. Además. le daba una mayoría tan decisiva que los comunistas ya no eran necesarios ni indispensables para su triunfo y esto le permitiría al Coronel que se hacía Presidente sacudirse la alianza con los comunistas. Con esta esperanza se hizo el pacto Menocal-Batista, cuyos resultados nosotros conocemos. En vez de aislarnos a nosotros se aislaron ellos en definitiva y dos años más tarde, después de haber fracasado todos los frenos, tuvieron que salir definitivamente del Gobierno y ponerse en la Oposición".

"Frente a la candidatura llamada continuista de Saladrigas, los reaccionarios inventaron otro camino. Después de haber combatido con todas sus fuerzas a Grau y deseado su aplastamiento, determinaron darle su apoyo, confiando en que las pugnas desarrolladas en los últimos años entre auténticos y comunistas, puestas de manifiesto muy agudamente en el terreno sindical, harían imposible la unión de estas fuerzas en el futuro y les permitiría convertir a Grau en la mano que aplastaría definitivamente nuestras fuerzas como vanguardia del progreso, al que ellos quisieron detener y hacer retroceder.

"Pero esto también es evidente que ha fracasado. Todas sus previsiones han resultado falsas, y aunque ya se murió Pepín, hoy pudiéramos recordarles que son dirigentes reaccionarios en bancarrota, que no aciertan a inventar una táctica que les traiga definitivamente su triunfo. Es verdad que nosotros no hemos inventado todavía otra táctica que haga triunfar decisivamente a las fuerzas democráticas y progresistas. Por eso se mantiene este forcejeo entre la reacción y el progreso. Por eso hay esta larga pelea cuerpo a cuerpo, pudiéramos decir, por ver quién tumba a quién, el hecho de que a cada momento parece uno tumba al otro y se suceden medidas reaccionarias y progresistas ,según quienes va ganando la pelea".[53]

Con esta explicación amañada, creyó Blas Roca justificar todos los cambios del Partido, sin excluir la insólita colaboración con el Gobierno Auténtico.

n) Ante las próximas elecciones parciales de 1946.

La proximidad de las elecciones parciales prevenía el ánimo de los comunistas. Tal estado de ánimo lo reflejó cuando dijo:

> "Las próximas elecciones parciales, alcanzan una importancia extraordinaria por el hecho de que ellas serán un antecedente y una prueba para las elecciones generales más importantes que vamos a librar en Cuba".[54]

ñ) **Izquierdas contra Derechas.**

"Izquierdas contra derechas" fue la consigna con la cual quiso Blas Roca cubrir la forma de la nueva línea trazada por Moscú y encender la actividad militante en las elecciones que se avecinaban. Era muy ajena, por cierto, al espíritu de componendas politiqueras que había exhibido el Partido desde su arribo a la legalidad. Por ello la planteó como una actitud defensiva. La desarrolló así:

> "No hemos querido ir nosotros, dijo Blas Roca, al planteamiento de una lucha entre izquierdas y derechas en nuestro país. Hemos rechazado este planteamiento en 1944. Son ellos, los reaccionarios, los provocadores, los anticubanos, los enemigos del pueblo y del país, los que imponen esta lucha decisiva. Ya que la imponen, hemos de hacer todos los esfuerzos para que en ella gane el pueblo, gane Cuba, nuestra Patria y el Progreso".[55]

Llevada esta consigna al terreno de las realidades concretas, Blas Roca la tradujo en la declaración de "guerra a los republicanos". "Por tanto, expresó Blas Roca, la derrota de los republicanos como representantes de las derechas es absolutamente fundamental para nosotros y para ello concentramos todos nuestros esfuerzos".[56]

o) **Con vista a las elecciones generales del cuarenta y ocho**

Con vista a las elecciones generales del cuarenta y ocho, lanzó la consigna de "Un gran Partido para un gran Presidente". Con ella mostraba, discretamente, la oreja del chantaje a quienes creía que necesitarían del apoyo comunista y, de paso, servía para prepararse ante la contingencia de un aislamiento. Esta posibilidad constituía la mayor preocupación del Partido. De ahí que Blas Roca chiflara para no sentir miedo, de esta forma:

> "Ahora han echado a rodar una nueva modalidad: dejar a los comunistas que lleven a su propio candidato y hacer dos coaliciones de los otros partidos, una en frente de la otra, las dos libres de los comunistas, las dos enemigas también de los comunistas.
>
> Claro que esto sería una gran solución para ellos; pero veremos a ver si esto es realmente posible".[57]

Pensaba Blas Roca que separando a los "republicanos" de los "auténticos", a éstos les sería indispensable el apoyo del Partido. Al menos, de momento, esa era la situación en La Habana con motivo de la contienda municipal. Blas Roca razonó su táctica de apoyar al candidato del Partido Auténtico contra el candidato del

Partido Republicano con estas palabras:

"Por lo pronto, en estas elecciones ellos concentran su actividad en torno a la Alcaldía de La Habana, porque la Alcaldía de La Habana será una de las claves, quizás la clave más importante de la próxima aspiración presidencial. En gran parte, los agrupamientos futuros se van a determinar por la alineación de fuerzas que hay en torno al problema de la Alcaldía de La Habana. Igualmente importantes son los representantes, no solo por lo que ellos pesarán en la próxima legislación, sino también y muy particularmente por la relación de fuerzas entre partidos que va a regir, determinando con ello el carácter de las elecciones generales futuras".[58]

p) Define su política de colaboración con el Gobierno Auténtico.

Estaba, por descontado, que Blas Roca no renunciaría a cooperar con el Gobierno Auténtico. Esta política la definió, de forma singular: "En el orden de nuestra política interna, ratificamos nuestra posición independiente. No oposicionista. No gobiernista. De apoyo a la gestión progresista del Presidente Grau".[59]

Al terminar Blas Roca, había fatigado la atención de sus oyentes durante dos horas y media. Finalizó uniéndose "a la exhortación del compañero Marinello para que todos los compañeros intervengan, para que tomen la palabra, para que expresen sus opiniones".[60] Vinieron entonces los acostumbrados aplausos, "aplausos prolongados", que a la postre quedaron ahogados en descompuestos murmullos.

B) DEBATE SOBRE EL INFORME DE BLAS ROCA.

En la discusión del informe de Blas Roca chocaron contrapuestas opiniones. César Vilar encabezó un grupo que aprovechó la ocasión para atacar a Blas Roca, al señalar que la Dirección del Partido Socialista Popular había caído en manos de la pequeña burguesía. Según Vilar, el jefe de esa pequeña burguesía estaba orientado por Aníbal Escalante, Juan Marinello y Carlos Rafael Rodríguez.

Los puntos más polémicos fueron: la interpretación de los acuerdos de Teherán; el procedimiento utilizado por Duclós para criticar a los partidos comunistas de Estados Unidos y Cuba; la consigna nacional de "izquierdas y derechas"; el creciente descontento popular con el Gobierno Auténtico; la cuestión de las organizaciones sectarias, y el anti-imperialismo.

a) Interpretación de los acuerdos de Teherán.

Joaquín Ordoqui, considerado por muchos el representante de la NKVD en Cuba, fue el primero que se alzó en son de protesta contra la "seriedad" de Teherán, a la que había aludido Blas Roca. Dijo, en plano de lucir más soviético que nadie, lo siguiente:

"No puede ser seria la declaración de Teherán si vemos que en el Brasil algunas autoridades de los Estados Unidos conspiran abiertamente para organizar un golpe de Estado y aún para promover una guerra entre el Brasil y la Argentina, si vemos las maniobras que se están haciendo en la Conferencia de San Francisco, en las que toma parte, como instrumento, hasta el propio Delegado de Cuba, señor Belt'".[61]

Jorge Castellanos también contradijo a Blas Roca y, a la falta de seriedad que veía Ordoqui, le agregó la "falta de sinceridad" Para justificar su calificativo, señaló que "la India no tenía libertad y que Nehru estaba preso, que los ingleses habían intervenido en Grecia y en Italia".[62]

Blas Roca enfrenó sus pasiones y contestó con serenidad. Hizo uso de una cita del propio Stalin y un editorial del diario Izvestia en favor de Teherán. Después realizó un bosquejo en el que destacó la cooperación prestada por los Estados Unidos a la Unión Soviética, tan pronto fue atacada por Alemania. Y terminó afirmando que "la derrota de la Alemania hitlerista es el resultado de los acuerdos de Teherán".[63]

Una vez que hubo adelantado dos pasos en el curso de su dialéctica, dio un paso atrás. Blas Roca estuvo conforme en considerar el documento de Teherán como un compromiso de limitado alcance, ajustado a las posibilidades del momento. Y con el propósito de arribar a una síntesis conciliadora, habló así:

"Churchill no pudo tomar en Teherán el compromiso de dar libertad a la India, ni de decir que no va a perseguir a los patriotas indios que luchan por esa libertad. Roosevelt no podía tomar tampoco el compromiso de descolonizar la economía de los países de la América Latina. No pueden tomar esos compromisos y Castellanos encuentran que como el acuerdo de Teherán no contiene estos compromisos, no es serio ni sincero. Precisamente porque ellos no toman estos compromisos se puede pensar que los acuerdos de Teherán son serios. Lo que no es serio es querer aplicar los acuerdos de Teherán a la India, al Africa y a la América Latina, pensando que estos países van a convertirse rápidamente en paraísos".[64]

Tal planteamiento permitió a Blas Roca rematar sus palabras con esta conclusión categórica:

"Si partimos de la consideración de que el acuerdo de Teherán es serio, la perspectiva de la lucha será el triunfo contra las secciones más reaccionarias y fascistas de los círculos capitalistas dominantes para conservar la paz por muchos años".[65]

b) El procedimiento utilizado por Duclós para criticar al Partido Comunista de Estados Unidos y al de Cuba.

César Vilar y Rubén Calderío hablaron sobre el acuerdo de la Comisión Ejecutiva Nacional que condenaba el procedimiento utilizado por Duclós para criticar al Partido Comunista de los Estados

Unidos y al de Cuba.

Vilar sostuvo que el "procedimiento era indispensable, dada la enorme responsabilidad que tiene el proletariado norteamericano en la actual situación internacional, ya que los Estados Unidos será indudablemente uno de los ejes fundamentales del mundo en la post-guerra".[66]

A lo cual contestó Blas Roca:

"Considero que el procedimiento seguido por Duclós es negativo, puesto que dificulta la consolidación y el crecimiento, por lo menos, momentáneamente, de un partido obrero en el marco nacional".[67]

"Ahora bien, se preguntaba Blas Roca, cuál debe ser ese procedimiento?"[68]

"El procedimiento, se contestaba Blas Roca, debe ser aquel que mejor cumpla el propósito principal y que menos daños secundarios pueda hacer. El procedimiento seguido por Duclós cumple bien el propósito principal de ayudar con sus conocimientos y experiencias a superar y corregir las equivocaciones de un partido o de un dirigente, pero, en mi opinión, no evita daños secundarios que pudieran ser evitados".[69]

En definitiva, el Comité Ejecutivo aceptó la crítica de Duclós y se limitó a censurar el procedimiento.

c) La carta a Browder.

El proyecto de carta a Browder, escrito por Blas Roca, levantó una borrasca de opiniones encontradas. César Vilar habló contra el proyecto de carta. Romárico Cordero fue tajante, propuso "botar la carta". Severo Aguirre fue moderado, propuso suprimir nada más que el párrafo que decía: "Los que creemos que Teherán le da al mundo una oportunidad de conseguir una paz duradera y progresiva". Aníbal Escalante terció en la controversia y planteó revisar el programa contenido en la carta. Blas Roca aceptó este criterio y lo amplió. "Creo, dijo Blas Roca, que debemos hacer una revisión de todos nuestros materiales de los últimos tiempos, porque puede haber en ellos errores y equivocaciones peligrosas. Se pudiera nombrar una comisión para tal objeto".[70]

d) La consigna nacional, "izquierdas contra derechas".

La consigna propuesta por Blas Roca, no era, en verdad, sincera. Solo se proponía disimular sus anteriores coqueteos con las derechas.

El Partido no estaba aun preparado para ejecutarla. El Ejecutivo la impugnó. Analizó los obstáculos que crearía a la concertación de pactos electorales en las elecciones municipales que se avecinaban.

Los razonamientos ventajistas del Comité Ejecutivo sonaron melodiosamente en los oídos de Blas Roca. Sin más, rectificó y dijo: "Nosotros ayudaremos más a la integración de la unidad de las fuerzas populares para aplastar a los reaccionarios que proclaman su decisión de representar a las derechas de nuestro país, oponiéndoles nuestro justo planteamiento de lucha por la unidad nacional".[71]

Todavía Blas Roca hablaba de "unidad nacional"; pero su concepto era más estrecho. Ya no era "de todos". Comenzaba a minarlo. A ella se refirió, en esta ocasión, de esta forma:

"En las elecciones la lucha por la unidad nacional no nos lleva, como parecen haber entendido algunos compañeros, a incluir a los republicanos y a todos los partidos en un solo bloque. En Cuba no es posible presentar un solo candidato a la Presidencia ni es práctico pretender lograr un tal acuerdo entre todos los Partidos".[72]

e) El creciente descontento con el Gobierno Auténtico.

Los "auténticos" no ocultaban su antipatía por los comunistas y éstos no se encontraban satisfechos. De ahí que algunos miembros del Ejecutivo se mostraran partidarios de criticar al Gobierno. Criticar, criticar, que es lo que al pueblo cubano le gusta.

Marinello tomó parte en la discusión para defender la política del Partido. Blas Roca acudió en su apoyo. Comenzó por reconocer que era cierto el descontento, al decir:

"Se afirma, creo que con sobrada razón, que hay descontento en el campesinado, entre los obreros y otros sectores, especialmente por la política de abastecimeinto y precios. Se afirma también que el Gobierno del doctor Grau ya no tiene el apoyo de los primeros días y que su nombre ya no despierta los mismos entusiasmos de las masas. Yo creo que, efectivamente, ya no hay la situación de los días anteriores y de las primeras semanas del Gobierno del doctor Grau. Creo también que hay descontento entre las masas por la política de abastecimientos y por otras causas que no son la política de abastecimientos".[73]

Mas esto, para Blas Roca, no era suficiente. Su decisión de colaborar con los "auténticos" era terminante. Sus "patrióticas" cogitaciones las expresó así:

"Esos factores no fueron antes ni pueden ser ahora determinantes de nuestra política en relación con el Gobierno. Creo que esta política, tal como fue delineada en nuestra II Asamblea Nacional, no necesita ninguna rectificación básica. Algunos compañeros se quejan de que nosotros no criticamos suficientemente al Gobierno, y que si lo criticáramos, de seguro que creceríamos más.

Esto es un punto de vista superficial, basado en apreciaciones superficiales. Como explicaba ampliamente el compañero Juan Marinello, nuestra actitud independiente de apoyo a la política progresista del Gobierno ha sido todo lo hacedera que debía ser, pero ha sido también suficientemente equilibrada para no hacerle el juego a ninguna clase de oposición".[74]

El Comité Ejecutivo terminó por aprobar la política de colaboración con el Gobierno Auténtico y sólo combatir a los "republicanos".

f) La cuestión de las organizaciones sectarias.

Durante la política de "Unidad Nacional", el Partido había acordado disolver sus organizaciones parciales en aquellos sectores donde existían otras no políticas, con una representación a todas luces mayoritaria. La orden fue que los comunistas se integraran en estas organizaciones y trabajaran en fracción. Ahora, con motivo de la nueva política, Blas Roca puso a debate la conveniencia o no de restablecer las anteriores organizaciones sectarias. "¿Debemos nosotros, se preguntó Blas Roca, reorganizar las asociaciones que teníamos antes?"[75] La respuesta fue dubitativa. "Quizás no hace falta", dijo. Llevado el asunto a la cuestión campesina, expresó:

"Quizás el problema consiste en tomar estas consignas y algunos otros problemas específicos y formar Comités de campesinos para luchar por ellos. Yo no propongo esta solución. Planteo solamente esto como una cuestión que se debe estudiar por nuestros compañeros dedicados al trabajo entre los campesinos para que ellos encuentren una solución sólida que nos dé realmente un medio de organizar la lucha por estas demandas, de no hacer solamente una lucha parlamentaria por estas leyes, sino una verdadera movilización de las masas de los campesinos".[76]

En esto dejaba resolver a la mayoría. Si disonaba el parecer de los demás no lo pondría en ejecución.

g) El anti-norteamericanismo.

El mugir de los insultos a los Estados Unidos iba ya haciendo música en el Partido. Los extremistas estaban por envolver en sus ataques furibundos al fallecido Presidente Roosevelt. Aspiraban a que su nota fuera aún más aguda que la de Foster en los Estados Unidos, con su artículo "El peligro del imperialismo americano en el período de la post-guerra". Blas Roca no podía aceptar tales extremismos, so pena de caer y rodar muy maltrecho por el campo de sus desviaciones. Esta posición lo llevó a defender con calor a Roosevelt. La parte más vehemente de su apología fue cuando dijo:

"La orientación democrática y progresista de Roosevelt se ha acentuado cada vez más a través de los largos años de esta crisis en que él ha dirigido el Estado norteamericano. Su política de "Buena Vecindad" con la América Latina; sus medidas sociales; su acción contra la discriminación racial; su política consecuente de colaboración con la Unión Soviética, desde que rompió en 1934 con el aislamiento estableciendo relaciones con el Estado Socialista, dándole la ayuda del arriendo-préstamo en 1941 y forjando la alianza combativa que condujo a la derrota militar de la Alemania hitlerista".[77]

Tras la lúcida farándula de tribunos, resumió Blas Roca la discusión y vinieron todos con su parecer. La borrasca del debate se disolvió, rápidamente, en el mar sosegado y tranquilo de la unanimidad de criterios al votar.

C) INFORMES DE CARLOS RAFAEL RODRIGUEZ Y MANUEL LUZARDO.

Acabado que fue el debate del primer punto de la orden del día, pasó el Ejecutivo a tratar el segundo. En esa oportunidad no hubo debate. Todo quedó reducido a escuchar el informe de Carlos Rafael Rodríguez, sobre el problema de los abastecimientos, los precios y la producción nacional. Sólo habló de cuestiones económicas y de planes propuestos al Gobierno. Su análisis lo concluyó con estas palabras:

"Nuestra crítica debe ser en el sentido de ayudar a Grau y su Gobierno, al mismo tiempo que aplastamos, a la cabeza del pueblo, a los reaccionarios que pretenden condenarnos al hambre. Por esa vía debemos trabajar"[78]

El tercer punto de la orden del día lo abordó Manuel Luzardo en forma similar: sin debates ni discrepancias.

Leyó su informe, con su típico aburrimiento en la voz. En resumen, insistió en la necesidad de aumentar el número de afiliaciones. Sobre los ya afiliados, lanzó la consigna de "¡Ni una sola baja al Partido Socialista Popular!" Sobre los nuevos afiliados, impartió la orden de facilitar "la entrada a un considerable número de ciudadanos que no habían comprendido hasta ahora cómo ingresar al Partido sin tener que cumplir las mismas tareas que los antiguos militantes".[79] Señaló la importancia de atender todos los frentes de trabajo. Recomendó mayor atención al desarrollo y consolidación de la Juventud Socialista".[80] Informó que la candidatura del Partido para las elecciones del cuarenta y ocho sería, al menos de momento, Juan Marinello, Presidente y Lázaro Peña, Vice. Y terminó con una exhortación a los candidatos a Representates y Concejales para que comenzaran a organizar la campaña electoral del cuarenta y seis.

Marcado el nuevo rumbo, la nave del Partido emprendió el derrotero trazado, orientada, como siempre, por su estrella Polar que brillaba en Moscú.

XIII - LA CORRUPCION DEL PARTIDO, DENUNCIA Y DEPURACION DE MASFERRER. CAMPAÑA DE CALUMNIAS.

El Partido se había convertido en un partido electorero de la peor especie y su dirigencia en una casta de hampones. Estos vivían como millonarios, a todas sus anchas. Exigían, en cambio, sacrificios sin límites a los "cuadros" inferiores. Arriba, la corrupción había sustituido a la austeridad. Se traficaba con todo: con el apoyo parlamentario, con las demandas obreras y hasta con las campañas de difamación. Aquella pudrición había ido calando hacia abajo. Los "cuadros" inferiores estaban defraudados o ansiosos por llegar a las posiciones de privilegio.

En un partido fosilizado, ideológicamente, por el dogmatismo de la obediencia a Moscú y corrompido, en su conducta, por el oportunismo, la acusación de Duclós conmovió hasta los cimientos. La denuncia puso al descubierto todo ese paisaje pútrido. Fue una especie de rayo, cuyo relámpago permitió ver en medio de la noche. En definitiva, la algarabía de arriba provocó un murmullo sibilante abajo.

Un joven, que ya terminaba sus estudios de Derecho en la Universidad con brillante expediente, Rolando Masferrer, tuvo el arrojo de revelar con vehemencia cortante todas esas inmoralidades. Tenía a su favor, en el Partido, un largo expediente de lucha; pues a los veinte años ya mandaba el batallón 401 de la brigada mixta 101 de la División 46 (El Campesino) del Ejército Republicano Español y había sido herido en los combates de Teruel y El Ebro. Cuando saltó, era miembro de la dirección del trabajo estudiantil para toda la Isla, del Comité seccional universitario y trabajaba como corrector, traductor, redactor y repórter del periódico Hoy. Masferrer era entonces un joven fanatizado, quien tomó, un tanto, la posición de Ricardo Fonseca en Chile, sin el éxito de éste.

La primera explosión se produjo en el periódico Hoy. En una asamblea de la célula de Hoy, Masferrer acusó de tirano a Aníbal Escalante y de corrupción a Carlos García y a Demetrio Alfonso, administrador y secretario del Partido en el periódico. Estos entraron en crisis; pero Aníbal Escalante, uno de sus beneficiarios, no fue tocado.

Cuéntase que en la reunión se pusieron sobre el tapete los desplantes de Escalante, sus desatinos al frente de la dirección y la explotación que sufrían los trabajadores del periódico. Cuando se habló de los artículos que se publicaban y no debían publicarse y de los que no se publicaban y debían publicarse, alguien aludió a Nicolás Guillén, como preterido de Escalante. Y aquél comentó la alusión con ironía punzante.

—Yo soy un mal ejemplo, dijo Guillén, pues Aníbal ha sido generosísimo conmigo. Es verdad que me publica tardíamente los artículos y en páginas interiores; pero me los publica. Esto es, sin duda, una generosidad de su parte; pues si la situación fuera a la inversa, esto es, si yo fuera el director de Hoy, yo confieso que no publicaría los artículos de Aníbal, pues Aníbal no sabe escribir.

Después de estos incidentes, Masferrer tuvo que salir de Hoy. Decidió, entonces, fundar un semanario, "El Tiempo", desde cuyas páginas enjuiciaría el acontecer mundial y nacional, con un criterio marxista-leninista puro, tal cual él lo entendía. En esa empresa, lo acompañaron José Lacret, Luis Felipe Rodríguez, Carlos Montenegro, Emma Pérez, Raúl Cepero Bonilla, Alfonso Granados, Eufemio Fernández, Ramón Miyar, Luis Navarro y otros. Instalaron la redacción en la esquina de las calles de Obrapía y Habana.

El semanario tuvo un éxito inesperado. Tanto que el Partido quiso apropiarse del mismo, por la vía del financiamiento. La dirección de la revista rechazó la oferta, con el argumento de que deseaba mantener su independencia de criterio, libre de sectarismo. La negativa no desanimó a Blas Roca y a Fabio Grobart. Se dedicaron, entonces, a cortejar a Masferrer. Trataron, por todos los medios, de impedir que se marchara del Partido. Pretendieron, inclusive, reconciliarlo con Aníbal Escalante, a quien Masferrer había desairado, cuando lo dejó con la mano tendida, al ir a saludarlo, en el momento en que Masferrer hablaba con Ernest Hemingway en la Embajada soviética durante la recepción del 7 de noviembre, fecha del aniversario de la Revolución de Octubre.

Contra lo que esperaba el Partido, que hizo cuanto pudo por estrangular la publicación de "El Tiempo", ésta se mantuvo en la calle. La situación hizo crisis cuando la revista publicó los debates de la reunión del Comité Central del Partido Comunista de los Estados Unidos, los cuales había obtenido Masferrer, por trasmano, de "cuadros" nacionales que los habían sustraído de la reunión del Buró Político del Partido en Cuba. Tanto interés tenía el Partido en mantener fuera del conocimiento de los militantes tales versiones que mandó a comprar, en todos los estanquillos, esa edición completa de "El Tiempo".

Aquí llegó la cuestión a su punto máximo de ebullición. El Partido decidió echar a Masferrer y a sus seguidores. Negándoles el derecho a discutir en sus organismos de base, fueron expulsados Rolando Masferrer, Carlos Montenegro, Emma Pérez, Alfonso Granados, José Lacret y Luis Felipe Rodríguez, quien ya estaba alejado del Partido.

Desde ese momento no hubo tregua. "El Tiempo" se convirtió en una trinchera desde donde un grupo de excomunistas atacó con furia desusada al Partido y a sus dirigentes, sin perderles pie ni pisada. Levantó la tapa de la cloaca. En sus páginas pudieron leerse la descripción de todos los derroches de los líderes comunistas, con sus casas de lujo y autos de último modelo; los nombres de sus amantes, de sus favoritas o protegidos, situados en las nóminas de las Cajas de Retiro o de los Ministerios, y de los favorecidos en la direcciones de los sindicatos, que se mantenían en secreta y provechosa concordia con los "explotadores".

"El Tiempo" acusó a Aníbal Escalante de haberse "aburguesado" y de enviar sus hijos al exclusivo Colegio "Edison". Le hizo imputación semejante a Ordoqui, quien mantenía a los suyos en México, y le sacó que era un nepotista, por el caso de su hermano Higinio y su cuñada Sara Pascual. También acusó a Blas Roca de nepotista, por haber aupado a sus hermanos Leónides y Rubén, y de llevar una vida acomodada, con criadas en su casa y hermosas secretarias en su oficina, y de amoríos bochornosos con Justina Alvarez, entonces casada con el comunista español Manuel del Peso. Relató la vida de borracheras y disipación de Nicolás Guillén. Puso en ridículo a Juan Marinello, al referir sus escándalos, en la Escuela Normal, persiguiendo a las alumnas y viviendo en concubinato con Nerina Luque y Aida Pelayo. Señaló que "el campeón de los fornicadores y las barraganas" era Lázaro Peña quien vivía con una rubia, Angelita Echevarría, esposa de un dirigente de los choferes de turismo y a la que hizo secretaria del Sindicato de la Aguja.

También en las páginas de "El Tiempo", salieron a relucir los suicidios inexplicables de Enrique Llarch y del Secretario del Partido en Oriente, Marcelino Hernández, abrumado bajo el peso de una conspiración interna que pretendía desacreditarlos. Historió los enjuagues económicos de la dirección de Hoy, con motivo de sus campañas contra la moratoria hipotecaria en 1940 y las más recientes contra el aumento del precio de los cigarros y contra la Compañía de Teléfonos. Denunció las ventas de huelgas, como la de Trinidad y Hermanos. Reprobó las artimañas de los dirigentes rojos en la CTC, los malos manejos de los fondos sindicales y la malversación de las Cajas de Retiro. Se ensañó contra el tráfico especulativo de los turnos en el Puerto de La Habana y las prácticas de brujería de Aracelio Iglesias. Salió a la luz pública aquello de que Manuel Luzardo había sido "porrista de Machado", cuyos métodos pretendía reeditar en el Partido. No hubo semana en que no saliera algo contra el sistema de rapacidad de los "viejos bonzos marxistas" y contra el carnerismo de los "cuadros" intermedios, estimulado con piltrafas burocráticas, y contra la apática resignación de los militantes. Luis Felipe Rodríguez, por su cuenta, puso a pupilo a Juan Marinello en la Sección Corneta, a quien ridiculizaba y señalaba como un farsante de la cultura, incapaz de crear nada serio en el orden literario.

Aquella campaña, sostenido y persistente, hizo sus estragos en el seno del Partido. Quebró la fe de no pocos que aún estaban abrasados por la calentura del comunismo. Algunos cuadros intermedios terminaron por marcharse un tanto defraudados, como los casos de Rafael Castellanos, de José Rodríguez y de Erasmo Dumpierre, a quien por entonces le dio por decir que tenía pruebas muy concretas de que Mella había sido asesinado por el Partido en México. Estos y algunos más que se marcharon por esta época regresarían más tarde al redil rojo.

El Partido, como era de esperar, no permaneció con los brazos cruzados. Primero ladró sus consabidas amenazas. Después, vino su campaña de difamación e insidias que concentró en Rolando Masferrer. Ante los miembros del Partido, lo acusaron de fraccionalista, enemigo de la unidad, de anti-partido, y de trosquista, aprovechando, en este caso, sus antecedentes de viejo militante de Joven Cuba, donde se agruparon algunos elementos de esa ideología. Ante la opinión pública, lo dibujaron como psicópata metido a gangster sin escrúpulo. La lucha fue de rompe y rasga.

Era la primera vez que un grupo de comunistas salía del Partido sin temerle a su aparato de difamación y peleando contra sus dirigentes. Ante tan inesperada conducta, el Partido trató de apagar el fuego de la crítica con un diluvio de calumnias.

XIV - LA REORGANIZACION DE LOS PARTIDOS EN 1945.

El Partido se propuso aumentar el número de sus afiliados, a todo trance. Creía que era la única forma de mantener firmemente sus garras en el rejuego del chantaje político. Tal objetivo no era difícil en una reorganización parcial, o sea, la que se realizaba con vista a las elecciones parciales.

Los registros que se confeccionaban en la reorganización que precedía las elecciones generales, de acuerdo con la legislación electoral, permanecían casi inalterables en la reorganización que precedía las elecciones parciales. En ésta, los registros eran los mismos y para darse de baja era necesario ir personalmente a la Junta Municipal Electoral. Para darse de alta, es decir, para afiliarse, era lo mismo. Pero el Partido, en esta ocasión, corrió con todos los gastos y facilitó a los electores todos los medios necesarios, con miras a lograr su objetivo.

El Partido promovió emulaciones por barrios, municipios y provincias. Hizo cuanto pudo por captarse nuevos seguidores y llevarlos a las Juntas Municipales Electorales. De esta forma, logró aumentar algo el número de afiliados. Llegó a la cifra de 151,923 de un total de afiliaciones, entre todos los partidos, de 2,146,114.

XV - CAMBIA LA MESA DEL SENADO CON LA COOPERACION DE LOS COMUNISTAS.

La mayoría del Senado, como hemos dicho anteriormente, la había ganado la Coalición Socialista Democrática. Esta circunstancia había permitido que la Oposición mantuviera en la Presidencia del Senado a uno de los suyos, el Dr. Eduardo Suárez Rivas.

Tal situación se mantuvo hasta fines del año cuarenta y cinco, cuando los comunistas decidieron retirarle su apoyo al Dr. Suárez Rivas y prestárselo al candidato del Partido Auténtico, el Dr. Miguel

Suárez Fernández. Por una de esas coincidencias, en el mes de noviembre, la dirigencia comunista de la CTC recibió un crédito del Gobierno por la cantidad de 750 mil pesos, con destino a la construcción del siempre inconcluso, Palacio de los Trabajadores.

La crisis de la Mesa del Senado se planteó con el pretexto de que el Cuerpo no se reunía, por falta de quórum, debido a que no contaba con el respaldo de la mayoría. Se invocaron las siempre cacareadas "razones patrióticas". Estas razones determinaron que los tres senadores comunistas pasaran a formar parte de la mayoría mínima de 28, del total de 54 que existían.

Tal determinación "patriótica", sustanciada en medio del forcejeo clásico entre los altos jerarcas de la politiquería, permitió que el Partido obtuviera la Vicepresidencia del Senado, para Juan Marinello, y la Vicepresidencia de la Cámara, para Joaquín Ordoqui.

XV - MUERTE OFICIAL DEL "BROWDERISMO".

La Tercera Asamblea Nacional del Partido Socialista Popular se efectuó en enero de 1946. No se limitó a constituirse y cumplir los trámites legales de rigor, después de la reorganización. Estuvo, por el contrario, rodeada de especial solemnidad. Se trataba, nada menos que, de cantarle el "requiescat in pace" al "browderismo".

Asistieron varias representaciones de partidos comunistas extranjeros. William Z. Foster y Trach Temberg, por el Partido de los Estados Unidos. Sam Carr, por el de Canadá. Santos Rivera, Burfos y Santo Mayor, por el de Puerto Rico. Dionisio Encina, por el de México. Un tal Arruba, por el de Brasil. Y Vargas Pueblo, por el de Chile.

El centro de la asamblea, como siempre, fue el informe del Secretario General, Blas Roca. En esta ocasión, nada fue novedoso. Se concretó a recoger los acuerdos de la Comisión y del Comité Ejecutivo Nacional. Fue una justificación del por qué el Partido repudiaba ahora el "browderismo". Y, en tono declamatorio, habló de romper todo lo que frene el desarrollo y de salir al paso a las desviaciones ideológicas que puedan oponerse.

No faltaron oradores que importunaron a Blas Roca una vez terminando su informe. Algún que otro delegado trató de lucirse y fue acallado. Todo corrió en medio de aclamaciones, mensajes de solidaridad, felicitaciones y votos unánimes.

Al final, volvió Blas Roca a tomar la palabra. Formuló las conclusiones. Mientras las hacía era interrumpido por los aplausos. Allí se habían confundido todas las opiniones en el unánime sentimiento de aprobación.

Blas Roca había sorteado los escollos y evitado correr la suerte, por ejemplo, de Carlos Contreras en Chile. La dirigencia del Partido, por su parte, había demostrado que estaba constituida por verdaderos profesionales de la obediencia.

XVII - ORGANIZACIONES PANTALLAS DEL COMUNISMO INTERNACIONAL Y CUBA: A) - FEDERACION SINDICAL MUNDIAL. B) - FEDERACION DEMOCRATICA INTERNACIONAL DE MUJERES. C) - FEDERACION MUNDIAL DE LA JUVENTUD DEMOCRATICA. D) - FEDERACION MUNDIAL DE TRABAJADORES CIENTIFICOS. E) - UNION INTERNACIONAL DE ESTUDIANTES.

Los "años del compromiso", cuando la Unión Soviética coqueteó con los países democráticos a cambio de un frente común contra el nazismo, habían terminado. Corrían los años de consolidación de las conquistas obtenidas por el imperialismo soviético y de preparación para la ofensiva política sobre el resto del mundo. A estos efectos, Moscú se dio a la tarea de constituir organizaciones pantallas de tipo internacional. Servirían de bandas de transmisión a sus consignas y de tentáculos con los cuales tratar de apresar seccionalmente a la sociedad universal. Todo de acuerdo con sus proyectos de conquista.

Según las circunstancias lo permitían, fue dominando la Federación sindical mundial y fundando las siguientes: Federación internacional de mujeres democráticas; Federación mundial de la Juventud Democrática; Unión internacional de estudiantes; Liga internacional por los Derechos del hombre; Federación internacional de Abogados Democráticos; Consejo mundial de la paz; Federación Internacional de combatientes de la resistencia; Organización internacional de periodistas; Organización internacional de radiodifusión; Federación internacional de trabajadores científicos; Sociedad panunionista para la difusión de los conocimientos políticos y científicos; Asociaciones de intercambio cultural; Congreso mundial de médicos; Comité internacional para el fomento del comercio, y otras muchas más.

A) - Federación Sindical mundial.

La idea de su fundación se presentó como una cuestión antisectaria. Después de una serie de conferencias en Londres, París, Washington y San Francisco, el 3 de octubre de 1945, quedó constituida la Federación sindical mundial en una conferencia celebrada en París.

A la asamblea de constitución asistieron "doscientos cincuenta delegados de cincuenta y seis países, territorios y dependencias coloniales, representando sesenta y cinco organizaciones obreras nacionales y locales y hablando en nombre de sesenta y siete millones de obreros organizados".[81] Lázaro Peña fue quien asistió a nombre de la Confederación de Trabajadores de Cuba.

La elección del dirigente sindical rojo de Francia, Louis Saillant, y el control que ejercieron los comunistas sobre la mesa ejecutiva, hizo innecesario que Moscú tuviera que acudir al recurso de fundar su organización internacional para los trabajadores.

Los comunistas tomaron la Federación desde un principio. El resto fue cuestión de esperar. Cuantas veces quisieron utilizarla para sus fines tantas veces lo hicieron, sin que valiera para nada la oposición de los demás. Esto fue así hasta que, poco a poco, se fueron dando de baja los sindicatos democráticos. Entonces, quedó totalmente en manos de los comunistas.

B) - **Federación internacional de mujeres democráticas.**

La "Federación internacional de mujeres democráticas" surgió en París, el primero de diciembre de 1945, como una organización aparentemente no comunista. Fue el resultado de una conferencia convocada para el 25 de noviembre por la llamada "Unión de mujeres francesas".

Las delegadas en Cuba fueron Nila Ortega y Dolores Soldevilla. La filial se llamó "Federación democrática de mujeres cubanas". Su directiva quedó integrada por Edith García Buchaca, Presidenta; Candelaria Rodríguez, Rita Aguilera, Caridad Sánchez, Leonor Valdés Barrabí, Nila Ortega y Ofelia Radillo, Vices, y Magdalena Serra, Secretaria.

La "Federación democrática de mujeres cubanas" creó una serie de comités en los municipios más importantes del país. Fundó, además, la llamada "Federación de mujeres en defensa del hogar cubano contra el hambre y la desocupación" y los llamados "Comités de amas de casa". Eran organismos donde la mujer militante ardía en fuego de sacrificio y se creía heroína de una causa, con el desenfado de toda mujer que rompe con las trabas del sexo. Organizaron, también, varios eventos, como la "Convención nacional de la mujer" y la "Conferencia nacional de la infancia".

Uitlizaron, de vez en cuando, los salones del "Liceum Lawn Tenis Club" de La Habana, para sus actos culturales o sus espectáculos faranduleros, montados en un escenario decorado con las llamas vivas del "apostolado". Las mujeres comunistas no tuvieron jamás dificultades; no obstante el carácter aristocratizante de la institución. Era lógico, pues, en la directiva del Liceum figuraban Viventina Antuña y María Teresa Freyre, siempre dispuestas a cooperar con las consignas comunistas. Es más, la bibliotecaria, Blanca Bahamonde, se aprovechaba del cargo para seleccionar libros y sugerir lecturas de clara tendencia roja.

La "Federación democrática de mujeres cubanas" no desaprovechó ocasión alguna para constituir, en cada momento, los frentes femeninos que requirieran las circunstancias, siempre bajo la máscara de un fin humanitario o patriótico.

C) - **Federación mundial de la juventud democrática.**

En esta ocasión, Londres fue la sede; noviembre del cuarenta y cinco, la fecha; la Conferencia de la juventud mundial, el evento;

el "Consejo Mundial de juventudes", el organismo que convocó, y la "Federación mundial de la juventud democrática", el organismo constituido.

Por Cuba asistieron tres jóvenes a quienes el Partido tenía interés en cortejar: Wilfredo Hernández, líder negro de la "Juventud auténtica" de franca inclinación comunista; Ramiro Arango Alsina, Presidente de la Asociación de estudiantes de Ciencias Sociales en la Universidad de La Habana y que decíase sobrino de la Primera Dama de la República, y Eduardo Corona, Secretario de la Comisión de Relaciones Exteriores de la FEU que adornaba sus ínfulas de intelectual con el vocabulario tomado del diccionario marxista. También concurrieron Arquímides Poveda, Jaime Gravalosa, Ailía Dov, Rogelio Buznego y el propio Fabio Bravo.

La delegación de la "Federación mundial de la juventud democrática" en Cuba quedó, como era de esperar, bajo el control de la Juventud Socialista. Fue el instrumento que utilizaron los comunistas para invitar jóvenes, que consideraran con madera donde tallar sus figuras políticas del futuro, a eventos internacionales.

D) - Federación mundial de trabajadores científicos.

La "Federación mundial de trabajadores científicos" también la fundaron en Londres, durante la conferencia celebrada en el mes de julio de 1946, a iniciativa de la llamada "Asociación británica de trabajadores científicos". Las preocupaciones fueron muy ajenas a la ciencia y sí muy relacionadas con la política. Los delegados de esta otra organización en Cuba fueron los doctores Federico Sotolongo y Luis Díaz Soto, ambos de conocida militancia comunista.

E) - Unión internacional de estudiantes.

En agosto del cuarenta y seis se celebró en Praga el "Primer Congreso mundial de estudiantes", donde se fundó la "Unión internacional de estudiantes".

La FEU de Cuba envió la representación más nutrida de América Latina. No asistió personalmente su Presidente Manolo Castro, por encontrarse muy atareado. Pero asistieron su Secretario General, Enrique Ovares; su Secretario de Relaciones Exteriores, un tal Rodríguez; el Presidente de la Asociación de estudiantes de medicina, Ernesto Atán Solís; el Vicepresidente de Odontología, de apellido Valdés, y un estudiante español refugiado en Cuba, de apellido Vázquez.

El evento se desarrolló en medio de impetuosas arengas que exhortaban a los jóvenes a lanzarse con romántico ardor a las lides "revolucionarias". La delegación estudiantil de Cuba planteó el problema de Franco, cuyo régimen consideraba una contradicción en un mundo donde se decía derrotado el fascismo y ganado por las democracias.

El papel desempeñado por la delegación cubana le permitió

obtener una posición fija para la FEU, que fue una vicepresidencia en el organismo recién creado. La mayoría de los estudiantes cubanos, por no decir la totalidad, ignoraba el fondo comunista del evento. Creían que estaban librando una batalla más contra el fascismo y a favor de las ideas democráticas en el mundo. Es de notar, sin embargo, que el estudiante español, de apellido Vázquez, tuvo marcado interés en quedarse en Praga, lo cual logró, para representar a la FEU en la UIE.

Los demás frentes internacionales de lucha del comunismo fueron creándose paulatinamente. El Partido Socialista Popular tuvo buen cuidado en registrar siempre una filial de cada organismo que se constituía. La más de las veces era solo nominal. Suficiente a los efectos de anotar la firma de Cuba en los documentos que cada organismo fachada de tipo internacional se le antojaba publicar con fines de propaganda.

XVIII - MAYOR ATENCION AL DESARROLLO Y CONSOLIDACION DE LA JUVENTUD SOCIALISTA".

La Juventud socialista convirtióse en la organización favorita del Partido en aquel entonces. Inventó mil artificios para atraer e interesar a los jóvenes, en las actividades comunistas.

La primera ocurrencia fue utilizar los deportes como cebo o añagaza. Entre las múltiples actividades de la Juventud socialista, en este sentido, podemos señalar el campeonato de pelota que convocó en marzo del cuarenta y cinco. Intervinieron varios equipos no solo de La Habana, sino también del interior de la República. Los juegos, en La Habana se efectuaron en el estadio "La Tropical".

No olvidó, como era lógico, la forma de ir acercando los jóvenes al estudio mezclado con el adoctrinamiento político. En diciembre del cuarenta y cinco, el Partido dejó constituido el llamado "Instituto vocacional politécnico" en la calle Tulipán número 304 de La Habana. Era dirigido por un Patronato del cual formaban parte Salvador García Agüero, Ramón Nicolau, Manuel Luzardo y Segundo Quincosa. El propósito confeso era enseñar mecánica, radio y electricidad a los jóvenes. El propósito real, instruirlos en marxismo-leninismo.

Las jóvenes también merecieron la atención del Partido y su Juventud. Con este propósito, los "Comités de la Juventud Socialista" crearon una serie de academias de corte y costura bajo los auspicios de la llamada "Asociación de academias de corte y costura".

No faltaron tampoco las consabidas escuelas de alfabetización y alguno que otro jardín de la infancia, donde, a cargo de alguna militante abnegada, iban familiarizando los alumnos con las ideas comunistas.

XIX - LABOR DE ADOCTRINAMIENTO.

El comunismo lo absorbe todo: desde la actividad rutinaria y el tema de conversación de cada día hasta la prensa y cualquiera de las manifestaciones de la cultura. Todo visto a través de una sola luz: la del marxismo-leninismo.

En adoctrinar jamás descansaron los comunistas. Cualquier conversación o debate era un motivo para expresar sus ideas. Las mismas que habían recogido en los círculos de estudio y demás formas de instrucción política, que estaban bajo la supervisión de la Secretaría de Educación Nacional del Partido.

Severo Aguirre exhibió, con orgullo, su labor al frente de la Secretaría de Educación Nacional del Partido en junio de 1946, cuando publicó un informe en la revista "Fundamentos" de ese mes. Resumió el balance de su trabajo con estas cifras: "372 círculos de estudios, 387 grupos de lectura, 246 charlas de preguntas y respuestas, 228 conferencias, 2,292 charlas sobre tópicos políticos y 292 reuniones de discusión".[82]

Mientras los comunistas se afanaban por sembrar sus ideas; los demás grupos políticos eran indiferentes o se mofaban de tales preocupaciones. No se daban cuenta de que era una forma de ir abriendo las puertas del pensamiento nacional a las ideas marxistas.

Tampoco asaltaba tal inquietud a los educadores cubanos. Por el contrario, la enseñanza, en términos generales, era fría y sin ciencia y, sobre todo, sin espíritu ni ideas. Los estudiantes, cuando más, se preocupaban por obtener un título que les pusiera un marbete con el cual ir a la caza de algún puesto o posición.

La propia enseñanza religiosa se había impartido, hasta entonces, a través de fórmulas y palabras combinadas que se aprendían de memoria. No se pensaban y mucho menos se vivían. De modo resultaba que los graduados de los colegios religiosos aprendían el rezo; pero en su gran mayoría, no el deber de cristiano. Solo algunas organizaciones de juventudes católicas preocupábanse ya por enseñar a razonar las verdades religiosas, de suerte que pudieran enfrentarlas a los sofismas del marxismo-leninismo en cualquiera de sus interpretaciones en cuanto a los métodos de acción.

Este ambiente educacional, que prevalecía en el país, determinó que el desprecio por las ideas aumentara cada día. Vivíamos al azar. Esta indiferencia por la formación ideológica de los demócratas hacía difícil que la juventud cubana pudiera distinguir el error de la verdad, lo objetivo de lo subjetivo, y lo real de lo exagerado, única forma de no dejarse confundir por la penetración cultural del socialismo.

XX - EL TRABAJO DE LOS COMUNISTAS EN EL SECTOR ESTUDIANTIL.

Al ser derrotado el fascismo, y con él ese nacionalismo extremo y colonizador o imperialista que representaba tanto Hitler como

Mussolini, surgió, de manera renovada, otra forma de nacionalismo en las universidades de América Latina.

La juventud latinoamericana, entre ella la de Cuba, se planteó, emocionalmente, el problema socio-político del equilibrio de poderes en el mundo: entre Estados Unidos y la Unión Soviética. La órbita de penetración de cada uno de estos estados, y el rechazo consiguiente, constituirían, a partir de entonces, los ejes en torno a los cuales giraría la conducta de la juventud.

La táctica del Partido fue conducir a sus jóvenes como no comprometidos; aunque pronunciándose siempre por sus consignas. Cortejaba, además, a quienes cooperaban. Entre sus halagos preferidos sobresalían la publicidad que regalaban a quienes querían notoriedad, los aplausos que tributaban a quienes se inflaban de vanidad y los viajes que ofrecían a quienes se desvivían por asistir a sus frecuentes eventos internacionales.

En la Universidad de La Habana, los jóvenes comunistas se ganaron a Manolo Castro, Presidente de la FEU, con el tema de la República Española y por la vía de la gratitud, ya que al voto decisivo de Arquímides Poveda, miembro de la Juventud Socialista, debió su elección. Los comunistas sacaron gran ventaja de tales circunstancias. Tomaron bajo su control la "Comisión de Relaciones Exteriores". Ayudaron a fundar la "Comisión Campesina". Se situaron, aunque subrepticiamente, en el "Comité Anti-Trujillista". Constituyeron el "Comité anti-imperialista". Se hicieron dueños del "Comité de Ayuda a la República española" de la FEU. Llegaron al punto de enviarle alguna ayuda a las guerrillas que decían operar contra el gobierno de Franco desde Toulouse, en Francia, cerca de la frontera con España.

Los jóvenes comunistas se pasaban el día metidos en el local de la FEU. Trabajaban allí más que nadie, sin recibir remuneración. Muchos no eran siquiera estudiantes. Luis Mas Martín y el propio Flavio Bravo eran visita diaria.

No descuidaron tampoco los centros de estudios secundarios: institutos, escuelas normales, de comercio y de artes y oficios. Los estudiantes que se destacaban como líderes eran halagados por los más altos dirigentes del Partido. Estos les ofrecían respaldo y les sugerían las tesis, de que usualmente carecían los estudiantes.

El Instituto No. 1 de La Habana fue de los centros secundarios donde mejor trabajaban. Tenían buenos "cuadros" juveniles con quienes llevar a cabo su labor. En los años inferiores, contaban con Raúl Valdés Vivó, José Boris Alshutl y Gina Cabrera y, en los años superiores, con Leonel Soto y Alfredo Guevara. No faltó la nota trágica. La pusieron cuando uno de los suyos, Salvador Pérez, cazó a tiros al estudiante anti-comunista de apellido Montesinos en el portal del Instituto.

¿Cómo presentaban los comunistas sus argumentos a los jóvenes estudiantes? Antes que nada exhibían sus ideas con los adornos fascinantes del radicalismo de izquierda y no como expresión máxima del regreso a las formas de explotación más inhumana de los trabajadores por parte del estado. A la afirmación de que el totalitarismo soviético era la negación de todas las libertades, poseído por un desmedido afán expansionista, replicaban que más peligroso era el imperialismo norteamericano por su proximidad a Cuba. A la reprobación de los anticomunistas, oponían la afirmación de que no eran comunistas ni anticomunistas, sino neutrales que aborrecían a los "cazadores de brujas". El escorzo, en fin, lo ajustaban conforme a la profundidad visual de sus conveniencias.

Con tales sofismas, trataba el Partido de horadar el sentimiento anticomunista de la juventud cubana, de adormecer la suspicacia de los alertados y de situar a todos en posición de indolencia ante el peligro soviético y de beligerancia contra los Estados Unidos.

XXI - ELECCIONES PARCIALES EN 1946.

El Gobierno "Auténtico" forzó, cuanto pudo, la maquinaria estatal, con el propósito de asegurar el triunfo en los municipios y aumentar su representación en la Cámara Baja. Lo hizo con gran efectividad, por ser Cuba un país burocratizado, donde la política se desarrollaba, en buena parte, sobre la base de prometer cargos públicos.

El Partido Socialista Popular, por su parte, ordenó a sus jefes locales que procuraran coligarse municipalmente con los "auténticos" y que, salvo algún interés especial, no apoyaran a los "republicanos".

La contienda más apasionante por la Alcaldía tuvo lugar en la ciudad de La Habana, considerada la segunda posición de la Republic. Aspiraron tres candidatos: el reeleccionista Raúl Menocal, apoyado por los partidos Republicano y Demócrata; Carlos Miguel de Céspedes, apoyado por el Partido Liberal, y Manuel Fernández Supervielle, apoyado por los partidos Auténtico y Socialista Popular. Ganó el Dr. Fernández Supervielle, amparado en la esperanza que el pueblo se forjó de que sólo él podría construir un nuevo acueducto para La Habana, con el apoyo financiero del gobierno.

La elección más reñida se efectuó en el municipio de Yaguajay, donde el candidato comunista a la Alcaldía José M. Ruiz Rodríguez, ganó en segunda vuelta con el apoyo de todos los partidos, de gobierno y de oposición, que se unieron contra el candidato del Partido Republicano.

La más dramática, se celebró en la industriosa población de Ranchuelo, también en la Provincia de Las Villas, donde los comunistas asesinaron a Sebastián Sánchez en su frustrado empeño por derrotar al candidato del Partido Demócrata, José Fabregat. Los acusados de autores materiales fueron: Diego y Miguel Calcines, el primero de los cuales huyó al extranjero; Juan Pérez Roca, a quien condenaron a treinta años de prisión y obtuvo su libertad al triunfo de la Revolución; Luis León, y un tal Bueno. Los autores intelectuales fueron: el dirigente local del Partido y Secretario del Sindicato de la Fábrica de Trinidad y Hermanos, Faustino Calcines, y el jefe provincial del Partido, Joaquín Ordoqui.

Los resultados electorales fueron, en términos generales, favorables a los "auténticos". Conquistaron una mayoría abrumadora en la Cámara de Representantes y un gran número de alcaldías. Los comunistas, de consiguiente, dejaron de ser un factor de consideración para el Gobierno.

XXII - SIEMPRE LA CONTRADICCION.

El Partido no dejaba pasar un solo período sin entrar en contradicción consigo mismo. Tal vez, diría algún marxista con ánimo de encontrar alguna justificación, por aquello de estar a tono con su teoría dialéctica del desarrollo, una de cuyas leyes expresa la "unidad y lucha de los contrarios" o "de las contrariedades". Fuera por esta razón o por otra más verdadera, el hecho cierto es que el Partido se conducía desvergonzadamente a los ojos del pueblo cubano.

En el período analizado, la primera contradicción se manifestó cuando el Partido se puso de acuerdo con los "Auténticos" revolucionarios, enemigos tradicionales de los comunistas, a quienes estos calificaban de "fuerzas de la reacción y del anti-pueblo".[83] Esta contradicción la resolvió el Partido al extinguir sus viejas rencillas y adaptarse al nacimiento de lo nuevo: el triunfo de los "Auténticos". La negación de su conducta anterior culminó en la afirmación de sus esfuerzos por permanecer bajo la protección del Gobierno.

Estas maniobras políticas las maquinó el Partido al amparo de los flexibles conceptos de la "Unidad Nacional" que brotaban de las estupendas teorías "browderistas". Era necesario, según el Partido, apoyar las medidas progresistas del nuevo Gobierno en Cuba y el esfuerzo de guerra contra el nazi-fascismo; de lo cual resultaba el respaldo irrestricto a la política internacional de los Estados Unidos.

Por estos caminos "errados" del "browderismo" anduvo el Partido hasta que vino, de Moscú, la orden en contrario: combatir a "las potencias imperialistas", especialmente a los Estados Unidos, que se oponían a la política expansionista de la Unión Soviética.

El cambio del "browderismo", reformista y conciliatorio, por la nueva política sectaria y "anti-imperialista" no se llevó a efecto violentamente, de un día para otro: en "forma cualitativa", como diría un marxista. Todo lo contrario. Se llevó a cabo gradualmente, de un año para otro; en "forma cuantitativa", según la expresión marxista.

Así llegaría, con el tiempo, a desaparecer la vieja cualidad y surgir la nueva, esencialmente anti-nortemamericana.

No es maravilla que los pensamientos del Partido se muden: éste se deje, aquél se tome, uno se prosiga y otro se olvide. Todo aquel malabarismo de ideas y palabras consistía en aguzar y utilizar conceptos con el solo propósito de ajustarlos a las circunstancias del momento. El paisaje siempre lo pintaba como un escenario donde representar la trama conveniente. Cuando el espectador, la opinión pública, transitaba de la sala del espectáculo al interior de la patraña, descubría que el libreto siempre lo escribía Moscú.

Ya nada extrañaba a nadie. Mientras el Partido bostezaba aliento de cloaca, la ciudadanía bostezaba de cansancio.

1 Blas Roca, Carlos Rafael Rodríguez, Manuel Luzardo, "En defensa del pueblo", Ediciones del Partido Socialista Popular, Habana, 1945, p. 11.
2 Ibid., p. 13.
3 Ibid. p. 12.
4. Revista **Cuba Socialista**, Año II, junio de 1963, No. 22, p. 18, Habana, Cuba.
5 Revista "Fundamentos", No. 39. Año IX, noviembre de 1944, p. 18, Habana, Cuba.
6 Blas Roca, Carlos Rafael Rodríguez, Manuel Luzardo, "En defensa del pueblo", Ed. cit., p. 59.
7 Cuadernos populares, Historia de Cuba, No. 1, Editorial Páginas, La Habana, 1944, p. 3.
8 Ibid.
9 Ibid. p. 4.
10 Ibid., p. 15.
11 Ibid., p. 18.
12 Ibid., p. 27.
13 Ibid., p. 43.
14 Blas Roca, Carlos Rafael Rodríguez, Manuel Luzardo, "En defensa del pueblo", ed. cit., p. 10.
15 Ibid., p. 10.
16 Ibid.
17 Ibid.
18 Ibid., pp. 10 y 11.
19 Ibid., p. 11.
20 Ibid.
21 Ibid., p. 13.
22 Ibid., p. 11.
23 Ibid., p. 12.
24 Ibid., pp. 12 y 13.
25 Ibid., p. 15.
26 Ibid., pp. 16 y 17.
27 Ibid., p. 16.
28 Ibid., pp. 16 y 17
29 Ibid., p. 17.
30 Ibid., p. 18.
31 Ibid., p. 19.
32 Ibid., p. 5.
33 Ibid.
34 Ibid., p. 6.
35 Ibid., p. 6.
36 Ibid., p. 8.
37 Ibid., p. 9.
38 Ibid.
39 Ibid.
40 Ibid., p. 10.

41 Ibid., p. 13.
42 Ibid., pp. 19 y 55.
43 Ibid., pp. 23 y 24.
44 Ibid., p. 24.
45 Ibid.
46 Ibid., p. 28.
47 Ibid., pp. 30 y 31.
48 Ibid., p. 31.
49 Ibid.
50 Ibid.
51 Ibid., pp. 31 y 28.
52 Ibid., p. 28.
53 Ibid., pp. 34 y 35.
54 Ibid., p. 34.
55 Ibid., p. 38.
56 Ibid., p. 38.
57 Ibid., p. 36.
58 Ibid., p. 36.
59 Ibid., p. 37.
60 Ibid., p. 40.
61 Ibid., p. 43.
62 Ibid.
63 Ibid. p. 46.
64 Ibid., p. 49.
64 Ibid., p. 51.
64 Ibid., p. 49.
65 Ibid., p. 51.
66 Ibid., p. 42.
67 Ibid., p. 42.
68 Ibid.
69 Ibid., pp. 42 y 43.
70 Ibid., p. 55.
71 Ibid., pp. 55 y 56.
72 Ibid., p. 56.
73 Ibid., p. 56.
74 Ibid., pp. 56 y 57.
75 Ibid., pp. 59.
76 Ibid., p. 59 y 60.
77 Ibid., p. 61.
78 Ibid., p. 89.
79 Ibid., p. 94.
80 Ibid., p. 103.
81 George R. Donabue, "La Federación mundial de gremios obreros: Hechos relativos a un frente comunista", Buenos Aires, Argentina, p. 25.
82 **Op. cit.**, p. 103.
83 Periódico **Hoy** de 7 de mayo de 1944, p. 1.

CAPITULO XIV
TIEMPOS BORRASCOSOS
(1946-1949)

I - Por el nuevo camino: A) En el mundo. B) En América Latina. C) En Cuba. II - Depuración del Comité Ejecutivo Municipal de Cienfuegos. III - Quinto Congreso de la C. T. C. IV - Los comunistas avanzan en la Universidad. V - Los comunistas y la discriminación racial. VI - Reorganización de los partidos en mil novecientos cuarenta y siete y gestiones del Partido para coligarse. VII - La Cuarta Asamblea Nacional del Partido Socialista Popular. VIII - La provocación y muerte de Jesús Menéndez. IX - Congreso de la Confederación de Trabajadores de América Latina, y de la Federación Sindical Mundial. X - La delegación de la Federación Estudiantil Universitaria de Cuba y el bogotazo. XI - Elecciones generales del cuarenta y ocho. XII - Cuando Carlos Prío tomó posesión de la Presidencia de la República. XIII - El movimiento obrero y los grupos revolucionarios. XIV - Reunión del Comité Ejecutivo Nacional del Partido. XV - El movimiento feminista y los comunistas. XVI - El VI Congreso de la C.T.C. XVII - Reorganización de los partidos en mil novecientos cuarenta y nueve. XVIII - El empréstito de los ciento veinte millones. XIX - La crisis universitaria y los comunistas. XX - Etapa de adaptación a las nuevas circunstancias.

I - POR EL NUEVO CAMINO: A) EN EL MUNDO. B) EN LA AMERICA LATINA. C) EN CUBA.

El nuevo camino emprendido por la Unión Soviética se vio más claro a partir de entonces. El humo que ocultaba sus verdaderas intenciones se desvaneció. Y quedó al descubierto el propósito de avanzar, y avanzar, alzando siempre, sobre la cabeza de las naciones libres, el garrote de la agresión.

A) En el mundo.

La "Cortina de Hierro", según la frase de Churchill, acabó por caer sobre el escenario de Europa. La Unión Soviética, bajo su control, un millón veinticuatro mil cuatrocientos kilómetros cuadrados de territorio a los seiscientos ochenta y cinco mil novecientos veinte kilómetros cuadrados que se había anexado durante la guerra.

La estrategia soviética cerró más el círculo por aquellos años. Aisló al nuevo mundo comunista. Exigió mayor sometimiento de los partidos a la disciplina del Kremlin. Y hostigó con encono a los gobiernos occidentales. Puestos a escoger una fecha para marcar el inicio de la nueva etapa, podemos seleccionar a junio del cuarenta y siete, cuando la Unión Soviética exteriorizó su repudio al Plan Marshall.

La Unión Soviética trató de consolidar su poder político sobre los territorios ocupados y sobre los partidos comunistas, allende su imperio, por medio del Kominform, "Oficina de informaciones de los partidos comunistas y obreros", que heredaba al fenecido Komintern. Fue fundado en septiembre de 1947. Su órgano de divulgación tomó este rótulo: "Por una paz perdurable, por la democracia del pueblo", y comenzó a publicarse en Belgrado el 10 de noviembre de 1947.

La acción táctica del Kremlin combinó, simultáneamente, sus múltiples formas de lucha. En Europa centro-oriental, violó, sin recato alguno, los acuerdos de Yalta. En China, Mao prosiguió su guerra contra el Kuomintang. En Grecia, fomentó la guerra civil con guerrillas apoyadas por los países fronterizos: Yugoeslavia, Albania y Bulgaria. En Turquía, demandó concesiones en busca del Mediterráneo. En Europa occidental, especialmente en Francia e Italia, los partidos comunistas desplegaron sus raídas banderas de los frentes populares en busca del poder. Y en los territorios coloniales de Europa en Asia, Africa y América, prestaron calor al llamado "proceso de descolonización".

Tamaña ofensiva, y sobre todo lo acaecido en Checoeslovaquia y Grecia, puso en guardia al gobierno de los Estados Unidos. El Presidente Truman no vaciló más y proclamó su conocida "Doctrina Truman", de cooperar con los países obligados a defenderse de la agresión comunista, cuando en marzo de 1947, decidió ayudar al gobierno griego.

La agresión comunista estaba en marcha, bajo sus múltiples formas tácticas. Pero había chocado con la voluntad de contención. De nuevo, el mundo estaba en pie de guerra, de guerra fría, contra el comunismo.

B) En América.

Los acontecimientos mundiales se reflejaron sobre el continente americano. Los partidos comunistas repitieron, cansona y monocordemente, la muria oficial del Kremlin que se resumía en el estribillo de "Abajo el imperialismo yanqui".

El interés central de los partidos comunistas en América era impedir la celebración de la "Conferencia Interamericana para el mantenimiento de la Paz y la Seguridad del Continente". Hasta entonces había estado posponiéndose debido a dificultades entre los

Estados Unidos y Argentina. Vencidos los obstáculos, se efectuó del 15 de agosto al 2 de septiembre de 1947. El fruto fue el "Tratado Interamericano de Asistencia Recíproca", que consagró por primera vez la legítima defensa colectiva al amparo del artículo 51 de la Carta de las Naciones Unidas.

Los comunistas latinoamericanos se alborotaron con la Conferencia. Movieron una gran campaña contra los objetivos de la misma. Buscaban deteriorar las instituciones y mecanismos de la defensa hemisférica y provocar contradicciones entre los Estados Unidos y América Latina, antagonizarlos, por considerar, según decía la propaganda, que América Latina era "el patio trasero de los Estados Unidos".

C) En Cuba.

La posición del Partido en Cuba comenzaba a tornarse en extremo sectaria. No tanto en el ámbito nacional, como en el internacional. Protestar contra el "imperialismo yanqui" y contra la amenaza a la paz que representaba la bomba atómica eran las voces de la nueva sinfonía roja. El acorde, como el grillo de Rubén Darío que "preludia un solo monótono en la única cuerda que hay en el violín", era el mismo: combatir a los Estados Unidos.

Aquella sinfonía de la propaganda comunista se tocaba ante un pueblo mordido ya por el descontento, a consecuencia de la bolsa negra, la carestía de la vida, el medro escandaloso de los funcionarios públicos y el auge del gangsterismo apañado. El latrocinio de los fondos públicos llegó a practicarse en forma directa, esto es, sin expediente o artificio. Mientras tanto, los grupos de acción tomaban partido en las disputas entre los políticos "revolucionarios" que remuneraban o amparaban los ejercicios de bravura.

El Gobierno había consumido la gloria de la "jornada gloriosa". El cuerpo social ofrecía síntomas evidentes de insubordinación y desasosiego. Las "ciudades muertas", con sus calles erizadas de tachuelas y con barricadas para impedir el desplazamiento de vehículos, era una de las tantas formas de reclamar beneficios para cada localidad.

La vida social y política se resentía por la supresión de las buenas maneras. El mal gusto llegó a tomar forma de buen gusto. Cuando más, se imponía la hipocresía. Y era nota característica, el delirio de publicidad que abrasaba a cuantos aspiraban a figurar como rectores de la sociedad.

Los periódicos registraban, por entonces, hechos insólitos. A título de botones de muestra tomemos dos casos. Uno, el robo del brillante del Capitolio Nacional que apareció después en la mesa del Presidente de la República. Otro, la sustracción por los estudiantes de la campana de la "Demajagua", para convocar a la guerra contra la inmoralidad administrativa.

En fin, un ventarrón de farsa general soplaba sobre la nación. Había quienes tiraban las cosas a guasa, hasta las más serias; quienes se revolvían contra los que sobresalían y le descargaban el peso de la envidia, y quienes se preocupaban, movidos por cierto ímpetu hacia un ideal.

La economía, en cambio, progresaba. La agricultura comenzaba a mecanizarse. La producción azucarera superaba todas las cifras históricas en 1948. Las exportaciones "per-cápita" alcanzaban la segunda posición más alta de América Latina. La balanza de pagos arrojaba saldos favorables nunca vistos. Pero no se aprovechaban aquellos recursos para consolidar el futuro económico del país.

La Oposición, en su papel de siempre, todo lo encontraba mal. Nada le reconocía al Gobierno. Ni el respeto a las libertades y mucho menos las ventajas económicas con que favorecía a los trabajadores del campo y la ciudad. Eduardo Chibás tomó la posición extrema, al fundar el Partido del Pueblo Cubano (Ortodoxo), el 14 de julio de 1947. Cuando saltó a la oposición, acusó al doctor Grau de haber traicionado la "revolución auténtica" y agitó el lema "vergüenza contra dinero".

Los "ortodoxos" de la "revolución", encabezados por Chibás, aspiraban al lauro de regeneradores políticos. Se inflaban de vanidad revolucionaria y tenían una capacidad disolvente admirable, por lo poco común. No traían doctrina alguna, sólo cierta propensión a destruir prestigios y una especie de veneración fetiquista a Chibás y su escoba, que aspiraba a barrer con todo. Tales posiciones encajaban en el histrionismo dominante en la nación.

La ola revolucionaria se anegaba en el ansia de fáciles aplausos. Hacer política revolucionaria era desgañitarse ofreciendo cuanto fuera imaginable y en breve plazo. Era un método de ganarse a la gran masa, que siempre ha sido buena y cándida, de llevar la esperanza sobre los hombros pacientes de un pueblo enfermo de prisa histórica.

En medio de aquel espectáculo, el Partido estaba resuelto, con toda firmeza, a no abandonar el "camino parlamentario", a proseguir con sus "luchas legales". El problema era que los "auténticos" no veían bien a los comunistas. La pugna era visible y sonada, sobre todo, en los sindicatos. Pero los comunistas se hacían los ciegos y los sordos, en su empeño de mantenerse bajo la protección gubernamental. Seguían, como si nada, organizando sus primeros de mayo, con sus manifestantes que desfilaban por frente a Palacio y aplaudían al Presidente que revistaba la manifestación. La única manera de sacarlos del gobierno, por lo que se veía, era a patadas o, como dice una expresión criolla, "dándole candela como al macao".

Los esfuerzos del Partdo eran solo eso y nada más, esfuerzos. Mas no había duda, el germen de la ruptura del Gobierno con el Partido, estaba en el ambiente; de la misma forma que aparecen las bajas presiones antes de formarse la tormenta.

II - DEPURACION DEL COMITE EJECUTIVO MUNICIPAL DE CIENFUEGOS.

Los pactos municipales del Partido Socialista Popular con el Partido Auténtico acercaron a muchos dirigentes políticos de uno y otro partido en distintas localidades del país. En Cienfuegos, por ejemplo, fue tal la identificación que, a la hora de las definiciones, gran parte del Ejecutivo Municipal del Partido se sintió más del lado "auténtico" que del lado comunista.

Rolando Meruelo era el Presidente del Partido Socialista Popular en Cienfuegos. Con su capacidad de trabajo había ganado gran predicamento en toda la zona. Tal influencia despertó los celos de la dirigencia provincial. Ya a comienzos del año cuarenta y seis, se iniciaron sus inconvenientes, más que con Joaquín Ordoqui, el presidente del Ejecutivo Provincial, con el segundo de éste, Israel Tomás. Estas dificultades se solventaron en forma muy peculiar: ascendieron a Meruelo y lo sacaron de Cienfuegos. La resolución decía que era "un cuadro de tal formación que impedía el desarrollo de una dirección colectiva". En recompensa, lo designaron Jefe de Despacho del Retiro Azucarero, junto a Jesús Menéndez, y lo adscribieron al Departamento de Organización Nacional del Partido.

Al comenzar la campaña electoral del cuarenta y seis, el jefe provincial del Partido Auténtico, Dr. Miguel Suárez, expresó al jefe provincial del Partido Socialista Popular, Joaquín Ordoqui, que no le interesaba el pacto con el Partido en Cienfuegos sin la presencia de Meruelo. Este planteamiento propició el regreso de Meruelo a su ciudad natal. Llegado que fue se incorporó con gran entusiasmo a la campaña alcaldicia en favor de Arturo Sueiras. Fue una campaña dura, que necesitó del esfuerzo concentrado de todos los partidos, para derrotar al candidato reeleccionista, el Doctor Rodrigo Bustamante, postulado por un solo partido, el Liberal. Cuando terminó aquella campaña, Meruelo estaba plenamente identificado con los "auténticos" y opuso reparos a la orden que recibió de regresar a La Habana. Esta conducta hizo más tensas sus relaciones con la dirigencia provincial.

La situación explotó cuando Meruelo decidió pasarse al "autenticismo". Reunió a la Asamblea Municipal. Las dos terceras partes de los delegados municipales y la mitad del Ejecutivo resolvieron abandonar el Partido y darse de baja en la Junta Electoral. Entre quienes abandonaron el Partido sobresalieron Rolando Meruelo, presidente de la Municipal; el Comandante del Ejército Libertador

Pedro de Soto, primer vicepresidente; Otto Meruelo, director de la estación de radio del Partido —CMCHM— en Cienfugos, y Osvaldo Dorticós.

Tal actitud la explicaron en un manifiesto. El escrito denunciaba los favoritismos de la dirigencia provincial y ponía al descubierto el sistema de sacrificar a los dirigentes municipales, a quienes postulaban para representantes al solo objeto de captar votos no comunistas en la zona, con miras a levantar sobre sus hombros a los escogidos por el jefe provincial. En resumen, señalaba que el Partido se había convertido en una gran máquina burocrática de privilegios y favoritismos.

La Dirección Provincial anduvo presta en decretar la expulsión de los hermanos Meruelo. La resolución reventó en denuestos y vituperios, con el fin de hacer añicos la imagen de los expulsados ante la opinión pública. El desmembramiento tuvo tal impacto que la resolución de la dirigencia provincial no pudo ser discutida en los comités de base del Partido.

Los disidentes replicaron con otro manifiesto, redactado por Osvaldo Dorticós. Las razones que exponía devolvían ataque por ataque e injuria por injuria. La Dirección Nacional del Partido ordenó a la provincial que no continuara la discusión. Sólo prosiguió la campaña de difamación contra los hermanos Meruelo, quienes se refugiaron en el grupo cismático del Movimiento Socialista Revolucionario que dirigía Rolando Masferrer.

Según todos los indicios, el Partido tramitó a Osvaldo Dorticós. Posiblemente no quería más focos de insubordinación. El hecho cierto es que el Partido no atacó a Osvaldo Dorticós. El pudo dedicarse a su bufete sin ser molestado, y hasta incorporarse a la sociedad burguesa de la localidad, donde llegó a ser Presidente del aristocratizante Cienfuegos Yacht Club. A cambio de su incorporación al "autenticismo", el senador Miguel Suárez retribuyó a Dorticós con una notaría y un puesto en el Acueducto de Cienfuegos, el cual disfrutó hasta el triunfo de la Revolución, cuando pasó a ocupar la posición de Ministro de las Leyes Revolucionarias y, después, de Presidente de la República.

Antonio Villar, jefe del barrio donde estaba afiliado Osvaldo Dorticós, nos ha contado que el Partido le ordenó establecer contacto con el secretario de la Junta Municipal de Cienfuegos, Octavio Rodríguez, para destruir la afiliación de Dorticós, de manera que no quedara constancia de su anterior militancia. Villar cumplió la orden; pero aprovechó la ocasión para destruir su propia afiliación. Esta indisciplina, unida a otras circunstancias, le costaría, en definitiva, la expulsión del Partido.

La desmembración ocasionada por los hermanos Meruelo, al

Partido en Cienfuegos, jamás pudo ser subsanada. La dirección provincial trató de zurcir el hueco con la designación de comisarios de confianza; pero todos fracasaron. En definitiva, después de muchos ensayos, el Partido en Cienfuegos quedó en manos de un concejal de la localidad, José Sanjurjo, quien no pudo imprimirle vitalidad a la organización porque carecía de dinamismo.

III - QUINTO CONGRESO DE LA C.T.C.

Entre comunistas y "auténticos", que se trataban a diario en las luchas sindicales sin quererse bien, era previsible que estallara la discordia. La ocasión fue el Quinto Congreso de la C.T.C.

La primera contienda se efectuó con motivo de las elecciones efectuadas en las bases sindicales que precedieron al Congreso. La lucha fue enconadísima. En ella se mezclaron la violencia con las amenazas.

Los comunistas perdieron aquellas elecciones. Confiaban, sin embargo, en la división de sus adversarios, agrupados en la "Comisión Obrera Nacional Auténtica", con Eusebio Mujal, Francisco Aguirre y Emilio Surí Castillo, y en la "Comisión Obrera Nacional Independiente", que dirigía Vicente Rubiera, Secretario General de la Federación de Trabajadores Telefónicos, y Angel Cofiño, ex-candidato a representante por el Partido Unión Revolucionaria Comunista y Secretario General de la Federación Sindical de Plantas Eléctricas, Gas y Agua.

Los sindicalistas de Lázaro Peña estaban resueltos a todo, antes de soltar el control de la C.T.C. El Presidente de la República terció en la lucha, por salvar la unidad sindical. Convocó a una mesa redonda. En el curso de sus discusiones se ofrecieron varias fórmulas de conciliación. Unos y otros estuvieron dispuestos a negociarlo todo, menos la codiciada posición de Secretario General. En definitiva, no hubo acuerdo.

Lázaro Peña decidió celebrar el Congreso de todas formas. Contaba con la Comisión de Credenciales para ganar. Expediría tantas credenciales a sus adversarios cuantas les permitieran mantener la mayoría comunista. Los "auténticos" y los "independientes", por su parte, no estaban dispuestos a dejarse bravear.

El día anterior a la celebración del Congreso, un grupo de delegados anti-comunistas decidió acudir en manifestación al Sindicato de la Aguja, para recoger las credenciales. A la cabeza marchaba Félix Palú, líder azucarero del Central Baltony y concejal del P.R.C. Los rojos le tendieron una celada y en las mismas escaleras del Sindicato, ubicado en la planta alta de la esquina de Industria y San José, en La Habana, cayó abatido a puñaladas. Este asesinato encendió aún más las pasiones políticas dentro de los sindicatos y eliminó toda posibilidad de solventar las discrepancias en forma pacífica.

Ante aquella situación, el Ministro del Trabajo, Doctor Carlos Prío Socarrás, resolvió suspender el Congreso y designar una comisión depuradora de credenciales presidida por José Ignacio Smith. En ella estaban representadas las tres tendencias. José Morera fue el representante de los comunistas.

Pero Lázaro Peña no esperó el resultado de las depuraciones. Con intención aviesa y aprovechándose de una crisis ministerial que había planteado el Senado, urgió la celebración del Congreso, que se efectuó del 4 al 9 de mayo en el Palacio de los Trabajadores. Asistieron, 1,403 delegados, impugnados en un ochenta y cinco por ciento por la "Comisión Obrera Auténtica". El Congreso de los llamados "borregos comunistas" no tuvo más objeto que elegir por "unanimidad" a la candidatura única encabezada por Lázaro Peña.

La lucha entró, entonces, en la etapa más intensa. "Auténticos" e "independientes" convocaron a otro congreso. Lo inauguraron el 6 de julio en el teatro Radio-Cine. Concurrieron 1,382 delegados, representando a 829 sindicatos. Estuvieron ausentes los delegados de 301 sindicatos que, calificados de "fantasmas" o "de bolsillo", respondían al bloque de la dirigencia comunista. Los delegados reunidos eligieron un nuevo Comité Ejecutivo de la C.T.C., con Angel Cofiño de Secretario General.

Las dos fracciones en pugna apelaron al Ministerio del Trabajo. Los comunistas impugnaban la legitimidad del Congreso de Radio-Cine y los anticomunistas la legalidad del efectuado en el Palacio de los Trabajadores. El Ministerio del Trabajo, como paso previo, ordenó la intervención de su órgano radial, la estación MIL DIEZ. El arqueo de los fondos de la central sindical reveló algo que a nadie sorprendió, un desfalco por más de cien mil pesos.

Aquella intervención alteró los ánimos de los comunistas. La resaca fue una serie de planteamientos altisonantes y altivos. Condenaron la C.T.C. de Radio-Cine, la que rotularon con el mote de CTK, para indicar que estaba subvencionada con fondos sustraídos del inciso K del presupuesto educacional del país. El manojo de bonzos sindicales de Lázaro Peña, tuvo el arrojo de autotitularse CTC "unitaria".

Esta duplicidad de la CTC creó confusión y alboroto entre los trabajadores. Tal situación fue resuelta por el Ministro del Trabajo, Dr. Carlos Prío, el 9 de octubre de 1947, a favor de la dirigencia que encabezaba Angel Cofiño.

La reacción de los comunistas no se hizo esperar. El periódico "Hoy" y todos los organismos vociferantes del Partido respondieron a la resolución con toda la caterva de insultos que abunda en la jerga roja. No pasaba un día sin que se escucharan los aullidos de los afectados, congresistas y concejales del Partido y todos los componentes de aquella maquinaria de corrupción burocrática que habían montado los comunistas en las cajas de retiro.

No satisfechos con gritar, la C.T.C. de Lázaro Peña convocó a una huelga general. Pero la masa obrera no respondió. Sólo pudo forzar algunos paros en el sector marítimo, en los tranvías de La Habana y en algunas fábricas de tabaco, sin sacar ventaja alguna.

Los comunistas se replegaron, de momento, ante el fracaso, sin que por ello desistieran de la huelga general. El nuevo plan consistía en impedir el comienzo de la zafra, con el propósito de crear una crisis en el país. Hasta ese punto estaban resueltos los comunistas, para seguir cabalgando sobre las espaldas de los trabajadores.

IV - LOS COMUNISTAS AVANZAN EN LA UNIVERSIDAD.

Manolo Catro salió de la Universidad cuando terminó su mandato en la FEU, con el propósito de consagrarse a las actividades políticas en favor del Gobierno. Pero su grupo trató de continuar ejerciendo su hegemonía sobre el movimiento estudiantil universitario. En tal empeño tuvo que enfrentarse a los católicos y a Unión Insurreccional Revolucionaria, que acusaban a los seguidores de Manolo Castro de entendimiento con los comunistas.

Las elecciones por escuelas demostraron que las fuerzas estaban muy equilibradas. Aspiraban a la presidencia de la FEU, Isaac Araña, por el grupo de Manolo Castro, Fidel Castro[1] y Humberto Ruiz Leiro, por los contrarios. Al no salir Fidel Castro presidente de su escuela, la de Derecho, quedaron sólo como aspirantes Araña y Ruiz Leiro, cada uno con seis escuelas.

El hecho de que uno y otro bando tuvieran el mismo número de presidentes de escuelas hacía imposible designar al presidente de la FEU sin que ambas fracciones se pusieran de acuerdo. Ruiz Leiro ofreció la solución cuando propuso a Enrique Ovares, quien tenía ideas católicas, a pesar de que pertenecía al grupo de Manolo Castro. El compromiso se concluyó sobre la base de convocar a una asamblea constituyente estudiantil, cuyos delegados serían elegidos directamente por el estudiantado y donde se discutirían todos los planes de reforma universitaria que, por entonces, agitaban ambos grupos en pugna.

Las candidaturas de esas elecciones fueron dos. Ovares, presidente, José Luis Masó, vice, y Alfredo Guevara, secretario, por el grupo que apoyaban los comunistas. Ruiz Leiro, presidente, José I. Rasco, vice, y Fidel Castro, secretario, por el grupo anticomunista. Las elecciones desataron una ola de amenazas y violencias por parte de unos y de otros. La consecuencia fue que la mayoría estudiantil, la dedicada a estudiar, se retrajo y dio paso a quienes disponían de la maquinaria electoral mejor organizada. El resultado, que ganaron, por estrecho margen, Ovares, Masó y Guevara.

Los comunistas, aunque eran minoría, se atribuyeron los éxitos alcanzados y comprometieron a la nueva dirigencia con sus consignas radicales de izquierda. La elección de Guevara como Presidente de Filosofía y Letras y su exaltación al cargo de Secretario de Relaciones Exteriores de la FEU, facilitaron el avance de los comunistas en la Universidad de La Habana.

El avance se haría por entre la cortina de humo de las frenéticas declaraciones tribunicias que excitaban a la juventud entontecida con las consignas de izquierda, más que nada anti-norteamericanas. De esta forma, estremecían de rebeldía a los jóvenes inconformes, con todo y con todos, en su afán por trazar orientaciones nacionales e internacionales, no obstante su evidente desorientación.

V - LOS COMUNISTAS Y LA DISCRIMINACION RACIAL.

Ya por esta época no podía decirse que en Cuba existiera discriminación racial fuera del ámbito social, donde algunas familias mantenían la separación étnica. Había negros y mulatos en la docencia, en la judicatura, en el congreso, en el estado, en las instituciones privadas, en fin, en todas las esferas de la actividad humana. De hecho, la discriminación había quedado reducida, más por razones económicas que raciales, a las sociedades privadas, pues como apuntaba Blas Roca, había " 'sociedades de blancos' y 'sociedades de negros' y, llevando las cosas al extremo, hasta 'sociedades de mulatos' ".[2]

Los comunistas, sin embargo, no cejaron de moverse entre los cubanos de piel oscura con la intención de lanzar sus dardos salvajes contra el proceso de integración nacional. Con tal propósito, el Comité Ejecutivo del Partido adoptó una resolución en mayo de 1947, que ordenaba a sus militantes constituir comités contra la discriminación racial.

Estos comités trataban de crear una conciencia racista entre los negros y, como siempre, exhibían su inevitable matización sectaria. Los comunistas, además, se infiltraron en la "Federación Nacional de Sociedades Negras", organismo que luchaba con recta intención y elevado espíritu integracionista. En este trabajo se valieron de personas no conocidas como militantes y también de comunistas conocidos, como Salvador García Agüero, quien gozaba de gran predicamento por su autoridad intelectual, y el Dr. Celestino Hernández Robau, médico villareño de cierto prestigio profesional.

El trabajo de los comunistas no sólo se redujo a fomentar tensiones raciales, de las que sacaron poco provecho, sino también a socavar el prestigio de los dirigentes tradicionales de las "sociedades de mulatos" y de las "sociedades de negros", al decir de Blas Roca, con el pretexto de ir a la democratización de sus dirigencias. Una de esas campañas la desarrollaron cuando apoyaron a Cándido Quijano, en su aspiración a la presidencia del Club Atenas de La

Habana. Quijano, valga la aclaración, no era comunista, era un cubano de extracción humilde que había conquistado una preeminente posición económica y social a golpes de esfuerzos y sacrificios.

Como se ve, los comunistas no se preocupaban tanto por la cuestión de la discriminación étnica como por sembrar divisiones y provocar antagonismos entre los blancos, negros y mulatos y, dentro de éstos, entre los de extracción humilde y quienes habían nacido de padres acomodados. Todo en función de su obra de perfidia, procurar la desintegración social de la nación cubana.

VI - REORGANIZACION DE LOS PARTIDOS EN MIL NOVECIENTOS CUARENTA Y SIETE Y GESTIONES DEL PARTIDO PARA COLIGARSE.

La reorganización llegó cuando los comunistas comenzaban a ser desplazados del fabuloso aparato burocrático que habían montado en la C.T.C. y en las cajas de retiro. Los comunistas, por tanto, no podían contar ya con ese magnífico instrumento de presión con el cual movilizar a sus "cuadros" en busca de afiliaciones.

Muchos afiliados de compromiso ofrecieron resistencia a inscribirse en los registros del Partido. A esta circunstancia se unió la situación embarazosa por la que atravesaba el Partido, que hacían muy difícil captar nuevos seguidores. La solución que encontró la dirigencia comunista fue tomar los nombres de cuantas personas necesitaban del censo electoral, para inscribirlas en sus registros y cubrir las metas de afiliaciones. Estas falsificaciones provocaron duplicidades con los demás partidos, al punto de que adquirió categoría de escándalo en muchas municipalidades. A pesar de estas irregularidades, el Partido Socialista Popular ocupó el último lugar en número de afiliaciones. Registró 157,225 afiliados, de un total de 1,939,319 electores que afiliaron entre todos los partidos.

Apenas llegó a su fin la reorganización, el Partido comenzó a gestionar coaliciones con otros partidos. Tocó a todas las puertas, con el pretexto de la unidad oposicionista, y todas permanecieron cerradas. En su desespero, se aproximó al senador "auténtico" doctor Miguel Suárez a quien ofreció su apoyo para el caso de ser postulado por los partidos del gobierno. El interés fundamental de los comunistas era impedir que el Dr. Prío llegara a la Presidencia de la República.

Las gestiones con el Partido del Pueblo Cubano (Ortodoxo) fracasaron cuando el Consejo Director Nacional Ortodoxo definió su posición de independencia política el día 23 de octubre. No obstante la resolución, algunos miembros de ese partido expresaron su criterio favorable a coligarse con otros partidos, siempre y cuando Chibás fuera el candidato a la presidencia. Los comunistas se apresuraron a secundar esa opinión, pues ellos estaban dispuestos a postular a cualquier persona con tal de ir coligados y tener oportunidad de sacar algunos senadores.

Los comunistas llegaron al candidato presidencial de la coalición liberal-demócrata, Dr. Ricardo Núñez Portuondo, por conducto del Dr. Eduardo Suárez Rivas, senador del Partido Liberal. La gestión fracasó, pues, al momento, Núñez Portuondo rechazó el ofrecimiento.

También se acercaron como indicamos más arriba, al Dr. Miguel Suárez, quien había levantado un gran movimiento de opinión pública y libraba una batalla sin igual por la postulación presidencial dentro del Partido Auténtico con el candidato de Palacio, doctor Carlos Prío. El peso del poder cayó sobre el Dr. Suárez, al extremo de que muchos empleados públicos fueron separados de sus cargos por seguir la tendencia contraria a la de Palacio. Y, a la postre, fue postulado el Dr. Prío, por lo cual el Partido se quedó con las ganas de volver por los caminos del "autenticismo".

Fallidas estas gestiones iniciales, se reunió la Comisión Ejecutiva de PSP en diciembre del cuarenta y siete. El propósito fue considerar, a la Asamblea Nacional, la postulación provisional de Juan Marinello para la presidencia de la República y Lázaro Peña para la vice.

La campaña del Partido, en favor de sus candidatos, arrancó con un serie de actos municipales, encaminados a impresionar a los partidos de la oposición con quienes aspiraban a coligarse. Uno de estos actos se celebró el 6 de enero de 1948 en Nueva Paz, el cual disolvieron a tiros, pistoleros a sueldo del Ministerio de Educación. Los comunistas protestaron con tonos dramáticos, olvidándose de actuaciones semejantes de sus pistoleros cuando gozaban del amparo gubernamental. A los dos días, Aníbal Escalante publicó un artículo, titulado "Sangre en Noche de Reyes", en su sección "Notas del Director" del periódico Hoy. El artículo responsabilizaba al Gobierno con el ataque y le decía que se caracterizaba por la "hipocresía, cálculo, politiquería". Terminaba con un párrafo, cosido con el hilo de la cursilería, que expresaba: "Trompetea los aires cubanos ese brutal atentado contra la libertad de pensamiento, contra el derecho de reunión y contra la vida humana, perpetrado por las hordas palaciegas".

Con esta máscara patética, de quien trompetea por la libertad, ocultaba el Partido su verdadero rostro, tan ajeno a las preocupaciones por la libertad y a los derechos más elementales del hombre.

VII - LA CUARTA ASAMBLEA NACIONAL DEL PARTIDO SOCIALISTA POPULAR.

La Cuarta Asamblea Nacional del Partido se reunió, en cumplimiento de los trámites de rigor exigidos por la legislación electoral, del 10 al 13 de enero de 1948. Estuvo presidida por un espíritu de furia contra el Gobierno y desconcierto en cuanto al futuro del

Partido.

Blas Roca informó, según la costumbre. Tocó los temas del gangsterismo, el latrocinio y el soborno. Habló de las persecuciones a los comunistas. Dramatizó el "despojo" de la C.T.C. Acusó al Dr. Prío de ser un "instrumento de la represión imperialista". Articuló la agenda con sus típicas balandronadas, en las que parecía que el Partido sería capaz de levantar oleadas de protestas antigubernamentales y, con sus "masas", decidir el triunfo de cualquier candidato oposicionista a la presidencia de la República.

Los acuerdos entonaron sus habituales pronunciamientos de solidaridad internacional. Retocaron los manidos asuntos sobre la unidad de los trabajadores, frente a la actitud "divisionista y traidora de la CTK". Denunciaron las violencias del Gobierno. Machacaron sobre la lucha campesina. Y exhortaron a la unidad oposicionista.

La asamblea postuló a Juan Marinello para presidente y a Lázaro Peña para vice. De inmediato, cual si fuera una posdata, acordó dirigir una carta pública a los partidos de la Oposición, que proponía un "programa de unidad oposicionista... capaz de entusiasmar y unir a las grandes masas del pueblo cubano".

El Partido estaba aislado, repudiado por todos. Trataba de abrirse camino, con su vocerío, en favor de un frente unido de oposición. Para lo cual, nada mejor que adoptar el papel de víctima, "víctima" de las persecuciones gubernamentales.

VIII - LA PROVOCACION Y MUERTE DE JESUS MENENDEZ.

Apenas hubo concluido la Asamblea Nacional del Partido, cuando Jesús Menéndez partió para el interior de la Isla con la intención de organizar huelgas, entre los trabajadores azucareros, que perturbaran y, de ser posible, paralizaran la zafra.

La primera cita fue en el Central Hormiguero, en la zona de Cienfuegos. Allí se reunió con los obreros del ingenio y el ejecutivo del sindicato, cuyo secretario general era Manuel Marín. Después de los consabidos turnos oratorios, acordaron reclamar una serie de reivindicaciones y, sin esperar más, decretaron la huelga.

Al caer de la tarde, Jesús Menéndez se dirigió a Santa Clara, donde presidió una concentración provincial de trabajadores azucareros. Al resumir el acto, planteó que la liquidación del diferencial azucarero, de acuerdo con los cálculos de la C.T.C. oficial, no era correcta y que los trabajadores tenían derecho a cobrar más. Terminó con un llamado a la huelga, en respaldo a las demandas acordadas.

En seguida, se trasladó a los centrales Jaronú, Morón y Senado, en la provincia de Camagüey. Durante el viaje, que hizo en automóvil se detuvo en cuanto pueblo encontró a lo largo de la carretera, en cada uno de los cuales descargó sus belicosas arengas.

El día 20 llegó a Santiago de Cuba, con el propósito de presidir otra concentración provincial de obreros azucareros. Fue una nueva ocasión para agitar la misma consigna: la huelga en apoyo de un pago mayor por concepto del diferencial.

Cuando terminó la concentración, inició un recorrido por los ingenios de la zona, en compañía de los dirigentes comunistas Paquito Rosales y Manuel Quesada. Comenzó por el Central Mabay. Pasó al Estrada Palma. Después siguió a Yara, para tomar el tren que condujera la comitiva a Bayamo. El tren demoraba y Menéndez decidió pasar la noche en Manzanillo, a instancia de su compañero de hemiciclo y de Partido, Paquito Rosales.

Al subir al tren, cuenta el comunista Gaspar García Galló, "se encontraron con el Capitán Casillas, que desde la mañana había estado siguiendo a Menéndez".[3] El Capitán tenía instrucciones de impedir el movimiento de huelga y de arrestar a Menéndez si era preciso.

Según cuentan testigos presenciales, Casillas se acercó a Menéndez e iniciaron un diálogo. El Oficial le comunicó a Menéndez las instrucciones que tenía y lo instó a que desistiera de sus propósitos, de provocar una huelga azucarera.

Menéndez reaccionó en forma altanera. Contestó en voz alta, con frases cortadas por interjecciones y ternos.

Casillas repuso que no le quedaría más remedio que conducirlo al cuartel tan pronto llegaran a Manzanillo. Y, con la misma, se retiró en silencio.

El tren llegó a Manzanillo a las ocho y treinta de la noche.

Cuando Menéndez se bajó del tren, Casillas lo esperaba en compañía de dos soldados. Este, secamente, le dijo:

—Usted está detenido.

Menéndez rehusó dejarse conducir. En son de amenaza, invocó su condición de legislador y afirmó que lo amparaba la inmunidad parlamentaria.

Casillas, sin dar oído a la amenaza, ordenó a los soldados detuvieran a Menéndez. Este, ebrio de ira, extrajo la pistola, disparó y mató a uno de los soldados. Sin esperar más, el capitán Casillas sacó rápidamente su pistola de reglamento y disparó sobre Menéndez, sin darle tiempo a que cargara contra él. Menéndez se llevó las manos al pecho y cayó abatido sobre el andén, lanzando su último suspiro.

Los periódicos de la fecha informaron sobre los hechos el 22 de enero en Manzanillo, más o menos, de esta manera:

"Esta noche a las ocho llegó por tren, procedente del Central Mabay, para dirigirse mañana al Estrada Palma, el Representante a la Cámara por Las Villas y líder azucarero, perteneciente al Partido Comunista Jesús Menéndez, acompañado del también Representante, por Oriente, y ex-alcalde de este término, Francisco Rosales, de filiación comunista igualmente. Esperaba a Jesús Menéndez el Capitán del escuadrón 13 de la Guardia Rural, señor Casillas, con varios soldados para proceder a su detención. Al bajar Menéndez del vagón, Casillas le informó que estaba detenido, negándose aquél a dejarse conducir, dada su condición de legislador, originándose, entonces, un tiroteo en el que resultó muerto un soldado y muerto el referido Menéndez. El pueblo está congregado en el Parque Céspedes y frente a la Jefatura de la Policía, donde se encuentra el cadáver del Representante comunista. Pese a las gestiones que hemos realizado no se han podido obtener más detalles del suceso, debido a la reserva que guardan las autoridades, tanto civiles como militares. No obstante, se ha podido saber que existen en Oriente más de diez centrales totalmente paralizados en la actual zafra debido a la labor de resistencia, que puede calificarse de huelga ilícita, llevado a cabo por los obreros de tendencia roja que mantienen demandas en relación con el pago del diferencial azucarero y otras, y que la estancia de Menéndez en esta región parecía inspirada en el propósito de dirigir y organizar la paralización total de la zafra en la provincia".[4]

La autopsia reveló que Menéndez había recibido los disparos de frente y no por la espalda como maliciosamente trataron de propagar los comunistas.

Al día siguiente de los sucesos, el Jefe del Ejército, General Genovevo Pérez Dámera, rechazó la versión compuesta por el Partido. Afirmó que Menéndez no había sido asesinado. Y escuetamente, relató lo ocurrido en la forma siguiente: "Vióse obligado el Capitán Casillas a usar las armas. Se vio agredido y repelió la agresión".

Los hechos se debatieron judicialmente, cuando el capitán Casillas fue acusado. Manuel Navarro Luna, en su condición de procurador público, se personó en la causa a nombre de la familia Menéndez y el Dr. José Miró Cardona ostentó la representación del acusado. En definitiva, el tribunal dictó sentencia absolutoria, por considerar que el capitán Casillas había actuado en legítima defensa.

Ni la verdad histórica ni la verdad judicial mellaron la voluntad del Partido, encaminada a distorsionar los hechos con su campaña de difamación contra el Gobierno y contra el capitán Casillas.

Pocos meses después, con motivo de la campaña electoral, el Partido organizó un mitin en la plaza central de Manzanillo. Hablaron sus candidatos a la presidencia y vicepresidencia, Juan Marinello y Lázaro Peña y también Manuel Navarro Luna. Los hechos sirvieron de pedestal a la campaña electorera de los comunistas. Llamaron asesino al capitán Casillas y utilizaron el nombre de

Menéndez, como si fuera un mártir de la causa proletaria, para tejer sus latiguillos oratorios que hicieran estallar en aplausos y gritos de venganza al auditorio sectarizado. El acto, en fin, fue una fiesta de cóleras y venganzas.

El Partido no cejaría en presentar los hechos tal cual le convenía a sus intereses. Así escribiría su historia, en oposición manifiesta a la verdad de lo acontecido en la noche del 22 de enero de 1948.

IX - CONGRESO DE LA CONFEDERACION DE TRABAJADORES DE AMERICA LATINA Y DE LA FEDERACION SINDICAL MUNDIAL.

Lázaro Peña y Faustino Calcines fueron los representantes del grupo sindical de la C.T.C. comunista, al Tercer Congreso General Ordinario de la "Confederación de Trabajadores de América Latina" que se celebró en México del 22 al 28 de marzo de 1948.

Fue una magnífica oportunidad para fijar la vigencia internacional de la fracción comunista de la C.T.C. en el organismo sindical rojo que presidía Vicente Lombardo Toledano y de alejarse Lázaro Peña del escenario de las luchas nacionales.

El Congreso discurrió por los trillos abiertos desde Moscú. Condenó el Plan Clayton y la Carta de Comercio de La Habana, acordada esta última, en la reunión patrocinada por la ONU en la capital cubana. Pronuncióse contra el llamado "Plan Truman" y el "Plan Marshall" y por "la lucha a favor de la paz y contra el imperialismo". Reprobó los objetivos de la IX Conferencia Panamericana, que iba a celebrarse en Bogotá, porque, según decía la resolución, pretendía crear "la organización militar del Continente americano bajo la dirección del Estado Mayor de los Estados Unidos". Proclamó la necesidad de "luchar por la Reforma Agraria". Recriminó la supuesta, al menos en Cuba, "persecución a los maestros, profesores e intelectuales". Y, por último, ordenó crear "comités de lucha y solidaridad en favor de las víctimas de la persecución política en América Latina", cuya resolución, en uno de sus párrafos, decía:

> "Se han producido persecuciones brutales contra los movimientos obreros de Cuba, Paraguay, Brasil y, especialmente, en Chile". Y "llamaba a los trabajadores organizados de la América Latina a demostrar su solidaridad para con los camaradas presos, perseguidos y vejados".[5]

Con estos versos compuso la CTAL su sextina de protestas, siguiendo la rima consonante, de acuerdo con el sonido entonado de Moscú.

Lázaro Peña y Faustino Calcines no regresaron a Cuba sino que siguieron para Europa, con la intención de asistir al Segundo Congreso de la "Federación Sindical Mundial" efectuado en Milán, Italia, en el mes de junio de ese año. Una de sus resoluciones, dirigida a los obreros agrupados en sus organizaciones sindicales, decía que "estuvieran listos para luchar con las armas en la mano contra el capitalismo".

Las organizaciones sindicales de los comunistas llamaban a un duelo con el capitalismo y el imperialismo, a una danza de espadas como diría Quevedo. Querían sublevar a los pueblos libres, atravesar las defensas de la civilización occidental. Soñaban, sin duda, con provocar, en algunos países libres, una situación semejante a la que les había permitido conquistar el poder de Checoeslovaquia.

X - LA DELEGACION DE LA FEDERACION ESTUDIANTIL UNIVERSITARIA DE CUBA Y EL "BOGOTAZO".

Corrían los tiempos en que Juan Domingo Perón estaba empeñado en crear organizaciones latinoamericanas con las banderas nacionalistas y "antiyanquis". Una de las tantas, fue la Organización de Estudiantes Latinoamericanos. Por obra y gracia de las circunstancias, la FEU de Cuba se puso en el camino de patrocinarla.

Santiago Touriño, un estudiante de Derecho de la Universidad de La Habana, había viajado, con otros muchos, a la Argentina, invitado por el gobierno de Perón. A su regreso, trajo el encargo de conversar con los dirigentes de la FEU para llevar adelante el proyecto de crear una organización estudiantil latinoamericana. Habló con Enrique Ovares, quien presidía la FEU, y con Alfredo Guevara, encargado de las relaciones exteriores, y ambos quedaron fascinados con la idea.

De inmediato, se aprestaron a llevar a cabo el proyecto. Cursaron invitaciones a las asociaciones latinoamericanas de estudiantes y a la UIE. El lugar de la reunión sería Bogotá. El tema central, organizarse para la lucha contra el coloniaje europeo y contra el "imperialismo yanqui" en América Latina.

Los comunistas, sin dilación, dieron su apoyo a la iniciativa. Movilizaron todas sus organizaciones estudiantiles. Las de América Latina enviarían sus delegados y las extra-continentales concurrirían en calidad de observadores.

La Habana, donde por entonces se celebraba la Conferencia de las Naciones Unidas sobre Comercio y Empleo, fue el lugar por donde pasaron los estudiantes comunistas que se dirigían a Bogotá.

Frances Demón, tesorera del Comité Ejecutivo de la Federación mundial de la Juventud Democrática, llegó a La Habana, procedente de los Estados Unidos, el 21 de febrero. Durante su estancia en la capital cubana no tuvo un minuto de descanso. Concurrió a la "Casa de la Cultura", donde tuvo a su cargo una charla. Fue recibida por Alfredo Guevara, en compañía de Fidel Castro y Aramís Taboada, en el local de la FEU. Visitó la embajada soviética y el periódico Hoy. Fue homenajeada por la Asociación de Estudiantes de la Escuela de Artes y Oficios el 2 de marzo. Y, cuando salió de Cuba, emprendió un recorrido por la región del Caribe, antes de dirigirse a Bogotá.

La delegación de la "Federación Mundial de la Juventud Democrática", que venía de Europa, llegó a La Habana el 25 de febrero. La delegación estaba integrada por Nasili Bogaterev, Presidente de la Juventud Soviética; Iván Misvhine, ruso; Luis Fernández, español; Eugene Karbaul, francés y Mirorat Pesis, yugoeslavo. Fue cumplimentada por Flavio Bravo, Presidente de la Juventud Socialista, Raúl Valdés Vivó, Wilfredo Hernández, Aramís Taboada, Mario García Incháustegui, Oscar Camps y Crispín Boudet.

Los delegados nombrados por la FEU de Cuba, a las sesiones del congreso estudiantil, fueron Enrique Ovares, Alfredo Guevara, el Chino Esquivel, Aramís Taboada y Pablito, cuyo apellido no recordamos. Pero, a última hora, Santiago Touriño logró la inclusión de Fidel Castro. En apoyo de su petición, adujo que Fidel Castro tenía que salir del país porque Rolando Masferrer lo acusaba de ser uno de los autores del asesinato de Manolo Castro, acaecido el 22 de febrero, y ofreció conseguir el dinero para los gastos del nuevo delegado, con el Ministro de Hacienda de Argentina que se encontraba en La Habana con motivo de la Conferencia de Comercio y Empleo. Otro delegado que se unió a la comitiva fue Juan Juarbe Juarbe, a nombre del "Comité Pro-Independencia de Puerto Rico".

Los objetivos de la reunión estudiantil de Bogotá los expuso Fidel Castro en un artículo, "Primeros pasos del movimiento latinoamericano contra el coloniaje europeo en este continente" fechado el 15 de marzo, que decía así:

"Se aspira a que esta acción sea el inicio de un movimiento de mayores proyecciones que encuentre eco en toda Latinoamérica, especialmente entre los estudiantes universitarios, unidos bajo la bandera de la lucha anti-imperialista... El manifiesto que publique cada entidad o grupo estudiantil en cada país se remitirá debidamente autenticado a las embajadas de todas las naciones americanas y también a las de Gran Bretañ, Francia y Holanda, acreditadas ante el Gobierno del país de que se trate... Todo lo que antecede debe cumplirse rápidamente, con amplia difusión periodística y ser conocido en toda América antes del 28 del mes en curso (marzo)... Como segunda parte de esta acción, los universitarios cubanos y argentinos propician la realización del "Primer Congreso Latinoamericano de Estudiantes Universitarios"... Para llevar a cabo tal proyecto se celebrarán a partir de la primera semana del próximo abril, las sesiones preparatorias con el fin de confeccionar el temario y otros aspectos relativos a la organización de dicho Congreso. Las aludidas sesiones se realizarán en Bogotá y a tal efecto la Federación Estudiantil de Cuba gestionará en Colombia el acuerdo para que aquella ciudad sea sede de las preliminares... Como se apreciará, se trata de hacer coincidir las sesiones preparatorias del Congreso con la Reunión Interamericana en Bogotá, a fin de apoyar las demandas que contra el coloniaje proyectan sostener en esas Conferencias varios países latinoamericanos, demandas que se habrían hecho más viables con la ola de protestas cuya iniciación propiciamos".[6]

Fidel Castro salió de Cuba anticipadamente, acompañado de su adlátere Rafael del Pino. Invirtieron el tiempo en visitar Panamá y Venezuela, en gestiones de votos para la aspiración a presidir la conferencia, que abrigaba Fidel Castro. Cuando la delegación cubana llegó a Bogotá, aún se encontraba Fidel Castro en Venezuela, debido a que tenía dificultades para entrar en compañía de Rafael del Pino, las cuales fueron solventadas al lograr que Ovares le diera una credencial para del Pino. La aspiración de Fidel Castro se esfumó tan pronto llegó a Bogotá, pues los delegados estimaron que el presidente del evento debía ser el presidente de la FEU y no Fidel Castro que ni siquiera pertenecía al organismo.

Nadie duda que los comunistas tenían interés en impedir la celebración de la II Conferencia Panamericana, cuya finalidad era dejar constituida la Organización de Estados Americanos.

"No había comenzado aún el Congreso estudiantil cuando la Conferencia inició sus debates. Jorge Eliecer Gaitán, popular líder Liberal había advertido unos días antes que los comunistas se proponían sabotear la Conferencia Panamericana".[7]

El aún inexplicado asesinato de Gaitán fue la chispa que prendió el fuego en el polvorín de violencias que estalló en el "bogotazo" del 9 de abril. En aquellos hechos actuó la mano comunista. Por ese motivo, el Gobierno de Colombia rompió relaciones con la Unión Soviética en aquel entonces.

La delegación cubana, que se hospedaba en la pensión "San José", se asiló en la Embajada de Cuba en busca de seguridades. Fidel Castro y Rafael del Pino, que se hospedaban en el Hotel "Claridge", lo hicieron mucho después, cuando la policía colombiana los buscaba, porque decíase que habían participado en las atrocidades cometidas en Bogotá. El gobierno de Cuba, envió, al cabo, un avión en el que regresaron los cubanos a su patria. Ya en La Habana, cuando Fidel Castro relataba lo acontecido en Bogotá, se pintaba de protagonista "con un rifle, cazando curas".

XI - ELECCIONES GENERALES DEL CUARENTA Y OCHO.

Ninguno de los partidos políticos entró esta vez en contubernio con el Partido Socialista Popular. Muy por el contrario, los candidatos presidenciales Carlos Prío Socarrás, Ricardo Núñez Portuondo y Eduardo Chibás Ribas repudiaron a los comunistas.

El menosprecio público no desanimó al Partido. La réplica fue lanzar, a todos los vientos, la consigna de constituir un "bloque popular por encima de gobiernistas y opositores". El propósito, explorar la posibilidad de brindar apoyo a determinados candidatos senatoriales o a gobernadores, a cambio de ventajas concretas para el Partido.

En medio de la campaña electoral, se echó a rodar la bola de pactos secretos con los comunistas. Ricardo Núñez y Carlos Saladrigas, a nombre de la coalición liberal-demócrata, anduvieron prestos en desmentirlos. Carlos Prío, por su parte, no necesitó aclarar nada por ser de sobra conocido que era el blanco de la ira roja.

Despreciado por todos, el Partido se levantó sobre una montaña de altiveces y despreció a quienes lo despreciaban. Dándose tono y con forzada altanería, Blas Roca expresó que el Partido Socialista Popular "no podía entrar en contubernios de ninguna especie" y que "asumía una posición de lucha independiente de la posición que pudieran tomar los demás partidos y sus alianzas electoralistas".[8] La arrogancia la adornó con el ademán tribunicio cuando reclamó el apoyo de "las grandes masas", a la candidatura de Juan Marinello y Lázaro Peña, con estas palabras:

"Por nuestra candidatura, podrán votar todos los que quieren el castigo de los asesinos de Lazcano, de Montero, de Jesús Menéndez, el querido líder de los traajadores del azúcar, muerto como Mella, por los instrumentos de la reacción y del imperialismo. Por nuestra candidatura podrán votar todos los que quieren ver a nuestro país libre de la política yanqui —los tristemente célebres G-Men— todos los que quieren ver a nuestra tierra libre de la opresión de las compañías imperialistas, como la Compañía Cubana de Electricidad, como las empresas ferroviarias, como las poderosas "sugar companies".[9]

El pueblo interpretó el mensaje político del Partido en su verdadero significado. Consideró que eran trapos miserables con los que el Partido se empeñaba en vestir sus desnudeces políticas. Por eso su candidatura presidencial pasó desapercibida. Chibás, mientras tanto, quedó abandonado por los aspirantes senatoriales, que buscaron refugio en la coalición demócrata-liberal. Solo dio señales de vida a través de los micrófonos de CMQ, donde sentaba cátedra de revolucionario radical, en eso de predicar la destrucción del adversario. La contienda comicial se redujo, en definitiva, a una pugna entre el candidato gubernamental, Dr. Carlos Prío Socarrás, y el candidato de la coalición demócrata-liberal, Dr. Ricardo Núñez Portuondo.

Un mes antes de las elecciones, los "surveys" daban ganador

a Ricardo Núñez. Su programa era conservador. Ofrecía defender la economía libre y la abstención del estado, restaurar el principio de autoridad y acabar con el gangsterismo y, por aquello de no olvidar la palabra revolución, también prometía la revolución de la honradez y la de acatar la Constitución.

El Gobierno reaccionó y reaccionó a tiempo. Desarrolló una hábil campaña de publicidad en la que atacaba con tono áspero y voces agrias al candidato de la coalición demócrata-liberal. Lo acusó de buscar "el regreso a la servidumbre internacional" y pretender "la interrupción del proceso de transformación económica, de consolidación institucional de la democracia y más equitativa distribución de la riqueza". Calificó el programa "nuñista" de "retorno al pasado". Y terminó por pintar a Núñez encarnando el rostro de Machado con sus manos chorreando sangre. Raúl Roa, en uno de sus artículos publicados en Bohemia, afirmó que Ricardo Núñez representaba la vuelta al pasado. Estar frente a él, agregó, es votar por el futuro".[10]

El Gobierno no confió en la propaganda. Esta solo sirvió para encubrir los métodos corruptores y desmoralizadores que puso en práctica para arrastrar a los electores. Los nombramientos públicos, especialmente los de maestros, se expedían en blanco para ser llenados por los cazadores de votos. José Manuel Alemán, quien había acumulado una fabulosa fortuna, desde su cargo de Ministro de Educación, volcó millones y millones de pesos sobre el electorado.

El dinero corría de un extremo a otro del país. Se llegó a decir, con razón, que "las elecciones eran la segunda zafra". Casi todos los candidatos gastaban fortunas enormes en la campaña comicial. Era la lógica consecuencia de un electorado que se vendía, unos por dinero, otros por puestos, los más a cambio de servicios o por gozar de influencias para ciertas cosas. Todo lo cual daba la impresión de una democracia carcomida por la corrupción.

La "Coalición Auténtico-Republicana" ganó las elecciones, con Carlos Prío Socarrás de candidato a la presidencia y Guillermo Alonso Pujol, a la vicepresidencia, al obtener 905,108 votos. Detrás quedó la candidatura de Ricardo Núñez Portuondo y Gustavo Cuervo Rubio, apoyada por la Coalición Liberal-Demócrata, con 599,364 votos. Más atrás quedó la candidatura de Eduardo Chibás y Roberto Agramonte, del Partido del Pueblo Cubano (Ortodoxo), que logró 324,634 votos. Y por último, la candidatura del Partido Socialista Popular, con Juan Marinello y Lázaro Peña, que solo obtuvo 142,972 votos.

El Partido eligió algunos representantes a la Cámara por las provincias de La Habana, Las Villas y Oriente.

Por la provincia de La Habana salió electo Aníbal Escalante Dellundé, con 15,178 votos, y Segundo Quincosa Valdés, con 9,818 votos. Manuel Luzardo, que aspiró a gobernador por el PSP, no salió electo.

En la provincia de Las Villas, el Partido eligió al Jefe provincial, Joaquín Ordoqui Mesa, quien sacó 8,266 votos. El candidato a gobernador por el PSP en la provincia de Las Vilas, Juan Mier Febles, y el candidato del Partido a la misma posición por la provincia de Camagüey, Dioscórides del Pino, no salieron electos.

Y por la provincia de Oriente, el PSP solo pudo elegir a Esperanza Sánchez Mastrapa, quien antes de expirar su nuevo período congresional dejó de ser comunista, por negarse a entregar su sueldo; aunque formalmente la expulsaron por haber hablado en un acto del Gobierno sin el consentimiento del Partido.

La prueba comicial resultó, en esta ocasión, más desastrosa que nunca para el PSP. Le fallaron, como siempre, las "grandes masas" a la hora de las elecciones. Ningún senador, sólo cuatro representantes y la candidatura nacional con menos votos que afiliaciones. El Partido había quedado otra vez, en cueros.

XII - CUANDO CARLOS PRIO SOCARRAS TOMO POSESION DE LA PRESIDENCIA DE LA REPUBLICA.

El gobierno del Dr. Carlos Prío constituía un enigma. Se esperaba, entre otras cosas, que renunciara a la herencia del Dr. Ramón Grau San Martín. Con tal motivo, los grupos políticos gubernamentales se movían en busca de influencia en la nueva situación.

El Dr. Prío remostró, desde el primer momento, que sería "un presidente cordial", como lo llamaría, con justa razón, el pueblo cubano. Llevó a su gabinete las figuras más representativas de la "Generación del 30", de la que se esperaban algunas rectificaciones.

Apenas hubo tomado posesión de la Presidencia, cuando le salió al encuentro la prensa escandalosa y fue objeto de las más ácidas censuras, engendradas por la extrema inconformidad de los cubanos respecto a las acciones de sus semejantes. Tenía frente a sí, nada menos que, a una oposición de partidos políticos, cuyos votos reunidos sumaban más que los obtenidos por la coalición gubernamental.

Pronto, sin embargo, dio tema para el ataque. El Gobierno se convirtió, en términos generales, en una apoteosis de ventajas personales, en medio de una sociedad donde el ventajismo era su razón de ser.

La sociedad cubana, la de quienes mandaban y dirigían, estaba vencida por el deleite, que va contra la virtud y no se atreve a la honestidad. Primaba una filosofía sensualista, de grosero empirismo y utilitaria. Imperaba una moral propiamente neitzschana. El desdén, la agresión y la violencia eran las virtudes teologales. Por donde entronizábase el más monstruoso egoísmo. Bien y placer parecían, por aquellos tiempos, palabras sinónimas.

Tener dinero era el primer valor moral. De ahí que casi todos aspiraran a gozar de la "virtud" de ser millonarios. El triunfo era de los arrivistas. Las inteligencias sinceras se ahogaban en aquel mar de farsa. Explicación del por qué crecía la población de almas venales, estimuladas por la santificación del éxito, la glorificación del materialismo, la mofa de los más nobles sentimientos y el trastorno de los valores morales.

Las instituciones profesionales, lo mismo que las obreras y de productores, defendían sus intereses por sobre todo, sin preocuparles los demás. Tal conducta contribuía a crear más y más estancos en perjuicio de la integración nacional.

Todos aspiraban a que la política estuviera a su servicio; aunque sentían asco por los políticos, a quienes imputaban los vicios que eran de la propia sociedad. Veían, según la frase evangélica, la paja en el ojo ajeno y no la viga en el suyo. Cabe señalar, sin embargo, que los políticos, en su gran mayoría, daban pie a lo que de ellos se decía. En verdad, muchos habían demostrado ser unos traficantes de la fe de quienes sufrían una sensación de impotencia que los consumía y unos especuladores de la codicia que abrigaban los poderosos.

El nuevo gobierno dio pronto fe, con sus hechos, de aquello que veían los desgrarrados por la decepción. Se observaba una total disociación entre las normas austeras predicadas por la revolución y su permanente cumplimiento. La "revolución auténtica" tenía ya el aspecto de una espectral lejanía que la condenaba al aniquilamiento.

Los cambios frecuentes de ministros eran utilizados por el gobierno para remozar las esperanzas. Pero las frases y los gestos iban por un lado y la realidad de la conducta, la vida de cada día y de cada hora, por el otro. Se daba el caso, igual que en todos los gobiernos, de un ministro que caía porque se le suponía inepto y lo nombraban en otro cargo donde probar su nueva ineptitud.

Todas las instituciones públicas se fueron desacreditando, más que nada, porque la generalidad de los políticos veían el poder como la forma más eficaz de alcanzar rápidamente una relevante posición económica que los introdujera en los altos rangos de la sociedad.

El Gobierno, sin embargo, hacía esfuerzos por anotarse realizaciones positivas en el haber del progreso material de la nación. En este empeño tropezó con el escollo de una contracción económica, determinada por la recesión en los Estados Unidos, el debilitamiento del mercado internacional azucarero y la declinación de las exportaciones cubanas mientras aumentaban las importaciones.

Aquella situación, que impulsaba la deflación, trató de combatirla el Gobierno con una política de altos salarios, al punto de mantener el nivel de los salarios azucareros, que de acuerdo con la ley dependían de los precios del azúcar. También decidió concertar un empréstito con el fin de realizar un amplio plan de obras públicas que propiciara nuevas fuentes de empleo y reactivara la economía. Al mismo objeto respondió la política de facilidades fiscales a las inversiones en industrias nuevas y el desarrollo de un plan encaminado a estimular el turismo.

Nada de esto era justamente interpretado por los partidos oposicionistas. Nunca existía un aplauso o reconocimiento a los créditos del Gobierno. Ni siquiera a la decisión gubernamental de respetar al máximo las libertades públicas, garantizar el retorno de todos los exilados, entre quienes figuró el senador Batista, y propiciar la conciliación de los cubanos.

Los comunistas no perdían oportunidad para aprovechar todo lo malo que acontecía, con el fin de magnificarlo y desacreditar las instituciones del país. Exageraban nuestros vicios, sin explicarlos y mucho menos justificarlos. Su única explicación, sectaria al fin, era imputárselos al sistema capitalista.

La prensa servía, con harta frecuencia, de caja de resonancia a los voceríos de los comunistas, que infundían todo linaje de odios y envidias, y a la propaganda de los radicalismos de toda laya. La Sección "En Cuba", de la revista Bohemia, estaba al servicio de los instintos multitudinarios y, convertida en una verdadera sentina, creaba falsos estados de opinión.

Los comunistas adoptaron la socorrida posición de presentarse víctimas de "la persecución de la oligarquía entreguista y sus socios imperialistas yanquis". Esta etapa fue, para el Partido, de incertidumbre, desconcierto, tanteo y adaptación a las nuevas circunstancias. El Partido, ¡qué duda cabe!, estaba azotado y herido por un viento sur que acrecentaba las olas de los inconvenientes.

XIII - EL MOVIMIENTO OBRERO Y LOS GRUPOS REVOLUCIONARIOS.

Los dos sectores más críticos de la vida nacional eran, por aquellos días, el movimiento obrero y los grupos revolucionarios que practicaban con liberalidad la acción directa y el terrorismo. En uno y otro sector, abiertos a todas las ideas, como todos los demás, penetraron los mensajes de las prédicas extranjeras.

Interesados en promover acciones callejeras, los peronistas obsequiaron a Acción Revolucionaria Guiteras (ARG), organización que lidereaba Jesús González Cartas, alias El Extraño, once automóviles nuevos. El grupo los utilizaría, como era de esperar, en atentados y labores de propaganda destinadas a divulgar la llamada filosofía justicialista del peronismo.

En el frente sindical, hizo su aparición el ATLAS (Asociación de Trabajadores Latinoamericanos), que tenía la aspiración de sustituir a la CTAL (Confederación de Trabajadores Latinoamericanos) en la lucha antimperialista continental con su famosa tercera posición. Los peronistas lograron en Cuba algunas adhesiones. Las más notables fueron: Marcos Antonio Hirigoyen, del sector del transporte y miembro de ARG, y Vicente Rubiera, Secretario General de la Federación de Trabajadores Telefónicos.

La fuerza de la organización peronista se hizo sensible en el movimiento obrero a extremo de que Angel Cofiño, dirigente de la Comisión Obrera Nacional Independiente, pactó con el ATLAS para fortalecer su posición de Secretario General de la C.T.C. Estos coqueteos, precisamente, serían los que provocarían la crisis de Cofiño con la Comisión Obrera Auténtica, cuando la elección de delegados a la reunión en que se fundaría la Organización Interamericana de Trabajadores.

Las luchas de los grupos revolucionarios en el movimiento obrero dejaron huellas de sangre a lo largo del proceso. Una, el atentado contra el dirigente sindical Juan Arévalo, según se dijo, en venganza por haber desertado del grupo peronista. Otra, el asesinato de Antonio Bayer por razones del mismo género. Y otra más, por solo citar tres, el atentado contra el dirigente comunista Aracelio Iglesias, por cuestiones en el manejo de dineros mal habidos con la especulación de los turnos de trabajo en el puerto habanero.

Aracelio Iglesias cayó abatido a balazos el domingo 17 de octubre de 1948, a las doce del día, cuando se encontraba reunido con un grupo de seguidores suyos en el local del sindicato con el propósito de organizar una manifestación "contra la política antiobrera, divisionista y de terror que desataba el recién estrenado Gobierno de Prío".[11]

Las luchas por el control del movimiento sindical prosiguieron durante algún tiempo. Los grupos sindicales se hacían secundar por las llamadas "organizaciones revolucionarias", en sus esfuerzos por imponerse los unos sobre los otros.

En esta etapa, los comunistas llevaron la peor parte, pues no podían contar ya con la impunidad de que habían disfrutado en otras épocas, cuando se valían de sus matones para imponerse sobre los trabajadores. Ahora, los comunistas prefirieron replegarse, de acuerdo con su tradicional fórmula de acción: adelantar cuando pueden imponerse con ventaja y retroceder cuando cambian las circunstancias, a fin de ahorrarse víctimas en sus filas.

XIV - REUNION DEL COMITE EJECUTIVO NACIONAL DEL PARTIDO.

Las condiciones eran críticas para los comunistas. Se imponía examinarlas y buscar remedio. A tal fin se reunió el Comité Ejecutivo del Partido en noviembre de 1948.

Fue una reunión laboriosa en la que se analizaron la correlación de fuerzas del comunismo internacional y las famosas condiciones objetivas y subjetivas que se daban en Cuba para llevar adelante sus propósitos.

El Comité Ejecutivo Nacional trató sobre "el revisionismo de nueva forma": "el chauvinismo". Se detuvo en sus consideraciones acerca de "la camarilla renegada de Tito en Yugoeslavia", por cierto, el único país que no estaba ocupado por el ejército soviético. El centro de las discusiones giró en torno a la denuncia formulada por el Kominform contra Tito, debido a la odiosa política hacia la Unión Soviética", publicada en el "Rude Pravo", órgano del comunismo en Praga, el 28 de junio de 1948. La resolución del PSP coincidió, como era lógico, con la resolución del Kominform.

Por la vertiente de las resoluciones, el Comité Ejecutivo tocó la gama completa de los asuntos que le interesaban a Moscú. Proclamó la solidaridad del Partido con "el pueblo chino en su lucha contra la oligarquía del Kuomintang, encabezada por Chiang Kai Shek, puesta al servicio del imperialismo". Pronunciose por "los movimientos de liberación de los pueblos coloniales". Condenó la constitución de la OEA, calificándola de "organización militar continental bajo la dirección del Estado Mayor de los Estados Unidos". Reprobó la Carta de Comercio de La Habana porque, según su dicho, "recogía lo esencial del Plan Clayton que preconiza la reducción de barreras aduanales".[12] En fin, trasuntó cuantas consignas había escrito Moscú para ser aprobadas por los partidos comunistas latinoamericanos.

Después, el Comité Ejecutivo entró a tratar las cuestiones nacionales. Examinó el proceso electoral y cargó la culpa del fracaso sobre las presiones imperialistas y la corrupción del proceso. Según la resolución del Partido, "las alianzas electoralistas respondían al interés del imperialismo y sus agentes de la reacción capitalista cubana".

El estudio del frente sindical tomó la mayor parte del tiempo. El Ejecutivo acusó al Gobierno de violencias y le anotó las muertes de Lazcano, Montero, Iglesias y Menéndez. Irrumpió con sus ya conocidos venablos contra la dirigencia de la C.T.C. oficial, a la que motejó con la sigla CTK, y la describió como "un aparato de la burguesía nacional y extranjera montado con la ayuda oficial del gobierno". La parte resolutiva postuló la sindicalización de los trabajadores agrícolas; ordenó constituir comités de lucha en los cafetales, y dispuso activar la batalla en los sindicatos, especialmente en los azucareros.

También se ocupó del análisis de los métodos de trabajo con la tonada de sacar lecciones de los errores pasados para evitarlos en el futuro. Mencionó el problema de la evasión de algunos cuadros y militantes, a quienes calificó de tibios, oportunistas y elementos "anti-partido". Una vez que Blas Roca entró en materia, dijo que la mayoría de los cuadros tenían que sacudirse del dañino polvo político que habían acumulado y estrechar el vínculo con las masas. Este punto de la orden del día terminó con una exhortación, a dúo, de Blas Roca y Aníbal Escalante que, más o menos, discurrió así:

—El militante, en el centro asignado, debe impulsar las tareas señaladas por el Partido. Si no logra que sea una tarea de todos, quiere decir que no ha tenido éxito. Su labor consiste, por tanto, en incorporar a los demás a las tareas señaladas por la dirección.

El Partido estaba empeñado en explotar más intensamente el "movimiento de masas". Exigía, para ello, mayor militancia a sus afiliados, al encerrarlos dentro del círculo de la disciplina; pero, al mismo tiempo, les pedía que se abrieran con sus consignas, de forma y manera que los demás trabajaran en la misma dirección. La línea de lucha era clara: atacar el sistema de libre empresa en Cuba y a los Estados Unidos. A este efecto, impartieron la orden de constituir frentes antimperialistas nacionales más amplios.

En resumen, podemos decir que, el Partido no acudió a la táctica de las batallas revolucionarias abiertas, a las que dio la espalda, sino que prefirió ir tirando con las formas de "lucha de masas", con los cuales ir socavando los cimientos institucionales del país.

XV - EL MOVIMIENTO FEMINISTA Y LOS COMUNISTAS.

El movimiento feminista en Cuba había perdido el viento que henchía sus velas. No tenía sentido después que la mujer quedó equiparada por entero al hombre, en la Constitución, que daba fe de vida en todas las esferas de la actividad nacional y que, hasta un Presidente, el Dr. Grau, popularizó la frase, un tanto exagerada, que decía: "las mujeres mandan".

El mito de los años treinta, sobre la liberación de la mujer, había perdido su hechizo. De ahí que las consignas femeninas elaboradas en Moscú fueran inaplicables de todo punto, al lugar y tiempo. Esto explica el por qué la "Federación de Mujeres Cubanas" resultó una organización sin vida social en Cuba, un esquema sin contenido, algo fantasmal.

La organización del frente femenino de los comunistas en Cuba, la Federación Democrática de Mujeres Cubanas, redujo su función a solidarizarse alguna que otra vez con las campañas del Partido y a enviar delegadas a los eventos internacionales, organizados por el Kremlin.

Justamente, en 1948, la Federación de Mujeres Cubanas envió una delegación al II Congreso Internacional de la Federación Internacional de Mujeres Democráticas que se efectuó en Hungría. Las delegadas fueron Edith García Buchaca, Nila Ortega y María Argüelles. Al regresar a Cuba, dictaron un ciclo de conferencias en la Escuela Municipal de La Habana, "Valdés Rodríguez", en las cuales hablaron del movimiento de "liberación" de la mujer en el mundo comunista.

Ninguna propaganda de este tipo encontró resonancia en la conciencia del pueblo cubano, pues veía a sus propagandistas, tal cual eran, como marionetas movidas por los hilos metálicos tirados desde Moscú.

XVI - EL VI CONGRESO DE LA C.T.C.

La atmósfera estaba enrarecida en el sector sindical cuando se celebró el VI Congreso de la C.T.C. Los comunistas habían sido desplazados, unas veces por las buenas y otras por las malas. Pero esto no era lo grave. Lo más grave era la crisis que se había originado en la mesa ejecutiva de la C.T.C.

Angel Cofiño había tenido necesidad de renunciar a la Secretaría General bajo la presión de la mayoría "auténtica" que lo acusaba de entendimiento con los peronistas. En su lugar había asumido la Secretaría el vice, Francisco Aguirre, de filiación "auténtica". Las relaciones entre la CONI y la "Comisión Obrera Auténtica se agriaron más aún cuando Cofiño constituyó la llamada "Confederación General de Trabajadores", con la esperanza de alcanzar el reconocimiento del Gobierno, dado el apoyo que creía tener de su cuñado Orlando Puentes, que era Ministro de la Presidencia.

Los comunistas trataron de sacarle provecho a la división. Se movían sin reposo, a través de sus titulados "comités de defensa de las demandas obreras", que utilizaban los "medios viciosos del economismo", tan criticados por los marxistas-leninistas. No cesaban de criticar a la dirigencia de la C.T.C., sin reconocerle nada de lo mucho que hacía en favor del mejoramiento de las condiciones laborales de los trabajadores. En definitiva, los comunistas no lograron aglutinar sector alguno de importancia y al momento de celebrarse el Congreso nada representaban dentro del proletariado cubano.

El VI Congreso de la C.T.C. fue secundado ampliamente por el movimiento sindical. Eligió a Eusebio Mujal, Secretario General. Se pronunció por nuevas ventajas para los trabajadores. Se adhirió al principio de la equidistancia en la lucha electoral. Y remarcó su clara militancia anticomunista afiliándose a la Confederación Internacional de Organizaciones Sindicales Libres (CIOSL), que disputaba a los comunistas la actividad sindical en todo el mundo y que había contribuido a fundar el organismo regional, la Organización Regional Interamericana de Trabajadores (ORIT).

El Congreso consolidó, sin duda, la posición de la C.T.C. oficial, que continuó victoriosa por el camino de las conquistas laborales, con lo cual ganaba cada día más prestigio ante las masas obreras del país. Los comunistas, en cambio, perdían crédito y responsabilidad. La influencia roja sobre los trabajadores se consumía, hasta que, con el tiempo, llegó a desaparecer.

XVII - REORGANIZACION DE LOS PARTIDOS EN MIL NOVECIENTOS CUARENTA Y NUEVE.

El Partido perdía por días más y más adeptos. No tenía prebendas que ofrecer. Ni disfrutaba de influencias en el Ministerio del Trabajo, para resolver problemas a los trabajadores. La propaganda de la prensa le resultaba, por demás, adversa al Partido y a la Unión Soviética. Las fuerzas de las circunstancias, por tanto, convergían contra toda posibilidad de levantar cabeza, como en otros tiempos.

El Partido terminó por vaciarse de quienes por "modus vivendi" se declaraban antes comunistas. La fuga era en masa. Unos salieron por los motivos más prosaicos y vulgares. Otros, convencidos de que hasta entonces sólo habían hecho el papel de títeres manejados por Moscú.

Los dirigentes sindicales rojos, que escapaban del Partido, prefirieron ubicarse en los dos partidos de la oposición que tenían comisiones obreras: el Partido del Pueblo Cubano (Ortodoxo) de Chibás, y el Partido Acción Unitaria, de Batista. Era la única forma de mantener vigencia sindical sin caer bajo la pica de los dirigentes sindicales "auténticos" que controlaban la C.T.C.

Esta evasión se tradujo en una merma apreciable de las afiliaciones comunistas; a pesar de que, por ser una reorganización parcial, los afiliados tenían que ir personalmente a la Junta Municipal Electoral para darse de baja del Partido.

Las afiliaciones totales, es decir, las que resultaban de sumar las de todos los partidos, subieron a dos millones noventa y tres mil cuatrocientos diez. Más que nada por las inscripciones del nuevo Partido Acción Unitaria. Sin embaro, las afiliaciones del PSP bajaron a ciento veinte y seis mil quinientos veinticuatro.

El hecho de que el Partido perdiera afiliaciones, en una reorganización parcial, puso en evidencia su debilidad. El Partido había perdido sus atractivos y comenzaba a tomar la forma de una entelequia.

XVIII - EL EMPRESTITO DE LOS CIENTO VEINTE MILLONES.

El Gobierno había concebido la idea de hacerle frente al receso económico con un empréstito, destinado a financiar un amplio plan de obras públicas, sin crear nuevos impuestos. La idea fue recogida en un proyecto de ley que autorizaba al Presidente de la República a concertar un empréstito que no excediera de doscientos millones de pesos. El pago sería garantizado con los mismos impuestos afectados por la Ley número 31 de 1941.

Los partidos de la oposición combatieron el empréstito, como era de esperar. Pero los comunistas extremaron la nota, al calificarlo de "hipoteca nacional" en favor de los Estados Unidos. Esta argumentación fue secundada por Eduardo Chibás, quien acusó al

Presidente Prío de servir "la política del dólar, sacrificando los intereses de Cuba a los intereses de Wall Street".

Tú sabes muy bien —dijo Chibás, en la "Bohemia" del 31 de julio de 1949— que los empréstitos constituyen el instrumento de penetración del imperialismo, el arma favorita de la "política del dólar" para sojuzgar económicamente a los pueblos de nuestra América. El pueblo de Cuba ha repudiado desde el primer momento esta nueva hipoteca".

La argumentación de los comunistas y de los ortodoxos envolvía una intención política contra los Estados Unidos. Mas toda esa argumentación se cayó por su base cuando se aprobó la Ley, pues los ciento veinte millones, por los cuales se concertó el empréstito, se obtuvieron mediante una emisión de bonos flotados por la banca nacional. De esto solo tuvieron noticias los enterados. En el pueblo quedaría la impresión de que, efectivamente, el Gobierno había hipotecado la economía cubana a los intereses de Wall Street.

XIX - LA CRISIS UNIVERSITARIA Y LOS COMUNISTAS.

La Universidad de La Habana estaba en crisis. La responsabilidad era de quienes habían tomado los estudios de pretexto para sus actividades politiqueras, dirigidos por quienes habían hecho una carrera del "revolucionarismo". La autonomía se había transformado en bastión de las pandillas revolucionarias. La FEU, en instrumento de medro, para unos, y de satisfacción de sus apetencias políticas, para otros. Y la escalinata, presidida por el Alma Máter, se había convertido en tribuna de agitadores.

En todo esto estaban envueltos los comunistas.

El Consejo Universitario ya había reconocido, el 28 de febrero de 1948, la existencia de "una grave crisis de autoridad, docencia y disciplina". Pero no había hecho nada por superarla. Por el contrario, la creciente participación de muchos dirigentes estudiantiles en hechos ajenos a la docencia empeoraba la situación.

Cada grupo estudiantil estaba en lo suyo y cada presidente de escuela era particularmente celoso del respeto a la autonomía de su jurisdicción. Los comunistas, por su parte, también estaban en lo suyo. La Comisión de Relaciones Exteriores de la FEU, por ejemplo, la habían trasmutado en vocero de las consignas internacionalistas del Partido.

Uno de los hechos que causó mayor revuelo, durante la hegemonía de los comunistas, fue la fotografía que tiraron a dos tripulantes de un buque norteamericano trepados, en estado de embriaguez, sobre la cabeza de la estatua de José Martí, en el Parque Central, publicada en el periódico Alerta y reproducida en "Bohemia". Por la hora en que ocurrieron los hechos, las dos de la madrugada, por lo insólito de la ocurrencia y la casualidad de que allí estuviera un fotógrafo profesional para retratarlos, hizo pensar a muchos que había sido una escena preparada por los estudiantes comunistas, aprovechando el estado de embriaguez de los dos marinos norteamericanos. El hecho cierto es que aquello provocó una tolvanera de indignación nacional, que los comunistas transformaron en huracán de protestas contra los Estados Unidos.

Los hechos que más conmovieron la conciencia pública fueron los que dieron origen a la ola de sangre que salpicó el viejo prestigio de la autonomía universitaria. Solo, a manera de ejemplos, citaremos el asesinato del vicepresidente de la FEU, Justo Fuentes, por el grupo que comandaba Orlando León Lemus (El colorado) y Policarpo Soler; el asesinato del que fuera presidente de la Escuela de Ciencias Sociales, Gustavo Adolfo Mejías; el asesinato de Wichy Salazar por el grupo de pistoleros que se escondía en la Escuela de Agronomía, donde irrumpió la policía, ocupó armas y detuvo a un grupo de estudiantes y no estudiantes acusados de actividades ilícitas, y, por último, la balacera que se produjo en los actos del 30 de septiembre. Todo aquello levantó una reacción de repulsa contra los responsables.

Cuando la Universidad de La Habana abrió sus puertas para iniciar el nuevo curso, el 9 de octubre de 1949, brotó la esperanza de rectificación. Estudiantes y profesores coincidían en que era necesario ponerle coto a tal estado de cosas. La mayoría de los dirigentes estudiantiles estaba totalmente desacreditada. Unos por pistoleros, otros, como Alfredo Guevara, Leonel Soto, Evangelista Baeza y la propia Mar Suárez, por seguir las pautas del comunismo. Nadie quería saber nada con aquellos cabecillas políticos que vestían de dirigentes estudiantiles; que, al decir de Uslar Piettri, "querían entrar en la arena política por las puertas traseras".

Esta corriente de opinión provocó la fuga de los pistoleros y el repliegue de los comunistas. Alfredo Guevara salió de viaje por Europa y, al final, se quedó en Praga, sede del "Comité Mundial de la Juventud", donde permaneció durante un año. Leonel Soto fue a Hungría. Abelardo Adán y Jorge Risket Valdés viajaron a la Unión Soviética.

El repliegue de los comunistas en la Universidad no significaba que abandonaran el campo, ni mucho menos. Por aquel entonces entraba a estudiar Derecho, precisamente Raúl Valdés Vivó, quien acababa de representar a la Juventud Socialista en un congreso juvenil celebrado en México. Los comunistas seguirían operando en la Universidad de La Habana; pero a través de sus acólitos y paniaguados.

XX - ETAPA DE ADAPTACION A LAS NUEVAS CIRCUNSTANCIAS.

El Partido recibió muchos y repetidos golpes durante esta etapa. El golpe más duro fue cuando perdió el control de la C.T.C., a cuya vera había crecido. El impacto lo dejó aturdido, confuso atolondrado, sin saber qué hacer.

Los dirigentes comunistas hicieron cuanto pudieron por permanecer bajo la sombra del Gobierno; pero los echaron sin consideración. Perdieron la capacidad de riposta ante la acometida de los "auténticos". Solo acertaron a representar melodramáticamente el papel de víctima, después de haber sido tanto tiempo victimarios, sobre todo en el sector sindical. No pasaron de ahí. Prefirieron embozarse, sin exhibir las formas de lucha extralegal, para seguir dedicados a la industria de la política.

Una vez en la oposición, el Partido se dedicó a vociferar contra los vicios del Gobierno que antes no veía. Blas Roca describiría la actuación del Gobierno Auténtico, a la luz del tiempo y el sectarismo, con estas palabras:

"La traición grausista de 1946-47, sincronizada con el Plan Marshall y la política de guerra fría promovida por Estados Unidos contra la Unión Soviética; que inicia la división de los trabajadores, el asalto de las directivas sindicales, el predominio en los sindicatos de los dirigentes impuestos, traidores, corrompidos, ladrones, es decir mujalistas, y que es seguida de los años de descomposición y latrocinio desenfrenado del gobierno de Prío".[13]

El tono ardiente y clamoroso fue la forma de esconder el desconcierto que produjo la acometida del Gobierno en la dirigencia roja.

La historia de podredumbre de los comunistas los dejó sin moral a los ojos de la opinión pública y no pudieron encontrar la solidaridad que reclamaron de los sectores oposicionistas. Nadie quería entenderse con los maniobreros de siempre y con quienes solo respondían a la voz de Moscú.

El Partido se quedó sólo, aislado y repudiado por todos. Esto explica su incertidumbre, desconcierto y tanteo, durante este período, para adaptarse a los nuevos tiempos borrascosos que presagiaban vientos de huracán.

1 Fidel Castro nació el 13 de agosto de 1927, en la finca Manacas, Barrio de Birán, en Mayarí, provincia de Oriente. Sus padres fueron Angel Castro Arguiz y Lina Ruz González. Inició sus estudios en el colegio de La Salle, en Santiago de Cuba. Los continuó en el Colegio de Dolores, de los Padres Jesuitas, en la propia ciudad. Debido a su carácter díscolo, sus padres lo internaron, como pupilo, en el Colegio de Belén, también de los Padres Jesuitas, en La Habana, en el año 1934. En 1945 se graduó de bachiller. Ya en el colegio había dado muestras de su deseo de notoriedad, en cuyo camino recurría a la escenificación de hechos insólitos unos y violentos otros. Tan pronto entró en la Universidad trató de entenderse con el grupo de Manolo Castro; pero fue rechazado. Entonces, comenzó a luchar contra Manolo Castro. Era la época en que Fidel Castro no ocultaba su admiración por las ideas de José A. Primo de Rivera, cuyos discursos leía con afán, al punto de ocupar uno de los turnos en el acto que organizó el Colegio de Belén al cumplirse un aniversario de su fusilamiento. Este hecho mereció que el periódico Hoy mencionara a Fidel Castro cuando lo calificó de "pichón de falangista". En las elecciones universitarias del curso 46-47, aspiró a la presidencia de la Escuela

de Derecho, con la vista puesta en la presidencia de la FEU, y más tarde, a la secretaría de la Asamblea Constituyente Estudiantil; pero resultó derrotado en todas sus aspiraciones. Su escape fue reclutarse en el grupo de jóvenes que preparaba Rolando Masferrer en Cayo Confites para invadir Santo Domingo y liberar a este país de la dictadura de Trujillo. Fracasado el intento, Fidel Castro regresó a La Habana. En marzo del 48 salió de Cuba, con credenciales de la FEU a una conferencia estudiantil en Bogotá, Colombia. Allí se encontraba cuando se produjo el "bogotazo". De regreso a Cuba, contrajo matrimonio con la estudiante de la Escuela de Filosofía Mirta Díaz Balart. Al año tuvo un hijo, a quien puso por nombre Fidel. Se graduó de Doctor en Derecho en el año cincuenta y uno. Durante su época de estudiante, le imputaron varios hechos delictivos. Lo acusaron de complicidad en el asesinato de Manolo Castro; de autor material en el asesinato del policía universitario Fernández Garral; de participar en el atentado contra el líder estudiantil del Instituto número uno de La Habana, Leonel Gómez y en uno de los atentados contra Rolando Masferrer. También apareció acusado en la causa por amenazas de muerte y robo frustrado al conocido pitcher Tomás de la Cruz. Y el Dr. Suárez Solís afirma que realizó gestiones profesionales en favor de Fidel Castro, quien figuraba como acusado, al igual que del Valle, por el asesinato del estudiante Gustavo Adolfo Mejías Maderne. Una vez graduado no cesó de participar en cuantos actos de perturbación pública se producían en el país, más que nada, con el ansia de notoriedad en su afán de buscar una posición que le permitiera aspirar a representante. En esta aspiración dudó, durante algún tiempo, si escoger el Partido Acción Unitaria de Batista o el Partido del Pueblo Cubano (Ortodoxo) de Chibás. Al fin, se decidió por el "ortodoxismo", más de acuerdo con su temperamento y más abierto a las aspiraciones de los jóvenes de entonces.

2 Blas Roca, "Los fundamentos del socialismo en Cuba", edición corregida de 1962, p. 52.
3 Rotograbado del periódico **Revolución**, Habana, del 20 de enero de 1962, p. 4.
4 Periódico "Diario de la Marina", Habana, del 23 de enero de 1948, p. 1.
5 Lautaro Silva, "La herida roja de América", República Dominicana, 1959, p. 148.
6 Jesús A. Portocarrero, "Cuba: paradigma y destino de América", Miami, 1966, p. 16, tomado del libro "Las cadenas vienen de lejos" de Alberto Baeza Flores en su página 283.
7 Jules Dubois, "Fidel Castro", New York, 1959, p. 19.
8 Revista "Estudios sobre el Comunismo", Año IV, No. 13, Santiago de Chile, p. 77.
9 **Ibid.**
10 Raúl Roa, "Retorno a la Alborada", Universidad Central de Las Villas, 1964, t. I, p. 190.
11 Periódico' 'Granma", Habana, del 17 de octubre de 1967, p. 1, col. 8.
12 Es de anotar que la "Carta de La Habana" no fue ratificada por el Congreso norteamericano, lo cual pone en evidencia la falsedad de lo dicho por los comunistas en aquel entonces.
13 Blas Roca, "El desarrollo histórico de la revolución cubana", periódico "Hoy", 7 de enero de 1964, Habana, p. 2.

CAPITULO XV
EL RADICALISMO
(1950-1952)

I - Posición combatiente del Comunismo con motivo de la guerra de Corea. II - Los nuevos rumbos del gobierno en Cuba. III - La generación del cincuenta. IV - La ley contra el gangsterismo. V - Raúl Roa sirve al comunismo desde la Dirección de Cultura. VI - Las elecciones parciales de mil novecientos cincuenta. VII - Clausura del periódico "Hoy". VIII - Rumor sobre el envío de tropas cubanas a Corea. IX - Los comunistas se repliegan en la Universidad. X - Con motivo del VII Congreso de la C.T.C. XI - La Cuarta Reunión de Consulta de Ministros de Relaciones Exteriores. XII - Los comunistas y los ortodoxos. La muerte de Chibás. Sus consecuencias. XIII - Reunión del Comité Ejecutivo Nacional. Reestructuración del Partido. Nuevas líneas tácticas. XIV - Reorganización de los partidos en mil novecientos cincuenta y uno. XV - Nueva reunión del Comité Ejecutivo Nacional una vez concluida la reorganización. XVI - Reunión de la dirigencia nacional para considerar un caso de adulterio. XVII - La "Federación Democrática de Mujeres Cubanas" se "preocupa" por la infancia. XVIII - Leyendo el periódico "Hoy". XIX - La última Asamblea Nacional del Partido. XX - Al final de la etapa.

I - POSICION COMBATIENTE DEL COMUNISMO CON MOTIVO DE LA GUERRA DE COREA.

El fracaso en Austria, la deserción de Tito y las huelgas de Berlín determinaron que la Unión Soviética cerrara el totalitarismo del sistema y apretara su centralización en Europa. El triunfo de Mao en China, sin embargo, la impulsó a tomar una actitud más expansiva en Asia y a radicalizar "los movimientos de liberación de los pueblos coloniales".

En Europa, el Kominform prosiguió con su misión de garantizar el vasallaje político. El Consejo Económico de Cooperación Mutua, COMECON, organizó la dependencia del comercio exterior de los países sojuzgados. Los "asesores soviéticos" aseguraron el control de la economía interna de esos países y trataron de romper la cohesión nacional mediante la exaltación del mito internacionalista. Y el ejército ruso, estacionado desde el Báltico hasta la frontera de Bulgaria con Grecia y Turquía, quedó a cargo de la ocupación militar.

En Asia, las tropas soviéticas habían ayudado a imponer su dictadura comunista en Corea al norte del paralelo 38 y Mao acababa de instaurar su "República Popular" el primero de octubre de 1949. No bien hubo conseguido esta victoria, la Unión Soviética exigió que China Nacionalista cediera su puesto a la China Continental en el Consejo de Seguridad de las Naciones Unidas. Al no alcanzar su objetivo diplomático, se retiró del Consejo de Seguridad y anunció que no regresaría hasta tanto no fuera complacida en su reclamación.

La Unión Soviética comenzó el año cincuenta con la acción diplomática referida y con una activa presión sobre Corea del Sur, en donde infiltraba guerrillas con fines de subversión. El 25 de junio de 1950, las tropas de Corea del Norte pasaron, de improviso y sin pretexto, el paralelo 38. Según parece, los comunistas esperaban que sus ex-aliados asumieran una posición semejante a la que habían observado durante el proceso chino. En esta ocasión, la Unión Soviética sufrió un grave error.

La misma tarde del ataque, el Consejo de Seguridad de las Naciones Unidas se reunió, declaró culpable a Corea del Norte y formuló un llamamiento a los países miembros de la ONU para que prestaran ayuda a Corea del Sur. Todo esto fue posible por la ausencia de la Unión Soviética.

Dos días más tarde, el Presidente Truman ordenó entrar en acción a las tropas norteamericanas. Más tarde, otros países se solidarizarían y enviarían tropas, unidades navales, ayuda médica o alimenticia.

La Unión Soviética quedó inmovilizada militarmente ante el conflicto de Corea. Solo pudo reaccionar con una violenta guerra de venablos contra la presencia de tropas extranjeras en suelo coreano. El vocerío fue acompañado por una movilización de los partidos comunistas en todo el mundo, con el propósito de agitar, como forma de golpear la retaguardia democrática.

Los partidos comunistas suramericanos se reunieron en Montevideo a considerar la nueva situación. Los del área del Caribe recibieron sus instrucciones directamente de Moscú. La orientación era radicalizar la posición antinorteamericana y las líneas anticapitalistas.

El Partido en Cuba extremó su línea de radicalización y condena contra todo y contra todos, aunque más subrrayadamente contra los Estados Unidos y sus "sirvientes oligárquicos". Demostró ser un gran repetidor de las consignas moscovitas, aunque más de palabra que de hecho. En este terreno fue más precavido, pues por lo general se concretó a impulsar a los demás. Cualquier motivo y ocasión era propicio para formar barullos. Lo mismo la protesta contra el aumento de pasaje en los ómnibus de La Habana, que la toma de planteles por los estudiantes, que una demanda laboral o un reclamo de obras para una localidad en el interior de la República. Todo y cualquier cosa servía a sus fines, no importaba quien tuviera la iniciativa.

II - LOS NUEVOS RUMBOS DEL GOBIERNO EN CUBA.

El Gobierno del Dr. Prío puso término a su política anterior cuando formuló su rectificación, la que tenía interés en presentar orlada con guarniciones de honestidad administrativa. Acompañó el anuncio con una remoción ministerial que llevó al gabinete a ciertas figuras que gozaban de prestigio en la opinión pública. Esta política se llamó de "los nuevos rumbos".

Con esta fórmula superó la etapa anterior, que había decursado en medio de las más enfurecidas críticas y que había culminado en una serie de rumores conspirativos. Se había hablado de una conspiración en la que estaban implicados tres profesores civiles de la Escuela Superior de Guerra, entre quienes figuraba Rafael García Bárcena, y que se proponía llevar a Chibás hasta la presidencia. Los historiadores Emeterio Santovenia y Raúl Shelton registran otra, cuando refieren que "hubo amagos de movimientos conspirativos, motivando uno de ellos la destitución, el 24 de agosto de 1949, del brigadier Genovevo Pérez Dámera de la jefatura del ejército, haciendo abortar un complot fraguado por el coronel Ramón Barquín, el capitán José E. Monteagudo y el teniente Enrique Borbonet".[1]

Todavía no se habían desvanecido los ecos del discurso del Presidente Prío sobre "los nuevos rumbos", en el que habló de las ideas revolucionarias de la "Generación del 30", cuando pactó con el Partido Liberal, el viejo partido que había encabezado el General Machado. Una vez más quedaba demostrado que en la política cubana era posible culquier entendimiento y que los partidos no respondían a concepciones ideológicas ni siquiera a posiciones históricas.

Ciertamente, el gobierno de Prío dio sus mejores frutos por esa época, cuando dictó una serie de medidas legislativas que contribuyeron a organizar institucionalmente al país. Fue el tiempo de la "legislación fecunda" que creó el Banco de Fomento Agrícola e Industrial; el Tribunal de Garantías Constitucionales y Sociales; el Tribunal de Cuentas; múltiples cajas de retiro; las dos universidades oficiales de Las Villas y Oriente, a la vez que autorizaba la fundación de universidades privadas; que equiparó la mujer al hombre en todos los derechos civiles y mercantiles; que reguló el arrendamiento rural y la aparcería, que normó la contabilidad del Estado. Una de las notas más favorables fue la promulgación de los presupuestos nacionales, después de haberse gobernado sin presupuestos al país desde 1937. Cabe apuntar también la posición de franca protección a los campesinos y aparceros no solo por los decretos que impidieron los desalojos, sino por la creación del Negociado de Asuntos Rurales en el Ministerio de Justicia para asistir a los campesinos en sus luchas contra los propietarios de tierras.

Todos eran a negarle al Gobierno los pasos que daba en el camino de la consolidación institucional. Se dijo por Chibás que "todas, o casi todas, son leyes que no surtirán sus efectos sino hasta después de su Gobierno. Si esas leyes, como la del Tribunal de Cuentas y la Ley de Contabilidad del Estado, limitan la acción de los gobernantes y los sujetan a estrictas responsabilidades, los afectados serán los gobernantes del futuro, no el gobierno actual".[2] No era bastante la crítica y a los "auténticos" se les cubría de fango con la agitación y la propaganda en torno a la "Causa 82" que, por el delito de malversación, se le seguía al ex-Presidente Grau y la causa que, por la falsa incineración de 11 millones de pesos, se inició contra altos funcionarios del Gobierno de Prío.

Por entre aquella gritería de acusaciones, que evidenciaba el carácter esencialmente adversativo de los partidos, el país avanzaba sin desmayo por los derroteros del progreso material. La Guerra de Corea vino a reconfortar la economía, a consecuencia del súbito aumento en el precio del azúcar. La industrialización recibió estímulos adicionales y se desarrolló especialmente la del níquel. La agricultura cobró bríos, al aumentar las siembras de tabaco, maní, cocoa, café y coco, no obstante la furia azucarera. La economía se "cubanizó" al disminuir notablemente la importancia de las inversiones extranjeras. Las instituciones bancarias nacionales se desarrollaron a un ritmo nunca visto. Las obras públicas de todo tipo se incrementaron. Las construcciones privadas se activaron. Aumentó algo el costo de la vida, pero los sueldos y salarios aumentaron mucho más. Cuba llegó a ser el segundo país de América Latina con más reservas monetarias. La economía, en fin, estaba en alza.

De nada valía cuanto hiciera el Gobierno y cuanto progresara el país en el orden material. La inconformidad con la situación prevaleciente crecía por días. No había manera de que el Gobierno conquistara el respeto de los gobernados ni forma de que la población se sintiera satisfecha. Contra esto y contra aquello, según la letra de un título de Unamuno, parecia ser la divisa del momento, especialmente de los "ortodoxos" y los comunistas. No se veía la fórmula de reducir a unidad la falta de cohesión social imperante.

La nación cubana, tan endeble como tal, realizaba grandes progresos materiales. En cambio, vivía pobremente en el orden moral, incomprendida por dentro, sin un proyecto común y sugestivo que la alzara espiritualmente hacia la conquista del futuro.

III - LA GENERACION DEL CINCUENTA.

Una nueva generación luchaba, en aquellos momentos, por irrumpir a la vida nacional. Necesitaba, para ello, romper con el entramado de la organización jerárquica de la sociedad. Este brote generacional lo percibió muy claramente quien fuera Primer Ministro del Gobierno del Dr. Prío, Oscar Gans, al punto de elaborar toda una tesis optimista en torno a la "Generación del Cincuenta".

Los jóvenes que luchaban por surgir tenían la noción de que las generaciones pasadas habían fracasado en el esfuerzo por superar política y moralmente a la nación. Equivocados, tal vez, en cuanto a lo primero; no lo estaban en cuanto a lo segundo. Todo lo anterior les parecía falso. El mundo pretérito se les venía abajo. Por lo cual, no era de sorprender que arremetieran contra los viejos.

La meta vital de aquella juventud, con desengaños precoces, era luchar contra el presente falsificado, según su concepto, por la crisis de la vida precedente. La imagen gráfica del presente, para los jóvenes de entonces, era un tembladal en el que los demás parecían moverse con pegajosa lentitud espiritual; aunque, muchas veces, con rostros radiantes de satisfacción material.

¿Cómo superar aquel presente, en el concepto de la "Generación del Cincuenta"? No lo sabía a ciencia cierta, pues carecía de nuevas creencias políticas, sociales y económicas con que sustituir las anteriores. Experimentaba la fascinación de luchar por la justicia social, sin acertar a definirla. Sentíase azorada, más bien desconcertada. Pugnaba por llenarse con alguna convicción, sin llegar a convencerse. Solo tenía certidumbres negativas. De ahí que abundaran los charlatanes y los rebeldes, algunas veces desvergonzados de palabra y sanos de opinión.

La nueva generación veía el futuro cubano como algo impreciso, como una vaga ilusión, que flotaba en el mundo del sueño. Le faltaba el espíritu de construir sobre base de realidades. Por ello era tan fácil que aquellos jóvenes cayeran en el barranco de las actitudes radicales, las más cómodas y las que más se ajustaban a su afán de fama y, en ocasiones, de fortuna.

La organización material de la vida le daba al joven la sensación de que la existencia sin dinero era una perpetua humillación. El prestigio lo daba el dinero y el poder, símbolo inequívoco de que los demás valores habían sufrido un grave qebranto. El venderse no era una nota de escándalo. Es más, quienes menospreciaban el valor del dinero, en obsequio de otras virtudes, eran frecuentemente objeto de burla. Sólo daba rango y era admirado lo que fuera ostentación.

Gran parte de la sociedad cubana de aquel entonces estaba dominada por el automóvil, la publicidad y el erotismo. Sus dirigentes fingían pensar lo que decían y, muchas veces, no decían lo que pensaban. No se podía estar cierto si un hombre era o no sincero, pues abundaban los farsantes y los histriones.

Los de arriba practicazan, cuando más, la moral del "todo da lo mismo". Los de abajo reaccionaban, unos, con envidia, y, otros, con náusea. En los primeros predominaba la ira y en los segundos un sano deseo por reformar la moral social. Era el lógico reflejo de la vida blanda, sin raptos, mediocre, soñolienta.

La juventud pedía participar, a todo trance, en los destinos del país. Sentíase marginada. Un buen grupo estaba dispuesto a conquistar posiciones y abrirse paso a sangre y fuego. No era de extrañar que en parte de esa juventud imperara la falsedad en el trato, la deshonestidad y el descaro. Nadie se atrevía a contradecir a los jóvenes y hasta, en ocasiones, los adulaban; pero, en definitiva, no les hacían mayor caso. Tal actitud equívoca encendía más la irritación, aumentando las expresiones de rebeldía. Los estudiantes, muy especialmente, habían hecho de esa rebeldía una institución.

Las medidas de beneficio que había adoptado el Gobierno no despertaron entusiasmo alguno entre los jóvenes. Ni siquiera habían germinado respeto y confianza pública, por la falta de austeridad de los gobernantes. Cada día era más aguda la crisis de autoridad en quienes mandaban y de obediencia en los gobernados. De donde resultaba que se desmoronaban las jerarquías y se aflojaban los resortes de la obediencia. Esto explica el por qué muy pocos jóvenes ubicábanse en el Gobierno. La mayoría prefería desplazarse hacia la "ortodoxia", donde estaban los más osados e inconformes. Entendían que allí estaba el futuro. Eran, como decía Ramón y Cajal, "los gusanos que pedían su turno en el banquete de la vida".

No cabe la menor duda que aquellos jóvenes de la "Generación del Cincuenta" eran una cantera admirable para extraer de ellos conductas radicales. Tenían la impresión de estar ante una catástrofe histórica, capaz de ser superada por la nueva generación con un optimismo que soñaba con lo maravilloso. Era, pues, fácil hacerlos girar hacia el extremismo militante de los comunistas, si no en su afiliación, sí en la tonalidad de su conducta. Para ello bastaba con abultar las sombras sociales, exacerbar ls ambiciones e irritar los sentimientos. La mejor piedra en la cual cincelar el futuro hombre comunista era, a no dudarlo, el joven mordido por alguna frustración, especialmente si era profesional, intelectual o aspiraba a serlo.

Trabajar a esa juventud era lo más prometedor para los comunistas. Trabajar sin exigirles militancia, solo con los ideas, con los rencores, con las iras, con el estímulo a la rebeldía y la protesta. Solo en este orden era propicio el ambiente. No lo era para el Partido, pues la repulsa al comunismo y a los comunistas había llegado entonces a su punto de exaltación nacional.

A esto se decidieron los comunistas, a golpear en el talón de Aquiles de la nacionalidad.

IV - LA LEY CONTRA EL GANGSTERISMO.

El Gobierno trató de poner término a la impunidad de los grupos de acción con la ley que se llamó "Contra el Gangsterismo". Respondía a un clamor del pueblo cubano, hastiado ya de los guapos revolucionarios, que exigía se acabara la tolerancia con el crimen.

La Ley aumentó las sanciones por la portación de armas e inclusive sancionó la simple tenencia de armas. La escala de las sanciones variaba de acuerdo con la naturaleza del arma, siendo más severa con quien portara o tuviera armas automáticas.

La reacción del Partido fue muy curiosa. Por un lado, aplaudió los objetivos anunciados en los por cuantos de la Ley. No le quedaba más remedio, después de haberse pasado tanto tiempo voceando ruidosamente contra el gangsterismo. Pero, por otro lado, censuró las intenciones supuestamente ocultas de la Ley, que decía eran perseguir a los adversarios del gobierno, especialmente a los comunistas.

La Ley, en verdad, resultó inocua. Los grupos de acción continuaron haciendo cuanto les venía en ganas, pues la cuestión no estaba en dictar leyes y agravar sanciones, sino en una acción más eficaz de la policía.

V - RAUL ROA SIRVE AL COMUNISMO DESDE LA DIRECCION DE CULTURA.

Raúl Roa, como hemos visto, había sido comunista durante sus primeros años. Después, obediente a conveniencias de orden personal abandonó el Partido. Con el tiempo llegaría, inclusive, a escribir artículos contra la brutal represión soviética de la revolución húngara. A pesar de estas veleidades su conducta lo señalaba siempre como un inveterado antisocial, incapaz de incorporarse a la sociedad cubana. Era la línea por donde seguía coincidiendo con sus viejos camaradas.

De hecho, cuando Raúl Roa ocupó el cargo de Director de Cultura, siendo Ministro de Educcaión Aureliano Sánchez Arango, promovió múltiples actividades relacionadas con su militancia pasada. Intelectuales, maestros y artistas comunistas hallaron ocupación en las misiones culturales que creó durante su regencia. Alicia Alonso, la afamada balerina comunista, obtuvo la cuantiosa ayuda económica que estuvo recibiendo durante mucho tiempo de la Dirección de Cultura. Y también patrocinó la publicación de libros de autores comunistas. Entre ellos, una especie de antología de Pablo de la Torriente Brau, con prólogo del propio Roa; "La semilla estéril" que recogía las últimas poesías de José Z. Tallet, y "Noche de fiesta", un libro de cuentos, de Enrique Serpa.

Raúl Roa, en fin, convirtió la Dirección de Cultura, que funcionaba como dependencia del Ministerio de Educación, en un foco de delirios socialistas. Y hoy, como se sabe, desempeña el cargo de Ministro de Relaciones Exteriores del régimen de Fidel Castro.

VI - LAS ELECCIONES PARCIALES DE MIL NOVECIENTOS CINCUENTA.

Las elecciones en la provincia habanera concentraron la atención nacional. A la razón del centralismo capitalino, que absorbía buena parte de los ingresos nacionales y casi todas las preocupaciones políticas, se añadía, en esta ocasión, la importancia que cobró la lucha por la alcaldía de La Habana y por la vacante senatorial dejada al fallecer José Manuel Alemán.

Tres candidatos se aprestaron a la lucha por la alcaldía habanera. Nicolás Castellanos, quien llegó a la alcaldía cuando hubo fallecido el alcalde Fernández Supervielle, por su condición de presidente del ayuntamiento y que aspiraba a la reelección, respaldado por la coalición integrada por el Partido Republicano, el Dr. Grau, el PAU de Batista y el PSP. Antonio Prío Socarrás, hermano del Presidente, quien contaba con todos los recursos del poder central. Y Manuel Bisbé por el Partido del Pueblo Cubano (Ortodoxo) de Chibás.

Nicolás Castellanos conquistó el apoyo del PAU cuando su partido se comprometió a coligarse con el de Batista y respaldar la aspiración presidencial del candidato escogido por el que de los dos partidos obtuviera mayor número de afiliaciones. Y logró la adhesión de los comunistas sobre la base de utilidades políticas y económicas para la dirigencia del PSP.

La principal ventaja política que sacaron los comunistas del pacto con Castellanos, fue la presidencia provisional del Ayuntamiento de La Habana. El alcalde Castellanos tuvo que solicitar licencia para aspirar a la reelección y, de acuerdo con la legislación electoral, lo sustituyó el presidente del Ayuntamiento, Pepín Díaz Garrido. En su lugar, César Escalante, hermano de Aníbal que aspiraba a senador y aspirante él a concejal, ocupó la presidencia del ayuntamiento durante el tiempo que duró la licencia electoral del alcalde Castellanos.

El Partido Socialista Popular al pactar con el Partido Republicano, abjuró de su postura del cuarenta y seis, cuando anatematizó a los candidatos "republicanos", por considerar que representaban al sector más reaccionario del país. También olvidó sus denuncias contra la gestión administrativa de Castellanos, a quien había denunciado por los supuestos "chivos" de "La Ernestina" en el acueducto habanero y por beneficios económicos que, según los comunistas, había obtenido de la Compañía Cubana de Electricidad. Tampoco el Partido tuvo a menos coincidir con el Dr. Grau, quien había botado a los comunistas de la C.T.C.

La campaña municipal habanera, que realizaron los comunistas bajo el lema "Sacude la carga cubano", terminó con la derrota del candidato gubernamental y el triunfo de Nicolás Castellanos. Al pueblo le dio por votar contra el hermano del Presidente y, a la hora de escoger, votó por el candidato de la oposición que tenía más posibilidades.

La lucha por la vacante senatorial de la provincia de La Habana tuvo cuatro contendientes. Eduardo Chibás, quien arriesgó su prestigio de candidato a la presidencia en una aspiración senatorial. Virgilio Pérez, a quien apoyaba toda la maquinaria estatal, tan decisiva en una elección congresional. Guillermo Belt, postulado por el Partido Acción Unitaria de Batista. Y Aníbal Escalante, candidato del PSP.

La senaduría habanera la ganó Eduardo Chibás con 200,287 votos. Le siguió Virgilio Pérez, quien obtuvo 183,220 votos. Guillermo Belt quedó en tercer lugar, al sacar 93,143 votos. Y el privilegio del último lugar quedó reservado para el candidato comunista Aníbal Escalante, que solo obtuvo 73,359 sufragios.

El PSP logró elegir, en cambio, dos representatnes por la provincia de La Habana: Lázaro Peña con 32,675 votos y Blas Roca con 9,712 votos. La gran votación de Lázaro Peña se debió a los sufragios no comunistas que logró sumar entre los obreros de la capital, ante quienes se presentó como una víctima del gobierno por el "despojo de la CTC".

En la provincia de Las Villas, el PSP eligió un representante, a Faustino Calcines Gordillo, con 6,041 votos. Y en la provincia de Oriente a otro, César Vilar Aguilar, con 14,434 votos.

Los comunistas eligieron sus concejales, a través de los distintos municipios de la Isla, que los representarían en los ayuntamientos. En Yaguajay conservaron la alcaldía, gracias a una componenda provincial con los "auténticos". De acuerdo con el pacto, los "auténticos" apoyaron al candidato reeleccionista de los comunistas en Yaguajay, a cambio de que los comunistas apoyaran al candidato reeleccionista de los "auténticos" en Cienfuegos.

En resumen, el PSP se condujo como un partido politiquero más. Lo mismo combatía al candidato del Gobierno a la alcaldía de La Habana que apoyaba al candidato del Gobierno a la alcaldía de Cienfuegos. Todo negociado al amparo de los "principios" del más desvergonzado oportunismo. En definitiva para casi nada, pues casi nada obtuvieron en estas elecciones, al no contar con sus viejos resortes de opresión en la CTC.[3]

VII - CLAUSURA DEL PERODICO HOY.

El periódico "Hoy", en su función de libelo comunista, tomaba las noticias para torcerlas en sus intenciones, comentarlas con perfidia y exagerarlas en sus alcances. La audacia, en ocasiones, llegaba al punto de dar como noticias los rumores elaborados por el Partido con fines políticos. De esta época data la campaña que libraba contra la política interior y, sobre todo, contra la exterior del Gobierno que se había solidarizado con las naciones democráticas que rechazaban en Corea la agresión comunista.

Cuando mayor era la fiebre de esa campaña, sistematización a "outrance" de la mala fe, vino la resolución que ordenó la ocupación de sus talleres y el edificio, por considerar que, fundado el periódico "Hoy" como órgano de la CTC, había derivado en vocero del Partido y usufructuaba ilícitamente los talleres y edificio adquiridos con dinero de la central sindical.

Blas Roca describiría el hecho, a su antojo y conveniencia, mucho tiempo después, con este párrafo:

"En 1950, el gobierno de Prío-Varona arbitrariamente asaltó, destrozó y ocupó los talleres y clausuró el edificio".[4]

El aparato publicitario del Partido quedó reducido al mínimo una vez cerrado el periódico "Ultimas noticias de Hoy", que era su nombre completo. Para suplirlo, salió al día siguiente otro periódico con el nombre de "América Libre"; pero, en seguida, dejó de publicarse. Entonces, el Partido comenzó a editar clandestinamente su llamada "Carta Semanal".

Esta publicación era insuficiente, pues no llegaba más allá de sus escasos militantes y tenía un sentido demasiado dogmático y sectario. Por ello, el Partido concibió la idea de fundar una empresa que editara un periódico "imparcial". Le puso por nombre "La Ultima Hora". En la dirección situó a Julio Véliz López, brillante periodista cienfueguero con mil y tantos resentimientos contra la sociedad, quien hasta ese momento había estado dirigiendo un diario local, "La Correspondencia", de Cienfuegos.

Julio Véliz comenzó a trabajar con aparente independencia, solo aparente, pues Aníbal Escalante no salía del periódico y todo el personal de talleres y muchos de sus redactores eran los mismos de "Hoy". Al poco tiempo, ya no se guardó la forma. Aníbal Escalante era quien, de hecho, dirigía el periódico, debido a que Julio Véliz pasaba gran parte del tiempo bajo los efectos del seconal, vicio que lo llevaría a encontrarse con la muerte.

Los comunistas, como siempre, movilizaron sus acólitos y precarias organizaciones para protestar contra la clausura del periódico "Hoy". Al Partido Ortodoxo trataron de uncirlo al carro de la protesta. Sobre este punto, Herminio Portell Vilá nos cuenta lo siguiente:

"En vida de Chibás, en la casa de Manuel Bisbé, me opuse a que el Partido del Pueblo condenase la clausura del diario comunista "Hoy", ordenada por Manuel A. de Varona, Primer Ministro del Gobierno de Prío Socarrás y Ministro interino de Gobernación y de Trabajo. Me apoyaron Chelala Aguilera, Dorta Duque y otros mientras Conchita Fernández (hoy secretaria de Fidel Castro), trataba de convencerme de que retirase mi proposición".[5]

Poco tiempo duraría el silencio del órgano del Partido. Al año siguiente, los tribunales de justicia declararon con lugar el recurso establecido por los comunistas y ordenaron la devolución del edificio y los talleres. "La Ultima Hora" dejó de salir, al cumplir su función. Julio Véliz fue enviado a viajar a Chile, invitado por Pablo Neruda. Y el 26 de agosto de 1951 salía de nuevo a la calle el número 1 de la "Segunda Epoca" del periódico "Ultimas noticias de Hoy".

VIII - EL RUMOR SOBRE EL ENVIO DE TROPAS CUBANAS A COREA.

El taco de la campaña comunista echó a rodar el rumor sobre el envío de tropas cubanas a Corea, con la intención aviesa de que cayera en la tronera de la maledicencia antigubernamental y antinorteamericana. La cuestión era inquietar y sembrar cizaña "antiyanqui".

Las publicaciones comunistas se dedicaron a ofrecer noticias sobre supuestas "brutalidades y barbaries de las tropas norteamericanas contra el pueblo coreano", por lo cual acusaban de "genocida" al Gobierno de Estados Unidos. Partiendo de tales premisas, los voceadores de las consignas rojas no se cansaban de pregonar su "vigoroso apoyo al pueblo coreano en la lucha contra la agresión imperialista" y de exigir la retirada de las fuerzas de las Naciones Unidas del territorio de Corea.

Esta campaña de los coros amaestrados por el Partido no encontró eco en la opinión pública cubana. Antes por el contrario, en la medida que arreciaba, en esa misma medida, crecía el repudio popular contra los comunistas, por el cinismo con que invertían los acontecimientos nacionales y extranjeros.

Lo que sí prendió fue la campaña de rumores, sobre todo en un pueblo dado a creer lo que se decía en contra del gobierno, aunque resultara absurdo y poco creíble. El rumor que prendió con más fuerza, afirmaba que el Gobierno se aprestaba a enviar tropas cubanas a Corea. La especie fue recogida por el periódico Alerta, entonces en función de agitación "ortodoxa". Llegó a precisar que Cuba tendría que contribuir con cien mil hombres a los frentes del Asia. La noticia alarmó a la ciudadanía y hasta provocó un debate en el Congreso.

La posición del Partido Ortodoxo fue clara y firme en esta ocasión. Eduardo Chibás exigió que el Ejecutivo informara al Congreso; pero no hizo causa común con los comunistas. Por el contrario, al fijar su criterio, dijo:

"Simpatizamos con el noble y altruista pueblo de los Estados Unidos, pero creemos que la conducta política de sus gobiernos respecto a los demás pueblos del hemisferio no ha sido siempre ejemplar y ha merecido frecuentemente la acusación del imperialismo. No obstante esas discrepancias, estamos los demócratas de América frente a un peligro mucho mayor: la amenaza de que el imperialismo totalitario comunista de Moscú, el más despótico, cruento y agresivo de la Histoira, se extienda por todo el mundo para destruir la forma democrática de gobierno, la libre determinación de los pueblos y la libertad del pensamiento.

Ante eso, el Partido del pueblo Cubano (Ortodoxo) declara una vez más su vehemente y absoluta solidaridad con la causa de los pueblos democráticos en la Organización de las Naciones Unidas...

Entendemos que no puede haber pactos, componendas ni cambalaches con el comunismo imperialista de Moscú, y que las fronteras de la Democracia están en Corea y en Berlín, no en el Atlántico y el Pacífico. Al comunismo agresor, no se le puede entregar sin combate ni un solo metro de territorio. Replegarse a América es estúpido y suicida".[6]

El Gobierno desmintió el rumor. Pero los comunistas continuaron afirmando y reafirmando que era cierta la voz que corría entre el público. Para ello utilizaban todos los medios. Así, Raúl Castro, publicó un artículo, en la revista SAETA del mes de marzo del cincuenta y uno, en el cual denunciaba que el Gobierno estaba entrenando una compañía de soldados con el propósito de enviarla a Corea.

Con este ruido, vago y sordo, los comunistas pretendían crear la impresión de que el gobierno cubano estaba al servicio de los Estados Unidos. Y también deteriorar la imagen de este país presentándolo con el ropaje imperialista, empeñado en dominar el mundo, por el atrevimiento, entre otras razones, de rechazar el zarpazo del oso ruso a los pueblos indefensos.

IX - LOS COMUNISTAS SE REPLIEGAN EN LA UNIVERSIDAD.

Pistoleros y comunistas desaparecieron del recinto universitario cuando la masa estudiantil se paró a pelear, en 1950, contra quienes enlodaban el prestigio del "Alma Máter". En torno a esta decisión se forjó el grupo "Pro Dignidad Estudiantil". Fue tal la firmeza de los estudiantes que bastaba que alguien defendiese a los viejos dirigentes para que fuera ahogado por voces airadas de protesta. Se vieron inclusive manifestaciones estudiantiles que reventaban en gritos de "abajo el gangsterismo, abajo el comunismo".

El proceso de recuperación del viejo prestigio universitario fue lento. Muchas luchas y esfuerzos costó llegar a la etapa electoral de los dirigentes estudiantiles. Cuando anunciaron las elecciones, reaparecieron Fidel Castro y Alfredo Guevara por la Universidad, en plano de tentar el ambiente. Los seguidores de los viejos dirigentes, por esta época, constituyeron el "Comité 30 de Septiembre". Lo integraron, entre otros, Baudilio Castellanos, Mario García Incháustegui, el "graduado" Fidel Castro —como lo llamaba Pedrito García Mellado— y su hermano Raúl. Nada lograron. Entonces apareció Raúl Hernández que, a título de guapo, reunió los rescoldos del pasado universitario con el apoyo de los comunistas.

Una nueva dirigencia estudiantil ganó las elecciones y Enrique Huertas ocupó la presidencia de la FEU. El lema era: "Una FEU nueva y una Universidad nueva". La idea, "limpiar la casa primero y no participar en asuntos relacionados con la política nacional".

A partir de aquel entonces, los comunistas no pudieron levantar cabeza en la Universidad de La Habana. La nueva dirigencia permaneció por un tiempo alejada de las cuestiones ajenas al interés docente. Esta posición trató de minarla un grupo de estudiantes ortodoxos que no cesó de presionar sobre la FEU para que se pronunciara contra el gobierno.

Aquel estado de cosas se tornó explosivo cuando, un día, el "Comité 30 de Septiembre" se apareció en la Universidad con un camión cargado de propaganda comunista de la UIE, procedente de Praga. Esta situación la resolvió el secretario ejecutivo de la FEU, Fernando Carrandi, en forma expedita: ordenó hacer una fogata con aquella propaganda en la Plaza Cadenas, alrededor de la cual se amontonaron los estudiantes a dar gritos de abajo el comunismo.

La dirigencia de la FEU terminó por definir públicamente, de manera clara y precisa, su posición frente al comunismo. Lo primero que hizo fue romper con la UIE. Después repartió un manifiesto, que la prensa se negó a publicar. En síntesis, decía que "los comunistas no podían participar en las luchas estudiantiles democráticas por el carácter totalitario de sus ideas".

Se vivía en pleno furor anticomunista en la Universidad de La Habana. Los estudiantes estaban enfurecidos contra quienes habían escrito una historia de podredumbre en el movimiento estudiantil, valiéndose de la demagogia, la fuerza, el soborno y la simulación.

X - CON MOTIVO DEL VII CONGRESO DE LA C.T.C.

Las diferencias entre los dirigentes "auténticos" e "independientes" quedaron salvadas en el VII Congreso de la C.T.C. Solo permanecieron al margen del proceso los bonzos comunistas que ya habían perdido su calidad de dirigentes obreros.

El Congreso consagró la unidad de las organizaciones sindicales. Estas, sin excepción, estuvieron representadas. Eusebio Mujal fue ratificado en la secretaría general. El balance de su informe exhibió un saldo de grandes logros en favor de los trabajadores: aumentos de salarios, reducción de jornadas, nuevas y múltiples cajas de retiro, convenios colecivos con toda clase de beneficios laborales. El acuerdo más discutido fue el de la cuota sindical obligatoria.

Este último acuerdo fue criticado por los comunistas e impugnado por los patronos .Ventilada la impugnación ante el Tribunal de Garantías Constitucionales y Sociales, fue confirmada su validez legal. La cuota sindical se convirtió, así, en garantía de la independencia económica de la C.T.C. y base de su independencia política.

Lázaro Peña prefirió ausentarse del país con motivo del VII Congreso de la C.T.C. Concurrió a la farsa de la llamada "Conferencia Regional de Agricultura de la América Latina" que montó en México, del 2 al 6 de marzo de 1951, la "Unión de Trabajadores de Agricultura y Forestales", filial de la Federación Sindical Mundial.

Esta conferencia fue una reunión sectaria, sin otra intención que pregonar sus consignas rojas. El tema angustioso del campesinado latinoamericano no fue otra cosa que el pretexto del cónclave comunista y la música de fondo a sus voceríos políticos. Corrió por una vertiente muy distinta a la conferencia auspiciada por la ORIT, donde se creó la Federación Internacional de Plantaciones, evento en que fue decisiva la intervención de la Confederación (Oficial) de Trabajadores de Cuba. En ella, sí se tomaron medidas eficaces para humanizar las condiciones de trabajo de los obreros de los llamados países subdesarrollados del mundo.

XI - LA CUARTA REUNION DE CONSULTA DE MINISTROS DE RELACIONES EXTERIORES.

La Cuarta Reunión de Consulta de Ministros de Relaciones Exteriores se efectuó en Washington del 26 de marzo al 7 de abril de 1951. "El objeto de la reunión fue a considerar la situación que se presentó hacia fines de 1950 a raíz de las hostilidades iniciadas el 25 de junio del mismo año en el territorio de Corea. Dicha situación se consideró como un resultado de la política de agresión del comunismo internacional y como consecuencia una amenaza a la paz de América".[7]

Hasta ese momento, los gobiernos latinoamericanos habían evidenciado un gran descuido en combatir la subversión comunista, en nada comparable con el celo que habían demostrado cuando la subversión nazi-facista; por cierto, mucho menos apreciable y agresiva en América Latina. De ahí que la Cuarta Reunión de Consulta pusiera tanto énfasis en la necesidad de aplicar medidas adecuadas "para la defensa común contra las actividades agresivas del comunismo internacional".[8]

Los partidos comunistas, dados ya a fomentar el desorden y perturbar la paz pública dentro de cada país, reaccionaron con el incremento de sus conocidas campañas de agitación y propaganda contra los objetivos de la reunión. Cargaron la mano en desacreditar el anticomunismo y lo presentaron como una actitud reaccionaria, antinacionalista y pro-imperialista.

En Cuba, los comunistas pintaron todo aquello como "una maniobra del imperialismo para ahogar los movimientos de liberación de los pueblos oprimidos". Blas Roca escribió, en la "Carta Semanal", sobre las presiones del Gobierno contra el Partido y el "movimiento popular". Y no faltaron, como era lógico, los intentos por constituir comités de solidaridad con "el agredido pueblo coreano, víctima de la agresión imperialista".

XII - LOS COMUNISTAS Y LOS ORTODOXOS. LA MUERTE DE CHIBAS. SUS CONSECUENCIAS.

Eduardo Chibás llevó al delirio su fervorosa campaña de "revolucionarismo", con la que derribó, a golpes de diatribas, muchos de los pocos valores que aún conservaba la dirigencia nacional. El populacho sentíase atraído por el ardor de sus expresiones políticas que llegaba a la demagogia más feroz. Llegó a encender la llama de la esperanza en los adormecidos corazones del pueblo con su concepto revolucionario nihilista que se levantaba sobre el mito de la honestidad.

Lamentablemente, la honestidad fue interpretada sólo como honradez en el manejo de los fondos públicos y no como honestidad entre lo que se pensaba y lo que se decía. Era más lamentable aún que no se hablara de una ideología orgánica, conforme a la cual programar la obra de gobierno para ser honestamente ejecutada después.

Esta ideología nihilista, que era la negación de una ideología concreta, permitía que en la "ortodoxia" hubiera de todo. Existían los jóvenes cautivados por los sones del lema "Vergüenza contra dinero". Abundaban quienes odiaban a los políticos, porque no habían tenido éxito en la política, y quienes odiaban a los ricos, por la sencilla razón de que no lo eran todavía. Tampoco faltaban quienes habían pasado por todos los partidos y hasta quienes se las echaban de Catones y eran o soñaban con ser ladrones. Es la razón por la cual veíamos en la "Ortodoxia" a los radicales más extremistas, a los más moderados y también a los más representativos del más rancio capitalismo. Lo que más resaltaba, al punto de darle tonalidad, era el concepto extraviado del patriotismo entonado por quienes padecían de la epilepsia patriotera en que la demagogia servía de marco a un pensamiento de Martí.

No había quien se atreviera a salirle al paso a los ortodoxos, empeñados en una guerra de injurias con la que aspiraban a conquistar los lauros de la popularidad, enfermedad pública de aquel entonces, a costa de la paz moral de la nación. Quienes osaban interponérselas en el camino eran puestos como no digan dueñas. Este espectáculo era el regocijo de los comunistas, tan empeñados en abultar aún más nuestros defectos y atronar el ambiente con sus voceríos.

Tal estado de cosas se mantuvo hasta que algunos miembros del Gobierno, muy pocos, se decidieron a pelear. La primera medida defensiva que tomó el Gobierno fue dictar un decreto que concedía el derecho de réplica a quien fuera aludido por una calumnia. Esta medida encendió la protesta de los "ortodoxos" y los comunistas, quienes organizaron una serie de actos contra el decreto que estigmatizaron con el rótulo de "mordaza".

A Rolando Masferrer fue al primero que se le ocurrió hacer uso del derecho que otorgaba el "decreto mordaza", para replicar a Eduardo Chibás en su hora dominical. Esta decisión movió la ira de los "ortodoxos". Y Chibás llegó a exclamar:

"Esta nueva provocación del plan de violencia que viene desarrollando el Gobierno contra el Partido del Pueblo, es más grave que las anteriores: los discursos del Presidente de la República desde Palacio, los radiomítines de los jefes provinciales del Partido Auténtico".[9]

"Ortodoxos" y "auténticos" cruzáronse amenazas. Esperábase que aquello terminara trágicamente. Los ortodoxos movilizáronse para impedir la concurrencia de Masferrer a la CMQ. Fidel Castro se ofreció a la UIR para eliminar su viejo adversario de luchas y consiguió que le dieran toda clase de armas, sin que cumpliera lo prometido. Masferrer concurrió a la cita en medio de una baraúnda de personas que protestaban por su presencia, de partidarios del gobierno que lo secundaban y de la policía que trataba de imponer el orden. Se produjo la esperada balacera, con el resultado de un muerto y varios heridos. El Gobierno se impuso; pero Chibás ganó la batalla de la publicidad.

El incidente enardeció aún más al líder ortodoxo, quien prosiguió, con renovados bríos, su carrera de fiscal público. En sus desvaríos acusó al Ministro de Educación, Aureliano Sánchez Arango, de malversador, de estar fabricando un barrio residencial en Guatemala en contubernio con altos funcionarios del Gobierno de Arbenz y de estar importando madera de contrabando por el puerto de Cienfuegos. Aureliano Sánchez Arango replicó con buen éxito. Exigió a Chibás que probara sus acusaciones y éste dijo tener las pruebas en una maleta, sin que, en definitiva aparecieran las tales pruebas por parte alguna. Chibás trató de salvar el ridículo con una arenga radial que epilogó con un tiro en el vientre, en un rapto de holocausto.

El viejo "liberal" Ramón Vasconcelos libró a Chibás del mal éxito de su polémica, ante la opinión del populacho, con su inolvidable panfleto "El último aldabonazo". De lo que no pudo librarlo, fue de la muerte, de la que ya se había salvado Chibás cuando protagonizó un hecho similar el día anterior a las elecciones constituyentes del cuarenta.

Eduardo Chibás Rivas murió el 16 de agosto de 1951.

Los partidarios del "mártir" acusaron al Gobierno de ser responsable de su muerte. "El adalid", como también le llamaban, fue tendido inexplicablemente en la Universidad de La Habana. El sepelio fue una imponente manifestación de duelo popular. Se habló de que la muchedumbre se dirigiría a Palacio con el intento de asumir el poder. Fue una campaña impulsada por los comunistas y los más extremistas de la "ortodoxia". Se pensó que el cadáver, arrastrado por aquel inmenso oleaje humano, sirviera de estandarte para la toma del poder. Pero se impuso la sensatez y no ocurrió lo que tanto se había temido.

Concluido que hubo el entierro, Luis Orlando Rodríguez, Enrique de la Osa y Conchita Fernández urdieron la forma de quedarse con la herencia política de Chibás. Convocaron al Consejo Director del PPC (O) en la casa del presunto heredero. Invocaron un testamento, del que solo tuvieron noticias los interesados y en el que Chibás designaba sucesor a Roberto Agramonte. Fue suficiente para que, sin quórum, lo eligieran presidente del partido.

La muerte de Chibás dejó un gran vacío político en el país. Difícil de llenar, de momento, por un pueblo tan dado a los caudillos, a la admiración de los hombres conductores en quienes reflejaba sus sentimientos. El Partido Ortodoxo quedó, a su vez, estremecido por la muerte de su líder y por el histerismo de la demagogia que lo dominaba.

Chibás a no dudarlo, había sido un látigo implacable sobre las espaldas de los comunistas. Por ello, los comunistas vieron en su muerte la gran oportunidad para infiltrarse, sin problemas, en la "ortodoxia" y radicalizar a sus afiliados, valiéndose de los más extremistas. De ahí que el Partido no pusiera mayores obstáculos a la fuga de sus jóvenes que se marchaban atraídos por los cantos vibrantes de la "vergüenza", más a tono con sus sentimientos que las expresiones esquemáticas del comunismo criollo. Los jóvenes ex-socialistas podían, además, sentar cátedra de revolucionarios, dados sus antecedentes, con esa soberbia jacobina que sabe disimular con grandes frases las más bajas pasiones.

XIII - REUNION DEL COMITE EJECUTIVO NACIONAL. REESTRUCTURACION DEL PARTIDO. NUEVAS LINEAS TACTICAS.

El Partido se enfrentaba a una situación difícil, abrumado bajo el peso de su descrédito. Se avecinaba la reorganización del cincuenta y uno, previa a las elecciones generales. Y nadie quería coligarse con los comunistas, por temor a que restaran más votos que los pocos que pudieran sumar.

El Buró Político del Partido, dispuesto a encararse con el problema, decidió reunir al Comité Ejecutivo para acordar las normas a seguir. Convirtió en común acuerdo esta traza: que se marcharan los activistas menos conocidos, sin disgustarse con ellos; expulsar a quienes estimaran dañinos, y cerrar el cerco de la disciplina a los viejos "cuadros".

Muchos activistas, según quedó dicho en el capítulo anterior, fueron a incrustarse silenciosamente en el Partido Ortodoxo y en el "PAU" de Batista. Algunos siguieron añorando su vieja militancia y conduciéndose de acuerdo con los procedimientos que se les habían metido en sus entrañas. Eran las ascuas aún no apagadas. Los hubieron, inclusive, que continuaron manteniendo relaciones con sus antiguos dirigentes comunistas. Uno de estos casos fue el de Fernández Vélez (Mayarí), a quien el PAU tuvo que expulsar porque participó y habló en un acto del primero de mayo organizado por los comunistas.

Otros activistas salieron expulsados del Partido por "titoistas", la acusación de moda en aquellos momentos. Entre éstos, recordamos a Guillermo Pérez Lamí y a Bernardo Martínez Gil.

El Partido se aparejó con el replanteo de "sus cuadros", en un intento desesperado por reanimarse ante las adversas circunstancias. Veamos algunas remociones.

Salvador Pérez, "Mi tierra", quedó sin funciones en el ramo de la industria automovilística, no obstante su largo historial de militante. Miguel Angel Armenteros, en cambio, recibió mayores responsabilidades en el sindicato telefónico. El fantoche Walfrido Carbonell y René Alvarez Ríos cesaron en la célula estudiantil de la Facultad de Derecho en la Universidad de La Habana y se dedicaron a otras actividades. Raúl Valdés Vivó, al regreso de su viaje por Hungría, Checoeslovaquia y Polonia invitado por la "Federación Mundial de la Juventud Democrática", fue promovido a la posición rectora de la fracción estudiantil en la Universidad de La Habana. El Dr. Gregorio Ortega sustituyó al Dr. Arnaldo Escalona en la responsabilidad del Colegio de Abogados de La Habana.

A las remociones, siguieron los consejos disciplinarios que se proyectaron, más bien, sobre los intelectuales del Partido. Entre las víctimas, que nos vienen a la memoria, contamos a Manuel Navarro Luna, Jorge Castellanos, Diego González Martín y Angel Augier.

El poeta Manuel Navarro Luna ya había sido sometido a un tribunal, integrado por Juan Marinello, Carlos Rafael Rodríguez, Fabio Grobart y Blas Roca,[10] por su poema "Elegía a Doña Martina", compuesto a la muerte de su madre. Navarro Luna se retractó de lo expresado en su composición poética, estuvo de acuerdo en destruir el folleto donde se había editado y prometió no publicarla más. Una parte del fallo, tal cual fue circulado entre los "cuadros" del Partido, decía:

"Navarro Luna, con sus invocaciones a poderes extraterrenos se sitúa en el campo de la filosofía idealista, prácticamente en la invocación de Dios. Y a la luz del materialismo dialéctico, que nos enseña que el mundo se desarrolla con arreglo a las leyes que rigen el movimiento de la materia, sin necesidad de ningún espíritu universal ni sombras eternas que nos gobiernen desde lo infinito, estos versos no son admisibles y no se le está permitido a un viejo comunista estos renunciamientos ni estas capitulaciones".[11]

Angel Augier fue censurado por sus entrevistas a viejos mambises de nuestras guerras de independencia, publicadas en la revista "Bohemia". La resolución del Comité Ejecutivo quedó pendiente y no se adoptó hasta que no le convino al Partido, en noviembre del cincuenta y dos, junto con la de Castellanos.

El Dr. Diego González Martín fue otro de los llamados al orden por haber publicado una serie de artículos sobre médicos eminentes de Cuba, también, en la revista "Bohemia". El Partido le prohibió que siguiera publicándolos, por estimar que "se trata, sin lugar a dudas, de una clara propaganda de la medicina burguesa cubana, avalada por la firma de un médico comunista".

El Partido ofreció sus explicaciones, para la opinión pública, no a pie llano, sino con rodeos e invenciones. El panorama se le ofrecía lleno de hallazgos. Al tiempo que se aderezó y compuso dio los pasos necesarios para hacer frente a la reorganización y montar, así, su tinglado electoral.

XIV - LA REORGANIZACION DE LOS PARTIDOS EN MIL NOVECIENTOS CINCUENTA Y UNO.

El Partido parecía a punto de perecer políticamente. Sin resortes de presión ni esperanza de poder, no encontraba la forma de recuperarse de los golpes sufridos. La reorganización se le presentaba, ante esas circunstancias, como un obstáculo más a su salida.

Los jóvenes, como hemos dicho, veían otros caminos, los de la ortodoxia, por donde echar sus bocanadas de rencor contra el ambiente social que los ahogaba. Los oportunistas, al igual que Sancho, pensaban que, de seguir por el camino del Partido, "debajo de los pies de improviso se ha de abrir otra sima más profunda" que acabará de tragarlos.

La consecuencia de aquel ánimo asenderado se reflejó en las afiliaciones del Partido. El resultado de la reorganización no pudo ser peor. De dos millones noventa y siete mil novecientas sesenta personas que se afiliaron a todos los partidos, los comunistas sólo registraron cincuenta y nueve mil novecientas.

El Partido fracasó a los ojos del pueblo. Demostró que no pasaba de ser lo que siempre había sido: un movimiento de propaganda estruendosa. Su pregonada política de masas quedó reducida a trazar líneas políticas y crear organismos endebles que llamaban pomposamente al "trabajo de frente unido".

XV - NUEVA REUNION DEL COMITE EJECUTIVO NACIONAL, UNA VEZ CONCLUIDA LA REORGANIZACION.

El Comité Ejecutivo Nacional volvió a reunirse tan pronto hubo concluido la reorganización, con el intento de analizar el resultado de las afiliaciones y las perspectivas con vistas a las elecciones.

El Comité Ejecutivo estaba consciente de la ineficacia del instrumento político, como medio para llegar directamente al poder. Tenía, en cambio, la suficiente poca vergüenza como para ensayar todo tipo de piruetas y tan escaso bagaje en la opinión pública como para tener que ir siempre a remolque de otro grupo. La única oportunidad, en esta ocasión, era aprovecharse del inminente triunfo electoral de los "ortodoxos". Por ello, trazó planes sobre la base de apoyar a los "ortodoxos" y extraer ventajas de la victoria.

En la reunión trataron sobre las mil y una formas de pavimentar la vía de sus ambiciones. Se habló de radicalizar a las masas, provocar el caos y hacer avanzar a la "Revolución", basándose en el coraje primario y la injuria xenofoba.

En principio, se acordó apoyar la candidatura presidencial de los "ortodoxos". Los comunistas repetían, una vez más, su tradicional oportunismo sin sombra de dignidad. Al triunfar, se movilizarían las masas, aprovechando la euforia popular, para exigir la entrega inmediata del poder.

Durante el cambio de impresiones, algunos miembros del ejecutivo dejaron correr su imaginación y hablaron sobre el momento histórico en que las masas dirían la última palabra. Afirmaron que "el poder, el legítimo poder, ese es del pueblo y éste no descansará hasta obtenerlo al precio que sea necesario".

Hubo quien esbozó hasta los lemas, para el día de la victoria, que dirían así: "la revolución al poder"; "el pueblo al poder"; "el pueblo exige justicia"; "los malversadores del priato a la cárcel"; "no dejemos que escapen los responsables a la acción de la justicia"; "a barrer con los ladrones"; "nuestros mártires exigen justicia"; "abajo el imperialismo yanqui y sus servidores nacionales", etc.

Con tales consignas, los comunistas procurarían exaltar los ánimos del populacho enardecido. La finalidad, intimidar al Gobierno, provocar su huida, aprovechar la confusión, situarse en posiciones que, a la postre, facilitaran al Partido el asalto al poder.

XVI - REUNION DE LA DIRIGENCIA NACIONAL PARA CONSIDERAR UN CASO DE ADULTERIO.

No siempre se habría de reunir la dirigencia nacional del Partido para considerar cuestiones políticas. En esta ocasión, fue para resolver la embarazosa situación creada por escándalo público que había provocado el adulterio sin recato de Edith García Buchaca, esposa de Carlos Rafael Rodríguez, con Joaquín Ordoqui.

La sesión, como era lógico, se desarrolló en secreto. Ha sido Carlos Pellicer, gran amigo de Joaquín Ordoqui, quien nos ha revelado los detalles de la reunión en su novela "Utiles hasta después de muertos", con los toques propios del género literario.

Blas Roca abrió la sesión con estas palabras:

"El problema es penoso. Tanto que afecta a tres miembros importantes del buró ejecutivo. No encontrar una solución justa, y sobre todo discreta... aunque, ¡caramba! ya trascendió a la base del partido, sería muy inconveniente para todos".[12]

Cumplidos los trámites de rigor, usó de la palabra Edith García Buchaca, la principal acusada. Habló largo, muy largo. Comenzó con una extensa historia sobre su vida revolucionaria, en la que sacó a relucir sus sacrificios por el Partido. Cuando desvariaba fue llamada al orden, a fin de que se concretara a lo que era objeto de la reunión. Peroró entonces sobre "el derecho de una mujer a enamorarse".

—"Hace muchos años, exclamó, Edith García, amo yo a Joaquín Ordoqui".[13]

Esta confesión, tan descarnada, irritó a Carlos Rafael Rodríguez, quien rompió su silencio para echarle en cara a su esposa que

"Ordoqui era casado".[14]

"Eso no importa, replicó Edith... Tampoco importa hoy. Joaquín se hubiera divorciado, igual que se propone hacerlo ahora para casarse conmigo... Quiero que lo sepan, compañeros, voy a divorciarme de Carlos Rafael".[15]

El aludido, fuera de sí, gritó hasta enronquecer:

—He sido infamemente burlado en mi honra por dos miembros de la dirección. Voy a proponer que se les expulse del Partido, tanto a Ordoqui como a ella".[16]

Ordoqui le salió al paso con un vómito de interjecciones Hubo convulsiones de brazos, muecas feroces, amenazas de muerte. Toda aquella policromía escatológica se disolvió con una enérgica intervención de Blas Roca, quien exigió compostura.

Restablecido el orden, volvió a tomar la palabra Edith García Buchaca. Discurrió, en esta oportunidad, sobre cuestiones más personales. Se refirió al egoísmo, a "la vanidad de Carlos". En todo, dijo, hasta en los momentos más íntimos, "hay que reconocer al genio". Aquella perorata, un tanto picaresca, terminó con una rotunda afirmación de la acusada, dirigida al acusador:

—"No te he engañado. Hace mucho tiempo tú sabes lo que ocurre en mí".[17]

Aníbal Escalante intervino, evidentemente, a favor del acusado y dirigiéndose a Carlos Rafael Rodríguez, dijo:

—"Si fue Edith quien desde hace tiempo te advirtió, debiste haber previsto lo que sucedería. Ella ha procedido con lealtad, es innegable. Yo creo que de tu parte, Carlos Rafael, hay una actitud compleja, poco clara, que debías explicarnos con exactitud para que nuestra apreciación no sea festinada ni nuestras resoluciones injustas".[18]

Tras una serie de incidencias, que relata Carlos Pellicer con sabor novelesco, Blas Roca terminó por pasarle un papel a Carlos Rafael, en el que se leía:

—Te ruego aceptar el divorcio. Te conviene. Voy a proponerlo. Exige el derecho de conservar a las hijas de ustedes. Esta tarde tú y yo nos explicaremos. ¿De acuerdo? Blas".[19]

"Leído el lacónico mensaje, continúa relatándonos Pellicer, Carlos Rafael volvió los ojos hacia Blas, con signo de afirmación. Entonces, el secretario general del PSP, dejó de reír para hacer severas críticas contra Joaquín Ordoqui y Edith García Buchaca".[20]

"Con la propuesta de resumen, todos estuvieron de acuerdo. Edith y Carlos Rafael se divorciarían, las hijas de ambos quedarían bajo la potestad del padre. Joaquín se divorciaría de su esposa, y ésta tendría la potestad de las respectivas hijas. Era necesario solicitarlo así a los jueces. Ordoqui y GB se casarían para acallar las maledicencias contra el Partido. Y como las enemistades en el seno de la dirección comunista no podían aceptarse, era menester un desagravio mutuo: una franca reconciliación sería hecha, antes de dar fin a la reunión. Restableciéndose la camaradería, posponiendo toda sensiblería o susceptibilidad. Ahí nada había pasado".[21]

Y, en efecto, nada había pasado. Cada uno tomó su camino, en su vida privada, sin dejar de seguir, por ello, el camino del Partido.

XVII - LA FEDERACION DEMOCRATICA DE MUJERES CUBANAS SE "PREOCUPA" POR LA INFANCIA.

La "Federación Democrática de Mujeres Cubanas" no atraía ya a nadie con sus cantinelas sobre la cuestión feminista en Cuba. Nada podía ofrecer que no estuviera logrado. Por ello tomó con tan impetuoso entusiasmo la renovada línea moscovita de "preocuparse" por la niñez, como forma de llegar más eficazmente con su mensaje a las mujeres cubanas.

Las mujeres comunistas iniciaron su campaña con la constitución de "comités pro infancia" en todos los municipios. En algunos barrios habaneros organizaron una especie de guarderías en las casas de unas cuantas militantes del Partido. En el resto de la República solo se dedicaron a organizar conferencias sobre higiene infantil y a promover reuniones en apoyo al proyecto de legislación sobre menores, que estaba sometido a la consideración del Congreso por iniciativa de un legislador "auténtico".

La campaña de la "Federación Democrática de Mujeres Cubanas" no tuvo mayor repercusión en la opinión pública, por la evidencia de su interés político y por existir otras organizaciones apolíticas que se ocupaban de propulsar campañas en pro de los niños.

Aquel movimiento femenino del Partido culminó en una conferencia que se celebró en el paraninfo de la Academia de Ciencias de La Habana del 15 al 17 de febrero de 1952. El Dr. Agustín Castellanos, presidente de la Sociedad Cubana de Pediatría fue designado presidente. Los doctores Pedro Noriega, Esther Noriega, José Manuel Fábregas, Waldo Medina y Federico Sotolongo fueron escogidos para concurrir, como delegados cubanos, al congreso internacional sobre la niñez que iba a celebrarse en Viena. Las sesiones de la Conferencia estuvieron a punto de terminar en forma tempestuosa cuando su presidente, el Dr. Castellanos, denunció valientemente los objetivos sectarios de la misma.

En todo era igual el Partido, abrir un ancho camino de nobles propósitos donde la ilusión de los cándidos suele ir tras el interés de los comunistas.

XVIII - LEYENDO EL PERIODICO "HOY"

El periódico "Hoy" decía, a través de sus noticias y comentarios, cómo pensaban los comunistas. Leerlo era la mejor forma de observar la línea del Partido que, por esta época, estaba integrada por la sucesión de los puntos siguientes: excitar los ánimos a favor de la "paz" en Corea, sobre las bases de los comunistas; contra los Estados Unidos, por sostener las fuerzas internacionales que resistían la agresión comunista en Corea; contra el gobierno cubano, por sus relaciones con los Estados Unidos y, todo esto, sin olvidar los venablos o panegíricos que dedicaban, según el caso, a quienes combatían o defendían a los comunistas.

Leyendo el periódico "Hoy" del 15 de enero de 1952, encontramos un artículo de Blas Roca, titulado "El porvenir es la paz, respuesta a unos traidores", en el que combina el ataque a los Estados Unidos, por su presencia en Corea, con el ataque al gobierno cubano, por su solidaridad con la política de los Estados Unidos en Corea. Uno de sus párrafos decía así:

"Los que han entregado la patria a los imperialistas yanquis, los que entregan nuestro territorio a una potencia extranjera, los que ofrecen al pueblo cubano como carne de cañón para una guerra injusta, cruel, una guerra contraria a los intereses nacionales".

En el mismo periódico descubrimos un zarpazo contra Carlos Lechuga, hoy servidor incondicional de los comunistas, dado en esta forma: "Cómodamente sentado, digo, instalado, bien pagado, a cubierto de accidentes y persecuciones, porque defiende el interés de los imperialistas yanquis".

El periódico del 17 de ese mes nos muestra otro artículo de Blas Roca contra el gobierno porque, según su criterio, practicaba una política de entreguismo al "imperialismo yanqui", basado en que:

"Han entregado pedazos de Cuba para bases navales, aéreas y militares, sometiendo nuestras fuerzas armadas al control de oficiales yanquis, entregando nuestras riquezas, nuestras tierras, nuestras minas, nuestro comercio a los imperialistas extranjeros y siguiendo una política de fomentar la guerra".

En la propia edición aparece un artículo en que atacan al Dr. Guillermo Tapia, autor de la Ley del Seguro Médico, y defiende a los doctores José López Sánchez, Carlos Font Pupo y Juan Galán Breal en una disputa sostenida por el primero con los segundos en el Colegio Médico. El artículo arguye que "para ser comunista se requiere una talla intelectual superior y reciedumbre espiritual indiscutible", galardón gratuito que les otorga para llamarlos después "distinguidos miembros del Comité Ejecutivo del Colegio Médico Nacional".

El periódico del 22 de enero viene con dos noticias de interés. Una, que el Dr. Elías Entrialgo, profesor universitario que estaba entonces en trajines ortodoxos, había sido designado presidente del "Consejo Mundial de la Paz". Otra, que Alfredo Guevara y Antonio Núñez Jiménez, llegados a La Habana, informaban sobre los resultados del "Festival Mundial de la Juventud por la Paz".

Estas son noticias y comentarios sueltos, tomados al azar, que dan la pauta de por donde andaban los comunistas en aquellos momentos. Esto, sin abandonar la sistemática insistencia en promover resentimientos sociales y raciales; remover ingratos recuerdos históricos, especialmente los referidos a los Estados Unidos; desacreditar las instituciones nacionales; dibujar a una Cuba atrasada y explotada, cuyos dirigentes están al servicio de los intereses norteamericanos, y siempre, siempre, defender, por sobre todas las cosas, a la Unión Soviética y su política de expansión universal.

XIX - LA ULTIMA ASAMBLEA NACIONAL DEL PARTIDO.

El Partido, a fuerza de seguir las líneas trazadas desde el extranjero, había perdido su vinculación con el país. El pueblo lo veía como un cuerpo burocrático de dirigentes, sin masa de dirigidos, siempre atentos a la voz de mando del Kremlin. Esta opinión estaba tan arraigada que nadie quería lucir en componendas con los comunistas.

El PSP estaba en un callejón sin otra salida que pactar en secreto con los ortodoxos, considerados favoritos para ganar la próxima justa comicial. Esta idea flotaba en el ambiente cuando se reunió la Asamblea Nacional en el mes de febrero de 1952. Tuvo lugar en el local de Carlos III, sin más asistentes que los delegados a la nacional y algunos comparseros que hacían añorar las épocas vociferantes a que se habían acostumbrado.

La asamblea giró, según la rutina, en torno al informe del secretario general. Blas Roca no tuvo que gastar mucha saliva en exponer sus interpretaciones sobre la situación nacional e internacional del momento.

Cuando analizó el panorama internacional, se dedicó a repetir las consignas, ya demasiado conocidas, contra los Estados Unidos. Acusó al gobierno de ese país de representar las fuerzas más regresivas de la humanidad, de haberse transformado en heredero del nazi-fascismo, montando un aparato militarista en Europa, con la "Organización del Tratado del Atlántico del Norte", y desatado una guerra de agresión contra el pueblo de la "República Popular Democrática de Corea".

Fue más extenso a la hora de examinar la situación nacional. Adiestró sus iras sobre la diana del gobierno "auténtico", al que culpó del terrorismo gangsteril y le imputó la supuesta represión del movimiento sindical. Entrenó sus ditirambos al mencionar la reaparición de Hoy y al tocar el tema del radicalismo de las masas. Aquí, atribuyó al Partido la misión de orientarlas, como vanguardia que era, según su dicho, del proletariado.

Evidenció su maestría cuando hurgó en el conjunto de circunstancias políticas, en pos de una salida para el Partido. Exhibió al gobierno empeñado en construir, con prebendas y sinecuras, una coalición que incluyera al mayor número posible de partidos, sin preocuparse para nada de los principios y doctrinas. Allí, dijo, se han agrupado todas las fuerzas reaccionarias y proimperialistas, desde Alonso Pujol y su socio Castellanos, pasando por Grau, hasta los viejos partidos Demócrata y Liberal.

Prosiguió el hilo de su informe con un análisis de la oposición, donde aparecían Batista y los "ortodoxos". Batista arrinconado, después que el Gobierno le hubo quitado el único partido con que contaba, el Republicano, para forjar su coalición que llevara candidaturas senatoriales con posibilidades, al menos, de ganar la minoría. En cambio, agregaba Blas Roca, el Partido del Pueblo Cubano (Ortodoxo) no estaba solo porque tenía al pueblo con él.

En plano de inclinar la balanza del lado "ortodoxo", señaló que el pueblo estaba al lado del Partido Ortodoxo porque recogía sus ideas revolucionarias y antimperialistas. Soltó, para estar a tono, las frases estereotipadas sobre el tema de moda, "la liberación nacional y la emancipación del yugo imperialista".

Después de afirmar esta premisa, pasó a la otra cuando dijo que la revolución necesitaba de la unidad para avanzar. De donde desprendió la conclusión que las circunstancias aconsejaban apoyar a los "ortodoxos".

Esta nueva tarea requería prescindir del sectarismo que alejaba a los dirigentes de las masas, siguió diciendo Blas Roca. Y concluyó recomendando intensificar el trabajo político y organizativo de la juventud, como única forma de "rechazar la ofensiva ideológica del imperialismo".

Los acuerdos corrieron por las mismas vías por donde discurrió el informe del secretario general. Blas Roca reseñaría esta asamblea, mucho después, en 1960. De lo expresado por él, copiamos el párrafo siguiente:

"De la pasada Asamblea Nacional solo quiero recordar que se reunió en víspera de elecciones constitucionales que no llegaron a celebrarse... Sus acuerdos más importantes fueron:
1 - Aprobar una plataforma de reivindicaciones inmediatas...
2 - Acordar votar, aún sin coalición, por la candidatura presidencial del Partido Ortodoxo, al que debía presentarse la plataforma mencionada, pidiendo que se pronunciase sobre ella".[22]

El Partido, cual veleta electorera, apuntaba hacia donde el viento de las posibilidades soplaba mejor.

XX - AL FINAL DE LA ETAPA.

La nación estaba en plena efervescencia subversiva. La minoría directora había perdido sus cualidades de excelencia, al decir de Ortega. De consiguiente, según su raciocinio, las masas no se sentían masas.

El Gobierno no ejercía su autoridad. Parecía como si su propósito fuera el de durar, más que el de gobernar. No tenía fuerza ni prestigio. Ningún prestigio tradicional quedaba en pie, pues todos habían caído bajo la piqueta de la campaña de difamación "ortodoxa".

El Estado lucía inerme, una entelequia, que a nadie intimidaba y apenas se extendía más allá de las personas de sus conductores. La coerción estaba ausente. La anarquía se había enseñoreado del país. Se respiraba un ambiente de inseguridad y desconcierto.

La casta dirigente de la sociedad parecía vivir la peculiar filosofía de que son bienaventurados los que gozan. La perversión de algunos de sus representativos habíales rebajado el carácter y marchitado la virtud. No eran capaces de sacrificarse por una idea, por una idea de superación nacional. Prefería, inclusive, abstenerse de la política para no complicarse la existencia y poder estar con todos.

El deseo de la gente madura en política era el mismo que prevalecía entre la gente moza: agarrar el poder. Por ser el mismo, se conducían como enemigos o contrarios, sin posibilidad de reconciliación. La gente madura pretendía imponer la veneración a las "reputaciones consagradas". La gente moza las consideraban usurpadas o falsificadas y batíanse por saltar de la sima del anonimato a la cima de la consagración.

La masa inerme de la población vivía, mientras tanto, con un ansia febril de rectificaciones, de buscar algo nuevo, nuevo en todo, sin acertar a darle forma concreta a su deseo. Lo que sí estaba claro era que aspiraban a tener nuevos dirigentes, sin compromisos con el pasado, que practicaran una política de honestidad en el manejo de los fondos públicos.

La proximidad a las elecciones había desatado a los bandos políticos en pugna. Unos iban a la conquista de quienes controlaban los votos, por los medios que fueran necesarios. Otros, usaban de la demagogia como medio de granjearse la simpatía de las masas irreflexivas. La ventaja, en esta ocasión, parecían llevarla quienes se ponían al servicio de los instintos multitudinarios.

El Gobierno había formado una coalición con los partidos tradicionales. Todos estaban a su lado, menos el de Batista y el "Ortodoxo". Pero, a fin de ajustarse a las claras intenciones del pueblo, había tenido, al menos, el acierto de escoger un candidato que gozaba de fama de honrado, el ingeniero Carlos Hevia.

El ex-presidente Batista estaba solo, con su partido, sin posibilidad alguna de triunfar por la vía electoral. El Gobierno lo había acorralado políticamente al conquistarle el único aliado en que confiaba, el Partido Republicano.

Los "ortodoxos" lucían que se llevarían las palmas de la victoria comicial. En sus huestes abigarradas, se habían refugiado todos los rebeldes. Los había con sinceros deseos de mejorar las condiciones del país; pero prevalecían las bandas roídas por la envidia o integradas por desquiciados con afanes de regeneración violenta. No existía una ideología común que los uniera.

En medio de aquel estado de insubordinación social trabajaban los comunistas. Se dedicaban a radicalizar demandas, a exigir más, a ponerle fuego a la paila hirviente de las pasiones. Su función era estimular la campaña de descrédito contra los dirigentes y la rebelión de los dirigidos. Para esto último, bastaba con inflamar la imaginación popular, tan hambrienta de lo maravilloso.

1 Emeterio S. Santovenia y Raúl Shelton, "Cuba y su historia", Miami, t. III, p. 164.
2 Luis Conte Agüero, "Eduardo Chibás, el adalid de Cuba", Habana, 1952, p. 755.

3 Solo a manera de antecedente curioso, vamos a ofrecer la lista de los candidatos a representantes del PSP por la provincia de La Habana y de los candidatos a concejales del propio partido por el municipio de La Habana. Los candidatos a representante fueron: Flavio Bravo Pardo, Ricardo Rodríguez González, Vicente González Miranda, Arturo Formoso Hernández, Consuelo Molla González, Amado Hernández, José María Pérez Capote, Miguel Pascual García, Andrés Fernández Soler, Evelio Miranda Hernández, Blas Roca Calderío, Leonel Soto Prieto, Lázaro Peña González, Manuel Luzardo García, Edith García Buchaca, Angel Valuts Rodríguez, José Miguel Espino Martínez, Varmts Valdés Negrete, María Aguilera, José María Diéguez Estévez y Nila Ortega Casimiro. Los candidatos a concejales en la Capital de la República fueron: Jesús Martínez Díaz, Tomás García G.; Luis A. Martín, Mario Silvestre Martínez Serra, Vicente Martínez González, Jesús López Camaño; César Escalante Dellundé, Julio Rodríguez Escoto, Gilberto Suárez Pérez, Francisco López Alvarez, Ernesto Abalen Batule, José Miguel Pérez Lami, Pablo Sandoval Herrera, Evelio Lugo de la Cruz, Ramiro Casal Llano, Erico García Alvarez, Narciso Santos Socarrás, Reinaldo Fortes de La Osa, Francisco Goyri Reyes, Adrián Varela García, Ramón Nicolau González, Luis Pérez Rey y Mario Cañizares Navia.

4 Blas Roca, "Aclaraciones", Editora política, Habana, 1966, t. III, p. 238.
5 Bohemia Libre, Año 53 (segunda etapa) No. 15, edición correspondiente al 15 de enero de 1961, p. 57.
6 Luis Conte Agüero, Op. cit., p. 718.
7 "Tratado Interamericano de Asistencia Recíproca, Aplicaciones", vol. I, Cuarta edición, Unión Panamericana, Secretaría General de la Organización de Estados Americanos, Washington, D.C., 1964, p. 9.
8 "Cuarta Reunión de Consulta de Ministros de Relaciones Exteriores", "Acta Final", División de Conferencias y Organismos, Departamento Jurídico y de Organismos Internacionales, Unión Panamericana, Washington, D.C. 1951, p. 4.
9 Luis Conte Agüero, Op. cit., p. 731.
10 Salvador Díaz Versón, "La muerte de un cadáver", periódico Diario Las Américas, Miami, 9 de julio de 1966, p. 5.
11 Ibid.
12 Carlos Pellicer, Op. cit., p. 14.
13 Ibid., p. 14.
14 Ibid., p. 15.
15 Ibid., p. 15.
16 Ibid., p. 19.
17 Ibid., p. 23.
18 Ibid., p. 23.
19 Ibid., p. 23.
20 Ibid., p. 29.
21. Ibid., p. 29.
22 Blas Roca, "Balance de la labor del Partido desde la última Asamblea Nacional y el Desarrollo de la Revolución", Habana, 1960, Op. 6.

CAPITULO XVI
ALTAS Y BAJAS PRESIONES
(1952-1955)

I - El "Diez de Marzo". II - Los comunistas ante el "Diez de Marzo". III - Los congresistas del Partido. IV - Resistencia al "Diez de Marzo". V - El segundo congreso de la Federación Democrática de Mujeres Cubanas. VI - El XIX congreso del Partido comunista de la Unión Soviética. Sus repercusiones en la política de los comunistas en América y Cuba. VII - Reunión del Comité Ejecutivo Nacional del Partido. VIII - Viajes de turismo político a conferencias y congresos. IX - Comienza a quebrarse el monolitismo soviético. X - "Conferencia en defensa de la economía nacional". XI - La primera expresión de rebeldía pública contra el gobierno de Batista. XII - Las primeras conspiraciones contra el gobierno. XIII - El "26 de Julio". XIV - Reacción del gobierno contra los comunistas por el hecho del 26 de julio. XV - El juicio por los hechos del Moncada. XVI - Reunión del Comité Ejecutivo del Partido para juzgar los hechos del Moncada. XVII - Los comunistas avanzan con cautela entre los estudiantes. XVIII - La Décima Conferencia Interamericana, el gobierno de Arbenz y los comunistas en Cuba. IXI - El proceso electoral del cincuenta y cuatro. XX - Los comunistas al final de la etapa de facto iniciada por el "Diez de Marzo.".

I - EL DIEZ DE MARZO.

Orden, orden público era la voz que se escuchaba de un extremo a otro de la nación, harta de tanto libertinaje, en medio del vocerío de la demagogia descamisada. El último acto dramático del pistolerismo revolucionario había sido el asesinato del ex-Ministro de Gobernación "auténtico" Alejo Cosío del Pino. Por otra parte, el futuro "ortodoxo" dibujaba una gran interrogante sobre quién pondría fin al desconcierto que asolaba el país.

Cuando, mal que bien, la nación se movía a un ritmo constitucional, se produjo lo que se llamó "el golpe de Estado". El ex-presidente y general retirado, Fulgencio Batista, surgió inesperadamente como el "hombre fuerte" capaz de conjurar la crisis de autoridad. En la madrugada del diez de marzo, entró acompañado por un grupo de oficiales en el campamento militar de Columbia y se apoderó del gobierno. Fue un "golpe incruento", tal cual lo calificó, mucho después, el argentino Ernesto Ché Guevara.

Aquella especie de sorpresa nocturna pudo realizarse porque, con la sola excepción del ejército, las instituciones nacionales no eran respetadas. El Gobierno de Prío había perdido la impetuosidad de la "Generación del 30", que decía representar. Por otra parte, su revolución se había dejado dividir y estaba dirigida por los concupiscentes y mediocres. En la hora del peligro extremo, apenas encontró defensores y el pueblo le vio caer sin lástima. Descontenta la población del corrompido, inepto, flojo y desatentado gobierno de aquellos años, miraba, a su vez, con displicencia los actos de la bandería triunfadora.

El "Diez de Marzo" causó en el país más asombro que placer o disgusto. No hubo propiamente reacción popular; sólo algunos amagos de resistencia, declaraciones aisladas de reprobación y contadas explosiones juveniles de protesta. Más bien fue recibido con aquiescencia, y hasta con cierto respiro, por los sectores dirigentes de la sociedad, especialmente los de la economía nacional.

Fulgencio Batista se limitó, en verdad a recoger el cetro de la autoridad que estaba en la calle; pero poseído por el culto irreflexivo a la idea revolucionaria, pretendió vestir el "Diez de Marzo" con el ropaje de una revolución. Pensaba que el ejército debía realizar la revolución social y, en su afán de encontrarle base a su acción, habló, paradójicamente, de una revolución constitucional. La ficción del ejército instaurador de la legalidad constitucional no pasó de fábula. Pronto se vio a muchos militares y políticos que se enriquecían sin reparo ni medida.

El nuevo gobierno, llevado por el deseo de halagar a las masas mientras desdeñaba la práctica real de la democracia, dictó varias medidas, un tanto demagógicas; que llamó revolucionarias. Con ellas ganó cierta aureola popular, más bien, populachera. Jorge Mañach, en un artículo que publicó la revista "Por la libertad de la cultura", y reprodujo "Bohemia", señaló que "Batista disciplinó a los trabajadores a cambio de no pocos privilegios clasistas, algunos de ellos contrarios al interés de la producción nacional". Las dos medidas más sobresalientes fueron la que rebajó los alquileres urbanos y la que consagró el derecho de permanencia de quienes detentaban la posesión de las tierras aún sin el consentimiento del propietario. También aumentó los sueldos a los militares y maestros a fin de ganárselos. Los sectores conservadores, por su parte, prefirieron el nuevo estado de cosas al desbarajuste de las administraciones "auténticas" y a la inseguridad por el futuro "ortodoxo".

El respeto a buena parte de la herencia burocrática de los "auténticos" contribuyó a estabilizar el aparato del Estado. El retraimiento de los pistoleros revolucionarios trajo alivio a la nación. Pero el Gobierno no fue al fondo de la cuestión, que no era tanto de leyes como de hombres, ni de reformas en tal o cual sentido, sino de reformas morales.

El poder con Batista lo detentaron, en definitiva, los mismos políticos de siempre, quienes parecían pertenecer a una casta que perdía el poder unas veces y lo reconquistaba otras, alternándose en el gobierno. La juventud se sintió desplazada, una vez más. Buena parte de ella se vio arrollada por quienes, más osados, fueron a nutrir la densa masa de ambiciosos, del gobierno y de la oposición, en plano de escalar y mandar.

En torno a Batista se movían dos grupos distintos: los "tanquistas", partidarios de la valentía a costa de violar el respeto a los derechos de los demás y los principios democráticos, y los "civilistas", partidarios de fórmulas conciliadoras que facilitaran el restablecimiento pacífico de la normalidad constitucional. La oposición ofreció una réplica de este cuadro: quienes se empeñaban en derribar a Batista por la violencia y quienes pretendían buscar soluciones pacíficas. Los "batistianos" furibundos expresaban su devoción partidaria con expresiones como éstas: "Hay Batista para veinte años". En cambio, quienes repudiaban el Diez de Marzo afirmaban: ¡Cuba ha retrocedido veinte años!

De momento, el orden público quedó restablecido. El Gobierno dictó su "Estatuto Constitucional" el 4 de abril, que reprodujo la Constitución del 40 con las modificaciones consiguientes en cuanto al mecanismo gubernativo y a las facultades legislativas y constituyentes que se reservó el Poder Ejecutivo. Por lo demás, restableció las garantías a los derechos fundamentales.

La nueva situación brotaba en medio de un ambiente yermo de ideales, de grandes y firmes ideales. La nación estaba contaminada de un materialismo increíble. En resumen, la filosofía vital de entonces se encerraba en la idea de santificar el éxito y respetar el hecho consumado.

Esto explica el por qué todo aquello concluyó con un simple cambio de personas: unas al gobierno, otras al retiro y algunas al exilio. Mientras tanto, la mayoría de la población siguió en lo suyo: el chiste a flor de boca, la pelota apasionando a sus fanáticos, el juego de azar alimentando esperanzas, las tertulias bullangueras resolviendo los problemas nacionales, la conga y la rumba "arrollando" en los carnavales y los de arriba disfrutando de su "sociedad".

El saldo: se ahondó la discordia política sin resolver el problema moral.

II - LOS COMUNISTAS ANTE EL "DIEZ DE MARZO"

Los comunistas fueron los primeros en sorprenderse con el "Diez de Marzo". Se regocijaron con la caída del Gobierno "auténtico" y concibieron la esperanza de llegar a un entendimiento con el nuevo Gobierno.

Adolfo G. Merino nos cuenta que la dirigencia del Partido Socialista Popular se entrevistó con Batista en Columbia el 11 de marzo, sin poder formalizar un acuerdo. He aquí lo que nos dice:

"Blas Roca, Juan Marinello y Salvador García Agüero, dirigentes del Partido Socialista Popular, ni tardos ni perezosos, fueron al campamento militar de Columbia para ofrecerle su apoyo y su ayuda. Es de señalar que García Agüero fue un opositor al acercamiento de los comunistas con Batista en 1938. Su inclusión en el comité parece estar justificada únicamente en obsequio al oscuro color de su piel". "Con visible halago y complacencia estampados en su rostro, Batista dijo a sus viejos socios que se sentía sumamente honrado con el apoyo que le ofrecían, "pero si lo acepto, me voy a ganar la enemistad de los Estados Unidos". Batista agregó: "Es posible que las cosas cambien... y la tensión internacional se alivie... entonces, Blas, creo que podremos hablar...".[2]

El criterio oficial del Partido quedó registrado en el editorial del periódico Hoy, firmado por Aníbal Escalante, del 11 de marzo. Temeroso de comprometerse, en uno u otro sentido, no criticó al "Diez de Marzo" por lo que significaba de crisis política y constitucional. Se limitó a decir que era "una ruptura del ritmo constitucional hasta ayer seguido". Sus repercusiones las redujo al ámbito económico, al pronosticar que "golpeará en toda la economía". Nada más equivocado, por cierto, pues la economía se desarrolló como nunca después del "Diez de Marzo".

El editorial del periódico Hoy dejó abierta la puerta a un posible entendimiento con Batista. Lo dejó entrever con esta frase: "Aunque todavía es temprano para ver con claridad todos los detalles de la situación, tenemos que decir nuestra fe en el porvenir nacional, pase lo que pase ahora y ríanse como se rían los enemigos".

Entre tanto, Lázaro Peña pretendió sacarle ventajas a la nueva situación. Se aprovechó de que la dirigencia de la CTC había convocado a una huelga general contra el "Diez de Marzo" para tratar de sustituirla. A este efecto, dirigió una exhortación a los trabajadores, a quienes llamó a la "unidad para las reivindicaciones obreras, contra la gavilla que usurpó los sindicatos, por el respeto de las leyes sindicales y a todas, por elecciones, por la Constitución". El sueño sindicalista de los comunistas naufragó en el golfo de la nueva realidad: el Gobierno de Batista pactó con la dirigencia oficial de la CTC, sobre la base de que el Gobierno respetara las conquistas obreras y la CTC mantuviera una posición de equidistancia política en las cuestiones nacionales.

El inesperado pacto de la dirigencia "auténtica" de la CTC con el nuevo Gobierno desalentó a los comunistas; pero no lo suficiente como para perder todas sus esperanzas. Todavía, el 15 de marzo, el análisis de la Comisión Ejecutiva Nacional del PSP, publicado en el periódico Hoy, coincidía en parte con la tesis proclamada por el Gobierno, que anunciaba una salida electoral. La única variante fundamental era que los comunistas insistían en que también se celebraran nuevas elecciones sindicales con miras a remover la dirigencia anterior de la CTC.

Las reclamaciones de la Comisión Ejecutivo del Partido, dirigidas al nuevo Gobierno, estaban resumidas en estos puntos: restitución plena de la Constitución del 40; restablecimiento de las Garantías Constitucionales; democracia para los obreros; es decir, elecciones democráticas de sus dirigentes; respeto al Congreso y sus prerrogativas y funciones; respeto al derecho de huelga; convocatoria a elecciones.[3]

La Juventud Socialista anduvo presta en respaldar a la Comisión Ejecutiva del Partido. El día 18 de marzo se solidarizó con sus planteamientos y clamó por "elecciones inmediatas", desde las páginas del diario Hoy.

Las relaciones entre los comunistas y el Gobierno entraron súbitamente en estado de tensión por el incidente de dos agentes soviéticos en el aeropuerto de Rancho Boyeros. Los agentes rusos, Fedor Zaiko y Alex Selatoz, venían de México con exceso de equipaje amparados por la franquicia diplomática. La policía trató de registrar los bultos y los soviéticos se opusieron. Fue motivo para una sonada protesta de la Embajada soviética que rechazó el Gobierno en términos no menos enérgicos. Las notas cruzadas fueron tan agrias que, el 31 de abril, los gobiernos de Cuba y de la Unión Soviética rompieron relaciones diplomáticas.

El periódico Hoy fue registrando la temperatura de las relaciones cubano-soviéticas, con sus notas y comentarios. El 29 de abril, cuando ya era claro que no había arreglo posible, Aníbal Escalante arremetió contra el Gobierno de Batista y de los Estados Unidos, sin que por ello olvidara sus viejos resentimientos contra el Gobierno de Prío. Le recordaba al Gobierno de Batista que "los pueblos luchan y lucharon por las libertades políticas, por la libre emisión del pensamiento y a la postre vencerán".

Ya en mayo había estallado la discordia entre el Gobierno y el Partido. Este se había dado cuenta de la imposibilidad de franquear las vías del poder por mediación de Batista, después de sus vacilaciones iniciales ante el "Diez de Marzo". El oportunismo, inspirado en este caso por el interés de Moscú, dictaba la política a seguir. El periódico Hoy asumió otra vez el papel de agorero de nuestras desdichas. El Partido proclamó la política de ir a "la toma de la conciencia nacional y antimperialista". El método no cambió: osados, muy osados en los juicios y cohibidos, prudente-

mente cohibidos, a la hora de la acción.
III - LOS CONGRESISTAS DEL PARTIDO.
El Congreso quedó sin funciones a partir del "Diez de Marzo". Sus miembros no tenían otra "obligación" que la de cobrar sus sueldos básicos, que el Gobierno les siguió pagando. Los congresistas comunistas no fueron, precisamente, de los que se distinguieron en la defensa de los fueros congresionales.

El Partido tenía, en ese momento, siete representantes a la Cámara, tres cuyos mandatos expiraban en septiembre del cincuenta y dos, y cuatro, en septiembre del cincuenta y cuatro. Entre quienes terminaban sus mandatos en septiembre de 1952 estaban Aníbal Escalante Dellundé, Segundo Qincosa Valdés y Joaquín Ordoqui Mesa, pues Esperanza Sánchez Mastrapa ya no estaba en el Partido. Entre quienes terminaban sus mandatos en septiembre de 1954 se encontraban Lázaro Peña González, Blas Roca Calderío, Faustino Calcines Gordillo y César Vilar Aguilar. Este último se acogió al Seguro del Congreso, una vez expirado su mandato, dada la autonomía de que disfrutaba este Seguro y la política que mantuvo el Gobierno de pagar todas sus obligaciones, inclusive a sus peores adversarios políticos, aún en los casos de haber tomado el camino del exilio.

Los comunistas no fueron una excepción en eso de cobrarle sus sueldos al Gobierno. Fue la misma conducta de muchos otros "revolucionarios", quienes defendían sus puntos de vista diciendo que era una forma de minar las reservas económicas del Gobierno.

IV - RESISTENCIA AL "DIEZ DE MARZO"
Los desplazados del gobierno y quienes tenían la esperanza de llegar al poder por la vía de las elecciones quedaron desconcertados por el "Diez de Marzo". Estos últimos no querían mezclarse con los primeros y unos y otros estaban subdivididos en "insurreccionales" y "electoralistas". Tal fisonomía política hacía difícil conciliar los criterios de la oposición y permitía al Gobierno desenvolverse con cierta soltura.

El Gobierno convocó a elecciones en repetidas ocasiones con varias fórmulas; pero la oposición las rehusó todas, alegando que tenían que realizarse bajo un "gobierno inequívocamente neutral". Esta tesis, absurda, que implicaba la renuncia del Gobierno, fue acogida con entusiasmo por los comunistas.

La "Revolución" inminente de los políticos era recogida, con frecuencia, por los cintillos periodísticos, tan dados a la espectacularidad catastrófica. Entre tanto, algunos jóvenes revolucionarios, estudiantes unos y miembros de la fracción radical de la ortodoxia otros, movíanse tras la idea de atrapar el poder de un día para otro.

En el campo de la clandestinidad, proclamada a todas voces,

se oía hablar del Movimiento Nacionalista Revolucionario, de García Bárcena; de la "Triple A", de Aureliano Sánchez Arango, y de "Acción Liberadora". Los comunistas trataban de meter cabeza por todas partes; pero en todas partes eran rechazados. Sólo pudieron infiltrarse en el movimiento estudiantil, muy especialmente, en "Acción Revolucionaria Oriental" y en la FEU (Oriental), que llegó a fundar una llamada "Escuela Obrera", con el propósito de ir creando conciencia.

Por el mes de junio del cincuenta y dos, corrió el rumor por La Habana, de que se preparaba una conspiración en la que estaban comprometidos los comunistas. La policía, sin investigar mucho, detuvo a varios dirigentes nacionales del Partido; pero, de inmediato, fueron puestos en libertad. El hecho, del que apenas se tuvo noticias en Cuba, sirvió de pretexto a la "Confederación de Trabajadores de América Latina" para organizar manifestaciones de repudio a "la dictadura de Batista" por todo el Continente.

Aquello sirvió de advertencia a los comunistas en Cuba. Ya sabían que cuantas veces se hablara de una conspiración, tantas veces estarían en peligro de ser detenidos. La cuestión estaba sólo en actuar con cautela y en empujar a los demás, para que hicieran lo que ellos no hacían.

V - EL SEGUNDO CONGRESO DE LA FEDERACION DEMOCRATICA DE MUJERES CUBANAS.

El Partido se preparó rápidamente para moverse entre sombras, utilizando, cuando más, a sus organizaciones pantallas, para esconderse. La primera que reorganizó, a estos fines, fue la "Federación Democrática de Mujeres Cubanas". Con ella trató de tomar la bandera feminista en la lucha contra Batista.

El segundo congreso de la "Federación democrática de mujeres cubanas" se celebró el 6 de septiembre de 1952. El propósito fue organizarse a fin de "ampliar los frentes de trabajo" con actividades en que colaboraran mujeres ajenas a la militancia sectaria. El local utilizado fue el de la Escuela Normal de Maestros de La Habana.

El congreso se desarrolló en dos sesiones: una en secreto, donde aprobaron los planes del Ejecutivo, y otra pública, donde hablaron en favor de la niñez, de una participación más activa de la mujer en política y de las consignas sobre la "paz" que eran en protesta contra "la agresión imperialista" en el mundo.

Terminadas las sesiones, presentaron una exhibición de vestidos, durante la cual repartieron ejemplares de la revista "Mujeres cubanas", que editaba, por entonces, la sección femenina del Partido.

Todo aquel trajín se llevó a cabo dentro de un marco muy femenino; pero con un objetivo muy concreto: que las mujeres cubanas sirvieran de comparsa al son de los toques de Moscú.

VI - EL XIX CONGRESO DEL PARTIDO COMUNISTA DE LA UNION SOVIETICA. SUS REPERCUSIONES EN LA POLITICA DE LOS COMUNISTAS EN AMERICA Y CUBA.

El artículo de José Stalin, "Problemas económicos del socialismo en la U.R.S.S.", publicado en la revista "Bolshvik", órgano del Comité Central del Partido comunista de la Unión Soviética, dictó las pautas a seguir por el congreso convocado para el mes de octubre en Moscú.

El artículo del dictador ruso señalaba que existían pocas posibilidades de un conflicto bélico entre las naciones del mundo libre y la URSS, mientras que las posibilidades de una contienda armada entre los propios países capitalistas eran cada día mayores, "en razón de la necesidad en que se encontrarán, un día u otro, Gran Bretaña, Francia, Alemania occidental, Italia y el Japón de empuñar las armas contra los Estados Unidos para sacudir el yugo de un imperialismo que les impide gozar de todas sus posibilidades económicas".[4] En otras palabras, proclamaba que "la inevitabilidad de la guerra entre los países capitalistas permanecía" y que, en el futuro, "las contradicciones entre los países capitalistas" prevalecerán sobre "las contradicciones entre capitalismo y socialismo".

Con esta orientación, abrió las sesiones el XIX congreso del Partido comunista de la U.R.S.S. el 5 de octubre de 1952. El informe inicial de Georguiy Maximilianovich Malenkov, sobre las actividades del Comité Central, estuvo circundado por un violento ataque al "belicismo norteamericano". A tono con la nueva política, el congreso modificó, inclusive, la definición del Partido, al darle un sentido más amplio y dejar atrás el concepto estrecho que lo reducía a vanguardia de la clase obrera.

El discurso de Stalin, pronunciado el 14 de octubre, también estuvo imbuido por un espíritu menos clasista y, de consiguiente, más omnicomprensivo. Cuando dirigió su mensaje a los partidos comunistas del mundo, dijo que "la bandera de las libertades democrático-burguesas" tendría que ser recogida por "los representantes de los partidos comunistas y democráticos, y llevarla adelante si queréis reunir en torno vuestro a la mayoría del pueblo".[5] Lo mismo dijo sobre "la bandera de la independencia y soberanía nacionales".[6] De donde resultaba que la burguesía y los "demócratas progresistas" podrían convertirse en valiosos colaboradores de los empeños comunistas.[7]

La presencia de los delegados latinoamericanos, entre ellos Blas Roca de Cuba, fue aprovechada para celebrar una especie de conferencia de partidos latinoamericanos en Moscú. Pedro V. Domingo nos ha informado que Francisco Martín, "jefe del Buró de la Unión Soviética para la ayuda a las democracias latinoamericanas", expresó su contrariedad por las actividades de los comunistas en la zona del Caribe que no se ajustaban a las instrucciones muy claras ordenándoles una completa abstención de toda clase de operaciones, públicas o secretas, que podrían ser calificadas por los enemigos de las masas trabajadoras como 'tendientes a la abolición de los poderes y de los gobiernos existentes' ".[8] Les ordenó que, en lo adelante, se guardaran de "cualquier tipo de provocación".[9] Esta instrucción, según la propia información, respondía al deseo de facilitar la ejecución del proyecto de la "Agencia del Caribe" en Guatemala, que "empezó a funcionar en 1952-53 como una de las representaciones soviéticas".[10]

La Unión Soviética estaba muy interesada en ampliar su zona de influencia en el mundo, especialmente entre los sectores "progresistas". En América Latina, estaba empeñada en avanzar con mucha cautela, como si fuera el abanderado de las ideas de libertad, democracia, independencia y soberanía nacionales. En tal empeño reclamaba el concurso de todos. De momento, su mayor interés en Latinoamérica era afincarse en Guatemala, esperanza que no quería malograr.

VII - REUNION DEL COMITE EJECUTIVO NACIONAL DEL PARTIDO.

El Comité Ejecutivo del Partido Socialista Popular se reunió en La Habana a mediados del mes de noviembre. Tenía que tratar sobre muchas cosas, entre ellas, sobre las nuevas líneas trazadas por el XIX congreso del Partido comunista de la Unión Soviética.

La parte más interesante del Congreso fue el informe de Blas Roca, quien expuso en todos sus detalles lo discutido y acordado tanto en el congreso como en la conferencia de partidos comunistas de Moscú.

En el curso de la reunión se habló de como luchar contra Batista. Se insistió en la necesidad de movilizar a las masas para reclamar una convocatoria a elecciones generales inmediatas con un "gobierno inequívocamente neutral". Se repudiaron las elecciones convocadas por el Gobierno. Se abogó por un entendimiento con todos los partidos políticos y por un acercamiento a los grupos que sustentaban la tesis insurreccional. Se reconoció que existía un reflujo del movimiento revolucionario. Se puso énfasis en la conveniencia de trabajar con la juventud y con los intelectuales progresistas, sin espíritu sectario. Se remarcó la importancia de la educación política para levantar el nivel de los "cuadros". Se trató sobre la reorganización interna del Partido. Y, por último, se ratificaron las sanciones impuestas a Jorge Castellanos y Angel Augier.

El Partido pretendía combinar las formas legales de lucha con las formas ilegales y trabajar en todos los frentes con todos quienes con batieran a Batista. Pero no era fácil, pues todos los grupos oposicionistas en lo que sí estaban de acuerdo era en repudiar a los

comunistas.
VII - LOS VIAJES DE TURISMO POLITICO A CONFERENCIAS Y CONGRESOS.

Viajar se convirtió en la actividad preferida de los comunistas nativos durante esta etapa. Viajar era la mejor forma de eludir responsabilidades y de protestar contra "la dictadura de Batista" sin correr riesgo alguno. También la mejor manera de orientar a los "cuadros" y a los "compañeros de viaje" de acuerdo con las nuevas señales de Moscú.

A) - Viajes para la juventud.

La Juventud Socialista de Cuba organizó en esta ocasión, una delegación nutrida al "Congreso de la juventud mundial", efectuado en Berlín, que coincidió con el "Festival de Viena".

El congreso sirvió para que la Juventud Socialista de Cuba conquistara un éxito de propaganda. Gracias a la cantidad de delegados que concurrieron a Berlín, la Juventud Socialista de Cuba obtuvo la primera vice-presidencia de la "Federación mundial de la juventud democrática" para Flavio Bravo.

La delegación de Cuba la integraron, entre otros, Flavio Bravo, Raúl Valdés Vivó, Alfredo Guevara, Alberto Adán, Vilma Espín y Raúl Castro. Raúl Valdés Vivó extendió después su periplo por Italia, Francia, varios países socialistas de Europa, Rusia y China. De Raúl Castro se dijo en Cuba que había ido a la Unión Soviética; pero tal dicho jamás pudo comprobarse.

Raúl Castro refirió su viaje al Congreso mundial de la juventud en 1953, cuando respondió a un cuestionario que le sometió, a su consideración, Jules Dubois en 1958. Con el ánimo de restarle importancia al viaje, dijo:

"Los comunistas me pidieron una contribución para enviar a un delegado al Congreso mundial de la juventud de Viena, en 1953. Yo deseaba viajar y pensé que aquella era una buena oportunidad. Ofrecí pagar mi pasaje entero si me permitían ir, y ellos aceptaron. Así pues, fui. En el Congreso tuve una discusión con el delegado rumano, lo que hizo que el jefe de esa delegación me invitara a visitar su país. También visité Budapest en aquella gira".

Fuere como o por lo que fuere, lo cierto fue que Raúl Castro fue detenido cuando regresó a Cuba, el 7 de junio de 1953, en compañía de los comunistas guatemaltecos Hernando Lemus Mendoza y Ricardo Ramírez León. Les ocuparon gran cantidad de propaganda y a las pocas horas quedaron en libertad.

La Juventud Socialista de Cuba envió representaciones no sólo al Festival del cincuenta y tres, sino también a los del cincuenta y cinco y cincuenta y siete. Ramón Calcines hizo mención de estos hechos, en tono heroico, cuando rindió un informe al congreso del Partido Socialista Popular en enero del cincuenta y nueve. Sus palabras fueron éstas:

"En los años 1953, 1955 y 1957, se efectuaron los Festivales de la Juventud en Berlín, Varsovia y Moscú". El F.B.I., el BRAC y todos los cuerpos represivos de la tiranía y el imperialismo pretendieron, en vano, impedir la asistencia de Cuba. La Juventud Socialista al frente de jóvenes cubanos de todas las ideas, garantizó la presencia de más de 50 delegados a cada uno de ellos. Estas delegaciones dieron fe ante los pueblos del orbe que en Cuba se combatía a la más sangrienta tiranía y su asistencia, desafiando persecuciones, torturas y asesinatos ganó aprecio para nuestra lucha y dio bases para la gran solidaridad internacional con que hemos contado. ¡Y es sabido que esas delegaciones fueron directamente de nuestra patria, saliendo por puertos y aeropuertos inundados de esbirros!"[11]

Tan "valientes palabras", una vez que Fidel Castro arribó al poder, ponen de relieve el interés que la Juventud Socialista de Cuba tuvo en estos viajes de turismo político, de los que siempre obtuvo abundante cosecha a la hora de impulsar sus consignas en los sectores juveniles.

B) - Viajes para profesionales y para dirigentes comunistas con supuesta preocupación por la seguridad social.

Hubo viajes para todos y para todo, por esta época. Cualquier conferencia o congreso de las distintas organizaciones pantallas de los comunistas servía para organizar un viaje a los dirigentes del Partido o a quienes deseaban atraer de alguna forma.

Uno de los congresos internacionales celebrados por esta época fue la llamada "Conferencia internacional de la seguridad y de los seguros sociales", efectuada en Viena del 2 al 6 de marzo de 1953. El Dr. Diego González, Vicente González y Mario Martínez Sierra fueron escogidos por el Partido, como delegados a esa Conferencia. Salieron para Europa y allí se le unieron Roberto Avila y Pedro Sandoval, para integrar la delegación.

Una vez que la delegación hubo regresado a La Habana, organizaron la titulada "Conferencia nacional de defensa de los seguros sociales y de la seguridad social". Fue una reunión más de propaganda, en el propósito de divulgar los principios soviéticos sobre seguridad social y de acreditar a un grupo de "expertos" que colaboraran en la redacción del proyecto de ley sobre seguridad social que estaba preparando el Consejo Nacional de Economía en ese momento.[12]

C) - Viajes para los dirigentes sindicales del Partido.

Los dirigentes sindicales del Partido en Cuba se habían quedado sin su oficio de dirigir sindicatos. No tenían nada que hacer y se dedicaron a viajar. Era una forma de entretenerse y de mantenerse en vigencia, al menos, internacional.

Fueron muchos los que viajaron. De aquella época recordamos el viaje de Evelio Miranda Hernández a Berlín en octubre del cincuenta y dos para asistir a un congreso de la "Federación internacional de sindicatos de los trabajadores de la industria textil y de vestidos", filial de la FSM. También recordamos el viaje de Rafael Avila, a título de dirigente del transporte urbano, y de Pablo Sandoval, con la supuesta representación del sector marítimo y aéreo, quienes concurrieron a un congreso de la llamada "Unión internacional de sindicatos de trabajadores del transporte terrestre y aéreo", efectuado en Praga a fines de marzo del cincuenta y tres.

El evento más importante del momento fue, sin duda, el "Congreso general de la Confederación de Trabajadores de América Latina" que se celebró en Santiago de Chile a fines de marzo del cincuenta y tres. El congreso tuvo tal importancia para los comunistas que el diario soviético "Izvestia" lo saludó con un artículo que decía:

"Ayudará a los trabajadores de esos países a reforzar la lucha por la paz, la Democracia, la Independencia Nacional; por la elevación del nivel de vida, contra los criminales planes del imperialismo norteamericano y sus agentes".[13]

El Partido Socialista Popular de Cuba compuso una delegación integrada por Lázaro Peña, como si fuera Secretario General de los trabajadores de Cuba; Gumersindo Morera Pérez; Osvaldo Martín, Ignacio González, Agapito Figueroa y Barrera, como dirigentes de la CTC, Juan Taquechel, a nombre de los portuarios, y Faustino Calcines como dirigente tabacalero.

El congreso quedó inaugurado el 22 de marzo de 1953 en el teatro "Dieciocho" de Santiago de Chile. Lo presidió Vicente Lombardo Toledano y asistió el Secretario General de la Federación sindical mundial, Henrry Jourdain. La consigna rezaba así: "Por la independencia de los pueblos y por la paz, será el Congreso de la C.T.A.L."

En el mismo acto de apertura saltó el ataque violento contra los Estados Unidos y el elogio clamoroso a la Unión Soviética. Durante las variedades, recitaron el poema de Nicolás Guillén "El soldado vivo".

En la segunda sesión, intervino Agapito Figueroa, a nombre de Cuba, quien manejó a su manera, el tema sobre "las condiciones infrahumanas en que viven los trabajadores a consecuencia del imperialismo yanqui".

La tercera sesión fue rutinaria. Intervino José Morera, de Cuba, a título de miembro del Secretariado de la CTAL, y leyó los mensajes de adhesión recibidos, entre los cuales se encontraba un cable del Consejo Central de sindicatos soviéticos.

Lázaro Peña entró en acción en la cuarta sesión. Acaparó todo el tiempo con su informe sobre el primer punto de la orden del día del Congreso: "Unidad de acción".

La quinta sesión estuvo dedicada a comentar y analizar el informe de Lázaro Peña y a escuchar a Jorge Morera, quien leyó un estado sobre la situación financiera de la CTAL.

En la última sesión plenaria tomaron sus consabidos acuerdos y eligieron al nuevo Secretario de la CTAL. Lázaro Peña fue nombrado primer vicepresidente y José Morera, secretario. Esto, de por sí, permitía comprender la falta de representación de la CTAL, pues su primer vicepresidente y su secretario no representaban a nadie y solo eran sombras de lo que habían sido en Cuba.

IX - COMIENZA A QUEBRARSE EL MONOLITISMO SOVIETICO.

La muerte de Stalin, en marzo de 1953, fue un hecho decisivo para la historia del Imperio Soviético. Tan pronto como hubo ocurrido, brotaron los primeros sentimientos de inconformidad: las huelgas de los obreros de Plazen, en Checoeslovaquia, y de Alemania Oriental en junio de ese año. Bastó que menguara la fuerza centralizadora para que explotara automáticamente la energía secesionista de las naciones adheridas.

Esta circunstancia fue aprovechada por China para comenzar a separarse de la Unión Soviética. Algo se advirtió, aunque tenuemente, cuando se firmó el armisticio de Corea el 27 de julio del cincuenta y tres. Y se vio más claro en el curso de la conferencia de cancilleres efectuada en Ginebra, en junio y julio del cincuenta y cuatro, para poner término a las hostilidades de Indochina.

Las grietas del bloque imperial de la Unión Soviética restaron presión a la fuerza de Moscú sobre los partidos comunistas del mundo. Fue cuestión de tiempo. Pero en Cuba no se advirtió esta señal, pues el Partido Socialista Popular siguió caminando tras las huellas marcadas por Moscú.

X - CONFERENCIA EN DEFENSA DE LA ECONOMIA NACIONAL.

El destino de Cuba se había mirado siempre a través del azúcar y, en ese momento, Cuba atravesaba por una aguda crisis a consecuencia de la caída de los precios azucareros por el exceso de sobrantes en el mundo. La euforia provocada por los altos precios en 1951, había estimulado las siembras de caña en Cuba y, unido a otras circunstancias, había determinado la gran zafra de 1952. El Gobierno anterior no restringió la zafra y, mediante la conocida fórmula de la "cuota especial", llegaron a producirse 7 millones de toneladas de azúcar.

Ante esta situación, el nuevo Gobierno tuvo que ir a la creación del "Comité de ventas para la cuota especial"; a retirar del mercado mundial un millón doscientas mil toneladas de azúcar con la fórmula de la Reserva estabilizadora; a restringir las zafras sucesivas, y a presionar sobre los demás países productores con el fin de concertar un Convenio internacional azucarero.

Estos temas y otros más fueron tratados en la "Conferencia en Defensa de la economía", organizada por Jacinto Torra, delegado permanente en Cuba de la organización internacional de los comunistas que se escondía tras el nombre de "Comité para el fomento del comercio internacional".

Las conclusiones de la Conferencia, como era de esperar, corrieron por el cauce de los intereses soviéticos. Una de ellas se pronunció contra la política gubernamental de restricciones a la producción azucarera y contra el proyectado Convenio Internacional. No faltó la conclusión sobre el debatido punto del libre comercio, que se declaraba en favor de la ampliación del comercio de Cuba con los países socialistas.

Estas tesis, defendidas por algunos de nuestros conocidos especuladores de azúcar, fueron propaladas, con ardor y entusiasmo, por Raúl Cepero Bonilla desde su columna económica del periódico "Prensa Libre". La repetición del estribillo contra el Convenio Internacional azucarero llegó a taladrar la conciencia de algunos dirigentes políticos que terminaron por considerarlo lesivo a los intereses nacionales.

XI - LA PRIMERA EXPRESION DE REBELDIA PUBLICA CONTRA EL GOBIERNO DE BATISTA.

La primera manifestación de protesta contra el Gobierno de Batista fue organizada por el estudiantado, el grupo social de mayor combatividad y que gozaba de mayor impunidad en Cuba.

La FEU había acordado levantar un busto de Julio Antonio Mella en la plazoleta situada frente a la escalinata de la Universidad de La Habana. Lo inauguró el 10 de enero de 1953, el veinticuatro aniversario de su asesinato, con una ceremonia a la que, por cierto, concurrieron muy pocos estudiantes. Cinco días más tarde, el busto apareció manchado de tinta y chapapote. Los autores, según se supo después, fueron varios estudiantes anticomunistas, encabezados por Bujan, el ex-presidente de la Escuela de Agronomía.

La "profanación" conmovió a la dirigencia estudiantil. Los alborotadores, estimulados por la fracción comunista de la Universidad, comenzaron a vocear su indignación por todas las escuelas y cada una de sus aulas. A media mañana, la Universidad estaba paralizada y los estudiantes se habían desbordado sobre las calles aledañas. Levantaron barricadas en las calles y quemaron los barriles de chapapote que se encontraban en la Avenida de San Lázaro, para repararla. Acudió la policía y fue saludada con una lluvia de piedras, botellas y latones.

El primer choque de los estudiantes con la policía ocurrió cuando los estudiantes quemaron, en la calle L y 23, un muñeco con un letrero que decía: "Batista asesino". La lucha fue a golpes, piedras y palos.

Las provocaciones no cesaron durante todo el medio día; pero la policía no actuaba, por tener la orden de no dejarse provocar. A eso de las tres de la tarde, alguien dijo que la policía iba a violar el recinto universitario. Una ola de indignación estremeció a los protestantes. Reventaron gritos de: ¡A la calle! ¡En manifestación al Monumento de los Mártires! Y la comitiva, presidida por Alvaro Barba se echó a la calle con carteles de protesta contra el Gobierno. A la manifestación se unió todo el público que se había arremolinado en torno a la Universidad.

Cuando la manifestación se aproximaba al Mausoleo de La Punta, encuentra una barrera de policías, marinos y soldados protegida con carros de bomberos. Les dieron el alto a los manifestantes, quienes prosiguieron sin hacer caso. Los carros de bomberos disparan con chorros de agua. En medio de aquella batalla, de los manifestantes contra el agua, se escuchó un disparo y otros después. Un estudiante fue sacado en hombros. Se llama Rubén Batista. Estaba herido de bala. Lo llevaron al Hospital. Murió a las pocas semanas: el 13 de febrero.

La muerte de Rubén Batista conmovió a la opinión pública. Su retrato fue colocado en el "Salón de los Mártires", situado en el local de la FEU. Era "la primera víctima de la dictadura de Batista".

XI - LAS PRIMERAS CONSPIRACIONES CONTRA EL GOBIERNO.

En los corrillos políticos no se oía hablar de otra cosa que de conspiraciones. Eran los que estaban enterados de "la última". Se hablaba y se hablaba de planes y más planes, que nunca se convertían en realidad.

La única conspiración que pasó un poco más allá de las palabras fue el intento insurreccional de García Bárcenas. Pretendió asaltar el Campamento de Columbia el 5 de abril de 1953. Todo se esfumó en una atmósfera de ridículo.

Un poco más tarde, por el mes de junio, los conspiradores de alta alcurnia anunciaron una espectacular reunión de unidad en la ciudad de Montreal, Canadá. Allí concurrieron todos los políticos empeñados en hacer insurrección, con la sola excepción de los comunistas. José Pardo Llada llevó el mensaje del "Ala Izquierda de la Ortodoxia", que reclamaba una representación en el cónclave para ella y para los comunistas; pero fue rechazado.

De esta forma, los comunistas quedaron excluidos de todos los movimientos conocidos de conspiración.

Entre tanto, Fidel Castro actuaba: organizaba a un grupo de

jóvenes para combatir a Batista con las armas en la mano. Trató de buscarlos en todos los frentes, especialmente entre los jóvenes del "Ala izquierda Ortodoxa". Era necesario entrenarlos en alguna ideología revolucionaria y no la tenían. La solución la ofrecieron los amigos comunistas de Fidel Castro, quienes le suministraron algunos libros de Lenin.

Adolfo G. Merino nos ha informado, en su libro "Nacimiento de un Estado vasallo", lo siguiente:

"En el apartamiento sito en las calles de 25 y 0, en el Vedado, donde residían los hermanos Abel y Haydée Santamaría, se montó un típico "círculo de estudios" al estilo comunista. En la pequeña biblioteca predominaban los libros de Marx, Engels y los demás teóricos del marxismo y, sobre todo, los de Lenin. Allí reposaban, en uno de los anaqueles, las obras completas del jefe de la revolución rusa, publicados en Moscú. El apartamento de los hermanos Santamaría fue, de hecho, el cuartel general de los asaltantes del cuartel "Moncada". Allí se proyectó la acción y allí también hallaba refugio Fidel Castro, bien para enfrascarse en largas discusiones con sus amigos de aventuras, bien para leer incansablemente las prédicas y enseñanzas de Lenin".[14]

El Partido tuvo conocimiento, como era lógico, de la acción que se proyectaba. Como los comunistas se allegan a todo, se acercaron a Fidel Castro y hasta le ofrecieron ayuda. No estaban conformes con el asalto al Moncada, salvo que solo se utilizara para "encender la chispa" y, caso de fracasar, Fidel Castro se dirigiera a las montañas para iniciar la lucha armada.

Los comunistas, como se ve, querían estar en todas; pero sin comprometerse a nada. No perdían oportunidad alguna y mucho menos cuando alguien, en este caso Fidel Castro, estaba dispuesto a entenderse con ellos. En ese momento nadie los quería y Fidel Castro era el único que los aceptaba, desde luego, para aprovecharse de los comunistas.

XIII - EL "26 DE JULIO".

Los pueblos de Santiago de Cuba y Bayamo amanecieron el día de Santa Ana bajo el estampido de las armas. Un grupo de jóvenes trataron de asaltar los cuarteles de ambas ciudades, sin que, en definitiva, lograran sus aparentes objetivos.

El asalto al Cuartel Moncada en Santiago de Cuba, la bella capital de Oriente, acaparó la atención del momento. Cuando aún no se habían apagado los ecos de los tambores de los carnavales, comenzaron a escucharse los ecos de tableteo de las ametralladoras. Unos jóvenes decididos a todo, aprovechando que el ejército estaba desprevenido, degollaron a los soldados de la posta y entraron en el Cuartel Moncada. Tan pronto los soldados que dormían se dieron cuenta de lo sucedido se aprestaron a defenderse. Se entabló una feroz batalla, mientras Fidel Castro y su hermano Raúl permanecían a buen recaudo sin traspasar los umbrales de la fortaleza.

Apenas hubo comprobado Fidel Castro el fracaso, huyó del lugar y buscó refugio en las montañas cercanas a la ciudad. En unión de 18 compañeros más escalaron la cordillera de la Gran Piedra, próxima a Santiago de Cuba. Sus planes, según expuso Fidel Castro en el discurso "La historia me absolverá", "eran proseguir la lucha en las montañas caso de fracasar el ataque al regimiento".

Fidel Castro y sus acompañantes permanecieron en la finca de Francisco Sotelo Pina, en El Caney, hasta que fueron sorprendidos por una patrulla del ejército al mando del Teniente Sarría. Les ocuparon armas y libros. Entre éstos, el libro "¿Qué hacer?" de Lenin.

Entre tanto, la fuerza pública practicaba una diligencia que inexplicablemente nunca trascendió a las informaciones periodísticas. En una casa de Santiago de Cuba habían sido localizados y aprehendidos Blas Roca, Joaquín Ordoqui, Lázaro Peña, Bernardo Hernández, Juan María Llosas, Rolando Hevia Ruiz, José Cabrejas, Antonio Pérez y Armando Ruiz. Los detenidos, todos comunistas, declararon que se encontraban allí para festejar el cumpleaños de Blas Roca y fueron puestos en libertad provisional por las autoridades judiciales.

Los comunistas habían fracasado en su empeño de sacar ventajas al "26 de julio". Fidel Castro, en cambio, había logrado su objetivo: provocar una matanza en el país y adquirir renombre nacional. Este criterio nos lo confirma Raúl Martínez Arará, quien participó en los hechos del "26 de julio", al decirnos que, días antes del asalto, Fidel Castro le había manifestado:

"En Cuba no han ocurrido nunca grandes matanzas. Las guerras de independencia no fueron sangrientas. Había pocas bajas. El asalto al cuartel de San Luis por Guiteras, en 1931, provocó uno o dos muertos. Cuando se alzaron Menocal y Mendieta tampoco hubo muertos. Lo de Atarés y el Nacional fue muy reducido. El 10 de marzo fue una farsa. Orfila fue un escándalo nacional y apenas si hubo cinco o seis muertos. Imagínate si nosotros damos el espectáculo de lograr una masacre!"[15]

Este mismo criterio ha sostenido el historiador cubano Carlos Márquez Sterling, al señalar que el verdadero propósito del "26 de julio" fue "ensangrentar al gobierno". La atención pública se fijó en las muertes ocurridas en las filas de los atacantes, sin percatarse de los soldados muertos, como si en ambas huestes no formaran hijos de la misma patria. Estos muertos cimentaron el macabro pedestal sobre el que habría de levantarse la figura de Fidel Castro.

XIV - REACCION DEL GOBIERNO CONTRA LOS COMUNISTAS POR LOS HECHOS DEL "26 DE JULIO".

El "26 de julio" asombró al Gobierno. No atinaba a explicarse cómo había sido organizado. A la hora de fijar la responsabilidad, no podía creer que aquellos hechos fueran la obra de un joven desconocido. Por eso, acusó al ex-presidente Carlos Prío de ser el organizador, desde el extranjero, puesto de acuerdo con Millo Ochoa, Fidel Castro, Juan Marinello y Blas Roca. La versión gubernamental presentaba, así, a toda la oposición en contubernio con los comunistas.

La reacción del Gobierno contra los comunistas no se hizo esperar. Cerró cuantos locales tenía el Partido en toda la República. Detuvo a los dirigentes más destacados. Y clausuró el periódico "Hoy". Blas Roca comentó, después, este hecho en esta forma:

"El 26 de Julio de 1953 las pandillas y fuerzas armadas batistianas reprodujeron la fechoría del asalto, la clausura y los destrozos.

En medio de las dos clausuras se publicó la Carta Semanal y otros órganos impresos. La tiranía batistiana mantuvo la clausura del periódico HOY hasta que fue derribada".[16]

Al Partido no le quedó más remedio que sumergirse. Sólo dejó operando a sus "organismos pantallas". La dirigencia sustituyó a los cuadros más conocidos por los menos conocidos. Suspendió las reuniones periódicas de los "Comités Socialistas". Suprimió la expedición de carnets. Redujo el trabajo de educación política; aunque mantuvo, clandestinamente la "Escuela nacional". En sustitución del periódico "Hoy", editó un pequeño semanario mimeografiado, "Carta semanal". También, de vez en cuando publicó algunas que otras octavillas firmadas por un "Comité de lucha", que nunca se identificó.

El Gobierno formalizó su acción represiva contra los comunistas con una madeja legislativa que después fue devanada más burocrática que eficientemente. El primer hilo de aquella madeja legislativa fue la Ley Decreto No. 1170 de 30 de octubre de 1953. Después vinieron la Ley Decreto No. 1317 de 4 de mayo de 1954, que creó el "Buró de Represión de Actividades Comunistas"; la Ley Decreto No. 1447 de 20 de mayo de 1954, que reguló la enseñanza elemental con el fin de evitar la infiltración comunista; la Ley Decreto No. 1448 de 20 de mayo de 1954 y la Ley Decreto 1976 de 27 de enero de 1955, que ordenaron la depuración de los profesores y maestros comunistas y la revisión de los libros de texto con el propósito de impedir la filtración de ideas comunistas; la Ley Decreto No. 1456 de 3 de junio de 1954, que creó una causal de despido aplicable a los trabajadores de empresas de servicios públicos, caso de comprobarse que eran comunistas; la Ley Decreto No. 1463 de 10 de junio de 1953, que prohibió la expedición de pasaportes a personas que los solicitaran para ir a países socialistas, y la Ley Decreto No. 1975, que consideraba comunistas a quienes hubieren estado afiliados al Partido, ratificaba la ilicitud de sus actividades en cualquiera de sus manifestaciones, declaraba ilegal la circulación de la propaganda roja y autorizaba expulsar del país a los extranjeros que se dedicaran a divulgar ideas marxistas-leninistas o a trabajar en favor de la causa comunista.

Tantas y tantas medidas legislativas fueron casi letra muerta, unas veces por incompetencia de quienes tenían que aplicarlas, otras por falta de cooperación de las autoridades judiciales y las más de las veces por las presiones que siempre se ejercían por una u otras razones.

La primera y única vez que se aplicó la medida sobre los libros de texto produjo un gran revuelo, con el argumento de que se estaba contra la libertad de pensamiento y de enseñanza. Fue en julio de 1954, cuando el Servicio de Inteligencia Militar ocupó en los talleres de la "Editorial Lex", la edición de la "Geografía de Cuba" de Núñez Jiménez, fundador de la Sociedad Espeleológica y más tarde profesor de la Universidad Central de Las Villas. La Geografía pretendía utilizarse como libro de "texto para la segunda enseñanza de los Institutos de la República".[17]

Las depuraciones de los profesores y maestros tropezaron con un sin número de dificultades. Los expedientes adolecían de pruebas fehacientes, por lo cual resultaba imposible mantener la vigencia de las resoluciones administrativas en cuanto eran recurridas ante los tribunales judiciales. El caso más insólito fue el de Juan Marinello, a quien el Tribunal Supremo ordenó que fuera repuesto en su cargo de Profesor de la Escuela Normal de Maestros de La Habana. El Ministro de Educación se resistió a cumplir la sentencia; pero, advertido por el Tribunal de que le iniciarían causa criminal por desacato, no le quedó más remedio que reponerlo al tiempo que le concedió una licencia con sueldo.

La medida que prohibía la expedición de pasaportes para ir a los países socialistas fue ineficaz, pues los comunistas solicitaban pasaportes para ir a Europa y allí obtenían las visas en los consulados socialistas que se las expedían en tarjetas sin quedar registradas en los pasaportes. Cuando se aplicó la prohibición de expedirles pasaportes a los comunistas conocidos, siempre existió el expediente de la falsificación. Fue el caso, por ejemplo, de Nicolás Guillén, a quien el Gobierno se negó a renovarle el pasaporte estando en el extranjero. Contra el hecho protestó el Rector de la Universidad de Buenos Aires, Risieri Frondizi. En definitiva, un amigo le consiguió la renovación, falsificándola.

En resumen, el Gobierno hizo cuanto pudo dentro de las circunstancias y de acuerdo con su manera de actuar, de reaccionar violentamente en los primeros momentos y conducirse con lenidad cuando intervenían las influencias políticas o afectivas. Esta actuación del Gobierno contra sus opositores insurreccionales le valió ganarse el título de "dictablanda". En definitiva, tal actuación era el resultado del sentimiento de "amiguismo", tan generalizado entre los cubanos y de la hipersensibilidad por los perseguidos, también tan típica, que se traducía en una condolencia, más que humanitaria, por quienes caían en desgracia.

XV - EL JUICIO POR LOS HECHOS DEL MONCADA.

El Tribunal de Urgencia de Santiago de Cuba radicó la causa número 37 de 1953 por los sucesos del Cuartel Moncada. Entre los acusados aparecían todos los dirigentes de la oposición insurreccional, lo mismo auténticos que ortodoxos y comunistas, que habían sido detenidos en Oriente. Cuando se efectuó el juicio oral ya estaba esclarecido que el jefe del asalto al Moncada había sido Fidel Castro.

El biógrafo de Fidel Castro, Jules Dubois, describió la participación de los comunistas en el juicio oral, cuando aún estaba bajo los efectos de su pasión "fidelista", con este párrafo:

"Luego, ocho supuestos líderes del Partido Comunista, que formaban parte de los acusados, fueron llamados al banco de los testigos. Eran Lázaro Peña, Joaquín Ordoqui, Eduardo Hernández, José Cabreja, Juan María Llosas, Rolando Hevia, Antonio Pérez y Armando Díaz. Negaron los cargos y testificaron que se hallaban en Santiago de Cuba para celebrar el cumpleaños del Jefe de su Partido Blas Roca, su Secretario General".[18]

En realidad, debió haber dicho "fueron llamados al banco de los acusados", pues en calidad de tales comparecieron no "los supuestos líderes del Partido Comunista", sino los líderes, a secas, del Partido.

Alberto Baeza Flores también se refirió a la comparecencia de los comunistas en el juicio del Moncada, en su libro "Las cadenas vienen de lejos", al comentar la declaración de Joaquín Ordoqui, en los términos siguientes:

"Cuando fue llamado Joaquín Ordoqui, uno de los miembros del Comité Central del Partido Socialista Popular —Comunista— anota Martha Rojas, páginas 82 y 84 de su libro: "El

Magistrado Díaz Olivera le preguntó al Doctor Ordoqui (Joaquín) si su partido (comunista), propugnaba la insurrección armada como medio para alcanzar el poder. A través de un órgano publicitario, (contestó Ordoqui) que en estos momentos ya no existe: el periódico "Hoy", hemos manifestado nuestro criterio en relación con su pregunta; mi partido considera que hay momentos en que es necesaria la insurrección; pueden ser examinados los periódicos, respondió el doctor Ordoqui y seguidamente rechazó los cargos que le imputaban, de ser coautor intelectual del ataque armado al Moncada".[19]

El juicio contra Fidel Castro se celebró aparte, por razones de orden público. Cuando llegó el momento procesal del informe de la defensa, Fidel Castro pronunció el discurso que después imprimió, modificado, con el nombre de "La historia me absolverá". Sobre este discurso, Baeza Flores ha observado lo siguiente: "Es interesante la opinión de un inteligente condiscípulo de Fidel Castro y que fuera una de las primeras figuras democráticas cubanas en oponerse al castrismo: el Profesor José Ignacio Rasco. Dice Rasco que "La historia me absolverá" es en su parte medular UN PLAGIO DEL LIBRO QUE ESCRIBIO ADOLFO HITLER CUANDO FUE TOMADO PRESO EN MUNICH, ANTES DE ASCENDER AL PODER. Rasco confirma el dato complementario que Castro fue un serio y atento lector de las obras de Lenin".

"Es curioso que en esta reconstrucción, y en folleto original, de edición clandestina, que es el que he tenido delante, aparezca muy marcada, la influencia de planteamientos del Secretario General del Partido Socialista Popular (comunista), Blas Roca, en lo que respecta al espíritu de la visión social y económica de Cuba. Los Fundamentos del Socialismo en Cuba, por Blas Roca, en edición de Editorial Páginas, La Habana, 1943, y que conoció Fidel Castro, ofrecen capítulos que han debido de inspirar parte del espíritu social-económico de "La historia me absolverá" de Fidel Castro. Queda a los que confronten en el futuro ambos documentos, comprobar la impregnación que existe en el folleto de Fidel Castro del Capítulo II "La dependencia económica" páginas 23 a 32 del libro de Blas Roca; una parte de la tesis del Capítulo V, "Las crisis económicas", páginas 52 a 61 del libro de Blas Roca, y muy especialmente todo el capítulo VII, "La explotación de los campesinos", páginas 62 a 72. Algunos ángulos de otros capítulos no es difícil encontrarlos reflejados en el enfoque de "La historia me absolverá". (25)."[20]

El Tribunal de Urgencia condenó a Fidel Castro y a sus compañeros a quince años de prisión.

El 18 de octubre de 1953, el Presidio de Isla de Pinos abrió sus puertas al recluso número 4914, Fidel Castro. Allí gozó de una cómoda reclusión. El Gobierno le dio todo género de privilegios. Entre ellos, recibir visitas cuantas veces se le antojaba; oportunidades para estar solo no solo con su esposa, sino hasta con su amante; recibir alguna que otra visita de los periodistas y el de estar a solas para leer o escribir. Entre tanto, afuera, la propaganda pintaba a Fidel Castro como el héroe sujeto a todo género de privaciones que casi hacía pensar que era un mártir de la causa revolucionaria.

XVI - REUNION DEL COMITE EJECUTIVO DEL PARTIDO PARA JUZGAR LOS HECHOS DEL MONCADA.

Terminado el juicio del Moncada y absueltos los comunistas, se reunió el Comité Ejecutivo del Partido para juzgar los hechos del 26 de julio. La reunión se celebró, clandestinamente, en La Habana a mediados del mes de noviembre de 1953.

El informe de Blas Roca fue objetivo. Analizó cuanto había acontecido, inclinándose con cautela por condenar el asalto al Moncada. Indicó que se había quedado en una acción aislada sin desatar otras consecuencias revolucionarias, debido a que aún no habían madurado las condiciones subjetivas en el país. Afirmó que el 26 de julio había consolidado a Batista, pues el ejército se había unido más y le había dado pie para una campaña de prensa en favor de la cordura y el orden. Señaló que, además, había provocado una serie de medidas gubernamentales contra el Partido. Entre las enumeradas, destacó el cierre del periódico Hoy y la ilegalidad del Partido. De su razonamiento, extrajo la conclusión de que se había profundizado el proceso de reflujo revolucionario, por lo cual recomendó un retraimiento provisional en la llamada lucha ilegal.

El papel de verdadero fiscal de los protagonistas y los hechos del 26 de julio lo representó Aníbal Escalante. Expresó, de entrada, que el asalto al Moncada tenía todas las características típicas de un acto "putchista". Calificó al grupo de Fidel Castro de pequeño burgués, sin formación política e incapaz de promover una revolución. Observó que las conmociones sociales no se producen inesperadamente, sin un período previo de preparación, que requieren una concentración gradual de fuerzas y una evolución encargada de crear las condiciones subjetivas propias para una revolución. Aquí se detuvo para continuar hablando sobre el grado de conciencia del pueblo y el grado de desarrollo de la vanguardia del proletariado para llevar la Revolución por el camino del éxito. Insistió en que era necesario crear la conciencia primero y luchar después. Rechazó la lucha armada como única forma de combatir a Batista. Alegó la conveniencia de agotar la forma de lucha de masas, de hacer uso de las posibilidades legales, de organizar manifestaciones de protestas, de preparar poco a poco la huelga política, con el propósito de transformarla después en insurrección armada. En realidad, exclamó, ninguna de las organizaciones revolucionarias está todavía preparada.

Concluido el turno de Aníbal Escalante, se levantó César Vilar. Alzó su voz para hacer una apología del 26 de julio. Su palabra tembló de emoción en defensa de quienes llamó verdaderos revolucionarios. Argumentó que los movimientos revolucionarios no se producen espontáneamente, que requieren una acción capaz de encender la conciencia revolucionaria, de impulsar las contradicciones dialécticas. La acción del 26 de julio, dijo, ha repercutido en la conciencia social y hará ver la necesidad del cambio violento.

Después de estas disquisiciones, entró en un terreno más concreto. Señaló que el asalto al Moncada era necesario para despertar la conciencia revolucionaria y contener las componendas politiqueras de la burguesía nacional en complicidad con el imperialismo extranjero.

No se detuvo César Vilar, en su apasionamiento, en el análisis de los hechos y pasó al campo del ataque personal. Discurrió sobre la conducta de los dirigentes del Partido y los acusó de tibios y aburguesados. Trajo a colación anécdotas sobre sus vidas exentas de riesgos, sus viajes al extranjero y les imputó que dispensaban becas de estudios inspirados por sentimientos nepotistas. Por último, los acusó de haber alentado a Fidel Castro para después criticarlo.

Blas Roca medió con aparente cordura. En realidad aprovechó la ocasión para descargar sus viejos agravios sobre César Vilar. Lo calificó de "blanquista", por mantener la tesis de organizar pequeñas minorías dispuestas a producir complots y actos de violencia con el fin de asaltar el poder e implantar inmediatamente el sistema socialista. Le dijo que sus razonamientos olvidaban la importancia de la lucha de clases y que sus interpretaciones estaban inspiradas en un espíritu "soleriano".

Al final, la resolución del Comité ejecutivo condenó el acto provocador y "putchista" del asalto al Moncada. Theodoro Draper ha reproducido una parte de la resolución mencionada en su libro "Castrismo, teoría y práctica". Hela aquí:

"Repudiamos los métodos putchistas propios de las facciones políticas burguesas, empleados en la acción de Santiago de Cuba y de Bayamo, que fue un intento aventurero para apoderarse de ambos cuarteles generales del ejército. El heroísmo desplegado por los participantes en la acción es falso y estéril y está guiado por concepciones burguesas y erróneas".[21]

"La declaración —continúa diciendo Draper— condenaba también la represión que siguió el ataque porque el Partido Socialista Popular pagó muy caro el fracaso de Castro".[22]

No pasaría mucho tiempo sin que César Vilar fuera separado del Partido, a consecuencia de su actitud ante el 26 de julio. El Partido continuó insistiendo, por mucho tiempo, en la necesidad de movilizar a las masas, de apoyarse en ellas, para que triunfara la Revolución. Su Carta Semanal llegó hacer un estribillo de esa tesis. Repetiría una y mil veces que no se podía empuñar las armas con independencia del proceso de la lucha de clases. Fidel Castro nunca hizo caso de tales disquisiciones. Siempre siguió en su método, con su lógica un tanto gangsteril. A pesar de ello, jamás perdió su contacto con los comunistas.

XVII - LOS COMUNISTAS AVANZAN CON CAUTELA ENTRE LOS ESTUDIANTES.

Los comunistas se valían, de cuantas ocasiones le eran propicias para tratar de romper la muralla de repudio que se había levantado contra ellos. Lo mismo estaban presentes en los actos organizados por los estudiantes no comunistas, que organizaban sus propios actos de protesta con cualquier organismo de bolsillo creado a ese propósito.

En los Institutos de Segunda Enseñanza y en las Escuelas Normales para Maestros crearon delegaciones de la "Federación mundial de la juventud democrática", que siempre pedían una representación en los comités organizadores de manifestaciones contra el Gobierno. También crearon "Secciones campesinas" en los centros superiores y medios de estudio, como si fueran organismos apolíticos, aparentemente preocupados por mejorar el nivel de vida del campesinado cubano.

En la Universidad de La Habana, la fracción comunista constituyó la primera delegación de la "Unión Internacional de estudiantes" en el local de la "Asociación de alumnos del Seminario de arte dramática". Juan Dradma fue su presidente y René Alvarez Ríos su secretario.

El mayor éxito lo cosecharon con el trabajo de fracción en las manifestaciones organizadas por los estudiantes para arrastrar por las calles sus inquietudes, sus desórdenes y hasta sus furias cívicas. La cuestión era lanzar gentes a las calles y protestar en nombre de esa cosa vaga que es, para los comunistas, la libertad.

Los "comités pro-amnistía política", que constituyó la Juventud Socialista, encontraron amplio respaldo de la masa estudiantil y de la ciudadanía. Demandaban la amnistía de todos los presos políticos, especialmente de los condenados por los sucesos del Moncada.

Utilizando consignas simpáticas y detrás de organizaciones aparentemente no sectarias, movíanse los comunistas con el propósito de irse infiltrando en las actividades estudiantiles contra el Gobierno de Batista.

XVIII - LA DECIMA CONFERENCIA INTERAMERICANA, EL GOBIERNO DE ARBENZ EN GUATEMALA Y LOS COMUNISTAS EN CUBA.

La Novena conferencia de Bogotá ya había prevista el peligro de la agresión comunista en América por la vía de la subversión. Ahora, la amenaza remota se había convertido en amenaza inminente "a la soberanía e independencia política de los Estados americanos".[23] El cambio en la situación se debía a la presencia de los comunistas en el Gobierno de Jacobo Arbenz, en Guatemala, quien había sustituido en la presidencia al profesor Juan José Arévalo, el 15 de marzo de 1951, tras el asesinato del Coronel Francisco Javier Arana.

La Décima Conferencia Interamericana se reunió del primero al 28 de marzo de 1954 en Caracas, Venezuela, con el propósito de considerar la amenaza del comunismo y tratar otros muchos asuntos. Los comunistas latinoamericanos anduvieron prestos en movilizarse contra el objetivo de las delegaciones de varios países del Continente, de condenar "las actividades del movimiento comunista internacional, por constituir una intervención en los asuntos americanos".[24]

En Cuba, los comunistas constituyeron un "Comité Pro Guatemala" constituido por Eduardo Corona, Martha Frayde, Enrique González Mantici, Germán Moré, Armando Fleites, Alvaro Barba, Nilo Ortega, Aramís Taboada, Mario Rivadulla, Omar Borges, Antonio Núñez Jiménez, Max Lesnick, René Díaz, Dolores Chenard, Fermín Flores, Llaguno, Enrique Barroso, Flavio Bravo, Claudio Simón, Francisco López, Raúl Valdés Vivó, Eduardo Muñoz, José M. Sánchez, Alberto Muguercia y C. Betancourt. Como era usual, en estas casos, los comunistas no se presentaron a título de tales, sino que utilizaron a muchos jóvenes ajenos a la militancia sectaria, para vestir mejor sus intenciones a los ojos de la opinión pública.

Cuando la Conferencia de Caracas se estaba celebrando, el "Comité Pro-Guatemala" publicó unas declaraciones, dirigidas "a la opinión pública de Cuba y de América", que defendían al régimen de Jacobo Arbenz. El documento fue encabezado con la firma de Jorge Mañach, conocido por su militancia anticomunista, con el fin de esconder la mano roja.[25]

Esta gritería de solidaridad, a la postre, no le sirvió de nada al régimen pro-comunista de Guatemala. A las nueve de la noche del 28 de junio de 1954, el Coronel Jacobo Arbenzs anunció su renuncia al cargo de Presidente. Fue el epílogo de la rebelión encabezada por el Coronel Carlos Castillo Armas que, en solo 15 días de lucha, alcanzó la victoria.

Mientras tanto, el "Comité Pro-Guatemala" de Cuba se dedicó a vociferar en defensa del "derecho de no intervención" y a reclutar cubanos para intervenir en la lucha a favor de los comunistas guatemaltecos. Pero todo fue efímero e inútil. A los comunistas sólo les quedó el recurso de gritar, después de la derrota. Acusaron a "los círculos gubernamentales norteamericanos" y a "los monopolios extranjeros" de haber oscurecido el "Amanecer en Guatemala", según el título del libro que proyectó escribir el chileno Manuel Eduardo Hubner.

XIX - EL PROCESO ELECTORAL DEL CINCUENTA Y CUATRO.

"Balas o votos", según la expresión del Dr. Grau San Martín que se hizo famosa, era la única alternativa que tenía el pueblo cubano para salir de la situación de facto que había creado el Diez de marzo.

Las "balas" habían fracasado, por lo cual la tesis insurreccional había perdido muchos de los adeptos con que había contado. Ya sólo la sostenían los cercanos colaboradores del Dr. Prío, la mayoría de la dirigencia "ortodoxa", los comunsitas en parte y los jóvenes tremendistas que pretendían imponer su voluntad a toda costa.

La tesis electoralista, en cambio, se había abierto paso entre los "auténticos" que seguían al Dr. Grau, entre algunos dirigentes de la "ortodoxia" encabezados por el Dr. Carlos Márquez Sterling y, desde luego, entre las filas gubernamentales, nutridas ya con muchos políticos profesionales de todos los partidos que se habían volcado en sus nóminas presupuestales.

La tesis electoralista encontró muchos obstáculos, por la posición intransigente de los jóvenes tremendistas. Así, por ejemplo, cuando Márquez Sterling, jefe de la tendencia electoralista de la "ortodoxia", anunció su decisión de reorganizar su partido, "tres jóvenes ortodoxos y dos comunistas penetraron en su estudio de abogado en la calle Amargura y atentaron contra su vida".[26]

A la hora de abrirse el período electoral, sólo apareció un partido de la oposición: el "Auténtico" del Dr. Grau. El tremendismo logró, así, recuperar el campo de quienes combatían al Gobierno. Durante la campaña, algunos actos del "autenticismo grausista" fueron interrumpidos por pequeñas claques comunistas que gritaban ¡Revolución!, ¡Revolución!

No obstante los esfuerzos de los "tremendistas" por crear un clima abstencionista, el pueblo se fue inclinando poco a poco por la salida pacífica de las elecciones. De un lado, aparecía el Dr. Grau, como candidato único de la oposición, y del otro lado, aparecía el General Batista, respaldado por una poderosa coalición de partidos.

Cuando se acercaba el momento de las elecciones, los comunistas lanzaron la consigna del "voto negativo", es decir, de votar por Grau con tal de votar en contra de Batista. La consigna prendió; pero era difícil ganarle técnicamente al Gobierno. A pesar de esto, el Gobierno ofreció evidencias de que estaba resuelto a ganar las elecciones de cualquir modo. El Dr. Grau pidió, entonces, la posposición de las elecciones. El Tribunal Superior Electoral no lo complació y optó por retraerse, motivo por el cual el Gobierno ganó sin mayor dificultad.

El resultado de los comicios desalentó a muchos partidarios de la tesis electoralista. Inclusive algunos miembros del Gobierno exteriorizaron su irritación por ciertos fraudes cometidos, sin necesidad, al solo objeto de beneficiar a determinados candidatos respaldados por los militares.

Terminado el proceso electoral, se pensó que era necesario avanzar más por el camino de las concesiones, para tranquilizar los ánimos. El General Batista accedió a conversar con el Coronel de la Guerra de Independencia Don Cosme de la Torriente, quien representaba a la "Sociedad de los Amigos de la República", con el propósito de buscar una solución a la crisis política.

El tiempo fue pasando sin que gobierno y oposición lograran ponerse de acuerdo sobre una fórmula de solución que satisfaciera a todos los sectores. De esta forma, llegó el momento de la toma de posesión del Presidente Batista, quien se proponía inaugurar un nuevo período constitucional, dejando atrás la etapa de facto de su gobierno.

XX - LOS COMUNISTAS AL FINAL DE LA ETAPA DE FACTO INICIADA POR EL DIEZ DE MARZO.

La falta de solidaridad social era ya bastante apreciable en Cuba a fines del cincuenta y cuatro y comienzos del cincuenta y cinco. El egoísmo había prendido, como nunca, en todos los sectores sociales, preocupados, cada uno, por su propio bienestar.

El tedio político había invadido el alma popular. La pasión por la pelota llegó a competir ventajosamente con la pasión política. El humor, con la voz baja de lo irremediable, recogía las expresiones más agudas del minuto en que se vivía.

Se hablaba mal de todo por todas partes. Los periódicos lo decían y la opinión pública no lo negaba, cuando exclamaban: ¡Esto está podrido! Todas las conciencias testificaban aquella podredumbre.

El mundo de arriba sentíase bien en aquel ambiente social. No había principio que no fuera desmentido ni institución que no fuera escarnecida. Nadie respetaba nada ni creía en nadie. El país estaba cansado de los personajes y a todos los encontraba impuros. No les interesaban las escenas y las encontraban inútiles. El ventajismo, que desmoralizaba la conciencia colectiva, expresábase en la voz doméstica del "más vale pájaro en mano que ciento volando".

Las ideas dejaron de frecuentar, casi definitivamente, los debates públicos. Ni siquiera la religión movía ya el entusiasmo popular. Aunque casi todos los cubanos decían que eran católicos, en realidad, solo creían en lo externo, en lo que excitaba los sentidos y no en lo que proporcionaba criterio para la conciencia.

El Gobierno mostró los mismos vicios que ya habían practicado los anteriores. Continuaron los abusos y se corrompió más lo que ya estaba harto corrompido. Triunfó la pasión de la soberbia, en un ambiente de ambiciones, egoísmos y envidias.

Los líderes políticos de la oposición alzaban sus voces, con exaltado acento, en busca de publicidad. Carentes de ideas, expresaban sus tópicos envueltos en la confusión de viejas etiquetas seudorevolucionarias. Con ellas encendían, insensatamente, las hogueras del rencor. En esta especie de torneo oratorio, se decía en voz baja. El efecto externo era que solo disputaban el campo de la política, la diatriba personal o el panegírico soporífero.

No podía existir mejor ambiente social para que los comunistas pudieran dar el mordisco del áspid en la conciencia nacional. Cualquier cosa les era propicia para envenenar el alma de quienes estaban dispuestos a todo, por despecho, por miseria, por espíritu de insubordinación, sin que faltaran tampoco algunos que otros estimulados por un idealismo utópico y romántico.

Los comunistas estudiaban y calculaban sus acciones, sin freno moral de clase alguna. Utilizaban los recursos humanos de los mejores inspirados, sin que éstos se dieran cuenta de nada. Cualquier hecho o circunstancia era base suficiente para que los comunistas utilizaran el rumor como arma política. Un solo caso, a manera de ejemplo, la movilización contra la vigencia de la Ley Decreto que autorizaba la construcción del "Canal Vía Cuba" que ellos titularon "Canal rompe Cuba".

La gran preocupación del Partido, por esta época, fue resguardar sus propios recursos y "aparatos". Por ello sacaron de Cuba a sus dirigentes superiores que estaban en peligro. Fue el caso de Lázaro Peña, quien se radicó en México, y de Joaquín Ordoqui quien acompañado de su esposa Edith García Buchaca, salió hacia México, para ir a Praga, vía París, y después de un viaje por la Unión Soviética y China, regresar a México. Manuel Luzardo se refirió a esta política del Partido, cuando en enero de 1958, dijo:

"La habilidad de nuestro Partido, que supo defender y preservar su organización y su caudal humano sin dejar de luchar, sin paralizar su labor un solo día, cumpliendo a plenitud por entre todos los riesgos su deber de vanguardia combatiente de la clase obrera y el pueblo.

No puede haber dudas, pues de que esa tarea, la de mantener la organización y preservar los cuadros fue en lo fundamental bien realizada por el Partido".[27]

Sin embargo, el órgano clandestino del Partido, Carta Semanal, exhibía un lenguaje que daba la sensación de que los comunistas monopolizaban la verdad revolucionaria y la acción heroica contra el Gobierno de Batista. En sus páginas mimeografiadas se leía con frecuencia que "la principal falla de los grupos insurreccionales es su debilidad política" pues "restan importancia al papel de vanguardia del proletariado". No perdía ocasión de criticar a los seguidores de Fidel Castro, de quienes decía "subestiman otras formas de lucha", los acusaba de "aventurerismo" y los ponía de ejemplo para indicar "el peligro del radicalismo de izquierda". Subrayaba la importancia de "la alianza obrero-campesina", de la "hegemonía del proletariado en la revolución" y del "'papel de vanguardia del Partido". Todo aquello era mera palabrería, pues el proletariado nacional seguía en su asunto: exigir perentoriamente la satisfacción de sus demandas laborales, sin preocuparse por los reclamos revolucionarios.

El clima del país, era tan propicio a la acción de los comunistas, que la "Agencia del Caribe" situó en Cuba a uno de sus agentes de mayor jerarquía, a Roberto Palmero, quien aparecía como "uno de los directores de una gran compañía de transportes en La Habana".[28] También, por aquel entonces, el Kominform envió a Cuba uno de sus principales agentes, Hipólito Castillo. Sobre sus actividades, Mario Fiorini nos ha dicho:

"Ese agente se llama Hipólito Castillo, quien estuvo en México en 1955, volviendo a pasar a Cuba. Quien preparó el terreno para que Castillo pudiera actuar en Cuba fue José Reva-Martín. Reva-Martín fue un colaborador íntimo de un tal Gutiérrez, organizador de la famosa CESTA. Desde 1954, también reside en Cuba. Sobre las actividades de Castillo —por filtraciones informativas de los agentes kominformistas— sabemos que en una reunión que se realizó en Mérida, el 5 de diciembre de 1954, declaró: 'Las experiencias logradas hasta ahora en Argentina, Chile, Ecuador, Cuba, indican que hay un camino más adecuado para alcanzar el fin que buscamos'. 'Infiltrar el mayor número de Partidos locales, organizaciones e instituciones que no tienen relación alguna con el Comunismo; donde la infiltración no rinda resultados, hay que crear nuevos partidos, organizaciones e instituciones, formalmente sin relación con el comunismo, pero en las cuales tengamos su control'... Finalmente, Castillo indicó que en todas las Repúblicas Latinoamericanas existen mayores o menores grupos de capitalistas locales descontentos de la situación privilegiada y monopolista del capital yanqui. Según él, se ha cometido un grave error 'al no haber aprovechado hasta ahora a esta gente adecuadamente en nuestro trabajo' ".²⁹

Como se aprecia, mientras los comunistas nativos desertaban en cierta forma de la lucha, los agentes internacionales buscaban a Cuba como campo propicio para sus actividades. Estaba abonado por el extremismo de los unos y el desaliento de los otros. Estábamos tocando el fondo de la disociación social y el horizonte del futuro se veía cubierto por la penumbra del ocaso.

1 Ernesto Ché Guevara, "Una revolución que comienza", publicado en la revista "Verde Olivo", Año VIII, No. 48, 3 de diciembre de 1967, p. 19.
2 Adolfo G. Merino, "Nacimiento de un Estado Vasallo", México, 1966, pp. 42 y 43.
3 Periódico **Hoy** del 15 de marzo de 1952, La Habana, Cuba.
4 Alberto Falcioneli, "Historia de la Rusia Soviética", ed. cit., pp. 471 y 472.
5 **Ibid.**, p. 493.
6 **Ibid.**
7 De esta forma desarrollaba, un tanto, la idea expuesta por Lenin en la Tesis del II Congreso, cuando afirmó "que todo movimiento de carácter nacional, en los países atrasados, no podrá ser sino nacional revolucionario".
8. Pedro V. Domingo, "El Comunismo en el Caribe", publicado en "Estudios sobre el Comunismo", Santiago de Chile, Año VII, No. 26, octubre de 1959, p. 96.
9. **Ibid.**
10 **Ibid.**
11 Revista "Fundamentos", Año XIX, No. 150, febrero de 1959, p. 83.
12 La Conferencia nacional de defensa de los seguros sociales y de la seguridad social dejó constituido un Consejo integrado por las personas siguientes: Dr. José López Sánchez, médico; Alberto Rodríguez Sust, presidente del Colegio de enfermeros; Dr. Juan Govea Peña, Héctor Rodríguez, del Sindicato de gastronómicos de Camagüey; Bernardo Portieles, dirigente metalúrgico; Pedro Toledo, dirigente de la Rayonera de Matanzas; Dr. Efraín Rodríguez, abogado; Dra. Candelaria Rodríguez; Vicente González Miranda, del Sindicato del automóvil; Antonio Sabatier, dirigente obrero de los autobuses; Dr. Diego González Martín, médico; Dr. Francisco López Bernaldez, presidente del Colegio de quiropedistas; Gilberto Suárez, obrero del sector de los muebles; María Antonia Martín, enfermera; Mario Delgado Comas, médico; Silvestre Martínez Sierra, enfermero; Dr. Evelio Tieles, dentista; Ramón Flis, yesero; Antonio León, contador; Andrés Echevarría, panadero de Santiago de Cuba José Rey Núñez, José Cuesta y Abelardo Adán, jubilados; Rodolfo Villanueva, enfermero; Manuel Iglesias, obrero licorero; Hernán Victorero Aparicio, obrero gráfico; Pedro Jorge Valenzuela, técnico de laboratorio; Valeriano Suárez, obrero de los ómnibus; Mario Escalona, procurador público, y Alfredo Mirabal Díaz, dirigente de una fábrica de pinturas. Salvador Díaz Versón, "El zarismo rojo" (Rusia avanzando sobre América), La Habana, Cuba, 1958.
13 Lautaro Silva, "La herida roja de América", República Dominicana, T. I., p. 150.
14 Adolfo G. Merino, **Op. cit.**, p. 46.
15 Norman Díaz, "Fidel Castro y su trayectoria", publicado por la Agencia de Informaciones Periodísticas, Servicio Especial, noviembre de 1967, Miami.
16 Periódico **Hoy**, 29 de abril de 1964, p. 2.
17 Este objetivo no fue alcanzado, pero algunos ejemplares de la primera edición, salvados de la pira —informaría después Núñez Jiménez— sirvieron para informar sobre la realidad económica y social geográfica de Cuba a los jóvenes revolucionarios, tanto en las cárceles como en la clandestinidad y hasta en los campos de batalla. Quintín Pino dirigió en el presidio político de Isla de Pinos un círculo de estudios tomando como base nuestra Geografía de Cuba; en algunas mochilas de los héroes del Granma llegaron ejemplares con su mensaje de cubanía; el Ché Guevara la paseó a lo largo de la inmortal invasión desde la Sierra Maestra hasta las montañas villareñas; en el Segundo frente oriental Frank País, se hizo una edición mimeografiada que sirvió, al igual que en la escuela rebelde del Escambray como libro de texto revolucionario". (Geografía de Cuba de A. Núñez Jiménez, Editorial Lex, La Habana, 1959, p. 9).
18 Jules Dubois, **Op. cit.**, p. 49.
19 Alberto Baeza Flores, "Las cadenas vienen de lejos", México, 1960, p. 319.

20 Ibid., p. 82.
21 Theodore Draper, "Castrismo, teoría y práctica", edición especial en lengua española, 1966, p. 46.
22 Ibid.
23 "Informe de la Unión Panamericana", sobre la "Décima conferencia interamericana, Caracas, Venezuela, 1º al 28 de marzo de 1954", División de Conferencias y Organismos, Departamento Jurídico, Unión Panamericana, Washington D.C. 1955, p. 115.
24 Ibid.
25 El documento, publicado por la revista "Bohemia" de 21 de marzo de 1954 en página 66, decía literalmente así: "Declaraciones del Comité Pro-Guatemala. A la opinión pública de Cuba y de América: Los esfuerzos del pueblo de Guatemala y de sus dos últimos gobiernos por rescatar la riqueza nacional y organizarla al servicio de la nación y el pueblo guatemaltecos, en especial la Reforma Agraria dirigida a expropiar los enormes latifundios de la United Fruit Company, han encontrado una resonancia de simpatía en toda la América. La forma en que Guatemala ha llevado a cabo esta política nacionalista, en beneficio de todos los sectores, del campesinado y del indígena explotado, mediante el escrupuloso aval de la Constitución y de las leyes e indemnizando a las compañías y propietarios individuales, hace aún más respetable ese hermoso programa democrático. Sin embargo, contra Guatemala se dirigen hoy, encarnizadamente, las fuerzas que se obstinan en mantener nuestros países bajo la coyunda económica y el más abominable retraso. La United Fruit y los representantes de la política explotadora, han organizado numerosos intentos de derrocar por la violencia al Gobierno de Guatemala; ahora mismo, este Gobierno se ha visto obligado a denunciar un complot para invadir su país, en el que figuran notorios dictadores como Anastasio Somoza y Rafael Leónidas Trujillo. Y como complemento de esos designios criminales, se proponen utilizar la Conferencia de Caracas —que se celebra en un país donde miles de hombres yacen en las cárceles por defender la democracia— para, con la presencia de representativos de gobiernos nacidos de golpes de estado, propiciar la ingerencia en el hermano país y violar su soberanía. Es necesario que las fuerzas democráticas de América impidan ese crimen. Es posible que muchos americanos que se afanan por lograr el desarrollo independiente de nuestros países no coincidan con todos los aspectos de la política interna de Guatemala. Pero nadie que aliente propósitos de libertad, democracia y progreso nacional, podrá permanecer indiferente ante el torvo intento de ahogar las justas aspiraciones nacionales del hermano país. Como en el caso de México y las expropiaciones petroleras de Lázaro Cárdenas, el destino de Guatemala representa hoy la posibilidad de construir una América Latina libre de lazos opresores. La Habana, marzo 11 de 1954. Jorge Mañach, Guido García Inclán, Domingo Villamil, Pelayo Cuervo, Elías Entralgo, José Angel Bustamante, Augusto Fernández Conde, Juan Govea, Francisco Carone, Waldo Medina, Mario Carreño, Martha Arjona, Cundo Bermúdez, Mariano Rodríguez, Alberto Alonso, José López Sánchez, A. Arnau, José Antonio Portuondo, José Manuel Gutiérrez, Juan Marinello, Francisco Lajara, Luis Bonito, Ramón Guirola, Pastora Núñez, Carmen Castro, Carlos Rafael Rodríguez, Enrique Amado Ledo, Alfredo Lozano, Haydée Santamaría, Tony López, Carlos Font Pupo, Vicente González, Vicentina Antuña, Melba Hernández, Mirtha Aguirre, Candelaria Rodríguez, Federico Sotolongo, Jorge V. Miranda. Firmado: Comité Pro-Guatemala: Eduardo Corona, Martha Frayde, Enrique González Mántici, Germán Moré, Armando Fleites, Alvaro Barba, Nilo Rodrguez, Aramís Taboada, Mario Rivadulla, Omar Borges, Antonio Núñez Jiménez, Max Lesnick, René Díaz, Dolores Chenard, Fermín Flores, M. Llaguno, Enrique Barroso, Flavio Bravo, Claudio Simón, Francisco López, Raúl Valdés Vivó, Eduardo Muñoz, José M. Sánchez, Alberto Muguercia, C. Betancourt. Nuevas adhesiones individuales: Dres. Octavio Cubillas, Conrado Castell, José R. Vasconcelos; Juan L. Vega Vega, José M. Pérez Lamy, Edmundo Carrera, Delio Batista, Rosa Ravelo, Abogados. Instituciones: Federación Estudiantil Universitaria, Consejo director del P.P.C. (Ortodoxos), Buró agrario de la Universidad de Oriente".
26 Carlos Márquez Sterling. **Op. cit.**, p. 361.
27 Informe de Manuel Luzardo, revista **Fundamentos**, Año XIX, No. 150, febrero, p. 82.
28 Pedro V. Domingo, artículo cit., p. 97.
29 Mario Fierini, artículo publicado en la revista "Estudios sobre el Comunismo", Año IV, No. 13, Santiago de Chile, julio-septiembre de 1956, p. 79.

CAPITULO XVII
PRELUDIO DEL HURACAN
(1955-1957)

I - El Gobierno de Batista al iniciar su etapa constitucional. II - El Gobierno trata de conquistar la confianza de la oposición y dicta una ley de amnistía. III - Los comunistas toman posiciones en las universidades oficiales. IV - Carlos Rafael Rodríguez aspira a una cátedra en la Universidad de La Habana. V - La huelga azucarera de diciembre del cincuenta y seis. VI - El XX Congreso del Partido Comunista en la Unión Soviética. VII - Contactos de Fidel Castro con los comunistas en México. VIII - Gestiones de conciliación política y el "Diálogo cívico". IX - Reunión del Comité Ejecutivo Nacional del Partido. X - El doble juego político de la oposición y del gobierno. XI - Los comunistas toman una posición sectaria en la Universidad de La Habana. XII - Los comunistas se ocupan, una vez más, de los intelectuales, especialmente de los escritores y artistas. XIII - Nueva reunión del Comité ejecutivo Nacional. XIV - Preparativos de Fidel Castro en México. XV - La Revolución de Hungría vista desde Cuba. XVI - Desembarco del "Granma". XVII - El Partido socialista popular condena el desembarco del "Granma".

I - EL GOBIERNO DE BATISTA AL INICIAR SU ETAPA CONSTITUCIONAL.

Cuando los congresistas tomaron posesión de sus cargos, el 28 de enero de 1953, y el General Batista, de la presidencia, el 24 de febrero, se habló, por parte del Gobierno, de restaurar la Constitución del 40, hasta entonces "virgen y mártir", según la feliz expresión de Don Manuel Sanguily al referirse a la Constitución de 1901. La promesa no fue cumplida a cabalidad. Inexplicablemente, el gobierno provisional que regía al país con facultades constitucionales, antes de terminar el período de "facto", aprobó una transitoria constitucional, que entre otras cosas, suspendió la celebración de las elecciones parciales que debían renovar la mitad de la Cámara de Representantes y elegir alcaldes y concejales en 1956.

Esta transitoria constitucional fue acogida por la oposición como una evidencia del espíritu refractario del gobierno a la celebración de elecciones. Este mal efecto trató de compensarlo el Presidnte Batista con la designación de un gabinete, en el que prevalecieron los factores "civilistas" sobre los "tanquistas", encabezado por el Primer Ministro Jorge García Montes. Se dijo, por algunos comentaristas políticos que era "un ramo de olivo tendido por el gobierno a la oposición".

Hasta ese momento, el Gobierno había exhibido una gran preocupación por el desarrollo económico y social del país. La economía había entrado en crisis a consecuencia, más que de la quiebra del tesoro público heredada del gobierno anterior, de la depresión en los precios azucareros en el mercado mundial. De ahí que el Gobierno de Batista se ocupara no solo de ordenar la política azucarera, sino de incrementar otros factores de producción que compensasen las reducciones en los ingresos por los conceptos del azúcar.

El resultado de esta política económica se observó en el incremento del volumen del ingreso nacional. Para lograrlo, el Gobierno estimuló los factores expansivos de carácter interno azucarero, como la zafra de mieles ricas invertidas. Pero en lo que puso más énfasis fue en el incremento de factores expansivos de carácter interno no azucareros. Entre éstos, merece señalarse la expansión arrocera, mediante el otorgamiento de créditos y el subsidio indirecto de las exenciones; el aumento de las edificaciones urbanas, estimuladas con el subsidio indirecto de las exenciones aduanales; el mantenimiento primero y el aumento del nivel del gasto público después, a través de la realización de obras públicas extraordinarias; las nuevas inversiones eléctricas, petroleras y mineras, que respondían a un plan de financiamientos y exenciones; la expansión de la producción industrial, agro-pecuaria y pesquera, con el propósito de sustituir importaciones, impulsadas por medio de créditos en unos casos y de beneficios en otros, como los de la Ley de Estimulación Industrial.

Gracias a esta política, al trabajo de los organismos financieros creados por el Gobierno y el Plan de Desarrollo Económico y Social, unido a la fiebre inversionista de los empresarios privados, la economía nacional alcanzó los niveles más altos de su historia.

En el orden moral, en cambio, no se notaba la misma recuperación. Por el contrario, tal parecía que la sociedad visible se había aficionado a la púrpura. La sociedad que usufructuaba aquellos beneficios no pensaba más que en allegar y apoderarse de todo cuanto pudiera. Vivía en un mundo deshumanizado y egoísta, en el cual estaba ausente el sentimiento de caridad. Cuando más, el mundo oficial practicaba una caridad que a veces parecía buscar la publicidad, mientras que en el mundo revolucionario se practicaba el principio del "humanismo social y político" del terrorismo, con el fin de quebrantar el orden público.

Se daba el caso, aparentemente insólito, de que "los señoritos de clubs" presumían de doctrinas feroces y hasta sanguinarias. A la hora de enunciar ideas, que no tenían, se preocupaban por vestirse con las ideas a la moda o las más radicales. Intelectuales por un lado, (llamados así por antífrasis) y agentes provocadores por el otro, fueron acumulando los combustibles necesarios para lo que habría de venir.

La juventud en las ciudades, especialmente la estudiantil, estaba sedienta de lucha y acción. Estaba poseída por un cierto sentimiento de desasosiego, creado, paradójicamente, por la ansiedad que despertaba el desarrollo económico del país. En sus luchas, así como en las de los demás, la vara de la sensibilidad era un metro desusado. A los nuevos revolucionarios sólo les interesaba una revolución compatible con lo que ambicionaban: mandar, vivir bien, sustituir a la "élite de los señorones".

Por debajo de aquella sociedad visible, existía un pueblo humilde y sencillo que no entendía lo que pasaba, aunque sí tenía intuición suficiente como para darse cuenta de que aquello andaba mal. Era el material propicio para ser utilizado por los "inteligentes" y para engañarlo con promesas demagógicas cargadas de ilusiones que no podrían realizarse.

En cuanto empezaron a excitarse las pasiones, comenzó a excitarse el fervor de la contienda intestina. Como la situación moral era deplorable, faltaban ideas y virtud en la mayoría de los gobernantes así como en la mayoría de los gobernados; como la fuerza y autoridad del gobierno iban viniendo a menos, y como habían huido los nobles sentimientos, capaces de controlar los movimientos huracanados de las bajas pasiones, vino, como tenía que venir, lo que vino.

II - EL GOBIERNO TRATA DE CONQUISTAR LA CONFIANZA DE LA OPOSICION Y DICTA UNA LEY DE AMNISTIA.

La primera proposición de ley que ocupó la atención del Congreso, recién estrenado, fue un proyecto de amnistía política. En seguida se vio que era imposible aprobarla si no se conquistaba la voluntad del Presidente, pues la mayoría del Congreso votaba siempre por lo que le interesaba al Gobierno en las cuestiones decisivas.

En el seno del Gobierno surgieron opiniones encontradas, sobre si se debía o no conceder la amnistía especialmente para los participantes del asalto al Cuartel Moncada. Los que se oponían alegaban que sólo era posible concederla para restablecer la armonía política y encauzar el país por las vías de las soluciones pacíficas, es decir, sobre la base de olvidar agravios pasados. Los partidarios de la amnistía, razonaban que eso vendría después, que, de momento, el gobierno debía probar su buena fe otorgándola sin condiciones.

Un amplio movimiento de prensa, con las naturales repercusiones en la opinión pública, apoyó decisivamente el proyecto de Ley de Amnistía. En ese movimiento, estuvieron presentes, naturalmente, los comunistas. Al cabo, el Presidente Batista cedió. Es de anotar que cuando ya era inminente la aprobación de la Ley, Fidel Castro publicó un artículo en la revista "Bohemia" en el que anunciaba su propósito de persistir en la lucha armada contra el Gobierno. La amnistía, no obstante, fue aprobada; pero no consolidó la estabilidad del Gobierno, tal cual era previsible.

La campaña en torno a los beneficiados con la Ley de Amnistía se centró en Fidel Castro. Tal parecía que respondían a un plan, muy bien elaborado y mejor ejecutado, cuyo objetivo era convertir a Fidel Castro en la figura central de la oposición. Como parte de la campaña, se organizó un acto en la estación de ferrocarril para recibir a Fidel Castro a su llegada a La Habana. El acto fue una decepción para quienes creyeron que reunirían una multitud, dado el falso estado de opinión que se había creado por los medios de publicidad en torno al "Héroe del Moncada".

En ese momento, Fidel Castro fue invitado a formar parte del Consejo Nacional del Partido Ortodoxo; pero rechazó la oferta, seguramente, por estimar que era muy poca cosa para él. Entonces, se dio a la tarea de organizar su "Movimiento 26 de Julio", que surgió como un desprendimiento de lo más joven y radical de la "ortodoxia". A las seis semanas de moverse de un lado para el otro, sus gestiones comenzaron a lucir ridículas y su personalidad oposicionista a opacarse, ante el anuncio del posible regreso del Dr. Carlos Prío Socarrás. Al fin decidió marcharse, lo anunció, en tono dramático, a través de la prensa y la televisión, al decir:

"Después de seis semanas en la calle estoy convencido más que nunca de que la dictadura tiene la intención de permanecer veinte años en el poder disfrazada de distintas formas, gobernando, como hasta ahora, sobre el terror y sobre el crimen, ignorando que la paciencia del pueblo cubano tiene sus límites. Como martiano pienso que ha llegado la hora de tomar derechos y no pedirlos, de arrancarlos en vez de mendigarlos. Residiré en un lugar del Caribe. De viajes como éste no se regresa, o se regresa con la tiranía descabezada a los pies".[1]

El ex-Presidente Carlos Prío Socarrás llegó a Cuba, casi de improviso, el 18 de agosto de 1956, después de haber conversado con líderes del Gobierno y de fracasar la conspiración organizada por Agostini, quien había muerto en un encuentro a tiros con la policía en el mes de junio. Según anunció, su propósito era organizar un gran movimiento popular contra el Gobierno. Durante sus primeras gestiones se convirtió en el centro de la oposición. Dos meses más tarde, la Sociedad de Amigos de la República (SAR) trató de reconquistar el terreno perdido y convocó a un acto de unidad oposicionista en la "Plaza de los Desamparados", junto al muelle de "Luz". La convocatoria fue combatida por los comunistas y los "fidelistas", quienes consideraron que el momento era de revolución; no obstante lo cual se reunió una multitud impresionante.

Los oradores, en el acto de la SAR, fueron interrumpidos con frecuencia, por los gritos que profería la claque comunista, al repetir con incesante monoritmo y monoritmo: "Revolución, Revolución, Revolución". Entre los oradores figuró José Antonio Echevarría, entonces Presidente de la FEU. Cuando terminó de hablar, los comunistas intentaron llevar a la tribuna a Salvador García Agüero, para imponerlo al auditorio; pero los estudiantes lo impidieron. En algunos momentos en que el orden público estuvo a punto de ser alterado, se oyó claramente la voz de José Antonio Echevarría, desde el micrófono, llamando al orden y exclamando: " 'No les hagan caso' " " 'Son los mismos agitadores de siempre' ".

El acto terminó con una batalla campal, a silletazos, entre los comunistas y fidelistas, de un lado, y los asistentes del otro.

Como se aprecia, no resultaba fácil tomar el camino de las soluciones pacíficas. Cada día se caldeaba más el ambiente. Crecían las amenazas y coacciones por quienes insistían en derrocar al Gobierno por la violencia. A cuantos hablaban de soluciones pacíficas o políticas les salían al paso, y los acusaban de estar entendidos con el Gobierno, cuando no los agredían. De esta forma, la minoría tremendista iba abriéndose paso por entre todos los criterios, a fuerza de gritar, de coaccionar y de imponerse sin preocuparse por lo que opinaba la mayoría.

III - LOS COMUNISTAS TOMAN POSICIONES EN LAS UNIVERSIDADES OFICIALES.

El trabajo de infiltración realizado por los jóvenes comunistas comenzaba a dar sus frutos en las tres universidades oficiales: La Habana, Las Villas y Oriente. Recoger los frutos no era fácil, pues aún subsistía el clima de antipatía contra los comunistas, tan generalizado entre la masa estudiantil.

En la Universidad de Oriente ya habían logrado situar a dos profesores claramente comprometidos con el Partido: José Luis Gálvez y José Antonio Portuondo. En la Universidad de Las Villas, a Antonio Núñez Jiménez. En la Universidad de La Habana contaban con la colaboración de varios profesores, ya mencionados; pero sin que entre ellos figurara ninguno conocido públicamente como miembro del Partido.

La fracción de la Juventud Socialista en la Universidad de La Habana había trabajado, sin duda, con gran eficacia en el esfuerzo por ir creando la imagen de que eran personas preocupadas por las causas populares y que ellos, y sólo ellos, estaban realmente organizados. Los hitos situados para marcar estos caminos fueron los comités pro apoyo a Guatemala, el "Movimiento juvenil por los Derechos", "La Unión Martiana", la proliferación de las delegaciones de la UIE y de la "Federación mundial de la Juventud democrática". La imagen procuraron completarla con el "Forum de juventudes" que celebraron en 1955, donde plantearon la tesis de la unidad sin exclusiones en la lucha contra Batista.

En 1955 ya los comunistas se atrevieron a presentarse desembozadamente en la Universidad de La Habana. Es más, llegaron, con Amparo Chaple, a ganar la presidencia de los estudiantes de la Facultad de Filosofía y Letras, en unas elecciones muy reñidas. Fue un gran paso de avance para los comunistas, al punto de que se les permitió negociar su apoyo a José Antonio Echevarría para la presidencia de la FEU.

El acuerdo entre José Antonio Echevarría y los comunistas se logró no sobre las bases doctrinales, sino sobre la base de un programa de unidad en la lucha contra Batista que denunciaba el anti-comunismo como "arma favorita de Batista para dividir el movimiento popular, especialmente entre los estudiantes".

La idea de que la FEU no debía implicar a la Universidad en sus actividades políticas ya había calado muy hondo en la conciencia estudiantil. Por eso, José Antonio Echevarría pensó en la creación de un organismo aparte y distinto que asumiera la responsabilidad de la lucha contra Batista. El proyecto permitiría no sólo salvar ese obstáculo creado por la conciencia estudiantil, sino incluir en el organismo a jóvenes que no eran estudiantes como Juan Pedro Carbó Serviá y Faure Chomón. La idea prosperó y el nuevo organismo se llamó "Directorio estudiantil revolucionario", evocando así al Directorio de la época de Machado.

Los jóvenes socialistas se opusieron al proyecto, pues los integrantes del Directorio tenían un marcado espíritu anti-comunista y con su fundación perdían lo que habían ganado en la FEU, donde estaban representados y habían logrado un pronunciamiento de unidad sin exclusiones, valga la redundancia. En el primer momento, los estudiantes comunistas pensaron fundar el "Ala izquierda estudiantil", al igual que lo habían hecho en la época de Machado.

Estas ideas fueron discutidas por el Buró de Dirección de la Juventud Socialista en la Universidad de La Habana. En ese momento, el Buró estaba integrado por Raúl Valdés Vivó, Secretario General; Antonio Caracedo, Secretario de Organización; Antonio Font, Secretario de Propaganda; César Gómez, Secretario de Finanzas; y Marco Antonio Zorrilla, Hiram Prat y Amparo Chaple, como miembros simplemente.

Después de mucho discutir, el Buró de Dirección de la Juventud socialista en la Universidad de La Habana decidió consultar a la Dirección nacional de la Juventud socialista. Esta resolvió condenar la constitución del Directorio Estudiantil y la resolución fue publicada en el quincenario de la Juventud socialista, "Mella", que se distribuía en la Universidad.

La oposición de los comunistas no fue óbice para que el Directorio ganara crédito y prestigio entre los estudiantes universitarios.

Es más, tal vez lo ganaba, en buena parte, por esa razón. Las relaciones entre los comunistas y el Directorio se fueron agriando con el decursar de los días. A fin de armonizar puntos de vista, Valdés Vivó efectuó varias entrevistas con Juan Nuiri, Fructuoso Rodríguez, Carbó Serviá y, por último, con el propio José Antonio Echevarría.

En las entrevistas, Valdés Vivó razonó de esta manera:

"Del mismo modo que existe la Juventud socialista, del mismo modo que se está organizando el "Movimiento 26 de Julio" por el compañero Ñico López, con quienes nosotros trabajamos estrechamente, puede organizarse el Directorio. Pero, consideramos que no debe desaparecer la FEU sino fortalecerla.

La FEU, decía Vivó, debe ser la organización de "frente unido", la organización de todos los estudiantes para oponerse a la tiranía de Batista".[2]

Para reafirmar sus argumentos, apuntaba que, Ñico López, a nombre del "26 de julio", compartía esas mismas preocupaciones sobre la unidad del movimiento estudiantil.

Como resultado de estas conversaciones, se convino una tregua, la cual fue aprovechada por los comunistas para inmiscuirse en la organización de los actos de calle del Directorio y tratar de imponer sus tácticas de lucha. Sus miras: agitar al estudiantado, intensificar la propaganda en los núcleos juveniles, provocar choques con la fuerza pública, estimular la organización del martirologio estudiantil. Toda esta maquinación roja contaba con la tradición de rebeldía estudiantil, especialmente en la Universidad de La Habana.

La propaganda comunista se esforzaba por entonces en presentar los actos de calle como obras del Partido. La "Carta semanal", por ejemplo exaltó la participación de los jóvenes comunistas en los disturbios del 27 de noviembre de mil novecientos cincuenta y cinco en Santiago de Cuba, y asumió la responsabilidad de los actos de protesta, del día siguiente, por lo ocurrido, en varios centros de enseñanza secundaria el día anterior, a través de toda la Isla y de los mítines relámpagos en La Habana. También denunció un supuesto plan para asesinar a los miembros de la Juventud socialista en la Universidad de La Habana. Todo era pura imaginción con fines publicitarios.

El carácter huidizo de los estudiantes comunistas se puso de manifiesto con motivo de la manifestación del dos de diciembre, cuando los estudiantes de la Universidad de La Habana anunciaron que se proponían llevar, en manifestación, una carta al Coronel Cosme de la Torriente. El Directorio acordó que un grupo de sus miembros dispararía contra la policía, desde la Universidad, para forzarla a que disolviera la manifestación y encontrar así un motivo más de protesta contra el Gobierno. Esta táctica la combatieron los comunistas porque, según sus dichos, restaría lucimiento a la manifestación, pues al darse a la publicidad el proyecto no concurrirían muchos estudiantes, a más de que podría ponerlos al descubierto. No obstante la oposición de los comunistas, el proyecto se efectuó y la manifestación fue disuelta con el saldo de tres estudiantes heridos: José Antonio Echevarría, su hermano Alfredo y Fructuoso Rodríguez.[3]

Días después, el 7 de diciembre, los comunistas tuvieron oportunidad de aplicar sus tácticas favoritas para los actos de calle, al llevarse a efecto la manifestación acordada por la FEU en conmemoración del aniversario de la muerte del Titán de Bronce, Antonio Maceo.

La manifestación la encabezaba el Ejecutivo de la FEU, que sostenía una tela, con una consigna contra el gobierno, suscrita por el organismo rector de los estudiantes universitarios, según habían sugerido los comunistas.

A la manifestación se unieron muchos jóvenes que no eran estudiantes, especialmente, miembros de la juventud socialista. Estos se situaron en la parte posterior, desde donde gritaban sus consignas de "Unidad", "Revolución" y "Abajo el imperialismo".

No hubo provocaciones directas contra la fuerza pública durante la manifestación, que marchó desde la Universidad hasta el parque "Maceo", a lo largo de la calzada de San Lázaro. De ahí que, llegaron sin dificultad a su destino, donde eran esperados por fotógrafos y reporteros.

Pero una vez situado el grueso de la manifestación en el parque, los agitadores de la Juventud socialista comenzaron a lanzar botellas y ladrillos contra los edificios, a entrar en las bodegas y cafés apoderándose de todo y rompiéndolo todo. Esto ocurría mientras la cabeza de la manifestación improvisaba un acto junto al monumento de Maceo. Los atentados contra la propiedad y la agitación consiguiente, forzaron la intervención de la policía, que disolvió el acto. Entre los heridos figuró Camilo Cienfuegos, de la Juventud socialista, quien no era estudiante.

Las depredaciones cometidas por los miembros de la Juventud socialista despertaron, como era natural, la repulsa de algunos sectores de la ciudadanía. Esto provocó que el Directorio las esgrimiera para acusar a los rojos de intervenir con elementos ajenos al estudiantado para desarrollar tácticas ajenas a lo previamente acordado.

Estos hechos y la congénita antipatía de los estudiantes por los comunistas abrieron aún más las grietas que ya existían en el terreno de las relaciones entre la Juventud socialista y el Directorio.

IV - CARLOS RAFAEL RODRIGUEZ ASPIRA A UNA CATEDRA EN LA UNIVERSIDAD DE LA HABANA.

El viejo y gran anhelo del Partido había sido, durante mucho tiempo, situar a uno de sus militantes públicos en el Claustro de Profesores de la Universidad de La Habana. La gran oportunidad pareció presentarse cuando la Facultad de Ciencias Sociales libró una convocatoria para cubrir, por concurso-oposición, la vacante de profesor auxiliar en la cátedra de "Economía Política".

Esta cátedra, tenía además una importancia fundamental para los comunistas. De ahí que el Partido indicara a Carlos Rafael Rodríguez que se preparara para los ejercicios de oposiciones anunciados. Lo relevó, inclusive, de todas sus tareas políticas, a fin de que pudiera dedicarse por completo al estudio. Llegó a más, José Boris Altshueler, joven judío de militancia comunista que por entonces cursaba el quinto año de medicina, quedó encargado de aleccionar a Rodríguez en Análisis Matemático y Cálculo Diferencial.

Carlos Rafael Rodríguez concurrió a las oposiciones en unión de sus contendientes, José Luis Avalos y Rufo López Fresquet. El tribunal, compuesto de tres miembros, lo presidió el profesor Gerardo Portela, de abierta y clara militancia anti-marxista. Dos de los miembros del tribunal votaron por Carlos Rafael Rodríguez. Pero el presidente se abstuvo al considerar que ninguno de los opositores era acreedor a la cátedra. Por lo cual fue necesario una segunda votación. En ésta, uno de los miembros del tribunal votó por Rufo López Fresquet en tanto que el otro, Raúl Roa, mantuvo su voto a favor de Rodríguez. El presidente del tribunal permaneció sin decidirse. En estas circunstancias, la posición quedó sin decidirse y la cátedra vacante.

Sólo el triunfo de Fidel Castro le franquearía a Carlos Rafael Rodríguez la cátedra de Economía Política a la que había aspirado antes de que los comunistas dominaran a Cuba.

V - LA HUELGA AZUCARERA DE DICIEMBRE DEL CINCUENTA Y SEIS.

La CTC estaba empeñada en lograr que los trabajadores azucareros cobraran el "diferencial azucarero" que no se había producido ese año, a consecuencia de los precios bajos del azúcar. La reclamación era vista con simpatía por el Gobierno; pero los hacendados y los colonos se oponían a la medida. A fin de vencer esta resistencia, la CTC decretó una huelga azucarera en todo el país, con la aquiescencia del Presidente Batista, no obstante la advertencia del Primer Ministro sobre el peligro de tal movimiento.

Los comunistas, siempre atentos a cualquier perturbación para aventarla, se inmiscuyeron en la huelga, especialmente en las provincias de Camagüey y Las Villas. Las maquinaciones de los comunistas en esta provincia, con la eficaz intervención de los hermanos Calcines, llevó la huelga más allá de los límites del sector azucarero. Durante dos días paralizaron el transporte y durante horas los embarques de azúcar. Los sectores oposicionistas no comunistas también prestaron su apoyo al movimiento, con el mismo fin inmediato de los comunistas: transformar la huelga económica en política para provocar la caída del Gobierno.

Los trabajadores, sin embargo, reaccionaron a tiempo y frustraron los propósitos políticos de la huelga tan pronto se dieron cuenta de los objetivos del Partido: utilizar las demandas económicas de los trabajadores como instrumento para sus fines políticos. La CTC, sin apagar el fuego de sus hirvientes reivindicaciones ni reducir la vibración de sus manifiestos, controló el movimiento y el gobierno, por su parte, ordenó el pago del inexistente "diferencial azucarero".

VI - EL XX CONGRESO DEL PARTIDO COMUNISTA EN LA UNION SOVIETICA.

El XX Congreso del Partido comunista de la Unión Soviética, efectuado del 14 al 24 de febrero, tuvo una influencia decisiva en la política roja del Continente latinoamericano y, de manera muy especial, en la del Caribe y Cuba.

El Congreso formalizó, como es sabido, la política que Mao calificaría de "línea revisionista opuesta a la revolución". Fue cuando Kruchev leyó su famoso informe secreto sobre los crímenes de Stalin, exhortó a los partidos comunistas del mundo a reeditar las viejas tácticas del año treinta y cuatro y consagró la política exterior de "coexistencia pacífica", por considerar que "la nueva correlación de fuerzas" y "el cambio de la naturaleza del imperialismo" permitía una colaboración amistosa con los países no socialistas.

En este congreso encontramos las raíces de las líneas de la política internacional soviética que, los comunistas chinos habrían de sintetizar como "las tres pacíficas", "coexistencia pacífica", "competencia pacífica" y "transición pacífica".

La coexistencia pacífica se interpretaría, desde luego, como la coexistencia entre estados, sin renunciar, por ello, a la lucha de clases dentro de cada Estado. Es decir, la Unión Soviética pretendía obtener un compromiso de paz, según el concepto tradicional de la guerra, a fin de transitar impunemente por un nuevo camino: el de la guerra de subversión.

Blas Roca, que asistió al Congreso en representación del Partido de Cuba, no solo aplaudió los acuerdos sobre la nueva política, sino que se reunió con varios delegados latinoamericanos bajo la presidencia de Hipólito Castillo, para estudiar las líneas tácticas que habrían de adoptarse con vista a la nueva estrategia. En la reunión se trató sobre la conveniencia de ampliar el radio de acción de los partidos comunistas latinoamericanos, la cooperación que podría obtenerse de los grupos burgueses e intelectuales y sobre la importancia del área del Caribe, a la que se consideró "zona de prioridad".

La nueva política abrió nuevas perspectivas a la acción del Partido en Cuba. Le permitiría utilizar su táctica favorita del frente uni lo. Pero la cuestión estaba en que ahora nadie quería acercarse a los comunistas, pues los sectores oposicionistas en Cuba estaban de acuerdo en repudiarlos. Sólo Fidel Castro estaba dispuesto a recibir la ayuda de los comunistas, como la de cualquier persona o grupo, sin preocuparle otra cosa que llegar, por cualquier medio, a conquistar el poder.

V - CONTACTOS DE FIDEL CASTRO CON LOS COMUNISTAS EN MEXICO.

El centro de las operaciones clandestinas de los comunistas, para el área del Caribe, se había establecido en México. Allí radicaba la sede de la "Junta suprema de liberación latinoamericana" que había sustituido al "Buró ejecutivo latinoamericano de información".

Fidel Castro, tras recorrer varias ciudades de los Estados Unidos, organizando núcleos del M-26-7 y procurando fondos, se trasladó a México donde comenzó a preparar su invasión a Cuba.

Fidel Castro no demoró mucho en establecer contactos con diplomáticos soviéticos y también con Lázaro Peña, que estaba residiendo por entonces en México, a principios del año cincuenta y seis. En esto coinciden, más o menos, todas las informaciones tanto las de la policía cubana de aquella época, como las de Adolfo G. Merino,[4] las de Bernard L. Collier,[5] y las de Juanita Castro,[6] hermana de Fidel.

Estos conciliábulos fueron revelados, de cierta forma, en Cuba, por Luis Dam, republicano español exilado, cuando publicó un artículo en la revista "Bohemia" en el cual informaba que Castro y otras veinte personas habían sido arrestados en México porque la policía de ese país había confirmado que "Fidel Castro es miembro del Partido comunista y dirigente de la "Institución cultural mexicana rusa' ".[7]

El artículo molestó, como era de esperar, a Fidel Castro, interesado por entonces en que nadie lo identificara con los comunistas. De ahí que replicara con otro artículo que tituló "¡Basta ya de mentiras!", en el que decía:

"¿Qué moral tiene en cambio, el señor Batista para hablar de comunismo si fue candidato presidencial del Partido Comunista en las elecciones de 1940, si sus pasquines electorales se cobijaron bajo la hoz y el martillo, si por ahí andan las fotos junto a Blas Roca y Lázaro Peña, si media docena de sus actuales ministros y colaboradores de confianza fueron miembros destacados del Partido comunista?"[8]

Las relaciones de Fidel Castro con los comunistas en México, según parece, se desarrollaban en forma cautelosa y a nivel internacional, pues Fidel Castro y los propios comunistas sabían que anunciar en Cuba el carácter marxista-leninista de la revolución era condenarla irremisiblemente al fracaso. Ello explica el que ambas partes estuvieran de acuerdo, por mutua conveniencia, en exhibir sólo "la bandera de las libertades democrático-burguesas" y "la bandera de la independencia y soberanía nacionales", según la vieja recomendación de Stalin que reactualizaba los consejos anteriores de Lenín. En este empeño, y sólo así, la burguesía y "los demócratas progresistas" resultarían valiosos colaboradores. En otras palabras, la filosofía de la lucha de clases quedaría desplazada por "la lucha del pueblo" y el léxico nacionalista sustituiría el vocabulario marxista. No se dirigirían ataques contra la propiedad privada ni se plantearía la socialización de los medios de producción. Cuando más, se hablaría de distribuir las tierras entre los campesinos, de acelerar la industrialización y de una poltica de planificación estatal de la economía.[9]

Los comunistas, ofrecieron una serie de facilidades a Fidel Castro para que prosiguiera con sus "sueños", con sus "aventuras", "con sus ilusiones", sin creer a plenitud en la viabilidad de los mismos. Entre otras, le brindaron recursos materiales, instrumentos de propaganda, lugares en México, donde preparar su invasión y hasta un profesor de "táctica militar" Alberto Bayo. "Fidel Castro casi nunca dio clases de táctica militar, porque el tiempo le resultaba corto para ello. Los demás pudimos aprender bastante con el General Alberto Bayo" afirmaría mucho después, el Ché Guevara.[10]

Fidel Castro, en resumen, no se había comprometido a presentarse con la bandera comunista. Ni siquiera a someterse a los dictados de la dirigencia del Partido socialista popular en Cuba. Ahora, como antes del 26 de julio, Fidel Castro quería aprovecharse de la ayuda que pudieran ofrecerle los comunistas; en tanto que éstos aspiraban solamente a perturbar en Cuba y a situarse, por un por si acaso. Era un entendimiento basado en el oportunismo mutuo. De momento, el "26 de julio" pondría los muertos y los comunistas, las ideas en el caso de triunfar una revolución en Cuba.

VIII - GESTIONES DE CONCILIACION POLITICA Y EL "DIALOGO CIVICO"

Las gestiones de conciliación política eran entorpecidas, según ya apuntamos, tanto por los "jóvenes tremendistas" como por los comunistas, que no veían en ellas un medio de llegar al poder. Cuando los políticos oposicionistas se atrevían a pronunciarse por fórmulas pacíficas, eran execrados. Entendían los gritadores, que hablar de paz era sinónimo de gobiernista o tramitado. La oposición radical no aceptaba otra solución que la renuncia inmediata y sin condiciones del Presidente Batista.

En medio de este ambiente, caldeado por los voceríos de las minorías más audaces, comenzaron los políticos más sensatos a realizar esfuerzos por llegar a un acuerdo que permitiera impulsar un proceso de restauración de la confianza pública, en la celebración de elecciones, que unos reclamaban que fueran parciales y otros generales.

Fidel Castro y los comunistas eran los que más gritaban contra las soluciones pacíficas; no cesaban, por todos los medios, de repudiar las gestiones de conciliación e insistir en la "Revolución". Mientras tanto, el ex-presidente Carlos Prío, aunque aparentaba estar de acuerdo con las soluciones políticas, conspiraba con oficiales del ejército y organizara una acción insurreccional que comenzaría con el ataque al Cuartel Goicuría, en Matanzas.

En tales circunstancias, se iniciaron las conversaciones públicas entre los delegados de la oposición política y el gobierno, convocadas por la SAR, en el espectáculo que dio por llamarse el "Diálogo cívico". Se llevaron a efecto durante el mes de marzo, en el local de "La Casa de la Cultura", hoy ocupado por la titulada "Casa de las Américas". Desde un principio se evidenció que no sería otra cosa que una asamblea de intransigentes, de presuntuosas posiciones y de altiva oratoria jacobina.

En realidad no hubo diálogo, sino torneo oratorio con fines de publicidad y los planteamientos fueron tan radicalmente opuestos que no era posible encontrar punto alguno de coincidencia. La oposición, bajo la presión de los radicalismos imperantes, exigió la renuncia inmediata del gobierno por considerarlo ilegítimo. El gobierno, en cambio, propuso celebrar un plebiscito para que el pueblo decidiera si debía o no reducirse el término de las magistraturas y convocarse de inmediato a elecciones generales.

Los órganos de publicidad, en general, aplaudieron la intransigencia de la oposición y alzaron la más descompuesta gritería contra la llamada intransigencia del gobierno. Al fin, todo terminó en nada.

Después de este fracaso, los ánimos se enconaron. El encono propagó las llamas de la pasión. La pasión nubló con su humo, el entendimiento, que trajo como consecuencia la radicalización de las conductas de una y otra parte. "Lo que importa es Batista", clamaban unos. Ni unos ni otros se daban cuenta de que los comunistas estaban al acecho, secundados, inconscientemente en la mayoría de los casos, por quienes, poseídos por un espíritu mesiánico y utopista, gritaban coléricos:

—"¡Vayan al diablo los políticos!, ¡Dejadnos salvar al pueblo!"

Los nuevos y vociferantes cruzados de la patria se dedicaron a cosechar simientes de odio, a enarbolar banderas de guerra, a imponer sus criterios con desprecio de la libertad personal y el voto de las mayorías. Confiaban, para triunfar, en el celo de sus adeptos y en la apatía e indecisión de las masas. Los comunistas, como siempre, avivaban el fuego con sus consignas explosivas. Y así, por entre estas breñas y estos humos, comenzó andar la República hacia el despeñadero.

IX - REUNION DEL COMITE EJECUTIVO DEL PARTIDO.

El Comité ejecutivo nacional del Partido se apresuró a convocar una reunión, para el 30 de marzo, apremiado no tanto por los acontecimientos nacionales como por las noticias que venían de Moscú sobre la nueva línea política de los comunistas y la destrucción del mito de Stalin.

La reunión fue, en verdad, un acto de precipitación de Aníbal Escalante. En ella no estuvieron presentes Blas Roca, quien no había regresado todavía a Cuba, Lázaro Peña, quien estaba en México, ni el matrimonio Joaquín Ordoqui y Edith García Buchaca, de viaje por los países socialistas.

Los debates fueron breves, bajo la batuta expeditiva de Aníbal Escalante.

Cuando analizaron la situación nacional, todos estuvieron de acuerdo en repudiar las gestiones de conciliación política que se realizaban. Aníbal Escalante señaló, con énfasis dogmático, los peligros que podrían derivarse de triunfar los movimientos conspirativos que calificó de "pro-imperialistas" y se pronunció por "los movimientos de masa que pudieran agudizar las contradicciones hasta que se crearan las condiciones propicias para la revolución". Antes de terminar su informe, destacó la importancia de la propapanga, para crear "las condiciones subjetivas".

Aquellas líneas se convirtieron en acuerdos y se tomaron las medidas que permitirían ampliar los medios de divulgación del Partido a fin de "penetrar la cortina del silencio", según la expresión literal de la resolución. En cumplimiento de ésta, se puso gran empeño en regularizar las ediciones de "Carta semanal", "Respuesta" y "Fundamentos". También comenzó a publicarse "Jornada", periódico mensual clandestino que combinaba el material literario con la propaganda antinorteamericana; "El campesino", que ya había tenido una vida irregular; "Notas económicas", publicación mensual del tamaño de una cuartilla, que tuvo gran aceptación en los medios periodísticos, al extremo de que muchas de sus notas eran reproducidas por Cepero Bonilla en Prensa Libre; "Primero de mayo", editado en mimeógrafo que se anunció como una publicación mensual del Comité Provincial de La Habana del P.S.P. y tuvo escasa duración.

A la hora de examinar los acuerdos del XX Congreso, surgieron diferencias de criterio; por lo cual no pudo hilvanarse una resolución con puntos de vista concretos. La mayoría del Comité prefirió esperar por Blas Roca. Sin embargo, la persistencia de Aníbal Escalante logró arrancar un acuerdo sobre la debatida cuestión del culto a la personalidad de Stalin, que decía así:

"Stalin fue y seguirá siendo considerado como tal, una de las grandes figuras de la humanidad, sobresaliente discípulo y continuador de Marx, Engels y Lenin". Y nosotros los comunistas debemos acerar más nuestras filas, estudiar más el marxismo-leninismo, redoblar nuestra actividad diaria, seguros de que estamos próximos al triunfo".[11]

El informe de Kruschev había sonado a herejía en los oídos de los comunistas de Cuba. Stalin había sido, hasta entonces, un mito para el Partido socialista popular y no era fácil destruirlo con un discurso. De ahí que la resolución, sin renunciar a la adoración de Stalin, no dejara las puertas cerradas a un futura rectificación.

X - EL DOBLE JUEGO POLITICO DE LA OPOSICION Y EL GOBIERNO.

El Gobierno tenía la costumbre de permitir todo género de libertades políticas cuando se sentía seguro; pero cuando se conspiraba, el Gobierno restringía el uso de las libertades. La oposición política, por su parte, hacía, más o menos, lo mismo: cuando se sentía fuerte era intransigente y cuando se sentía débil era conciliadora.

El Presidente Batista había mostrado un gran espíritu de tolerancia política desde su toma de posesión en febrero del cincuenta y cinco. Esta tolerancia había sido aprovechada por la oposición para crear un clima de violencias. Este clima reventó cuando, el 4 de abril de 1956, se descubrió una conspiración militar, encabezada por el Coronel Barquín y el Comandante Borbonet, y cuando, el 29 de ese propio mes, abortó la acción insurreccional organizada por el ex-presidente Prío que habría de comenzar con el ataque al Cuartel Goicuría. Estos hechos insurreccionales fueron condenados por los comunistas, por considerarlos "movimientos pro-imperialistas", en su "Carta semanal".

El fracaso de ambos movimientos fortaleció, de momento, al Gobierno que comenzó a producirse, una vez más, en términos conciliatorios. Propuso lo que se llamó el "Plan de Vento", un programa de renovación de mandatos de los representantes, alcaldes y concejales. Pero este plan encontró la oposición de los afectados, sin encontrar el eco esperado en la oposición política y mucho menos en la insurreccional. Los comunistas, como era de esperarse, rechazaron también el "Plan Vento", pues tal salida no era solución para ellos.

Cada día era más difícil encontrar una salida pacífica al problema político. Márquez Sterling había perdido un recurso de inconstitucionalidad contra la transitoria impuesta por el Gobierno a la Constitución, que suspendía la celebración de elecciones parciales. A pesar de ello, no se cansaba de abogar por una solución política, desde el campo de la oposición. Por ese motivo fue tiroteado por un grupo de jóvenes extremistas cuando salía de una comparecencia por televisión en CMQ. Federico Fernández Casa y Millo Ochoa también fueron extorsionados cuando, previa la inscripción del Partido Ortodoxo en el Tribunal Superior Electoral, trataron de ir a la reorganización electoral con vistas a una solución política. En efecto, la reunión de los dirigentes políticos ortodoxos, en el Palacio de los Yesistas, terminó a palos y silletazos cuando los jóvenes extremistas decidieron impedir la celebración del acto.

La caldera cogía vapor. La candela la ponían todos. Era, justamente lo que deseaban los comunistas. A ello contribuían, inconscientemente, las intransigencias de muchos políticos del gobierno y de la oposición, obcecados por sus pasiones e intereses. El lenguaje ambivalente prevalecía en la mayoría de las ocasiones, sobre todo, cuando se hablaba desde la tribuna pública. Los unos y los otros se imputaban los mismos cargos, con lo cual resultaba que parecían la misma cosa. Ya las conversaciones públicas para arribar a una fórmula de solución se habían convertido en una logomaquia, pues en las discusiones se atendía más a las palabras que al fondo del problema.

XI - LOS COMUNISTAS TOMAN UNA POSICION SECTARIA EN LA UNIVERSIDAD DE LA HABANA.

La Juventud socialista no había podido superar, a pesar de sus esfuerzos, el cerco de aversión que le habían construido entre los estudiantes universitarios de La Habana. Esta situación había ido engendrando una conducta más y más sectaria por parte de los jóvenes comunistas. De esta manera fueron encerrándose dentro de su propio círculo, que generaba, a su vez, una expresión de arrogancia por creerse usufructuarios de la "verdad revolucionaria".

La corriente sectaria comenzó a sentirse cuando Raúl Valdés Vivó salió de la Universidad y se fue a viajar por China y Europa socialista. Fue en el momento, precisamente en que se reorganizó el Buró de Dirección de la juventud socialista. Antonio Garcedo pasó a ocupar el cargo de Secretario General, dejado vacante por Valdés Vivó. Hiram Prat ocupó el cargo de Secretario de Organización, dejado vacante por Garcedo. Antonio Font y César Gómez intercambiaron sus posiciones, es decir, el primero pasó de Secretario de Propaganda a Secretario de Finanzas y el segundo de Finanzas a Propaganda. Además, nombraron miembros del Buró de Dirección, sin responsabilidades específicas, a Marcos A. Zorrilla y Enrique Hernández.

La nueva dirección dio gran impulso a las tareas propias de la Juventud socialista. El quincenario "Mella", que solo había salido esporádicamente después de su clausura oficial el 28 de enero de 1953, comenzó a publicarse con cierta regularidad, en 1956. Con el tiempo mejoró notablemente la calidad de la impresión, justamente, a partir del momento en que comenzó a editarse en México, aunque siguió redactándose en Cuba. Por la dirección de la revista desfilaron Luis Mas Martín, Leonel Soto, Ramón Calcines, Raúl Valdés Vivó e Isidoro Malmierca. Sus principales colaboradores fueron Virgilio Martínez - "Laura", el creador de "Pucho", Marcos Behemara, Francisco García, Prisco Barroso, Julio Machado, Raúl García y otros. La revista salió ochenta veces durante este período de clandestinidad.

La Juventud socialista de La Habana comenzó también a editar una hoja, que distribuía en la Universidad, llamada "El cohete", porque siempre terminaba con una consigna que pedía la pasaran "como un cohete".

Especialmente para la Universidad, el Buró de Dirección universitario publicó una revistica que llamó "El diablo cojuelo", tratando de evocar la publicación martiana ,que tomó el nombre de la novela picaresca española de Luis Vélez de Guevara.

Con esta labor perseverante, la Juventud socialista logró una buena organización en la Universidad de La Habana; pero muy dentro de su concha sectaria. Llegó a tener los mejores medios de divulgación estudiantil; pero carecían de penetración porque los estudiantes no les prestaban atención.

Las tensiones de los estudiantes comunistas con el Directorio y la FEU crecieron durante el proceso de las elecciones estudiantiles. Llegaron a su punto de ebullición cuando los comunistas publicaron un manifiesto contra el "Directorio estudiantil", en "Mella" y "El diablo cojuelo". El órgano de la FEU, "Alma Máter", replicó con otro artículo que tituló "Respuesta a una infamia".[12] En la polémica salieron perdiendo los comunistas, dado el prestigio que habían ganado la FEU y el Directorio entre los estudiantes y el descrédito que habían cosechados los comunistas.

La posición francamente anticomunista de la FEU y el Directorio quedó sellada cuando José Antonio Echevarría fue re-electo presidente de la FEU, el 13 de julio, por nueve votos contra cuatro. Desde ese momento, Echevarría se sintió más repaldado y la pugna con el puñado de estudiantes comunistas y el grupo del "26 de julio", que encabezaba Ñico López en la Universidad, se hizo más violenta.

El sentimiento anticomunista en la Universidad fue creciendo de tal manera que varios miembros del Directorio, entre ellos José Assef, trataron de que el Congreso de Segunda enseñanza, que se efectuó por entonces en La Habana, se pronunciara abiertamente contra los comunistas.

El oleaje de rencoroso desprecio a los comunistas no se aplacaría en la Universidad. Por el contrario, se iría encrespando, poco a poco, más aún de lo que estaba. Todos los estudiantes dudaban de la buena fe de los comunistas y éstos de la de todos, situación que engendraba el sectarismo de parte y parte, con la consiguiente división entre dos grupos que luchaban contra el Gobierno de Batista.

XII - LOS COMUNISTAS SE OCUPAN, UNA VEZ MAS, DE LOS INTELECTUALES, ESPECIALMENTE DE LOS ESCRITORES Y ARTISTAS.

Los intelectuales son el sector más influyente en la conciencia social de un país. Entre ellos, los escritores son los más activos. Esta realidad la han tenido siempre presente los comunistas, para aprovecharla en favor de su causa. Cuba, desde luego, no fue una excepción, según hemos visto a lo largo de este libro.

En el momento a que ahora nos referimos, aprovecharon la circunstancia de que una buena mayoría de la intelectualidad cubana se encontraba divorciada de los sectores dirigentes del país y, en muchas ocasiones, inconforme con el clima que prevalecía en la sociedad.

La "élite" dirigente de entonces no entendía a los intelectuales y mucho menos, a los escritores y artistas. Ni siquiera los tomaba en consideración. Carecía de capacidad analítica, tomaba las cosas más a la ligera de lo que realmente eran y le faltaba, más que nada, amor al prójimo. Se consideraba por encima, tan por encima que hasta se consideraba con derecho a usufructuar el esfuerzo creador de los demás.

Los intelectulaes y, muy especialmente, los escritores y artistas sentían ese menosprecio por la creación de la belleza, lo mismo en la literatura que en la pintura o la escultura. Vivían en un ambiente sofocante, según ellos, donde se sentían incomprendidos, desterrados, en medio de los mediocres, víctimas de la ignorancia y la brutalidad. Por si esto fuera poco, gritar la verdad era casi imposible por el clima político imperante, oreado por luces sombrías.

Esto explica el espíritu enteco que prevalecía en el mundo cultural de entonces, al punto de que apenas se editaban otros libros que los de texto y derecho. Los escritores o artistas que se obstinaban en ganarse la vida contra viento y marea, según la observación de alguien que no recordamos, estaban obligados, por lo común, a ganarse el pan con otros oficios.

Los comunistas comprendieron esta situación y supieron aprovecharla. Primero que nada trabajaron con gran tesón en los pequeños círculos intelectuales para estimular el espíritu crítico, incrementar el anti-todo, atizar la inconformidad con lo que existía. En esto lograron éxito, porque la corriente de las circunstancias los favorecía. Después, cuando les era posible, se internaban en ese mundo abigarrado de los escritores y artistas, con el propósito de reclutar a los más extraños personajes, gentes de vida rotas o insatisfechas; a esos seres desacomodados o desamparados que recorren el mundo en busca de lo que no encuentran en casi ninguna parte; que es, en la mayoría de los casos, comprensión a sus afanes. En este trabajo, el éxito no coronó sus esfuerzos, en la medida que esperaban.

De esta calidad fueron los personajes que pudieron reclutar los comunistas en los círculos dominados por el Partido y, todavía de más baja escala, en su "sociedad de intelectuales con proyecciones revolucionarias de izquierda", "Nuestro tiempo", que "era una sociedad de frente único revolucionario, orientada por el Partido Socialista Popular. "Nuestro tiempo" "tenía una fracción dirigente de comunistas y de gente en las cuales el Partido confiaba y esa fracción se relacionaba con una compañera (Mirta Aguirre) que en aquel momento tenía la responsabilidad del trabajo intelectual del Partido".[13] Estupiñán era el administrador de "Nuestro tiempo" y trabajaba en estrecho contacto con Alberto Luis Rodríguez, Secretario de propaganda del Partido en La Habana.

Esta sociedad cultural daba la sensación de una conducta inofensiva, sólo preocupada por actividades culturales que les servían, al decir de Alfredo Guevara, "para hacer una vida de cultura, semilegal, es decir, en muchos períodos legales, pues otras veces teníamos que ocultarnos". "Nuestro tiempo", respondiendo a las líneas del Partido, vociferaba contra las instituciones propiamente artísticas y culturales del país, porque, según decían los comunistas, "tenían una posición de compromiso anti-popular y estaban ayudadas por fondos imperialistas o de sus servidores".

No todo fue cosecha; pero obtuvieron algunos frutos. Entre éstos, las exposiciones que llamaron colectivas de cuadros de Amalia Peláez y Wilfredo Lam. Los mayores frutos, según ya apuntamos, los recogieron al penetrar con sus ideas en algunos sectores no comunistas, hasta en los que estaban "ayudados por fondos imperialistas o de sus servidores". Tanto fue así que algunos de los llamados intelectuales comenzaron a tomar una posición de "vanguardia revolucionaria"; en tanto que el titulado "Partido de vanguardia" iba quedando a la zaga. Con el decursar del tiempo, los radicalismos de izquierda, que impulsaron el proceso de creación de "las condiciones subjetivas" fueron articulados por los llamados intelectuales, los estudiantes y los titulados sectores progresistas y no por la masa propiamente dicha.

Así poco a poco, avanzaba la historia hacia la culminación de un proceso que prepararía las condiciones en que se desatarían las fuerzas encontradas de la conciencia nacional hasta desembocar en lo que desembocó: el huracán en el Caribe.

XIII - NUEVA REUNION DEL COMITE EJECUTIVO NACIONAL.

El Comité ejecutivo nacional volvió a reunirse. Esta vez durante tres días, en agosto del cincuenta y seis. El fin, escuchar el informe de Blas Roca, recién llegado a Cuba, y revisar la política nacional e internacional a la luz de sus nuevas orientaciones. A la reunión concurrieron delegados de las seis provincias, algunos de los cuales no eran miembros del Ejecutivo. Casi fue un Congreso nacional.

El primer punto a tratar fueron los acuerdos del XX Congreso de la Unión Soviética y las acusaciones formuladas por Kruschev contra Stalin. Blas Roca ofreció un informe de primera mano y se deshizo en elogios a la nueva política del Kremlin, cuya expresión significativa, según indicó, era la supresión del Kominform. Lo que no dijo fue que sus funciones habían pasado al Secretariado Exterior del Comité central del Partido comunista de la Unión Soviética, conocido más popularmente por el "Sexto departamento". Aquellas palabras de Blas Roca y las aclaraciones de los asistentes quedaron convertidas en los acuerdos siguientes:

"Primero: Reiterar con toda energía su solidaridad y fraternidad con el gran partido comunista de la URSS, brigada de choque del proletariado mundial y de la humanidad democrática y progresista". "Segundo: explicar lo más ampliamente, la razón de ser de la crítica soviética al culto de la personalidad de Stalin y a los errores y demás factores negativos derivados de ese culto extraño al marxismo-leninismo".[14]

Los comunistas de Cuba demostraban, una vez más, su capacidad para condenar hoy lo que habían apologetizado ayer, con tal de ajustarse a las directrices del Comando superior del Kremlin.

El otro punto importante del informe de Blas Roca fue el análisis de la situación nacional en relación con el Partido. Pintó un cuadro sombrío de persecuciones y habló de la necesidad de preservar los "cuadros". Destacó la importancia de los "cuadros nuevos", menos conocidos, para asumir la responsabilidad de muchas de las tareas clandestinas.[15] Discurrió sobre la importancia de captar nuevos militantes, "sin contar con los jóvenes que hicieran su ingreso en las filas de la Juventud socialista". Exhortó a llevar adelante nuevas promociones que renovaran las energías del Partido.[16]

"Esto no basta, dijo, hace falta mejorar la propaganda". En este sentido, recomendó concentrar los esfuerzos en la "Carta semanal" y en "Notas económicas". Señaló que se editaría una pequeña revista titulada "Información internacional", para ilustrar al pueblo sobre las cuestiones internacionales no tratadas en la prensa pro-imperialista de Cuba". Sobre la revista "MELLA", de la Juventud socialista, indicó que se continuaría redactando en Cuba; pero que se editaría en México, para mejorar la calidad de su impresión, pues en las imprentas de Cuba no podía editarse dada la persecución que sufría el Partido. Tan pronto comenzó a editarse en México se notó claramente, por la profusión de colores y dibujos.

En cuanto a la línea a seguir, se diluyó en vaguedades y puntos comunes. Apuntó que el Partido pondría el acento en las luchas de masas sobre el plano político, aprovechando el clima electoralista que pretendía crear el gobierno con motivo de su llamado "Plan Vento". Por último, remarcó la importancia del fortalecimiento político del movimiento revolucionario.

El Partido se aderezaba para estar en condiciones de ejecutar sus planes con vista a los nuevos acontecimientos que se avecinaban. Pero no adelantó nada en cuanto a ellos. Esto quedaría dentro del cenáculo de la más alta dirigencia, sin dar cuenta, al menos de momento, a los "cuadros" dirigentes del país.

XIV - PREPARATIVOS DE FIDEL CASTRO EN MEXICO.

Fidel Castro aprovechaba a todos cuantos le brindaran ayuda

en México para lo que se consideraba una aventura suicida: invadir a Cuba, encender la revolución y derrocar al Presidente Batista. En tal empeño, recabó la ayuda y concurso de todos los sectores insurreccionales. Estaba en un plano conciliatorio, como nunca antes lo había estado.

Fidel Castro se dio cita con el ex-presidente Prío en Mac Allen, Texas, donde coordinaron un plan de acción conjunta contra el Presidente Batista. Cuando regresó a la capital azteca, se entrevistó con José Antonio Echevarría, quien regresaba a Cuba de su viaje al Congreso de estudiantes latinoamericanos celebrado en Chile.

La entrevista de Fidel Castro y de José Antonio Echevarría se celebró en un ambiente de reservas. Echevarría temía que Fidel Castro lo asesinara y se hizo acompañar por Faure Chomón. Después de largas conversaciones, en las que Fidel Castro informó a Echevarría sobre los planes del ex-presidente Prío, convinieron que el Directorio se ocuparía de las acciones en La Habana, Prío desembarcaría sus hombres por Oriente y Fidel Castro por Pinar del Río, ya que una buena parte de sus seguidores del Moncada eran de esa provincia, la más cercana a las costas mexicanas. El acuerdo entre el Directorio y el M-26-7 se firmó al término de las conversaciones y se llamó el "Pacto de México". En estos planes no aparecían para nada los comunistas.

José Antonio Echevarría y Faure Chomón regresaron a Cuba a principios de octubre. En seguida, pusieron en ejecución lo acordado. El 28 de octubre, víspera de una convención de la SIP, en La Habana, fue asesinado, por un grupo del Directorio, el Jefe del Servicio de Inteligencia Militar, Coronel Antonio Blanco Rico, quien se encontraba en el cabaret "Montmartre". A los pocos días, un grupo de exilados políticos llamaron por teléfono al Jefe de la Policía, para que resolviera un problema de alteración del orden en la Embajada, y fue recibido a tiros, a consecuencia de los cuales falleció momentos después. Estos dos hechos desencajaron al gobierno, al perder a dos de sus figuras más prominentes.

El mes de noviembre fue de tensión. El Jefe del Buró de Investigaciones, Coronel Orlando Piedra, denunció un plan de invasión a Cuba desde Santo Domingo, preparado por Trujillo, en el que resultaban involucrados los propios insurreccionales. Fidel Castro reaccionó con unas declaraciones teatrales, publicadas en el periódico gubernamental "Alerta", en las que denunciaba las actividades del ex-presidente Prío en Santo Domingo y anunciaba su decisión de ir a Cuba a pelear contra Batista, dispuesto a convertirse en "Héroe o mártir". La FEU también se apresuró a convocar un mitin en la escalinata de la Universidad contra Trujillo, que se celebró el 24 de noviembre. El 27 fue disuelta, por la policía, una manifestación de estudiantes que clamaban por la Revolución. El 30 de ese mes, la ciudad de Santiago amaneció estremecida por los disparos de los jóvenes del M-26-7. Este alzamiento formaba parte de un plan elaborado personalmente por Fidel Castro para que coincidiera con el arribo del yate "Granma" a las costas de Oriente.

Eran los bélicos acordes que precedían al desembarco de Fidel Castro con sus 82 expedicionarios. Había abundancia de violencia incontrolada e incontrolable, de la que nadie y todos eran responsables. Era el preludio de las mayores violencias que se iban a desatar sobre la Isla.

XV - LA REVOLUCION EN HUNGRIA VISTA DESDE CUBA.

Un paréntesis, antes de continuar el relato de los acontecimientos en Cuba, para enterarnos de como reaccionaron los cubanos y los comunistas ante el drama de la Revolución húngara.

Como es sabido de todos, la llamada política de "descentralización" provocó una serie de ráfagas nacionalistas y anti-soviéticas en la Europa socialista. Ellas encontraron su doble epicentro en Varsovia y Budapest, donde comunistas nacionalistas, condenados por Stalin, regresaron al poder. En Hungría, la sacudida política derivó en una revolución popular que fue ahogada por los tanques del ejército ruso.

La brutal intervención de la Unión Soviética en Hungría encendió hogueras de protestas en todo el mundo, inclusive en los medios intelectuales comunistas y pro-comunistas. En Cuba, sin embargo, las protestas no pasaron más allá del campo reducido de una cierta élite. Tal vez por esto, los comunistas nativos prefirieron pasar por alto una explicación pública de la injustificada acción genocida de la Unión Soviética en Hungría.

En los sectores gubernamentales, la protesta estuvo determinada por una acción individual más que por una orientación política. En la ONU, el delegado del gobierno cubano, Dr. Emilio Núñez Portuondo, se convirtió en el fiscal más severo contra los responsables de la masacre húngara. En la Cámara de Representantes de Cuba, un congresista que, por su cuenta, tomó la iniciativa de solicitar la condena oficial, tuvo que vencer el tedio y la indiferencia de sus compañeros de hemiciclo para lograr la resolución que después se convirtió en Resolución conjunta del Congreso y recogió el Consejo de Ministros para convertirla en acuerdo oficial del gobierno.

En los predios oposicionistas, fue un ex-comunista, el Dr. Raúl Roa, quien tomó la iniciativa de la condena contra la Unión Soviética. En un artículo, que tituló "El ejemplo de Hungría", expresó:

"Si los brutales métodos empleados por el ejército soviético para reprimir la patriótica sublevación del pueblo húngaro ha suscitado la más severa repulsa de la conciencia libre del mundo, sus repercusiones en las zonas intelectuales sometidas o afectas al Kremlin están resquebrajando, gravemente, la dogmática unidad del movimiento comunista en el plano de la cultura. Los crímenes, desmanes y ultrajes perpetrados por los invasores han promovido enérgicas censuras y numerosas deserciones entre las focas amaestradas y los lacayos parlantes de Moscú. El implacable lavado de cerebro y el sistemático encallecimiento de la sensibilidad a que suelen ser sometidos los heraldos y palafreneros del cesaropapismo marxista, falló, a lo que parece, en estos casos. Este aspecto de la abominación desatada contra los pretensos campeones de los pueblos coloniales, dependientes y subdesarrollados, ha sido omitida, no obstante su dignificación humana y su trascendencia política, por las agencias cablegráficas en sus informaciones".[17]

Después de hacer un recuento sobre las opiniones de Albert Camus y "las más destacadas figuras intelectuales del Partido comunista francés", de Italia y "la propia prensa polaca", concluía así:

"En Bélgica, Holanda, Noruega, Suecia, Inglaterra, Dinamarca y Estados Unidos, los más empinados hombres de ciencia y los más prestigiosos escritores han cerrado filas junto a los patriotas húngaros. La voz libre de nuestra América, ya se dejó oir en vibrante documento, que tuve el honor de escribir. Y, asimismo, la de los pueblos asiáticos y africanos que luchan por el advenimiento de un mundo en que impere la justicia, la igualdad y el respeto a los derechos humanos. La iniquidad ha sido de tales proporciones que hasta el anfibológico Pandit Nehru se vio precisado a calificar las masacres soviéticas en Hungría como "verdaderos ultrajes a la dignidad humana".

"Si al valor no siempre acompaña la fortuna, nunca se pierden, sin embargo, las batallas que se libran por la libertad y la cultura contra el despotismo y la barbarie. El ejemplo de Hungría corrobora, una vez más, la plena validez del aserto".[18]

Estos fuegos verbales de Raúl Roa quedarían apagados mucho después, cuando contribuyó al sometimiento de Cuba al comunismo y a la órbita soviética en su calidad de Ministro de Estado de Fidel Castro.

XVI - EL DESEMBARCO DEL "GRANMA"

"El 25 de noviembre de 1956, a las dos de la madrugada, —cuenta el Ché Guevara— salimos con las luces apagadas, del Puerto de Tiexpan".[19] Después de navegar por el Golfo de Méixco y el Mar Caribe, el yate "Granma" arribó a Playas Coloradas, en la zona de Manzanillo, feudo comunista, el dos de diciembre. Unos murieron en el desembarco. Otros se ocultaron en los pueblos cercanos. Algunos fueron detenidos. Y los menos se internaron en la Sierra Maestra.

La UPI difundió la noticia de que Fidel Castro había muerto en el desembarco. El Gobierno pensó que los escasos sobrevivientes internados en la Sierra morirían ahogados por la selva. Con un concepto a lo Rivera en su "Vorágine" Batista decía: "El que se mete allí se muere". Pero Batista se equivocaba. Allí vivían hombres, mujeres, familias, aunque al margen del mundo. Eran unos campesinos distintos a los del resto de Cuba, según reconocería, tiempo después, el Ché Guevara, pues solo sabían de la existencia de quienes los explotaban, de quienes les cambiaban sus productos y hasta les exigían el pago de una renta por el uso de una tierra de propiedad indeterminada.

El desembarco del "Granma" fue anunciado por las trompetas soviéticas en la ONU, que tocaron aleluya. Herminio Portel Vilá nos ha dicho que "en diciembre de 1956, el delegado soviético Vassili Kuznetsov, quien ahora mismo participa en las labores de la ONU, oficialmente anunció allí que se había producido una invasión armada en la República de Cuba, con una expedición organizada, adiestrada, financiada y equipada en México, y reclamó... que la Organización de las Naciones Unidas apoyase a los guerrilleros invasores".[20]

Entre tanto, los escasos guerrilleros se dispersaban por la "selva" de "la Sierra Maestra", en busca de refugio. Sobre el encuentro de "Alegría del Pío", donde el ejército atacó a los invasores, nos ha dicho el Ché Guevara:

"Me acuerdo que, en medio del tiroteo, Almeida vino a mi lado para preguntar las órdenes que había, pero ya no había nadie allí para darlas. Según me enteré después, Fidel trató en vano de agrupar a la gente en el cañaveral cercano".[21]

No bien hubo ocurrido este encuentro, cuando saltaron los pregoneros de la paz en Cuba. La madre de Fidel Castro solicitó clemencia. El Cardenal Arteaga, inspirado en su alta misión cristiana, clamó por piedad. Las "Mujeres martianas", organización pantalla de los comunistas, exigió del gobierno un alto al fuego. ¡Es un crimen que el ejército persiga a los indefensos guerrilleros!, exclamaron todos a una.

El Gobierno accedió a los reclamos "humanitarios" y ordenó la suspensión de las operaciones militares. Los aviones del ejército se dedicaron, entonces, a bombardear con panfletos que exhortaban a los sobrevivientes a entregarse a las autoridades.

En medio de aquel vocerío estremecedor, que clamaba por la paz, había comenzado la guerra, si es que así puede llamarse lo que aconteció en Cuba. Fidel Castro se emboscó en "la Sierra Maestra". Mientras, el pueblo cubano, bajo la impresión de que había muerto Fidel Castro, reclamaba fórmulas de paz que resolvieran la crisis política por la que atravesaba el país.

XVII - EL PARTIDO SOCIALISTA POPULAR CONDENA EL DESEMBARCO DEL "GRANMA".

Fidel Castro desembarcó en Cuba con la ilusión de atrapar el poder en solo unos días. Creyó que las acciones soñadas a lo largo de la Isla serían suficientes para derrocar el gobierno. De acuerdo con esta idea, Fidel Castro había declarado en México:

"Tengo confianza en el pueblo. Cincuenta mil jóvenes organizados en brigadas, esperan la orden de alzamiento en todo el país".[22]

Esta quimera que, al decir cervantino, Fidel Castro "se había fabricado, por firme y valedera, pintándola en su imaginación como la deseaba", se quedó en quimera. Los "cincuenta mil jóvenes organizados" no aparecieron y el levantamiento del 30 de noviembre en Santiago de Cuba fue un fracaso. Sólo había servido para ayudar a Fidel Castro en su desembarco, al distraer la atención del gobierno.

El Partido socialista popular, ante ese fracaso, fijó su criterio sobre los acontecimientos en su "Carta semanal". Lo expresó de esta manera:

"Oportuna y convenientemente con anterioridad al 30 de noviembre, nuestro Partido dio a conocer a ustedes, a Fidel Castro y a los demás dirigentes del Movimiento 26 de Julio, NUESTRA RADICAL DISCREPANCIA CON LAS TACTICAS Y LOS PLANES ELABORADOS POR USTEDES, en relación con la situación del país. Les dijimos entonces con toda sinceridad, que la vía del pueblo no podía ser —y no era—, como los hechos han confirmado, la de acciones aisladas, la de la expedición que no tomaba en cuenta las condiciones objetivas de la situación, la de la actividad individual o de pequeños grupos que se hacían al margen de las masas y sin contar con ellas".

Esta "discrepancia con las tácticas y los planes elaborados" por Fidel Castro abrió una profunda zanja en las relaciones entre el M-26-7 y el Partido socialista popular. El Partido creía que aún no estaban creadas las famosas "condiciones objetivas y subjetivas". Fidel Castro, por el contrario, estimaba que ya había llegado el momento de derrumbar al gobierno. Con el tiempo, sólo con el tiempo, Fidel Castro aceptaría que era necesario crear una conciencia revolucionaria entre las masas y que el movimiento revolucionario de la Sierra Maestra era sólo "la chispa que encendería la llama", según el decir de los viejos comunistas nativos, tan acostumbrados a seguir los caminos trillados por las frases de Lenín.

El interés del comunismo internacional en Cuba no había disminuido. Simplemente, los comunistas nativos no querían responsabilizarse públicamente con algo que parecía condenado al fracaso. Tanto era el interés de la Unión Soviética en controlar la zona del Canal de Panamá, que un Mayor del Ejército Soviético, Sergei Yuworov, publicó un artículo en "Estrella roja", órgano del ejército soviético, que reprodujo la revista "Bohemia" en Cuba el 17 de marzo de 1957, en el cual se podía leer lo siguiente:

"La zona "Colombia-Panamá", por su privilegiada situación en el entronque de Sudamérica con el resto del Continente y, por el Canal de Panamá, que permite a las flotas americanas operaciones simultáneas en el Atlántico y en el Pacífico, debía ser considerada como una zona de prioridad. La Segunda zona, el "itsmo Centroamericano, según el artículo, estaba ubicado al norte de Panamá. Desde allí —decía Yuworov— puede ser atacado el Canal del mismo modo que desde Colombia. En tercer término, Yuworov señaló la posibilidad de que Cuba pudiera convertirse en la base desde la cual se pudiera ejecutar el plan concebido por Moscú".

Todo esto se publicaba, sin recato. Tan fantásticos parecían los planes que nadie les prestaba atención. El tiempo, otra vez el tiempo, demostraría, sin embargo, cuán equivocados estaban los cándidos cubanos que agitaban el fantasma del comunismo sólo para asustar y los que pensaban que el fantasma del comunismo agitado por el gobierno solo perseguía desacreditar a Fidel Castro.

1 Periódico "Revolución", jueves 25 de julio de 1963, p. 7, col. 4.
2 Tomado de la versión taquigráfica de la comparecencia testifical de Raúl Valdés Vivó en el juicio contra Marcos Rodríguez publicada por la prensa oficial de Cuba y por la revista Bohemia.
3 Estas notas sobre los incidentes entre la Juventud socialista y el Directorio han sido tomadas de las versiones taquigráficas del juicio contra Marcos Rodríguez celebrado en marzo del 64, publicadas en toda la prensa oficial de Cuba.
4 **Op. cit.**, p. 52.
5 New York Herald Tribune, 23 de agosto de 1964.
6 Juanita Castro, discurso pronuncialo en New Orleans el 18 de enero de 1956.
7 Bohemia, 8 de julio de 1956, p. 87.
8 Theodore Draper, "Castrismo, teoría y práctica", edición especial en lengua española, Frederick A. Praeger, Publishers, New York, pp. 47 y 48.
9 Fidel Castro explicó la necesidad de ocultar el carácter marxista-leninista de su revolución en la comparecencia televisada del dos de diciembre de 1961.
10 Ernesto, "Ché" Guevara, "Una revolución que comienza", publicado en la revista "Pensamiento crítico", No 6, julio de 1967, La Habana, p. 10.
11 Salvador Díaz Versón, **Op. cit.**, p. 134.
12 El artículo de "Alma Máter" comenzaba así: "En un libelo que se edita en esta Capital y que se reparte en la Universidad con la consecuencia y tolerancia democrática de una FEU que constantemente, sin embargo, es vejada y agredida en sus páginas, se ha lanzado sobre la nueva y distinta organización revolucionaria que pretende llenar todo el vacío ideológico que hoy padece la República, una crítica destructiva que exige una respuesta inmediata a fin de evitar la desorientación con que, de mala fe se pretende confundir al estudiantado en particular y al pueblo en general". El artículo proseguía diciendo: "En esa nota se acusa a dos dignos y valientes compañeros, José Antonio Echeverría y Fructuoso Rodríguez, de haber dado un paso en falso al secundar y respaldar el Directorio revolucionario cuando, en realidad, ese ha sido el paso más claro y más firme, dado por la FEU en el ciclo revolucionario en que a esta generación le ha tocado vivir, al darle contenido y forma revolucionaria a las jornadas de combate de noviembre, diciembre y enero, sirviendo de aval moral para la unión fuerte y estrecha de obreros y estudiantes".

"Nos proponemos, en los párrafos siguientes, contestar de manera razonada y clara los planteamientos de crítica concreta hecha al Directorio revolucionario; pero es también nuestro propósito responder de manera enérgica, las líneas injuriosas en que, sin valor para responsabilizarse con ellas, se emiten juicios, achacados a supuestos "rumores" que no tienen más existencia real que la de ser productos de una mentalidad al servicio de la infamia y en las cuales se transparenta el afán de zaherir la reputación que no se ha podido conquistar o, quien sabe si la vergüenza íntima del prestigio que se perdió, antes de haberse adquirido. 1) La FEU, por su carácter específico, es un organismo académico y docente, cuya función estatutaria es regir los destinos de la masa estudiantil en lo que compete a esos puntos, realizando una labor cogobiernista completada por el Consejo Universitario. El Directorio revolucionario es el instrumento creado, auspiciado y originado por la FEU y, por tanto, no tiende a dividirlo; sino a vertebrar al estudiantado de manera organizada en la labor típicamente revolucionaria, viniendo así a suministrarle a la FEU el elemento que a ésta le faltaba para una cabal realización de su función nacional, en el momento actual". 2) 'Por su parte, como la lucha electoral conlleva el triunfo de determinado candidato merced a su simpatía personal e influencia moral, sin embargo, no siempre y a pesar de sus virtudes, son elementos aptos para la lucha revolucionaria. Y esto puede ser afirmado con solo señalar, de manera breve, la propia historia de la FEU desde el 10 de marzo para acá, con lo cual junto a dirigentes estudiantiles, electos por los votos y de factura típicamente revolucionaria, ha habido otros que se han desatendido con culpable indiferencia, de las responsabilidades inherentes a sus cargos y hasta hemos llegado a presenciar el triste espectáculo de algunos cuyas actitudes han sido poco claras en relación al régimen, y otros que han tenido que ser expulsados".

"Sin embargo, no es el Directorio revolucionario un organismo de dedo, en la forma en que se ha pretendido hacerlo aparecer. Y no es así, porque a) - Pueden y deben pertenecer a él, por derecho y deber, todos los estudiantes universitarios de factura revolucionaria. b) - Los cargos ejecutivos del Directorio revolucionario no son vitalicios ni ilimitados; sino según la calidad de la labor realizada y la mayor o menor responsabilidad".

"3 - El Directorio revolucionario, y así lo enfoca de manera nítida y terminante en su manifiesto de constitución, se propone vertebrar al instrumento capaz de coordinar y coordinarse, a la vez, en la lucha revolucionaria. Y para ello contempla como labores propias del sector estudiantil desde la algarada hasta la colaboración, hombro con hombro, con el sector obrero, a fin de formar el bloque integral que precipite el derrocamiento del régimen. No se proponía trabajar el sector proletario para llevarlo un día "glorioso" a tirar tiros, sino brindarle toda su ayuda para que los obreros, la clase revolucionaria por necesidad y conciencia, con los propios instrumentos de su labor, en el mismo frente de trabajadores, de la batalla a la dictadura, marchando de las huelgas aisladas a la huelga general, al menos, al paro de los principales sectores económicos de la nación, cuya falla determinará, junto con la labor de los frentes revolucionarios y la agitación estudiantil el derrumbe de la actual tiranía".

13 Carlos Rafael Rodríguez, declaración en el juicio de Marcos Rodríguez publicada en la revista "Bohemia", Año 56, No. 14, abril de 1964.

14 Salvador Díaz Versón, **Op. cit.**, p. 103.

15 Esta táctica, de salvar los "cuadros viejos" y dejar caer la pesada carga sediciosa sobre los "cuadros nuevos", sería ensalzada por Manuel Luzardo en enero de 1959, con estas palabras: "habilidad de nuestro Partido, que supo defender y preservar su organización y su caudal humano sin dejar de luchar, sin paralizar su labor un solo día, cumpliendo a plenitud por entre todos los riesgos su deber de vanguardia combatiente de la clase obrera y el pueblo". Continuando su celebración de la táctica dijo: "No puede haber dudas, pues de que esa tarea, la de mantener la organización y preservar sus cuadros fue en lo fundamental bien realizada por el Partido".

16 Manuel Luzardo, en su mencionado informe, se refirió a como el Partido había desafiado la represión del Gobierno y desarrolló, durante la etapa de la clandestinidad, cinco campañas de reclutamiento; logró captar 4,000 nuevos militantes, "sin contar los jóvenes que hicieron su ingreso en las filas de la Juventud socialista".

"Las promociones fueron bautizadas con los nombres siguientes: "La promoción Jesús Menéndez, la promoción Blas Roca, la promoción Mambisa, la promoción 30 Aniversario, y la Jornada de Promoción y Reclutamiento". Revista FUNDAMENTOS, Año XIX, No. 150 - febrero, p. 82.

17 Raúl Roa, "En pie", pp. 217-219, ed. por la Universidad de Las Villas en 1959.
18 **Ibid.**
19 Ernesto Ché Guevara, "Una revolución que comienza", Pensamiento crítico No. 6, julio de 1967, La Habana.
20 Herminio Portell Vilá, "Políticas distintas", Diario Las Américas, 30 de noviembre de 1967, Miami, p. 3.
21 Ernesto Ché Guevara "Una revolución que comienza", Pensamiento crítico No. 6, julio de 1967, La Habana.
22 Adolfo G. Merino, "Nacimiento de un estado vasallo", México, 1966, p. 55.

CAPITULO XVIII
HURACAN SOBRE CUBA
(1957-1958)

I - Balas o votos. II - Comienza la Sierra Maestra. III - Los comunistas vuelven a reorganizarse en la Universidad de La Habana. IV - El asalto al Palacio Presidencial. V - Los comunistas insisten, por enésima vez, sobre los escritores y artistas. VI - La importancia de la lucha armada en el campo. VII - La importancia de la lucha armada en las ciudades. VIII - El cinco de septiembre en Cienfuegos. IX - Cuarto congreso de la Federación sindical mundial. X - Congreso Latinoamericano en Moscú. XI - El reflujo de La Sierra. XII - Violenta represión gubernamental contra los comunistas. XIII - La Unión Soviética trata de negociar con el Presidente Batista. XIV - Los comunistas en Cuba deciden apoyar, aún con reservas, a Fidel Castro. XV - Tras la calma, la tempestad; se reactiva la revolución. XVI - La huelga de abril. XVII - La guerra en La Sierra; A) La ofensiva del Ejército. B) La "Operación antiaérea". C) La derrota del Ejército. XVIII - La contraofensiva psicológica de Fidel Castro. XIX - Los comunistas formalizan su entendimiento con Fidel Castro. XX - La iniciativa militar pasa a manos de Fidel Castro. XXI - El Gobierno amaga con una nueva acción militar contra las guerrillas. XXII - Fidel Castro cumple con los comunistas. XXIII - La política y las elecciones. XXIV - Tras las elecciones. XXV - El desplome.

I - BALAS O VOTOS

En todo el país reinaba gran tranquilidad, sólo aparente, cuando comenzó el año cincuenta y siete. Sin embargo, rumores extraños, a manera de truenos lejanos, turbaban la atmósfera política. Era la calma que habría de preceder a la tormenta.

Entonces, como nunca, la cuestión era cual la planteaba el Dr. Ramón Grau San Martín, en forma simple y clara: "balas o votos". Pocos políticos comprendieron aquellas exigencias del momento. La oposición persistía en repudiar el origen ilegítimo del gobierno de Batista que, según ella, continuaba usurpando el poder. Por su parte, el gobierno dejó a un lado el "Plan de Vento" con su fórmula de elecciones parciales. Todo se pospuso para mil novecientos cincuenta y ocho, cuando debían celebrarse las elecciones generales. Primó, una vez más, el egoísmo, la incomprensión y la soberbia.

La vida política del país cayó en el vacío. El gobierno daba una sensación, un tanto fingida, de dominio y de triunfo. La oposición, con sus resentimientos, daba rienda suelta a sus iras. El sentir político era, sin duda, adverso a Batista. Pero los partidos políticos habían perdido los elementos necesarios para ese ir tirando, de que habla Ortega, por no ejercer sus funciones y responsabilidades. Por este camino, todo lo que se hacía contra Batista, en el campo de la subversión, encontraba justificación. Y, así, se levantó la tapa de la lucha violenta.

El espejismo de la paz y la obsesión por acelerar el desarrollo económico del país permitieron que la economía trepara a los picos más altos de su historia. Esta situación facilitó el avance de los capitalistas nativos por el terreno de las inversiones habitualmente extranjeras y que los trabajadores conquistaran niveles salariales más altos y jornadas más cortas.

Mil novecientos cincuenta y siete fue el mejor año económico en la historia de Cuba. El Gobierno aceleró la construcción de carreteras, caminos, puentes, escuelas, hospitales, y se esforzó en dragar puertos, en ampliar acueductos y en facilitar hasta la construcción de una represa hidroeléctrica en Las Villas y un puerto pesquero y un túnel en la bahía de La Habana. Estaba como obseso por la idea que encerraba su "Plan de Desarrollo Económico y Social", que impulsaba la economía del país. Lo más interesante fue la ayuda que se prestó al establecimiento de industrias de los derivados de la caña, como las fábricas de pulpa para cartón y papel, la de madera y la de papel. El ritmo de las construcciones de viviendas, por demás, llegó a 58 millones en mil novecientos cincuenta y siete y a 62 en el cincuenta y ocho.

Los trabajadores organizados sacaron provecho de aquel impresionante ritmo de inversiones. Por una parte, aumentaron sus ingresos al incrementar las escalas de salarios mínimos. Y por otra parte, redujeron sus jornadas de labor a través de contratos colectivos. La proporción constitucional, que establecía una labor máxima semanal de 44 horas con pago del salario correspondiente a 48, se redujo para los empleados de bancos, de compañías de seguros, de oficinas azucareras, entre otros, a 40 por 48; los trabajadores textiles y del transporte a 36 por 48; los telefónicos a 35 por 48, y los eléctricos a 30 y 32 por 48. Sin contar que cuando llegó Fidel Castro estaba planteada la demanda de cuatro turnos, es decir, jornadas de solo seis horas para todos los trabajadores de la industria azucarera.

En el camino de los beneficios, no quedaron atrás los campesinos. Ya habían adquirido el derecho de permanencia trasmisible por herencia o por venta y la regulación de la renta. Derecho de permanencia que tenía más valor que la nuda propiedad. Solo les faltaba, a los arrendatarios, el derecho a comprar la plena propiedad en caso de que el propietario decidiera vender. Y lograron se les reconociera el poder ejercer el retracto. De esta forma corría el proceso que iba disminuyendo el área de los grandes propietarios y aumentando el número de pequeños propietarios.

Una de las causas que contribuyó a la prosperidad económica de estos años, fue la crisis de Suez al permitir que Cuba saliera de buena parte de sus reservas azucareras. En tales circunstancias la zafra del cincuenta y siete fue más amplia y la del cincuenta y ocho, mayor. En este año, se logró un Convenio Internacional Azucarero que fue más favorable, para los anteriores signatarios, por haberse logrado la participación de casi todos los países exportadores y principales importadores. En el campo de los convenios internacionales sobre cuotas, Cuba también logró obtener una cuota apreciable para sus exportaciones de café. Todo esto, sin referirnos a los incrementos en las exportaciones de frutas y, muy especialmente, de productos mineros.

Este esplendor económico, sin embargo, no consolidó moralmente al país. Por el contrario, lucía como si los de arriba se corrompieran más y como si de abajo brotara un ansia violenta de rápido mejoramiento. Este último sentimiento fue más acusado en la llamada clase media de la sociedad, que había crecido extraordinariamente. La nación cubana estaba, en verdad, más distorsionada y disociada que nunca. Esta situación no la percibían muchos de nuestros dirigentes políticos. Cada uno iba a lo suyo. Entonces, como nunca antes, pulularon "los hombres de bien" de que habla Tamayo Baus, "los malhechores del bien", a que se refiere Benavente, y floreció "el faccioso", que menciona Larra.

No había dirigentes con suficiente autoridad pública para imponerse. Estaban, con razón o sin ella, desacreditados. Se vivía un ambiente de crítica e insubordinación, donde imperaba la demagogia y la falsificación. Parafraseando a Ortega, podríamos decir que la sublevación del espíritu nacional había llegado a la política porque ya había recorrido todo el cuerpo social. De ahí que no sería aventurado afirmar que los actos de protestas no eran más que la manifestación política de la realidad que se vivía. Era aquella expresión de intolerancia que se manifestaba lo mismo en los momentos de libertad y democracia que en las horas de dictaduras. Para mantener la apariencia, los dirigentes realizaban esfuerzos, por entre un laberinto de errores, con el propósito de lograr una estructura conciliatoria que agostara las explosivas emociones que invisiblemente sofocaban las entrañas de la vida nacional.

Frente a la "Cuba maravillosa" existía una población sumergida que sentíase una y otra vez estafada por los estupendos demagogos que había sufrido la República. No entendía de tesis, antítesis ni síntesis; pero sí que el hombre debía ser libre en una atmósfera de paz. Veía, decepcionada, como se habían quebrado las normas elementales de respeto que han de exigirse como contribución mínima a la posibilidad de convivir en sociedad.

Entre la población sumergida y la otra existía una juventud inconforme, dispuesta a destruirlo todo con tal de atrapar el mando. Era hija de la ira. Se manifestaba con ideas confusas, extraídas de literaturas revolucionarias que barajaban de aquí y de allá. Tenía sí un sentimiento definido: aquel país en que vivía no era el que deseaba, aquella sociedad que tocaba no era la que esperaba. Esa juventud era el mejor material con que podían trabajar los comunistas.

No todos los jóvenes de entonces estaban poseídos por el mismo espíritu. Ni todos los que lo estaban eran fáciles de cautivar por los comunistas. Algunos estaban preocupados, con razón, por el hecho de que anualmente irrumpían cincuenta mil jóvenes a la edad laboral sin posibilidad de encontrar una oportunidad decorosa de trabajo. Otros, en cambio, eran los mejores exponentes del fariseísmo de los "virtuosos" o del cinismo de los malvados. Había entre estos últimos el egoísta, el vanidoso, el adorador del éxito que, con tal de conseguirlo, era capaz de una bajeza e incapaz de un gesto noble por considerar que toda la humanidad era malvada. Con el tiempo terminaron por agruparse, en algunas de las diversas organizaciones revolucionarias.

Los miembros del M-26-7, casi todos de la clase media, eran jóvenes fáciles de arrastrar por los encantos de las místicas reformas radicales, sin saber, a ciencia cierta, en qué consistían. Los había, como en todo, buenos y malos, conscientes de todo e ingenuos e inconscientes de cuanto se perseguía. Por la audacia de sus acciones, sobrepujaron a los comunistas en las actividades subversivas y radicalismos revolucionarios. Haciendo profesión del terrorismo, ametrallaban personas casi a la luz del día y sacudían las noches de las ciudades con explosiones de dinamita. Los periódicos tomaban los hechos para abastecer a sus lectores con su cuota periódica de cadáveres, víctimas del terrorismo revolucionario o del contraterrorismo gubernamental.

La efusión de sangre con que las intentonas revolucionarias fueron sofocadas contribuyó a encender más la saña y encarnizamiento de quienes, de momento, eran vencidos. De nada valieron las veleidades del Gobierno, unas veces duro y otras clemente, para conquistarle voluntades. La clemencia pareció debilidad o miedo y la dureza tiranía, o ferocidad. Así, la lucha fue haciéndose violenta y sanguinaria, como una expresión más ruda de la sempiterna realidad de la discordia cubana.

¿Cómo se veía esta situación desde el extranjero?

Se veía, como era natural, según el punto de vista de quien la observara. Había material para todo. Los empeñados en fomentar el turismo, con sus especiales atractivos, solo veían la "pintoresca" isla de las maracas y los bongoses. Cuba era, para ellos, "the most beautiful island of the Caribbean Sea". La prensa y las revistas extranjeras, por el contrario, apoyadas por informaciones nacionales, generalizaban mecánicamente nuestros males y ponían énfasis en las "brutales represiones de la policía de Batista". No faltaban algunos articulistas que con el aval de algunos cubanos, nos presentaban como el país más atrasado de América Latina.

Al Gobierno de los Estados Unidos terminó por comenzar a preocuparle la parte dramática de la situación cubana. Decidió sustituir a su embajador, Arthur Gardner, por otro, Earl T. Smith, cuya "orientación oficial incluyó una larga conversación en New York con Herbert Matthews",[1] sugerida por "William Wieland, director de la Oficina de Asuntos del Caribe y de México y aprobada por R. R. Rubottom, Sub Secretario de Estado para Asuntos Latinoamericanos". "El señor Matthews tenía una opinión muy desfavorable de Batista".[2]

El Ché Guevara comentaría, mucho después, este cambio del gobierno norteamericano en sus relaciones con el gobierno de Batista, en los términos siguientes:

"Comenzaban a pensar en un sucesor de Batista, precisamente porque sabían que el pueblo no estaba conforme y que también lo buscaba... Qué golpe más inteligente y más hábil que quitar el dictadorzuelo inservible y poner en su lugar a los nuevos "muchachos" que podrían en su día servir altamente los intereses del imperialismo?.. Antes del triunfo sospechaban de nosotros, pero no nos temían. Las fuerzas no revolucionarias ayudaron de hecho a facilitar el camino del advenimiento del poder revolucionario".[3]

Los comunistas, como era lógico, trataron de sacar el mayor provecho de aquellas contradicciones nacionales e internacionales, sin acabar de comprometerse formalmente con el M-26-7, hasta el año cincuenta y ocho. Los comunistas temían, con razón, los resultados que podrían derivarse de la actuación aventurera de Fidel Castro, un gangster metido a revolucionario, y de sus seguidores, los ultras con mentalidad pequeño burguesa. Y éstos eran renuentes a colocarse la camisa de fuerza de los esquemas marxistas-leninistas. Mucho más cuando hacer pública su vinculación con los comunistas hubiera desacreditado el movimiento revolucionario en Cuba y, por otra parte, los esquemas rojos, se aplicaban por el Partido, según era de sobra conocido, por razones de conveniencia y uncidos siempre a la maquinaria del Kremlin.

Nunca, como entonces, pareció más lejos de Cuba el comunismo. En realidad, nunca como entonces, estuvo más cerca.

II - COMIENZA LA SIERRA MAESTRA.

La Sierra Maestra comenzó, propiamente, cuando Herbert Matthews publicó en el "New York Times" su famosa entrevista con Fidel Castro. Puso en evidencia que no estaba muerto como suponía o decía suponer el gobierno. Fue la primera nota de un gran concierto, con repercusiones internacionales, que presentó a Fidel Castro como un héroe romántico de la libertad y un redentor de los oprimidos.

Matthews ofreció su opinión sobre Fidel Castro y su Movimiento 26 de julio con estas palabras:

"Fidel Castro y su Movimiento 26 de Julio son el flamante símbolo de la oposición al régimen. La organización que es distinta a la oposición estudiantil universitaria está formada por juventudes de todos los tipos. Este es un Movimiento que se llama a sí mismo socialista. También es nacionalista, lo cual generalmente significa antiamericanista en América Latina".[4]

En un principio, el gobierno prefirió aislar a Fidel Castro en vez de eliminarlo, tal vez, por estimarlo insignificante. Alguien ha dicho que también para utilizarlo como instrumento para justificar la permanencia en el Poder del hombre fuerte. Por una razón o por otra, el hecho cierto fue que la Sierra Maestra no fue tomada en serio por el Presidente de la República.

Entre el instante en que el gobierno pensó que Fidel Castro había muerto y el momento en que se dio cuenta de su error, el caso quedó, "prácticamente, en manos de la Guardia Rural, como algo sin mayor importancia", nos ha dicho el Coronel Pedro A. Barrera Pérez.[5] Después, cuando el Presidente Batista nombró a Barrera jefe de operaciones en la Sierra Maestra, "concibió la idea de combatir a los insurrectos con balas y asistencia social a los campesinos de la región", según nos ha expresado Adolfo G. Merino, que nos cuenta sus impresiones sobre lo que vio en la Sierra por aquel entonces, de esta forma:

"Al cabo de dos días de visita por la vertiente sur de la Sierra Maestra, de observación acuciosa y plática con oficiales honestos y soldados y campesinos, el autor llegó a la conclusión que el coronel Barrera no estaba interesado en acabar con las correrías de Fidel Castro y sus hombres".[6]

Mientras tanto, Fidel Castro tenía poco que hacer, salvo esconderse para no ser localizado y tratar de atraerse a los campesinos de la zona, quienes lo habían recibido con aprehensión. El 17 de Febrero, Fidel Castro fusiló a Eutimio Guerra, un "guajiro" de la zona que le servía de guía, por estimar que era un delator al servicio del ejército. Fue un acto calculado para intimidar a los campesinos. Tal conducta la mezclaba Fidel Castro con gestos de aparente preocupación por las necesidades e intereses de los campesinos, muy especialmente de repartirles tierras cuando triunfara la revolución.

En el resto de la Isla, los miembros del 26 de Julio y del Directorio no descansaban en su labor de terrorismo. El sabotaje más utilizado por el 26 de Julio en ese momento era el de la quema de cañas, aprovechando la marcha de la zafra. La orden de ejecutar este tipo de sabotaje, con el propósito de impedir la zafra, no progresó porque los campesinos no estaban dispuestos a permitir que les sacrificaran lo suyo en aras de algo que a ellos no les interesaba. El Gobierno, inclusive, autorizó a los campesinos que se armaran, quienes se convirtieron en los mejores guardianes de los cañaverales.

El Comité Nacional del Partido Socialista Popular no fue remiso a expresar su inconformidad con las tácticas terroristas del M-26-7. Lo hizo a través de un acuerdo adoptado el 28 de febrero de 1957, que fue recogido por la "Carta Semanal". He aquí lo esencial del acuerdo:

"En cuanto al sabotaje y a la quema de cañas, nuestros criterios son semejantes a los que nos llevan a condenar el terrorismo. Un sabotaje llama la atención un momento o causa momentáneamente determinada perturbación de un servicio, pero no paraliza a los obreros ... ni levanta al pueblo. La quema de caña tampoco beneficia la lucha de masas contra la tiranía y en cambio perjudica a los obreros y colonos pequeños y medianos, para los cuales la pérdida de la caña significa menos trabajo, menos ingresos..."

"El sabotaje y la quema de caña por parte de los mambises eran actos necesarios que obedecían a los planes de una guerra en desarrollo que realizaba el pueblo cubano alzado en armas contra el poder opresor. Se trataba de un sacrificio en aras de la decisión de la guerra. La quema del 95 —como la política de tierra arrasada proclamada por el gobierno de la Unión Soviética en 1942—, fue una inmolación comprendida y apoyada por la inmensa mayoría de la población, por cuanto esta inmensa mayoría ya estaba participando activamente en la lucha contra el enemigo".

"El estado de cosas existente hoy no es el que prevalecía en 1895. Por eso, los principales afectados por el sabotaje y la quema de cañas —los obreros y los colonos pobres y medios—, ni verán esas actividades—, y no las han de ver mientras a las condiciones objetivas a que tantas veces nos referimos—, como actos necesarios de una guerra propia, sino como actos aislados inconexos e innecesarios, que además les causan serios perjuicios".

En resumen, puede decirse que, en la Sierra, las guerrillas fueron convirtiéndose, más de nombre que de hecho, en el símbolo de la protesta contra Batista. Las hazañas de Fidel Castro y de sus inexistentes guerrillas comenzaron a componerse y aderezarse de tal forma que ni los mismos "héroes" eran capaces de reconocerlas. En las ciudades, en cambio, los jóvenes desafiaban a la policía con sus actos de terrorismo, con sus bombas que rompían vidrieras, mataban y herían víctimas inocentes. El Partido Socialista Popular, entre tanto, llevaba una vida parasitaria, sin más actos que pontificar sobre las tácticas a seguir en la lucha contra Batista.

III - LOS COMUNISTAS VUELVEN A REORGANIZARSE EN LA UNIVERSIDAD DE LA HABANA.

La Universidad de La Habana, cuyas puertas permanecían, voluntariamente, cerradas desde fines del cincuenta y seis, era ya un centro de conspiración contra el Gobierno. Los dirigentes de la FEU, sumergidos en la clandestinidad, preparaban, en unión del dirigente "auténtico" Menelao Mora, un plan para dar muerte al Presidente Batista en el mismo Palacio de la Presidencia. Los estudiantes comunistas, sin embargo, estaban marginados de todas estas actividades conspirativas. Sólo tenían conocimiento de ellas a través del joven Marcos Rodríguez, quien se mantenía en extraño contacto con algunos miembros del Directorio, especialmente con Jorge Vals.

Los jóvenes comunistas dentro de la Universidad eran muy pocos, y para colmo, estaban encerrados dentro de la concha del sectarismo. Justamente, por aquel entonces, decidió reorganizarse el Buró Ejecutivo de la Juventud Socialista en la Universidad de La Habana. César Gómez pasó a ocupar la Secretaría General del Buró en la Universidad de La Habana y también de la Juventud Socialista, cargos que desempeñó hasta el primero de enero de 1959. Enrique Hernández ocupó la Secretaría de Propaganda, que había dejado vacante César Gómez. Marcos A. Zorrilla fue designado Secretario de Finanzas. Hiram Prat permaneció en la Secretaría de Organización hasta mediados del cincuenta y ocho, cuando recibió la orden de incorporarse a las huestes del Ché Guevara en las montañas del Escambray. Elena Díaz y Amparo Chaple figuraron como miembros del Buró, sin responsabilidades específicas. La concha del sectarismo no se abrió; por el contrario, se cerró más.

Una vez reorganizado el Buró Ejecutivo se reorganizaron los comités por escuelas, los cuales quedaron integrados de esta forma: Comité No. 1, escuelas de Ciencia y Pedagogía, juntas: Genaro del Río, Clara Cajeado y Armando Cajeado.

Comtié No. 2, de Agronomía y Veterinaria: Antonio Moreno, Omar Vilches y Antonio Massip.

Comité No. 3, de Ingeniería y Agricultura juntas: Manuel Stolis, Federico Vilart, Pedro Morales, Alfredo Font, Raúl Durmutí, Hernán Matías, Aida Ambú y Jorge Ortega.

Comité No. 4, Escuelas de Ciencias Comerciales, Derecho y Administración Pública: Armando Mirabal, José Manuel Portela, Erasmo Terrero, un tal Rogelio, Gardenio Guevara y Adolfo Rivero.

Comité No. 7 (no había núm. 5 ni núm. 6 porque se disolvieron):

compuesto por los estudiantes de medicina Amel Ecalante, Miguel Moreno, Cira Valdés, Juan Castañel y un tal Castellanito.

La lista da idea de la anemia humana que sufría la Juventud Socialista en la Universidad de La Haban. Eran muchos jefes y pocos indios, según la expresión popular norteamericana. No tenía militantes suficientes para constituir comités en todas las escuelas. Tantos jefes en cambio, daban la sensación de tener más miembros y ofrecía, en cierta forma, la impresión de que estaban muy bien organizados. La disciplina no era problema, pues los jefes no eran en realidad más que indios que seguían la voz de mando del Partido.

La conducta de la Juventud Socialista en la Universidad se reducía, por esa época, a permanecer en acecho, en espera de la oportunidad para caer sobre el imprevisto que engendraban las circunstancias políticas del país.

IV - EL ASALTO AL PALACIO PRESIDENCIAL.

El 13 de marzo, un grupo, comandado por Menelao Mora y Carlos Gutiérrez Menoyo, atacó por sorpresa el Palacio Presidencial. Una segunda operación de apoyo, con el grueso de los hombres y las armas de mayor poder, debía consolidar las posiciones del primer grupo y evitar la llegada de refuerzos gubernamentales. Esta segunda operación, empero, no se realizó.

Desde otra parte de la ciudad, quince hombres armados, al frente de los cuales iba José Antonio Echevarría, presidente de la FEU, tomaron la emisora Radio Reloj. Desde allí dieron la noticia de que habían ultimado al Presidente Batista y llamaron al pueblo a levantarse en armas.

El asalto al Palacio fracasó; pero evidenció que el terrorismo podía traspasar ya los umbrales del Palacio y golpear a las puertas del hogar presidencial. El Gobierno, un tanto desconcertadamente, reaccionó con su "contra-terrorismo". El mundo dirigente, ligado al gobierno por mil y tantos vínculos, condenó públicamente el asalto y concurrió a Palacio, días después, a testimoniar personalmente al presidente el acuerdo adoptado. Tras el acto de los dirigentes económicos y sociales del país, vino el "acto de masas", de los partidarios de Batista, en respaldo al gobierno, que llenó la plazoleta de frente a Palacio, más o menos, al estilo de los que se efectúan ahora bajo Fidel Castro.

La "Carta Semanal" condenó también el asalto a Palacio, por considerarlo un acto "putchista". Fidel Castro también se unió al coro y condenó el asalto, con argumentos similares a los del Partido Socialista Popular. Desde su refugio de la Sierra Maestra, en una entrevista con el camarógrafo de la C.B.S. Wendell L. Hoffman y Bob Tabber,[7] Fidel Castro dijo:

"Cuando le preguntamos su opinión —añade Bob Tabber— sobre el reciente asalto al Palacio, Fidel Castro nos responde:

"Es un inútil derramamiento de sangre. La vida del dictador no importa..."

"También soy opuesto al terrorismo, añadió. Condeno esos procedimientos. Creo que no se resuelve nada con eso. Aquí, en esta trinchera de la Sierra Maestra, es donde hay que venir a pelear".

Fidel Castro resoplaba su encono contra el Directorio y trataba de restar "méritos revolucionarios" al 13 de Marzo.

Semanas más tarde, el 20 de abril, la policía se personó en uno de los apartamentos de la calle Humboldt número 7, en la ciudad de La Habana, con la intención de arrestar a varias personas que habían participado en el asalto al Palacio Presidencial. Los ocupantes del apartamento, Juan Pedro Carbó Serviá, Joe Westbrook José Machado Rodríguez y Fructuoso Rodríguez, fueron abatidos a balazos. Siete años después, bajo el régimen de Fidel Castro, se efectuó un juicio revolucionario, cuyo tribunal condenó al joven socialista Marcos Rodríguez Alfonso, acusado de ser el autor de la delación. Su acusador más apasionado, Faure Chomón, afirmó:

"Es un fruto amargo del sectarismo".

V - LOS COMUNISTAS INSISTEN, POR ENESIMA VEZ, SOBRE LOS ESCRITORES Y ARTISTAS.

Los comunistas no dejaron de calorizar a los escritores y artistas en momento alguno. Entre tanto, quienes actuaban como miembos de la clase dirigente por una parte, los desvalorizaban y por otra les raptaban sus iniciativas.

Justamente por esta época, los comunistas volvieron a insistir, de manera especial, sobre los, por ellos llamados, "escritores y artistas", dado su interés en crear una conciencia de unidad política frente a Batista que permitiera exhibir la celebración inmediata de elecciones generales y la creación de un titulado "Frente democrático de liberación nacional",[8] que asegurara el triunfo a la oposición en los comicios que se pretendían.

¿Quiénes eran los promotores? Los "intelectuales" comunistas: Juan Marinello, Mirta Aguirre, Carlos Rafael Rodríguez y, un tanto en los susurros de los conciliábulos por el temor que lo apresaba, Salvador García Agüero.

¿De quiénes se valían? De Eduardo Manet; José A. Baragaño; Argelier León; Jesús Orta (Naborí); Marta Valdés; José Sabourín; José Antonio Portuondo; Pablo Armando Fernández; Samuel Feijóo; René Portocarrero; Nilo Rodríguez; Ricardo Porro; Servando Cabrera; René de la Nuez; Ignacio Piñeiro; Rolando Ferrer; Tomás Gutiérrez Alea; Tomás Oliva; Odilio Urfe; Orlando Yanes y Luis Suardíaz.

Resultaban valiosos auxiliares, Alicia Agramonte, Raquel Revuelta y Angel Espasande, quienes se movían por entre el sector artístico. También Gómez Wanguemer, a cargo de las noticias internacionales en CMQ que era la estación de radio y televisión más importante de Cuba, y González Mantichi, director de la orquesta de CMQ.

La balerina Alicia Alonso en unión de su esposo, el conocido Fernando Alonso, mantenían su escuela de ballet subvencionada por el gobierno. Era uno de los tantos centros de reunión de los comunistas, hasta que un día ocurrió lo insólito. Cuando el Dr. Guillermo de Zéndegui, entonces Director de Cultura, suspendió la referida subvención gubernamental, en agosto de 1957, provocó la airada protesta de gran número de instituciones cívicas y culturales. La combatida resolución argüía, con lenguaje preciso, que el llamado "Ballet Nacional" se negaba a ofrecer funciones gratuitas, para el pueblo, patrocinada por la Dirección de Cultura.

¿Qué instrumentos utilizaban? Todos cuantos se le ofrecían, sin dejar de lado sus organizaciones de frente unido, es decir, "de trabajo legal" como ellos les llamaban.

"Nuestro Tiempo" seguía trabajando a su manera. Alfredo Guevara orientaba sus actividades, sin olvidar sus aficiones por el cine. Por entonces, precisamente, la policía le ocupó un corto cinematográfico, "El Mégano", que exhibía la vida rasgada por la pobreza, de los carboneros en una de las zonas más aisladas de Cuba, la Ciénaga de Zapata. El propósito, evidente, presentar la imagen de una Cuba miserable.

En "Nueva Oriente" pronto situaron a Alcibíades Poveda y a Fermín Borges. A éste le organizaron una conferencia en el "Liceum Femenino", el 11 de marzo de 1958, a fin de satisfacer su vanidad. En torno a "Nueva Generación" terminaron por reunir a una serie de jóvenes con pujos de escritores y poetas, pretendientes de la fama que les negaba la sociedad existente.

Existían, por aquel tiempo, cinco o seis cine-clubs de diversas ideologías. Uno de ellos, de clara orientación marxista, estaba dirigido por Alfredo Guevara. Las varias salas de teatro que nacieron por aquella época, preferían ciertas representaciones en las que sobresalía el frenesí, el erotismo o los temas ardientes. En ella hizo su presencia el Partido con un grupo de teatro dirigido por Vicente Revuelta, con su hermana Raquel de primera actriz.

De esta forma, el Partido se metió, con sus artificios, en ese mundo de la fantasía propio de los escritores y artistas. El propósito, radicalizar las ideas y sentimientos de quienes podían trasmitirlas, armarlos de una crítica dura y ácida contra el ambiente imperante, desarrollar esa tendencia histórica de nuestros escritores tan dados a generalizar nuestros vicios nacionales, exaltar la tendencia progresista de izquierda y antimperialista. Magnífica fórmula para convertir en odio las relaciones pacíficas de la sociedad cubana, por cuyas corrientes trataban de mover los más absurdos comentarios y las noticias más envenenadas para levantar el oleaje rebelde del resentimiento. En esta línea, la "Carta Semanal" no cesaba de proclamar la necesidad de "fortalecer los sectores progresistas y antimperialistas".

La pasión llegó a nublar la capacidad de análisis, al punto de que, en una ocasión, allá por el año 58, se tuvo por cierta la fabulosa historia de una mujer violada por la policía con un hierro incandescente.

El esfuerzo de los comunistas, en este sector, fue intenso y perseverante; aunque poco pudieron cosechar entre los verdaderos intelectuales que sabían de sus mañas y trapisondinas. Algo, sin embargo, lograron. Cuando llegó el momento de escoger no se pensó en la solución menos mala, de la alternativa que se ofrecía al pueblo cubano. El hombre de cultura, perdido en el laberinto de sus análisis, acabó por situarse junto a la "Revolución"', de acuerdo con el pensar común de mucha gente.

VI - LA IMPORTANCIA DE LA LUCHA ARMADA EN EL CAMPO.

La importancia de la lucha armada en la Sierra Maestra, podría decirse que nació de la poca importancia que le prestó el gobierno y de la mucha que le confirió la prensa extranjera, la cual llegó, en una ocasión, a decir que Fidel Castro era "la más destacada y romántica figura que ha surgido en la historia de Cuba desde José Martí, el héroe de las guerras de independencia".[9]

La situación fue aprovechada por Fidel Castro para ir consolidando su posición en la Sierra Maestra. El campesinado de esa zona terminó por prestarle su ayuda por varias razones. Entre otras, era un campesino distinto al del resto de Cuba, pues vivía, cercado por la selva, en un mundo que solo tenía noticias del exterior a través de quienes explotaban su situación de seres que ni oían ni eran oídos. La naturaleza de este campesinado, no podía menos que someterse a quien ejercía la autoridad en la zona.[10]

Con este apoyo, era ya difícil encontrar a Fidel Castro entre los intrincados montes de la Sierra. Allí estaba a buen resguardo, mucho más si tenemos en cuenta el poco interés del Gobierno por encontrarlo. El tiempo lo iba convirtiendo en el símbolo "heroico" de la oposición a Batista, sobre todo, después de la muerte de José Antonio Echevarría y del rudo golpe sufrido por el "Directorio".

El ex-Presidente Prío se dio cuenta del peligro que podía significar que Fidel Castro continuara avanzando por el camino de la oposición efectiva al gobierno. Por ello, entre otras muchas razones, patrocinó la expedición del yate "Corinthia". El 24 de mayo, los expedicionarios, dirigidos por Calixto Sánchez, desembarcaron por Cabonico, en la costa norte de la provincia Oriental. Se proponían crear otro frente guerrillero que rivalizara con el de Fidel Castro; pero fueron liquidados por las tropas del ejército al mando del Coronel Fermín Cowley.

Solo un riesgo corría, de momento, Fidel Castro: su inactividad cierta, que podía deteriorar su imagen "heroica" de combatiente armado. El desembarco de los expedicionarios del "Corinthia" decidió a Fidel Castro a presentar su primer combate, de manera que pudiera darle base a la narración de sus proezas portentosas. Esta acción no se atrevió a realizarla por sí solo y requirió el concurso de la "Resistencia Cívica", organizada por Frank País.

Cuando recibió la ayuda del pequeño grupo de hombres que le envió Frank País desde Santiago de Cuba, al frente de los cuales iba el joven idealista Jorge Sotus, Fidel Castro se preparó a tener uno de sus muy contados encuentros con el ejército. En el pequeño puesto militar que existía en El Uvero, un poblado situado en las estribaciones de la Sierra Maestra, entraron de manera subrepticia los guerrilleros. Pasaron a cuchillo a los soldados que se encontraban durmiendo. Pero tan pronto los sobrevivientes se aprestaron a la defensa, los guerrilleros de Fidel Castro tomaron el camino de las montañas.

Después de esa "batalla", Fidel Castro consolidó su prestigio entre los partidarios de la lucha armada. En realidad, el hecho demostró que Fidel Castro solo podría sostenerse y crecer con la ayuda de las ciudades, donde se libraba la batalla más riesgosa y donde la "Resistencia Cívica" organizaba los envíos cuantiosos de dineros, de alimentos, armas y medicinas, sin contar con las tareas de agitación y propaganda que realizaban.

Los comunistas, repudiados por toda la oposición política e insurreccional, trataron de acercarse, una vez más, a Fidel Castro y hasta se habló de un entendimiento con vista a una huelga general en el mes de agosto. Entre sus aproches se cuenta la famosa carta del Comité Nacional del Partido Socialista Popular en respuesta al documento enviado por el M-26-7 a la "Sociedad Amigos de la República" en la que justificaba la táctica insurreccional frente al supuesto fracaso de las soluciones pacíficas. La carta resumía puntos de vista ya expuestos por el Partido con anterioridad y, sobre la táctica a seguir, expresaba:

"El pivote decisivo en torno al cual debe girar toda la acción oposicionista debe ser el de la movilización de las masas, con sus métodos propios —protestas cívicas, huelgas, manifestaciones, ciudades-muertas, paros generales, etc.— hasta culminar en el cese del actual estado de cosas, bien porque el gobierno se rinda ante la avalancha popular y se realicen unos comicios generales inmediatos, o bien porque, resistiendo el gobierno a toda expresión pacífica de la volunatd popular, las masas lo derriben con un nuevo 12 de agosto. Esto: la acción colectiva, y no la acción individual, que podría a veces ser heroica, pero que no mueve al que hace la historia: el pueblo".

A lo cual agregaba:

"En realidad, debemos subrayar que, entre los diferentes núcleos políticos que hoy actúan en Cuba, es el movimiento 26 de julio el que más se acerca a esa concepción estratégica, aunque todavía no haya expresado con la fuerza necesaria el problema de la dominación imperialista como el principal obstáculo a remover para que nuestra patria pueda ser libre y progresar a paso de carga...".

Los comunistas decían estar cerca de la concepción estratégica de Fidel Castro y solo objetaban su obstinación por hacerlo girar todo en torno a su persona en el escenario de la Sierra Maestra. Entre tanto, seguían soñando con la doble táctica de combinar la guerra con la política y de hacerlo descansar todo en la lucha de masas en las ciudades.

VII - IMPORTANCIA DE LA LUCHA ARMADA EN LAS CIUDADES.

Fidel Castro se había tomado el lujo de menospreciar el terrorismo de las ciudades, a pesar de que su movimiento era el máximo responsable del terrorismo indiscriminado y el de mayores apetitos sanguinarios. Por todos los medios a su alcance, trataba de ensalzar la conducta "heroica" de los emboscados de la Sierra, donde buscaban refugio quienes huían de la represión policíaca en las ciudades, por temor a no ver realizados sus ideales revolucionarios.

La ciudad, sin embargo, había demostrado que, sin ella no era posible sostener el "heroísmo" de las guerrillas. Esta realidad fue acrecentando el prestigio, si es que así puede llamársele, de quienes desafiaban los peligros del llano y, especialmente, de Frank País.

Aquella situación se pretendió resolver mediante la coordinación de las políticas de la Sierra y el llano con la integración de un Directorio Nacional del M-26-7, en el que las guerrillas de Fidel Castro tendrían un solo delegado, Celia Sánchez. Frank País llegó a imponer su criterio sobre la necesidad de redactar un programa,[11] que se dio a conocer el 12 de julio.[12] El programa, influido por el pensamiento de País y de quienes lo firmaron con Fidel Castro, Raúl Chibás y Felipe Pazos, tenía un evidente espíritu democrático.

Entre los planes inmediatos del M-26-7 estaban la conmemoración del 26 de julio con una serie de acciones de rebeldías en las ciudades y, para el mes de agosto convocar una huelga general. Cuando todavía no se había constituido el Directorio, Frank País fue sorprendido por la policía en Santiago de Cuba, que le dio muerte.

Es de anotar que por aquel tiempo corrió el rumor de que Fidel Castro había denunciado a Frank País. Según este rumor, Fidel Castro había utilizado, como instrumentos, a Haydée Santamaría y Armando Hart. Este último, según la versión, era el que había denunciado dónde se encontraba escondido Frank País. También, se dijo que Frank País había querido subir a la Sierra, para escapar de la persecución policíaca y que Fidel Castro se había opuesto, con el pretexto de que era indispensable en Santiago de Cuba, a sabiendas del inminente peligro que corría. Ambas versiones coinciden en un punto: en reconocer que Fidel Castro no veía con buenos ojos la actuación de Frank País, de ideas democráticas y clara militancia anticomunista.

La muerte de Frank País conmovió a los santiagueros. Los comercios cerraron sus puertas, en señal de luto. Los funerales coincidieron con la llegada, a la capital oriental, del nuevo embajador que había designado los Estados Unidos, Earl T. Smith. Este nos cuenta que mujeres vestidas de negro se presentaron en el acto del Ayuntamiento, donde le entregaban las llaves de la ciudad, cantando el himno nacional y gritando "Libertad, libertad, libertad". "Algunas mujeres pudieron romper los cordones" de la policía, que pretendía garantizar el orden público, y llegaron junto al embajador y su señora. "Las madres de Santiago" comenta el embajador, "se pusieron histéricas y luchaban por llegar hasta mí". Y añade: "nos dejó aterrados la innecesaria rudeza y brutalidad de la policía". El hecho le sirvió de fundamento para declararle a la prensa: "para mí es odiosa cualquier forma de acción policíaca excesiva" lo cual divulgó la prensa nacional y extranjera con grandes titulares.[13]

La inquietud removía, sin duda, las entrañas de la vida nacional y el nuevo embajador norteamericano había tomado la posición de los revolucionarios, según lo declaraban todos los comentarios. Fidel Castro creyó que había llegado el momento de avanzar y, dio instrucciones de calorizar el movimiento de huelga que había brotado espontáneamente.

Los comunistas, presentes en el desfile de las mujeres enlutadas con sus "Mujeres Martianas", trataron de incorporarse a la huelga. Pero nada pudieron hacer, pues los cogió desprevenidos. La huelga, en definitiva, no prosperó.

El fracaso sirvió para que Fidel Castro pensara en la necesidad de organizar los trabajadores. Fue el origen del llamado Frente Obrero Nacional que apenas pudo reclutar a nadie del sector laboral. El Ché Guevara enjuiciaría este fracaso, tiempo después, y diría:

"Sirvió para que nos diésemos cuenta que era necesario incorporar a la lucha por la liberación de Cuba al factor social de los trabajadores, e inmediatamente comenzaron las labores clandestinas en los centros obreros para preparar una huelga general que ayudara al Ejército Rebelde a conquistar el poder. Fue ese el inicio —continuaba diciendo el Ché Guevara— de una campaña de organización clandestina llevada a cabo con una mentalidad insurreccional, pero quienes alentaron estos movimientos no conocían realmente la significación y la táctica de la lucha de masas. Se las llevó por caminos completamente equivocados al no crearse el espíritu revolucionario ni la unidad de los combatientes y tratar de dirigir la huelga desde arriba sin vínculos efectivos con la base de los huelguistas".[14]

El Partido Socialista Popular, por su parte, comentó los hechos referidos en la "Carta Semanal" publicada con motivo del aniversario de la fundación del Partido Comunista en Cuba. Bajo el título "¡Aplastemos a la fiera!" condenó la actuación del "carnicero Salas Cañizares". La fundaban en la acción represiva contra los que habían tratado de utilizar el entierro de Frank País para provocar una huelga general. También, expresaban sus iras contra la "Hiena Cowley", porque, según la "Carta Semanal", "seguía matando a diestra y siniestra en la costa Norte oriental". Ese propio número de la Carta Semanal señalaba la orientación del día: la lucha por la libertad de los presos políticos y sociales. La orientación del Partido se dirigía a producir paros y manifestaciones de protesta en favor de los presos políticos y contra el Director de la Prisión de Isla de Pinos, el Coronel Ugalde Carrillo.

En una Carta Semanal muy posterior, del 10 de octubre, comentó el fracaso de la huelga de agosto con criterio similar al que ya había expresado el año anterior, al decir:

"Nuestro Partido no está de acuerdo con los métodos y tácticas de Fidel Castro y su sector para conseguir el objetivo señalado, porque no los considera correctos, porque no se basan en la lucha de masas, ni toman en cuenta los factores objetivos y subjetivos de la situación. Nuestro Partido —como se sabe— ha seguido y sigue otro camino: ha enarbolado la línea táctica llamada de agosto, que postula la unión y la lucha de masas, el desarrollo de sus luchas hasta culminarlas en un nuevo 12 de agosto".

Los hechos habían demostrado que aún no existía un verdadero movimiento capaz de derribar al gobierno, ni en las montañas ni en las ciudades. Los comunistas, por tanto, no estaban todavía en disposición de comprometerse con nadie. Para eso, ningún pretexto mejor que seguir invocando la famosa tesis de "la lucha de masas", con las argucias de "los factores objetivos y subjetivos". Mientras tanto, sus esfuerzos se enderezarían, en lo posible dentro de sus limitaciones, por el trillo de ir a la toma de la "conciencia nacional y antimperialista".

VIII - EL CINCO DE SEPTIEMBRE EN CIENFUEGOS.

El 5 de septiembre de 1957, el sargento de guardia, Santiago Ríos Gutiérrez, se apoderó, sin mayor resistencia, del Distrito Naval del Sur en Cienfuegos. Inmediatamente, abrió las puertas de la fortaleza a un grupo de civiles encabezados por el capitán retirado de la Marina de Guerra Dionisio San Román, quien asumió la dirección militar del movimiento.

La ciudad de Cienfuegos despertó con los miembros de la Marina en las calles, quienes lucían el brazalete, rojo y negro, del M-26-7. En un principio, pareció que los grupos civiles de la "ortodoxia" quedarían encargados del gobierno local, en caso de triunfar el alzamiento. Pero no hubieron pasado apenas unas horas, cuando los comunistas de la localidad trabaron contactos con los miembros del 26 de julio en el bufete del hoy Presidente de Cuba, Osvaldo Dorticós. Desde allí comenzaron a organizarse y a buscar informaciones. Lo primero, según los consejos de los asesores rojos, fue la ocupación de los centros de comunicaciones. Un militante responsable se ocupó de informar por las estaciones de radio que el Presidente Batista y los jefes de los tres cuerpos armados de la República habían sido apresados y aquel ejecutado. Y citaban a la población, para armarse en el Distrito Naval y unirse a la "revolución triunfante".

Todo pareció muy bien hasta que los organizadores de aquel desorden se dieron cuenta de que todo estaba reducido a la ciudad de Cienfuegos. Fue el momento de la desbandada. Desertaban unos, se escondían otros, se escapaban algunos. Cuando llegó un batallón del ejército, del Distrito Militar de Santa Clara, solo quedaron, para ofrecer resistencia, los miembros de la Marina que se habían comprometido con el movimiento y algunos civiles, muy pocos, en el parque central de la ciudad. Durante el día solo se escucharon el incesante silbido de las balas y el estallido de las bombas que la aviación dejaba caer sobre los quietas aguas de la bahía. Aquella locura cesó a la media noche con el estruendo de los cañonazos disparados desde los tanques apostados frente a la Escuela de Artes y Oficios, donde quedaba el último baluarte de resistencia militar.

He aquí como nos relata el suceso el embajador de los Estados Unidos en aquellos momentos:

"En septiembre de 1957, hubo un levantamiento de la armada en Cienfuegos. En la embajada de los Estados Unidos se tenía conocimiento de que se produciría la revuelta". "Por último nos enteramos de que se había aplazado la revuelta en Cienfuegos. Sin embargo, en La Habana, la armada se olvidó de comunicarlo a la armada de Cienfuegos, y éstos iniciaron el levantamiento sin que participara la armada de La Habana". "La revuelta fue aplastada por el gobierno de Batista".[15]

Así terminó la sublevación del 5 de septiembre en Cienfuegos, organizada por el ex-presidente Prío, Manuel Antonio de Varona y residuos de la conspiración militar de Barquín en abril del cincuenta y seis. En la nueva conspiración estuvo implicado "el agente de la CIA"[16] Earl Williamson. Como sucede casi siempre, después se les fue de las manos a los organizadores. Concluido el episodio, mediaron los eternos conciliadores, más del gobierno que de la oposición, animados por el mejor espíritu de cordialidad que permitiera, una vez más establecer la paz en lo posible, con la aprobación del Presidente Batista, gracias a cuya intervención se evitaron mayores represalias de los vencedores en la ciudad de Cienfuegos.

Los comunistas nada tuvieron que ver con este alzamiento. No por ello dejaron de estar al tanto de lo que ocurría con el sempiterno propósito de sacarle provecho y, de ser posible, apropiarse de los frutos cosechados por otros. Desde hacía tiempo habían tenido conocimiento de lo que se planeaba y hasta José María Pérez estuvo en contacto con algunos de los conspiradores.

En principio, según parece, el alzamiento estuvo previsto para mediados de año, más o menos. Los comunistas ya se habían preparado para aquel entonces. Enviaron a Cienfuegos unos 50 militantes, en su mayor parte de Cabaiguán. Se alojaron en una residencia en el barrio de Buenavista, en las afueras de la ciudad, previamente alquilada por Emilio Aragonés. Pero fueron detenidos".

Como se aprecia, los comunistas estaban atentos a todo cuanto ocurría y no dejaban escapar ocasión alguna para hacer acto de presencia. Ni siquiera en la sublevación del 5 de septiembre, organizada por factores tan ajenos al Partido.

IX - CUARTO CONGRESO DE LA FEDERACION SINDICAL MUNDIAL.

Al Cuarto Congreso de la Federación Sindical Mundial, efectuado del 4 al 15 de octubre de 1957, en Leipzig, concurrieron Lázaro Peña y Rafael Avila. Decían representar a los trabajadores cubanos que, por cierto, ni se enteraron.

El Congreso fue convocado con un espíritu abierto, de manera que concurrieran cuantos quisieran y aprobaran lo que dijeran los comunistas. No exigían que las organizaciones sindicales, que enviaran delegados, estuvieran afiliadas a la Federación Sindical Mundial ni que pertenecieran a una central obrera nacional. De esta forma podían darle representación a quienes nada representaban, como era el caso de la delegación de Cuba.

Los acuerdos más importantes en relación con América Latina versaron sobre la necesidad de promover en cada país la afiliación directa de los sindicatos a la Federación Sindical Mundial, sin necesidad de que lo hicieran previamente a las federaciones o confederaciones nacionales a que debían pertenecer; exigir de las federaciones y centrales sindicales establecieran "vinculación o intercambio con organizaciones sindicales mundiales como la Federación Sindical Mundial", y defender "la no ingerencia en las cuestiones sindicales latinoamericanas, de organizaciones extrañas como la Confederación Internacional de Sindicatos Libres, o, la Organización Regional Interamericana de Trabajadores".[18]

El Congreso designó a Lázaro Peña, de nuevo, miembro del ejecutivo de la Federación sindical Mundial. Terminado el evento, Lázaro Peña continuó viaje a Moscú con el pretexto de asistir al 40 aniversario de la Revolución de Octubre.

X - CONGRESO LATINOAMERICANO EN MOSCU.

El cuarenta aniversario de la Revolución de Octubre sirvió de marco a la reunión de los sesenta y un partidos comunistas del mundo, "seguida de inmediato por una conferencia de alto nivel de los partidos comunistas latinoamericanos".[19] Por Cuba, asistieron once delegados presididos por Blas Roca, el secretario general del Partido Socialista Popular.

El Congreso Latinoamericano acordó que los partidos comunistas de América Latina mantuvieran su autonomía, aunque coordinando sus acciones de acuerdo con la estrategia internacional del movimiento revolucionario, lo cual equivalía a reconocer la hegemonía de Moscú. Subrayó la importancia de los movimientos nacionalistas, para lo cual debían crearse "frentes nacionales" sin matiz comunista. Insistió en la necesidad de infiltrarse dentro de la burguesía y la pequeña burguesía de cada país. Y, por último, puso énfasis en la intensificación de las campañas contra los Estados Unidos.

Respondiendo a estas orientaciones, el Congreso tomó el acuerdo siguiente:

"Los comunistas latinoamericanos no deben insistir abiertamente en la lucha de clases, ni en la batalla contra el capitalismo en general. Tendrán obligación de atacar a los monopolios extranjeros principalmente, y en especial, a los consorcios norteamericanos, agitando la bandera del anti-imperialismo yanki, tratando de ganarse los sectores de la burguesía y de la pequeña burguesía nacionales, no a una simpatía hacia el comunismo, ni hacia Rusia, sino principlmente a una resistencia creciente contra los Estados Unidos, su intervención económica, cultural y social. Los Frentes Nacionales deberán de constituirse con la finalidad de apoyar a los sectores más hostiles a los Estados Unidos".[20]

Inclusive se llegó a plantear la conveniencia de ganar la adhesión de los sectores capitalistas burgueses a la causa del "Frente Nacional", con una resolución que decía: "Donde sea posible es necesario sostener la teoría de las nacionalizaciones de empresas extranjeras, en beneficio de los capitalistas nacionales, tratando de esta manera de ganar la adhesión de los sectores capitalistas burgueses a la causa del "Frente Nacional".[21]

El informe general inicial preparado por la "Comisión Especial de Consulta sobre Seguridad" de la Unión Panamericana, resume los "aspectos más relevantes" del Congreso y los resultados de sus resoluciones de esta forma:

"La mención especial que hace Kruschev de las representaciones latinoamericanas omitiendo deliberadamente la presencia de algunos países a fin de no perturbar las gestiones para el establecimiento de relaciones diplomáticas; la reorganización del aparato directivo de la Internacional para la América Latina; y el manifiesto de paz suscrito por todos los partidos sin excepción cuyas directivas pueden resumirse en: la ratificación de consignas conocidas (infiltración en todos los partidos nacionales sin excepción, estímulo al nacionalismo, formación de frentes nacionales democráticos y populares, orientación de la lucha contra el imperialismo, etc.), y un mayor énfasis de la necesidad de adecuar el accionar de los partidos comunistas y a las peculiaridades regionales, nacionales y locales.

En el Continente americano estas resoluciones tienen los resultados siguientes: designación de un mayor número de representantes latinoamericanos en las organizaciones de frente internacional; reuniones de los partidos comunistas a efectos de "intercambiar experiencias" y "formar nuevos cuadros"; modificación en la faz operativa evitando comprometer a los partidos comunistas en actividades opuestas a la coexistencia pacífica, realizando las operaciones revolucionarias mediante agentes infiltrados en las organizaciones no comunistas; intensificación de la acción psicológica mediante la ofensiva cultural y artística en las clases sociales más elevadas".[22]

El "caso Cuba" fue objeto de una consideración especial. Fidel Castro exhibía una marcada tendencia hacia el caudillismo y, por otra parte, la composición política y social de su movimiento, con "prejuicios y defectos burgueses", no ofrecían las garantías necesarias a los fines perseguidos por los comunistas. Batista, por su parte, estaba apretando, cada vez más, los tentáculos de la represión sobre los miembros del Partido en Cuba. Pero había que considerar una nueva situación: los Estados Unidos parecían decididos a echar a Batista y prestar su apoyo a factores pequeño burgueses que se titulaban revolucionarios con el propósito de seguir mandando, por interpósitas personas, en Cuba. Era necesario estudiar, con detenimiento, cual era la solución más adecuada antes de tomar una posición definitiva en el conflicto político que afligía a la nación cubana. Todo quedaría postergado hasta que, realizadas las gestiones pertinentes, se pudieran adaptar los acuerdos del Congreso a la situación de Cuba.

XI - EL REFLUJO DE LA SIERRA.

Las acciones revolucionarias inspiradas por la Sierra habían entrado en una etapa de reflujo. La publicidad en Cuba prestó mayor atención a los esfuerzos de conciliación por encontrar una salida electoral. Y la publicidad en los Estados Unidos se centraba en los esfuerzos por unir a la oposición insurreccional en un frente único que asumió el nombre de "Junta de Liberación". La "salida electoral" fue el tema de los mentideros políticos durante las conversaciones de la oposición política y el gobierno en la Comisión Interparlamentaria, las cuales fracasaron, y durante la reorganización de los partidos. A ésta concurrieron, por la oposición, los partidos siguientes: "Auténtico" del Dr. Grau; "Pueblo Libre", una amalgama de "ortodoxos" y "republicanos" dirigidos por el Dr. Carlos Márquez Sterling; "Movimiento Nacionalista Revolucionario", encabezado por Pardo Llada, y "Liberación Radical", integrado por un grupo de ex-combatientes del 26 de Julio y por un grupo de jóvenes católicos, entre los que se encontraban Amalio Fiallo, José I. Rasco y Manuel Artime. El Partido Socialista Popular no pudo concurrir a esta reorganización, entre otras razones, por estar ilegalizado.

Frente a esta corriente electoralista se organizó en Miami la "Junta de Liberación" en la que estaban representados los grupos y partidos que mantenía la tesis insurreccional, incluyendo el M-26-7. Los comunistas, desde luego, sí estaban excluidos. Entre tanto, en Cuba, por las montañas de "El Escambray", habían comenzado a brotar, silenciosamente, varios grupos de alzados, ninguno de los cuales era de filiación comunista. Eran los del "Directorio Revolucionario" y del "Segundo Frente del Escambray", infiltrado en Cuba desde Miami. Por entonces se dijo que eran algunos civiles que habían logrado escapar de Cienfuegos cuando la fracasada sublevación del 5 de septiembre.

En medio de este panorama de partidos, grupos y opiniones distintas, Fidel Castro parecía condenado a perecer, ahogado por la "salida electoral" en Cuba o por la "salida insurreccional" preconizada desde Miami que aseguraría el triunfo de la coalición integrada en la "Junta de Liberación Nacional". Tal era la situación, cuando la madre de Fidel Castro solicitó una tregua en la Sierra para que sus hijos pudiern salir para el extranjero.[23]

La salida de Fidel Castro no fue marcharse de la Sierra. Fue otra: sorprender una patrulla del ejército,[24] de forma que le sirviera para anotar una "batalla" en su haber y reanudar así la publicidad en torno al "heroísmo" de la Sierra, y, sin pérdida de tiempo, denunciar que el M-26-7 no estaba de acuerdo con los planes de la "Junta de Liberación", por lo cual se reservaba el derecho de continuar con su táctica sin tomar en cuenta la unidad forjada en el extranjero.

La carta de Fidel Castro en contra de la unidad simbolizada por la "Junta de Liberación", publicada el 4 de enero de 1958 en el Diario Las Américas fue el primer indicio de concesiones, por parte de Fidel Castro, a los comunistas.[25] Allí manejó una serie de ideas de inspiración leninista y algunas palabras de la conocida jerga comunista. Le echaba en cara a la Junta, entre otras cosas, que había suprimido "la declaración expresa de que se rechaza todo tipo de intervención extranjera en los asuntos internos de Cuba". Aceptaba la tesis de la lucha de masas pero, a la hora de resolver la discrepancia sobre la prioridad en la lucha de la ciudad o la guerrilla, mantenía la tesis del movimiento de masas en las ciudades en apoyo del movimiento guerrillero de las montañas.[26]

Los comunistas se sintieron complacidos con la carta de Fidel Castro contra la "Junta de Liberación", a la que no cesaba de criticar, desde su Carta Semanal, como "una organización pseudorevolucionaria al servicio del imperialismo yanqui". Por su parte Fidel Castro destruía de un plumazo una unidad que amenazaba con ahogar su caudillismo político. Esta nueva situación dejaba las manos libres tanto a los comunistas como a Fidel Castro para maniobrar y sacar ventajas mutuas en el futuro.

XII - VIOLENTA REPRESION GUBERNAMENTAL CONTRA LOS COMUNISTAS.

El gobierno, empeñado en crear un clima electoral, se había mostrado tolerante con los grupos insurreccionales, en los últimos tiempos, sin excluir a los comunistas. Pero la creación de la "Junta de Liberación" en el extranjero y el recrudecimiento de las actividades terroristas en el país, especialmente en la provincia oriental, hizo que el gobierno pusiera punto final a su política de conciliación. Hacia mediados del mes de noviembre le cayó encima a los comunistas, quienes venían llevando una existencia un tanto parasitaria en medio de una especie de clandestinidad permitida.

José María Pérez desapareció, concretamente, el 19 de noviembre de 1957. Fue detenido en el barrio de Luyanó, en La Habana, acusado de ser uno de los organizadores de la sublevación del 5 de septiembre, y más nunca se supo de él.

Poco después, el gobierno dispuso la detención de todos los ciudadanos que hubieren figurado en los viejos registros de afiliados del Partido Socialista Popular. Fueron llevados a las estaciones de policía o a los cuarteles de la guardia rural en el interior de la Isla, interrogados y fichados. Una vez cumplido el trámite, fueron puestos en libertad con la sola excepción de los dirigentes locales más señalados quienes permanecieron "retenidos" por unas semanas.

El 23 de noviembre de 1957, los revolucionarios dieron muerte al jefe del Distrito Militar de Holguín, coronel Fermín Cowley, en represalia, según se dijo, por la muerte de los expedicionarios del Corinthia. A su vez, la represalia del ejército en Holguín no se hizo esperar. Consecuencia de ella fueron las llamadas "Pascuas Sangrientas" durante las cuales cayó la mayor parte de víctimas comunistas.

Los resultados de la acción represiva del gobierno contra los comunistas fueron ofrecidos por Juan Marinello en su discurso de apertura del Pleno del Comité Nacional del Partido el 28 de enero de 1959, cuando dijo:

> "No está con nosotros el compañero José María Pérez, querido dirigente de los trabajadores del transporte y en su día Representante a la Cámara por el PSP. No está el compañero Paquito Rosales, dirigente provincial en Oriente y Alcalde comunista de Manzanillo.
>
> No están los compañeros asesinatos cuando las llamadas

Pascuas Sangrientas: Loynaz Echevarría, miembro del Comité Provincial de Oriente, Jesús Feliú, miembro del Comité Municipal de Holguín, Alejo Tomás, líder de los trabajadores del Central Delicias, Héctor Infante, líder también de aquel Central, Enrique Morgan, del Central Preston y Enrique Casal, del Central Jobabo; Luis Serra, de Puerto Padre, Antonio Valerio Conduguera de Manatí y Julio Rodríguez de Marcané.

En los mismos días cayó Gonzalo González, dirigente campesino de Bueycito, que dio su vida por ayudar a los rebeldes de la Sierra. Y en la misma furia fueron asesinados en la ciudad de Santa Clara, Eladio Rodríguez Melero, miembro del Comité Provincial de Las Villas y Constantino Pérez, activo militante en aquella ciudad. Inmediatamente perdimos a Francisco de la Rosa, integrante de la JS en el pueblo de Fomento. A estas cosas hay que agregar los asesinatos de los compañeros Antonio Finalés, líder obrero de Sagua y Felino Rodríguez, dirigente campesino de Yaguajay.

En Matanzas, fueron asesinados Gabriel Valiente, de más de 60 años, en Colón, el líder de los trabajadores del central "Dos Rosas" compañero Humberto Alvarez y Francisco Abreu, del Comité Municipal de Pedro Betancourt. Y los miembros de nuestro Partido, Porfirio Rizos Cabrera y Andrés y Vicente Toscano.

En Pinar del Río cayó entre otros, el obrero tabaquero Francisco Donastién, muy destacado militante del PSP.

En la ciudad y provincia de La Habana, además del compañero José María Pérez, desaparecido, fueron asesinados Carlos Hernández, miembro del PSP en el Vedado; el trabajador ferroviario de los talleres de Ciénaga José Manuel Rodríguez Casamayor; Guillermo Hizo Bermúdez, muerto en el hotel Reina de esta capital; el obrero Justo Torres; los estudiantes Armando Mirabal, José Antonio Díaz y Pedro Rodríguez, integrantes del Comité Municipal de la JS en Guanabacoa.

En los últimos días, ya tambaleante la tiranía, desapareció, para no ser visto más el valiente luchador del estudiantado Fulgencio Oroz, miembro de la Juventud Socialista.

En la madrugada del 18 de noviembre fueron ultimados, del modo más bárbara, a golpes mortales, en la ciudad de Ciego de Avila, el destacado dirigente sindical compañero Carlos Rodríguez y el miembro del Comité Provincial de Camagüey Saturnino Aneiros".[27]

A partir de noviembre, según puede apreciarse, el gobierno de Batista no dejó descansar a los comunistas ni a sol ni sombra.

XIII - LA UNION SOVIETICA TRATA DE NEGOCIAR CON EL PRESIDENTE BATISTA.

La Unión Soviética pretendió entenderse con el presidente Batista cuando llegó la hora de las definiciones. Es muy posible que pesara en su ánimo la poca confianza "revolucionaria" que le inspiraba Fidel Castro y su movimiento "pequeño burgués", el hecho de que las guerrillas parecían condenadas a fracasar tan pronto el ejército se empeñara en liquidarlas y que "los representantes de Cstro eran oídos con simpatía en el Cuarto Piso del Departamento de Estado" norteamericano.[28]

Sea por una razón o por otras, el hecho cierto es que a fines del año cincuenta y siete, el embajador soviético en México se acercó al embajador cubano en ese país, Sr. Oscar de la Torre, durante una recepción diplomática, con el propósito de concertar una entrevista. Asuntos de gran importancia y trascendencia para su gobierno deseo tratar con usted, le dijo el embajador soviético al cubano.[29]

La entrevista, rodeada del mayor misterio, se efectuó en una "suite" del Hotel Prado. El pretexto fue un almuerzo. El embajador ruso, sin muchos rodeos, le planteó a Oscar de la Torre que el gobierno de la Unión Soviética tenía gran interés en acercarse al de Cuba. Esto no implica la necesidad de establecer relaciones diplomáticas, aclaró. Simplemente, deseamos ampliar nuestras relaciones comerciales, en beneficio de su país, y que el gobierno cubano suspenda la severa represión que ha desatado contra algunos amigos nuestros en Cuba. Lo demás, continuó diciendo el embajador ruso, será cuestión de tiempo.

En "lo demás" estaba incluida la libertad de movimientos de los dirigentes sindicales rojos, la "democratización" de la CTC, la legalización del Partido Socialista Popular, dentro de los planes que tenía el gobierno cubano de buscar "una salida electoral" y, en el futuro, solo para el futuro podría hablarse de la posibilidad de restablecer relaciones diplomáticas.

La Unión Soviética, le razonó, no tuvo inconvenientes en ayudar a Cuba cuando le compró azúcar en los momentos en que no tenía mercado donde situarla y ahora solo desea ampliar esas relaciones comerciales en condiciones ventajosas para Cuba. Después de tratarle sobre el asunto económico, pasó al problema político. Le señaló la conveniencia de un entendimiento político con la Unión Soviética que permitiera al gobierno cubano equilibrar las fuerzas internacionales que se movían en contra suya. Se detuvo en este punto, para advertir la actitud hostil del gobierno norteamericano contra el de Batista. Por último, con gran sorpresa para Oscar de la Torre, le dijo que ellos "se encargarían de bajar a Fidel Castro de la Sierra Maestra".

Ante ese alud de impresionantes razonamientos, del embajador soviético, Oscar de la Torre se limitó a decir que no tenía facultades de su gobierno para opinar y mucho menos para contraer ningún compromiso; pero que le prometía trasladar sus planteamientos al Presidente Batista.

En seguida, Oscar de la Torre viajó a La Habana. Tras una semana de infructuosas gestiones, al fin, logró entrevistarse con el Presidente gracias a la mediación del entonces Ministro de Estado, Gonzalo Güel.

El Presidente Batista escuchó en silencio a su embajador, mientras éste relataba todos los detalles de la entrevista que había sostenido con el embajador de la Unión Soviética. Terminada la relación, el Presidente Batista fue seco y rotundo. En tono severo, le dijo a Oscar de la Torre que todo aquello era muy peligroso, que le prohibía volviera a tener contacto con el embajador ruso y que supiera, de una vez por todas, que él estaba definido por "la línea democrática", según lo había evidenciado en la Conferencia de Panamá.

El no rotundo del Presidente Batista deshizo todas las gestiones sobre un posible entendimiento entre el gobierno de Cuba y el de la Unión Soviética. Nada sobre la ampliación de relaciones económicas y nada sobre el restablecimiento gradual de relaciones diplomáticas con los países socialistas. Mucho menos que nada el sueño de la Unión Soviética, cuando pensó que podría liquidar el movimiento guerrillero de Fidel Castro a cambio de la legalización del Partido en Cuba. Era, por cierto, no conocer a Fidel Castro.

De paso, quedó sellada la suerte del Gobierno de Batista con los comunistas y su imponente aparato de agitación y propaganda internacional. Desde ese momento, la prensa internacional del Kremlin desató un barraje de propaganda contra el Presidente Batista y su gobierno, en el mundo, los cuales eran pintados con los colores más sombríos, entre los que figuraban de manera más saliente: su carácter de "tiranía criminal al servicio del imperialismo yanqui".

A mediados del año cincuenta y ocho ya se notaba en toda América Latina los efectos de aquella propaganda. Martillaba, sin cesar, sobre el tópico de las matanzas diarias en las calles de La Habana y, más que nada, sobre la guerra que se venía librando entre "las huestes libertadoras y antimperialistas de Fidel Castro" y "la tiranía sangrienta y pro-imperialista de Batista". Los demás grupos que se oponían a Batista eran totalmente desconocidos por la propaganda en América Latina.

El planteamiento, simplista pero categórico, hizo las veces de una mecha encendida en el polvorín de los sentimientos antiyanquis de América Latina, y especialmente hacia el sur. Las explosiones se escuchaban por todas partes en forma de actos y manifestaciones que clamaban por liberar a Cuba, la colonia yanqui, de la explotación imperialista y "de la tiranía de su lacayo, Batista".

La propaganda internacional roja no descuidaba los ángulos de presentar a Cuba como un país dominado por la plutocracia explotadora que eliminaba todas las conquistas obreras, a pesar de que por días los trabajadores cubanos lograban mayores beneficios, y como un país neocolonial y subdesarrollado que sufría la explotación del imperialismo yanqui y de los capitalistas nacionales, no obstante que la realidad indicaba que Cuba corría ya por los caminos de un progreso económico jamás alcanzado. Todo este cuadro quedaba rematado con una serie de imágenes que ponían énfasis en la "matanza indiscriminada de niños, mujeres y ancianos" en "las crueles represiones y bombardeos de ciudades indefensas".

Fanatismo loco se necesitaba para dar por buena esta abigarrada y mal compuesta pintura de Cuba. Sin embargo, fue tenida por cierta por la opinión pública mundial, especialmente la norteamericana, todo lo cual ayudaría a crear las condiciones de conciencia que tanto contribuirían a la caída del Presidente Batista.

XIV - LOS COMUNISTAS EN CUBA DECIDEN APOYAR, AUN CON RESERVAS, A FIDEL CASTRO

El Partido Socialista Popular tuvo que decidirse por apoyar a Fidel Castro, el único de quienes se oponía a Batista que lo aceptaba, no sin algunas reservas. La Dirección desde México había ordenado que el Partido adelantara en sus gestiones de entendimiento con el M-26-7. A este fin, fue convocada la Comisión Ejecutiva Nacional por Aníbal Escalante.

En la reunión no estuvieron presentes Blas Roca, Lázaro Peña ni Joaquín Ordoqui, por encontrarse todos en México. Solo se reunieron Aníbal Escalante y su hermano César, Juan Marinello, Carlos Rafael Rodríguez, Flavio Bravo, Ursinio Rojas y Manuel Luzardo. La sesión fue movida, pues Aníbal se mostró reacio a prestar apoyo incondicional a Fidel Castro, en tanto que Rodríguez, Bravo y Luzardo creían que era necesario apresurar las gestiones de entendimiento, sin mayores reservas.

Todos estuvieron de acuerdo en proclamar la necesidad de la lucha armada, sin que tal definición quisiera decir que los comunistas corrieran a incorporarse a las guerrillas ni mucho menos. Pretextos para no hacerlo sobraban. Era necesario, insistían una vez más, movilizar a las masas, apoyarse en ellas para que triunfara la revolución.

Aníbal Escalante, sin perder su costumbre de teorizar sus pensamientos, habló de ligar cada movimiento de masas con la perspectiva de la toma del poder, presidida por el programa de cambios antioligárquicos y antimperialistas. Este es el verdadero camino revolucionario, dijo, que se distingue del reformismo. Y agregó, una alternativa de poder al margen de la lucha de clases y sin programa constructivo no es una alternativa real.

Hubo unanimidad en cuanto a declarar que era indispensable lograr el fortalecimiento político del movimiento revolucionario y de las masas. Por este camino, hablaron de que la función del Partido y sus militantes era convertirse en palanca que provocara la rearticulación del movimiento revolucionario.

Cuando se abordó el tema de las compras de azúcar de la Unión Soviética a Cuba, se invocó el tan manido argumento "humanista" de que "el comercio acerca a los pueblos". El Partido trataba de que la Unión Soviética quedara a salvo de cualquier crítica con aquello de que sería profundamente erróneo considerar ese comercio como expresión de un apoyo subrepticio o de una ayuda cualquiera de la Unión Soviética a los gobiernos reaccionarios y oligárquicos, como ellos decían.

Una vez proclamadas las bases teóricas para llevar adelante la nueva táctica, se pasó a considerar el problema de la organización del Partido y el entendimiento con Fidel Castro.

Con tono de sinceridad, se discutieron las debilidades de organización, que eran evidentes. Se atribuyó a la dispersión de los militantes y la deserción de muchos de ellos. Manuel Luzardo trataría de justificar esta situación, mucho después, cuando dijo:

"Es conocido que, como consecuencia del terror, las persecuciones y los crímenes de la tiranía, una apreciable cantidad de militantes se desperdigó por distintos lugares del país al verse obligados a trasladarse a otros municipios y provincias, perdiendo en muchos casos, el contacto con el Partido. También hay una cantidad de militantes que, al oscurecérseles las perspectivas y no acertar a comprender el curso posible del desarrollo de los acontecimientos, se desligaron del Partido, quedándose al margen de sus organizaciones de base, pero sin adoptar una posición contraria a nuestra línea política y a nuestro programa".[30]

Para afrontar esa realidad, que se traducía en la inactividad de los "comités socialistas", se fue a la creación de "comités regionales", es decir, de núcleos de organización con jurisdicciones más amplias. Se reorganizaron los comités provinciales y en las provincias de La Habana, Oriente y Pinar del Río se organizaron dos comités por provincia. Luzardo, el apologista de las medidas del Partido en la clandestinidad, diría:

"La adopción de esta medida jugó un papel positivo en las referidas provincias, pues nos permitió atender el trabajo de dirección en general y algunos aspectos específicos de nuestra labor aún en las situaciones más difíciles. Tales fueron los casos de la atención al trabajo sindical, al movimiento campesino, y a la participación en la lucha armada, que se vieron beneficiadas con la existencia de estos organismos".[31]

La nueva organización permitía al Partido moverse dentro de una línea más centralizada, más controlada por la dirección. La suprema responsabilidad del Partido en Cuba quedó a cargo, al menos teóricamente, de "Aníbal Escalante, Manuel Luzardo, Severo Aguirre y Carlos Rafael Rodríguez",[32] unidos a Blas Roca tan pronto éste regresara al país.

En el terreno de las realizaciones, un grupo de jóvenes comunistas se unió al núcleo de Raúl Castro en la Sierra Cristal. Allí organizarían centros de estudios políticos y pondrían en práctica una serie de ideas del Partido sobre la mejor forma de preparar las guerrillas con vista al triunfo de la revolución socialista, sin olvidar la mejor vía para mantener el necesario contacto con los núcleos de las ciudades.

Mientras tanto, en México comenzó a organizarse el cuartel general de operaciones del Partido para prestar apoyo de toda índole, inclusive en suministro de armas, al movimiento guerrillero del M-26-7. A cargo del mismo quedó Joaquín Ordoqui. Algo después, Alfredo Guevara, el íntimo amigo de Fidel Castro, saldría para México. Sería el factor de enlace entre Ordoqui y los elementos jóvenes del M-26-7 que no veían con buenos ojos a los miembros de la vieja guardia del Partido.

El puente entre el Partido y el M-26-7 quedaba tendido. Solo hacía falta cruzarlo. Los primeros pasos se dieron cuando los comunistas tuvieron la osadía de brindarle a Fidel Castro el apoyo del Partido para la huelga general que se proyectaba.

XV - TRAS LA CALMA, LA TORMENTA: SE REACTIVA LA REVOLUCION.

El silencio de la prensa nacional sobre las actividades revolucionarias, a consecuencia de la censura impuesta por el gobierno, había restado resonancia a las acciones, cada vez más esporádicas, de los terroristas en las ciudades y de las guerrillas emboscadas en las montañas.

El movimiento electoralista, con su divisa de la salida pacífica, había comenzado, en cambio, a cobrar vigor. Hasta Fidel Castro llegó a declarar que aceptaba la solución electoral, siempre y cuando le cedieran el dominio militar de la provincia oriental,[33] tal vez, con el propósito de amortiguar el impacto de las voces oposicionistas que acusaban a Fidel Castro de anti-democrático y absolutista.

Este panorama, de paz externa, solo se veía ensombrecido por algunos que otros actos, como la interrupción a golpes, silletazos y palos, por jóvenes del M-26-7, de la Asamblea Nacional del Partido del Pueblo Cubano que se celebrara en la Artística Gallega; el secuestro del famoso corredor de automóviles Juan Manuel Fangio, y el desvío de algunos aviones que, sacados de su ruta, eran llevados a Miami o México, sin contar el que, muchos después, tuvo un fin trágico en la bahía de Nipe.

Este cambio en el panorama nacional permitió al gobierno restablecer las garantías constitucionales. Con esta medida y, el consiguiente restablecimiento de la libertad de prensa, surgió otra vez la Revolución en las páginas de los periódicos. Explotó, con fuerza no vista, la literatura apologética en favor de la Revolución.

Entre tanto, Fidel Castro no perdía tiempo. Consciente de su debilidad militar y ansioso de recuperar la movilidad perdida, decidió reorganizar sus cuadros y crear otros frentes guerrilleros. Para ello pudo contar con el aporte de algunos jóvenes socialistas que se le incorporaron.

En Las Villas, la atención giraba en torno a los tres núcleos del Escambray: "Directorio Revolucionario '13 de Marzo' ", organizado por Faure Chomón; "Organización Auténtica", dirigida por Antonio Santiago, y "Segundo Frente del Escambray", comandado por Eloy Gutiérrez Menoyo. Al grupo de Víctor Bordón, que se movía en la zona montañosa de Corralillo con la bandera del "M-26-7"", apenas se le tomaba en consideración. Entonces, Armando Acosta, miembro de la Juventud Socialista, se alzó con un grupo de jóvenes de Sancti Spíritus y Cabaiguán en la región montañosa cercana a estas poblaciones.

En Oriente, entre el 9 y 10 de marzo, descendieron, con toda impunidad, dos columnas de guerrilleros destinadas a crear otros dos frente. Una, la de Juan Almeida ,creó su frente en las cercanías de Santiago de Cuba. La otra, de Raúl Castro, cruzó la carretera Central sin ser molestada, para internarse en las lomas de Mayarí al norte de la provincia de Oriente. Esta columna se convirtió, desde entonces, en el refugio preferido de los jóvenes comunistas.

Este era el cuadro nacional cuando la Iglesia Católica decidió terciar en la contienda nacional. El primero de marzo, el Episcopado formuló un llamamiento de paz, bajó a la arena para colocarse en medio, con la pretensión imposible de hacerse oir y entender de unos y otros, de sosegar los contrarios bandos, de casar lo blanco con lo negro y de llegar a una avenencia imposible con la Revolución. El llamamiento del Episcopado logró repercutir en la conciencia de un pueblo que se llamaba católico porque, en su gran mayoría, estaba bautizado y creía en Dios, un tanto, por cortesía.

El Gobierno dio un paso al frente y declaró que estaba dispuesto a conversar con la Comisión de Unidad Nacional que había designado el Episcopado. Fidel Castro hizo lo contrario: rechazó a la Comisión y la acusó de hacerle el juego a Batista. Algunos curas metidos a políticos, lejos de tomar el partido del Episcopado, terminaron, en muchas ocasiones, por hacer del púlpito una prolongación de la tribuna.

La maniobra, lejos de perjudicar a Fidel Castro y beneficiar al gobierno, perjudicó al gobierno y benefició a Fidel Castro. Earl T. Smith la enjuició, con acierto, al decir:

"Batista, el hombre fuerte, había estado dispuesto a aceptar la mediación; pero Fidel, no. Como consecuencia de ello, Castro se convirtió en el hombre de la hora y aumentó su prestigio, mientras declinaba el de Batista debido a que su voluntad de aceptar la medición fue interpretada como una señal de debilidad".[34]

Ganado el tanto por Fidel Castro, dio un paso más al frente, por la vía donde su figura lucía triunfadora: declaró la "guerra total" al gobierno y convocó a una huelga general. Los días se llevaban las esperanzas de reconciliación. La sociedad se alarmaba, las pasiones exaltábanse.

El Gobierno había hecho su último esfuerzo cuando designó un gabinete de acuerdo con el espíritu de la exhortación episcopal. Pero no duró nada. La amenaza de huelga general obligó al gobierno a suspender, otra vez, las garantías constitucionales que ya no se restablecerían nunca más.

El gobierno era atacado por todos los flancos. Para colmo, el 14 de marzo, el gobierno de los Estados Unidos decretó el embargo de armas destinadas al ejército de Cuba. "No cabe ninguna duda de que la decisión del Departamento de Estado de suspender los embarques de armas a Cuba fue el paso más eficaz que dio el Departamento de Estado para provocar la caída de Batista".[35] Así ha opinado el entonces embajador de los Estados Unidos en Cuba, criterio que compartimos.

El estado de agitación era tal que el Partido del Pueblo Cubano no tuvo más remedio que solicitar, el 21 de marzo, el aplazamiento de las elecciones en escrito dirigido al Tribunal Superior Electoral. Las elecciones fueron pospuestas, del primero de junio, para el primero de noviembre, dadas las condiciones reinantes en el país.

El ritmo de los acontecimientos, como se ve, fue acelerado. El Gobierno se deterioraba, cada día más. Ya casi nadie creía en sus declaraciones. Casi todos eran a creer cuanto le fuera adverso. Los "machistas", quienes siempre estaban dispuestos a estar con el "macho", es decir, con el que luciera triunfador, que era buena parte de la clase dirigente del país, terminaron por situarse frente al Gobierno y tomar partido por la Revolución.

A partir de ese momento, encrespáronse más y más las olas del apasionamiento en el mar enfurecido por el huracán de las discrepancias políticas. Cada día era más evidente la falta de espíritu constructivo y el fatal predominio del odio, sin pizca de amor en los corazones. Nada mejor podían desear los comunistas que semejante situación, la cual les abría una brecha para entrar en un campo que hasta entonces le había estado vedado.

XVI - LA HUELGA DE ABRIL

Fidel Castro venía trabajando en la preparación de la huelga desde fines del año anterior. Cuando el clima político del país parecía indicar que los días del Presidente Batista estaban contados, Fidel Castro lanzó su convocatoria a la huelga general, con sus famosos veintidós puntos y las consiguientes amenazas para quienes no se sumaran a las huestes revolucionarias.

El Presidente Batista replicó con un acuerdo de su nuevo Consejo de Ministros en el que solicitó del Congreso no solo la suspensión de las garantías, sino la declaración del "estado de emergencia", de acuerdo con lo estipulado por el Título XVII de la Constitución. El Congreso aprobó la declaración solicitada el 31 de marzo. Al reconocer que se hallaba "en peligro... el orden interior del Estado", se le concedió, por vez primera, beligerancia oficial a Fidel Castro.

La guerra estaba ya oficialmente declarada, a pesar de que los partes de guerra no eran más que lucubraciones elaboradas en las oficinas de propaganda del ejército en Columbia o de Fidel Castro en la Sierra. Los comunistas ya estaban decididos por Fidel Castro y solo faltaba que se pusieran de acuerdo con la "Resistencia Cívica" y los cuadros inferiores del M-26-7, para llevar adelante los proyectos de huelga general.

El ex-Capitán del Ejército Rebelde Luis Simón, hoy en el exilio, cuenta que Fidel y Raúl Castro le encomendaron, a nombre de la Dirección Nacional del 26 de Julio, tratara de coordinar las actividades de las organizaciones insurreccionales en la ciudad de La Habana con la de los comunistas. Solo en esta forma, pensaban ellos, podría conducirse por los senderos del éxito la proyectada huelga revolucionaria del 9 de abril.

Luis Simón se trasladó a La Habana. Habló con unos y otros. Argumentó. Razonó. Hizo cuanto estuvo a su alcance. Sus esfuerzos, sin embargo, resultaron baldíos. Faustino Pérez, entonces Jefe del 26 de Julio en La Habana, y Manuel Ray, jefe de la "Resistencia Cívica", se opusieron a la cooperación de los comunistas.

En tales condiciones llegó el día marcado. El 9 de abril el M-26-7 intentó la tan anunciada huelga general. Fue un fracaso total. Solo sirvió para recalcar la reluctancia de los trabajadores organizados a participar en las luchas políticas y para que se produjeran algunos brotes de violencia, que condujeron a choques armados de los jóvenes del M-26-7 con la fuerza pública.

Los comunistas solo apoyaron la huelga, con sus escasos recursos humanos, en el interior de la República. En La Habana no hicieron nada, a pesar de los aguajes de Kindelán y compañía. El saldo, en última instancia, fue que los comunistas no se responsabilizaron con el fracaso. Los atribuyeron a los jóvenes dirigentes del M-26-7 en las ciudades que poseídos por el "infantilismo revolucionario" habian confiado en sus escasas fuerzas militares sin contar con "las masas". Y terminaron por utilizar el fracaso como arma política contra Faustino Pérez, a quien se atrevieron a señalar como traidor al movimiento, y para plantear "con toda crudeza la necesidad de situar junto a Castro asesores políticos experimentados".[36]

El fracaso de la huelga fue el punto de apoyo para el avance de los comunistas sobre el M-26-7. A esta situación se refirió, mucho después, el Ché Guevara, cuando dijo:

> "Fracasó precisamente por errores de organización, entre ellos principalmente la falta de contacto entre las masas obreras y la dirección, y su equivocada actitud. Pero la experiencia fue aprovechada y surgió una lucha ideológica en el seno del "Movimiento 26 de julio", que provocó un cambio radical en el enfoque de la realidad del país, y en sus sectores de acción. El 26 de julio salió fortalecido de la fracasada huelga y la experiencia enseñó a sus dirigentes una verdad precisa cual era —y que es— que la revolución no pertenecía a tal o cual grupo, sino que debía ser la obra del pueblo cubano entero; y en esa finalidad se canalizaron todas las energías de los militantes de nuestro Movimiento, tanto en el llano como en la Sierra. En esa época precisamente empezaron en el Ejército Rebelde los primeros pasos para darle una teoría y una doctrina a la revolución".[37]

El Comité Ejecutivo Nacional, es decir, su entelequia se reunió para estudiar la nueva situación. Rechazada la responsabilidad en el fracaso de la huelga, se pasó a considerar el entendimiento con Fidel Castro. La opinión de Blas Roca fue decisiva en el propósito de avanzar, sin más reparos, a un acuerdo en serio con Fidel Castro, sobre la base de una definición anti-imperialista y la realización de un trabajo más coordinado con el Partido. La idea era formar con Fidel Castro un frente de liberación nacional.

Carlos Rafael Rodríguez, encargado de realizar los arreglos pertinentes, envió, el 5 de junio, desde La Habana un artículo a LA FRANCE NOUVELLE, órgano del Partido comunista francés, en el que informaba que celebraban negociaciones para llegar a un acuerdo sindical y nombraba a varios grupos, incluyendo al Movimiento 26 de Julio y a los comunistas. [38] El anuncio de una invasión del ejército sobre la Sierra Maestra demoró el viaje que había proyectado Carlos Rafael Rodríguez para ultimar los acuerdos con Fidel Castro.

Entre tanto, el entendimiento en el extranjero iba a pedir de boca, especialmente en México. En Cuba, el Comité Ejecutivo dio la orden a los comités regionales de que constituyeran grupos de apoyo a las actividades guerrilleras de Fidel Castro. Ya solo faltaba formalizar el acuerdo entre Fidel Castro y la alta dirigencia del Partido Socialista Popular.

XVII - LA GUERRA EN LA SIERRA: A) LA OFENSIVA DEL EJER-

CITO. B) LA "OPERACION ANTIAEREA". C) LA DERROTA DEL EJERCITO.

Por primera vez, el gobierno se dispuso a tomar en serio a Fidel Castro. Se preparó para hacerle la guerra. Había esperado demasiado. "A estas horas es evidente que el gobierno está muy retrasado en sus planes", dijo bien Fidel Castro en la instrucción que dirigió a los comandantes de columnas en los primeros días de junio. Sin embargo, no era tarde todavía.

El momento escogido era el peor debido a que los torrenciales aguaceros, habituales durante esta época, hacían difícil el acceso a las escarpadas montañas de la Sierra Maestra. A pesar de ello, se decidió la invasión. No podía esperarse más. Se reunieron 14 batallones y 7 compañías independientes.

Fidel Castro disponía ya de ocho columnas. Las movilizó hacia el oeste del Pico Turquino, la montaña más alta de Cuba. Formó un "frente defensivo de unos 30 kilómetros de extensión, cuyo eje central era lo alto de la Cordillera Maestra".[39] Situó sus avanzadas en todas las entradas naturales de la Sierra, por el norte y por el sur.

A) La ofensiva del ejército.

El 24 de mayo comenzó la anunciada ofensiva del ejército. Atacó simultáneamente por el norte y el noroeste del macizo montañoso, es decir, por las "Minas de Bueycito" y de "Las Mercedes". Avanzaba por entre caminos minados y bajo el hostigamiento de las guerrillas. El 15 de junio se inició el ataque por el sur: desembarcó el batallón del comandante Corzo Aguirre en el lugar conocido por "Las Cuevas".

Durante 35 días el ejército había ido ganando terreno, con el precario auxilio de la aviación. Hacia el 20 de junio, los batallones del teniente coronel Sánchez Mosquera y del comandante Menéndez Martínez cortaron diagonalmente las estribaciones de la Cordillera. "El día que marcó el momento más crítico fue el 19 de junio" reconoció Fidel Castro en su informe posterior a la ofensiva.

He aquí cómo la describió el propio Fidel Castro el día 19 de junio:

"En el curso de esas veinticuatro horas las fuerzas enemigas penetraron combatiendo simultáneamente en Las Vegas de Jibacoa, Santo Domingo, y avanzaban hacia Naranjal, en La Plata, desde Palma Mocha, amenazando con aniquilar los pelotones más avanzados de nuestras fuerzas. Días más tarde avanzaron por Gaviro y flanquearon la Maestra por el alto de San Lorenzo".[40]

Su relato continúa así:

"Los puntos más avanzados que lograron las fuerzas enemigas fueron Naranjal, hasta donde llegó el Batallón 18 del comandante Quevedo, avanzando desde la desembocadura de La Plata, y Meriño, donde penetró el Batallón 19 del comandante Suárez Soulet.

"Por el norte y por el Sur el enemigo había penetrado a fondo. Entre las tropas que atacaban desde ambas direcciones apenas quedaba una distancia de 7 kilómetros en línea recta".[41]

B) La "operación antiaérea"

La situación era desesperada para Fidel Castro. En su auxilio acudió su hermano, que comenzaba a ser hostigado por el ejército en las montañas de Mayarí, con la llamada "Operación antiaérea". Fue una maniobra coordinada con el Partido, en la que se estimulaban las contradicciones entre el gobierno de Cuba y el de Estados Unidos, al acusar a éste de todo lo que hacía aquel. Pepe Ramírez, militante del Partido, fue el mensajero de Raúl Castro[42] para coordinar la acción con el Buró Político del Partido Socialista Popular.

Raúl Castro dictó la titulada Orden No. 30, la cual, a manera de premisa mayor, decía:

"A partir del principio del presente mes, las escuadrillas aéreas de la dictadura han estado efectuando de tres a cinco incursiones diarias sobre todos nuestros territorios, aumentando alarmantemente su poderío destructivo".[43]

De esta premisa, verdadera, en cierta forma, partía para formular otra falsa:

"Precisamente hemos esperado los resultados de las gestiones que por diferentes conductos se hacen frente al gobierno de los Estados Unidos de Norteamérica, referentes a que cesara en la ayuda bélica que venía ofreciendo a la tiranía que oprime a los cubanos. No obstante encontrarse dentro de nuestras zonas beligerantes los mayores intereses del gobierno Norteamericano, radicados, en Cuba, como son las minas de níckel de Nicaro y las minas de cobalto en Moa, así como la Base Naval de Caimaneras, entre otros, y que hasta el presente han sido respetados por nosotros, decepcionados, hemos comprobado a través de los últimos meses, que en vez de aminorar ha ido aumentando la ayuda del gobierno Norteamericano al dictador Batista, cuyo poderío militar ha centralizado sobre las operaciones de este Segundo Frente y que la llamada "ayuda mutua" y la "defensa continental" son los criminales pretextos con que han cubierto la inmoral ayuda que hasta el presente han estado entregando a las dictaduras latinoamericanas por así convenirle a sus intereses económicos".[44]

De todos era sabido en Cuba, mas no en el extranjero, que el gobierno de los Estados Unidos había suspendido la referida ayuda militar al gobierno de Cuba. Planteado el sofisma en estos términos, la Orden de Raúl Castro concluía con esta resolución:

"PRIMERO: Ordenar a todos los mandos militares, subordinados a la Jefatura del Segundo Frente Frank País, que de inmediato y sin excusa alguna, a partir del viernes 27 de junio del año en curso, procedan a la detención de todos los ciudadanos norteamericanos que residan en los puntos indicados en las instrucciones secretas que complementan esta orden militar, a fin de que sean conducidos y presentados a disposición de la Comandancia Central de Segundo Frente".[45]

Apenas se hubo dictado la Orden, fueron secuestrados cuantos ciudadanos norteamericanos pudieron apresar. Estos fueron tratados por Raúl Castro con exquisita amabilidad y escribieron cartas al embajador de los Estados Unidos en Cuba y a sus superiores en los Estados Unidos en las que expresaban las ideas que les habían inculcado.

La carta al Embajador de los Estados Unidos en Cuba, que firmaba A. A. Chamberlain, por la Frederick Snare Corp., J. H. Schissler, por Moa Bay Mining, y Roman Cecilia y E. P. Pfleider, decía, entre otras cosas, lo siguiente:

"Nuestra postura, al escribirle, es aconsejar sobre la presente situación y el hecho de que, en nuestra opinión, sería imposible y no recomendable para el Ejército cubano tratar de localizarnos".[46]

La carta dirigida a The Stebbin Eng. and Mfg. Co., Water Town, N.Y., firmada por Howard A. Roach, Edward Cannon, Henry Salmonson, William E. Koster c/o Maurice A. Knight, expresaba:

"El movimiento está integrado por muchos hombres buenos e inteligentes. Muchas de esta gente son en extremo educadas. Por encima de todo, estos hombres no son del tipo hablador, tienen un ferviente deseo de servir a sus conciudadanos. No desean controlar el gobierno, sino celebrar elecciones libres y tener un gobierno libre de corrupción".[47]

Y añadían: "Durante nuestros tres días de estancia aquí, no hemos visto ni trazas de comunismo.[48]

La "Operación antiaérea" dio los resultados esperados. El gobierno norteamericano logró del cubano que éste suspendiera las incursiones aéreas sobre la Sierra Maestra y la recién iniciada invasión sobre las montañas de Mayarí.[49] Solo faltaba suspender la invasión del ejército que avanzaba con éxito hacia el valle "La Mesa", donde se escondía Fidel Castro. El bombardeo propagandístico de Raúl Castro no cesó con su victoria. Por el contrario, prosiguió, en forma más encarnizada, con un panfleto, divulgado por los comunistas en América Latina. Lo tituló "Denuncia de Raúl Castro ante la juventud del mundo".

El panfleto, que según se dijo había sido escrito por Luis Mas Martín y Carlos Rafael Rodríguez, comenzaba con una "Llamada general de carácter urgente a todos los jóvenes del mundo". Le seguía un recuento histórico del M-26-7. En seguida, un análisis sectario de algunos hechos de la historia de Cuba. La participación de los

Estados Unidos en favor de la causa de la independencia de Cuba era descripta, según la expresión de Roig de Leuchsering, como "influencia perniciosa del imperialismo yanqui sobre la República". Y seguían las interpretaciones desfavorables a los Estados Unidos, para lo cual se valía de no sé cuántas citas del propio Emilio Roig de Leuchsering.

El tema anti-nortemearicano era la esencia de todo el panfleto, sobre el cual decía, por ejemplo, lo siguiente:

> "El imperialismo yanqui ha constituido, y constituye el mal de males y la amenaza constante para la libertad y la soberanía de todos los pueblos hispanoamericanos, teniendo sobre ellos las redes, difícilmente rompibles, de empréstitos, monopolios y concesiones, impidiendo la consolidación de sus industrias nativas y el desarrollo de su marina mercante y tratando de anular los movimientos populares por la conquista o reconquista del suelo y subsuelo y de la economía de cada uno de nuestros países".[50]

Vuelta y vuelta sobre el imperialismo. Y apuntaba entonces contra "las intervenciones militares". El número en Cuba lo ponía en plural, a pesar de que la verdad histórica nos revela que sólo se produjo una después de la Enmienda Platt. Sin soltar las barbas del Tío Sam, proseguía sus arremetidas de esta suerte:

> "Las mediaciones ingerencistas de Summer Welles con la "diplomática" presencia de buques de guerra norteamericanos en zafarrancho de combate en la bahía de La Habana, que en parte frustraron las proyecciones revolucionarias del movimiento popular que derrocó la tiranía machadista, y así sucesivamente hasta estos dolorosos días que no son otra cosa que consecuencia de lo antes expuesto".[51]

Con Batista, según el panfleto, "prosigue entonces en forma abierta el ingerencismo norteamericano". Verdad en parte, especialmente en ese momento, pues si había intervención era, en todo caso, a favor de Fidel Castro. Falsedad en su mayor parte, pues si el gobierno de Cuba tenía que comprar armas ineficaces en Santo Domingo y tratar de adquirirlas en Nicaragua era, precisamente, porque la suspensión del envío de armas por parte de los Estados Unidos dejaba en condiciones precarias al ejército de Cuba para hacer la guerra a los alzados de Fidel Castro que, por una u otra vía, recibían cuantas necesitaban. Explicar esto no era fácil. De ahí que se complaciera Raúl Castro en hacer afirmaciones de bulto, como éstas:

> "Es fácil observar, que debido a la reacción popular en el Continente Americano, después de unas demagógicas declaraciones de que no se le entregarían más armas a Batista, y en vista de la presión existente en todas partes, el gobierno norteamericano,

elimina la forma directa y pública de la ayuda bélica, para ahora hacerlo indirectamente a través del dictador dominicano Leónidas Trujillo y de la dinastía de los Somozas, opresores de la hermana república nicaragüense, al mismo tiempo que a escondidas de la opinión pública mundial, continúan su ayuda directa por medio de la Base Naval de Caimaneras, como antes detallamos".[52]

El panfleto continuaba con un relato espeluznante de hechos, bien alimentados por la imaginación, que atribuía al gobierno de Batista "con el criminal conocimiento y consentimiento del gobierno norteamericano". Esta premisa le servía para decir: "Estos son los males que nos han obligado a expedir la Orden Militar No. 30, donde se ordenó a los mandos militares de este Segundo Frente, como acto de legítima defensa, la detención de todos los ciudadanos norteamericanos que estén en nuestro alcance".[53]

El panfleto de Raúl Castro no se cansaba de repetir y repetir hasta el cansancio sus acusaciones contra los Estados Unidos y afirmaba que "arma el brazo y frente a los enemigos de aquí... y de allá". Terminaba con una afirmación y una exclamación: "Peleamos en Cuba para asegurar, con la nuestra, la independencia hispanoamericana". ¡Libertad o muerte!"[54]

De lo dicho se colige que el propósito era agudizar la contradicción, que ya existía, entre el Gobierno de Batista y el norteamericano, y, a su vez, el de éste y América Latina.

C) La derrota del ejército.

Mas volvamos a Fidel Castro, a quien dejamos en situación embarazosa cuando las tropas del ejército avanzaban con éxito hacia el valle "La Mesa" donde él se escondía. Suspendidos los bombardeos de la aviación, solo faltaba suspender la invasión por tierra.

Las tropas, como decíamos, avanzaban por entre selvas y emboscadas, a golpes de audacia, hasta los últimos reductos de los guerrilleros. En la medida que avanzaban, se alejaban de los centros de abastecimientos y se desligaban de los puntos de apoyo. Perdían hombres, los más heridos, que no eran recogidos con la debida premura para ser trasladados a los hospitales o centros de curación.

Dos golpes, uno contra la columna del comandante Quevedo y otro casual, contra la del teniente coronel Sánchez Mosquera, cambiaron, de súbito, el curso de las operaciones.

Al comandante Quevedo le concentraron guerrilleros en número relativamente superior al de las tropas que dirigía. Avanzando y avanzando, el batallón del comandante Quevedo había caído dentro de un anillo, cercado de montañas, en poder de los guerrilleros. Quedó apresado. No contaba con fuerzas de apoyo y le cortaron los abastecimientos. El comandante Quevedo pidió refuerzos. No le fueron enviados. En el entretanto, fueron sometidos a una fuerte presión psicológica. Sus soldados escucharon durante días y días las arengas repetidas de los guerrilleros a través de magnavoces, exhortándolos a que no pelearan.

"¡Somos vuestros hermanos!", les gritaban. "No deseamos pelear contra ustedes", les decían. "A vuestros superiores no les preocupa vuestra suerte", les martillaban. "Los han abandonado", les remarcaban. "Ustedes pelean por una causa injusta", les señalaban. "Mientras ustedes exponen sus vidas y se sacrifican, ellos permanecen en la retaguardia, indolentes a vuestras necesidades, y enriqueciéndose con el pretexto de la guerra", les razonaban.

Pasados los días se dirigieron a las tropas del ejército y les pidieran no que se rindieran, sino que se incorporaran a las fuerzas del llamado Ejército Rebelde. El comandante Quevedo así lo hizo.

El general Cantillo afirma que la rendición de Quevedo fue un acto de cobardía, sin justificación ni motivo.

Al teniente coronel Sánchez Mosquera le aplicaron una táctica de cerco, flanqueo y corte. Los guerrilleros tuvieron la suerte de herir gravemente al teniente coronel Sánchez Mosquera, con lo cual las tropas se desmoralizaron. Hubo necesidad de retirarlas. Esto ocurrió el 29 de julio. Fue "el primer golpe anonadante contra las tropas más agresivas que contaban", expresó Fidel Castro en su informe del 18 de agosto.

Estos dos golpes afectaron la moral del ejército. El desaliento crecía en la tropa por la incomprensible falta de apoyo que debía darles la aviación y por la falta de atención de la plana mayor del ejército, siempre alejada de los puntos de peligro. A esto se unió la exigencia del gobierno norteamericano que, al decir del embajador Smith, "ejerció presión sobre el gobierno de Cuba declarando que un batallón de infantería que había sido equipado gracias al Programa de Ayuda para la Defensa Militar, estaba siendo usado en la provincia de Oriente contra las fuerzas de Castro".[55] El gobierno de Cuba terminó por complacer al de Estados Unidos. Todos estos factores decretaron la derrota del ejército en la Sierra, tras una invasión que había estado al borde mismo de la victoria.

Los oficiales y los soldados que combatían se interrogaban con los ojos sobre la inesperada orden de retirarse. No comprendemos, decían. Todo aquello parecía, y era, una fuga total. La orden obligaba a los hombres que deseaban batirse y tenían que retirarse. Los de abajo sufrían duda cruel. Se arguyó en las altas esferas, como pretexto, que se organizaría una segunda invasión con el auxilio de bombardeos masivos tan pronto cesaran las circunstancias internacionales que habían obligado a paralizar el uso de la aviación.

El hecho fue que el ejército sucumbió hostigado por las sorpresas, la fatiga y, sobre todo, el desaliento. Esto, más que nada, lo produjo la indolencia de las altas jefaturas militares y, aun más, al verse obstruidos por presiones externas. Al finalizar la invasión, el cuadro militar del gobierno era: corrupción e intrigas arriba; falta de confianza abajo.[56]

XVIII - LA CONTRAOFENSIVA PSICOLOGICA DE FIDEL CASTRO.

Al terminar la ofensiva militar del ejército, comenzó la contraofensiva psicológica de Fidel Castro. El ejército, totalmente desmoralizado, se atrincheró en posiciones defensivas. Fidel Castro, en cambio, se presentó en plano de vencedor ante los micrófonos de la estación de "Radio Rebelde" que había montado en la Sierra Maestra.

El discurso de Fidel Castro, del día 18 de agosto, marcó las líneas a seguir por la propaganda revolucionaria con el propósito de "aniquilar la fuerza viva del ejército", al decir de Mao.

Lo primero que hizo fue un recuento de cuanto había ocurrido en la Sierra, lo cual tiñó con los colores del heroísmo revolucionario. De seguido, pasó a desacreditar las órdenes impartidas por los mandos superiores del ejército. Lo hacía, por ejemplo, de esta forma:

"En el afán de engañar a las tropas acerca de la realidad, el mando militar ha incurrido en hechos criminales, de los que somos testigos presenciales. La compañía G-4 del 18 de Infantería fue ordenada avanzar desde la playa de El Plata hacia El Jigüe, sin advertirle siquiera que dicha posición estaba cercada, cayendo la misma en mortal y aniquiladora emboscada. Otro tanto ocurrió con la Compañía L de Infantería, siendo destruida en el propio sitio donde cayó la Compañía G-4 por no ser advertida de la derrota sufrida por aquélla, dos días antes".[57]

Con similares argumentos discurrió Fidel Castro contra los partes de guerra del ejército. El propósito, demostrar que no decían la verdad.

Pero el nervio de su discurso estuvo encaminado a estimular las contradicciones entre los de arriba y los de abajo dentro del ejército. A este efecto distinguía:

"Lo mejor del ejército está en sus oficiales de línea y en sus soldados, si exceptuamos los reclutas que han ingresado en los últimos meses sin selección alguna. Los Tenientes sobre todo, han demostrado capacidad y valor en los combates. Tiene el ejército de Cuba una oficialidad joven que ha despertado en estos meses de lucha nuestro sincero reconocimiento. No están corrompidos, aman su carrera y quieren su Institución. Para muchos de ellos la guerra en que les han enfrascado es absurda y sin razón, pero cumplen órdenes e individualmente poco pueden hacer".[58]

Y añadía:

"Lo peor del Ejército comienza en sus coroneles, y se agrava a medida que se llega a los generales. Estos son, en su mayor parte gente corrompida y sin escrúpulos. Se podrían contar con los dedos de una mano, y sobran casi todos los dedos, los que no se han hecho millonarios con la explotación del juego, el vicio, la exacción, y los negocios turbios".[59]

Esta contradicción fue excitada aún más con la distribución de fotografías del coronel Río Chaviano, jefe de Oriente. Causó un efecto desmoralizador en la tropa, ya que era cierto lo que se exhibía. Evidenciaba la desconsideración de este superior militar que se entregaba a una vida de desordenados placeres mientras los subordinados morían o caían heridos en los frentes de combate.

Estos planteamientos debían, lógicamente, conducir a una sublevación de "los buenos" contra "los malos". A esta eventualidad, sin embargo, Fidel Castro le salió al paso, tal cual lo venía haciendo la "Carta Semanal", diciendo:

Resulta evidente que dado el estado de cosas a que ha llegado la situación del país, sin salida alguna para el régimen, y el desencadenamiento de los últimos sucesos, es muy posible un golpe de estado. El Movimiento "26 de Julio", frente a esa eventualidad, quiere dejar sentada bien claramente su posición. Si el golpe de estado es obra de militares oportunistas, cuyo propósito es salvar sus intereses y buscar una salida, la mejor posible, a la camarilla de la tiranía, estamos resueltamente contra ese golpe de estado, aunque se disfrace con las mejores intenciones. Porque en fin de cuentas, los sacrificios que se han hecho y la sangre derramada no han de servir únicamente para que las cosas queden, más o menos, como están".[60]

Todavía, para rematar la desmoralización del ejército, Fidel Castro decidió poner en libertad a los soldados que había tomado prisioneros. Esta decisión la explicó de esta forma:

"Puede no parecer lógico que en medio de la guerra se ponga en libertad a los prisioneros adversarios. Esto depende de qué guerra se trate, y el concepto que se tenga de la guerra. En la guerra hay que tener una política con el adversario como hay que tener una política con la población civil".[61]

Después, se preguntaba:

"¿Por qué ponemos en libertad a los prisioneros? Y se contestaba a sí mismo: "Primero, porque mantener en la Sierra Maestra cientos de prisioneros implicaría compartir con ellos la ropa, los víveres, los zapatos, los cigarros, etc... Segundo, porque... ese hombre difícilmente se sentirá con deseo de combatir a los que lo han tratado noblemente. Matar el soldado o someterlo a las penalidades de la prisión, serviría solo para que una tropa, por ejemplo, sitiada y vencida, resistiera, aunque militarmente no tuviese ya justificación para ello".[62]

Como se aprecia, la contraofensiva psicológica de Fidel Castro estuvo muy bien dirigida y mejor ejecutada, lo que hizo pensar a muchos que la misma fue dirigida por los comunistas. La propaganda persistió durante todo el proceso, siempre en la misma línea: promover contradicciones dentro del ejército y estimular las contradicciones internacionales.[63]

XIX - LOS COMUNISTAS FORMALIZAN SU ENTENDIMIENTO CON FIDEL CASTRO.

Los comunistas ya venían entendiéndose, más o menos, con Fidel Castro. En prenda de "buena fe" y para demostrar cuán útiles podían resultar, no cesaron de cooperar, en la medida que podían, con los miembros del M-26-7 que los aceptaban. Por este camino, los jóvenes socialistas resultaron los más eficaces colaboradores.

Fue tal el júbilo que experimentaron los jóvenes socialistas al verse aceptados en ciertos niveles del M-26-7, que el Buró Ejecutivo Nacional de la Juventud Socialista aprobó una resolución, a instancia del Buró Ejecutivo de La Habana, por la cual se hacían más flexibles sus requisitos de admisión. Soñaban con atraer jóvenes "revolucionarios" a sus filas. Rompían así el criticado "sectarismo" que siempre se les había imputado. La resolución fue aprobada, en definitiva, por el Pleno del Comité Nacional de la Juventud, el 29 de junio.

Antes de aprobarse la referida resolución, los requisitos exigidos para ingresar en la Juventud Socialista eran los siguientes:

1—Aceptar el Programa del Partido. 2—Pertenecer a un organismo de base, reunirse y cumplir sus acuerdos. 3—Pagar una cuota obligatoria. En muchos lugares al tercer requisito le agregaban: "del uno por ciento". Tales requisitos limitaban el ingreso de la Juventud Socialista a aquellos jóvenes que también podrían ingresar en el Partido.

La nueva resolución mantuvo el requisito de aceptar el programa de la Juventud Socialista. No alteró la exigencia de pertenecer a una organización de la Juventud; pero suprimió lo de "reunirse y cumplir sus acuerdos". Subsistió el requisito de la cuota; mas indicó que la cuantía sería voluntaria, es decir, determinada por cada joven socialista. La resolución propuso cambiarle el nombre a los comités de base y llamarlos "círculos". Esta parte no fue aceptada por el Buró Ejecutivo del Partido, léase Aníbal Escalante, que rechazó el pedido por estimar que la cuestión no era de nombres, sino de actuar con espíritu más amplio y de crear organizaciones que moviesen a los jóvenes revolucionarios a sentirse más atraídos con metas y consignas ajustadas a las nuevas ansias de la juventud cubana.

Como se advierte de lo dicho, el Buró Ejecutivo del Partido, se reunió para considerar los acuerdos de la Juventud. También, para estudiar los planes de "unidad revolucionaria", como decían, contra el gobierno. Eran muy peligrosos para el Partido, caso de ser excluido. Tal preocupación estuvo latente en el documento del Comité Nacional del Partido Socialista Popular firmado por Juan Marinello y Blas Roca. En plano de no definirse abiertamente, dadas las circunstancias, reclamaban "unas elecciones democráticas y limpias, acatadas por todos, en las que el pueblo pueda pronunciarse efectivamente por medio del voto y cuyos resultados se respeten honradamente".

Aníbal Escalante hizo escribir en la "Carta Semanal" un análisis sobre los proyectos de "unidad revolucionaria" en el que insistía sobre el pleonasmo de la "unidad sin exclusión alguna" y sobre la cuestión de la supuesta "ayuda del imperialismo a la tiranía de Batista". También salió otra "Carta" con un análisis de las guerrillas en el que, más o menos, se decía: "es erróneo asignar a las guerrillas rurales el papel decisivo de fuerza fundamental, cuando en esta etapa, es de auxiliar y reserva, pues el centro del poder revolucionario está en las ciudades y zonas obreras". Era el palo en la rueda que ponía Aníbal, pensando tal vez en el posible fracaso de las guerrillas ante la ofensiva del ejército sobre la Sierra que se llevaba a efecto en esos momentos. Otra vez la indecisión dictada por el oportunismo.

Por fin, el 20 de julio se firmó el "Pacto de Caracas" en el que se plasmó lo de la "unidad sin exclusiones"[64] y se acordó "pedir al gobierno de los Estados Unidos que cese toda ayuda bélica y de cualquier orden" al gobierno de Batista. Fueron suficientes estos dos puntos para que la "'Carta Semanal" tuviera la osadía de afirmar que era una obra del Partido. En ese momento, la "Carta" se abrió algo más, para poder decir que "la fase de resistencia a la fase de la insurrección deberá ocurrir como resultado del desarrollo de las fuerzas revolucionarias y el debilitamiento del enemigo". Para ello, volvía sobre la idea del frente unido. La consigna, alentar la histeria antibatistiana y apoyar las masas de izquierda.

El grado del progreso en las relaciones entre los comunistas y Fidel Castro podía irse midiendo por los comentarios de la "Carta semanal" y por los supuestos acuerdos del Buró Ejecutivo del Partido. Eso de los acuerdos del Buró Ejecutivo era más que un eufemismo, una hipérbole. En realidad, Aníbal solo se reunía con sus adláteres para imponer sus criterios. A estas circunstancias hubo de referirse Fidel Castro el 28 de marzo de 1962, cuando dijo:

"Pudo valerse de circunstancias de lucha clandestina, la ilegalidad, las dificultades para reunirse, la enfermedad del compañero Blas, circunstancias que le permitieron a él actuar a sus anchas. Incluso se las arregló para mantener ausentes del país a algunos compañeros, como a Lázaro Peña, como a Ordoqui"

Hasta que no terminó la ofensiva del ejército y se vio claramente que Fidel Castro había emergido victorioso, no avanzaron los comunistas hacia la formalización de un entendimiento, que pareció, por momentos, había quedado en suspenso. Entonces, y solo entonces, la Carta Semanal admitió que la acumulación de fuerzas para la lucha armada puede madurar el estado de ánimo de las masas, puede coincidir con un grado de maduración de las condiciones objetivas que resulte suficiente para el desarrollo exitoso de la lucha armada. Sin embargo, en el plano de "master", dejaba decir que la guerrilla tiene que desarrollar el trabajo de base social en el ambiente que la rodea, de crecimiento entre los campesinos, de creación de una coraza campesina que pueda proteger a la guerrilla.

Estas expresiones de lisonja, mezcladas con sus peros y sin embargos, precedieron a la embajada de Carlos Rafael Rodríguez a la Sierra que iba, según se dijo, a responder presente al llamado de unidad del "Pacto de Caracas" que debía cumplimentarse en la propia Sierra Maestra, a exigencia de Fidel Castro.

Carlos Rafael Rodríguez habló con Fidel Castro, tal cual se la proponía, y después regresó a La Habana con el fin de informar al Buró Ejecutivo del Partido. Ya por entonces, las guerrillas del M-26-7 habían dado pruebas de su proyección antimperialista con la llamada "Operación antiaérea" y Raúl Castro había firmado su "Denuncia ante la Juventud del mundo". Ya Fidel Castro hablaba de que su lucha no era contra el gobierno de Batista, sino una lucha revolucionaria contra la corrupción y el sistema de explotación.

La señal del entendimiento la dio el Partido Socialista Popular cuando el 28 de agosto lanzó un llamamiento para formar un frente unido de todas las fuerzas revolucionarias contra el gobierno de Batista. A este llamamiento contestó el M-26-7 en los Estados Unidos con una carta publicada en "The New York Times", en la cual señalaba que los comunistas no tenían contacto alguno con los grupos revolucionarios que se oponían a Batista y especialmente con el M-26-7. La carta no le vino mal a Fidel Castro; pero el dirigente del M-26-7 en los Estados Unidos, responsable de la publicación de la mismo, fue removido de su cargo por orden de Fidel Castro.

Formalizado el entendimiento. Carlos Rafael Rodríguez volvió a la Sierra para quedarse. En el entretanto, ya todo había comenzado a ejecutarse de perfecto acuerdo. Camilo Cienfuegos, ex-miembro de la Juventud Socialista, y el Ché Guevara, bien conocido por sus ideas marxistas, habían salido para Las Villas. En las ciudades trabajarían de acuerdo los jóvenes del M-26-7 y el PSP. En la Sierra, los jóvenes comunistas serían los adoctrinadores, sin contar con el instructor de guerrillas de nacionalidad argelina que ya le habían situado en las montañas. Osvaldo Sánchez sería el responsable del enlace entre el movimiento de la Sierra y el de los comunistas en las ciudades.

Los frutos del entendimiento no tardaron en germinar. Dos anécdotas, una contada por el ex-congresista Francisco Escobar y otra referida por Pedro Díaz Lanz, ex-jefe de la aviación de Fidel Castro, nos pueden revelar hasta donde llegó la cosecha de los comunistas con Fidel Castro y de éste con aquéllos.

Francisco Escobar nos ha contado que por el mes de septiembre, más o menos, logró establecer contacto con Crescencio Pérez, a quien fue a ver con el propósito de que lo ayudara a conseguir votos en la Sierra como siempre lo había hecho. En esta ocasión, Escobar se encontró que su antiguo agente electoral estaba en un plano revolucionario. Hablaron durante mucho rato. En el curso de la conversación, Pérez instó a Escobar a que desistiera de sus aspiraciones políticas y se uniera a los guerrilleros de la Sierra. Escobar arguyó que eran comunistas. Lo admitió, sin eufemismos, Crescencio Pérez; pero le aclaró: —Van a ganar, cuentan con el apoyo de Rusia.

Ante el asombro de tan insólita afirmación, Escobar le pidió a su viejo agente electoral le explicara el por qué. Pérez fue sincero hasta la indiscreción, y le dijo:

—Yo he visto venir dos veces a un submarino de noche. Yo he acompañado a Fidel Castro dos veces a bajar a la costa y allí he visto el submarino con mis propios ojos. Ha salido del agua, unos hombres han montado en una especie de botes de goma, han hablado con Fidel y le han dejado armas, muchas armas.

¡Ellos no pueden perder! exclamaba, una y otra vez, Crescencio Pérez en su afán por convencer a Escobar.

La otra anécdota nos la ha referido el ex-comandante de las Fuerzas Armadas Revolucionarias, Pedro Díaz Lanz. De todos es sabido que Haydee Santamaría era la encargada en Miami de enviar las armas y cuanto fuera necesario a la Sierra Maestra, y que Díaz Lanz era uno de los aviadores que realizaba tales envíos. Por esta fecha, nos ha dicho Díaz Lanz, Haydée Santamaría ponía en los aviones gran cantidad de cajas con material impreso de los comunistas. Esto causaba muchos trastornos, pues sacrificaba espacio y peso para las armas en beneficio de los panfletos y folletos que no tenían sentido para la guerra. Sin embargo, los reparos de Díaz Lanz y los demás aviadores nunca fueron tenidos en cuenta, pues Haydée Satamaría siempre los obligaba a llevar las cajas con literatura comunista.

Si a todo esto unimos la actividad de los comunistas en América Latina, quienes llevaban el peso de la propaganda y la agitación en favor de la "Revolución", fácil será comprender hasta qué punto se había beneficiado Fidel Castro con la ayuda del comunismo, sobre todo al no tener que declarar públicamente que la recibía.

XX - LA INICIATIVA MILITAR PASA A MANOS DE FIDEL CASTRO

Resuelto el problema de la ofensiva militar del ejército sobre la Sierra Maestra y ya de acuerdo con los comunistas, Fidel Castro tomó la iniciativa militar. Para ello, decidió extender la hegemonía de su movimiento hasta la región central de la Isla.

El 27 de agosto, las columnas dos y ocho, al mando de Camilo Cienfuegos y de Ernesto Ché Guevara, salieron del Cauto "escurriéndose por entre las fuerzas del ejército del comandante Armando González y los tenientes Ulineo León y Rodolfo Villamil", de quienes se dijo "habían sido sobornados por los rebeldes".[65] Una vez en el llano, emprendieron el cruce de la provincia de Camagüey por el Sur, sin que el ejército los interceptara. Fue tal la impunidad con que se realizó la "hazaña", que corrió por entonces el rumor de que todo aquello se había realizado con la complicidad del jefe del regimiento de Camagüey.[66]

Al llegar a los límites de la provincia de Camagüey con la de Las Villas, la columna del Ché Guevara continuó por la ruta sur, en tanto que la de Camilo Cienfuegos pasó hacia el norte. La del Ché Guevara fue recibida en las montañas de Trinidad por el grupo de Armando Acosta, comunista de toda su vida. La de Camilo Cienfuegos fue recibida en las lomas de Yaguajay por el grupo de Félix Torres, jefe comunista de la zona.

La colaboración de los comunistas villareños con los guerrilleros del Ché y Camilo Cienfuegos fue notoria, y hasta si se quiere, escandalosa. Desde La Habana también comenzaron a llegar jóvenes socialistas con la instrucción de incorporarse a los guerrilleros del Ché en Las Villas. Les enviaban hasta médicos. Entre ellos, el Dr. Manuel Bravo Yánez que se unió al grupo de Félix Torres. Ya que hablamos de médicos comunistas, queremos aprovechar la ocasión para señalar que los doctores Vicente Cot y Eduardo Reyes Cos, en Oriente, se incorporaron a las guerrillas de Fidel Castro por aquel entonces.

Que los comunistas ayudaban a Fidel Castro ya era tan evidente que el que no quería verlo era porque no tenía ojos para ver.

XXI - EL GOBIERNO AMAGA CON UNA NUEVA ACCION MILITAR CONTRA LAS GUERRILLAS.

El gobierno decidió encarar, nuevamente y con toda seriedad, la acción de los guerrilleros. Anunció, con gran pompa, un plan que los liquidaría en solo unos días. Era impresionante, de acuerdo con la propaganda gubernamental, el poderío militar que iba a caer sobre los refugios guerrilleros.

Toda aquella estrategia se desarrollaba en papeles. Los soldados, en cambio, advertían que les daban unos fusiles dominicanos que reventaban tan pronto disparaban unos cuantos tiros y que las balas eran contadas, como si estuvieran sujetas a un estricto racionamiento. Se notaba, en fin, un ambiente de escasez en los suministros militares que no se compadecía con los planes anunciados.[67]

No obstante las referidas limitaciones, comenzó a marchar el plan anunciado.

A las montañas del Escambray subieron tres columnas del ejército con cuatrocientos hombres cada una. Se tendió un cordón de seguridad alrededor del macizo montañoso para aislar a los guerrilleros. Pero también quedaron cercados los campesinos. Este hecho fue utilizado para protestar, con expresiones dramáticas, en nombre de los pobres campesinos. Tales voces enternecidas llegaron a Palacio. Y de Palacio emanó la orden de romper el cerco. Los revolucionarios obtuvieron así una nueva victoria, sin disparar un solo tiro.

En la Sierra Maestra ocurrió algo similar. El gobierno ordenó la evacuación de los campesinos porque se proponía bombardear los reductos guerrilleros. Los campesinos fueron concentrados en albergues del gobierno en Santiago de Cuba. Las sociedades y la prensa "humanista" alzaron una descompuesta gritería contra aquella medida la que compararon con la tomada por el general Weyler contra los campesinos cubanos durante el proceso de nuestra guerra de independencia. El gobierno sufrió el impacto de aquella propaganda y cayó, una vez más, derrotado: suspendió la proyectada acción militar "en serio".

El gobierno terminó por no hacer nada. El único resultado de aquella maniobra fue que el campo quedó en manos de los rebeldes. Desde entonces, pudieron moverse con entera libertad, sin que nadie los molestara. Los campesinos, que hasta ese momento habían dudado si estar con la F de Fulgencio o la F de Fidel, quedaron bajo la autoridad de los alzados en las zonas de Oriente y Las Villas que les servían de escenario a sus movimientos.

La reacción dentro de las fuerzas armadas no pudo ser peor. Los soldados y clases hablaban mal de los oficiales de menor graduación y éstos de los de mayor graduación que permanecían refugiados en los campamentos de la capital.

XXII - FIDEL CASTRO CUMPLE CON LOS COMUNISTAS.

En el calendario de las relaciones entre los comunistas y Fidel Castro, el mes de octubre fue el de las definiciones de Fidel Castro, es decir, cuando éste le impuso a sus seguidores el cumplimiento de lo acordado con el Partido Socialista Popular.

Adolfo G. Merino, a quien concedemos gran crédito en sus informaciones, por su condición de periodista veraz de la UPI en La Habana, su antecedente de haber sido miembro del Partido y por las estrechas relaciones que mantuvo con los revolucionarios durante el proceso de la lucha contra el gobierno de Batista, nos ha dicho:

"El 1ro. de octubre de 1958, Castro convocó a los responsables del Movimiento 26 de Julio en Oriente, para decirles que el final del gobierno de Batista se acercaba, que debían dirimir sus diferencias con los comunistas y verlos como en realidad eran, hermanos en la lucha y, trataran de unir sus fuerzas en cada ciudad y cada poblado, y así presentar un frente revolucionario en el momento de la caída del dictador.

Este rasgo general de la línea política secretamente proclamado por Castro tuvo expresión particular el 28 de octubre de 1958, cuando el comandante Guevara, a la sazón en Las Villas al frente de una de las dos columnas invasoras que procedentes de la Sierra Maestra llegó a esa región, envió comunicaciones a los comandantes Rolando Cubela y Faure Chomón, jefe del Directorio Revolucionario en armas en la Sierra del Escambray, donde les exponía que eran conveniente que unieran sus fuerzas con las del comandante Félix Torres, pues la militancia política de éste era una garantía para el gobierno que se pensaba instaurar al triunfo de la revolución".[68]

También en octubre se hizo efectivo el acuerdo de ampliar el Frente Obrero Nacional, organismo colateral del M-26-7, que se convirtió en Frente Obrero Nacional Unido con la participación de los comunistas. El pretexto de la reorganización fue cumplir lo consignado en el Pacto de Caracas en lo tocante a la unidad sin exclusión alguna. Se redujo el número de miembro del ejecutivo. Se dio participación a todos los sectores revolucionarios. La representación del M-26-7 se redujo a 7. En realidad, se aumentó, pues el PSP ocupó cinco cargos y asumió la responsabilidad de llevar adelante los "movimientos de masas" en las ciudades.

Mientras Fidel Castro cumplía, en Cuba, al pie de la letra, el pacto con los comunistas, Nikita Jruschov acusaba, desde Moscú, a la Gran Bretaña por intervenir en los asuntos internos de Cuba, por el hecho de haberle vendido unos aviones al gobierno cubano. "Tiempos Nuevos", también desde Moscú, observaba "que el movimiento de Castro 'había alcanzado amplias proporciones' y se había convertido en 'un movimiento de masas', pero afirmaba que "ello se debía principalmente a las actividades del Partido Socialista Popular' ".[69] No obstante lo dicho, Moscú insistía en su tesis de la prioridad de la "lucha de masas" sobre la "lucha armada", pues, según el Kremlin, ésta sola no podía "debilitar seriamente el poder de Batista".

La "Carta Semanal", en plano de conciliar la tesis de Moscú con la de Fidel Castro, explicaba que cuando las masas se ponen en movimiento al servicio de la lucha armada, ésta adquiere el carácter de guerra del pueblo. Y señalaba que el objetivo fundamental de la línea actual será convertir la lucha armada en una guerra popular.

XIII - LA POLITICA Y LAS ELECCIONES.

Si en lo militar todo eran descalabros, en lo político no eran menos erráticos y desacertados los pasos que daba el gobierno. Lo de celebrar elecciones libres no se tomó muy en serio y tal parecía que el gobierno se inclinaba a cumplir el trámite.

El panorama político de Cuba había cambiado mucho. El gobierno había perdido buena parte de sus apoyos. No solo el político, sino hasta el militar donde había residido hasta ese momento la base de su fortaleza. La oposición al gobierno había crecido mucho, aunque, al menos en la propaganda, se había concentrado en torno a la idea insurreccional que defendía, como nadie, Fidel Castro.

Sin embargo, existía todavía una posible solución pacífica. El pueblo no quería más violencias, repudiaba la guerra, se espantaba ante los hechos de sangre y quería la paz. Pero Batista había dejado de ser la paz. ¿Podrían las elecciones ser el instrumento de conciliación nacional? Era una posibilidad, sólo eso, una posibilidad un tanto remota.

En la oposición electoral luchaban dos candidatos: el Dr. Ramón Grau San Martín y el Dr. Carlos Márquez Sterling. Este último con más posibilidades que el primero. Todavía existían sectores importantes de la población que confiaban en un cambio pacífico de la situación. Esta esperanza era un peligro para el éxito de la tesis insurreccional.

Los mandos guerrilleros estaban conscientes de esta situación. Por eso, Fidel Castro dictó un bando que sancionaba a quienes persistieran en la idea de figurar como candidatos en las elecciones. Quienes se atrevieran a hacer política, podrían ser condenados a muerte. "Las penas de muerte podrán ser ejecutadas contra los culpables tanto por las tropas rebeldes como por las milicias que operan en pueblos y ciudades", decía la disposición de Fidel Castro.

La cuestión no quedó en palabras. Varios candidatos fueron asesinados. Nicolás Rivero Agüero, candidato a concejal por Santiago de Cuba y hermano del candidato a la presidencia por la coalición gubernamental, fue ultimado por la espalda. Felipe Navea, secretario de los trabajadores portuarios de Santiago de Cuba y vice-presidente de la Federación Marítima Nacional, cayó abatido a balazos en el portal de su propia casa. Aníbal Vega, candidato a representante por la provincia de Camagüey, corrió igual suerte. También Rosendo Collazo.

"Impedir que se celebre la farsa electoral" era la consigna repetida por los mandos revolucionarios y por la "Carta Semanal". En las regiones donde actuaban las guerrillas no se permitía la presencia de los políticos, porque, decían, "eran cultivadores de ilusiones electorales en el seno de las masas".

En Oriente era ya prácticamente imposible, para los políticos, moverse por el campo. En Las Villas, una de las provincias más políticas de Cuba, se tomaron medidas especiales. El Ché Guevara, tan pronto llegó a El Escambray, se dio a la tarea de obstaculizar el proceso electoral. El propio Ché Guevara nos ha dicho:

"Nuestra tarea, al llegar por primera vez a la Sierra del Escambray, estaba precisamente definida: había que hostigar al aparato militar de la dictadura, sobre todo en cuanto a comunicaciones. Y como objetivo inmediato, impedir la realización de las elecciones".[70]

Los políticos desertaron de su misión; hacer política, como tal, no existía. Nadie saltaba a la palestra para formular un planteamiento ideológico. Todo parecía reducirse a decir yo estoy con tal y contra tal. Todavía más grave, a la hora de buscar los votos, pocos se atrevían a buscarlos.

La batalla de las balas contra los votos, arrancó de parte de las balas. Los candidatos que proclamaban la salida electoral, dieron el ejemplo: se abstuvieron de luchar. No se atrevieron a ir por el campo. El pueblo, era lógico, siguió el ejemplo. Los pocos, los muy pocos que se atrevieron a ir por los campos, a fin de conquistar adeptos para la solución electoral, fueron condenados a muerte. Hasta consiguieron el privilegio de figurar en los primeros números de los condenados a muerte por los guerrilleros, muy por encima de los jefes militares y de los políticos de mayor jerarquía en el gobierno.

El pánico se había impuesto por el terror de las pandillas revolucionarias y el contraterror del gobierno. La policía y el ejército realizaban numerosas detenciones, incluyendo a elementos de los partidos electoralistas de la oposición, lo cuales no quedaron fuera de las sospechas de los grupos de represión gubernamental. Por cierto, entre estos grupos, el que más se destacó fue el de un coronel de la policía en La Habana, que tenía, a su servicio, a gran número de jóvenes que habían pertenecido a los sectores revolucionarios, especialmente al M-26-7.

La República se iba convirtiendo, de esa forma, en un charco de sangre.

Este era el cuadro nacional días antes de las elecciones. Para que no faltara el matiz internacional, el 26 de octubre, Fidel Castro formuló una grave y enérgica denuncia contra una supuesta intervención de los Estados Unidos. Lo hizo al replicar unas declaraciones del vocero del Departamento de Estado del gobierno norteamericano, Mr. Lincoln White, quien se había quejado por el secuestro de ciudadanos norteamericanos.

La actuación de las fuerzas revolucionarias en Las Villas, con vista a las elecciones, ha sido narrada por el Ché Guevara en estos términos:

Debíamos atacar a las poblaciones vecinas ,para impedir la realización de los comicios, y se establecieron planes para hacerlo simultáneamente en las ciudades de Cabaiguán, Fomento y Sancti Spíritus... Los días anteriores al 3 de noviembre, fecha de las elecciones, fueron de extraordinaria actividad: nuestras columnas se movilizaron en todas direcciones, impidiendo casi totalmente la afluencia a las urnas de los votantes de esas zonas. Las tropas de Camilo Cienfuegos, en la parte norte de la provincia, paralizaron la farsa electoral. En general, desde el transporte de los soldados de Batista hasta el tráfico de mercancías, quedaron detenidos".[71]

Las elecciones se realizaron en un tormentoso ambiente de pasiones violentas. El gobierno, resuelto a ganar, no paró en medios. El sufragio electoral fue canalizado por el "pucherazo". El gobierno triunfó como consecuencia de un afán absurdo por elevar, como fuera, el número de votantes. Salieron electos una serie de candidatos frívolos, de esos que vivían en el mejor de los mundos y no sabían ni pronunciar una palabra en público.

XXIV - TRAS LAS ELECCIONES.

Tras la celebración de las elecciones vino, de pronto, el vacío. La política, que en este caso había sido ausencia de política, acabó por hacer más hondo el abismo de la incomprensión entre los cubanos. Precipitó y aceleró el proceso y puso en jaque el destino del gobierno.

El Presidente Batista, evidentemente no era amado por los gobernados. Solo le quedaba un remedio, conquistar el respeto. Pero no hizo nada. Quedó como paralizado. Permaneció en la inacción, tal vez desanimado por las circunstancias adversas. Le faltó ánimo para encarar la tragedia que le venía encima.

El gobierno solo se atrevió a exhalar un último suspiro. Aspiró fuerte y prolongadamente. Expresó, con voz que sonaba a desplome, que ahora sí que tomaría en serio lo de la guerra. Con las elecciones, había tenido necesidad de usar a los soldados para garantizar el proceso electoral; pero ahora, libre de tales preocupaciones, utilizaría a los soldados para hacer la guerra y lograr una victoria decisiva sobre los guerrilleros.

Hubo un momento en que pareció que el gobierno iba a recuperarse, cuando anunció que enviaría cuatro mil soldados para exterminar a los rebeldes del Escambray. En definitiva, envió dos mil. Algunos alzados creyeron en la seriedad de los anunciados propósitos y dejaron llegar sus mensajes, a ciertas figuras del gobierno, expresando que se rendirían si el ejército subía a las lomas. Pero aquel número impresionante de soldados permaneció disciplinadamente en los departamentos militares del "Regimiento Leoncio Vidal", en la capital de la provincia villareña.

Pasaron los días y como el ejército no hacía nada, los guerrilleros cobraron confianza. El nuevo jefe militar de la provincia de Las Villas, el mismo que había dejado crecer a los guerrilleros en Oriente, lucía que estaba dispuesto a llevar adelante, en lo militar, la gran estrategia económica de los fisiócratas: "dejar hacer". Y ni tardes ni perezosos, los guerrilleros comenzaron a hacer de las suyas.

Trenes, ómnibus y camiones eran tiroteados con frecuencia por los rebeldes. El tráfico quedó a merced de los alzados. Estos volaban puentes, por las carreteras o en las vías de ferrocarril, sin que nadie se lo impidiera. Cortaban las comunicaciones telefónicas y los tendidos eléctricos con toda impunidad.

La provincia de Las Villas se convirtió, así, en una zona crítica. Se contemplaba, hasta la posibilidad de que la Isla fuera cortada en dos.

Por Oriente no iba mejor la situación. Las actividades en las minas estaban, prácticamente, suspendidas por la acción de los rebeldes. La recogida del café se había paralizado. No se veía como pudiera realizarse la zafra azucarera bajo aquellas circunstancias. Las ciudades estaban cercadas desde el campo.

El odio había ganado a las ciudades. Imperaba el terror. Policías, soldados y partidarios del gobierno eran asesinados indiscriminadamente. La represión de la fuerza pública tomaba caracteres similares. El pánico, impuesto por el terror revolucionarito y el contraterror gubernamental, estremecía a la población que sufría una sensación de fatiga y aspiraba a que reinara la paz. Batista era ya visto como la causa de todos los males. Este criterio simplista tenía como origen la convicción del triunfo de Castro. La guerra había prendido en el ánimo de los cubanos. No cabía ya la neutralidad.

La "Carta semanal" no se esbozaba ya para decir que "están cerradas las posibilidades para las formas de lucha de masas y clamaba por la acumulación de fuerzas, poner las masas en movimiento al servicio de la lucha armada, mientras alertaba a sus lectores contra "el golpismo" dentro del ejército. Entre tanto, el mensaje del Partido Socialista Popular al XI Congreso del Partido Comunista de Chile se quejaba de la falta de unidad de las fuerzas oposicionistas para acabar con la tiranía de Batista.

Al gobierno, a todas luces, le faltaba convicción en lo que decía. No creía en nada. Ni siquiera en aquello de que Fidel Castro fuera comunista. El recelo y el pánico comenzó a tomar fuerza, con aquello de sálvese el que pueda. El gobierno ya apenas caminaba. Solo daba pasos en falso con la muerte en sus entrañas.

XXV - EL DESPLOME.

El pueblo no aguantaba más. Necesitaba alivio en su tensión. Quería, a toda costa, la paz. Batista no se la daba. Tenía que buscarla, por tanto, donde fuera.

La situación desesperante colocó a muchos cubanos en la posición extremista. Lo que más necesitaba Cuba era una reforma moral. Fidel Castro, inédito para muchos, la ofrecía. Tal parecía que la nación estaba pidiendo que la engañasen con el extremismo revolucionario, concebido como un ideal vago, etéreo, impreciso.

Las viejas estructuras del mando social estaban, por lo general, descompuestas. No tanto por el uso como por el abuso.

Los acontecimientos marchaban por entre el ambiente de honda desmoralización. Pocos, muy pocos, advertían la profundidad del mal.

El gobierno estaba carente de un destino cierto. Había perdido su autoridad. Ofrecía la sensación de ausencia, flacidez, oquedad, discordia. Divorciado del pueblo, temía enfrentarse a la revolución que ya no transigía.

El peligro del desplome era, cada día, más cercano. No por ello se interrumpió el proceso de corrupción. Todo lo contrario. Ganó empuje. Muchos altos funcionarios del ministerio de las finanzas públicas, por ejemplo, solo atinaban a ponerse de acuerdo con los grandes contribuyentes. ¿Para salvar al Estado? No. Para embolsarse parte de los impuestos, condonar otra y recaudar solo el mínimo indispensable que permitiera cubrir las formas. Y todos eran a sacar dineros para el extranjero. La situación del tesoro empeoraba. Y al finalizar el año, como era de esperarse, no había fondos con que afrontar los pagos más esenciales.

Los insubordinación se veía por todas partes. El clima represivo, de los unos y de los otros, había llegado a todos los rincones del país. No había ciudad, barrio, localidad, caserío perdido en lo más intrincado del monte donde no hubiera llegado, en una u otra forma, el zarpazo.

El ejército era un desastre. Las conspiraciones se sucedían entre los oficiales de más baja graduación. Otros se entregaban de pies y manos a sus naturales adversarios. Los soldados apenas comían en los frentes de pelea, donde no se peleaba. Las armas no servían. El ejército, en fin, solo conservaba, con cierta marcialidad, la imponente actitud de los escombros.

Los sectores dirigentes, de aquella sociedad, temblaban ante la incógnita de lo que podría venir. No era secreto que el gobierno se venía abajo y, sin pérdida de tiempo, maniobraron para definirse por quien suponían habría de asumir el poder político. Se apresuraron a convertirse en los mejores recaudadores de los fondos para la revolución. La conducta no podía estar mejor orientada, por la torpeza mezclada con la corrupción.

En la Asociación de Hacendados, por ejemplo, se discutía con inusitado patriotismo, si debía o no exigírsele, al Presidente Batista, que renunciara. Describían la situación y planeaban la forma de ubicarse mejor junto a la revolución, para defender sus intereses, con frases como éstas:

—"Señores, la revolución es un hecho. No debemos permanecer alejados de quienes ya están llamados a escalar el poder".

Algunos, más listos, descubrían que desde hacía rato estaban en contacto con el M-26-7. Otros, los más comprometidos con el gobierno, se justificaban con un:

—"No vamos a conspirar contra Batista, sólo a proteger nuestros intereses que son los de la nación".

Con unas u otras razones, todos convenían en que la política debía ser de realidades. Tras este pensamiento, más cínico que realista, concluían en que era necesario ponerse al lado de la revolución, sin lanzarse, por ello, al campo abierto de la lucha. Debemos apoyar a la revolución, exclamaban, para evitar males mayores.

La llamada clase media, factor de estabilidad nacional por ser la mayoritaria, desde hacía mucho rato le había dado las espaldas a Batista y ahora luchaba, con más fuerza que nunca, en favor de la revolución.

Solo los más humildes permanecían un tanto apartados de la lucha. Aquello les parecía algo bastante ajeno. No tenían por qué meterse en lo que no les atañía. De la falta de colaboración de los trabajadores al esfuerzo revolucionario, se quejaría el Ché Guevara en una entrevista publicada por el periódico Revolución el 20 de enero de 1959. De la falta de apoyo de los negros a la revolución, se quejaría Blas Roca en la reedición de su libro "Fundamentos del Socialismo en Cuba".

En buena parte de los subordinados, sobre todo en quienes pretendían ganar más que conservar, prevalecía un sentimiento destructivo. ¡Hay que arrasarlo todo! era la consigna. El imperativo categórico era cambiar. Cambiar hasta la generación en los mandos. En todos, fingida o sinceramente, palpitaba la emoción de la inconformidad con lo que existía. Tenían, al decir de Unamuno, "un carácter radicalmente adversativo".

Todos, en términos generales, siempre en términos generales según se ha dicho y repetido, eran revolucionarios. Cada uno a su manera. El role de revolucionario se fue haciendo de buen tono. Y no era extraño ver a "los niños bien de la sociedad" disfrazados de revolucionarios rabiosos.

El gobierno de los Estados Unidos, tan interesado en las cuestiones cubanas, terminó por intervenir, a su manera, para exigirle a Batista que renunciara. Primero fue el mensaje amable y cauteloso de Pawley.[72] Después, la clara notificación del embajador Smith cuando la entrevista de dos horas y treinta y cinco minutos la noche del 17 de diciembre de 1958.[73]

Los comunistas no se quedaron atrás. Salieron, con más bríos que nunca, a tomar sus posiciones de "vanguardia de la revolución". A la "Carta semanal" se unieron las proclamas y manifiestos que llamaban a sus militantes, a cumplir con el deber de unirse a las "fuerzas de liberación". La lucha armada, señalaban, es la corriente nacional. El "no tenemos prisa", porque es necesario que la revolución madure, se convirtió, de súbito, en rápida carrera de "hacer avanzar la revolución".

Al final vino lo que tenía que venir.

¿Qué pasó en Oriente?

El General Cantillo jefe de las operaciones en la provincia oriental, "ordenó al teniente coronel Fernando Neugart que hiciera contacto con Fidel Castro y concertara una entrevista".[74] Cumplía una orden del Presidente. Esta información nos ha sido dada por el General Cantillo personalmente. La entrevista se concertó por medio del sacerdote jesuita Francisco Guzmán. Se verificó. Y "después de encontrar ángulos esenciales, se llegó al acuerdo de realizar, cronometrados todos, un movimiento militar revolucionario".[75]

Esto no era todo. He aquí lo que nos refiere Adolfo G. Merino:
"Los jefes de las conspiraciones militares en Oriente, comandante José Quevedo y Francisco Sierra, los capitanes Carlos Durán y Vitorino Gómez, los tenientes León y Villamil y otros, al tener conocimiento del paso dado por Cantillo, le enviaron una carta por mediación del padre jesuita Francisco Guzmán. Ya cercana la postración de la República, los conspiradores temieron quedar fuera del carro de la victoria y trataban de hacerse oír".[76]

¿Qué pasó en Las Villas?

En Las Villas, el General Chaviano seguía con su gran estrategia de no hacer nada. Entre tanto, el Ché Guevara reunió a todos los guerrilleros y cayó sobre el pueblucho de Guinía de Miranda, sin más defensa militar que un pequeño cuartel de guardias rurales. Estos se marcharon hacia el término municipal de Fomento, en las estribaciones de la zona montañosa de El Escambray. Sobre Fomento cayeron también los guerrilleros, al mando del Ché Guevara. Allí se encontraron con el teniente Valdivia, jefe del escuadrón, que les ofreció resistencia. No la esperaban y se trabó la pelea. Valdivia pidió refuerzos al Distrito Militar de Santa Clara, a solo una hora de viaje por carretera. Los refuerzos no llegaron. Chaviano estaba ocupado en una fiesta. El teniente Valdivia resistió hasta que no le quedó una bala. El Ché Guevara tomó la población y saludó al teniente Valdivia con una invitación a que se le uniera y una felicitación que encerró en esta frase: "con diez hombres como usted soy capaz de tomar a Santa Clara".

La caída de Fomento fue el comienzo del final en Las Villas. Los jefes de escuadrones se miraron en aquel espejo. Cundió el desaliento. Después cayeron los demás términos[77] y vino la orden inexplicable: el ejército debía abandonar las ciudades y marchar al Regimiento. Nadie entendía la orden y vino la explicación: la batalla decisiva se daría en Santa Clara. En eso huyó el jefe del Regimiento, tal vez por aquello de ser fiel a su consigna de retirarse. Por unos días, la provincia estuvo sin mando, aunque nadie lo notó. La sustitución vino ya muy tarde. Santa Clara estaba cercada. Los recursos bélicos debían llegar en un tren blindado desde La Habana; pero, inexplicablemente, cayó en manos de los rebeldes. Vibró la metralla por unos días, hasta que llegó la noticia del desplome en La Habana. En ese momento, solo quedaba resistiendo el cuartel de Yaguajay, frente a los guerrilleros de Camilo Cienfuegos. Ya no había nada que hacer. Todo estaba perdido.

¿Qué pasó en La Habana?

Veamos la "Respuesta" en el libro del presidente Batista:

"Ante la actitud de algunos jefes y las entrevistas que se habían sostenido por esas jefaturas con jefes rebeldes, sin tiempo para reorganizarlas por faltar poco menos de dos meses para terminar mi Presidencia, confronté la imperativa necesidad de transferir el poder constitucionalmente".[78]

En lo que sí estaban de acuerdo todos los voceadores era en que se fuera Batista. Avanzaban en líneas paralelas hasta que decidieron converger en un desenlace común: ¡Que se vaya Batista! Y Batista se fue para que viniera Fidel Castro.

No hubiera llegado sin la ayuda de varios jefes militares, sin el concurso voluntario o ciego de las fuerzas sociales amotinadas contra lo que existía. Las mayorías, duele decirlo, se convirtieron en heraldos o despóticos ejecutores de la revolución.

Batista había perdido la guerra sin hacer la guerra; con más rigor, por no hacer la guerra. No hubo un gesto de heroísmo. Aquello se derrumbó entre el estrépito de las muchedumbres enloquecidas. Hubo deserciones, unas por temor, otras por soborno y las más por buscar un puesto bajo el nuevo sol. ¡Cuán equivocados estaban! Estaban vencidos por las fuerzas de los antecesores. Y ya solo se trataba de caer y huir.

EPILOGO

Con el año cincuenta y nueve vino la caída de Batista. Con la caída de Batista, el ascenso de Castro. Con el ascenso de Castro, el cambio. Con el cambio, el delirio. Con el delirio, la revolución. Y con la revolución, el comunismo.

Cuando Batista se desplomó, el pueblo reventó de alegría. Se había quitado al "hombre fuerte", en decadencia, para echarse sobre sus espaldas al otro, en plena juventud, "el hombre de acción surgido en los momentos de crisis" a que se refiere Ortega.

En medio de la gran confusión, que siguió a la retirada de Batista, Fidel Castro, siempre ansioso aunque precavido, anduvo presto en ordenar a sus lugartenientes, Camilo Cienfuegos y el Ché Guevara, que se trasladaran a la capital, para tomar el mando del ejército nacional. Aquella orden estuvo amparada por un promesa a los soldados y oficiales, que respetaría a todos los que no tuvieran manchadas sus manos de sangre o de oro. La masa del ejército se sintió protegida y se puso, sin pensarlo más, al lado del nuevo líder.

Inmediatamente, Fidel Castro decretó una huelga general, cuyo objetivo declarado era "reclamar todo el poder para el M-26-7". El pueblo creyó en su nuevo "redentor", se entusiasmó y le prestó su apoyo, sin más reflexiones.

En La Habana surgieron algunos brotes de oposición al control absoluto del poder por Fidel Castro. El Directorio se había apoderado, inclusive, del Palacio y la Universidad. Fidel Castro, una vez, más, actuó con cautela. No se apresuró en llegar a la capital. Decidió avanzar lentamente, mientras ofrecía a todos lo que cada cual deseaba y siempre escoltado por los soldados que habían sido sus adversarios de ayer.

El delirio que despertó Fidel Castro, arrebató a la población que no pudo ver la estela de muertos, dejada tras la "caravana triunfal", asesinados, en su gran mayoría ante los paredones de fusilamiento.

Tan pronto Fidel Castro se sintió seguro, de un salto, cayó en la capital. Todos se unieron al cortejo de los "vencedores". En el campamento militar, Fidel Castro habló de paz. Las palomas volaron, en signo teatral de confirmación. Los días que siguieron fueron de más y más promesas, ninguna de las cuales cumpliría después. Movió las pasiones, agitó el instinto de conservación, y muchos pusieron sus rencores, al servicio de la revolución.

Entre tanto, los comunistas abrían sus locales, gritaban sus consignas y tomaban posiciones. La población, en medio de su frenesí, no tenía ojos para ver ni oídos para oír. El periódico Hoy comenzó a editarse el primero de enero en Santiago de Cuba,[1] amparado por Fidel Castro. Cuando éste llegó a Holguín, se editó en Holguín.[2] Solo cuando ya estuvo controlada La Habana por el M-26-7, el 6 de enero, sus ediciones se imprimieron en la capital.[3]

El periódico "Hoy" saludó el triunfo de la Revolución con unas declaraciones del Partido Socialista Popular tituladas "El derrocamiento de la tiranía y las tareas inmediatas". Los lemas eran: "Unión para mantener la Revolución", "Unión para abatir los residuos de la tiranía". "Unión contra conspiraciones y golpes" y "Unión para realizar los objetivos de la Revolución triunfante".

No había terminado el mes de enero y el veinticinco se reunió el Pleno del Comité Ejecutivo Nacional del Partido Socialista Popular. El veinte y ocho, día del natalicio de Martí, dirigió una exposición pública al entonces Presidente, Dr. Urrutia, en la que expresaba su apoyo a la Revolución al tiempo que reclamaba "una política dinámica, acorde con su carácter y procedencia".

La "misión del gobierno", decía, "no es de simple tránsito constitucional sino de iniciación y fundación revolucionarias, de la adopción inmediata de aquellas más urgentes reivindicaciones de carácter nacional, democrático y popular, de la puesta en práctica de las promesas hechas por el movimiento revolucionario durante estos años de lucha y sacrificio". A fin de cumplir esa "misión", el Partido bosquejaba "un breve plan de medidas"... "para hacer avanzar la revolución".

El plan exigía la supresión oficial de los organismos que se habían dedicado a la represión de las actividades comunistas; la depuración inmediata de los restos de las fuerzas armadas y, una declaración que afirmara que "las relaciones exteriores de la República se basan en la política martiana que parte del principio de no formar bloques de unos pueblos contra otros".

Estas exigencias, hasta el número de dieciseis, fueron cumplimentadas en un término no mayor de cuatro meses. La exposición no reclamaba la aplicación retroactiva de la ley penal en perjuicio del acusado; ni la creación de "tribunales revolucionarios" para juzgar a sus adversarios; ni la suspensión de los preceptos sobre la seguridad personal; ni la derogación de las garantías a la propiedad privada. No tenía por qué hacerlo. El régimen ya lo había hecho.

La supresión del nombre de Dios, en el preámbulo de la Constitución, se efectuó al promulgarse la "Ley Fundamental", nuevo nombre que se dio a la Constitución significativamente el mismo que se le da en la Unión Soviética.

Lo demás fue cuestión de tiempo; pero no de mucho tiempo. Con el "Año de la Liberación" se echaron las bases para suprimir las libertades y controlar institucionalmente a todo el país. Después vino la socialización, es decir, la absorción por el Estado de todas las actividades de la nación. Para el 14 de octubre de 1960, la "estructura" estaba prácticamene socializada, y para el primero de diciembre de 1961, Fidel Castro ya podía confesar su ideología "marxista-leninista", en la cual creía, según él, desde el 26 de julio, desde el primero de enero. Fidel Castro ha entrado por ese camino neblinoso de la "comunización". Esto, como casi todo, un tanto a su manera.

En este proceso, Fidel Castro ha contado con la ayuda, sobre todo, de la Unión Soviética. Una ayuda, como era de esperarse, sujeta a condiciones, las cuales no han estado exentas del engaño. En un principio, la Unión Soviética deslumbró a Fidel Castro con sus ofrecimientos, especialmente de industrias, para que Cuba no continuara dependiendo del azúcar. Le vendió, a crédito, cuantas industrias desechadas existían en los países socialistas. Lo que no llegó a darle fue la prometida gran industria siderúrgica. Como tampoco le daría, después, el control de las armas atómicas que se situaron en la Isla. De acuerdo con los planes de industrialización,

Fidel Castro desatendió las fábricas de azúcar y se empeñó en llevar más allá de lo posible la diversificación agrícola que ya existía en Cuba antes de que él llegara al poder. Para hacer verdaderos sus quiméricos proyectos, ofreció, en el colmo de sus desvaríos, ampliar la superficie territorial, desecando la Ciénaga de Zapata y rellenando la costa sur de la provincia de La Habana hasta Isla de Pinos. Como era lógico, todo aquello fracasó, al punto de que el Ché Guevara, en julio de 1963, se burló de los planes incosteables para industrializar a Cuba, con un fondo de crítica a la Unión Soviética.

Aquellos desatinos de Fidel Castro fueron soportados por la Unión Soviética hasta que se produjo la "Crisis de octubre" en 1962. Entonces, las cosas cambiaron. Fidel Castro tuvo que viajar a Moscú, a mediados de 1963, y a su regreso dio a conocer "sus" nuevas ideas sobre la planificación. Abandonaba sus planes de industrialización y se dedicaría a la agricultura para producir, básicamente, azúcar. Echando mano de la teoría de la división internacional del trabajo socialista, el 4 de junio de 1963, exhortaba a los suyos a "trabajar seriamente". Era como reconocer que hasta entonces no se había trabajado con seriedad. El 28 de septiembre, de ese propio año, explicaba su contradicción, entre lo que decía entonces y lo que había dicho antes, con la simple afirmación de que su nueva tesis, en favor de la agricultura y el azúcar, se basaba en la "experiencia" y la "visión más clara". Así inició Fidel Castro el nuevo camino para convertir a Cuba, por medio de la agricultura, en el "primer país que habrá de llegar a la etapa del comunismo".

Resultado de este proceso han sido las desavenencias circunstanciales con Moscú. En justicia, han sido causadas, más que nada, por la manera especial de ser de Fidel Castro, empeñado en conquistar, a toda costa, el Nuevo Continente de acuerdo con su estilo revolucionario, el de las pandillas "revolucionarias", sean éstas del campo o de la ciudad. Es un estilo que le nace a Fidel Castro con su origen. No podía ser de otra forma, si se tiene en cuenta que Fidel Castro ha usado siempre la violencia como método, sin mayores preocupaciones ideológicas. A pesar de las desavenencias circunstanciales entre La Habana y Moscú, Fidel Castro, muy a su pesar, depende, en última instancia, de Moscú. Así lo reconoció, en cierta forma, en el discurso pronunciado con motivo del décimo aniversario de la Revolución en Cuba.

No creemos que sea aventurado afirmar que el proceso llevado a efecto en Cuba a partir de 1959, es más "fidelista" que "comunista". El comunismo, en verdad, ha sido el mejor vestuario que ha podido usar Fidel Castro para cubrir sus ambiciones irrefrenables, basadas en la barbarie. Hoy, Cuba es un país sometido a los designios ciegos de un déspota que no deja de soñar con extender su dominio al resto de América.

El proceso ha sido lamentable. El pueblo cubano ha perdido sus libertades y la estrella solitaria de la República se ha visto eclipsada por el astro de la constelación socialista, es decir, Moscú, En medio del eclipse, ha muerto lo criollo del cubano. Ha muerto, tal vez, para redimir a Cuba. Pero tras el comunismo, no nos cabe la menor duda, resucitará.

Hoy, cuando los cubanos nos lamentamos tanto de lo acontecido en nuestra Patria, y nos culpamos unos a otros sin dejar de recriminar a extraños, debemos recoger nuestras expresiones y, en un acto de meditación interior, recordar a Lista cuando en su poesía "La muerte de Jesús", dijo:

...¡Gemid, humanos,
todos en Él pusisteis vuestras manos!

1 Earl T. Smith, "El Cuarto Piso", editorial Diana de México en 1966, p .13.
2 Ibid.
3 Ché Guevara, artículo publicado en la revista Verde Olivo el 9 de abril de 1961 y reproducido por el periódico Granma el 13 de noviembre de 1967, p. 2.
4 Jesús A. Portocarrero, op. cit., p. 310, y confirmado por el propio Herbert L. Matthews, "The Cuban Story", George Braziller, 1961, p. 40.
5 Artículo publicado "Por qué el ejército no derrotó a Castro", por el coronel Pedro A. Barrera Pérez según se lo narró a Rodolfo Rodríguez Zaldívar, publicado en la Bohemia Libre. En este artículo, Barrera Pérez explica la formación del grupo de Fidel Castro así: "En aquellos días estaba en plena efervescencia un viejo problema que jamás tuvo solución, y que se agravaba por momentos. Desde tiempo inmemorial todo el vasto territorio de la Sierra Maestra se hallaba dividido entre un pequeño grupo de familias, que tenían la propiedad de fincas de dos y tres mil caballerías. Alrededor de 8,000 kilómetros cuadrados de tierra feraz, malamente explotada en toda su riqueza, estaba ocupada por más de 40 mil habitantes, con un promedio de cinco por familia, que vivían regidos por sistemas primitivos, al extremo de que no conocían ni remotamente la civilización imperante en las demás zonas de Cuba.

Tradicionalmente la tierra se dividía entre los vástagos de cada familia, que ocupaban, sin más trámites, pequeñas parcelas de terreno donde levantaban su bohío y sembraban aquello que más fácilmente sirviera para el sustento como el maíz y la malanga.

Ajenos a los litigios legales, permanecían en los predios que ocupaban sin importarles otra cosa que tener hijos y esperar a que los mismos crecieran para que les sirvieran de ayuda en las labores agrícolas, hasta tanto formaran a su vez otras familias, que irían a repetir la ininterrumpida historia.

Este era el tipo denominado precarista; pero no eran solamente ellos los que residían en las abruptas regiones de la Sierra Maestra. También habían los pequeños propietarios, que mediante préstamos bancarios obtenían para sus fincas los aperos de labranza, semillas y equipos necesarios para un mejor rendimiento de las mismas.

Existían los llamados mayorales, que con grupos de empleados de los terratenientes, cultivaban las tierras y vivían en los bateyes con algo más de comodidades que los precaristas, a los que mantenían a raya, tratando de evitar que se extendieran el terreno que ocupaban.

Surgían así, de esta lucha, constantes pugnas entre precaristas, los mayorales y sus hombres de confianza, con el resultado de que pereciera unas veces el mayoral o alguno de sus hombres y otras el precarista, al que quemaban la casa o lo asesinaban.

Tanto los precaristas como los pequeños propietarios tenían líderes, que utilizaban todos sus recursos para vencer a los contrarios. Eran hombres de extraordinaria agilidad, valor y resistencia, capaces de subir o bajar las más abruptas montañas con agilidad felina, sostener fieras riñas con sus enemigos y ejecutar cualquier labor sobresaliendo entre los demás.

Entre los líderes precaristas ocupaban primer plano Crescencio Pérez y dos de sus hijos, Eutimio Guerra y otros. Por los propietarios de pequeñas haciendas se destacaba Chichi Mendoza con un grupo de hombres de su misma formación.

Cuando el grupo comandado por Fidel Castro era buscado en la Sierra, en la que se habían dispersado después del ataque de "La Alegría de Pío", algunos de los terratenientes se pusieron de acuerdo con determinados oficiales designados para la búsqueda y captura de los invasores fugitivos, a fin de darle un matiz político a la antigua cuestión planteada y obligar a los propietarios a abandonar las tierras que ocupaban, bajo la acusación de estar en convivencia con Fidel Castro.

Uno de aquellos oficiales destacados en la región, irresponsablemente, hizo una incursión por una zona conocida por "Palma Mocha", en la que había alrededor de 40 familias precaristas y y procedió a quemar las casas y matar a los cabezas de familia que pudo capturar, con el pretexto de que estaban cooperando con los expedicionarios.

Los supervivientes de esa masacre, en su mayoría mujeres y niños, se refugiaron en dos ranchos miserables en las cercanías de la playa de "Chivirico".

Este y otros hechos por el estilo propició que los líderes precaristas de la Sierra tomaran el acuerdo de entrevistarse con Fidel Castro para brindarle apoyo, a cambio de que los ayudara a vengarse de aquellos abusos.

Fue así como localizaron al grupo disperso y lo condujeron a la loma llamada "Caracas", donde después de varias reuniones llegaron a ponerse de acuerdo. Surgía de esta manera una nueva fuerza, con el respaldo de hombres que conocían palmo a palmo el complicado escenario montañoso.

La primera acción planeada fue el ataque a una patrulla mandada por un sargento de la Marina de Guerra y el cabo Bassol, a quienes acusaban los campesinos de ser los ejecutores de la masacre de "Palma Mocha".

La patrulla estaba compuesta, además de los mencionados, por cinco soldados y cinco marineros, que vivían en el Valle de la Plata, distribuidos en dos pequeños bohíos.

Era el 16 de enero de 1957, cuando, en la madrugada, los ya organizados hombres de Fidel Castro se preparaban para atacar el lugar ocupado por la patrulla destacada en La Plata. El sorpresivo ataque costó la vida a seis integrantes del grupo, causó heridas a tres y pudo escapar el sargento porque estaba pescando en aquellos momentos y se fue a nado, en tanto que el cabo Bassol se libraba de una muerte segura por haber tenido que llevar a un prisionero al mando ubicado en El Macho.

Al conocerse en el Estado Mayor el ataque a la patrulla de La Plata, se designó al comandante Joaquín Casillas Lumpuy para que con una compañía de cien hombres, integrada por tres pelotones y una plana mayor, se trasladara a la Sierra y procediera a la persecución y captura de los atacantes.

La compañía a las órdenes del comandante Casillas tenía como jefe al capitán Manuel Formoso y los tres pelotones estaban mandados por los tenientes Angel Sánchez Mosquera, Soler y Crespo. Al llegar a La Plata, el comandante Casillas sin pérdida de tiempo designó al Capitán Formoso para que con la plana mayor se quedara en aquel lugar con las municiones y esperando sus órdenes, dispuso que el teniente Sánchez Mosquera, con su pelotón, subiera por las estribaciones de La Plata; el teniente Soler por las estribaciones de Ocujal y él, con el pelotón mandado por el teniente Crespo subió por las estribaciones de Chivirico, todos convergiendo hacia los lugares donde, según confidencias recibidas, se hallaban los atacantes de La Plata.

Subían hacia los lugares previamente señalados, cuando de pronto el pelotón comandado por Sánchez Mosquera fue sorprendido en el lugar conocido por Valle del Infierno, donde los insurgentes se habían colocado estratégicamente para dominar el valle. El ataque sorpresivo se produjo cuando al divisar el teniente Sánchez Mosquera un bohío, aparentemente abandonado, cercano a la falda de una loma, ordenó a una patrulla integrada por un sargento y tres soldados que se adelantaran y registraran el lugar, mientras ordenaba alto a su pelotón. Tan pronto los integrantes de la patrulla habían registrado el bohío y se disponían a incorporarse a su pelotón, se escuchó una recia descarga de fusilería, cayendo muertos el sargento y dos soldados y el otro gravemente herido.

Al oír la descarga y percatarse de la situación, el teniente Sánchez Mosquera desplegó el pelotón y respondió al fuego de los atacantes que se dieron a la fuga.

Como consecuencia de estos hechos, el Estado Mayor envió al general Eulogio Cantillo a realizar una investigación sobre la realidad imperante en aquella zona.

El informe del general Cantillo explicaba que había una situación caótica, originada por la pluralidad de mandos y que los distintos jefes no estaban coordinados, sino que funcionaban por su cuenta haciéndose inculpaciones mutuamente.

Sugería el general Cantillo para resolver este problema el envío de una fuerza mejor organizada y un jefe capaz de centralizar el mando y controlar la anarquía allí existente.

Fue entonces cuando el presidente de la República me designó jefe de Operaciones de la Sierra Mastra, el día 29 de enero de 1957.

6 Adolfo G. Merino, **op. cit.**, p. 83.

7 Entrevista publicada en la revista Bohemia de 26 de mayo de 1957, pp. 70, 71, 72, 97 y 98.

8 A esta línea se refirió Juan Marinello en la carta que envió a Herbert L. Matthews, que éste menciona en su libro antes citado, p. 51.
9 Herbert L. Matthews, **Op. cit.**, p. 80.
10 Ché Guevara, artículo publicado en la revista "Verde Olivo" el 9 de abril de 1961 y reproducido por el periódico Granma de 13 de noviembre de 1967.
11 Carta de Frank País a Fidel Castro de 7 de julio de 1957, publicada por el periódico Revolución el 30 de julio de 1962.
12 El programa, conocido por el "Manifiesto de la Sierra" decía así:
"1 - Libertad inmediata de todos los presos políticos, tanto civiles como militares.
2 - Garantía absoluta de libertad de información, tanto de la prensa como de la radio, y de todos los derechos políticos e individuales del hombre que garantiza la Constitución.
3 - Nombramientos de alcaldes interinos en todos los municipios, después de consultas con las instituciones cívicas de la localidad.
4 - Eliminación del peculado en todas sus manifestaciones y adopción de medidas que tenderán a aumentar la eficacia de todas las organizaciones del Estado.
5 - Creación de una carrera administrativa.
6 - Democratización de la política sindical, celebración de elecciones libres en todos los sindicatos y federaciones industriales.
7 - Comienzo inmediato de una campaña intensiva contra el analfabetismo y de educación cívica, recalcando los deberes y derechos que tienen los ciudadanos tanto en la sociedad como en la Patria.
8 - Creación de un organismo de reforma agraria para fomentar la distribución de tierras improductivas y para convertir a todos los arrendatarios, aparceros y colonos usurpadores que ocupan pequeñas parcelas de tierra, ya sean éstas de propiedad pública o privada, con la debida indemnización a sus anteriores propietarios".
13 Earl T. Smith, **Op. cit**, p. 28.
14 Revolución Cubana, editorial "Palestra" colección "Vertientes de la Libertad", Buenos Aires, p. 429.
15 Earl T. Smith, **Op. cit.**, pp. 37 y 38.
16 **Ibid.**, p. 38.
17 Emilio Aragonés, sin embargo, escapó de Cienfuegos. Se escondió en La Habana, en la casa de su tío, Alberto Aragonés Machado (e.p.d.), entonces Representante a la Cámara por un partido del gobierno. Después salió para México. En la capital azteca trabó contacto con los encargados por el Partido de atender el "caso Cuba". Recibió un curso especial, a cargo de instructores soviéticos. Llegó a gozar de tal grado de confianza que era el único cubano que trabajaba dentro de la Embajada de la Unión Soviética. Cuenta Ramón Moliné, hoy en el exilio, que cuando llegó a México, en unión del hoy Presidente de la República, Osvaldo Dorticós, en diciembre de 1958, fue sorprendido con la noticia de que Emilio Aragonés era uno de los personajes más descollantes del Movimiento 26 de Julio. En una ocasión —cuenta Moliné— fue a la Embajada Soviética para recibir la propaganda que allí se imprimía, y lo atendió, precisamente, Emilio Aragonés.
18 Salvador Díaz Versón, **Op. cit**. p. 170.
19 Informe general iinicial preparado por la "Comisión Especial de Consulta sobre Seguridad" de la OEA, pp. 16 y 17.
20 Salvador Díaz Versón, **Op. cit.**, p. 168.
21 **Ibid.**
22 Informe general inicial preparado por la "Comisión Especial de Consulta sobre Seguridad" de la OEA, pp. 16 y 17.
23 El General Batista, en su libro Respuesta, editado en México en 1960, nos dice a este respecto.
"Dos meses antes de ser asesinado en Holguín el coronel Fermín Cowley Gallegos, jefe militar de la zona en donde residía la familia Castro, la señora Ruz viuda de Castro se dirigió por su conducto al Jefe de Estado Mayor del Ejército para que me hiciera llegar un ruego. El recado consistía en que se accediera a una tregua para embarcar a sus dos hijos Fidel y Raúl, bien facilitándose la vía diplomática retirando las fuerzas de las secciones montañosas en donde se movían sus referidos hijos, para que, protegidos por el Ejército, embarcaran por aire o por mar hacia el extranjero. El conducto utilizado para el mensaje nada tenía de sospechoso, pues el coronel Cowley estaba encargado de proteger a la familia Castro Ruz en su finca, en donde vivía la señora viuda con sus hijos Ramón y Juanita, siendo esta última la intermediaria de mayor confianza, así como su hermano Ramón, entre el coronel y la señora madre de los Castro.
El Estado Mayor dio instrucciones para que las fuerzas se retiraran de las zonas en donde estaban operando y recesó toda actividad bélica. Una patrulla mixta de seis hombres, compuesta

de marineros y soldados se retiró a descansar cerca del mar. Francos de servicio como estaban sus integrantes, y sin ninguna misión oficial que cumplir, tras de un paseo por los alrededores, se distribuyeron entre dos bohíos abandonados para pasar la noche. Confiados, y sin tomar precauciones contra cualquier eventualidad, estimando que por allí no existían rebeldes en acción y seguros de la tregua concedida, durmieron a pierna suelta. A eso de las cuatro y media de la mañana se levantó uno de ellos para hacer el desayuno. Encender el fogón sería la señal inconsciente para el momento trágico. Fidel Castro y un grupo de facinerosos que lo acompañaban, burlándose de la gestión de su mamá y de la tregua concedida, cayó "heroicamente" sobre aquellos indefensos guardianes de la zona, a los que pasó a cuchillo o mató a tiros".

24 En esa escaramuza, llevada a cabo en la zona conocida por "Agua al revés", perdió la vida Ciro Redondo, uno de los más eficaces colaboradores de Fidel Castro y quien había sido miembro de la Juventud Socialista.

25 El periodista cubano Luis Ortega analizó brillantemente, por esa época, la carta de Fidel Castro y demostraba su coincidencia con los comunistas.

26 La carta comenzaba afirmando que "el Movimiento 26 de Julio no designó ni autorizó ninguna delegación para discutir dichas negociaciones. Después añadía que "lo importante para la revolución no es la unidad en sí, sino las bases de dicha unidad". Más adelante se declaraba partidario de la huelga general y decía que "está yendo a la organización de los comités de huelga en cada centro de trabajo y sector de industria, con los elementos oposicionistas de **todas** las militancias". Se declaraba en favor de la lucha por ganarse las tropas y confraternizar con los soldados, diciendo: "El espíritu de caballerosidad ausente de todo odio contra los militares, respetando invariablemente la vida de los prisioneros, curando sus heridas en combate... y han mantenido esta conducta de guerra con una ecuanimidad que no tiene precedentes". Esto es, se ajustaba a la táctica leninista de ganarse las tropas y confraternizar con los soldados. Declaraba su disposición para convocar a elementos oposicionistas de **todas** las militancias, sin decir que excluía a los comunistas. "La Dirección Nacional —continuaba diciendo la carta— está dispuesta, y así lo ha precisado más de una vez, a hablar en Cuba con los dirigentes de cualquier organización oposicionista; para coordinar planes específicos y producir hechos concretos que se estimen útiles al derrocamiento de la tiranía". Es decir, seguía el consejo de Lenin cuando expresaba: "antes de unificarse y para unificarse es necesario empezar por deslindar los campos de un modo resuelto y definido"; "utilizar" es mucho más exacto y adecuado que los términos "apoyar" y "alinearse". Reclamaba todo el poder para su organización política, atribuyéndose la facultad de nombrar presidente al Dr. Urrutia. Excluía a los partidos políticos del derecho a formar parte del gobierno provisional. Se jactaba del Movimiento 26 de Julio "como organización oposicionista que combate en todo el país". Se ufanaba de que el 26 de Julio "es la única organización que posee milicias organizadas disciplinadamente en todo el país" y reclama para sí la función de mantener el orden público y reorganizar las instituciones armadas de la República.

27 Revista Fundamentos, Año XIX No. 150 del mes de febrero de 1959, pp. 39 y 40.
28 Earl T. Smith, **opus cit.**, p. 73.
29 Lo relacionamos tal cual nos lo ha contado el Sr. Oscar de la Torre y nos lo ha confirmado el Dr. Gonzalo Güell.
30 Revista Fundamentos, Año XIX, febrero de 1959, p. 84.
31 Ibid., p. 85.
32 Revista Bohemia, Año 56, No. 14, abril 3 de 1964, p. 43.
33 Entrevista exclusiva de Fidel Castro con Hombert Bigart, del New York Times, a la cual se refiere Earl T. Smith en su libro citado en la página 74.
34 Earl T. Smith, **Op**. cit., p. 79.
35 Ibid., p. 111.
36 Adolfo G. Merino, **Op**. cit., p. 60.
37 "La Revolución Cubana", ed. cit., p. 430.
38 Theodore Draper, **Op**. cit., p. 53.
39 Informe de Fidel Castro del 18 de agosto de 1958, publicado en la Geografía de Antonio Núñez Jiménez, editorial Lex, La Habana, 1959, p. 534.
40 Antonio Núñez Jiménez, Geografía de Cuba, editorial Lex, La Habana, 1959, p. 582.
41 Ibid.
42
43 Suplemento del periódico Hoy, de 7 de julio de 1963, p. 14.
44 Ibid.
45 Ibid.
46 **Op**. cit., p. 11.
47 Ibid.

48 Ibid.

49 Una crónica de Raúl Castro, recogida por el suplemento del periódico Hoy de 7 de julio de 1963, se regocijaba del éxito alcanzado por la "Operación antiaérea", de esta forma: "Desde la captura de los norteamericanos en el territorio del Segundo Frente hasta la recogida de los infantes de Marina que se encontraban en la zona de Puriales de Caujerí habían transcurrido unas tres semanas. Durante ese tiempo nos recuperamos, considerablemente, de la situación anterior; nuestro Frente se agrandó, se hicieron nuevas fortificaciones en el terreno recuperado, y el aumento de combatientes nos permitió reorganizar las unidades y hacer cinco columnas de tres compañías cada una, aumentándose considerablemente nuestros efectivos militares.

En el transcurso de esos días recibimos varias cartas que por diferentes vías nos hacían llegar de los soldados de la dictadura que hasta hacía algunos días combatían contra nosotros, y que recibieron órdenes superiores de retirarse de sus posiciones, al producirse la detención de los norteamericanos, los cuales nos manifestaban en diferentes formas, que bajo ningún concepto debíamos soltar a los mismos porque, de lo contrario, ellos recibirían órdenes de volver a escalar las montañas para combatir contra nosotros. Esas cartas nos dieron la idea de la desmoralización que minaba al Ejército de Batista.

"La Operación Antiaérea había logrado plenamente sus objetivos políticos, militares y morales. Los combatientes del Ejército Rebelde, así como la masa obrero-campesina que nos apoyaba en todo el territorio liberado comprendieron a cabalidad la medida adoptada, la que a su vez les permitió ver a ellos, con más claridad, el verdadero fondo de la realidad cubana, los responsables fundamentales de esta situación y, por lo tanto, el hecho indiscutible de que nuestra lucha no podía terminar con la caída de Batista, sino que debía irse más allá, hasta la eliminación de las verdaderas causas de los males de nuestra Patria".

50 Suplemento del periódico Hoy de 7 de julio de 1963, p. 15.
51 Ibid.
52 Ibid.
53 Ibid.
54 Ibid.
55 Earl T. Smith, **Op. cit.**, p. 101.
56 En general, pudiera decirse, que las guerrillas siguieron, durante la invasión del ejército, la estrategia maoísta: "enfrentar uno a diez", es decir un número de guerrilleros diez veces menor que el número teórico de los miembros de las fuerzas armadas. La táctica, por el contrario, fue "enfrentar diez a uno". "Este es uno de los principios fundamentales para derrotar al enemigo", subraya Mao. "Derrrotamos a muchos con pocos: así decimos refiriéndonos a los gobernantes de China en su conjunto. Pero también derrotamos a pocos con muchos; esto lo decimos refiriéndonos a cada parte de las fuerzas enemigas con la que luchamos en el campo de batalla". (Obras escogidas de Mao Tse Tung, t. IV, p. 103 "Concentrar una fuerza superior para aniquilar las unidades enemigas una por una", versión española. Ediciones en Lenguas Extranjeras, Pekín, 1962). "El concepto de despreciar al enemigo estratégicamente y tomarlo muy en serio tácticamente puede considerarse como una generalización a alto nivel de la idea de, estratégicamente, "enfrentar diez a uno" y "derrotar a pocos con muchos".

"El método de combate de concentrar una fuerza superior para aniquilar a las unidades enemigas una por una es una expresión concentrada, en la lucha mlitar, del concepto de "enfrentar diez a uno" y "derrotar a pocos con muchos" en lo táctico". (Obras escogidas de Mao Tse Tung, t. IV, p. 103).

Durante la retirada de las tropas del ejército, los guerrilleros tuvieron en cuenta otro principio: "Cuando el enemigo se fuga lo atacamos; cuando el enemigo se retira, lo perseguimos". Este principio lo aplicaron, cuando el Estado Mayor del Ejército decidió retirar sus tropas, al fracasar la invasión sobre la Sierra Maestra.

57 Antonio Núñez Jiménez, **Op. cit.**, p. 586.
58 Ibid., p. 592.
59 Ibid., p. 593.
60 Ibid.
61 Ibid., p. 589.
61 Ibid., p. 590.
62 Ibid., p. 590.
63 Con relación a la táctica de devolver los soldados presos no era nueva. Estaba inspirada en las recomendaciones de Lenin en cuyas obras se aprecian dos etapas, nítidamente diferenciadas, en las relaciones de los comunistas con las fuerzas armadas. Durante la primera etapa, cuando los comunistas luchan por atrapar el poder, exhortan a las fuerzas armadas para que se les unan a su revolución, que ellos denominan de liberación nacional. En esta etapa de guerra,

cuando capturan como prisioneros a miembros de las fuerzas armadas, recomiendan que los traten con exquisita amabilidad, para libertarlos después, a fin de que exhorten a sus compañeros a que se les unan en su lucha contra lo que llaman la "autocracia dominante". Un vez atrapado el poder, la táctica es, justamente, la contraria. Para esta segunda etapa, supuestamente de paz, Lenin aconseja a sus seguidores que exterminen a sus adversarios, especialmente a los miembros de las fuerzas armadas, sin clemencia ni piedad. Estos consejos leninistas los siguió Fidel Castro, cuando desarrolló la estrategia y desenvolvió las tácticas comunistas para apoderarse del poder. Lo practicó desde la Sierra Maestra confraternizando con los soldados del Ejército e incitándolos para que lo ayudaran en su lucha por conquistar el poder. También, cuando devolvió a los soldados prisioneros tras el fracaso de la invasión sobre la Sierra Maestra. Lo practicó, después, en Zulueta, provincia de Las Villas, cuando Camilo Cienfuegos devolvió prisioneros del Ejército. Lo repitió en la Sierra Maestra, con motivo del secuestro del avión en que iba el hijo del General Cantillo. Todos esos pasos obedecían a las instrucciones estratégicas de Lenin para ganarse al Ejército enemigo, tácticamente desenvuelta a través de la confraternización con los soldados, para lograr su cooperación con el comunismo.

64 La intención se remarcaba en la frase final: "Exhortamos a todas las fuerzas revolucionarias, cívicas y políticas del país, a que suscriban esta declaración de unidad, y posteriormente, tan pronto como las circunstancias lo permitan, celebraremos una reunión de delegados de todos los sectores, sin exclusión alguna, para discutir y aprobar las bases de la unidad". (p. 155, La Revol. cubana - Editorial Palestra. Colección Vertientes de la Libertad. Buenos Aires).

65 Adolfo G. Merino, **Op. Cit.**, p. 86.

66 También así lo confirma Adolfo G. Merino, **Op. cit.**, p. 87.

67 El Gral. Fulgencio Batista en su libro Respuesta, ya citado, p. 37, explica que las fuerzas armadas cubanas se abastecían de armas, municiones y equipos en los Estados Unidos para entrenarse en el uso de los mismos sistemas y calibrajes, con vista a evitar dificultades en el empleo de los armamentos y del parque en caso de una nueva guerra. La prohibición de vender armas al gobierno cubano debilitó la fe y redujo la voluntad de luchar en muchos de nuestros hombres.

68 Adolfo G. Merino, **Op. cit.**, p. 65.

69 Theodoro Draper, **Op. cit.**, p. 54.

70 Ernesto Ché Guevara, "Una revolución que comienza", publicado en "Pensamiento crítico", No. 6, julio 1967, La Habana.

71 **Ibid.**

72 **Ibid.**

73 Véase el libro de Earl T. Smith ya citado.

74 Adolfo G. Merino, **Op. cit.**, p. 91.

75 Sección En Cuba, de la revista Bohemia de 11 de enero de 1959.

76 Adolfo G. Merino, **Op. cit.**, p. 91.

77 El 21 de diciembre las fuerzas rebeldes ocuparon el término municipal de Cabaiguán, y un barrio de Sancti Spíritus, Guayos. Apenas encontraron resistencia. Los miembros del Ejército, que fueron apresados, los enviaron al término municipal contiguo, Placetas, para desmoralizar a sus compañeros. Al día siguiente, los rebeldes cayeron sobre Placetas. Lo ocuparon sin resistencia. Los miembros del Ejército fueron puestos, de nuevo, en libertad. Muchos se dirigieron a la jefatura provincial. De allí, había huido, lleno de pánico, el Jefe Militar de la Provincia el General Río Chaviano. Antes de su huida, había ordenado, inexplicablemente, se abandonaran los puestos militares que cubrían la zona entre Santa Clara y Cienfuegos, para concentrarse en la capital de la Provincia. De Placetas, las tropas rebeldes pasaron a ocupar, sin encontrar apenas resistencia, las ciudades que circundaban a Santa Clara. Por el Norte, Encrucijada. Por el Sur, Manicaragua. Por el Noreste Remedios y Caibarién. Por el Este Santo Domingo, sin contar otras poblaciones de menor importancia. Sancti Spíritus cayó el 23 de diciembre en poder de las tropas rebeldes, al mando del capitán Armando Acosta. Remedios ofreció alguna resistencia. Santo Domingo fue reconquistado por el Ejército tan pronto se nombró a Casillas Jefe Militar de la Provincia. Cercada Santa Clara, las tropas rebeldes se presentaron a las puertas de la ciudad el 29 de diciembre. Allí estaba el Teniente Coronel Joaquín Casillas, con más de 1,000 hombres, dispuesto a enfrentarse a los rebeldes. Sin embargo, no disponía de recursos bélicos adecuados. Le estaban siendo enviados desde La Habana, en un tren blindado. Este no llegó a su destino. Fue a parar a manos de los rebeldes. Todo estaba perdido. Al amanecer del 1ro. de enero llegó la noticia de que Batista había huido. Todo había concluido. En el Sur se rindió el Distrito Naval de Cienfuegos sin disparar un tiro. En contraste con esta cobardía general, el capitán Wong continuaba ofreciendo resistencia a las tropas de Camilo Cienfuegos y del viejo comunista Félix Torres, en Yaguajay. Alegaba que él no tenía noticias oficiales sobre la huida del Pre-

sidente. Una vez que lo confirmó, Camilo Cienfuegos le ofreció seguridad para él y su tropa, si se rendía. El hecho de haber resistido, hasta más allá de la derrota, le creó una aureola de héroe entre los miembros del Ejército. No le costó la vida porqu se había hecho mucha publicidad sobre su conducta caballerosa y su pundonor militar. Mas, le costó su libertad.

78 Fulgencio Batista, **Op.** cit., p.

1 En una imprenta que había instalado el Partido en el número 272 de la calle que hoy lleva el nombre de Félix Pena.

2 En la imprenta que tuvo el periódico "Norte" hasta el 31 de diciembre de 1958.

3 En unos talleres situados en Lamparilla y Mercaderes, mientras se reparaban los de Desagüe.

BIBLIOGRAFIA

AGUILAR, Luis E. Introduction to Marxism in Latin America. Alfred A. Knopf. New York, 1968.
AGUIRRE, Sergio. Seis actitudes de la burguesía cubana en el siglo XX. Cuadernos populares de Historia de Cuba. Editorial Páginas. La Habana, 1944.
ALBA, Víctor. Historia del movimiento obrero en América Latina. Libreros Mexicanos Unidos. México, 1964.
    América Latina, un continente ante su porvenir. Instituto de investigaciones internacionales del trabajo. México, 1958.
    Historia del Frente Popular, Librería Mex. México, 1959.
    The Struggle Inside Cuba. The New Leader. New York, 1959.
    Esquema histórico del comunismo en Iberoamérica. 3ra. edición. Ediciones Occidentales. México, 1960.
ALEXANDER, Robert J. Communism in Latin America. Rutgers' University Press. New Brunswick, N.J., 1957.
    Communism in Latin America. New Leader, XLIV (5), 1951.
    Decline of Communist Parties in Latin America. Modern Review. New York, 1948.
    Labor Parties of Latin America. League for Industrial Democracy. New York, 1952.
    Prophets of the Revolution. McMillan. New York, 1962.
    Reseña del movimiento obrero en la América Latina. Unión Panamericana, Washington, 1948.
ALEXANDER, Robert J. & PORTER, Charles O. The Struggle of Democracy in Latin America. New York, 1961.
AMEZCUA, Genaro. ¿Quién es Flores Magón y cuál es su obra? Avance. México, 1943.
AMIGO, Gustavo. La Iglesia Católica en Cuba. Revista Javeriana. Bogotá, 1947.
ARAQUISTAIN, Luis. La agonía antillana. Madrid, 1927.
BAEZA FORES, Alberto. Las cadenas vienen de lejos. Ediciones Letras. México, 1960.
BARRERA PEREZ, Pedro A. ¿Por qué el ejército no derrotó a Castro? Bohemia Libre.
BATISTA, Fulgencio. Respuesta. México, 1960.
BEALS, Carlton. The Crime of Cuba. Lippincott. Filadelfia, 1933.
BERDIAEV, N. The Origins of Russian Communism, trans. from Russian. London, 1948.
BERLE, A. A. Cuban Crisis. Foreign Affairs. (October 1960).
BERNAL DEL RIESGO, Alfonso. "Mella, líder rápido y multiforme". La Habana.
BLANKSTEEN, George I. Political Groups ni Latin America. American Political Science Review, 1959.
BLASIER, Stewart C. The Cuban and Cilean Communist Parties: Instruments of Soviet Policy (1935-1948). Ann Arbor. University of Michigan microfilms,

1954.
BRZEZINSKI, ZBIGNIEW K. The Permanent Purge: Politics in Soviet Totalitarism, (Harvard Russian Research Center Studies XX). Cambridge, Mass., 1956.
CALDERIO, Francisco. Católicos y Comunistas. La Habana, Cuba.
El pueblo y la nueva Constitución. La Habana, 1940.
El triunfo de Grau, la unidad nacional y nuestra actitud. La Habana, Cuba, 1944.
La Conferencia de Cancilleres de La Habana, 1940.
La educación revolucionaria. Librería y Editorial Páginas. La Habana, Cuba.
Las elecciones, el nuevo gobierno y el camino del pueblo. La Habana, 1948.
Los fundamentos del socialismo. La Habana, 1949.
CARPENTER, Alejo. Autobiografía. Bohemia, Año 57. La Habana, Cuba, 1965.
CASTELLANOS, Jesús. La Conjura. Cuba, 1908.
CASTELLANOS, Jorge. Raíces de la ideología burguesa en Cuba.
CASTRO, Juanita. Discurso en New Orleans, La., 1966.
CASUSO, Teresa. Cuba y Castro. Plaza y Janés. Madrid, 1963.
CLUB ATENAS. Conferencias de orientación ciudadana. Los partidos políticos y la Asamblea Constituyente, inmigración, economía, trabajo, educación, discriminación. Febrero 13-mayo 15, 1939. La Habana, 1939.
COMIN COLOMER, Eduardo. Historia del Partido comunista de España. Editora Nacional. Madrid, 1965 (3 vol.). Publicados 1 y 2 - Abril 1920-Febrero 1936. Del nacimiento a la mayoría de edad; primera etapa. Vol. 1 y 2. Vol. 3: La mayoría de edad, 16 de febrero a 17 de julio 1936, período de bolchevización, segunda parte.
CONFEDERACION DE TRABAJADORES DE AMERICA LATINA. Segundo Congreso General de la Confederación de Trabajadores de la América Latina. México, 1945.
CONGRESO NACIONAL OBRERO. La Habana, 1914. Memoria de los trabajos presentados al Congreso Nacional Obrero. La Habana, 1915.
CONGRESS OF THE UNITED SLTATES. House of Representatives. Castro-Communism Subervsion in the Western Hemisphere. Hearings before The Sub-Committee of Inter-American Affairs of The Committee of Foreign Affairs. House of Representatives. Eighty Eight Congress, 1963.
Castro New York in The United States (Fair Play for Cuba Committee). Hearings.
World Communist Movement.
CLARKSON, Jesse D. "A History of Russia". Randon House. N. Y., 1961.
CONTE AGUERO, Luis. Eduardo Chibás el Adalid de Cuba. La Habana, 1952.
CORRONS, José Víctor. "Una huelga de hambre cantada". La Habana, Cuba.
CUADERNOS POPULARES DE HISTORIA DE CUBA. Editorial Páginas. La Habana, 1944.
CUARTA REUNION DE MINISTROS DE RELACIONES EXTERIORES. "Acta Final.".
CUARTO CONGRESO NACIONAL OBRERO DE UNIDAD SINDICAL. Resoluciones y acuerdos sobre la estructura orgánica de la CNOC. La Habana, 1934.
CUEVA, Mario de la. Derecho mexicano del Trabajo. Cuarta Edición. México, 1959.
CUNEO, Dardo. La batalla de América Latina. Editorial Siglo Veinte. Buenos Aires, 1964.
CHAPMAN, Charles E. A History of The Cuban Republic. Macmillan, New York, 1927.
CHAVEZ, Gregorio. Huelga de torcedores, La Habana, Cuba, 1907.
CHESTER, Edmund A. A Sargeant named Batista, Holt. New York, 1954.
DALLIN, David J. The Soviet Empire. New Haven, 1951.
Soviet Russia's Foreign Policy, trans. from Russian. New Haven, 1942.
DANIEL, James. The First Soviet Satellite in The Americas. New York, 1961.

DANIEL, James & HUBBELL, John J. Mientras América dormía. Editorial Diana, México, 1963.
DANIELS, Robert V. Documentary History of Communism. New York, 1960.
DECARACION DE LIMA.
DIAZ, Norman. Fidel Castro y su trayectoria. (Agencia de Informaciones Periodísticas. Sección Especial). Miami, 1967.
DIAZ VERSON, Salvador. "La muerte de un cadáver". Diario Las Américas. Miami, 1966.
DOCUMENTOS DE CARLOS BALIÑO, con compilación e introducción por Aleida Plasencia Moro del Departamento Colección Cubana de la Biblioteca Nacional. La Habana, 1964.
DOMENECH, Francisco. Tres vidas y una época: Pablo Lafargue, Diego Vicente Tejera y Enrique Lluria. La Habana, Cuba.
DOMINGO, Marcelino. Autocracia y Democracia. Librería Artística Hermanos Saez. Madrid, 1926.
DOMINGO, PEDRO V. El comunismo en el Caribe. Revista Estudios sobre el comunismo. Santiago de Chile, 1958.
DONABUE, George R. La Federación Mundial de Gremios Obreros. Hechos relativos a un frente comunista. Buenos Aires, Argentina.
DRAPER, Theodore. La revolución de Castro. Mitos y realidades. Libreros Mexicanos. México, 1962.
DUBOIS, Jules. Fidel Castro. Rebel, Liberator or Dictator. The New Bobb-Merrill Company. Indianápolis, 1959.
Fidel Castro. New York, 1959.
DUCLOS, Jacques. Revista "Chaiers du Comunisme". Abril 1945.
EL MOVIMIENTO REVOLUCIONARIO LATINOAMERICANO, versiones de la Primera Conferencia comunista Latinoamericana, junio de 1929. Editorial La Correspondencia. Buenos Aires, 1929.
FALCIONELLI, Alberto. Historia de la Rusia Soviética. Ediciones Acies. Madrid, 1961.
FERGUSON, Erna. Cuba. Knopf. New York, 1946.
FERGUSON, J. Halcro. The Great Revolutions. The Revolution of Latin America. Part Three: The Cuban Revolution. Thames and Hudson. London, 1963.
FERNANDEZ RETAMAR, Roberto. "Papelería". Universidad Central de Las Villas, 1962.
FIORINI, Mario. Revista Estudios sobre el Comunismo. Año IV, No. 13. Santiago de Chile, 1956.
FITZGIBSON, R. F. Cuba and The U.S.A. 1900 1935. George Banta. Menasha, Wisconsin. 1935.
Revolution next Door: Cuba. Annals of The American Academy of Political and Social Science, CCCXXXIV, 1961.
FLORINSKY, Michael T. Russia: A History and an Interpretation, 2 vol. New York, 1953.
FOREIGN POLICY ASSOCIATION. Problemas de la nueva Cuba. La Habana, 1935.
FRIEDRICH, Carl J. & BRZEZINSKI, Zbigniew K. Totalitarian Dictatorship and Autocracy. Cambridge, Mass., 1956.
GIL, Federico G. Instituciones y desarrollo político de América Latina. INTAL. Buenos Aires, 1966.
GILL, Mario. ¡Cuba sí, yanquis no! México, 1960.
GIRONELLA, José Ma. Un millón de muertos. 6a. Edición. Editorial Planeta. Barcelona, España, 1962.
GOLDENBERG, Boris. The Cuban Revolution and Latin America. Library of International Studies. George Allen and Unwer, Ltd. London, 1965.
GORKIN, Julián. Como asesinó Stalin a Trotski. Barcelona, 1961.

GROBART, Fabio. XV años de lucha; en el aniversario del Partido comunista. La Habana, 1941.
GUERRA, Ramiro. Azúcar y población de Las Antillas. 5a. edición, con un prólogo, notas y un nuevo apéndice: la evolución económico-social de la industria azucarera en los últimos años, por José Antonio Guerra Deben. Editorial Lex, La Habana, 1961.
GUEVARA, Ernesto Ché. Una revolución que comienza. Pensamiento Crítico. La Habana, 1967.
GUGGENHEIM, Henry F. The U.S. and Cuba. McMillan. New York, 1934.
GUIRAL MORENO, Mario. La dictadura del proletariado. "Cuba Contemporánea". Cuba, 1919.
HALPERING, Ernest. Peking and Latin American Communists. China Quarterly, No. 29, 1967.
    The Sino-Cuban and The Chilean Road to Power, IMT, Cambridge, Massachusetts, 1963.
    Castro and Latin America Communism. Cambridge, Mass., 1963.
    The Ideology of Castroism and its Impact on the Communist Parties of Latin America. IMT. Cambridge, Mass., 1963.
HANKE, Lewis. Modern Latin America: Continent in Ferment, I. Van Nostrand. New York, 1959.
HENRIQUE UREÑA, Max. Panorama histórico de la literatura cubana (1492-1952). Ediciones Mirador, Puerto Rico (Impreso en México), 1963.
HISTORIA DE LA NACION CUBANA. Ramiro Guerra, José M. Pérez Cabrera, Juan J. Remos, Emeterio Santovenia. Publicada bajo la dirección de Ramiro Guerra y Sánchez (ET. AL.) Editorial Historia de la Nación Cubana. La Habana, 1952, (10 vol.)
HOOVER, J. Edgar. Maestros del engaño. Henry Holt & Co. New York.
    El Comunismo. Estudios y revelaciones. Editorial Letras. México, 1963. 1ra. edición.
HUDSON, Strode. The Pageant of Cuba. Jarrolds Publishers. London, 1935.
INFORME DE LA UNION PANAMERICANA. División de Conferencias y Organismos. Departamento Jurídico. Unión Panamericana. Washington, D. C., 1955.
JENKS, Leland H. Our Cuban Colony. Vanguard Press. New York, 1928.
JRUSCHOV, Nikita. Discurso ante el XXII Congreso del Partido comunista de la Unión Soviética. 27 de octubre 1961.
KIRSPATRICK Sr., Lyman B. "The Real CIA". Edited by The McMillian Co. New York, 1968.
KIRSPATRICK, Eoron M. The Year of Crisis: Communist Propaganda Activities in 1956. McMillan. New York, 1957.
KOLARZ, Walter. Peoples of The Soviet Far East. New York, 1954.
KONSTANTINOV, F. V. Los fundamentos de la filosofía marxista. Imprenta Nacional de Cuba. La Habana, 1961.
KRAUSS, Paul H. Communist Policy in Cuba, 1933-1946. Columbia University Press. New York, 1950.
LAZO, Mario. Dagger in The Heart. American Policy Failures in Cuba. Funk & Wagnalls. New York, 1968.
LENIN, V. I. Obras completas. T: v, ix, xxv, xxvi y xxx. Editorial Cartago. Argentina.
    Obras escogidas. Ediciones Lenguas extranjeras. Moscú, 1958.
LEON, Rubén. El origen del mal. Miami, 1964.
LOVEIRA CHIRINO, Carlos. Los inmorales. Sociedad Editorial Contemporánea. La Habana, 1919.
    Generales y Doctores. Editorial Cuba Contemporánea. La Habana, 1920.
    Los Ciegos. Imprenta El Siglo XX. La Habana, 1922.

La última lección. Imprenta y Papelería de Rambla, Bouza y Compañía. La Habana, 1924.
Juan Criollo. Cultural. La Habana, 1927.
LUMEN, Enrique. La revolución cubana. Editorial Botas. México, 1935.
MADARIAGA, Salvador de. Latin America Between the Eagle and the Bear. Frederick A. Praeger. 64 University Place, New York.
MARINELLO, Juan. Unión Revolucionaria y la Constitución de 1940. Ediciones Sociales. La Habana, 1940.
"Contemporáneos, noticia y memoria". Universidad Central de Las Villas, 1964.
Cuba contra la guerra imperialista. La Habana, Cuba.
MARTI, José. Obras completas. T.: I y II. Editorial Lex, La Habana, Cuba. T.: III, IV, IX y LIII. Editorial Trópico, La Habana, Cuba.
MARX-ENGELS. Manifiesto comunista. Fondo de Cultura Popular. A.C., ed. Popular, 2da. edición.
MATTHEWS, Herbert L. The Cuban Story. New York, 1961.
MELLA, José A. "A los nuevos libertadores". La Habana, Cuba.
MENESES, Enrique. Fidel Castro. Siete años de poder. Afrodisio Aguado, S.A. Madrid, 1966.
MERINO, Adolfo G. Nacimiento de un estado vasallo. México, 1966.
MIJOWSKY. Weakness and Mistakes of The Communist Press in Cuba. Communist International, 1934.
MC DONALD, Austin F. Latin America Politics and Governments. Cronwell. New York, 1954.
NAVARRO LUNA, Joaquín. La tierra herida. 1927. Surco. 1928. Tierra. 1928.
NORAVIA, Alberto. Writers at Wore. Viking Press, 1963.
NORTH, Joseph. Cuba: Hope of Hemisphere. New York, 1961.
NUÑEZ JIMENEZ, Antonio. Geografía de Cuba. Editorial Lex. La Habana, Cuba, 1959.
ORDOQUI, Joaquín. Elementos para la historia del movimiento obrero en Cuba. Cuba.
ORTEGA y GASSET, José. La rebelión de las masas. Colección El Arquero. Revista de Occidente. Madrid, 1964.
PARTIDO COMUNISTA DE CUBA. El Partido comunista y los problemas de la revolución en Cuba. La Habana, 1933.
PARTIDO SOCIALISTA POPULAR. Los socialistas y la realidad cubana. La Habana, 1944.
PELLICER, Carlos Manuel. Utiles después de muertos. B. Costa-Amid, Edit. México, D.F., 1967. 2da. edición.
PEÑA, Lázaro. ¡La unidad es la victoria! La Habana, 1942.
PERAZA, Carlos G. Machado: Crímenes y horrores de un régimen. La Habana, 1933.
PFLAUM, Irving P. Tragic Island. How Communism came to Cuba. Englewood Cliffs, N.J. 1961.
PHILLIPS, Ruby Hart. Cuban Sideshow. La Habana, 1935.
Cuba, Island of Paradox. Mac Dowell, Obolensky. New York, 1959.
PINO SANTOS, Oscar. "Historia de Cuba, aspectos fundamentales". Segunda edición. Editora Universitaria, 1964.
PITTALUGA, Gustavo. Diálogos sobre el destino. 3ra. edición. Editorial Isla. La Habana, 1960.
PORTELL VILA, Herminio. "Políticas distintas". Diario Las Américas, 1967.
PORTOCARRERO, Jesús A. Cuba, paradigma y destino de América. Miami, 1966.
PORTUONDO, Fernando. Historia de Cuba hasta 1898. Editora Universitaria, 1965.
QUESADA, Gonzalo de. En Cuba Libre. La Habana, 1958.
RAMOS, José A. "Tembladera". Drama en 3 actos. Cuba, 1917.

RAVINES, Eudocio. La gran estafa. México, 1952.
REMOS, Juan J. Proceso histórico de las letras cubanas. Ediciones Guadarrama. Madrid, 1958.
REVOLUCION CUBANA. Editorial "Palestra", Colección "Vertientes de la libertad". Buenos Aires.
RIERA, Mario. Historial obrero cubano. Miami, 1965.
RIVERO MUÑIZ, José. "Carlos B. Baliño". Comisión nacional Cubana de la UNESCO. 1962.
    Los prolegómanos del socialismo en Cuba. Cuba Socialista, 1962.
    El primer partido socialista cubano. Apuntes para la historia del proletariado en Cuba. Universidad Central de Las Villas, Dirección de Publicaciones. Santa Clara, Cuba, 1962.
RIVERO, Nicolás. Castro's Cuba. An American Dilemma. Luce. Washington.
ROA, Raúl. Retorno a la alborada. Universidad Central de Las Villas. 1964.
    En pie Universidad Central de Las Villas, Cuba, 1959.
    Evocación de Rubén Martínez Villena. La Habana, Cuba.
ROCA, Blas. Los socialistas y la realidad cubana. Ediciones del Partido Socialista Popular. La Habana, 1944.
    Los fundamentos del Socialismo en Cuba. Ediciones de 1943. 1962.
    Cuba en la mano. 1940.
    Unidad contra el Fascismo.
    La unidad vencerá al Fascismo. Ediciones sociales. La Habana, 1939.
    "Aclaraciones". Editora política.. La Habana, 1966.
    Balance de la labor del Partido desde la última Asamblea Nacional y el desarrollo de la revolución. La Habana, 1960.
    "El desarrollo histórico de la Revolución". Periódico Hoy. La Habana, 1964.
    Siempre firmes. Ediciones Sociales. La Habana, 1940.
ROCA, Blas, RODRIGUEZ, Rafael y LUZARDO, Manuel. En defensa del pueblo. Ediciones del Partido Socialista Popular. La Habana, 1945.
RODRIGUEZ, Carlos Rafael. El marxismo y la Historia de Cuba. Cuadernos populares de Historia de Cuba. Editorial Páginas. La Habana, 1944.
RODRIGUEZ, Luis Felipe. La conjura de la Ciénaga. Cuba, 1923.
SANTOVENIA, Emeterio S. Cuba y su Historia. (3 t.). Cuba Corporation. Miami, 1966. 2da. ed.
SAUVAGE, Leo. Autopista del castrismo. Editorial Cid. Madrid, 1963.
SEERS Dudley. Cuba. The Economic and Social Revolution.
SILVA, Lautaro. La herida roja de América. República Dominicana.
SMITH, Robert F. The U.S. and Cuba, Business and Diplomacy 1917-1960. Bookman Associates. New York, 1960.
    Background to Revolution. The Development of Modern Cuba. Alfred A. Knopf. New Yor, 1965.
SPENCER, Oswald. La decadencia de Occidente. 1918.
STALIN, José. Informe político del Comité Central ante el XVI Congreso del Partido Comunista (b) de la URSS. Ediciones lenguas extranjeras. Moscú.
STRODE, Hudson. The Pageant of Cuba. Jarrolds Publishers. London, 1935.
SUAREZ, Andrés. Cuba: Castroism and Communism 1959-1966. IMT Press. Cambridge, Mass.
    The Cuban Revolution. Communism and Castroism. IMT. Cambridge, Massachusetts, 1967.
TANNENBAUNN, Frank. Ten Keys to Latin America. New York, 1962.
THESES, MANIFESTS et Resolutions adoptee par le 1er. 2eme, 3eme, et 4eme Congress de l'Internationale Communiste, 1919-1925. París, 1934.
TRATADO INTERAMERICANO de Asistencia Recíproca, Aplicaciones, vol. I, Cuarta Edición. Unión Panamericana. Secretaría General de la Organización de Estados Americanos. Washington, D. C., 1964.

UNION REVOLUCIONARIA COMUNISTA. Por la salvación de Cuba resoluciones de la reunión nacional. La Habana.
UNIVERSIDAD DE MIAMI. Estudio sobre Cuba. Miami, 1963.
VASCONCELOS, Ramón. U.R.S.S. un ensayo ruso. Editores P. Fernández y Compañía. La Habana, 1937.
VILAR, César. Blancos y negros unidos ante el prejuicio racial. La Habana, Cuba,
VOLMAN, Sacha. El general Batista y la revolución "comunista". Revista Combate. San José, Costa Rica, julio-agosto 1958.
WELLES, Sumner. Relations between the U.S. and Cuba. (U.S. Department of State, Latin American Services No. 7). Washington, 1934.
WEYL, Nathaniel. Red Star Over Cuba. The David Adair Co. New York, 1960.

Periódicos de la época, especialmente de filiación comunista, consultados en la Universidad de Miami y en los archivos de "La Voz de Cuba" e "Informe sobre Cuba":

En las notas al pie se citan el DIARIO DE LA MARINA (1937, 1941, 1948. La Habana); EL AVANCE CRIOLLO (1961); EL COMUNISTA (1933); EL MUNDO (1965. La Habana); GRANMA (1966, 1967. La Habana); HOY (1944, 1952, 1964, 1965. La Habana); La CORRESPONDANCE INTERNATIONALE (1932, 1933. París); REVOLUCION (1961, 1962, 1963, 1964. La Habana); SIERRA MAESTRA (1965); THE WORKER (1956), y THE NEW YORK TIMES (1964. New York).

REVISTAS

Las revistas fueron consultadas en los mismos lugares que los periódicos, con la sola excepción de "Alma Máter" que consultamos en la biblioteca del Dr. Adolfo Bock.

En las notas al pie se citan las revistas siguientes: BOHEMIA (1949, 1954, 1956, 1957, 1959, 1961, 1964, 1965, 1966. La Habana); BOHEMIA LIBRE (1961); CUBA SOCIALISTA (1961, 1963, 1965, 1966. La Habana, Cuba); ESTUDIOS SOBRE EL COMUNISMO (1959. Santiago de Chile); FUNDAMENTOS (1944, Año I. 1959. La Habana); OBRA REVOLUCIONARIA; PENSAMIENTO CRITICO (1967. La Habana, Cuba); TODO (1967. México); UNIVERSIDAD DE LA HABANA (1965. La Habana, Cuba) y VERDE OLIVO (1967. La Habana).

FUNDAMENTOS. La Habana, 1944, Año I. 1959. HISPANIC AMERICA HISTORICAL REVIEW. OBRA REVOLUCIONARIA. PENSAMIENTO CRITICO. La Habana, Cuba. 1967. TODO. México, 1967. UNIVERSIDAD DE LA HABANA. La Habana, Cuba. 1965. VERDE OLIVO. La Habana. 1967.

www.ingramcontent.com/pod-product-compliance
Lightning Source LLC
Chambersburg PA
CBHW031227290426
44109CB00012B/186